LA CAMPAGNE DE FRANCE

NAPOLÉON
ET
LES ALLIÉS SUR LE RHIN

Copyright by Perrin et Cie, 1913.

Ct LEFEBVRE DE BÉHAINE

LA CAMPAGNE DE FRANCE

NAPOLÉON

ET

LES ALLIÉS SUR LE RHIN

INTRODUCTION

PAR

FRÉDÉRIC MASSON

de l'Académie française.

PARIS
LIBRAIRIE ACADÉMIQUE
PERRIN ET Cie, LIBRAIRES-ÉDITEURS
35, QUAI DES GRANDS-AUGUSTINS, 35
1913
Tous droits de reproduction et de traduction réservés
pour tous pays.

INTRODUCTION

J'éprouve à présenter ce livre au public un certain embarras et beaucoup de joie. Celui qui l'a écrit, le fils de ma sœur bien-aimée, contraint par un regrettable accident, à abandonner une carrière où il avait obtenu de beaux succès et où il semblait assuré du plus noble avenir, y a trouvé d'abord une distraction nécessaire, puis une intéressante occupation, enfin un but nouveau pour sa vie désorientée. Je pourrais donc être tenté de le voir avec des yeux prévenus, mais j'en ai suivi la lente édification, j'en ai fait reprendre les assises, j'en ai critiqué le plan, j'ai réclamé des fouilles plus profondes et j'ai eu le bonheur d'assister à l'éclosion d'une œuvre qui, si elle n'atteint point à la perfection, me paraît d'une structure générale excellente, sur quantité de points d'une nouveauté incontestable, surtout d'une loyauté parfaite et d'une entière bonne foi. Le style vise seulement à la correction et reste d'une simplicité militaire, mais la présentation des faits ne perd rien à cette égalité du récit; celui-ci y gagne, s'agissant d'un exposé technique d'opérations diplomatiques et militaires, singulièrement compliquées.

On pourrait s'étonner de trouver une telle connaissance et peut-on dire une telle expérience des négociations, chez un officier qui ne quitta les corps de troupe que pour suivre les cours de l'Ecole de guerre et pour servir d'officier d'ordonnance à un de nos brillants commandants de corps d'armée. Mais elle résulte d'un atavisme séculaire, et d'une éducation singulièrement suggestive. Son arrière-grand-père fut secrétaire de légation à Malte et à Florence, chargé d'affaires à Rome, à Cassel et à Berlin, historiographe des Affaires Étrangères ; son grand-père, l'auteur de l'*Histoire des Cabinets de l'Europe pendant le Consulat et l'Empire*, fut ministre à Carlsruhe, à Munich et à Berlin, directeur politique et conseiller d'Etat ; son père fut secrétaire à Darmstadt, et à Berlin, chargé d'affaires à Rome, ministre à Munich et à La Haye, ambassadeur près le Saint-Siège. Tout enfant, il a assisté aux événements de la guerre prussienne, il a vu son père partir de Berlin pour imposer aux belligérants les préliminaires des Nikolsburg ; il était présent, quand, des Chambres du Vatican, son père alla, sous le feu des assaillants, à la brèche de Porta-Pia, arrêter l'assaut des Italiens et sauver les Zouaves pontificaux ; il vécut à Munich après la guerre dans cette atmosphère qu'Edmond de Goncourt, le vieil ami de la maison, a si justement décrite dans son *journal*, et qu'aideront mieux à connaître certains mémoires demeurés inédits : atmosphère de combat, dans ce poste d'observation où tous les efforts convergeaient à reconnaître les défauts de la cuirasse de l'ennemi, à rechercher des alliances et à les préparer.

Une diplomatie qui n'a que de grands postes, où elle entretient des représentants décoratifs, généralement fruits secs du parlementarisme ou de la politique administrative, est fatalement condamnée à des fautes grossières, car elle n'a ni éléments d'instruction, ni points de comparaison, ni recrutement honorable. Dangereuse pour le pays et parfois néfaste, elle constitue pour ceux qu'on y emploie soit un échelon pour une retraite avantageuse, soit un acheminement à des situations financières de grand rapport. Ce n'était pas ainsi qu'on comprenait la Carrière en 1873 et 1874, et si on y consacrait tout son patriotisme, on ne s'attendait point à en tirer des profits externes.

Elevé dans un milieu de sévérité sereine et de haute culture où il semblait destiné à suivre les traces de trois générations, dressé par cette éducation qui confirmait les vertus traditionnelles et préparait à un métier où ceux-là seuls croient improviser leur maîtrise qui, par leur professionnelle infatuation, donnent à rire à ceux qu'ils ne font pas pleurer, l'enfant pressentit que, de longtemps, les honnêtes gens qui ne seraient point des politiciens n'auraient rien à faire dans la diplomatie française. Il préféra donc une autre façon de servir son pays et il crut que, pour la guerre qu'autour de lui tout évoquait, l'épée vaudrait mieux que la plume. Ayant fait ses études en Bavière, au milieu des Allemands, il entra à Saint-Cyr, dans un bon rang et en sortit dans un rang meilleur. Il fut un officier passionné pour son métier, s'efforçant constamment d'en pénétrer l'esprit, mais n'éprouvant ni le besoin de déverser son enthousiasme en pages lyriques, ni celui de critiquer ses chefs ou d'employer à des travaux personnels le temps qui appartenait à sa section, à sa compagnie ou à son bataillon. Lorsqu'il fut placé près du général de France, il n'eut pas même la pensée qu'il pût être de loisir. Par suite, hormis des conférences techniques, n'avait-il rien pu écrire, ni même penser à écrire, lorsqu'une mise à la retraite prématurée l'obligea à se créer des occupations nouvelles.

Comment se trouva-t-il amené au sujet qu'il traite

dans cet ouvrage ? Cela est assez particulier et mérite d'être dit ; car un livre d'histoire, un livre auquel une vie aura été consacrée ne pourrait être le produit d'une fantaisie, il est la résultante d'une infinité de pensées et de rêves, parfois d'un atavisme lointain. Tel est le cas pour mon neveu. M. Armand Lefebvre, son grand-père, avait épousé la fille du maréchal de camp Stanislas Lefebvre, son oncle. Dans les papiers de celui-ci se trouvaient, avec les intéressants récits de ses missions en France lorsqu'il était aide de camp du général Decæn, le journal de la campagne faite en 1814 par la division de la réserve de Paris dont, comme adjudant-commandant il était chef d'Etat Major. Ce sont là sans doute des débris. Victime de la Terreur blanche, laissé pour mort à Nîmes par les Gardes Royaux, dépouillé de tout ce qu'il possédait, il n'a guère sauvé que les pages d'un intérêt si vif que son arrière-petit-fils publia dans la *Nouvelle Revue Rétrospective* (1903-1904) et dont quelques exemplaires furent tirés à part.

Étudier complètement, en s'entourant de documents officiels, quel avait été le rôle de cette division de la réserve de Paris, se trouva d'abord le but très modeste que se proposa le Commandant Lefebvre de Béhaine. Mais comment se rendre compte des opérations de cette division sans connaître celles des corps d'armée dont elle dépendait, des divisions auxquelles elle se reliait, sans voir clair au plan général, aux mouvements de l'ennemi, aux ordres du chef suprême et à leur exécution ? Ce n'était donc pas une monographie qu'il fallait écrire sur une division isolée, ses soldats et ses chefs, mais une histoire de la campagne. Et cette campagne, à quelle date en commencer l'histoire ? A l'époque où l'Empereur prend le commandement de l'armée, comme l'a fait Henry Houssaye en son *1814* ? C'est sans doute d'une composition plus littéraire, cela ramasse le drame, en rapproche les actes à la façon d'une tragédie antique et permet des mouvements de style en épargnant au lecteur les détails techniques, les chiffres et tout l'appareil préliminaire à l'entrée en scène du Héros. Mais cela est-il bien historique ?

D'étape en étape, il fallut reculer, d'abord au passage du Rhin par les Alliés et à l'ouverture de la campagne par les maréchaux Victor, Marmont et Macdonald, puis à l'arrivée de Napoléon et des alliés sur le Rhin, puis à la retraite de Leipzig, enfin — et ce fut le point d'arrivée — aux négociations préliminaires à la dissolution de la Confédération du Rhin.

Alors se déroula le plan logique d'un ouvrage dont la première partie, racontant la série des événements qui se sont déroulés antérieurement au 25 janvier 1814, date de l'arrivée de l'Empereur à l'armée, ne saurait comprendre moins de trois volumes.

Le premier qui paraît aujourd'hui, sous le titre : *Napoléon et les Alliés sur le Rhin*, pourrait être intitulé : *L'investissement de la ligne du Rhin*. L'auteur s'est proposé d'établir dans quelles conditions l'Autriche s'est attachée à remplir près des alliés de l'Empire français le rôle de dissolvant qu'elle semblait s'être réservé depuis ses accords secrets avec la Russie en mai 1812. La Russie, ouvertement ennemie, provocatrice par son attitude et par ses actes, provoquée par une invasion qu'elle a préférée à une guerre hors de ses frontières, court sa chance qui fut heureuse et elle combat avec des armes jusqu'ici loyales. La Prusse, qui s'est libérée d'une sujétion qu'elle a subie mais jamais acceptée, révoltée dans un élan sublime de patriotisme contre la domination française, se lève tout entière et, ayant trouvé pour régler et organiser son élan des hommes du premier ordre, se présente au combat avec des forces inattendues et des ressources qu'on ne soupçonnait pas ; l'Angleterre, qui voit enfin approcher le triomphe, court partout prodiguant l'argent, enrôlant des mercenaires, formant des légions, faisant battre l'Europe pour une cause qu'elle lui a persuadée être générale. — Mais l'Autriche, alliée à l'Empereur Napoléon par la plus intime des unions familiales, alliée à l'Empire français par le plus solennel des traités, profite de la familiarité que lui procurent ces liens redoublés pour pénétrer les secrets de la politique et ceux de la défense, et dresser avec plus d'astuce le piège où, à son heure, elle fera tomber le gendre de la Sacrée Majesté Apostolique. La Russie, la Prusse et l'Angleterre se chargeront de tourner contre l'Empereur l'Allemagne du Nord et d'entraîner celle-ci vers le Rhin dans une poussée irrésistible. A l'Autriche, la tâche de persuader et de corrompre les Etats bien autrement importants et compacts de l'Allemagne du Sud, dont les souverains ont acquis, grâce à la France et à Napoléon, des dignités nouvelles et des extensions territoriales surprenantes. Ces souverains ont résisté à la crise de 1805, à celle bien plus profonde de 1809, mais cette fois résisteront-ils, étant donné que leurs armées ont été anéanties dans la campagne de 1812, que leurs finances sont épuisées, que toutes les chances paraissent tourner contre la France et qu'ils se trouvent sollicités à la fois par leurs familles, leurs ministres et leurs sujets. L'Autriche, experte à provoquer les défections, n'a pas été sans influer sans doute sur celle de Bernadotte ; elle a négocié et accompli celle de Murat ; si elle entraîne la Bavière, ne peut-elle pas se flatter que, du même coup, elle acquerra le royaume d'Italie où Eugène se trouvera sans forces contre les suggestions et les rancunes de la vice-reine ? et les tentations que lui présentera son beau-père ?

L'Autriche va jeter un masque qu'elle n'a conservé que pour compléter ses armements et obtenir les subsides qu'elle convoitait. Toute sa conduite vis-à-vis de la France a été combinée avec les Alliés pour accroître les forces de ceux-ci, profondément éprouvées par la campagne du printemps, et diminuer les forces de celle-là par la captation successive des Etats qui hésitaient encore à se détacher. Pour achever cette comédie, M. de Metternich, après l'étonnante scène de Dresde, donnera la parade de Prague. Jusqu'à quel point, certain des Français, qui y prennent part, est-il dans le jeu des Autrichiens ? Jusqu'où était-il engagé avec les Russes ? L'auteur se pose la question : il ne la résout pas. Il voit les tractations plus que suspectes, dont les Archives de Berlin, de Pétersbourg et de Vienne ont laissé échapper le secret et dont l'empereur Alexandre attestait à Louis XVIII la continuité et la précieuse efficacité, mais il ne dévoile point la raison d'être d'une collusion que Napoléon n'a jamais soupçonnée et qui, selon toute vraisemblance, se raccorde à la conspiration que l'Etranger noua, depuis 1808, avec M. de Talleyrand, agent salarié de l'Autriche et de la Russie.

Il faut raconter alors la rupture de l'armistice, l'entrée en lice de l'Autriche, la conclusion, à Ried, du traité d'alliance de l'Autriche et de la Bavière, la réunion du corps autrichien à l'armée bavaroise, la contrainte imposée au Wurtemberg, la signature de la convention d'Uffenheim, enfin l'attaque de Wurtzbourg par les Austro-Bavarois. Il y eut là, de la part de quelques Français, commandés par le général Turreau, un fait d'armes presque ignoré, qui ne fut pas seulement honorable, mais qui, arrêtant l'armée austro-bavaroise pendant quelques jours, se trouva d'une singulière utilité pour les opérations de l'armée française : preuve nouvelle et toujours efficace que le devoir d'un chef de corps ou d'un commandant de place est de se battre quoi qu'il arrive et quelles que paraissent être ses chances, de tenir ferme et de se battre, sans regarder aux agréments et aux avantages d'une capitulation, sans faire de politique, et sans souffrir qu'on lui en fasse ; car de la sorte on est Dupont — quand on n'est pas Bazaine.

Après avoir mis en action ce nouveau facteur de la Coalition, l'auteur s'efforce de montrer, dans un quatrième chapitre, quelle était, au mois d'octobre 1813, la situation générale sur le Rhin : d'une part, dans les 5e, 25e et 26e divisions militaires (Strasbourg, Wesel, Mayence) ; d'autre part, dans les États allemands qui, placés directement sous le canon français, ne pouvaient, sans courir d'extrêmes risques, se détacher de notre alliance. Il n'est point aisé de retrouver les éléments d'appréciation du rôle joué par le duc de Valmy, chargé du commandement général sur la base principale d'opération des armées françaises, de Huningue à Wesel. La mise en défense des places, l'organisation et la gestion des dépôts et des hôpitaux, l'approvisionnement et l'entretien des magasins et des arsenaux, la formation et la mise en route des colonnes de marche conduisant à la Grande armée les troupes de renfort et le matériel de remplacement ; les mêmes attributions, à quelques variantes près, sur le territoire des grands-duchés de Francfort et de Wurtzbourg, c'était la tâche confiée par l'Empereur à un homme de soixante-dix-huit ans. Il s'en acquittait avec une méthode, une régularité et une conscience admirables. Pour caractériser la coopération des agents militaires et civils, pour résumer l'état d'esprit des populations, les ressources dont elles disposaient, les fluctuations de l'opinion, il a fallu un labeur considérable, auquel on applaudira d'autant plus qu'on le tente pour la première fois, et que l'exploration des rapports des généraux, des préfets et des commissaires généraux de police, fournit, par une triple source d'informations comparées, des éléments de conviction et presque de certitude. De même est-il des grands-duchés, Francfort, Hesse et Bade, sur qui les dépêches des agents diplomatiques instruisent suffisamment, dès qu'on y adjoint les rares documents imprimés, soit les recueils de pièces émanées des autorités locales, soit les rapports et les relations de la grande épidémie de typhus qui se trouva être, alors comme en 1704, le plus puissant auxiliaire de l'ennemi : ce fut même l'obligation où se trouva l'Empereur d'exiger des princes de la Confédération de nouveaux secours pour les hôpitaux, dont l'accroissement devenait chaque jour plus inquiétant pour la population civile, qui amena, en Hesse comme dans les grands-duchés de Bade et de Francfort, une hostilité grandissante, et un désir légitime d'en finir avec la domination française.

Les États allemands devenant neutres ou hostiles, tout le poids de la défense du Rhin tombait sur le duc de Valmy et c'est à montrer les mesures qu'il avait prises pour assurer la défense de la ligne du Rhin que l'auteur s'attache ensuite. Il montre que, à partir du 18 août, tous les ordres nécessaires ont été donnés par l'Empereur : mais nul de ces ordres n'a été exécuté par le ministre de la Guerre, le duc de Feltre; les magasins ne furent pas créés et le matériel ne fut pas amené; il en fut de même des hommes : impuissance, incurie, qui sait? Ici se place l'énumération complète des forces qui se trouvèrent réunies sur le Rhin, celles qui avaient été dirigées par Kellermann sur la Grande armée ou celles qui étaient en route pour rejoindre : l'auteur conclut que « le temps, le matériel et les hommes allaient également manquer au duc de Valmy au moment où il en aurait eu le plus besoin pour défendre la frontière de l'Empire. »

Une panique causée par les incursions des cosaques et des partisans autrichiens, russes et prussiens, sur la ligne de communication vint augmenter les difficultés que rencontrait Kellermann. Il s'agit de ces extraordinaires randonnées des cosaques et de l'occupation de Cassel et du royaume de Westphalie par Czernitcheff : mais le duc de Valmy prend aussitôt des mesures intelligentes et hardies pour rallier les fuyards, punir les officiers et les soldats qui trafiqueraient ou laisseraient trafiquer des effets, des armes, des munitions. L'énumération et l'appréciation de ses efforts en vue de créer et d'organiser la résistance, des obstacles qu'il rencontra, soit de la part de l'Administration de la Guerre, soit de la part des hommes destinés à recruter l'armée, précède et annonce le drame ; les mauvaises nouvelles affluant, le bruit, puis la quasi-certitude d'une défaite, l'arrivée des Bavarois sur la ligne de communication de la Grande armée, la crainte justifiée d'une attaque brusquée par nos Alliés d'hier, la nécessité de procéder sans retard à l'évacuation des hôpitaux, et des dépôts généraux de cavalerie, l'obligation d'étendre jusqu'à Francfort, le réseau des troupes et de perfectionner la ligne de défense du Rhin, enfin, devant l'annonce de l'arrivée prochaine de l'Empereur et de l'armée désorganisée et fugitive, les ordres multipliés pour créer des ressources, préparer des rations, des armes et des effets ; et, selon l'intention que l'Empereur a exprimée, former deux, sinon trois armées, à Mayence, à Wesel et à Strasbourg, afin de continuer la guerre sur la rive droite.

Et puis, c'est l'entrée à Mayence des fuyards de Leipzig, la situation qui en résulte pour les départements rhénans, enfin l'effet produit à Paris dans les sphères gouvernementales par la nouvelle, à la fin officielle, du traité de Ried, de l'entrée en action de l'armée austro-bavaroise et de la défaite de Leipzig.

Il serait inutile d'insister sur les moyens par lesquels ont été atteintes cette multiplicité de renseignements inédits et cette précision des détails : ceux-là qui ont quelque habitude des documents d'archives se rendront compte de la solidité des assises et de l'excellence de la construction. Le tableau, si ample qu'il soit, est entièrement rempli et nulle part on ne trouve une défaillance dans l'information.

La matière a été aussi ample, mais différente pour le chapitre v. Les historiens français ont négligé d'étudier cette retraite de l'armée française d'Erfurt sur Hanau et la marche de l'armée austro-bavaroise de Wurtzbourg sur Hanau : atteindre le Rhin à tout prix était l'objectif de Napoléon ; arrêter Napoléon à tout prix l'objectif de ce Wrede, qui comblé hier encore des faveurs impériales, témoignait ainsi sa reconnaissance. En dehors des documents officiels, les témoignages particuliers sur la retraite et sur la bataille de Hanau sont extrêmements brefs et souvent contradictoires : il a fallu, pour démêler des faits précis, pour déterminer ceux qui se sont produits à chacune des étapes de l'une comme de l'autre armée, une attention constamment éveillée ; de même qu'il n'a point suffi pour décrire le théâtre des opérations d'une rapide inspection de la carte. Quant au récit de la bataille, il est le premier qui paraisse complet et satisfaisant. Sans se laisser aller aux épisodes, mais en marquant avec netteté les phases de l'action, en en donnant un récit d'autant plus émouvant qu'il est d'un ton plus simple et moins porté à la déclamation, l'auteur montre des qualités d'écrivain militaire égales à celles dont il a fait preuve comme historien diplomatique : sans vouloir terminer sur des effets qui eussent été faciles, cette partie de son livre, il mène l'armée jusqu'au Rhin et accompagne l'Empereur jusqu'à Mayence.

Pour achever le récit de l'investissement, il lui reste à rendre compte de l'arrivée des Alliés sur le Rhin, de l'état de leurs troupes, des conseils de guerre qu'ils tiennent et cette sorte de congrès des Souverains qui s'y rassemble. Peut-être semblera-t-il à quelques-uns que l'auteur, suivant ici l'exemple du cher Albert Sorel, a porté trop d'attention à ce qu'on a appelé les préliminaires de Francfort. Certains liens de parenté, d'alliance ou d'intimité expliquent pourquoi tel diplomate a été choisi par les Alliés pour porter de prétendues paroles de paix qu'on voulait sans doute ébruiter afin d'affaiblir la résistance et de jeter l'inquiétude et la défection dans les esprits. De certains hommes, il faut suspecter tout ce qui les touche, les entoure ou les approche. De cette conjuration nouée contre la France, contre l'Empereur et la Révolution, on parvient seulement aujourd'hui à débrouiller les premiers fils et à saisir quelques-uns des meneurs, mais, par eux tant de moyens ont été mis en œuvre que celui-ci est vraisemblable, s'il n'est pas encore certain. Une succession de trouvailles heureuses ont, depuis quarante ans, entièrement changé l'opinion que les confidences intéressées de certains contemporains avaient réussi à faire accepter et si nous savons presque ce qu'il faut penser de Talleyrand, nous commençons à connaître Caulaincourt, dont le beau-frère ne saurait demeurer indifférent.

Les Préliminaires de Francfort n'étaient qu'un leurre présenté à Napoléon, en même temps qu'une machine de guerre dressée contre lui ; ce n'était pas là pour empêcher les Alliés de discuter et d'arrêter leur plan de campagne : suivre les phases diverses qu'a subies cette élaboration est d'un intérêt majeur ; on y acquiert la certitude que jamais les Alliés n'ont eu le moindre désir de faire la paix ; dans le jeu joué par eux, ils avaient toujours une portée sous la main pour s'assurer le coup final.

Ceux qui se laissent prendre à une telle comédie ne sauraient plus être dupes, ils sont complices.

La résolution que prirent les Alliés de violer la neutralité de la Confédération suisse, sur laquelle, trop légèrement assurément l'Empereur croyait pouvoir compter, constitua une des bases de leur action prochaine et il était opportun de rendre un compte exact de négociations et d'événements dont, en France, jusqu'ici, l'on n'avait point pris assez de soucis. Il paraît acquis que, comme au temps de Pichegru, les Autrichiens comptaient que des intrigues royalistes leur ouvriraient les routes de France. Les intérêts politiques se combinaient avec les intérêts militaires pour dicter une décision qui devait leur assurer d'immenses avantages, sans que l'on puisse élever contre elle des arguments bien forts : puisque Napoléon qui comptait que cette neutralité serait respectée parce qu'elle le servait à ce moment, avait été le premier à la violer lorsqu'il y trouvait son intérêt. La neutralité n'est d'ailleurs effective que si le pays neutre a la volonté et les moyens de la défendre.

Par ce dernier chapitre, les prolégomènes sont remplis, tous les ouvrages avancés sont tombés, tout ce qui constituait en Europe le système français — formé au prix de combien d'efforts par l'Empereur ! — a été anéanti ou tourné contre lui ; il reste la France en face de l'Europe et, au duel qui va s'ouvrir, on a été introduit par un exposé magistral de tous les éléments qui ont formé la situation. Mais il reste à montrer quelles seront les forces que déploieront les adversaires.

Dans le tome II, l'*Organisation de la défense*, qui paraîtra l'an prochain, l'auteur se propose de raconter le ralliement de la Grande armée sur la rive gauche du Rhin, la création des trois grands commandements confiés au duc de Bellune, au duc de Raguse et au duc de Tarente ; les efforts de l'Empereur pour reconstituer l'armée, les moyens qu'il emploie et les résultats qu'il obtient. Cela fait, il raconte les événements qui se produisent sur le Rhin pendant les mois de novembre et de décembre, soit dans les trois grands commandements, soit dans la zone de l'arrière mise sous les ordres du duc de Valmy.

Dans le tome III, dont la documentation est assemblée, ce sera l'*Invasion* : d'abord la lente pénétration de l'Armée de Bohême en Franche-Comté, en Bourgogne et en Champagne, la résistance qu'elle éprouve, les complicités qu'elle provoque et qu'elle rencontre ; l'expédition du duc de Trévise, de Namur sur Langres, et sa retraite sur Troyes ; le passage du Rhin par l'Armée de Silésie et la retraite concentrique des trois maréchaux, de Strasbourg, de Mayence et de Nimègue sur Châlons ; les efforts de l'Empereur pour augmenter les moyens de la défense par la création de l'Armée de réserve de Paris, la mise en activité des Gardes nationales, la proclamation de la Levée en masse ; enfin, l'arrivée de Napoléon à l'armée et la situation générale à ce moment.

Alors commencera le récit de la campagne de

France, du 25 janvier au 7 avril 1814, qui remplira pour le moins deux volumes.

Telle est l'œuvre entreprise que je présente au public. En ce temps de besoignes hâtives et rapides, un homme s'est trouvé qui, solitairement, sans rien en attendre que l'honneur de l'avoir tenté, sans solliciter de qui que ce soit des encouragements, en a conçu le dessein pour glorifier l'Empereur et ses soldats, pour restituer la vérité outragée, pour défendre l'œuvre de la Révolution, pour rechercher et pour flétrir ceux qui ont ouvert à l'ennemi les routes de la patrie et les portes de ses villes, pour montrer cette lutte titanesque du Génie contre la Barbarie coalisée avec la Lâcheté et la Trahison. On peut être assuré que, s'il mesure ses mots et se défie des jugements trop prompts, il n'en ira pas moins au bout de sa pensée et ne livrera pas moins à l'histoire tous les documents que des recherches suivies depuis sept années déjà lui ont procurés : la connaissance qu'il a de la langue allemande lui rend accessibles des sources qui échappent trop souvent aux auteurs contemporains ; son éducation militaire lui permet de comprendre et d'apprécier, non seulement les mouvements stratégiques, mais la relativité de ces mouvements ; sa formation diplomatique, l'habilité à démêler dans les négociations ce qui est des apparences et ce qui est de l'essentiel, les paroles qu'on débite pour remplir les heures et gagner du temps et celles qui sont sérieuses et méritent examen. Combien d'historiens qu'on réputa s'y sont trompés ! S'il éprouve au début quelque embarras à exposer ses idées, c'est qu'il ne s'était point préparé à manier cet outil dont on ne devient maître qu'après tant de temps et par quel effort de volonté ; mais la pensée est nette et elle trouve vite son expression claire. C'est de l'histoire et de la bonne : celle qui, sans méconnaître les droits qu'a à la Vérité, demeure patriote et française et n'a garde pour plaire aux étrangers de faire valoir leur cause contre la nôtre.

Voici donc entré dans la lice un nouveau combattant ; il est loyal et ardent ; il arrive à propos pour remplacer les athlètes qui, comme Albert Sorel et Henry Houssaye, ont mené la lutte pour les mêmes idées, et selon la même méthode. Oserai-je dire qu'il est mon élève : Oui, en ce sens que je lui ai constamment appris à n'être point satisfait d'une recherche qui n'a point été poussée à bout, et que j'ai exigé qu'il reprît jusqu'à quatre fois certain chapitre que je trouvais obscur ; mais je n'ai influé ni sur la composition de son livre, ni sur la documentation, ni sur la présentation, ni sur le style. Que nous ayons disserté ensemble de la raison de certains faits, du sens de certaines pièces, des intentions de certains personnages ; que nous ayons acquis, sur la plupart des points des idées communes et la même façon de penser, cela n'est point étonnant puisque nous n'avons jamais cessé de nous entretenir des mêmes questions, mais combien est différente notre façon de nous exprimer, et comme ce genre d'histoire, auquel j'ai consacré mes recherches — je le dis sans fausse modestie et M. Brunetière ne manquerait point de me le redire, s'il avait à me recevoir de nouveau à l'Académie — se trouve inférieur à celui-ci : c'est ici de l'histoire générale, et, dirai-je, de la grande histoire, ce qui est le plus difficile et le plus compliqué ; ce qui exige le plus vigoureux effort de composition, la plus grande abondance de documents, l'art le plus fin de présentation : diplomatie, guerre, administration, tout s'enchevêtre, les négociations, avec les motifs de l'avancement et des retards chez les parties adverses, les apparences et les réalités des dépêches et des protocoles, les plans de guerre respectifs, les effectifs, les ressources pour les former, les armer, les alimenter et les solder, les aspects des lieux où se déroulera l'action, les mouvements des troupes, la raison et la suite de leurs opérations, de leurs succès et de leurs échecs, les caractères des personnages, l'état d'esprit des chefs et de leurs lieutenants ; tout importe, tout est essentiel, tout doit venir en sa place et garder son rang, comme intérêt et comme étendue : c'est un monde qu'il faut apprendre, connaître, exposer, mettre en mouvement, une foule dont il faut, sur quantité de théâtres où elle se présente en même temps, reconnaître les officiers, régler le défilé, noter les aspects, entendre les cris, raconter les exploits ou les défaillances, qu'il faut nourrir, loger, soigner, armer et réarmer, en n'imaginant rien, en ne dissertant pas et en ne déclamant jamais. Il faut une certaine audace pour entreprendre une telle tâche. Il me semble que cette première partie n'a pas été remplie sans quelque bonheur et qu'elle est d'un bon présage. Si l'âge que j'ai atteint m'interdit l'espérance de voir la terminaison de l'œuvre, au moins en aurai-je salué les débuts de la tendresse entière de mon cœur et de l'approbation pleine de mon esprit.

FRÉDÉRIC MASSON.

Clos des Fées, août 1913.

LA CAMPAGNE DE FRANCE

NAPOLÉON
ET
LES ALLIÉS SUR LE RHIN

CHAPITRE PREMIER

LA DÉCADENCE DE LA CONFÉDÉRATION DU RHIN

I. L'armistice de Zeysc.
II. Les négociations de Kalisch.
III. Situation générale des États de la Confédération du Rhin pendant l'hiver de 1813.
IV. L'intrigue autrichienne.
V. L'Allemagne pendant la campagne du printemps et au début de l'armistice.
VI. Résumé des négociations pendant l'armistice. Inquiétudes des princes allemands. La rupture.

I

L'ARMISTICE DE ZEYSC

Pendant toute la campagne de 1812 l'Autriche et la Russie continuèrent d'entretenir, à l'insu de la France, les relations les plus confiantes, en dépit de l'état de guerre existant officiellement entre les deux pays.

L'Autriche n'avait adhéré que contrainte et forcée à l'alliance française, formulée dans la convention du 14 mars 1812, par laquelle elle s'était engagée, en cas de guerre entre la France et la Russie, à mettre sous les ordres directs de l'Empereur des Français un corps auxiliaire de 30 000 hommes et à accepter le rétablissement du royaume de Pologne, sous réserve que la possession de la Galicie occidentale serait garantie à l'empereur d'Autriche. En raison de la faiblesse relative du corps auxiliaire, cette alliance était bien plutôt politique que militaire[1].

Dès sa conclusion Metternich songea à se couvrir du côté de la Russie. Vers le milieu d'avril, il annonça à l'ambassadeur de cette puissance à Vienne, le comte Stackelberg, qu'une convention d'alliance avait été signée le 14 mars entre l'Autriche et la France et qu'au cas où la guerre serait déclarée entre celle-ci et la Russie, l'Autriche s'était engagée à fournir à Napoléon un corps auxiliaire de 30 000 hommes. Il se garda bien de parler de la clause relative au rétablissement du royaume de Pologne. Mais il déclara qu'une nécessité absolue avait seule pu forcer l'empereur François à signer cette convention, que le corps auxiliaire autrichien agirait seulement du côté de la Bukovine, et que rien n'empêcherait la Russie et l'Autriche de continuer à s'entendre en secret relativement à leurs vues politiques. Les mêmes assurances furent données à Stackelberg par l'empereur François en personne ; il exprima le désir que la Russie ne considérât pas l'Autriche comme partie sérieusement belligérante et persistât à entretenir en secret des relations amicales avec la cour de Vienne.

Ces relations ne furent en effet pas interrompues par la déclaration de guerre : l'ambassadeur d'Autriche en Russie, le comte de Saint-Julien, quitta bien Saint-Pétersbourg, quoique l'empereur Alexandre lui eût proposé de rester à son poste ; mais il y laissa comme chargé d'affaires officieux un membre de sa propre ambassade, M. Marchal. De même Stackelberg ne crut pas pouvoir rester à Vienne, mais un de ses secrétaires, M. d'Ott, continua d'y résider. Stackelberg ne sortit d'ailleurs pas des États autrichiens ; il se retira à Gratz, où il resta en communication avec le gouvernement autrichien par l'intermédiaire du chevalier de Lebzeltern ; il eut même plusieurs entrevues avec Metternich, soit à Vienne, soit aux environs.

---

[1]. ARMAND LEFEBVRE. *Les Cabinets de l'Europe*, t. V, ch. II.

Au commencement de juillet, alors que les opérations étaient déjà commencées, la Russie essaya d'obtenir de l'Autriche un accord écrit, confirmant les promesses verbales faites au mois d'avril par Metternich, notamment celle relative à la non-augmentation du contingent fourni à la France; en échange, elle proposait de s'engager à ne rien faire qui pût être contraire aux intérêts de l'Autriche, et même à les soutenir, si les chances de la guerre lui devenaient favorables. A ce moment Napoléon était dans la période du succès; la cour de Vienne se refusa à faire une démarche aussi compromettante, en donnant pour prétexte que la ferme volonté de l'empereur François et sa parole devaient suffisamment garantir l'accomplissement de ses promesses; de son côté l'empereur François demanda à l'empereur Alexandre de lui garantir sur parole l'exécution éventuelle de l'engagement proposé. Le comte Stackelberg fut autorisé à conclure ainsi cette négociation, à défaut d'un acte formel.

Les relations entre Metternich et Stackelberg se poursuivirent sur le même pied d'absolue confiance. Pendant le séjour de l'armée française à Moscou, le ministre autrichien, inquiet de voir Schwarzenberg s'éloigner de la Galicie, fit une démarche au moins singulière: il se plaignit à Stackelberg du retrait des troupes russes en observation sur les frontières autrichiennes et demanda qu'elles en fussent rapprochées, afin de justifier aux yeux de Napoléon, d'une part, l'inactivité du corps de Schwarzenberg, d'autre part, la formation d'un nouveau corps d'armée en Galicie. (Dépêche du comte Stackelberg du 12/24 octobre 1813[1].)

Les nouvelles des désastres éprouvés par la Grande Armée dans le courant des mois d'octobre, de novembre et de décembre, furent accueillies avec joie en Autriche par l'aristocratie, le peuple et l'armée. Mais Metternich resta longtemps sur une prudente réserve, dans la pen-

---

[1]. *Recueil des traités et conventions de la Russie avec les puissances étrangères*, publié d'ordre du Ministère des Affaires étrangères par F. Martens, t. III, *Traités avec l'Autriche*, pp. 286 et suivantes.

sée que le génie de Napoléon pourrait encore faire tourner les chances en sa faveur.

Il changea d'attitude lorsqu'il eut acquis la certitude de l'absolue destruction de la Grande Armée et de l'impossibilité où se trouvait Napoléon de reprendre l'offensive avant de longs mois ; il se décida alors à accentuer le caractère amical de son attitude vis-à-vis de la Russie. L'occasion en fut fournie au mois de décembre 1812 par la Russie. De Smolensk, Kutusoff envoya Anstett au prince Schwarzenberg, avec mission d'offrir un armistice particulier au corps autrichien. Schwarzenberg était assez au fait du secret de sa cour, et en particulier du désir de celle-ci de soustraire le plus tôt possible ses troupes aux directions données par le commandement français, pour entrer avec empressement dans la combinaison proposée. La première entrevue connue entre Schwarzenberg et Anstett eut lieu le 6 janvier à Ostrow ; l'un et l'autre devaient avoir connaissance de la défection du corps prussien de Yorck, consommée le 30 décembre. Il fut convenu, sous réserve de l'approbation de l'empereur François, que les Russes suspendraient leur marche sur la Galicie occidentale et dirigeraient une forte colonne de Grodno sur Plock, de manière à menacer d'un enveloppement stratégique les Autrichiens et les Saxons commandés par Regnier, qui étaient sous les ordres de Schwarzenberg ; les premiers repasseraient alors sur la rive gauche de la Vistule, les seconds se concentreraient à Praga pour défendre Varsovie. Ce premier résultat acquis, les Russes feraient de fortes démonstrations sur la Vistule, en amont de Varsovie, comme s'ils avaient l'intention de se porter sur Radom, de manière à justifier l'évacuation de Varsovie et la retraite sur la Pilika des corps autrichiens, polonais et saxons. Après quoi, le corps autrichien prendrait tranquillement ses quartiers d'hiver dans la Galicie occidentale entre la Pilika et la région de Cracovie, laissant les corps saxon et polonais rejoindre comme ils pourraient les débris de l'armée française. La combinaison fut soumise à l'empereur François par une lettre de Schwarzenberg en date du 8 janvier, qui parvint à Vienne le 13 (six jours).

Les propositions russes étaient trop les bienvenues pour que la cour de Vienne hésitât à les accepter. Cependant il s'écoula un intervalle de onze jours entre la réception de la lettre de Schwarzenberg et la réponse de l'empereur François, du moins celle qui est connue [1]. Ce retard ne peut s'expliquer qu'en partie par les difficultés des communications ; mais il faut remarquer que le cabinet de Vienne se trouvait en ce moment engagé dans une négociation très secrète avec la Prusse qui, avant de traiter avec la Russie, tenait à s'assurer des bonnes dispositions de l'Autriche à son égard [2].

Quoi qu'il en soit, la lettre de l'empereur François à Schwarzenberg, datée du 24 janvier, répondit d'une manière affirmative aux propositions du général autrichien : « Vous devez éviter soigneusement d'abandonner cette direction (celle des frontières de la Galicie), dussiez-vous même recourir à une suspension temporaire d'hostilités pour le délai le plus court possible, et sans prendre à cet égard, pour autant qu'il serait également possible, d'engagement par écrit. Si vous deviez en venir à conclure une suspension d'hostilités, vous ne devriez pas perdre de vue l'importance dont il serait de couvrir le plus qu'il serait possible du territoire du grand-duché de Varsovie. » La lettre indiquait formellement Cracovie comme direction à suivre par le corps autrichien.

En conséquence le 30 janvier 1813 Schwarzenberg signa à Zeyse, avec le plénipotentiaire russe Anstett, une convention d'armistice, stipulant la neutralisation de la Galicie et la retraite méthodique des troupes sous ses ordres [3]. Le 7 février il évacua Varsovie, où les Russes entrèrent le lendemain sans coup férir, et dans les jours suivants il continua sa marche dans la direction de Cra-

---

1. ONCKEN, *OEsterreich und Preussen im Befreiungskrieg*, t. I, pp. 99 et 408.

2. ONCKEN, *Mission de Knesebecek à Vienne*, 12-30 janvier 1813, t. I, p. 137.

3. Voir la note 1.

covic, en s'éloignant de plus en plus des petits corps français avec lesquels le prince Eugène s'efforçait de défendre la ligne de la Vistule. Ce mouvement excentrique eut pour effet de découvrir complètement le flanc droit des positions françaises et d'obliger le vice-roi à battre précipitamment en retraite sur l'Oder.

A un mois d'intervalle l'armistice de Zeysc forma le pendant de la convention conclue à Tauroggen le 30 décembre 1812 entre le général russe Diebitsch et le général prussien Yorck, commandant le corps auxiliaire qui, réuni à la division française Grandjean, avait constitué sous les ordres du duc de Tarente le 10° corps et l'aile gauche de la Grande Armée. Par cette convention Yorck avait neutralisé ses troupes et le territoire prussien entre Memel et Tilsit, livré passage aux Russes et obligé le duc de Tarente à abandonner la ligne du Niémen pour se retirer en toute hâte sur celle de la Vistule et sur Dantzig.

Relativement peu importants au point de vue militaire, puisqu'ils ne firent que précipiter une retraite inévitable, ces deux armistices eurent au point de vue politique des conséquences fort graves : en Allemagne ils firent sentir aux souverains de la Confédération du Rhin la crainte de se trouver pris entre deux feux et encouragèrent les patriotes à redoubler d'efforts pour délivrer leur pays d'un joug devenu odieux ; à Paris, comme à Berlin, à Vienne, à Saint-Pétersbourg et à Londres, ils furent considérés comme les préliminaires des traités dont la conclusion devait briser le système continental d'alliances de Napoléon, unir à la Russie, d'abord la Prusse, puis l'Autriche, enfin les autres États allemands, et reformer contre la France impériale la coalition de toutes les puissances monarchiques et traditionnelles.

La convention de Tauroggen, étant la première en date, eut un retentissement beaucoup plus grand que celle de Zeysc et agit bien davantage sur l'esprit des populations de race germanique. Cependant, au point de vue militaire, la seconde eut un effet plus défavorable à la cause française, et, au point de vue politique, elle donna sur les agissements ultérieurs du cabinet de Vienne des indices plus significatifs que la première n'en avait fourni sur les dispositions du cabinet de Potsdam. En effet Yorck, se trouvant dans une situation en apparence critique, sans ordres de son souverain, avait obéi aux inspirations du patriotisme le plus élevé ; il n'avait pas reculé devant les responsabilités les plus graves et, avec un indéniable courage civique, il avait pris seul sa décision. Sans doute, il avait ainsi montré la voie à suivre pour délivrer son pays du joug de la France ; mais il n'avait pas engagé la politique de son souverain, qui restait maître de le désavouer, s'il jugeait la rupture de l'alliance avec Napoléon prématurée, et qui le désavoua en effet, tout en se réjouissant au fond du cœur de l'initiative prise par un sujet fidèle et habile.

Au contraire, la convention de Zeyse avait un caractère non seulement militaire, mais aussi politique. En prescrivant à Schwarzenberg de se retirer sur Cracovie et de se borner à couvrir la portion du territoire du grand-duché de Varsovie convoitée par l'Autriche, en l'autorisant à conclure au besoin une suspension d'armes avec les Russes, l'empereur François et Metternich ne pouvaient se faire d'illusion ni sur la gravité du préjudice causé à l'armée française par une décision contraire aux stipulations du traité d'alliance du 14 mars 1812, ni sur l'interprétation qui serait donnée par le cabinet des Tuileries à ce changement d'attitude. C'était ouvertement un premier pas vers la défection ; Napoléon ne devait pas s'y tromper. Cependant ils ne balancèrent pas à le faire, parce que la retraite du corps auxiliaire rendait à l'Autriche la disposition de ses troupes les plus aguerries et lui permettait de prendre une attitude de neutralité apparente, de nature à lui faciliter l'ouverture de négociations pour la paix générale, avec la France d'une part, avec la Prusse et la Russie de l'autre.

De ce moment Metternich put entamer l'exécution de son grand dessein : « préparer l'Europe à l'arbitrage autrichien, faire en sorte qu'après avoir successivement rassuré et inquiété tout le monde, l'Autriche, en cas de victoire finale de Napoléon, trouvât partout des clients, en cas de défaite des Français, partout des alliés, et qu'elle consommât à son avantage la ruine du Grand Empire ou la ruine de l'Europe ; bref, le moment venu, disposant de 300 000 hommes, appoint décisif dans la lutte, mettre l'alliance autrichienne aux enchères de l'Europe, se donner à qui paierait le mieux, à qui procurerait le plus de terres et offrirait le plus de garanties, sauf à préférer dans le fond que ce ne fût point à la France et que les intérêts se missent d'accord avec les rancunes ; par-dessus tout, éviter d'être écrasé par les masses ennemies avant d'avoir pu intervenir[1] ».

Tel fut le plan politique. Mais Metternich n'admit l'hypothèse du triomphe de Napoléon que pour ne rien laisser au hasard : le cas échéant, il l'aurait considéré comme la pire des catastrophes. Par son origine et son éducation, ses intérêts et ses relations; il appartenait à cette haute aristocratie cosmopolite, dont les membres se sentent solidaires, quel que soit leur pays natal. Il n'eût pas été lui-même, s'il n'eût pas tout mis en œuvre pour amener la ruine non seulement du Grand Empire et de son chef, mais aussi de cette France dont l'esprit rayonnait au dehors, même parmi les patriotes prussiens et espagnols, cependant ses ennemis acharnés. Ce rayonnement constituait un immense danger pour les souverains des anciennes dynasties et pour les oligarques, figés dans l'antique conception du pouvoir absolu et des privilèges de la naissance. Si, à la rigueur, un empereur François pouvait subordonner pour un temps ses passions personnelles à la raison d'État, jusqu'à jeter la fille des Césars dans le lit d'un petit gentilhomme corse, usurpateur du trône des Bourbons, alliés tant de fois aux Habsburg, jamais un Metternich, naturellement imbu des préjugés de sa caste, ne devait admettre l'existence d'un droit nouveau, basé sur la volonté du peuple, qui, en proclamant l'égalité de tous devant la loi, portait

---

[1]. A. SOREL, *L'Europe et la Révolution française*, t. VIII.

une atteinte mortelle aux prétentions de l'aristocratie.

D'ailleurs Metternich était trop averti de l'état d'esprit des adversaires en présence pour ne pas prévoir que leurs exigences étaient et resteraient inconciliables.

Jamais Napoléon, même après l'échec désastreux de la campagne de 1812, ne consentirait à abandonner des conquêtes et des influences qui légitimaient son pouvoir, ni à payer le concours douteux de son allié de la veille le prix auquel celui-ci était résolu à le mettre ; jamais Alexandre et Frédéric-Guillaume n'admettraient la conclusion d'une paix qui ne consacrerait pas la ruine totale d'un ennemi dont ils croiraient avoir tout à redouter aussi longtemps qu'il lui resterait le moyen de préparer une revanche, même lointaine. Mais le moment n'était pas venu encore de prononcer les paroles irrévocables, car l'Autriche se débattait au milieu de graves embarras intérieurs. La guerre de 1809 avait miné le crédit par l'abus effroyable du papier-monnaie qui, après la paix, était tombé bien au-dessous du pair. Il ne s'était pas relevé, en dépit des mesures extraordinaires prises en 1811, mesures équivalentes à une banqueroute, car les billets de la banque de Vienne devaient être reçus pour le cinquième de leur valeur nominale. A cette occasion, la Hongrie avait failli entrer en révolte ouverte contre la cour de Vienne ; ses sentiments restaient un objet d'inquiétude. D'autre part, l'armée était demeurée dans une profonde atonie depuis le grand et inutile effort de 1809 ; son chef le plus éminent, l'archiduc Charles, était en disgrâce ; le matériel faisait défaut, ou datait de la guerre de Sept Ans. Les forces militaires de la monarchie étaient donc à réorganiser de fond en comble pour être en état de soutenir la politique du gouvernement. Cela demandait non des semaines, mais des mois de persévérants efforts. Quant à l'argent nécessaire, comme il n'y en avait ni en Russie, ni en Prusse, ni en Autriche, force était de demander des subsides à l'Angleterre. Le temps seul permettrait de résoudre ces difficultés.

Il fallait du temps encore pour trouver et s'attacher des clients, et donner ainsi plus de valeur à l'alliance autrichienne. Mais, dans la situation de l'Europe, ces clients ne pouvaient se rencontrer que parmi les puissances de second et de troisième ordre, déjà unies à l'Empire français par une alliance étroite. Le choix était donc limité ; il ne pouvait porter que sur les États de la Confédération du Rhin, le royaume de Naples et la Suisse. Les premiers étaient les plus intéressants ; non seulement ils apportaient à la France un supplément de forces militaires très appréciable, mais surtout ils créaient entre les frontières de l'Empire et celles des États ennemis de l'est et du nord, une large zone de couverture qui permettait d'éviter au territoire de l'ancienne France et à ses annexes, départements de la rive gauche du Rhin, de l'ancienne Belgique, de l'ancienne Hollande, les maux immédiats de la guerre, et qui fournissait aux armées impériales un excellent terrain de rassemblement et de manœuvre. Pour frapper la France au cœur, il fallait nécessairement traverser cette zone ; il n'était pas indifférent aux futurs coalisés d'y trouver des ennemis, ou au contraire des complices et des alliés. Mais pour s'assurer la complaisance d'abord, l'alliance ensuite des princes confédérés, de délicates négociations étaient nécessaires ; il fallait les conduire avec tact et secret, car Napoléon était intéressé au plus haut point à maintenir ces princes dans son camp et sous son influence.

II

LES NÉGOCIATIONS DE KALISCH

Le traité d'alliance entre la Russie et la Prusse fut signé à Breslau le 27 février par Hardenberg, pour la Prusse, et Anstett, pour la Russie, et le lendemain 28 à Kalisch par Scharnhorst et Kutusoff.

Par ce traité, dit de Kalisch, la Russie et la Prusse

établissaient entre elles une alliance offensive et défensive, dirigée contre la France (art. 1 et 2); les deux puissances devaient concourir de tous leurs moyens à délivrer l'Allemagne du joug de Napoléon et dans ce but porter leurs armées, la Russie à 150 000 hommes, la Prusse à 80 000, sans compter les garnisons des places fortes (art. 3); les troupes prussiennes se réuniraient aussitôt aux troupes russes (art. 5); les deux puissances s'engageaient à ne négocier et à ne signer avec l'ennemi, ni paix, ni trêve, ni conventions séparées (art. 6); à se communiquer réciproquement et confidentiellement tout ce qui avait rapport à leur politique et à mettre tous leurs soins à unir la cour de Vienne le plus tôt possible à leur cause (art. 7); à rendre efficaces les négociations de la Prusse avec l'Angleterre, pour en obtenir armes, munitions et subsides. Les quatre derniers articles stipulaient qu'il serait formé des conventions de commerce et de coopération militaire et que le traité serait tenu secret pendant deux mois, mais que, dans cet intervalle, il pourrait être communiqué à l'Autriche, à l'Angleterre et à la Suède.

D'autre part, l'article 1er, séparé et secret, assurait à la Prusse l'intervention de la Russie pour la reconstituer dans le même état de forces, de territoires et d'influences politiques où elle était avant 1806 et pour employer en équivalents à cet effet toutes les conquêtes faites à l'avenir par les armes russes, à l'exception des anciennes possessions de la Maison de Hanovre. Cet engagement était développé dans l'article 2, pareillement secret, qui garantissait expressément à la Prusse ses anciennes possessions et plus particulièrement la vieille Prusse, à laquelle devait être joint un territoire reliant cette province à la Silésie, sous tous les rapports, tant militaires que géographiques.

L'invitation d'entrer dans l'alliance de la Russie et de la Prusse était prévue et attendue par Metternich : il était prêt à donner aux deux puissances du Nord des preuves non équivoques de la bienveillance de l'Autriche; mais il ne voulait pas s'avancer avant d'être assuré de l'existence du traité et d'en avoir pris connaissance. On ne saurait expliquer autrement la lenteur du voyage de son émissaire, le chevalier de Lebzeltern, qui, parti de Vienne le 6 février, s'arrêta d'abord à Cracovie pour attendre ses instructions définitives (datées du 8 février), puis à Konskie, pour s'entendre avec Schwarzenberg, et n'arriva à Kalisch que le 5 mars. Lebzeltern était chargé de présenter à la Russie et à la Prusse la démarche de l'Autriche comme inspirée par des vues d'intérêt général, inséparable de l'intérêt proprement autrichien, et de leur faire sentir l'avantage de n'accepter son intervention, comme puissance consentant à s'entremettre pour porter des paroles de paix de part et d'autre, qu'avec la ferme intention de la faire passer ensuite au rôle de puissance médiatrice, ayant, en cette qualité, à dicter les conditions de la paix. Metternich jugeait pour le moment inutile de déterminer d'une façon précise et détaillée les conditions de cette paix, et préférable de se limiter à une entente sur des propositions d'ordre très général permettant d'ouvrir une négociation, à laquelle il serait ensuite loisible d'imprimer la marche la plus conforme aux intérêts des adversaires de Napoléon. Dans ces instructions, le mot alliance n'était pas prononcé, mais il était sous-entendu à chaque ligne. De plus, Lebzeltern avait ordre de ne rien négliger pour convaincre l'empereur Alexandre des sentiments d'entière confiance que l'empereur François lui avait voués, et il était porteur de deux lettres adressées par son maître au souverain russe, l'une ostensible, l'autre secrète, très explicites à cet égard [1].

Ni Alexandre, ni Nesselrode, ni Hardenberg, ni lord Cathcart, ne doutèrent de l'adhésion pleine et entière de l'Autriche à la coalition en voie de formation contre la France, et ils firent tous leurs efforts pour la précipiter. Dans ses entretiens avec les uns et avec les autres, Lebzeltern put facilement se convaincre du prix énorme

---

[1]. Instructions à Lebzeltern et lettres de l'empereur François à l'empereur Alexandre du 8 février 1813. ONCKEN, t. I.

attaché par les alliés, et spécialement par la Russie, à l'entrée de l'Autriche dans leurs combinaisons militaires et politiques. Dès la première entrevue, Alexandre lui exposa comment il entendait rétablir l'équilibre entre les grands États et poser une barrière à la prépondérance accablante de Napoléon : il voulait restituer à l'Autriche son ancienne puissance et toutes ses possessions ; soustraire l'Allemagne à l'influence de la France et la remettre comme auparavant sous la domination de l'empereur d'Autriche; enfin, assurer à la Prusse à la fin de la lutte sa pleine indépendance, avec un degré de consistance suffisant. Il essaya même d'entraîner l'Autriche à une action immédiate, en l'invitant à profiter de la faiblesse des troupes françaises, italiennes et bavaroises pour reprendre, sans délai et sans avertissement préalable, le Tyrol et les anciens États vénitiens jusqu'à Mantoue. Le coup fait, les places occupées, on aurait parlé d'un congrès général, où l'Autriche secondée par la Russie aurait négocié dans les formes les plus à sa convenance.

Ainsi l'empereur Alexandre et les hommes d'État soumis à l'influence de l'Angleterre étaient disposés à faire à l'Autriche les plus grands avantages, notamment dans la direction des affaires intérieures de l'Allemagne; ils étaient prêts à lui sacrifier les intérêts de la Prusse, encore incapable, en dépit d'efforts surhumains, de reprendre son rang parmi les grandes puissances. Lebzeltern ne pouvait s'y tromper : Alexandre mettait Frédéric-Guillaume, son allié, à sa gauche, et réservait la place d'honneur à sa droite à l'empereur François, qui n'était encore que son ami. Mais, en se présentant comme investi de la mission céleste de délivrer l'Europe et d'y établir un état de paix stable et solide, il ne négligeait pas ses intérêts. Il rêvait en effet de reconstituer à son profit l'ancienne Pologne, en réunissant aux provinces attribuées à la Russie par les traités de partage de 1772 et de 1795, le grand-duché de Varsovie, déjà occupé par ses troupes, le pays de Posen, Cracovie et la plus grande partie de la Galicie, que lui céderaient la Prusse et l'Autriche contre des compensations convenables.

L'Autriche avait aussi à compter avec la Prusse. Celle-ci avait dans tous les États allemands des partisans nombreux, passionnés, disposés à favoriser ses ambitions; elle voulait des terres, des hommes, de l'argent. Elle voulait recouvrer ses anciennes possessions, et en acquérir de nouvelles, de manière à relier les différentes provinces du royaume et constituer un corps d'État ininterrompu; elle voulait exercer une influence sans conteste sur les États secondaires de l'Allemagne du Nord, et cette Allemagne du Nord elle l'étendait jusqu'au Main. Sur beaucoup de points, ses intérêts étaient contraires à ceux de l'Autriche; si les deux grandes puissances allemandes étaient pour le moment disposées à s'unir contre l'ennemi commun au prix de concessions réciproques, leur rivalité n'en subsistait pas moins et rendait nécessaire un conflit, qui pouvait être retardé, mais non évité.

Quant à la France, amis et alliés s'entendaient à demi-mot : il fallait pour assurer la paix du continent la refouler dans ses limites naturelles; par là Russes et Prussiens, Anglais et Autrichiens entendaient bien non pas la frontière du Rhin, fixée par le traité de Lunéville, mais les anciennes frontières historiques du royaume de France entre le Rhin, les Alpes, les Pyrénées et l'Escaut, c'est-à-dire celles de 1792, sans la Belgique, sans la Hollande, sans les départements rhénans, sans la Savoie, sans le comté de Nice !

Sur ces bases les alliés du moment et ceux de l'avenir pouvaient s'entendre; si à Kalisch, en mars 1813, rien ne fut conclu, au moins tout fut convenu. La Russie et la Prusse par les armes, l'Angleterre par l'argent, l'Autriche par l'intrigue, allaient travailler à nouer contre la France une coalition formidable, et cette fois dans des conditions telles que la défaite de l'éternelle ennemie parut assurée. Néanmoins Metternich sentit l'utilité de donner aux alliés un nouveau gage de sa bonne volonté. Comme l'armistice de Zeysc avait suivi à un mois d'intervalle la convention de Tauroggen, de même, un mois après la conclusion du traité d'alliance entre la Russie et la Prusse, Lebzeltern signa le 29 mars avec Nesselrode une convention aux termes de laquelle l'armistice du 30 janvier serait momentanément suspendu, afin d'obliger les autorités et les troupes polonaises, ou à se dissoudre, ou à gagner tel point de l'Allemagne, à leur choix, en traversant les États autrichiens, et à permettre aux Russes de s'établir tranquillement dans le grand-duché de Varsovie. Quant au corps de Schwarzenberg, il était entendu qu'il se rendrait en Bohême pour y former le noyau de la future grande armée autrichienne[1].

Bien des questions restaient cependant en suspens et parmi elles la plus importante était assurément l'organisation à donner à l'Allemagne. La Russie, la Prusse, l'Angleterre et l'Autriche étaient d'accord pour la soustraire d'une façon absolue à l'influence de la France, et par conséquent pour détruire la Confédération du Rhin. Mais à celle-ci il fallait substituer un lien assez fort pour donner quelque consistance à cette masse inorganique de royaumes, de duchés, de principautés, d'importance très variable; il fallait placer le nouveau groupement ainsi formé sous la protection d'une grande puissance inspirant confiance aux autres. Sur ces points l'entente était difficile.

En dépit des déclarations faites à Lebzeltern, l'empereur Alexandre paraissait incliner vers les solutions radicales préconisées par le baron de Stein ; depuis le mois de juin 1812 celui-ci était à Saint-Pétersbourg à la tête d'un comité dit allemand, chargé de provoquer et de seconder en Allemagne les menées des ennemis de la France et particulièrement de fomenter la désertion parmi les troupes de la Confédération du Rhin. Dans les mémoires qu'il ne s'était pas lassé d'adresser à l'empereur de Russie, notamment dans ceux du 18 septembre et du 17 novembre 1812, Stein avait exposé ses

---

1. Voir note II.

idées sur la constitution à donner à l'Allemagne libérée de l'influence française et sur la méthode à suivre pour atteindre ce résultat. Il avait posé en principe que dans l'intérêt du repos de l'Europe l'Allemagne devait être organisée assez fortement pour pouvoir résister à la France par ses propres moyens, maintenir son indépendance, contenir l'Angleterre dans ses ports et prévenir autant que possible une invasion française en Russie. Pour remplir ces conditions, trois moyens s'offraient : réunir toute l'Allemagne en une seule monarchie, ou bien la diviser entre la Prusse et l'Autriche, en prenant le cours du Main comme délimitation, ou bien laisser subsister les États les plus puissants, en les faisant entrer dans une alliance étroite avec la Prusse et l'Autriche. Il avait exclu d'une manière absolue le retour au système issu des traités de Westphalie, et, sans hésitation, indiqué sa préférence pour la formation d'un empire qui posséderait « tous les éléments moraux et physiques de force, de liberté et de lumières et qui pourrait résister à l'ambition inquiète de la France. Un tel état de choses rendrait au peuple le sentiment de sa dignité et de son indépendance ; ses forces ne seraient pas dispersées pour servir de petits intérêts territoriaux, mais seraient employées au mieux des intérêts de la nation en général ; tel était le vœu de la communauté allemande, depuis qu'elle avait été trahie indignement par ceux qui auraient dû mourir pour elle, depuis qu'elle avait pu apprécier la lâcheté de ces princes qui vendaient le sang de leurs peuples pour prolonger leur honteuse existence ; tel devait être aussi le vœu des princes eux-mêmes, car le nouvel état de choses consoliderait leur situation et leur donnerait la noble tâche d'être les conseillers d'un grand peuple, au lieu d'être, comme maintenant, des espèces de préfets héréditaires, peu assurés de la durée de leur pouvoir, auxquels la médiocre étendue de leur rayon d'action ne donnait qu'un rôle sans éclat. »

Dès le mois de septembre 1812, Stein, étudiant la possibilité de fomenter une insurrection contre la France dans la région comprise entre l'Elbe, l'Yssel, le Rhin et les montagnes du Thuringerwald, et d'opérer, en même temps, un débarquement sur les côtes de la mer du Nord, avait demandé que les pays occupés, soit par les troupes régulières, soit par les rassemblements d'insurgés, fussent entièrement soumis à un conseil d'administration investi de pouvoirs illimités. Il avait jugé impossible d'utiliser les anciens gouvernements des princes dépossédés par Napoléon. En les restaurant, « on morcellerait les forces que l'on veut mettre en action, on s'en remettrait pour leur emploi à une quantité de fonctionnaires en partie incapables, et l'on ne pourrait tirer aucun parti des ressources des territoires n'appartenant pas à ces princes. On compliquerait ainsi à plaisir une entreprise qui demande au plus haut point unité et rapidité ; en effet, il faudrait en confier l'exécution à un gouvernement hanovrien, dont le chef réside à Londres, à un gouvernement hessois, dont le chef est un vieillard avide, à un gouvernement de Fulda, dont le prince voudra faire triompher ses vues personnelles, à un gouvernement brunswickois, dont le chef est très peu maniable, enfin à un gouvernement oldenbourgeois, dont le chef mérite assurément toute confiance en raison de sa sagesse et de sa moralité, mais qui n'aura ni l'influence, ni l'énergie nécessaires pour faire marcher d'accord ses quatre collègues, leurs ministres, leurs généraux, leurs valets de chambre et leurs maîtresses. »

Stein exprima ces idées avec encore plus de force et de précision dans le mémoire rédigé au mois de novembre, lorsque la retraite de l'armée française se fut changée en désastre et que la guerre parut devoir se poursuivre en Allemagne. Il conseilla à l'empereur de Russie d'arrêter à l'avance son attitude à l'égard des princes et de leurs sujets, d'annoncer sa ferme volonté d'anéantir la Confédération du Rhin, enfin, d'inviter tous les Allemands à joindre leurs efforts à ceux des armées alliées pour conquérir leur liberté. Il escomptait l'évolution de la Prusse et de l'Autriche, et, chez les peuples des États confédérés, des explosions du sentiment national que les progrès de l'armée russe rendraient de plus en plus violentes. Quant aux souverains, il n'en attendait aucune résolution virile, la crainte du maître étant trop fortement enracinée dans leurs âmes dégradées par le sentiment de leur faiblesse.

« Quelle que soit leur attitude, soit qu'ils se soumettent de suite aux alliés, soit qu'ils résistent, ces princes n'ont aucun droit au maintien ou au rétablissement de leur souveraineté ; les uns sont maintenant dans le camp ennemi ; au moment de l'entrée des armées alliées sur leurs territoires, les monarques, desquels celles-ci dépendent, pourront leur appliquer le droit de la conquête, dans la mesure où ils le jugeront avantageux pour leur cause. De même les autres, quoique dépossédés par Napoléon, n'ont aucunement le droit de réclamer leur restauration, car il ne dépend que des puissances alliées de déterminer le parti à tirer de leurs succès, après avoir chassé les Français d'Allemagne. Ces puissances ne sont à aucun degré les alliées des princes dépossédés et n'ont pris avec eux aucun engagement[1]. » En conséquence, l'Allemagne entière, à l'exception de la Prusse, devait être placée, tout au moins provisoirement, sous un gouvernement organisé par les puissances alliées, dans le but de disposer des troupes, de déterminer le montant des contributions en nature ou en argent et de mettre en activité la levée en masse, en un mot, de donner à la guerre un caractère national. Après la victoire, les alliés fixeraient le sort de l'Allemagne, en tenant compte uniquement des intérêts du peuple allemand et de l'Europe ; ils y étaient autorisés par le droit de la guerre, puisque les États de la Confédération du Rhin, par leur attitude hostile, s'étaient mis dans le cas d'avoir à le subir[2].

Alexandre et Frédéric-Guillaume parurent, après la conclusion du traité de Kalisch, entrer complètement dans les vues de Stein ; en conséquence, le 19 mars Nes-

---

1. Pertz, *Aus Steins Leben*, t. I, l. V, pp. 536, 539, 578.
2. *Ibid.*

selrode et Stein pour la Russie, Hardenberg et Scharnhorst pour la Prusse, fixèrent par la convention dite de Breslau les principes politiques à appliquer et la conduite à tenir par les armées alliées, au moment de l'occupation par celles-ci des États allemands de la Confédération du Rhin et des provinces directement rattachées à l'Empire français.

La convention de Breslau peut figurer en bonne place dans la série des actes officiels, dans lesquels depuis 1792 les chefs de l'oligarchie européenne, foulant aux pieds les principes, les traditions et les droits dont ils se proclamaient les défenseurs, donnèrent cours avec une franchise naïvement brutale à leurs sentiments de haine contre la France et contre la Révolution.

Cette fois Alexandre et Frédéric-Guillaume ne s'en prirent pas directement à Napoléon, mais bien à ses alliés allemands, c'est-à-dire aux princes de la Confédération du Rhin appartenant à des dynasties d'origine allemande. Les champions de la contre-révolution s'arrogèrent le droit exorbitant de dicter leur conduite à des souverains, à la vérité peu puissants, mais maîtres de diriger leur politique au même titre que leurs voisins de Prusse et de Russie, et, si cette conduite n'obtenait pas leur approbation, de menacer l'existence de ces souverains, en disposant par avance de territoires sur lesquels la Prusse et la Russie n'avaient aucun droit, que les armées russe et prussienne n'occupaient même pas !

Par l'article 1er les deux alliés convinrent de publier dans le plus bref délai un manifeste invitant les princes et les peuples allemands à s'unir à eux pour travailler à l'affranchissement de l'Allemagne. Ce manifeste devait menacer d'être privés de leurs États, provisoirement ou définitivement, ceux des princes qui, passé un délai assigné à chacun d'eux, ne se seraient pas rendus à l'invitation ! Les autres articles étaient à l'avenant du premier.

L'article 2 instituait un conseil central d'administration. Au début ce conseil devait être composé de Russes et de Prussiens ; mais, dès que les grandes puissances dont on espérait l'alliance viendraient prendre une part active à la guerre, leurs représentants, et spécialement ceux de l'Angleterre, y seraient admis. Au contraire, les princes de la Confédération du Rhin qui adhéreraient à la coalition contre la France n'auraient droit qu'à la nomination collective d'un seul membre, de manière à leur ôter toute influence sur les décisions à prendre.

Les articles 3 et 4 déterminaient les attributions générales du conseil : gouvernement des territoires occupés, exploitation des ressources dans l'intérêt commun, perception des revenus, partagés d'abord entre la Russie et la Prusse, et ultérieurement entre ces puissances et la régence de Hanovre, celle-ci devant recevoir une part proportionnelle à l'effectif des troupes qu'elle mettrait en campagne.

L'article 5 divisait les pays occupés, ou à occuper, en cinq grands gouvernements comprenant le royaume et les duchés de Saxe, le royaume de Westphalie, les duchés de Berg et de Nassau, les départements français formant la 32º division militaire et les duchés de Mecklembourg, à l'exception des anciennes possessions prussiennes et hanovriennes qui devaient faire immédiatement retour à leurs anciens maîtres.

L'article 6 établissait dans chaque circonscription un gouverneur militaire, dépendant du généralissime pour toutes les affaires intéressant la conduite des opérations, et un gouverneur civil, dépendant du conseil central et secondé dans ses fonctions par un Landtag, ou diète, organisée dès que cela serait possible. Les uns et les autres étaient à la nomination du conseil central (art. 19). Les articles 1er et 8 attribuaient à celui-ci la mission de prendre toutes les mesures relatives à la formation dans les gouvernements d'une armée de ligne, d'une landwehr et d'un landsturm, uniquement destinés à la guerre contre la France, et à la constitution des magasins et arsenaux nécessaires aux armées alliées, comme aux troupes allemandes nouvellement levées.

Enfin, les dispositions de la convention devaient être sans délai portées à la connaissance de l'Autriche et de l'Angleterre (art. 10).

Le conseil central fut composé du baron de Stein et du comte Kotschubey pour la Russie, et des conseillers d'État von Schön et von Rhediger pour la Prusse. Le président devait être le ministre de l'Intérieur russe ; mais comme il ne parut pas en Allemagne, ses fonctions furent dès le début attribuées à Stein, qui exerça en réalité un pouvoir à peu près dictatorial [1].

Le 20 mars le traité de Kalisch fut rendu public ; cinq jours après parut un manifeste à la nation allemande, inspiré par Stein, signé par Kutusoff aux noms de l'empereur de Russie et du roi de Prusse, et destiné à former le commentaire en langue vulgaire du préambule du traité et surtout de la convention du 19 mars, dont il est inséparable [2]. Dans cette pièce, rédigée en termes emphatiques et violents, les souverains alliés faisaient connaître aux princes et aux peuples d'Allemagne qu'ils unissaient leurs armes et allaient entrer incessamment en campagne pour leur rendre la liberté et l'indépendance ; ils invitaient tout Allemand digne de ce nom, souverain, noble, bourgeois ou homme du peuple, à s'associer de tous ses moyens matériels et moraux aux efforts libérateurs de la Russie et de la Prusse. L'invitation adressée aux princes de la Confédération du Rhin était clairement comminatoire : « En conséquence elles (Leurs Majestés russe et prussienne) exigent un concours fidèle de la part de chaque citoyen et particulièrement de chaque souverain allemand ; elles veulent espérer que, parmi ceux-ci, il ne s'en trouvera aucun qui, en manifestant sa volonté d'être et de rester étranger à la cause de l'Allemagne, ne se signale comme méritant d'être anéanti par la force de l'opinion publique et la puissance d'armes vengeresses. La Confédération du Rhin, cette chaîne trompeuse à l'aide de

---

1. Pertz, *Aus Steins Leben*, t. I, p. 637.
2. Voir note III.

laquelle le tyran universel, tout en conservant à l'Allemagne préalablement disloquée son ancienne dénomination, réussit à l'asservir à nouveau, ne peut subsister plus longtemps, car, créée par l'étranger victorieux, elle assure le maintien de l'influence étrangère. »

En résumé, la conduite que les alliés se proposaient de suivre à l'égard des princes allemands fut définie dans trois documents : le préambule du traité de Kalisch, la convention de Breslau et le manifeste signé par Kutusoff.

Le cabinet de Vienne en reçut immédiatement communication ; très résolu à ne consulter que son intérêt propre, il se garda bien de demander des éclaircissements sur les obscurités et les contradictions des textes.

Ces obscurités et ces contradictions étaient cependant flagrantes. En premier lieu les monarques russe et prussien annonçaient leur ferme intention de détruire la Confédération du Rhin ; ils appelaient les princes et les peuples d'Allemagne à coopérer à la délivrance de leur patrie ; pour prix de leur concours, ils s'engageaient à assurer leur indépendance et à les faire jouir d'une entière liberté. Mais ils évitaient, et pour cause, de faire connaître la nature du système politique à venir, ni la mesure dans laquelle les princes et les peuples auraient respectivement la latitude d'user des avantages promis. La jeunesse des universités, les patriotes exaltés pouvaient se contenter d'un programme aussi sommaire ; mais les princes, leurs ministres, leurs conseillers, tous ceux qui avaient dans la direction des affaires une part de responsabilité, devaient hésiter à s'engager dans une entreprise dont le succès était problématique et dont le but était si peu clairement défini.

En second lieu la convention, comme le manifeste, contenait une sommation adressée à tous les souverains allemands d'avoir à adhérer à l'alliance de la Russie et de la Prusse, avec cependant cette nuance que la première leur accordait un délai pour prendre leur parti, tandis que le second exigeait avec menace une décision immédiate. Mais les deux alliés faisaient une différence entre les États du Sud et ceux du Nord ; en effet, l'article 5 de la convention spécifiait très exactement la région, depuis la Saxe inclusivement jusqu'à la Hollande exclusivement, soumise à l'administration du conseil central imaginé par Stein. Il n'était donc nullement question d'occuper les États au sud du Main et encore bien moins de porter atteinte aux prérogatives de leurs souverains, en leur enlevant le commandement des armées et la direction des finances. La Prusse n'ayant à cette époque d'autre ambition que d'établir solidement son influence dans l'Allemagne du Nord, Alexandre et Frédéric-Guillaume étaient tout disposés à traiter avec de grands ménagements les rois de Bavière et de Wurtemberg, les grands-ducs de Bade et de Hesse, à les rassurer même sur l'état de possession du moment, sauf à entamer avec chacun d'eux des négociations particulières sur des objets particuliers, au détriment des États de création napoléonienne, les deux grands-duchés de Wurzburg et de Francfort. C'était d'ailleurs leur intérêt évident, car l'adhésion à la grande alliance des gouvernements de l'Allemagne du Sud avait une bien autre importance que celle des gouvernements de l'Allemagne du Nord.

En effet, la majeure partie des territoires entre le Rhin et l'Elbe avait été ou directement rattachée à l'Empire français, ou englobée dans les États vassaux de cet empire, royaume de Westphalie et grand-duché de Berg. Des États gouvernés par des princes allemands, le seul important était le royaume de Saxe ; les duchés de Saxe, de Mecklembourg et de Nassau, les principautés d'Anhalt, de Lippe, de Reuss, de Schwarzburg, de Waldeck, de Nassau, de Hohenzollern, etc., ne comptaient que par les liens de parenté qui unissaient leurs familles régnantes aux grandes maisons souveraines.

Dans toute l'Allemagne du Nord la population était violemment hostile à la France ; les princes dépossédés par Napoléon avaient conservé de nombreux partisans ; les sociétés secrètes comptaient des affiliés dans les universités, dans les administrations civiles et les armées westphalienne et saxonne. Tous avaient applaudi avec transport à la défection de Yorck et salué comme l'aurore de la délivrance l'alliance de Kalisch; ils étaient prêts à seconder de tout leur pouvoir les opérations des armées russe et prussienne. Les alliés pouvaient donc compter que, si les Français étaient refoulés sur le Rhin et obligés de repasser sur la rive gauche, les États napoléoniens se dissoudraient d'eux-mêmes; dès que leurs armées l'auraient occupée, toute la vaste région entre le Rhin et l'Elbe serait à leur discrétion; ils pourraient la gouverner et l'exploiter au mieux de leurs intérêts, soit directement, comme le demandait Stein, soit indirectement, en restituant leurs États aux princes dépossédés et en maintenant sur leurs trônes les princes de la Confédération appartenant à des dynasties allemandes, sous condition de se prêter à toutes les exigences et convenances de la Prusse et de la Russie. Seul le roi de Saxe ne devait compter sur aucune grâce, en punition de sa fidélité à l'alliance française ; ses États étaient d'ailleurs trop commodément situés pour ne pas être employés aux futures compensations de territoires entre les grandes puissances. Ainsi, avant même d'atteindre le Rhin, les alliés pouvaient avec raison disposer du sort de l'Allemagne du Nord ; ils y trouveraient partout des amis, dans le peuple, dans la bourgeoisie, dans la noblesse, dans les cours. Mais aussi, pendant une période sans doute assez longue, ils n'auraient à attendre de ces amis qu'une aide en quelque sorte passive. En effet, ils ne pouvaient espérer tirer parti des ressources des pays directement rattachés à l'Empire ou englobés dans les États napoléoniens, avant d'avoir substitué aux administrations civiles et militaires françaises, ou calquées sur le système français, des administrations nouvelles, créées de toutes pièces, dont le rendement serait nécessairement faible au début, et d'avoir réussi à imprimer une direction uniforme aux gouvernements des princes restaurés. Enfin, il était vraiment difficile de se présenter en libérateurs, et de demander en même temps leurs derniers hommes et leurs derniers écus à des peuples pressurés depuis de longues années au profit de l'Empire français ou du royaume de Westphalie, et dont le passage des armées belligérantes allait consommer la ruine.

Tout autre était la situation matérielle et morale des États allemands au sud du Main et leur adhésion à la coalition avait pour la Russie et la Prusse une importance infiniment plus grande que celle des États du Nord. Sans doute la Bavière, le Wurtemberg, la Hesse, le grand-duché de Bade avaient éprouvé de grandes pertes d'hommes et d'argent pendant les campagnes précédentes ; mais depuis 1809 les maux directs de la guerre leur avaient été épargnés. Ils étaient homogènes, assez bien administrés, gouvernés par des princes appartenant à des dynasties établies depuis des siècles dans des pays où les habitants leur étaient fidèlement attachés. Si donc les alliés parvenaient à les attirer dans leur camp, ils augmenteraient considérablement en leur faveur les chances de la lutte prochaine : tout d'abord il serait impossible à Napoléon de prolonger la guerre sur la rive droite du Rhin, parce que la sûreté du faisceau de ses communications avec la France serait compromise ; très rapidement le théâtre des opérations serait reporté sur le Rhin même ; les contingents des États du Sud pourraient former une armée qui viendrait à point pour compenser les pertes des armées russe, prussienne et autrichienne ; enfin, la frontière française serait investie de la Suisse à la mer du Nord, et, si les coalisés se décidaient à passer le fleuve, l'armée française ne se trouverait sur aucun point en mesure de repousser l'invasion.

Mais, pour souhaitable qu'elle fût, cette adhésion n'était pas facile à obtenir, en raison de la situation tant intérieure qu'extérieure de l'Allemagne du Sud.

III

SITUATION GÉNÉRALE DES ÉTATS DE LA CONFÉDÉRATION DU RHIN PENDANT L'HIVER DE 1813

Au début de l'année 1813 un malaise général régnait dans la Confédération du Rhin. Les États du Nord, où le commerce et l'industrie florissaient naguère, avaient été ruinés, en partie par l'effet du blocus continental, en partie par l'effet des tarifs à peu près prohibitifs qui avaient fermé les frontières de l'Empire français aux produits étrangers ; en outre, toute la région au nord du Main, depuis le Rhin jusqu'à la frontière russe, avait été fort éprouvée depuis le printemps de 1812 par le passage des corps de troupes et des convois de la Grande Armée. Dans les États du Sud, essentiellement agricoles et traversés seulement par les régiments venant d'Italie, la population avait moins souffert, bien qu'elle eût été privée par une conséquence des mesures fiscales du gouvernement français du bénéfice du transit des marchandises d'Orient et d'Italie vers les grands entrepôts de la vallée du Rhin. Les sources de la prospérité publique s'étaient taries peu à peu ; en même temps les charges de toute nature avaient subi une progression ascendante ; en effet, les États inféodés à la France avaient été entraînés à des armements hors de proportion avec leurs moyens financiers et leurs populations. Comme les intérêts pour lesquels le Protecteur exigeait ces sacrifices ne les touchaient pas directement, en apparence tout au moins, les souverains et leurs sujets souhaitaient ardemment la paix et voyaient dans l'ambition insatiable de Napoléon le principal obstacle à sa conclusion. L'alliance française était devenue peu à peu presque aussi impopulaire à Munich, à Stuttgart et dans les autres cours de la Confédération qu'elle l'était déjà à Berlin et à Vienne.

Un immense effort avait été fait en 1812 dans l'espoir que Napoléon, après avoir triomphé de la Russie, donnerait enfin le repos à l'Europe. Mais les événements avaient tourné contre toutes les prévisions : la Grande Armée avait succombé, moins aux coups des armes russes, qu'à l'allongement démesuré de ses lignes de communication, aux privations d'une campagne faite dans un pays pauvre, et à la rigueur du climat du Nord. Ce désastre avait produit en Allemagne une consternation profonde. Depuis lors les princes et leurs ministres envisageaient avec effroi la continuation de la guerre ; les contingents levés et équipés à grand'peine et à grands frais en 1812 avaient disparu en Russie ; tout manquait pour les remplacer, cadres, hommes, chevaux, matériel. Sans tenir compte des pertes subies, l'Empereur, dès le 18 janvier, avait demandé à ses alliés de prendre les mesures les plus efficaces pour mettre dans le meilleur état leur infanterie, leur artillerie, leur cavalerie surtout, et pour rétablir leurs contingents sur le pied où ils étaient avant la campagne de 1812. Il leur avait annoncé sa ferme intention de poursuivre la lutte à outrance et n'avait paru envisager la possibilité de la paix que d'une façon fort vague : « Le résultat des efforts communs sera, dans une seconde campagne, le triomphe de la cause commune ; ou, si l'ennemi désire prévenir cette campagne par des négociations, nous aurons dans la grandeur de nos préparatifs le gage certain d'une paix honorable et sûre, dont la première condition sera de maintenir tout ce qui existe et de ne toucher en rien aux lois constitutives de la Confédération, ni aux intérêts de ses souverains [1]. »

Si les princes allemands étaient mécontents, leurs sujets ne l'étaient pas moins : bien peu des officiers et des hommes partis pour la meurtrière Russie avaient revu le sol natal ; d'innombrables familles étaient en

---

1. *Correspondance de Napoléon*, t. XXIV, n° 19462. Lettre circulaire du 18 janvier aux souverains de la Confédération du Rhin.

deuil ou sans nouvelles de leurs enfants ; les survivants, pour la plupart malades, blessés, étaient de longtemps hors d'état de reprendre du service. Ils faisaient un tableau effrayant de leurs souffrances ; ils accusaient l'Empereur et ses lieutenants de les avoir exposés aux coups de préférence aux Français, sacrifiés dans des opérations mal conçues et mal conduites, privés des secours et des récompenses dus à des alliés fidèles. A les en croire, c'en était fait de la puissance de Napoléon, qui par sa fuite précipitée avait reconnu sa défaite. Les débris de son armée avaient dû déjà abandonner la ligne de la Vistule ; ils ne pourraient se maintenir sur celle de l'Oder, ayant à dos la Prusse, impatiente de venger ses humiliations passées ; ils devraient reculer jusqu'à l'Elbe, jusqu'au Rhin. Le général Yorck à Tauroggen avait donné l'exemple ; il était temps pour les princes de songer à l'avenir et de renoncer à une protection désormais plus dangereuse qu'utile.

Ces propos alarmants étaient exploités habilement par les ennemis de Napoléon. Ils avaient réussi à former sur beaucoup de points des groupes en relations plus ou moins étroites avec la grande organisation du Tugendbund. Dans l'Allemagne du Nord ces groupes étaient de véritables sociétés secrètes, avec initiations plus ou moins dramatiques, serments et mots de passe renouvelés de la fabuleuse Sainte-Wehme ; dans l'Allemagne du Sud ils avaient plutôt le caractère de réunions périodiques, où se rencontraient des hommes ayant la même manière de voir. Dans les unes comme dans les autres, officiers de tous grades, fonctionnaires, magistrats, professeurs des universités, étudiants, commerçants, échangeaient leurs impressions sur la triste situation où la soumission excessive des princes aux volontés du tyran étranger avait réduit l'Allemagne ; ils y prenaient conscience de l'existence d'une patrie commune, dont les intérêts étaient supérieurs à ceux des petits États, limités par des frontières artificielles, exploités, plutôt que gouvernés, par des souverains aux vues égoïstes et courtes; ils étaient donc d'accord pour souhaiter un changement d'orientation politique et pour attendre ce changement des succès des deux grandes puissances allemandes, l'Autriche et la Prusse, qui ne cachaient pas leur volonté de se libérer des liens de l'alliance française.

Les gouvernements despotiques des princes allemands voyaient d'un assez mauvais œil les doctrines et les agissements des patriotes. Ils auraient pu sévir, car ils n'ignoraient ni les endroits et les jours où se tenaient les réunions, ni les noms de leurs membres; mais il aurait fallu frapper des hommes justement considérés pour leurs services, leur science, leur influence sociale. Le moment était mal choisi: souverains et ministres sentaient leur pouvoir, leur existence même, compromis; ils étaient trop préoccupés par la gravité des événements proches pour joindre aux embarras de la situation extérieure, les difficultés et peut-être les dangers qu'aurait sûrement fait naître à l'intérieur une répression énergique. Les adversaires du système de l'alliance française avaient donc beau jeu pour agiter les esprits et pour rendre odieux le nom de Napoléon.

La situation était d'autant plus difficile pour les princes confédérés, qu'en dépit des alliances ou des relations de famille existant entre eux, ils n'avaient nul secours à attendre les uns des autres. La politique française avait toujours tendu à développer chez ces princes le sentiment de leur grandeur propre et de leur indépendance; l'Empereur, avec sa compréhension profonde de l'intérêt national, avait suivi cette tradition et soigneusement entretenu entre ses alliés leurs rivalités et leurs rancunes réciproques, en prodiguant avec discernement le blâme et l'éloge, les promesses et les menaces. Peu à peu les rapports entre les divers États allemands avaient pris une allure solennelle et méfiante, comme entre nations de race, de langue, d'habitudes totalement différentes. L'amour de la patrie allemande grandissait au milieu des épreuves chez les sujets; il n'existait pour ainsi dire pas chez les princes, absorbés par le soin d'arrondir leurs domaines et de s'y établir en maîtres absolus.

D'ailleurs, l'eussent-ils voulu sincèrement, il ne leur était pas facile de se dégager d'une alliance à laquelle ils devaient l'élévation de leurs maisons, l'augmentation de leur pouvoir, l'agrandissement de leurs États.

L'électeur de Bavière et le duc de Wurtemberg, devenus rois par la grâce de Napoléon, s'étaient enrichis des dépouilles de la Prusse et de l'Autriche. La Bavière avait reçu au sud le Tyrol, enlevé à l'Autriche, au nord les principautés d'Ansbach et de Bayreuth, enlevées à la Prusse; elle était ainsi entrée en possession de la grande route commerciale et militaire reliant l'Italie à la Saxe, où se tenait la foire de Leipzig, le principal marché de l'Europe centrale. Le Wurtemberg avait acquis aux dépens de l'Autriche des territoires importants dans la Haute-Souabe et sur le Danube, par où passaient les routes joignant la Suisse à l'Allemagne centrale; aux dépens de la Prusse, d'utiles enclaves en Franconie. Le grand-duché de Bade s'était arrondi par l'annexion du Brisgau cédé par l'Autriche. Tous les princes avaient largement profité de la sécularisation des États ecclésiastiques, de la médiatisation des villes libres et des principautés immédiates et de l'incorporation des biens équestres dans leurs États[1]. D'autre part,

---

[1]. Pour la Bavière seule prise comme exemple. En 1803 la Bavière perd Deux-Ponts, Birkenfeld, le Palatinat et Juliers; elle acquiert les évêchés franconiens de Wurzburg et de Bamberg avec un tiers de l'évêché d'Eichstädt, l'évêché souabe d'Augsburg; l'abbaye de Kempten; l'évêché bavarois de Freisingen avec une part de celui de Passau; en outre, 12 abbayes diverses et 15 villes impériales, parmi lesquelles Ulm. En 1805, la Bavière cède Wurzburg au grand-duc de Toscane, mais elle acquiert le Tyrol avec le Vorarlberg et les évêchés de Trente et de Brixen, la ville impériale d'Augsburg, le reste des évêchés de Passau et d'Eichstädt, la souveraineté absolue sur les États des princes médiatisés de Leiningen, Löwenstein, OEttingen, Fugger, Thurn et Taxis, des comtes d'Erbach, Pappenheim, Waldboll, etc. En 1806, la Bavière acquiert le margraviat d'Ansbach et la ville de Nuremberg. En 1809, l'évêché de Ratisbonne, le pays de Salzburg, l'Innviertel, Bayreuth, par contre elle cède Ulm au Wurtemberg. (EDOUARD VEHSE, *Geschichte der Deutschen höfe. Bavière*, t. II, p. 265.)

ils n'avaient plus à redouter dans les affaires intérieures l'ingérence de la diète ou les représentations de l'Autriche ou de la Prusse, toujours disposées à intervenir dans les querelles politiques ou confessionnelles, en faveur de la noblesse contre les souverains ; ils étaient chez eux maîtres absolus, faisaient à leur guise les lois et règlements, et exigeaient, parfois avec une rudesse voulue, la même obéissance de tous leurs sujets, nobles ou roturiers[1]. Ils étaient donc fort peu disposés à consentir à une atténuation de leur pouvoir, et encore moins à la rétrocession de leurs acquisitions territoriales. Mais la défaite de Napoléon avait profondément modifié la situation générale de l'Europe, et pouvait amener des bouleversements dans lesquels les petits États se trouveraient à la merci des grands. Tous les princes cherchaient anxieusement leur voie et hésitaient entre trois partis : rester fidèles à l'alliance française et au pacte constitutif de la Confédération du Rhin, et se mettre coûte que coûte en mesure de soute-

---

1. Les nouveaux rois étaient particulièrement durs pour l'ancienne noblesse impériale, par exemple en Wurtemberg. Le 30 décembre 1805, le roi Frédéric supprima les États qu'il avait juré de maintenir en montant sur le trône ; le 2 janvier 1806, il publia un manifeste annonçant qu'il prend le titre de roi et de ce jour exercera son pouvoir en pleine souveraineté. Entre autres mesures appliquées aux nobles comme aux bourgeois, défense absolue de porter et même de posséder des armes à feu. Le 22 avril 1808, le roi prescrit par un édit que les biens des princes médiatisés peuvent être divisés et vendus par parties. En janvier 1810, il ordonne à tous les princes et comtes de passer au moins trois mois chaque année dans la ville de Stuttgart, résidence royale, sous peine de se voir confisquer un quart de leurs revenus territoriaux au profit du trésor royal, etc., etc. De plus, le roi établit un nouvel ordre de préséances, dans lequel l'ancienne noblesse fut fort maltraitée (1er août 1811) ; la plupart des charges de cour et des hauts emplois dans l'État furent confiés à des étrangers, surtout à des Mecklembourgeois de pauvre noblesse, et à de beaux jeunes gens du commun, qui, entrés au service personnel du roi comme gardes-chasse ou piqueurs, devenaient peu à peu comtes et barons, officiers, colonels ou généraux. Le grand-duc de Hesse n'avait pas des idées moins absolues. Arndt raconte dans les *Beherzigungen von dem Wienercongress* que ce prince répondit un jour à ses ministres qui s'étaient permis de lui faire des représentations au sujet d'un ordre arbitraire et avaient fait valoir les droits et les intérêts de l'État : « Qu'est-ce que le droit ? qu'est-ce que l'État ? Ne suis-je pas le maître absolu ? En ma personne se confondent le droit et l'État. »

nir énergiquement la politique du Protecteur ; adhérer à l'alliance des puissances du Nord, ou du moins préparer cette adhésion, en s'abstenant de fournir à Napoléon les ressources militaires sur lesquelles il comptait pour continuer la lutte ; faire reconnaître leur neutralité par les belligérants.

Le premier parti était évidemment le plus honorable : on n'abandonnait pas dans le malheur un allié utile dans la prospérité ; on respectait les engagements solennellement pris envers lui ; on pouvait même espérer, s'il était de nouveau victorieux, tirer quelques avantages de ses succès. Mais en cas de défaite on s'exposait à partager sa mauvaise fortune, à subir pendant la guerre tous les maux de l'invasion, et, à la paix, sinon le démembrement de l'État et la subversion totale de la dynastie, tout au moins la restitution des acquisitions faites aux dépens de la Prusse et de l'Autriche en 1805, 1807 et 1809.

L'accession à la coalition exposait aux mêmes chances pendant la guerre et n'évitait pas à la paix le même règlement de comptes avec l'Autriche et la Prusse, substituées à la France dans le rôle de puissance prépondérante. On n'aurait fait ainsi que changer de maître et peut-être fort désavantageusement, car les deux grands États allemands s'occuperaient certainement beaucoup plus des affaires intérieures des petits que la France, très indifférente aux rapports des princes et des sujets, pourvu que les premiers fussent en état de remplir leurs obligations militaires.

La neutralité, avec reconnaissance du *statu quo* territorial, apparaissait comme la position la plus souhaitable. Mais combien difficile à faire accepter par les belligérants ! Napoléon considérerait certainement cette attitude comme une marque d'hostilité positive, car l'absence sur les champs de bataille des contingents de la Confédération du Rhin diminuerait ses forces d'autant. Ses ennemis ne l'admettraient pas davantage, car elle aurait pour effet de localiser la guerre dans l'Allemagne du Nord et de les obliger à considérer comme définitive la perte des territoires qui leur avaient appartenu.

En tout état de cause les princes allemands songèrent à se ménager un protecteur éventuel parmi les adversaires avoués ou cachés de Napoléon. Ils avaient le choix entre la Russie, la Prusse et l'Autriche. Se jeter dans les bras de l'empereur Alexandre paraissait hasardeux ; nul n'ignorait qu'il avait remis au baron de Stein la direction des affaires allemandes et qu'il professait une grande admiration pour les théories radicales de cet homme d'État ; l'intervention de la Russie était redoutée, même dans les cours qui avaient avec la famille impériale des relations de parenté[1].

La Prusse avait tant de revendications à exercer, son ambition bien connue était si grande, son aversion pour tous les hommes d'État fidèles au système de l'alliance française était exprimée d'une façon si âpre, que les princes allemands, surtout dans le Sud, éprouvaient à son égard une extrême défiance et n'auraient à aucun prix voulu lier leur destinée à la sienne. Restait l'Autriche : la cour de Vienne manifestait des intentions pacifiques ; elle tenait un langage conciliant ; enfin, elle était bien revenue des opinions exaltées professées en 1808 et 1809 ; elle avait cessé de croire à l'efficacité des proclamations enflammées, où il était question de rendre la liberté à l'Allemagne, et des soulèvements fomentés par des princes sans terres et sans sujets, ou par des officiers parjures à leur serment. A l'influence de l'impératrice Maria-Ludovica avait succédé celle de Metternich, non moins hostile à la France, mais plein de méfiance pour les appels aux droits des nations et les promesses d'institutions libérales, dans lesquels il voyait

---

1. La prépondérance de la Russie était particulièrement redoutée en Saxe. Le 10 janvier 1813, le ministre de France Saint-Aignan écrivait : « La duchesse de Weimar a dit il y a peu de jours devant quelques personnes de sa maison : « Il est bien extraordinaire qu'il y ait en Saxe « des gens qui désirent l'arrivée des Russes. Je ne souhaite assurément « pas de voir toute l'Europe aux pieds de Napoléon, ni qu'il renverse « la Russie ; mais je ne souhaite pas davantage de voir les Russes dominer en Allemagne. »

non sans raison une menace pour le pouvoir des souverains et pour les privilèges de l'aristocratie. Mais les princes confédérés, rassurés par les tendances réactionnaires de la politique de l'Autriche, étaient alarmés par les revendications qu'elle ne manquerait pas d'exercer sur les territoires cédés naguère à la Bavière, au Wurtemberg, au grand-duché de Bade. Cependant une entente était peut-être possible, car les diplomates autrichiens insinuaient déjà que leur gouvernement était prêt à donner des compensations pour faire rentrer sous le sceptre des Habsburg des provinces d'un intérêt vital, comme le Tyrol.

Vaille que vaille, la combinaison autrichienne paraissait la moins mauvaise aux rois de Saxe et de Bavière, et à la majorité des petits princes ; seul, parmi ceux-ci, le duc de Coburg ne cachait pas ses sympathies pour la Prusse. Le voisinage de la France inclinait le roi de Wurtemberg vers la stricte neutralité. Quant aux riverains du Rhin, Bade, Hesse, Francfort et Nassau, ils évitaient de se compromettre et redoutaient également d'abandonner l'alliance française ou d'y rester fidèles.

Brusquement éclata le coup de tonnerre du manifeste du 25 mars. Répandu à des milliers d'exemplaires dans toute l'Allemagne par les soins des membres du Tugendbund, ce document exalta singulièrement les passions des ennemis de la France, mais il ne détermina sur aucun point les mouvements populaires escomptés par ses auteurs. En revanche, son ton comminatoire, sa phraséologie quasi révolutionnaire excitèrent contre la Prusse et la Russie la méfiance et le mécontentement des princes et de leurs ministres, en leur faisant redouter des soulèvements dans le peuple, des séditions dans les troupes et des conspirations ayant pour but de les déposséder du trône, ou tout au moins d'imposer à leur pouvoir des entraves constitutionnelles. Dès lors leur choix fut fait : les plus hardis se tournèrent franchement vers l'Autriche, les plus timides firent comprendre qu'ils étaient prêts à suivre cet exemple à la première occasion favorable, c'est-à-dire au premier échec grave subi par Napoléon.

La Prusse et la Russie avaient donc fait, bien malgré elles, le jeu de l'Autriche. Metternich, et même l'empereur François, ne jugeaient ni possible, ni désirable la restauration du Saint Empire, sous son ancienne forme et avec son ancien droit ; mais ils voulaient lui substituer un état de fait assurant à l'Autriche en Allemagne l'influence et la clientèle nécessaires pour contenir les ambitions de la Prusse. Bien loin de chercher à ébranler l'existence et la puissance des États de second ou de troisième ordre, ils visaient à les consolider. Metternich s'efforça de rassurer les souverains de ces États ; lui-même à Vienne, et ses agents dans les diverses cours, ne dissimulèrent pas que le cabinet autrichien avait vu avec déplaisir l'attitude prise par la Russie et par la Prusse, et donnèrent l'assurance qu'il n'était nullement disposé à s'associer à une politique tendant au bouleversement des situations acquises.

Vis-à-vis des alliés, l'empereur François se tint sur une prudente réserve. Il ne protesta ni contre la convention de Breslau, ni contre le manifeste de Kalisch, mais il se garda d'y donner une adhésion, même tacite ; il fit parvenir aux monarques de Russie et de Prusse des conseils de modération : sans doute il était juste et opportun de détruire la Confédération du Rhin et de soustraire l'Allemagne à l'influence française ; mais il était dangereux de s'en prendre aux souverains allemands et de les menacer dans leur existence politique ou dans l'exercice de leurs droits, s'ils ne consentaient pas à suivre aveuglément les directions de Stein et des hardis novateurs groupés autour de lui ; on risquait de les rejeter dans les bras de Napoléon en usant de procédés nettement révolutionnaires.

Ainsi, au moment même où les États de la Confédération du Rhin songeaient à se soustraire à l'influence française, l'Autriche, avertie, prête à profiter des fautes de ses amis et de ses ennemis, entrait diplomatiquement en campagne pour attirer à elle les anciens clients de la

France, s'assurer le concours de leurs armées et de leurs finances, et donner une valeur décisive à son alliance, quel que fût d'ailleurs le parti avec lequel elle se déciderait à traiter.

IV

L'INTRIGUE AUTRICHIENNE

L'Autriche avait commencé à explorer le terrain bien avant les négociations de Kalisch et la publication du manifeste de Breslau. Sans négliger les petits princes, elle s'était adressée de préférence aux rois de Saxe, de Bavière et de Wurtemberg. Le premier avait à redouter les pires disgrâces, car ses États allaient être nécessairement le théâtre de la lutte prochaine entre la France d'une part, la Russie et la Prusse de l'autre, et son sort dépendait de l'issue de cette lutte. Son adhésion à la politique autrichienne n'avait en réalité qu'une valeur toute morale et pouvait même, si l'Autriche était entraînée à le soutenir, pendant la guerre ou à la paix générale, devenir une cause de mésintelligence sérieuse, soit avec la Russie, qui convoitait le grand-duché de Varsovie, soit avec la Prusse, qui se serait volontiers annexé la Saxe tout entière.

Il en était tout autrement des autres, car leurs États se trouvaient en dehors des lignes générales d'opérations et dans une position de flanc, qui rendait leur alliance précieuse à l'un comme à l'autre des partis belligérants.

La politique de l'Autriche à leur égard se trouve très clairement exposée dans une dépêche adressée le 18 février par le comte de Metternich au baron Binder, ministre d'Autriche à Stuttgart : il fallait rassurer les princes allemands sur les intentions de l'empereur François ; les persuader qu'il ne convoitait aucun agrandissement, soit de territoire, soit d'influence, aux dépens des puissances destinées par leur position géographique à servir d'intermédiaires entre l'Autriche et la France; par-dessus tout les amener par d'adroites insinuations à se dégager progressivement de l'alliance française, et à ne pas se presser de rendre disponibles les forces sur lesquelles comptait l'empereur Napoléon, afin de diminuer les sacrifices imposés à leurs peuples et d'augmenter les chances de succès des démarches projetées par l'Autriche en vue de la pacification générale[1]. Le même langage fut tenu à Munich et dans les autres cours d'Allemagne, avec les nuances que comportait la dépendance plus ou moins grande où se trouvaient les princes à l'égard de l'Empire français, selon leur origine, leur importance, et leur proximité.

Ainsi, au moment même où Napoléon demandait à ces princes de faire un suprême effort pour assurer leur indépendance, l'empereur François, encore officiellement son allié, leur insinuait que cet effort était superflu et qu'au contraire une prudente temporisation était le moyen le plus habile, non seulement de conserver cette indépendance toute relative, mais même de se libérer d'une façon absolue des obligations contractées vis-à-vis de la France et des autres États allemands et d'arriver ainsi à la plénitude de la souveraineté.

Pour donner plus de poids au langage de ses agents Metternich profita du voyage de Schwarzenberg, qui, remplacé par Frimont dans le commandement temporairement peu important du corps auxiliaire, regagna à la fin de mars son poste d'ambassadeur à Paris, « dans le but, disait-on, de donner à l'Europe une preuve éclatante des dispositions du cabinet de Vienne, en faisant paraître à la cour de France le commandant du corps autrichien, se rendant près de son chef pour y prendre ses ordres[2] ».

Mais dans sa traversée de l'Allemagne, Schwarzenberg

---

1. ONCKEN, t. I, p. 445. Dépêche du comte de Metternich au baron Binder, 18 février 1813.
2. Dépêche du comte Otto, ambassadeur de France à Vienne, du 15 février 1813.

joua un tout autre personnage que celui d'un allié et encore moins d'un subordonné ; il fut partout bien reçu, car il jouissait au point de vue militaire comme au point de vue diplomatique de l'entière confiance de l'empereur François et de Metternich, et il était considéré comme le futur chef de l'armée autrichienne, au cas où l'Autriche prendrait une part active à la guerre. A Munich, Schwarzenberg s'entretint avec Montgelas et l'engagea à travailler à la paix ; il admit la nécessité pour la Bavière de remplir ses obligations fédérales et d'envoyer des troupes à l'armée française ; mais il donna le conseil significatif de réduire ce contingent autant qu'il serait possible et prudent de le faire ; de repousser formellement toute demande ultérieure de renforts et surtout de conserver sur le territoire du royaume toute la cavalerie, arme chère, difficile à reconstituer et dont le roi devait conserver l'entière disposition. Or, c'était surtout la cavalerie qui manquait à l'armée française[1]. Schwarzenberg vit aussi à Munich le ministre de France, le comte de Mercy-Argenteau, et lui tint le langage le plus singulier pour l'époque : selon lui, Napoléon ferait bien de rendre l'indépendance aux villes de la Hanse, d'évacuer l'Illyrie, de renoncer à exercer une influence sur les affaires intérieures de l'Allemagne, en un mot de se retirer derrière le Rhin.

A Stuttgart, Schwarzenberg eut une entrevue avec le roi de Wurtemberg ; celui-ci lui déclara qu'il était disposé à donner sa confiance à l'Autriche, dont les ouvertures amicales et les dispositions libérales l'avaient ému comme étant l'expression des vœux de l'humanité tout entière. Mais prudemment il fit remarquer qu'en raison de la situation géographique de ses États, il

---

1. La division Raglowich partit à la fin de mars pour rejoindre la Grande Armée ; elle était composée de 2 brigades d'infanterie, 1 régiment combiné de cavalerie et 2 batteries d'artillerie. Au départ l'effectif total était de 5 600 hommes ; malgré toutes les réclamations du gouvernement français cet effectif ne fut ni augmenté, ni même entretenu au complet.

était obligé à une grande réserve, de peur d'attirer sur lui l'animosité de son puissant voisin [1].

Les ouvertures de l'Autriche répondaient au vœu secret des gouvernements confédérés. Jusqu'alors ceux-ci s'étaient sentis isolés et incapables de faire écouter à Paris leurs doléances, encore bien moins leurs conseils ; ils avaient maintenant la certitude de pouvoir travailler à la paix, de concert avec une grande puissance dont l'intervention devait être efficace ; sous son égide, ils espéraient être en mesure, si malgré tout la guerre recommençait, de prendre et de conserver une attitude de neutralité conforme à l'intérêt et aux désirs de leurs sujets. Toutefois, ces sentiments n'étaient pas exempts de défiance. A Munich le roi Maximilien-Joseph, encore soumis à l'influence de Montgelas, se refusait à prendre des engagements précis avec l'Autriche, dont il prévoyait des revendications au sujet du Tyrol et du pays de Salzburg. Mais autour de lui la reine, le prince royal, le général de Wrede [2], les plus hauts personnages de l'aristocratie [3] et de l'armée ne cachaient pas

---

1. Schwarzenberg n'arriva à Paris que le 7 avril. Voir sur ce voyage les *Mémoires de Montgelas*, p. 276 et PFISTER : *Aus dem Lager des Rheinbundes*, p. 210.

2. Wrede, comblé de faveurs par Napoléon, s'était montré chaud partisan de l'alliance française, jusqu'au moment où ses intérêts personnels lui avaient paru insuffisamment défendus par la France contre la Bavière même. Il était entré en conflit avec le gouvernement royal à propos des droits utiles et honorifiques attachés à la seigneurie de Mondsee, dans l'Innviertel, érigée en fief à son profit, en échange d'une rente de 30 000 florins, que la Bavière s'était engagée à lui payer ; en 1811 il s'était rendu à Paris pour obtenir de l'Empereur que celui-ci intervînt auprès du gouvernement bavarois pour faire accueillir ses prétentions ; mais, ses démarches n'ayant eu aucun succès, il en avait conservé un profond ressentiment. Son attitude à Paris avait été si inconvenante que le baron de Cetto, ministre de Bavière, avait dû lui interdire l'entrée de sa légation. Pendant la campagne de Russie, Wrede avait eu des relations difficiles avec les généraux français. Sa conduite avait été sévèrement jugée, notamment lors de l'évacuation de Wilna, où l'on attribua à son absence de sang-froid la perte des magasins de la place. Voir aussi sur Wrede le portrait tracé par le général Ameil (papiers publiés dans la *Sabretache*, 1907).

3. Ces sentiments dataient de loin. Le comte de Pappenheim, adjudant général du roi, marié à une fille du ministre prussien Hardenberg, se faisait remarquer par la violence de ses propos. Déjà, à

leur désir de voir la Bavière, libérée de l'influence de la France, acquérir en Europe une existence indépendante.

A Stuttgart le roi Frédéric, son ministre le comte Zeppelin, la famille royale, les officiers du plus haut grade, étaient plus qu'à demi gagnés à la cause de la neutralité ; mais on s'y abstenait de manifestations trop éclatantes, d'abord par prudence et ensuite par crainte du souverain, trop absolu pour écouter le moindre conseil ou supporter la moindre ingérence dans les affaires de l'État.

En fait, à la fin de mars, tout paraissait aller au mieux des desseins de l'Autriche. A Munich une maladresse de la Prusse faillit tout compromettre, en découvrant hâtivement le sens donné par les alliés présents, Prusse et Russie, et l'alliée de l'avenir, l'Autriche, à l'expression « neutralité ». Six jours après la publication du manifeste de Kutusoff, le chancelier prussien Hardenberg, sentant un peu tard le danger et l'inconvenance de pareilles menaces adressées à des souverains en somme indépendants et redoutant de les voir se rejeter dans les bras de la France, prescrivit au ministre de Prusse à Munich, Jouffroy, de déclarer à Montgelas que la Prusse n'avait aucune vue d'agrandissement aux dépens de la Bavière et que, si le roi Maximilien-Joseph s'engageait à se déclarer ouvertement pour les alliés, ceux-ci ne formuleraient aucune réclamation au sujet des principautés d'Ansbach et de Bayreuth. Jouffroy était bien renseigné par les partisans de la Prusse et par les hommes de l'entourage du prince royal ; il entretenait d'étroites relations avec les professeurs de l'Université de Landshut[1], pour la plu-

---

l'époque de l'entrevue d'Erfurt, il n'avait pas craint de déclarer que, s'il avait 2000 hommes à sa disposition, il tenterait d'enlever Napoléon et qu'il était surpris que l'Autriche ne tentât pas le coup. Son frère, aide de camp du prince royal, n'était pas moins prononcé contre la France.

1. La conquête intellectuelle de la Bavière par les savants, les littérateurs et les artistes originaires de l'Allemagne du Nord commença sous le ministère de Montgelas, qui attira à Landshut, alors siège de

part originaires de l'Allemagne du Nord et fort hostiles à la France ; il connaissait le caractère hésitant du roi, l'extrême méfiance de Montgelas à l'égard des intentions et des moyens d'action des alliés, son ardent désir de temporiser. Il n'eut donc pas de peine à se rendre compte que les instructions de Hardenberg ne pouvaient être suivies à la lettre, et, au début, il prit sur lui d'atténuer les exigences de son gouvernement. Dans une première entrevue avec Montgelas, il tint un langage modéré ; selon lui, la Bavière devait opposer un refus persistant à toutes les réclamations de Napoléon, en vue d'obtenir une augmentation de son contingent à la Grande Armée ; mais elle n'en continuerait pas moins avec activité ses armements, de manière à pouvoir prendre efficacement parti pour les alliés, dès que les armées russe et prussienne arriveraient à proximité des frontières bavaroises. Pour le moment les alliés se contentaient de demander à la Bavière de leur donner l'assurance de ses dispositions favorables et de s'engager à observer une neutralité bienveillante.

Jouffroy allait ainsi au-devant des vœux du cabinet de Munich. Montgelas fit le meilleur accueil à ses ouvertures ; il ne lui dissimula pas que l'armée bavaroise, dont l'effectif était très réduit et le matériel ruiné, se trouvait hors d'état de prendre part à une guerre offensive et qu'en conséquence la Bavière était résolue à se tenir sur une extrême réserve. C'était une quasi-déclaration de neutralité et Jouffroy aurait dû se tenir pour

l'Université du royaume, des hommes de grande valeur, tels que Anselm von Feuerbach, Niebuhr, Schlichtegroll, Jakobs, Frédéric Thiersch, Savigny et autres. Ces professeurs relevèrent le niveau des études et prirent rapidement une grande influence sur la jeunesse. Mais, comme la plupart étaient protestants, ils donnèrent à leur enseignement une tendance nettement hostile à la religion catholique, qui était celle de l'immense majorité en Bavière ; adversaires résolus de Napoléon, ils travaillèrent de toutes leurs forces à ruiner dans l'opinion le système de l'alliance française. Ils rencontrèrent d'ailleurs des adversaires vigoureux, dont le principal, Christoph von Aretin, n'hésita pas, dès 1809, à les signaler comme les ennemis de l'empereur des Français ; l'opposition alla si loin dans le peuple, qu'un fanatique essaya d'attenter aux jours de Thiersch. (Conf. DOEBERL, *Bayern und die deutsche Erhebung wider Napoléon*, I, p. 350.)

satisfait ; mais il crut pouvoir obtenir davantage et imagina sans doute que Montgelas et le roi, circonvenus par le prince royal et les adversaires de la France, se laisseraient intimider par des menaces précises. En conséquence, dès le 7 avril, il remit une note officielle, par laquelle le roi de Bavière était sommé d'abandonner sans délai l'alliance française et de s'unir aux défenseurs de la « bonne cause » ; en retour, le roi de Prusse s'engageait à ne prendre aucune mesure de nature à séparer du royaume de Bavière les territoires faisant actuellement corps avec lui et ayant jadis relevé de la couronne de Prusse. Jouffroy demanda une prompte réponse, en alléguant que l'armée alliée s'avançait à marches forcées sur la Franconie et qu'il importait à ses chefs, pour la bonne direction des opérations militaires, de savoir au plus tôt s'ils devaient traiter le roi de Bavière en ami ou en ennemi.

Ce véritable ultimatum produisit un effet diamétralement contraire à celui qu'en attendaient son auteur et ses amis bavarois. Le roi Maximilien et son ministre furent surpris et indignés du brusque revirement du représentant de la Prusse ; déjà ils étaient en proie à de sérieuses inquiétudes motivées par une sourde agitation de la population de la Franconie, parmi laquelle les agents prussiens, en dépit des déclarations amicales de Jouffroy, répandaient des proclamations incendiaires. Les journaux de Berlin étaient remplis d'appels adressés aux Allemands du Sud, notamment par des officiers et des soldats des États de la Confédération du Rhin, prisonniers de guerre des Prussiens ou des Russes. Les alliés les utilisaient comme agents de propagande, en les chargeant de prêcher la bonne parole à leurs compatriotes et de créer parmi eux un état d'esprit tel que les souverains eussent en quelque sorte la main forcée : c'était blesser ceux-ci à l'endroit le plus sensible, en excitant à la rébellion précisément ceux de leurs sujets qui leur étaient plus personnellement attachés par le serment de fidélité solennellement prêté lors de l'entrée au service militaire.

On n'ignorait pas à Munich la rupture définitive des négociations entre la France et la Prusse ; il fallait prendre parti et la malencontreuse note de Jouffroy précipita la décision ; le 10 avril Montgelas fit connaître au représentant de la Prusse que le roi, informé de l'apparition d'un corps prussien se présentant en ennemi sur les frontières du royaume et de l'ouverture des hostilités entre la Prusse et la France, considérait sa mission comme terminée [1].

La Prusse était partie trop tôt ; elle avait apporté dans ses négociations avec la Bavière ce mélange d'insolente brutalité et de lourde ironie qui a toujours caractérisé sa politique, et elle avait échoué [2]. Mais le mal n'était pas grand pour la cause de l'oligarchie européenne, car l'Autriche continuait patiemment sa campagne diplomatique. Son mode d'action est parfaitement caractérisé dans une dépêche du 7 avril adressée par Metternich au baron Binder, ministre d'Autriche à Stuttgart : « Nous souhaitons que le roi de Wurtemberg se mette avec nous en rapports confiants et, autant que possible, directs. Nous sommes bien éloignés de vouloir le compromettre. Notre attitude est nette : nous souhaitons aussi peu la prépondérance de la France que celle de la Russie. Nos vues sont modérées et doivent convenir aux puissances secondaires. Nous voulons l'égalité d'influence entre les grandes puissances, l'in-

1. Voir sur la mission de Jouffroy à Munich, *Bayern und die deutsch Erhebung wider Napoléon I*, par DOEBERL, p. 364.

2. Montgelas aurait été encouragé dans son attitude par un billet anonyme envoyé à cette époque du quartier général des alliés à Munich.

« A l'époque où le quartier général des souverains alliés était établi à Dresde, je reçus de cette ville un billet anonyme me disant que l'on était bien disposé pour nous ; que si nous étions dans les mêmes sentiments, il suffisait d'en avoir l'assurance et que, pour le moment, il était inutile de faire un pas de plus, car on avait décidé de ne pas s'engager trop avant avec la Bavière, de manière à ne pas offenser l'Autriche. Tout négociateur que nous enverrions serait accueilli avec plaisir, à l'exception du chevalier de Bray, qui était l'objet de l'animadversion générale chez les alliés. » L'auteur de ce billet était Gagern, un des agents les plus actifs de la coalition (*Mémoires de Montgelas*).

dépendance et la prospérité pour les États de second et de troisième ordre. Si le roi de Wurtemberg veut nous envoyer une personne de confiance [1], celle-ci peut venir à Vienne, par exemple sous prétexte de passer des marchés d'armes. Le roi de Wurtemberg attachera aussi quelque importance à apprendre que le roi de Prusse nous a donné sa confiance au point qu'il a à peu près remis son sort entre nos mains [2]. »

L'Autriche ne négligeait pas les petits princes, sans cependant entrer avec eux dans la voie des confidences et des conseils directs, voie dangereuse avant la rupture avec la France et inutile après. En revanche, les agents de Metternich intriguaient activement auprès de ces princes, de leur famille, des personnages principaux de leur cour et de leur gouvernement, pour faire apparaître l'empereur François comme un protecteur naturel. Les ministres de France constataient partout les efforts de l'Autriche pour se faire valoir, dans un but mal défini encore, et se mettre en coquetterie politique avec les souverains allemands. Dans une dépêche de M. de Vandeul, ministre en Hesse, datée du 11 avril, on saisit sur le vif le procédé. Vandeul, d'ailleurs plus étonné qu'ému, raconte que le baron de Hügel, ministre d'Autriche accrédité auprès des grands-ducs de Francfort et de Hesse et du duc de Nassau, est arrivé à Darmstadt pour faire une sorte de déclaration de principe sur l'urgence qu'il y avait pour l'Autriche à se réserver, « attendu qu'il n'était pas nécessaire de s'égorger, si l'Autriche pouvait être plus utile à la France par un bon choix de positions et par d'utiles mouvements ; qu'elle se trouvait en mesure d'influer puissamment sur les opérations de la campagne par la seule attitude adoptée dans les derniers temps ; que si la France lui demandait une plus grande et plus active

---

1. Le roi de Wurtemberg envoya le colonel de Varnbüler ; mais après être resté plusieurs semaines à Vienne, celui-ci dut se retirer sans avoir rien conclu.

2. Dépêche citée par PFISTER. *Aus dem Lager des Rheinbundes*, p. 209.

coopération, il était juste de lui en donner les moyens, soit en lui fournissant de l'argent, soit en lui promettant des compensations territoriales ». Le baron de Hügel entendait par là la rétrocession de la Silésie ; il ne dissimulait pas qu'à Vienne tout le monde jugeait le moment favorable pour jouer un coup de partie décisif et que seul l'empereur, préoccupé d'assurer à ses sujets les bienfaits de la paix, était encore opposé aux mesures violentes. Le langage tenu à Darmstadt l'avait été également à Francfort et à Wiesbaden [1].

En réalité, Metternich ne paraît avoir sérieusement poursuivi les pourparlers qu'avec le roi de Bavière, le plus puissant des princes de la Confédération du Rhin, dont la décision devait fatalement entraîner celle de ses voisins. Au début, en février et mars, il ne fut question que d'une entente, en vue de grouper, sous l'égide de l'Autriche remplaçant la France comme protectrice, les États de l'Allemagne du Sud, de proclamer la neutralité du groupe ainsi formé et de localiser la guerre dans l'Allemagne du Nord. Mais en avril la situation changea : l'Autriche avait réussi à faire une nouvelle émission de 45 millions de florins de papier-monnaie et était ainsi en mesure de pousser avec fièvre ses armements ; des forces imposantes étaient déjà rassemblées en Bohême et s'accroissaient chaque jour, car d'immenses levées d'hommes et de chevaux venaient sans cesse remplir les dépôts. Metternich crut le moment enfin venu de découvrir à la Bavière le plan du cabinet de Vienne, dans la mesure nécessaire pour la déterminer à séparer sa cause de celle de la France ; les 15, 17 et 20 avril, il eut avec le comte Rechberg, ministre de Bavière à Vienne, d'importantes conférences ; il lui fit connaître ce que l'Autriche et, derrière elle, la Russie et la Prusse attendaient de la Bavière et ce qu'elles lui offraient en échange de ses complaisances d'abord, de sa défection ensuite. Il posa

---

[1]. *Affaires étrangères.* Correspondance de Hesse, 1813. Dépêche de Vandeul du 11 avril.

en principe que l'Autriche était lasse de s'entremettre pacifiquement entre les belligérants sans obtenir aucun résultat et qu'elle était résolue à prendre une attitude plus énergique, c'est-à-dire à intervenir par les armes pour obliger Napoléon à conclure la paix sur des bases rassurantes pour l'avenir ; dès lors il était de son intérêt de s'entendre avec la Bavière et les autres puissances secondaires encore alliées à la France ; celles-ci ne devaient pas se laisser entraîner dans la guerre, mais bien au contraire conserver leurs forces intactes, continuer leurs armements et même tâcher d'obtenir de Napoléon le renvoi, sinon des contingents ayant déjà rejoint l'armée française, tout au moins des états-majors et des cadres nécessaires aux nouvelles formations. « Notre politique est franche et loyale, dit Metternich ; nos vues sont en harmonie avec l'intérêt général de l'Europe et de l'Allemagne. Nous voulons mettre fin aux souffrances qui accablent l'humanité ; nous voulons obtenir un état de choses stable et paisible, qui assure à chacun ses droits et son indépendance. Je veux vous dire franchement ce que nous avons sur le cœur : plus la Prusse sera grande et forte, plus nous serons satisfaits. Nous ne pouvons permettre que la Prusse devienne la victime du parti qui l'a attaquée ; son existence est pour l'Autriche une nécessité politique. Nous ne pouvons renoncer à la restauration de l'indépendance de Hambourg et des autres villes de la Hanse, dont l'existence est liée aux intérêts du reste de l'Allemagne et de la monarchie autrichienne. Nous ne pouvons nous abstenir de coopérer à toute action de nature à assurer aux puissances secondaires de l'Europe centrale, une existence paisible et indépendante, sous la garantie de trois ou quatre grandes puissances, comme la France, la Russie, la Prusse et l'Autriche. Telle est notre manière de voir. Je vous en ai dit plus que je n'aurais dû. J'espère que vous ne trahirez pas ma confiance. Étudiez maintenant votre position ; jugez et prenez une décision. »

Dans la dernière conférence du 20 avril, Metternich

revint avec plus de force et de précision sur ses déclarations antérieures : « L'empereur des Français, habitué par vous à une soumission aveugle, nous a invités à prendre une forte position militaire ; il se flattait de l'espérance de nous entraîner dans la présente guerre. Mais nous sommes bien loin de vouloir coopérer à des entreprises qui ne peuvent aboutir qu'à de nouveaux bouleversements. Il ne doit plus y avoir de souverains détrônés ; il faut que l'ordre se rétablisse. Notre décision est prise ; nous y avons mis le temps, mais nous n'en changerons plus. Quelle que soit l'issue de la guerre, nous ne modifierons point notre attitude : si les Français sont malheureux, nous n'irons pas au delà du programme que nous nous sommes tracé ; s'ils sont vainqueurs, si l'empereur ne veut pas écouter les voix qui demandent la paix, nous saurons l'y forcer par tous les moyens possibles. » Metternich conclut en invitant Rechberg à demander à son gouvernement des instructions et des pleins pouvoirs pour traiter ; il fit même un pas décisif en se déclarant prêt à donner au roi de Bavière toutes les garanties de nature à le rassurer sur le maintien intégral de son état territorial actuel.

A l'époque où Metternich faisait à Rechberg des offres d'alliance tendant en apparence à la médiation et à la paix, en réalité à l'intervention armée et à la guerre, il s'assurait le concours de la Saxe, ou plutôt du roi de Saxe, car le territoire du royaume était aux mains des alliés. Frédéric-Auguste avait quitté Dresde dès le 13 février, près d'un mois avant que l'armée française ne fût obligée d'abandonner la ligne de l'Elbe ; il s'était retiré à Plauen avec sa famille, sa cour, ses ministres, son trésor et les objets d'art qu'on n'avait pas eu le temps de mettre en sûreté dans la forteresse de Königstein, le tout sous la protection de sa garde à pied et de deux régiments de cuirassiers. Bientôt il ne se jugea plus en sûreté en Saxe et passa en Bavière, où il s'établit à Ratisbonne, au grand mécontentement du gouvernement bavarois, qui eut fort à se plaindre de la morgue et de l'indiscrétion des gens de cour et de l'indiscipline des soldats saxons. Le roi de Saxe avait été jusqu'alors le plus fidèle allié de Napoléon ; mais il venait de perdre, d'une façon définitive sans doute, le grand-duché de Varsovie, il voyait ses États occupés par les Russes et les Prussiens ; il était donc fort découragé ; de plus, il était entièrement sous l'influence de son ministre des Affaires étrangères, le comte Senft de Pilsach, neveu par sa femme du baron de Stein, des généraux Thielmann et Langenau, tous deux affiliés au Tugendbund, et de son confesseur, devenu fort hostile à Napoléon, depuis la captivité du pape. Il accueillit donc volontiers les offres d'action commune apportées de Vienne par le prince Esterhazy, car il se figura que la médiation de l'Autriche était acceptée par la France et qu'il travaillait ainsi à la paix générale. Il autorisa son ministre à Vienne, le comte de Watzdorf, à conclure une convention en vertu de laquelle il s'engageait à employer tous les moyens à sa disposition pour appuyer la médiation offerte par l'Autriche, et à céder le grand-duché de Varsovie, si ce point devenait une condition indispensable de la paix, moyennant une indemnité territoriale procurée par l'Autriche dans la mesure où les circonstances le permettraient. Pour affirmer ses engagements, il quitta Ratisbonne le 20 avril et se rendit à Prague, sans faire à Munich la visite imposée par la courtoisie et la reconnaissance envers son hôte et beau-frère. Dès son arrivée dans sa nouvelle résidence, il envoya à Vienne le général Langenau pour concerter les mesures militaires en vue d'une médiation armée, et il renouvela au général Thielmann, gouverneur de Torgau, la défense de recevoir dans la place les Français comme les Prussiens et les Russes.

En même temps qu'arrivaient à Munich les émouvantes dépêches de Rechberg, on y apprenait, non sans stupeur, le départ du roi de Saxe de Ratisbonne pour Prague et l'existence d'une négociation très secrète entre le Wurtemberg et l'Autriche. Les rares partisans et les nombreux adversaires de l'alliance française comprirent que l'Autriche était froidement résolue à joindre ses armes à celles de la Russie et de la Prusse, dès qu'elle jugerait le moment favorable, et à poursuivre la guerre avec une rigueur implacable jusqu'à la destruction totale de Napoléon. La guerre perdait le caractère politique ; elle devenait, ou plutôt redevenait ce qu'elle avait été de 1792 à 1800, une sorte de croisade, de guerre civile européenne, dans laquelle il n'était ni possible, ni permis à personne de rester neutre.

Néanmoins Montgelas hésitait encore ; il comprenait que tarder plus longtemps sinon à embrasser ouvertement le parti des alliés, du moins à leur donner des gages de bon vouloir dans le présent et à prendre avec eux des engagements fermes pour l'avenir, c'était exposer la Bavière à rester isolée en Allemagne, en proie aux revendications de la Prusse et de l'Autriche et aux convoitises de ses États voisins. Mais ni les revers éprouvés par Napoléon en 1812 et dans les premiers mois de 1813, ni les succès des alliés ne lui paraissaient assez décisifs pour conseiller au roi Maximilien-Joseph d'abandonner le système politique auquel il devait la dignité royale et des accroissements de domaines lui assurant le premier rang parmi les princes de la Confédération du Rhin. Enfin, il sentait sa situation personnelle ébranlée par les attaques du prince royal et les intrigues de ses amis, à la cour, dans l'armée, dans les universités ; seuls les fonctionnaires civils restaient dociles. Les préférences du ministre étaient pour la plus stricte neutralité : mais cette attitude devait déplaire au parti hostile à la France, qui souhaitait la conclusion d'une alliance en forme avec l'Autriche d'abord et ensuite avec la Russie et la Prusse ; connaissant le caractère indécis du roi, toujours disposé à adopter les solutions moyennes, il lui adressa, le 2 avril, un long mémoire dans lequel il faisait valoir avec une remarquable lucidité les avantages et les inconvénients des combinaisons politiques possibles, eu égard à la situation générale de l'Europe et à celle particulière de la Bavière : la neutralité, la fidélité à l'alliance française, l'accession à la coalition des puissances du Nord et de l'Autriche. Se basant sur les déclarations faites à Munich par le chargé d'affaires de Prusse Jouffroy, et à Vienne par Metternich, Montgelas estimait qu'une déclaration de neutralité de la part de la Bavière serait acceptée volontiers par les adversaires de Napoléon, mais que celui-ci la considérerait comme une défection et voudrait peut-être en cas de succès en tirer vengeance. Mais tant d'incidents pouvaient se produire au cours de la grande lutte en perspective que la question originaire se perdrait dans les accessoires et que le fait particulier à la Bavière disparaîtrait dans l'immensité des événements.

En restant fidèle à l'alliance française, le roi s'exposait à partager la fortune de Napoléon, en cas de succès comme en cas de revers ; il prenait l'attitude la plus honorable, en montrant qu'il faisait cas des obligations librement contractées et qu'il n'abandonnait pas ses amis dans le malheur ; il pouvait peut-être même en tirer de nouveaux avantages. « On partagera presque seul le fruit des victoires de l'empereur Napoléon, parce que la défection de la Saxe et la marche chancelante de la cour de Stuttgart laissent entrevoir le moment où le cabinet des Tuileries n'aura plus en Allemagne d'allié que la Bavière. » Mais il fallait se tenir en garde contre l'ingratitude possible de Napoléon et obtenir le renouvellement et la confirmation renforcée des clauses du traité du 23 septembre 1805 : garantie du maintien de l'état territorial existant, assurance de ne pas conclure une paix séparée, engagement de faire restituer au roi de Bavière ce qu'il pourrait avoir perdu, et, s'il était contraint de quitter ses États, de pourvoir à la subsistance de la famille royale, de la cour et des troupes bavaroises par un subside proportionné aux besoins. Enfin, l'accession à la coalition exigerait les mêmes précautions et serait sujette aux mêmes inconvénients, l'Autriche remplaçant la France comme puissance protectrice ; dans ce cas il faudrait obtenir des alliés des garanties formelles du maintien sous le sceptre du roi de Bavière des acquisitions faites depuis 1805. Or, l'Autriche ne cachait point son désir de recouvrer le Tyrol ; la Prusse pouvait élever au sujet des margraviats d'Ansbach et de Bayreuth des réclamations dangereuses, car elle avait obtenu de la Russie la promesse de la rétablir dans le même état territorial qu'en 1806. La seule compensation, bien insuffisante, offerte à la Bavière serait la cession du grand-duché de Wurzburg. Quelle que fût la décision adoptée par le roi, Montgelas conseillait un certain nombre de mesures préparatoires : rappel de la division Raglowich, développement des armements, afin de mettre les troupes en mesure d'entrer en campagne le 15 mai ; concentration de l'armée, en vue d'éviter une surprise ou un enveloppement ; enfin, nomination d'un général en chef actif, intelligent, sur lequel le roi et sa famille pussent entièrement compter. Montgelas désigna Wrede comme susceptible d'être investi de ce haut commandement, mais sans y mettre d'insistance : « Le général Wrede, écrivait-il, a beaucoup de réputation ; je ne le connais pas assez pour pouvoir le juger. »

Du moment que le roi était laissé à lui-même, son choix ne pouvait être douteux ; il opta pour la neutralité et décida de prendre les mesures nécessaires pour renforcer l'armée ; mais, dans la crainte de déplaire à Napoléon prématurément, il se garda bien de rappeler la division Raglowich. Cette décision causa un vif désappointement au prince royal, qui avait reçu de Montgelas communication de son mémoire et qui aurait désiré une franche rupture avec la France et l'ouverture de négociations avec l'Autriche en vue de la conclusion d'une alliance offensive et défensive, rendue en apparence tout à fait opportune par les progrès incessants des armées russe et prussienne.

Ainsi, à la fin d'avril tout paraissait favoriser les projets des adversaires de Napoléon ; leurs troupes occupaient Dresde ; le roi de Saxe concertait avec l'Autriche les mesures militaires nécessaires pour une médiation armée, qui ne pouvait s'exercer qu'au détriment de la puissance française ; le lien qui unissait les États de la Confédération du Rhin semblait prêt à se rompre. La Bavière et le Wurtemberg, plus qu'à demi gagnés à la cause de la neutralité, ne dissimulaient pas leur ferme volonté de limiter leurs efforts et de conserver les troupes en formation pour leur défense particulière, au lieu d'augmenter leurs contingents à la Grande Armée. Les dépôts bavarois d'Ansbach, de Nuremberg et des autres villes situées sur la rive gauche du Danube refluaient sur Ingolstadt, au grand étonnement des Français et des Italiens en marche pour renforcer l'armée du prince Eugène, qui ne pouvaient s'expliquer pourquoi les Bavarois rétrogradaient quand eux-mêmes allaient de l'avant.

Quant à l'esprit public, il était plus prononcé que jamais contre la France ; Hatzfeld, ministre de Prusse à Paris, rentrant à Berlin après la déclaration de guerre, écrivait, le 13 avril, que dans le pays de Bade et le Wurtemberg le plus grand enthousiasme régnait dans toutes les classes de la société pour la cause de la Prusse, qu'en Bavière il en était de même, particulièrement à Ansbach et à Bayreuth, « où les habitants sont restés Prussiens de cœur et d'esprit et attendent comme l'apparition du Messie l'arrivée des troupes prussiennes ».

Les plus hauts personnages ne dissimulaient point leurs sympathies. Ainsi le chambellan du roi de Wurtemberg, von Jasmund, landvogt de la vallée du Kocher, dans son rapport du 10 avril rendait compte en ces termes du passage de Wrede à Ellwangen : « J'ai causé avec lui et appris que le roi de Bavière négocie à Paris pour obtenir que ses troupes ne soient plus employées en dehors du royaume. Wrede a lu les derniers journaux chez moi et aussi l'appel au roi de Prusse en date du 17 mars. En lisant cette pièce, Wrede s'est écrié : « Bien « écrit, très vrai ; aucune déclamation. »

Les seuls États véritablement fidèles à la lettre comme à l'esprit du pacte fédéral étaient les riverains du Rhin :

Bade, sous les canons de Huningue et de Strasbourg, Hesse, Francfort et Nassau, sous les canons de Mayence, avaient mis le plus grand empressement à lever et à mettre en route leurs contingents. Dès le 6 avril M. de Vandeul pouvait annoncer au ministre des Affaires étrangères le départ pour Wurzburg du dernier des six bataillons hessois. « Le contingent hessois, écrivait-il, a été prêt avec une vitesse réellement prodigieuse. »

Mais l'esprit de ces troupes était déplorable. Officiers et soldats murmuraient et désertaient à l'envi pour rejoindre les corps de volontaires en formation sur les territoires occupés par les alliés. A chaque étape des hommes disparaissaient, sollicités, encouragés, pourvus de vêtements et d'argent par les habitants. Le général Franquemont, commandant de la division wurtembergeoise rattachée le 4 mai au 4e corps, le constatait sur sa route. « Les habitants de certaines localités où nous passons, écrivait-il au roi de Wurtemberg le 29 avril de Königsee, racontent que l'esprit qui règne dans de nombreuses troupes de la Confédération est peu favorable à la France : un régiment francfortois s'est presque complètement dissous en allant de Francfort à Wurzburg. Les Hessois désertent en masse et tiennent publiquement des propos honteux, par exemple : Nous n'attendons que le moment où nous verrons l'ennemi pour jeter nos armes. Les officiers hessois disent qu'ils aimeraient à voir leurs hommes déserter. »

L'appel de Blücher au peuple saxon était partout commenté et inspirait les Allemands dans leurs actes et dans leurs projets : « Nous considérons comme notre frère tout ami de l'indépendance de l'Allemagne ; nous guiderons avec douceur sur la droite voie ceux qui se sont trompés de bonne foi ou par faiblesse, mais nous poursuivrons sans pitié comme un traître à la patrie commune tout Allemand qui manquera à l'honneur en se faisant le satellite d'un tyran étranger. »

V

L'ALLEMAGNE PENDANT LA CAMPAGNE DU PRINTEMPS ET AU DÉBUT DE L'ARMISTICE

Au printemps de 1813 on était assez mal renseigné à Paris et dans les cours de la Confédération, comme à Vienne et au quartier général des souverains alliés. Les ministres de France à Munich, à Stuttgart, à Karlsruhe, à Darmstadt, à Francfort, à Wurzburg, occupés presque exclusivement à traiter les affaires relatives à la formation et au départ des contingents, n'avaient que des notions confuses des intrigues nouées autour d'eux; ils persistaient à manifester une confiance, incompréhensible aujourd'hui, dans les souverains et leurs ministres. Cela est sensible dans leurs correspondances, particulièrement dans celle du comte Mercy-Argenteau, ministre à Munich. D'un autre côté les alliés ne s'attendaient nullement à une prompte réorganisation des forces françaises; politiquement et militairement ils furent surpris par l'ouverture des opérations, à une époque où ils pensaient avoir encore du temps devant eux.

Le 15 avril Napoléon part de Paris; le 17 il arrive à Mayence; du 18 au 20 la Grande Armée atteint la zone Coburg, Gotha, Weimar, Bamberg, Eisenach. A Munich on doit connaître sa marche; cependant Montgelas dans son mémoire du 25 avril ne paraît même pas entrevoir que la date de la première grande bataille n'est qu'une question de jours, peut-être d'heures. A Vienne Metternich continue le jeu des combinaisons diplomatiques, comme s'il avait des mois devant lui! Le 6 mai il fait connaître à Rechberg les conditions que l'Autriche posera à la France : évacuation des province illyriennes, rectification de la frontière austro-bavaroise, dissolution de la Confédération du Rhin, la France ramenée à ses limites légitimes, c'est-à-dire à celles de

1792 ; si Napoléon n'accepte pas, l'Autriche se range aux côtés de la Prusse et de la Russie : c'est la guerre ; ceux qui auront souci de leur existence feront bien de se décider sans tarder davantage. Et le lendemain 7 mai arrive à Vienne la nouvelle de la victoire de Lutzen ! Le 4 mai, Napoléon, avec des conscrits à peine instruits, une artillerie insuffisante, presque sans cavalerie, a triomphé en bataille rangée d'une armée numériquement supérieure, formée de soldats aguerris et de volontaires fanatisés, soutenus par une cavalerie et une artillerie formidables.

L'impression produite en Allemagne fut énorme ; l'événement trompait toutes les espérances des patriotes et justifiait toutes les hésitations des gouvernants, en montrant à tous que la valeur de l'armée française reconstituée avait été inexactement appréciée ; dès lors il ne fut plus question de se battre, mais de négocier. Metternich expédia en conséquence Stadion à Alexandre et Bubna à Napoléon. Mais avant que Bubna ne parvînt au terme de sa mission, la situation s'était encore modifiée à l'avantage de la France. Le 8 mai, Napoléon était entré à Dresde ; le 12 il y avait été rejoint par le roi de Saxe venant à résipiscence et rentrant sincèrement dans l'alliance française.

Frédéric-Auguste avait reçu, le 5 mai à Prague, une lettre du duc de Saxe-Weimar lui faisant connaître les dispositions de l'Empereur à son égard et lui transmettant ses propres paroles : « Je veux que le roi se déclare, avait dit Napoléon ; je saurai alors ce que j'aurai à faire ; mais, s'il est contre moi, il perdra tout. » Le 6 mai le baron Serra, ministre de France auprès de sa personne, vint lui faire des instances dans un semblable but. Le 7, le comte de Hohenthal, arrivant de Leipzig, lui apporta la nouvelle de la victoire de Lutzen et réclama au nom des habitants de cette ville et de toute la Saxe, comme à celui de l'Empereur, la prompte réunion des troupes saxonnes à l'armée française pour sauver le pays des projets de conquête et d'annexion de la Prusse. La position du roi devenait critique : dans les pourparlers avec les membres du gouvernement saxon et avec le général Thielmann, les commissaires français avaient acquis la certitude de l'existence des deux conventions ayant pour objet la médiation armée conclues entre la Saxe et l'Autriche ; or, celle-ci s'abstenant de toute démarche en sa faveur, le roi devait craindre que le cabinet de Vienne ne cherchât à le compromettre vis-à-vis de l'empereur des Français. Il se rendit donc aux instances de ses sujets et à celles du colonel de Montesquiou, envoyé par l'Empereur, et il rejoignit à Dresde le Protecteur de la Confédération ; l'armée saxonne et celle du grand-duché de Varsovie se réunirent aux troupes françaises et la place de Torgau fut remise par le général Thielmann.

La victoire de Bautzen (20 mai) acheva de resserrer les liens entre les princes confédérés et la France ; de ce moment ces princes n'épargnèrent aucune manifestation de loyalisme. Déjà le 22 mai le grand-duc de Hesse avait fait chanter un *Te Deum* pour la victoire de Lutzen. Le 9 juin, le roi de Bavière, après avoir reçu communication par le ministre de France des détails de la bataille de Bautzen, lui écrivit le billet suivant : « Mille remerciements, mon cher comte, pour l'intéressante nouvelle que vous me communiquez ; je n'en avais encore rien appris ; je vous embrasse. Signé : Max-Joseph. Il paraît que l'empereur d'Autriche est arrivé trop tard. » Le 16 juin, après Bautzen, le duc de Nassau fit lui aussi chanter un *Te Deum* pour célébrer les victoires de l'Empereur.

Dans toutes les cours les ministres de France furent l'objet des attentions les plus flatteuses ; les demandes de renforts destinés à combler les vides faits par la campagne du printemps furent accueillies avec un empressement apparent et reçurent un commencement d'exécution, sauf en Bavière.

Le sentiment dominant dans la masse de la population était la stupeur. Depuis des mois les Allemands avaient complaisamment ajouté foi aux déclamations et aux libelles représentant l'armée française comme anéantie à jamais, et Napoléon, fuyant devant les cosaques pour retrouver une France épuisée d'hommes et d'argent, incapable de réparer les pertes de la campagne de 1812. Et ils venaient de voir le terrible Empereur reparaître sur la rive droite du Rhin à la tête d'une armée formidable, manœuvrer comme aux plus beaux jours de sa prestigieuse fortune, triompher des forces réunies de la Russie et de la Prusse ! De nouveau il fallait s'incliner devant son génie. Mais on espérait que, assagi par l'expérience, il profiterait de ses succès pour conclure la paix si désirée.

Il est donc facile de se rendre compte du soulagement avec lequel les princes allemands et leurs sujets reçurent les premières nouvelles des négociations engagées entre la France, la Russie et la Prusse pour la conclusion d'un armistice de longue durée ; et cependant la nécessité de préparer les armées à de nouveaux et plus grands efforts, plutôt que le désir sincère de rechercher les conditions d'une paix solide, avait déterminé les belligérants à poser momentanément les armes. Napoléon, bien qu'assez mal renseigné sur la détresse des armées russe et prussienne après le choc sanglant de Bautzen, sentait avec son génial instinct de la guerre qu'il commettait une faute en ne poursuivant pas coûte que coûte l'ennemi l'épée dans les reins. Mais il justifiait sa décision à ses propres yeux par de fortes raisons : par l'armistice il gagnait le temps nécessaire pour accorder quelque repos aux jeunes troupes de la Grande Armée et leur rendre la cohésion ébranlée par les épreuves des marches et des combats, pour faire affluer en Saxe de puissants renforts, surtout en cavalerie, car l'insuffisance et la mauvaise qualité de cette arme l'avaient empêché de recueillir tout le fruit de ses victoires. Il pouvait aussi attendre le moment où les armées secondaires seraient en état d'entrer en campagne : l'armée d'Italie, que le prince Eugène organisait et qu'il devait concentrer vers Laybach pour menacer l'Autriche par le sud ; l'armée bavaroise, encore en formation aux environs de Munich, avec laquelle le général de Wrede devait garder la ligne de l'Inn ; le corps d'observation de Bavière, que le duc de Castiglione devait rassembler à Wurzburg pour couvrir les lignes de communication de la Grande Armée. Au point de vue politique l'Empereur voulait éviter la formation d'une nouvelle coalition générale contre la France ; il lui fallait voir clair dans le jeu de l'Autriche, devenue par la force des choses l'arbitre de la situation ; il espérait que les négociations prochaines lui en donneraient le moyen et peut-être lui permettraient de prendre sur cette puissance assez d'ascendant pour l'empêcher de faire cause commune avec les alliés.

Enfin il était obsédé d'instances en faveur de la paix : Berthier se faisait le complaisant écho des murmures des généraux ; il ne laissait passer aucune occasion de mettre en relief le manque d'initiative et le découragement des chefs, la fatigue et la détresse des soldats, le trouble qu'inspirait à tous l'acharnement de l'ennemi ; Maret, arrivé à Dresde le 22 mai, avec des renseignements précis sur l'état de l'opinion publique à Paris et en France, ne cachait pas que la confiance dans l'Empereur était ébranlée et que l'on ne voulait voir dans les victoires si chèrement achetées de Lutzen et de Bautzen qu'un gage donné par la fortune pour le repos et la paix.

Au même moment la Russie et la Prusse sentaient la nécessité d'interrompre les hostilités, non pour préparer la paix, à laquelle elles ne songeaient point, mais pour s'assurer le temps et la sécurité indispensables à la réorganisation de leurs armées. Celles-ci, après les prodigieuses dépenses d'énergie, de vies humaines et de matériel faites pendant la campagne du printemps, surtout à Bautzen, étaient dans un triste état : réduites à 80 000 hommes contre 120 000, sans munitions, sans vivres, sans ambulances. Les Russes étaient déjà las de se battre hors de chez eux ; Barclay de Tolly, nommé généralissime en remplacement de l'incapable Wittgenstein, ne cachait pas sa ferme intention de les ramener sur la Haute-Vistule, où il serait à même de recevoir facilement les renforts et les secours de tout genre sans lesquels il ne croyait pas pouvoir continuer la lutte. Mais il avait besoin de six semaines pour opérer sa retraite, refaire son armée et reprendre l'offensive, et il était résolu à abandonner les Prussiens à leur propres forces pendant ce laps de temps. C'était les exposer à une destruction totale, à moins qu'on ne réussît à conclure un armistice, ou que l'Autriche ne se prononçât immédiatement en faveur des alliés et ne fît une puissante diversion sur le flanc droit de l'armée française. Alexandre et Frédéric-Guillaume y comptaient bien, et se retiraient sur la Haute-Silésie, découvrant ainsi Berlin, Varsovie, les lignes de l'Oder et de la Vistule, mais se cramponnant à la frontière de Bohême et se mettant à la merci de l'Autriche, car seule une alliance étroite avec cette puissance devait rendre possible une reprise de l'offensive contre Napoléon. Cette alliance était certaine : cinq jours avant Bautzen, Stadion avait rejoint le quartier général des alliés à Wurschen et une entente complète s'était établie entre l'Autriche, la Russie et la Prusse sur les propositions à adresser à la France et sur la marche à suivre en commun politiquement et militairement, si, comme tout portait à le croire, ces propositions étaient rejetées par Napoléon. Le résultat de la bataille ne modifia pas les intentions de l'Autriche, car le 3 juin, à Gitschin, Metternich donna à Nesselrode l'assurance que dans aucun cas l'empereur François n'abandonnerait la cause d'Alexandre et de Frédéric-Guillaume.

Ainsi l'Autriche était plus que jamais décidée à la guerre : tout l'y portait : souvenirs cuisants des anciennes défaites, désir de les venger, volonté inébranlable de récupérer les provinces perdues, de reprendre en Allemagne une influence prépondérante, de se retrouver en Europe au premier rang des grandes puissances ; tous ces sentiments étaient poussés à un degré d'exaltation frénétique, à la cour, dans les conseils du gouvernement, dans l'armée, dans l'aristocratie, même dans la bourgeoisie et dans le peuple, illusionnés au point de croire aller à la liberté politique en combattant Bonaparte. Cependant le moment de tirer l'épée n'était pas encore venu. Metternich voulait assurer à l'Autriche le rôle principal dans la future coalition et prendre personnellement la direction de la manœuvre diplomatique destinée à acculer Napoléon à la guerre, en le mettant en présence d'exigences croissantes, incompatibles avec son honneur et l'intérêt de la France ; mais, avant de s'avancer, il voulait avoir préparé, sinon conclu, avec les alliés un traité déterminant les conditions auxquelles l'Autriche offrirait sa médiation pour paraître négocier entre la France d'une part, la Russie et la Prusse de l'autre, une paix préalable devant servir de base à la paix générale. De plus, il lui fallait obtenir de l'Angleterre des subsides en argent et en matériel, car l'Autriche était incapable de subvenir aux frais de la campagne. Enfin, bien que les rapports de l'Autriche avec la Bavière fussent établis sur un pied de confiance réciproque, le roi Maximilien-Joseph et son ministre Montgelas ne s'étaient pas encore décidés à renoncer formellement au système de l'alliance française ; l'Autriche avait un puissant intérêt à éviter une rupture prématurée avec le plus grand État de l'Allemagne du Sud, dont l'adhésion à la coalition entraînerait de gré ou de force celle des autres confédérés du Rhin. Au point de vue militaire la situation était peu satisfaisante, en dépit de l'énergie des mesures gouvernementales et de l'activité déployée par Schwarzenberg et son chef d'état-major Radetzky. Au milieu de mai il n'y avait encore en Bohême que 22 bataillons et 32 escadrons, présentant un effectif de 35 000 combattants environ ; l'ensemble des troupes autrichiennes mobilisées, en marche ou dans les garnisons, ne dépassait pas 76 bataillons, 76 escadrons et 276 pièces de canon, avec un effectif de 98 500 hommes. Avec raison Schwarzenberg jugeait ses forces insuffisantes pour faire pencher la balance d'un poids décisif en faveur des adversaires de Napoléon, et il ne voulait pas entrer en campagne avant d'avoir porté l'armée à 120 ou 130 000 hommes et les garnisons des places de Bohême à 30 ou 40 000 hommes.

Ce résultat pouvait être atteint, mais il fallait du temps ; Schwarzenberg ne pensait pas être en mesure de déboucher de la frontière de Bohême avant le 20 juillet. L'armistice était donc tout aussi nécessaire à l'Autriche qu'à la Russie et à la Prusse. Il fut signé le 4 juin à Pleiswitz et ratifié le 5 à Neumark par Napoléon. En quittant Neumark pour rentrer à Dresde, il dit : « Si les alliés ne veulent pas de bonne foi la paix, cet armistice peut nous devenir bien fatal. »

La nouvelle de la signature de l'armistice fut accueillie avec joie dans les États de la Confédération du Rhin ; sans s'attarder en réflexions sur le caractère uniquement militaire de cet acte, on le considéra comme destiné à faciliter l'ouverture des négociations en vue de la paix. Dans le peuple et dans la bourgeoisie on escompta la fin des lourds sacrifices d'hommes et d'argent nécessités par la guerre, des entraves apportées au commerce par le blocus continental, et la conclusion d'accords douaniers, par lesquels les marchés de France et d'Italie seraient rouverts aux produits du sol et de l'industrie allemands. Dans les cours, les princes se hâtèrent de prendre position pour tirer quelque avantage des arrangements à intervenir lors du congrès, dont l'ouverture ne faisait doute pour personne. Ainsi dès le 14 juin le duc de Weimar adressa au ministre de France, Saint-Aignan, un long mémoire contenant la liste de ses revendications : augmentation de ses États par la cession du pays d'Erfurt ou de territoires pris du côté de Blankenhayn, engagement de lui assurer une part dans la succession du duc de Gotha ; élévation de son titre souverain de manière à lui donner la suprématie sur les autres princes de la Saxe ducale, sa maison, étant comme illustration et comme ancienneté, fort au-dessus de celles de Wurtemberg, de Bade et de Hesse[1]. De même, le 23 juin le

---

1. Cette demande fut formulée d'une façon positive dans une note adressée le 28 juillet au duc de Bassano par le baron de Wolfskeel, chancelier du duché de Saxe-Weimar.

ministre du grand-duc de Wurzburg, Reigersberg, adressa au ministre de France, comte Germain, une note exposant que le grand-duc ne se trouvait pas suffisamment indemnisé de la perte de la Toscane et demandait à l'Empereur un établissement digne de son rang et de ses alliances. La situation générale paraissait si rassurante à la fin de juin, que le roi de Bavière quittait sa capitale et s'en allait prendre les eaux à Bade.

VI

RÉSUMÉ DES NÉGOCIATIONS PENDANT L'ARMISTICE
INQUIÉTUDES DES PRINCES ALLEMANDS. — LA RUPTURE

Ce calme était trompeur ; en réalité les événements se succédaient dans l'ordre souhaité par Metternich [1].
Tout d'abord il s'appliqua à établir une entière communauté de vue entre l'Autriche et le groupe des puissances du Nord, Russie et Prusse, déjà unies par le traité de Kalisch, Angleterre et Suède, déjà unies par le traité de Stockholm. Tel fut l'objet des négociations qui se déroulèrent du 12 au 27 juin, entre Reichenbach, où se trouvaient les Russes, les Prussiens et les Anglais, et Gitschin, où était venu s'établir l'empereur François, accompagné de Metternich et de Schwarzenberg. Le 12 juin Nesselrode, Hardenberg et Stadion se mirent d'accord non sans peine sur le programme diplomatique en perspective et arrêtèrent un premier projet de bases de paix, gradué de manière à présenter à Napoléon d'abord les conditions auxquelles l'Autriche mettait le prix de sa médiation, puis celles intéressant plus spécialement la Prusse et les petits États allemands, et réservant enfin celles que l'Angleterre aurait

---

1. On ne donne ici que le résumé des faits sans entrer dans l'examen des discussions qui les ont précédés, ni des critiques, qui les ont suivis. Voir pour le détail des négociations le beau livre d'ALBERT SOREL, *L'Europe et la Révolution française*, t. VIII.

à mettre en avant, lorsqu'il s'agirait de négocier sur de toutes nouvelles bases pour fixer les compensations de la paix maritime réunie à la paix continentale. Ainsi, même si Napoléon acceptait les conditions de l'ultimatum autrichien, il serait toujours possible de le contraindre à la rupture, en découvrant les conditions de réserve, d'une exigence croissante, contre lesquelles il se révolterait certainement.

En fait l'Angleterre devenait maîtresse de la situation : sans ses subsides, il était absolument impossible à la Russie et à la Prusse de continuer la guerre et à l'Autriche de la faire. En conséquence, elle traita à Reichenbach le 14 juin avec la Prusse et le 15 avec la Russie : la Prusse s'engageait à maintenir sous les armes une armée de 80 000 hommes en échange d'un subside de 666 666 livres sterling payables par sixième, de mois en mois jusqu'au 1er janvier 1814 ; les deux puissances convenaient que la Prusse serait remise dans l'état territorial antérieur à 1806 et qu'elle céderait à l'électorat de Hanovre divers territoires en Westphalie et dans la Basse-Saxe, ainsi que l'évêché de Hildesheim, contre indemnité convenable. La Russie s'engageait à maintenir sous les armes une armée de 160 000 hommes en échange d'un subside de 1 333 333 livres sterling. L'Angleterre prenait à sa charge l'entretien de la flotte russe, en se réservant d'employer à son gré les bâtiments et les équipages. Enfin, d'un commun accord, les trois puissances instituaient sous le nom d'argent fédératif un papier de circulation ayant cours forcé et sans intérêt, remboursable au 1er juin 1815, ou six mois après la paix générale, jusqu'à concurrence de 5 000 000 de livres sterling. Quatre sixièmes de ces billets devaient être donnés à la Russie ; deux sixièmes à la Prusse ; mais les deux États n'auraient à rembourser que la moitié des sommes avancées, le reste demeurant à la charge de l'Angleterre. C'était pour celle-ci un moyen de créer à ses alliés un crédit qui leur faisait totalement défaut.

L'Autriche de son côté avait impérieusement besoin

du secours financier de l'Angleterre, afin de rendre quelque valeur à son papier-monnaie. Vraisemblablement elle négocia à ce sujet à Reichenbach et obtint tout au moins des promesses. En effet, bien que le traité de Töplitz entre l'Autriche et l'Angleterre ait été signé seulement le 30 octobre, cinquante-trois jours après la déclaration de guerre de l'Autriche à la France, il est bien difficile d'admettre que Metternich, ennemi passionné de Napoléon, mais politique avisé et compétent en matières financières, ait engagé son souverain et son pays dans une entreprise aussi gigantesque sans avoir pris ses sûretés avec la seule puissance à même de dispenser les ressources nécessaires à la formation et à l'entretien des armées [1].

Le couronnement des négociations de Reichenbach fut le traité d'alliance éventuelle dirigé contre la France, conclu entre l'Autriche, la Russie et la Prusse, le 27 juin. En substance, l'Autriche s'engageait à déclarer la guerre à la France, si au 20 juillet les conditions de l'ultimatum autrichien n'avaient pas été acceptées par Napoléon ; mais cette acceptation devait avoir pour effet unique d'établir entre les belligérants une paix préalable, destinée à servir de base aux négociations en vue de la paix générale ; en outre, elle s'engageait à n'entrer dans aucune négociation ni dans aucun arrangement dont la Russie et la Prusse seraient exclues ; or, comme celles-ci avaient pris par les traités des 14 et 15 juin le même engagement avec l'Angleterre, l'Autriche était obligée de faire siennes les exigences des trois autres puissances et de les soutenir contre Napoléon jusqu'à la rupture des négociations et à la guerre, inclusivement. Ainsi était établi le concert entre les quatre participants aux divers traités de Reichenbach, également résolus à mener avec la plus grande énergie la lutte pour la suprématie du continent.

Mais les alliés, surtout les Autrichiens, n'étaient pas

---

1. Voir note IV.

complètement prêts. Il fallait donc gagner encore du temps et, pour cela, faire accepter par Napoléon l'illusoire médiation de l'Autriche et la comédie diplomatique qui devait en être la conséquence.

Metternich se chargea en personne de cette délicate manœuvre ; le 24 juin, laissant à Stadion le soin de signer les accords arrêtés à Reichenbach avec la Russie et la Prusse, il partit de Gitschin pour se rendre à Dresde. Il y était attendu avec impatience : à deux reprises, les 18 et 20 juin, Bubna, en mission au quartier général impérial, lui avait fait connaître que, de l'avis du duc de Bassano, une conversation entre lui et l'Empereur permettrait de résoudre nombre de questions importantes plus facilement qu'un échange de notes diplomatiques.

Metternich arriva à Dresde le 25 juin à 2 heures de l'après-midi et le même jour remit au duc de Bassano une note résumant le point de vue autrichien. Le 26 à 11 heures et quart il fut reçu par l'Empereur[1]. D'après les récits rédigés par Fain et par Metternich lui-même la conversation se serait prolongée sans interruption et sans témoins jusqu'à 8 heures moins le quart, c'est-à-dire pendant huit heures et demie consécutives. Eu égard à la durée extraordinaire de l'audience, ces deux récits sont étrangement brefs ; on doit donc les considérer comme des résumés naturellement tendancieux des propos échangés entre les deux interlocuteurs; mais la comparaison permet d'en dégager le thème général. Metternich, ferme dans son dessein d'abattre la puissance française, fort de l'alliance conclue avec la Russie, la Prusse et l'Angleterre, se garda d'apporter des propositions définies en vue de la paix, ni un programme précis de la médiation autrichienne ; il s'efforça seulement de faire accepter le principe de celle-ci, laissant entendre qu'en cas de refus son souverain se considérerait comme délié de tout engagement

---

[1]. Voir sur cette entrevue *Napoléon et ses détracteurs*, par le prince Napoléon, pp. 59 à 105 et appendice.

vis-à-vis de l'Empereur des Français et reprendrait toute sa liberté d'action.

Napoléon, emporté par ses préoccupations dynastiques, plein d'illusions sur les sentiments de l'empereur François pour les intérêts de sa fille et de son petit-fils, mit alternativement en œuvre la flatterie, la menace et le raisonnement pour pénétrer le secret de l'Autriche et parvenir à se rendre compte de ce qu'il avait à en craindre, de ce qu'il pouvait encore en espérer. Sur les conditions possibles de la paix, il fut net : il déclara qu'il considérerait comme un déshonneur la cession de la moindre parcelle du territoire de l'empire et qu'il ne traiterait que sur la base du *Statu quo ante bellum*. Sur la médiation, il évita de se prononcer ; il ne la refusa ni ne l'accepta d'une manière formelle, mais à la fin de l'entrevue il exprima à Metternich le désir de le revoir, peut-être pour lui donner à croire qu'un accommodement était encore possible.

Ainsi ce long et dramatique entretien se termina sans aboutir à une conclusion précise. En apparence, Metternich avait échoué dans sa mission ; en réalité, il devait être pleinement satisfait, car le résultat négatif était entièrement conforme à ses désirs et à ceux des alliés. En effet, il avait acquis la certitude que Napoléon ne se prêterait à aucune concession contraire à son honneur et à l'intérêt de la France, qu'il était assez clairvoyant pour estimer à leur juste valeur les velléités pacifiques manifestées par ses adversaires, et assez confiant encore dans son génie et dans la valeur de son armée pour espérer réussir à imposer la paix par la victoire. Donc c'était la guerre ; l'Autriche n'avait qu'à achever son évolution et à passer ouvertement dans le camp des alliés. Mais Metternich avait été très frappé des calculs et des raisonnements de Napoléon relatifs à la position et aux forces respectives des armées en présence ; l'entreprise dans laquelle il allait lancer la fortune de la monarchie autrichienne lui apparut comme plus aléatoire qu'il ne l'avait jugée jusqu'alors. Il résolut de demander dans le plus grand secret l'avis de Schwarzenberg et, suivant sa réponse, d'agir dans l'intérêt exclusif de l'Autriche, sans tenir le moindre compte de la situation morale et matérielle de la Russie et de la Prusse. Il dépêcha donc un courrier au général en chef et l'invita à lui faire connaître si une prolongation de l'armistice serait utile pour achever la concentration de l'armée et, dans le cas de l'affirmation, quelle devrait être la durée de cette prolongation. En attendant le retour du courrier et pour justifier sa présence à Dresde, il reprit avec le duc de Bassano le débat poursuivi depuis six mois sur l'interprétation des clauses du traité du 14 mars 1812. Le caractère dilatoire et en quelque sorte académique de ces pourparlers est évident, car Metternich avait en poche les accords conclus à Reichenbach avec la Russie, la Prusse et l'Angleterre ; désirant la rupture avec la France, il n'attendait que les renseignements de Schwarzenberg pour choisir le moment le plus favorable à la déclaration de guerre.

Quel que fut le sentiment intime de Napoléon, il ne voulut pas paraître marchander plus longtemps la dénonciation d'une alliance aussi à charge à l'Autriche et le 29 juin il chargea le duc de Bassano de faire connaître à Metternich sa décision : il jugeait impossible de distinguer, comme le proposait la cour de Vienne, parmi les articles du traité ceux qui conservaient une valeur, eu égard aux circonstances présentes, de ceux qui étaient devenus inapplicables ; considérant cette proposition comme équivalant à une dénonciation totale du traité, il ne faisait aucune difficulté d'accéder au désir de l'empereur François et de renoncer à une alliance conclue naguère dans l'intérêt commun.

Metternich avait ainsi gain de cause sur un point qui tenait fort à cœur à son souverain, plus scrupuleux sur la forme que sur le fond. En même temps il reçut la réponse de Schwarzenberg ; le général autrichien s'estimait heureux de gagner vingt jours encore au delà du 20 juillet, terme primitivement fixé pour la fin de l'armistice, mais un délai plus long le mettrait dans l'embarras par la difficulté de faire subsister les troupes concentrées dans une zone peu étendue, dont les ressources seraient rapidement épuisées[1]. Ainsi renseigné, Metternich pressa les choses ; il proposa de prolonger l'armistice jusqu'au 10 août, en se faisant fort de l'approbation de la Russie et de la Prusse et en alléguant que l'ouverture des négociations en serait facilitée ; il demanda une prompte réponse, en annonçant son départ pour le lendemain.

Napoléon dut croire que la proposition de Metternich était dictée par le désir de s'entremettre sincèrement pour la paix ; en l'acceptant il se donnait le moyen d'achever la concentration de ses forces en Saxe, en Franconie, en Italie, d'attendre la moisson et de n'ouvrir la campagne que les granges pleines. Insuffisamment renseigné sur l'état de préparation à la guerre de l'armée autrichienne, et ne la jugeant pas en mesure d'entrer en campagne avant le milieu du mois de septembre, il calcula que si les Russes et les Prussiens dénonçaient l'armistice le 10 août, il aurait le temps et la force de faire contre eux une campagne décisive en Silésie, tout en laissant à Dresde une armée d'observation de 100 000 hommes pour tenir en respect

---

[1]. D'après ONCKEN (*Œsterreich und Preussen im Befreiungskrieg*, t. II, p. 397), les motifs mis en avant par Schwarzenberg pour justifier la prolongation de l'armistice jusqu'au 10 août auraient été tirés de la nécessité de terminer les préparatifs et les travaux de défense, afin de couvrir Vienne contre une attaque venant du sud ou de l'ouest. En effet, l'état-major autrichien considérait comme destinées à marcher sur la capitale l'armée d'Italie, commandée par le vice-roi d'Italie et forte de 66 000 hommes, et l'armée de Bavière, commandée par Augereau, forte de 30 000 Français, auxquels viendrait se joindre le corps bavarois en organisation au camp de Schwabing. Or, toutes les troupes autrichiennes disponibles ayant été successivement acheminées vers la Bohême, les frontières de l'ouest et du sud étaient faiblement gardées. L'empereur d'Autriche avait donc décidé de mobiliser toutes les unités restant dans les dépôts, de constituer les bataillons et escadrons de réserve et d'appeler la landwehr sous les armes. Il envisageait même la possibilité de faire appel à l'insurrection de Hongrie. De plus, des travaux de fortification avaient été entrepris hâtivement pour barrer les routes conduisant à Vienne, mais ils étaient loin d'être terminés. A tous les points de vue il était fort utile de gagner trois semaines pour achever tous les préparatifs de défense.

l'Autriche. Enfin, tenace dans ses illusions sur les véritables dispositions de cette puissance, il se persuada qu'elle redoutait une rupture formelle et que par la menace ou par un arrangement amiable il obtiendrait d'elle tout au moins une neutralité bienveillante. Le 30 juin, après un nouvel entretien avec Metternich, il donna son assentiment à une convention par laquelle il acceptait la médiation de l'Autriche pour la paix générale ou continentale, la réunion d'un congrès de Français, Russes et Prussiens sous cette médiation à Prague, le 5 juillet, et la prolongation de l'armistice jusqu'au 10 août, l'Autriche s'engageant à faire accepter les mêmes clauses par la Russie et par la Prusse.

Après Reichenbach, après Dresde, les souverains alliés pouvaient se considérer comme maîtres du terrain au point de vue politique; mais il leur restait à établir une parfaite entente entre les chefs désignés pour le commandement des armées sur la direction à donner aux opérations militaires.

Les bases de cette entente avaient été jetées dès le 16 mai à Wurschen dans une espèce de conseil de guerre tenu en présence de l'empereur Alexandre par Toll et Wolkonsky pour la Russie, Knesebeck pour la Prusse et Stadion pour l'Autriche. Le conseil, après avoir étudié la situation géographique des Etats autrichiens par rapport au théâtre de la guerre dans l'Allemagne du Nord et les positions occupées par l'armée autrichienne en Bohême et par l'armée russo-prussienne en Silésie, avait admis en principe que celle des deux armées qui serait attaquée la première manœuvrerait de manière à attirer sur elle toutes les forces de l'ennemi, pendant que l'autre se porterait en masse sur le flanc de celui-ci et chercherait au moyen de ses troupes légères à couper ses communications avec la base du Rhin. En fait, il avait surtout envisagé l'hypothèse d'après laquelle l'armée russo-prussienne, ayant été attaquée par Napoléon au début de la campagne, aurait réussi à gagner assez de terrain en Lusace pour se trouver solidement établie entre l'Elbe et l'Oder au moment où l'Autriche déclarerait la guerre à la France ; il avait décidé que dans ce cas l'armée autrichienne déboucherait rapidement du quadrilatère des montagnes de Bohême et, suivant les circonstances, se porterait ou sur Dresde, ou sur Leipzig, ou sur Chemnitz, pendant qu'un corps détaché irait en Franconie menacer à grande distance le faisceau des routes conduisant du Rhin à l'Elbe. Ce plan était simple, parfaitement approprié à la situation générale, aux hommes et au terrain ; pour le mettre à exécution point n'était besoin d'un grand homme de guerre ; il suffisait d'un chef prudent et tenace, secondé par un état-major sachant son métier, par des généraux consciencieux et de braves colonels. Aussi les plans ultérieurs des alliés furent-ils le développement de celui arrêté à Wurschen le 16 mai.

Lorsque, après Dresde, les alliés purent prévoir à jour fixe le moment de l'entrée en campagne, ils eurent à se préoccuper de donner de la précision à leurs accords militaires, de manière à coordonner les efforts des différentes armées, et en particulier à s'assurer le concours jusqu'alors douteux de l'armée suédoise, maintenue par le prince royal de Suède dans une étrange inaction devant Hambourg. Tel fut l'objet des conférences tenues à Trachenberg du 9 au 13 juillet. L'empereur Alexandre et le roi de Prusse invitèrent le prince royal à y prendre part, pour pénétrer ses intentions et le lier irrévocablement à leur cause, et aussi pour recevoir les conseils d'un homme qui passait pour avoir été un des meilleurs lieutenants de Napoléon. Les conférences eurent lieu entre le prince royal, son chef d'état-major Löwenhielm, Knesebeck et Toll ; ce dernier tint la plume et rédigea le protocole daté du 30 juin/12 juillet dans lequel fut formulée la « Disposition générale pour les opérations ultérieures ». Il fut convenu que toutes les forces des alliés se porteraient toujours sur le point où se trouveraient concentrées celles de Napoléon ; que l'armée principale (dite de Bohême), formée des troupes autrichiennes et de corps russes et prussiens venant de Silésie, se rassemblerait sur la frontière de la Saxe et de la Bohême, d'où elle pourrait aisément faire face à l'ennemi sur tous les points menacés ; que l'armée russo-prussienne (dite de Silésie) et l'armée suédoise (dite du Nord) seraient chargées de le prendre en flanc et à revers et choisiraient toujours la direction conduisant le plus directement sur sa ligne d'opérations ; qu'enfin les trois armées prendraient simultanément l'offensive et que le camp de l'ennemi serait leur rendez-vous. Les alliés établirent ainsi entre eux une certaine communauté de vues, mais ils ne purent arrêter un plan de campagne ferme, car l'Autriche n'était pas représentée aux conférences. Stadion avait bien suivi à Trachenberg les souverains de Russie et de Prusse ; mais, comme il n'avait pas été pourvu par Schwarzenberg des renseignements et des directions nécessaires pour prendre utilement part aux délibérations, il s'abstint d'y paraître. Alexandre et Frédéric-Guillaume firent de même, pour ne pas entraver la liberté de la discussion.

Les vues du gouvernement autrichien furent développées dans un mémoire rédigé par Radetzky et Langenau, l'un chef d'état-major, l'autre quartier-maître général de l'armée de Bohême. Ce document fut remis à Schwarzenberg le 7 juillet, soumis par lui à l'empereur François le 12, et, après approbation, porté par le colonel comte Latour à l'empereur de Russie, qui le reçut à son retour de Trachenberg ; il fut donc sans influence sur les résolutions prises pendant les conférences. Le projet autrichien était marqué au coin de la stratégie savante et prudente en honneur dans les conseils militaires du cabinet de Vienne ; il posait en principe que Napoléon se tournerait d'abord contre l'armée autrichienne et chercherait à occuper la Bohême, afin de dégager son flanc droit, d'assurer la sécurité de sa ligne de communication et d'établir une liaison effective entre la Grande Armée en Saxe, le corps d'observation rassemblé à Wurzburg, l'armée bavaroise en position sur l'Inn, et enfin l'armée d'Italie. Dans ce cas, l'armée autrichienne devrait occuper fortement la ligne de l'Eger et s'y tenir sur la défensive, pendant que les armées de Silésie et du Nord prononceraient une vigoureuse offensive pour obliger l'ennemi à diviser ses forces. Ce résultat obtenu, l'armée autrichienne se porterait à son tour en avant et les alliés, toutes forces réunies, manœuvreraient de concert pour amener l'adversaire à livrer une bataille décisive. Le projet envisageait deux autres éventualités comme possibles, mais peu probables : ou bien Napoléon dirigerait son attaque principale contre l'armée de Silésie ou contre l'armée du Nord ; ou bien il resterait lui-même sur la défensive ; dans le premier cas, celle des armées alliées qui serait attaquée la première, devrait refuser le combat pendant le temps nécessaire aux deux autres pour gagner du terrain et prendre l'ennemi en flanc et à revers ; dans le second cas les armées de Silésie et du Nord se porteraient simultanément en avant, en se rapprochant de l'armée de Bohême ; celle-ci conserverait ses positions jusqu'au moment où les alliés pourraient combiner leurs mouvements et agir en masse contre l'ennemi. Le projet autrichien différait donc sensiblement du projet russe : celui-ci exprimait d'une façon claire et précise l'idée d'une offensive générale et simultanée de toutes les armées alliées et la considérait avec raison comme la condition essentielle du succès final ; celui-là laissait à Napoléon l'initiative de l'attaque et subordonnait la marche en avant à l'exécution de manœuvres longues, compliquées et d'un succès fort douteux, en présence d'un adversaire vigilant et actif.

Les voyages et les entrevues des souverains, des ministres dirigeants, des généraux en chef, les allées et venues des personnages remplissant dans leurs cabinets ou dans leurs états-majors les plus hautes fonctions ne pouvaient naturellement pas passer inaperçus aux yeux de ceux dont le sort allait dépendre des résolutions finales prises par les potentats en présence. Les princes de la Confédération du Rhin avaient de bonnes raisons pour s'en préoccuper : si la guerre reprenait, elle aurait leurs domaines pour théâtre et mettrait en question non seulement le maintien plus ou moins intégral de l'état territorial créé à leur profit par les derniers traités, mais la forme de leur existence politique et peut-être cette existence même. Ces princes étaient trop intéressés à être bien renseignés, et d'autre part ils avaient avec les souverains de Russie, de Prusse ou d'Autriche des liens de famille trop étroits pour ne pas avoir rapidement connaissance, sinon dans le détail, du moins dans l'ensemble, du résultat des négociations poursuivies à Reichenbach, à Dresde et à Trachenberg. Ils ne tardèrent donc pas à perdre leurs illusions sur la probabilité de la conclusion de la paix générale, et d'autant plus promptement que sur tous les points de l'Allemagne, les agents officiels ou officieux de l'Autriche, obéissant évidemment à des instructions venues de Vienne, se montrèrent dès le début fort peu confiants dans l'issue pacifique des pourparlers engagés entre les grandes puissances et se firent constamment les propagateurs des bruits les plus alarmants. Leur attitude et leur langage ne purent point échapper aux observations des ministres de France accrédités près les cours de la Confédération : Mercy-Argenteau à Munich, La Tour-Maubourg à Stuttgart, Germain à Wurzburg, Hédouville à Francfort, Vandeul à Darmstadt, Nicolay à Karlsruhe, signalèrent à maintes reprises les manœuvres par lesquelles leurs collègues d'Autriche s'efforçaient de détacher les souverains et leurs ministres du système de l'alliance française. Le thème de leurs déclarations était partout identique et pouvait se résumer ainsi : l'empereur François avait pris la résolution d'intervenir entre les puissances belligérantes pour assurer la paix du continent, et, à cet effet, mettait son armée sur un pied formidable; comme il était en parfaite communauté de vues avec l'empereur Alexandre et le roi Frédéric-Guillaume, son intervention ne pouvait s'exercer que contre la France, afin d'obliger Napoléon à accepter le rétablissement d'un juste équilibre entre les nations; une des conditions essentielles de cet équilibre serait que l'empereur des Français renonçât à exercer une influence quelconque sur les affaires intérieures de l'Allemagne et cessât d'être en fait et en droit Protecteur de la Confédération du Rhin, ce mode de groupement des États allemands devant disparaître avec l'influence étrangère qui l'avait créé et maintenu ; les souverains allemands feraient donc sagement en relâchant les liens qui les unissaient au Protecteur, en attendant de pouvoir les rompre ouvertement avec l'aide de l'Autriche, toute disposée à leur donner des garanties, et contre la vengeance de la France, et contre les revendications exagérées de la Prusse, soutenue par la Russie ; il fallait se confier à elle et jeter les bases d'une entente destinée à devenir une alliance en forme.

L'effet de ces intrigues se fit rapidement sentir. Dès le mois de juillet, à Munich la cour et le ministère manifestèrent des inquiétudes trop exagérées pour être sincères ; avant même la reprise des hostilités, on voyait déjà la Bavière ravagée par les cosaques, la capitale menacée ; au palais on faisait ouvertement des préparatifs de départ, on emballait les objets les plus précieux ; la famille royale se disposait à se réfugier à Lindau ou à Rastadt. De Bayreuth, Bogne de Fay, secrétaire de la légation française à Munich, envoyé en mission sur la frontière austro-bavaroise, se plaignait de l'attitude étrange des fonctionnaires royaux, qui entravaient les démarches de ses agents, favorisaient celles des agents de l'Autriche et faisaient même ramener aux avant-postes autrichiens les déserteurs de cette nation. A Stuttgart les inquiétudes feintes ou réelles étaient aussi vives. M. de La Tour-Maubourg les constatait et annonçait le départ projeté de la reine et des princesses pour une ville plus éloignée que la capitale des frontières du royaume.

A Wurzburg le grand-duc et les personnages de sa cour, en relations suivies avec la famille impériale d'Autriche et les membres de l'aristocratie autrichienne, se montraient persuadés dès le mois de juin de la reprise des hostilités, et donnaient comme certaine l'entrée de l'Autriche dans la coalition contre la France. Le 23 juillet le comte Germain, ministre de France, signalait l'activité des agents autrichiens chargés de recueillir des renseignements sur les cantonnements et les marches des troupes françaises; le 29 juillet il faisait remarquer que la concentration de l'armée autrichienne en Bohême entretenait l'opinion dans la persuasion que la déclaration de guerre était imminente; le 6 août il annonçait le retour inopiné du grand-duc, qui passait habituellement l'été dans ses propriétés de Bohême, et l'emballage de ses effets précieux, comme en prévision d'un prochain et définitif départ.

La panique soufflait jusqu'au Rhin. Au commencement de juillet le prince primat grand-duc de Francfort se disposa à quitter ses États pour se retirer à Constance, sous prétexte de régler des difficultés qui s'étaient élevées entre les cantons suisses au sujet de la juridiction de l'évêché de cette ville. Pour le faire renoncer à son projet, le ministre de France, Hédouville, dut se rendre auprès de lui à Aschaffenburg où il résidait et lui représenter combien son absence serait mal interprétée au moment même où l'Empereur allait arriver à Mayence et, en s'éloignant de son armée, donner une preuve non équivoque de ses intentions pacifiques.

Les inquiétudes des princes de la Confédération du Rhin n'étaient que trop fondées et la guerre devait être le dénouement de la comédie diplomatique connue dans l'histoire sous le nom de Congrès de Prague, drame plutôt, car l'existence de centaines de milliers d'hommes était en jeu, et drame singulièrement instructif, car il jette une lumière crue sur la haine frénétique et l'absence de tout scrupule des hommes d'État adversaires de Napoléon.

Qu'on se reporte à la convention du 30 juin, par laquelle l'Empereur avait accepté la médiation autrichienne, sous deux conditions : ouverture du congrès le 5 juillet, prolongation de l'armistice jusqu'au 10 août. Ces clauses étaient inséparables ; en effet, d'une part, un délai de trente-cinq jours était à peine suffisant pour accommoder les affaires du continent, les souverains intéressés ne devant pas se trouver réunis à Prague, et l'échange des communications ne pouvant se faire que par courriers, d'où une lenteur inévitable dans les négociations ; d'autre part, si le congrès ne devait pas être sérieux, la prolongation de l'armistice était contraire aux intérêts de la France, en empêchant l'Empereur de tomber sur l'armée russo-prussienne, avant l'époque où l'armée autrichienne serait en état d'intervenir dans la lutte. Metternich l'avait bien compris et s'était porté fort du consentement de la Russie et de la Prusse ; ce consentement aurait donc dû être acquis au plus tard le 5 juillet, date fixée pour la réunion des plénipotentiaires. Or, précisément le contraire se produisit, et par la faute, ou plutôt par la volonté réfléchie de l'Autriche.

Tout d'abord Metternich ne se pressa pas : il attendit jusqu'au 4 juillet pour se rencontrer à Ratiborschitz avec Hardenberg et Nesselrode et leur faire connaître la situation nouvelle résultant de l'acceptation de la médiation autrichienne par Napoléon. La conférence entre les alliés fut orageuse, car le Russe et le Prussien ne voulaient pas entendre parler de la prolongation de l'armistice. « Mais l'importance de rallier l'Autriche était si grande, écrit Nesselrode dans ses mémoires, qu'il fallut passer par toutes les conditions qu'elle stipula. » Finalement ils acceptèrent la date du 12 juillet pour la réunion du congrès ; mais ils réservèrent la question de l'armistice, en alléguant qu'ils ne pouvaient se prononcer sans l'assentiment de leurs souverains, et qu'ils étaient obligés d'attendre le retour de ceux-ci, alors à Trachenberg, où ils devaient avoir une entrevue le 9 juillet avec le prince royal de Suède. La mauvaise volonté de la Russie et de la Prusse alla en s'accentuant au cours des conférences de Neumark, où les commissaires militaires tinrent une espèce de congrès pour débattre les conditions de détail de la prolongation de l'armistice. L'attitude arrogante et les exigences croissantes des Russes et des Prussiens autorisaient dès lors l'Empereur à suspecter la sincérité des sentiments pacifiques d'Alexandre et de Frédéric-Guillaume, et par suite à ne pas entrer dans la voie des négociations, avant d'être assuré de la signature de la convention prolongeant l'armistice jusqu'au 10 août.

Le 12 juillet rien n'était terminé à Neumark ; l'Empereur agit donc avec prudence en s'abstenant d'envoyer ses plénipotentiaires à Prague, où se trouvait d'ailleurs déjà Narbonne, son ambassadeur auprès de la cour de Vienne. Au contraire Anstett, représentant de la Russie, et Humboldt, représentant de la Prusse, arrivèrent au jour fixé et feignirent un désappointement irrité en ne trouvant pas les Français au rendez-vous ; de son côté Metternich crut devoir se montrer affligé du retard apporté à l'ouverture du congrès, alors que ce retard comblait ses vœux, en diminuant le temps, déjà trop bref, pendant lequel les négociations pouvaient suivre leur cours avec chance d'aboutir à une entente. Du reste, il escomptait déjà un insuccès, car il remit le 12 juillet à l'empereur François un mémoire dans lequel il justifiait sa politique dans le passé et demandait des instructions fermes et précises en vue de la rupture avec la France, point d'aboutissement obligé de toutes ses manœuvres diplomatiques. « Puis-je compter, concluait-il, sur la fermeté de V. M. dans le cas où Napoléon n'acceptera pas les bases de paix de l'Autriche ; V. M. est-elle invariablement résolue à remettre aux armes de l'Autriche et de toutes les autres puissances coalisées le soin de faire triompher la bonne cause ? »

Metternich demandait ainsi un blanc-seing à son souverain, pour forcer sa volonté hésitante à franchir le pas redoutable d'une déclaration de guerre à Napoléon, son gendre et récemment encore son allié. Sans doute il l'obtint, mais entouré de réticences qui laissaient clairement comprendre combien l'empereur François désirait sauvegarder les apparences et rejeter sur Napoléon toute la responsabilité de la rupture [1].

1. Metternich à l'empereur François et réponse de l'Empereur, Brandeis 12 juillet 1813. T. II des *Mémoires de Metternich*.

A Dresde, l'Empereur attendait toujours la signature de la convention prolongeant l'armistice. En dépit des justes soupçons que faisaient naître les retards apportés à cet acte essentiel, toutes les mesures étaient prises pour entamer les négociations à Prague. Caulaincourt et Narbonne, désignés le 16 juillet comme plénipotentiaires au congrès, furent nommés officiellement à cet emploi par un décret daté du 18. Le duc de Bassano remit le 21 au premier, les instructions de l'Empereur, aux termes desquelles ses représentants devaient demander comme base de discussion l'*uti possidetis ante bellum* et procéder à l'égard de l'Autriche d'après le principe que la puissance médiatrice ne devait rien demander ni rien obtenir. Enfin le 27 juillet, après d'interminables controverses sur le mode d'approvisionnement des places de guerre encore occupées par des garnisons françaises, la convention prolongeant l'armistice jusqu'au 10 août fut signée à Neumark. Le même jour Caulaincourt partit pour Prague où il arriva le 28 juillet. Près d'un mois s'était ainsi écoulé depuis la conférence de Dresde, à un moment où le temps avait une immense valeur !

La situation des plénipotentiaires français à Prague était singulièrement difficile, car leurs instructions ne leur laissaient aucune latitude et ils s'y trouvaient en présence d'adversaires dont les prétentions étaient tout aussi absolues ; leur mission était donc vouée à un échec. Mais Caulaincourt commit volontairement une faute de tactique qui rendit cet échec inévitable. Depuis son ambassade à Saint-Pétersbourg il s'était fait la plus étrange conception de ses devoirs envers l'Empereur et la France, et les idées les plus fausses sur le caractère de l'empereur Alexandre et sur les véritables desseins de Metternich. Il ne pouvait douter des intentions de Napoléon, car, avant de quitter Dresde, il avait eu tout le temps nécessaire pour méditer ses instructions et pour en discuter la teneur et l'esprit ; il devait donc les suivre à la lettre. Cependant, dès son premier entretien avec Metternich, il ne craignit pas de lui dévoiler qu'il ne fallait pas s'attendre à une négociation sérieuse avant le retour de l'Empereur, alors à Mayence, retour fixé au 5 août; il poussa l'aberration jusqu'à l'engager à formuler toutes les exigences nécessaires pour arriver à établir une véritable base de pacification et il lui fit cette déclaration : « Vous ne voyez pas en moi le représentant des lubies de l'Empereur, mais de son intérêt véritable et de celui de la France. Je suis tout aussi européen dans les questions présentes que vous pouvez l'être. Ramenez-nous en France par la paix ou par la guerre et vous serez béni par 30 millions de Français et par tous les serviteurs et amis éclairés de l'Empereur ! » [1]

Metternich ne dut pas être très surpris de cette déclaration, car il ne pouvait ignorer les discours tenus et les insinuations faites par Caulaincourt au commissaire russe, lieutenant général Schouwalow, au moment des négociations de l'armistice de Pleiswitz [2]. Mais il en éprouva certainement une vive satisfaction ; en effet, s'il était résolu à la rupture, il cherchait encore le moyen de sauver les formes, si chères à l'empereur François. Or, Caulaincourt lui fournissait bénévolement le moyen de retarder jusqu'au 5 août l'ouverture des négociations et par suite de réduire à cinq jours la période de temps réellement utilisable. En attendant on pouvait discuter à perte de vue sur la procédure à suivre au congrès. Il en fut ainsi, et les plénipotentiaires entamèrent un débat sur le rôle du médiateur, afin de déterminer si celui-ci porterait des lettres ou des paroles, s'il aurait à diriger ou à résoudre des controverses verbales, s'il serait courtier ou arbitre, si l'on adopterait les précédents des congrès de Ryswick, de Teschen ou de Rastadt, etc. Au cours de ces pourparlers, l'attitude prise par les plénipotentiaires russe et prussien fut systématiquement discourtoise à l'égard des envoyés français ; ils évitèrent toutes les occasions de les ren-

---

1. A. SOREL. *l'Europe et la Révolution française*, t. VIII, p. 165.
2. Voir la note V.

contrer et ne cessèrent de témoigner la plus vive impatience d'en finir et de partir ; ils n'avaient qu'un but : gagner, sans aboutir à un résultat, le 10 août, date à laquelle le congrès se trouverait virtuellement clos, où la rupture serait effective, et où l'Autriche pourrait lever le masque et entrer dans la coalition, en rejetant sur Napoléon tout l'odieux de la reprise de la lutte.

Conformément aux indications de Caulaincourt, le 5 août, l'Empereur, enfin de retour à Dresde, se décida à une démarche décisive. Jugeant ses plénipotentiaires totalement empêtrés dans les filets de Metternich, il leur fit adresser une instruction confidentielle dans le but de savoir exactement les désirs de l'Autriche, sur les véritables dispositions de laquelle il semble avoir conservé jusqu'au dernier jour, les illusions les plus étranges.

Caulaincourt ne put conférer avec Metternich que dans la soirée du 6. Bien qu'il ne restât plus que quatre jours le ministre autrichien trouva pour en perdre encore un, le prétexte d'aller consulter à Brandeis l'empereur François. Il en rapporta un ultimatum formulant les conditions de l'Autriche, aggravées de celles de la Prusse et de la Russie : les trois puissances demandaient la dissolution du duché de Varsovie et sa répartition entre elles ; en outre la Prusse ainsi agrandie devait recevoir la ville et le territoire de Dantzig et une frontière tenable sur l'Elbe ; l'Autriche réclamait les provinces illyriennes ; la France devait renoncer au protectorat de la Confédération du Rhin, consentir au rétablissement de Hambourg et de Lubeck comme villes libres et à un arrangement éventuel lié à la paix générale sur les autres parties de la 32° division militaire, enfin donner la garantie que l'état de possession des puissances grandes ou petites, tel qu'il se trouverait fixé par la paix, ne pourrait être modifié par la suite. Faute d'une acceptation formelle de Napoléon dans la journée du 10, l'Autriche déclarerait le 11 la guerre à la France et joindrait ses forces à celles des alliés. Ainsi les trois puissances condescendaient bien à entamer des pourparlers pacifiques, si Napoléon consentait à négocier sur les bases de l'ultimatum autrichien, mais elles ne s'engageaient nullement à conclure la paix ; elles se réservaient au contraire le moyen de rompre les négociations, soit en formulant de nouvelles exigences sur les points les intéressant spécialement, soit en faisant intervenir l'Angleterre, sous prétexte de donner à la paix un caractère non seulement continental, mais aussi maritime et général.

Quelque extraordinaires et suspectes que fussent les propositions des trois puissances, Caulaincourt, contre toute évidence, crut encore la paix possible, et en transmettant à Napoléon l'ultimatum de l'Autriche, il fit les plus vives instances pour obtenir sans retard une réponse favorable. Mais son rapport n'arriva à Dresde que le 9, à trois heures de l'après-midi ; pour faire parvenir la réponse à Prague le 10 avant minuit, terme de rigueur, il eût fallu que l'Empereur prît sa décision instantanément et expédiât le courrier dans la soirée même du 9.

L'Empereur voulut laisser passer la nuit avant d'arrêter sa résolution, soit qu'il ait ressenti toute l'inconvenance de la pression exercée sur lui par ses adversaires avant toute action de guerre en leur faveur, soit qu'il ait conservé jusqu'au bout une inexplicable confiance dans les dispositions de Metternich et de l'empereur François. Il admit bien que le retard de sa réponse aurait pour résultat de faire dénoncer l'armistice le 10 août, mais il crut que les négociations pourraient continuer au moins jusqu'au 17, date avant laquelle, aux termes de la convention de Neumark, les hostilités ne pourraient recommencer. Il se borna donc à faire préparer pour Caulaincourt deux notes discutant l'ultimatum autrichien et formulant des contre-propositions. Mais, comme ces notes ne pouvaient arriver à Prague avant le 11 août, il fit appeler dans la soirée du 9, le général Bubna, toujours présent à Dresde, lui exposa les concessions qu'il était disposé à faire, les limites auxquelles il s'arrêterait, et l'invita à faire con-

6

naître sans délai à Metternich, la substance de cet entretien, dans l'espoir que le ministre ainsi prévenu hésiterait à mettre fin au congrès.

Chez les alliés, le moment n'était pas à la politique, mais à la toute-puissante haine de la France et de son souverain. Dans le rapport de Bubna, Metternich ne vit que la certitude de pouvoir déclarer la guerre à l'heure dite ; il fit incontinent préparer les passeports de Narbonne, ambassadeur de France à Vienne, et mit la dernière main au manifeste de l'empereur d'Autriche.

Caulaincourt et Narbonne, Anstett et Humboldt, dans des sentiments bien différents, mais avec une anxiété égale, attendirent en vain pendant toute la journée du 10 l'arrivée d'un courrier de Dresde. A minuit sonnant les plénipotentiaires de Russie et de Prusse vinrent notifier à Metternich l'expiration de leurs pouvoirs. Metternich déclara le congrès dissous et fit aussitôt allumer les signaux, depuis plusieurs jours tenus tout prêts de Prague jusqu'à la frontière silésienne, pour annoncer la rupture des négociations et donner à l'armée russo-prussienne l'autorisation d'entrer en Bohême.

De nouveau la guerre allait ensanglanter l'Allemagne, l'éternelle guerre que depuis 1792, les oligarques, parfois lassés, jamais abattus, avaient menée sans trêve, en tout pays, contre la République, puis contre l'Empire, en apparence pour rétablir en Europe la tranquillité basée sur l'équilibre, en réalité pour enfermer la France dans ses anciennes limites, y restaurer une dynastie usée et impopulaire, et anéantir l'expansion libératrice dont tous les peuples devaient tôt ou tard subir l'influence.

APPENDICE

I. Convention d'armistice signée à Zeysc le 18 janvier 1813 par le prince Schwarzenberg et annexe à ladite convention.
II. Note échangée entre M. le comte de Nesselrode et M. le chevalier de Lebzeltern à Kalisch le 17/29 mars 1813 et tenant lieu de convention.
III. Sur le manifeste de Kutusoff.
IV. Sur les subsides donnés à l'Autriche par l'Angleterre.
V. Sur le rôle de Caulaincourt lors des négociations de l'armistice de Pleiswitz.

NOTE I

TEXTE DE LA CONVENTION D'ARMISTICE SIGNÉE A ZEYSC LE 18 JANVIER 1813 PAR LE PRINCE SCHWARZENBERG ET DE L'ANNEXE A LADITE CONVENTION

La rigueur de la saison et d'autres considérations également puissantes (*sic*) ont décidé les Maréchaux commandant en chef l'armée de S. M. l'empereur d'Autriche, roi de Hongrie et de Bohême, et celles de S. M. l'empereur de toutes les Russies de convenir d'une suspension d'armes; ils en ont fixé la nature et les termes dans la présente convention secrète, qui, signée unilatéralement, sera échangée entre eux et sera envisagée comme un des Actes les plus obligatoires de ce genre.

Article premier

Il y aura à dater de la signature du présent acte, un armistice étendu à tous les corps autrichiens qui se trouvent sous mes ordres et réciproquement aux armées russes. Cet armistice sera illimité dans son terme. Si cependant, ce qui n'est pas à prévoir, il était question d'une reprise d'hostilités, la dénonciation de l'armistice sera de quinze jours, et ce n'est que le quinzième révolu, que les hostilités pourront commencer.

Article II

Le plan projeté pour la marche du corps autrichien ayant été adopté dans toute sa teneur, il devient obligatoire tant pour la direction et les époques de la retraite indiquées, que pour la ligne de démarcation à occuper par les corps autrichiens. Ce plan est donc envisagé comme partie intégrante de la présente convention et il a été signé de même pour ressortir son plein et entier effort.

 Fait dans notre quartier général de Zeysc, le 18 (30) janvier 1813.
  Le Maréchal commandant en chef le corps auxiliaire autrichien,
   Le prince de Schwarzenberg.

Annexe à la convention d'armistice du 18 (30) *janvier* 1813.

     Wiskow, le 12 (24) janvier 1813.

 Si nous quittons dans cinq jours la région parcourue par la Narew nous serons le 22 janvier (3 février) sur la rive gauche de la Vistule aux environs de Varsovie. Cette ville pourra être rendue et l'armée autrichienne pourra entamer sa marche sur la Pilika le 23 janvier (4 février) ou le 24.

 L'armée peut être rassemblée sur la rive gauche de la Pilika dans un délai de huit jours à partir de la date précédemment indiquée, c'est-à-dire le 1ᵉʳ (13) février.

 Si l'armée s'arrête pendant six jours sur la rive droite de la Pilika et au sud de la ligne déterminée par la route de Petrikau à Breslau jusqu'à son intersection avec la frontière de Silésie, afin d'assurer l'évacuation des hôpitaux et dépôts établis sur la rive droite de la Pilika, elle pourra évacuer Novomiasto et Petrikau et se mettre en mouvement pour continuer la retraite le 7 (19 février).

 Si l'on accepte comme ligne de démarcation une ligne partant de Josefow, suivant le ruisseau de Kamiena et passant à Kunow et Bodcezin, suivant ensuite la chaine des hauteurs jusqu'à Lapuschno, puis, la route de poste passant par Malozow et aboutissant à Zarnovicz à l'ancienne frontière de la Galicie occidentale, il faudrait encore compter huit jours pour que l'armée soit rassemblée au sud de cette ligne, en admettant que les têtes de colonne l'atteignent le 15 (27) février.

    Charles Fürst zu Schwarzenberg.

NOTE II

NOTE ÉCHANGÉE ENTRE M. LE COMTE DE NESSELRODE ET M. LE CHEVALIER DE LEBZELTERN A KALISCH LE 17/29 MARS 1813 ET TENANT LIEU DE CONVENTION

 L'armée de S. M. l'empereur de Russie poussera des corps vers les flancs droit et gauche du corps autrichien qui occupe aujourd'hui sur la rive gauche de la Vistule, la ligne que lui a assignée le dernier armistice.

Le général russe commandant les corps ci-dessus exprimés dénoncera l'armistice au général commandant autrichien et motivera explicitement cette dénonciation par l'impossibilité dans laquelle se trouvent les alliés de laisser dans leur flanc et à leur dos un foyer de mouvement et d'insurrection, tel que l'offre l'armée polonaise sous M. le prince Poniatowski. Cette dénonciation aura lieu les premiers jours d'avril.

Les deux corps russes s'avanceront avec une force sinon moyenne, du moins égale à celle du corps autrichien fort de 30.000 hommes.

M. le lieutenant général baron de Frimont recevra l'ordre de préparer et d'effectuer sa retraite sur la rive droite de la Vistule. Il conservera des postes à Cracovie, à Opatowice et à Sandomir.

La retraite à peu près consommée, les généraux autrichien et russe conviendront de nouveau d'une suspension d'armes sans terme fixe et à quinze jours de dénonciation, qui portera que les Autrichiens conserveront les villes de Cracovie et de Sandomir et le poste d'Opatowice, avec un rayon convenable comme tête de pont sur la rive gauche du fleuve devant ces trois points.

La présente transaction restera à jamais secrète entre les deux cours impériales et ne pourra, de part et d'autre, être communiquée qu'à S. M. le roi de Prusse uniquement.

Souvenirs d'un diplomate, par le baron BIGNON.

La Pologne 1811-1813.

NOTE III

Le manifeste de Kutusoff du 25 mars fut précédé par une proclamation de Blücher, en date du 23 mars, et suivi par une seconde proclamation, celle-ci de Wittgenstein, en date du 30 mars, l'une et l'autre adressées au peuple saxon. Ces trois documents, répandus à des milliers d'exemplaires par les soins des patriotes allemands, excitèrent dans la masse de la population plus de curiosité sympathique que de réel enthousiasme. En revanche, ils produisirent l'impression la plus défavorable à la Prusse et à la Russie sur les princes de la Confédération du Rhin et sur les hommes d'État les moins bien disposés pour le maintien de l'alliance française.

Metternich lui-même n'était pas à l'abri des attaques, car « la secte » des disciples de Stein lui reprochait son antipathie contre les procédés révolutionnaires qu'elle prônait comme répondant seuls à la période critique traversée par l'Europe continentale. Le cabinet de Vienne était en effet nettement hostile à la méthode comminatoire, esquissée dans l'article 1er de la convention de Breslau. Il jugeait bien préférable de faire appel aux intérêts pour décider les princes de la Confédération du Rhin à se détacher de la France; mais au début on ne devait leur demander qu'une « conduite mesurée, » c'est-à-dire une neutralité plus ou moins déguisée, afin d'amener un refroidissement, puis une rupture, avec la France. A cet égard il est curieux de voir Metternich développer son plan dès le 23 mars, à l'époque où il eut connaissance de la convention de Breslau. « J'ignore si la Prusse nourrit des vues sur les principautés d'Ansbach et de Bayreuth; mais en admettant même cette chance, pourquoi ne laisserait-elle pas cette question ouverte jusqu'à ce qu'elle soit assurée de toutes les nuances de la conduite de la Bavière? Et dans la supposition que nous n'eussions pas à nous en plaindre, pourquoi ne pas remettre cette cession à l'époque des arrangements généraux? Pourquoi dans ce cas ne pas rassurer directement la Bavière sur ces provinces? Pourquoi ne pas lui déclarer que, *comme prix de sa conduite mesurée, il faudra commencer par ne pas dire plus,* on n'entreprendra rien contre ces deux provinces; mais que dans la supposition contraire, le roi de Prusse fera un appel à ses anciens sujets? Il me parait que de tous les moyens d'entrer en pourparlers avec la Bavière, celui-là serait le plus naturel et le plus simple. » (Dépêche de Metternich au comte Zichy en date du 23 mars, citée par Oncken, t. I, p. 341.)

Voir aussi DOEBERL. *Bayern und die deutsche erhebung wider Napoléon Ier.* Munich 1907. (Abhandlungen der K. B. Academie der Wissenschaften.)

NOTE IV

SUR LES SUBSIDES DONNÉS A L'AUTRICHE PAR L'ANGLETERRE

Les subsides en argent, effets d'habillement et d'armement, fournis à l'Autriche par l'Angleterre dans le courant de l'année 1813 s'élevèrent à :

Traites sur la Trésorerie. .	500 000 liv. st.	
Effets d'habillement fournis par le commissaire en chef.	45 612 —	545 612 liv. st.

A ce chiffre il faut ajouter celui des fournitures faites à

l'Autriche, au titre des États du Nord de l'Europe, dans lequel elle entra pour environ deux tiers ;

Effets d'habillement fournis par le commissaire en chef	269 387 liv. st.	Dont les 2/3 égalent 644 782 liv. st.
Effets d'armement fournis par le département de l'artillerie	697 787 —	
Total	967 174 liv. st.	

Enfin l'Angleterre ouvrit à l'Autriche, comme à la Russie en 1812, un crédit dont la quotité précise ne fut pas mentionnée dans les documents soumis à la Chambre des communes.

(*Appendice des comptes et dépenses de 1813, État des paiements faits dans l'année qui a fini le 5 janvier 1814, relativement aux prêts, remises et avances aux États du Nord de l'Europe. Procès-verbaux de la Chambre des communes de 1814, p. 199.*)

En s'en tenant aux chiffres connus, la part de l'Autriche dans les subsides anglais s'éleva au chiffre de 1.190.394 l. st. ou 29.759.830 francs.

Mais les documents parlementaires anglais n'indiquent pas la date à laquelle les subsides commencèrent d'être versés à l'Autriche; cette date serait cependant fort intéressante à connaître.

L'existence d'un traité secret entre l'Autriche et l'Angleterre, négocié à Reichenbach, signé tardivement à Prague le 27 juillet par l'empereur François, et ratifié à Londres le 23 août, est affirmé par Montvéran (*Histoire critique et raisonnée de l'Angleterre au 1er janvier 1816*, t. VI, l. VII p. 259) et par Nicomedo Bianchi (*Storia della diplomazia europea in Italia*), t. I, annexes, p. 333). Tous deux sont d'accord sur les points principaux du traité : l'Autriche s'engageait à porter 200.000 hommes de troupes de 1re ligne dans la coalition et en échange l'Angleterre lui assurait 500.000 livres sterling en traites sur Londres, des armes, des effets d'équipement et d'habillement pour une somme égale ; les deux puissances stipulaient que l'Autriche serait remise dans le même état où elle était avant la paix de Presburg ; par suite, elle aurait à reprendre à la Bavière le Tyrol allemand et une frontière sur l'Inn ; au royaume d'Italie, le Tyrol italien et les anciens États de Venise jusqu'à l'Adige ; à la France enfin la Dalmatie et l'Illyrie. L'Autriche et l'Angleterre devaient se concerter pour l'organisation définitive à donner à l'Italie, la première exerçant une influence prépondérante dans le Nord, la seconde dans le Sud ; par suite, le royaume d'Italie devait disparaître ; l'Autriche prendrait possession de la Lombardie ; les États pontificaux, le Piémont, le grand-duché de Toscane et le duché de Modène feraient retour à leurs anciens maîtres. L'Angleterre devenait libre de disposer à son gré du royaume de Naples et de la Sicile, qui l'intéressaient d'une façon particulière. Il est à remarquer que les événements postérieurs sont de nature à confirmer l'existence de ce traité. Toutefois Sorel (*l'Europe et la Révolution française*, 8º partie, p. 162) n'a trouvé aucune trace d'un acte de cette nature, soit aux archives du Record Office, soit à Vienne, soit à Berlin. Oncken (*OEsterreich und Prussen im Befreiungskrieg*, t. II, p. 461 et suivantes) croit que le traité fut réellement signé le 27 juillet, sans pouvoir indiquer quelles en furent les clauses précises.

Mais, même en admettant l'existence de ce traité, on n'arrive pas à découvrir les ressources, grâce auxquelles l'Autriche put commencer ses armements au mois de janvier 1813 et les poursuivre avec une fiévreuse activité jusqu'au mois d'août.

Au moment de la déclaration de guerre à la France elle avait réussi à mettre en campagne quatre armées :

Armée de Bohême	130 000 hommes.
Armée du Danube.	24 000 —
Armée d'Italie	50 000 —
Armée de réserve à Presburg . . .	60 000 —
	264 000 hommes.

A ces armées il faut ajouter les garnisons des places fortes et les troupes en formation dans les dépôts.

Avec quel argent, avec quel matériel avaient été faits ces armements ?

On est induit à admettre l'existence probable d'une convention ultra-secrète fort antérieure au mois de juin, vraisemblablement contemporaine de l'émission de papier-monnaie du 17 avril, en vertu de laquelle l'Angleterre dut intervenir directement ou indirectement auprès des banquiers de Hollande et d'Allemagne pour assurer à l'Autriche le crédit qui lui faisait défaut, et la mettre à même de préparer la guerre contre la France. Cette hypothèse étant admise, on voit le cas qu'il faut faire des négociations suivies par Metternich pendant le printemps et l'été de 1813 en vue d'arriver à l'établissement de la paix générale !

NOTE V

M. Paul Bailleu, conseiller aux Archives royales de Prusse, a fait présenter au congrès d'Histoire diplomatique, tenu à la Haye en 1899, une communication, d'après les documents des

Archives de Saint-Pétersbourg, relative au rôle joué par Caulaincourt comme négociateur de l'armistice de Pleiswitz en 1813. Voici le résumé de cette communication, insérée dans les *Annales internationales d'histoire*, n° 3, pp. 135 à 140.

Au cours des négociations de l'armistice, Caulaincourt tenta d'amorcer avec Schouwalow, commissaire pour la Russie, et à l'insu de Kleist, commissaire pour la Prusse, une négociation particulière en vue de conclure entre la France et la Russie, non plus un armistice, mais une paix séparée.

Persuadé que ses paroles seraient immédiatement transmises (comme cela eut lieu en effet) à l'empereur Alexandre, il s'efforça de démontrer à Schouwalow que la Russie devait profiter, pour s'arranger avec la France, de la situation difficile où se trouvait la Grande Armée. Il lui révéla que les troupes avaient subi de fortes pertes, qu'elles étaient fatiguées, mal approvisionnées en munitions (le corps de Marmont n'avait de cartouches que dans les gibernes des soldats, tel autre maréchal n'avait que dix charges par canon!), enfin que les renforts ne pourraient être concentrés sur le théâtre des opérations avant deux mois environ. Il fit remarquer que les cosaques pouvaient agir avec succès sur les derrières de l'armée française, que seule l'inaction de l'ennemi avait permis à celle-ci de faire des marches « extravagantes », telle que celle sur Breslau, qu'au moment de l'échange des pleins pouvoirs pour l'armistice, la Russie aurait dû soutenir ses prétentions par « de fortes attaques », car l'armistice était tout à l'avantage de la France.

Ces insinuations et surtout ces révélations sur l'état de l'armée française plongèrent Schouwalow dans la stupeur. Le 31 mai il termina la lettre par laquelle il rendait compte à l'empereur Alexandre de sa conversation avec Caulaincourt par ces mots : « Voilà, Sire, toutes les phrases, autant que je m'en rappelle, du duc de Vicence, et vraiment il y en a qui lui coûteraient la tête si on les savait..................................

« En un mot on dirait, à l'entendre, qu'il désire un grand échec pour l'armée française afin de conclure la paix au plus vite. »

Le 1er juin Schouwalow confirma sa lettre de la veille, à la suite d'une nouvelle conversation avec Caulaincourt.

Le 2 juin il commença sa lettre par ces mots : « Sire, la conduite du duc de Vicence à mon égard, ou plutôt ses discours sont tellement singuliers, que je me trouve dans le cas d'en faire le rapport à Votre Majesté Impériale, d'autant qu'il assure ne me parler de la sorte que dans la conviction intime où il est que Votre Majesté Impériale en sera seule instruite. Une fois il me dit que la paix est indispensable à faire pour la Russie, que ce qu'il en dit vient de son profond attachement à Votre Majesté Impériale, que l'armée française sera du double plus forte dans deux mois, et d'autres choses semblables, en

ajoutant la phrase suivante : « Si vous êtes sûrs que l'Autriche
« agisse avec vous, vous faites bien de ne pas songer à faire la
« paix avec nous, mais si vous n'en êtes pas sûrs vous n'avez pas
« de temps à perdre. » En suite, il reprend sa gamme accoutumée sur la facilité de conclure la paix sans influence étrangère, que l'empereur Napoléon le désire ; il me fait entendre clairement qu'il est chargé de me parler de la sorte. »

M. P. Bailleu est disposé à voir dans l'attitude extraordinaire de Caulaincourt une nouvelle trace, une nouvelle preuve de la conspiration en faveur de la paix formée de bonne heure autour de l'empereur Napoléon. Mais cette attitude eut des conséquences fort graves. En effet « les discours perfides du duc de Vicence fournirent à l'empereur Alexandre la preuve très précieuse d'un fait incontestable, savoir qu'il pouvait compter sur la trahison dans le camp de Napoléon. Il est hors de doute pour l'histoire que ce n'est ni le génie militaire des commandants des troupes alliées, ni l'intelligence politique des monarques alliés qui ont contribué à vaincre Napoléon. Il fut lui-même la cause de sa chute, car il croyait aveuglément à son propre génie et comptait naïvement sur la reconnaissance des hommes. Les ennemis les plus dangereux se trouvaient dans son propre camp ». (F. de MARTENS, *Recueil des traités et conventions conclus par la Russie avec les puissances étrangères*, t. XIV, p. 177 et suivantes, 1905.)

CHAPITRE II

LE TRAITÉ DE RIED

I. Situation de la Bavière au moment de la rupture de l'armistice, août 1813.
II. L'armée bavaroise en position sur l'Inn.
III. Premières ouvertures faites par les alliés à la Bavière.
IV. Dernières négociations. Conclusion du traité de Ried. 8 octobre 1813.

I

SITUATION DE LA BAVIÈRE AU MOMENT DE LA RUPTURE DE L'ARMISTICE, AOUT 1813

Au mois d'août 1813, la Bavière disposait d'une armée suffisante pour couvrir ses frontières de l'Est, tenir tête aux forces que les coalisés pourraient mettre en ligne sur un théâtre d'opérations forcément secondaire, et attendre le moment et l'occasion d'orienter sa politique de la manière la plus avantageuse. Ce résultat n'avait pas été atteint sans de vigoureux et persévérants efforts du gouvernement, sans de lourds sacrifices imposés à la nation et patriotiquement acceptés par elle. Pour les bien apprécier, un retour en arrière est nécessaire.

Le contingent bavarois à la Grande Armée de 1812 avait formé le 6e corps, placé par l'Empereur sous les ordres du général Gouvion-Saint-Cyr ; à l'entrée en campagne il était fort de 30 bataillons, 24 escadrons et 10 batteries à 6 pièces, avec un effectif de 863 officiers, 28 000 hommes et 5 200 chevaux ; jusqu'à la fin de décembre il reçut à diverses reprises d'importants détachements de remplacement, d'un effectif total de 10 000 hommes environ. Ces troupes étaient belles, bien équipées, bien instruites, pourvues d'un excellent matériel roulant. Gouvion-Saint-Cyr, bon juge en matière d'organisation militaire, ne leur ménagea pas les éloges ; d'ailleurs il dut à leur valeur et à leur discipline, autant qu'à ses habiles dispositions, la victoire de Polotzk (18 août), à la suite de laquelle l'Empereur, par décret du 29 août 1812, lui conféra le bâton de maréchal. Mais les Bavarois subirent d'énormes pertes pendant la campagne et surtout pendant la retraite ; près de 30 000 hommes périrent ou demeurèrent prisonniers en Russie ; tous les chevaux, toute l'artillerie, 578 voitures d'équipages, furent perdus. Au mois de janvier 1813 il ne restait du 6ᵉ corps que des débris, entrés dans la composition des garnisons de Dantzig et de Thorn [1] ; en Bavière les dépôts contenaient quelques milliers de recrues, de malades et de convalescents ; mais les officiers et sous-officiers faisaient défaut pour reconstituer des unités nouvelles ; les magasins et les arsenaux étaient vides, les ressources de la remonte presque totalement épuisées. Il fallait moins réorganiser l'armée que la créer à nouveau.

Le gouvernement royal se mit à l'œuvre avec la plus grande énergie : il appela sous les drapeaux tous les jeunes gens des classes encore soumises à la conscription et les incorpora dans l'armée active et les bataillons de réserve ; il mit en activité les légions mobiles, organisation analogue à la garde nationale, déjà ancienne, mais peu utilisée jusqu'alors, car ces unités ne devaient pas servir en dehors du royaume ;

---

1. D'après Plotho, au 1ᵉʳ janvier 1813 il restait du contingent bavarois : 4 000 hommes sous les ordres du général de brigade Foller formant la garnison de Thorn ; 3 000 hommes en marche sur la Saxe à travers la Pologne et la Silésie ; au total 7 000 hommes sous les ordres du général de Wrede.

Au printemps de 1813, les dépôts bavarois contenaient : 4 200 hommes, 1 000 chevaux.

et il en porta l'effectif au complet au moyen des hommes de vingt-deux à quarante ans non soumis à la conscription, exception faite des hommes mariés et des chefs d'établissements commerciaux, industriels ou agricoles ; enfin, il favorisa de tout son pouvoir les engagements volontaires, notamment parmi les employés de l'État et les candidats aux fonctions publiques, auxquels il garantit la conservation de leurs places et de leurs droits jusqu'à la fin de leur service militaire. Tous les sujets du roi furent invités à faire des dons en argent ou en nature ; les engagés volontaires disposant de ressources suffisantes durent s'équiper et se monter à leurs frais.

Grâce à ces mesures extraordinaires, les forces nationales se reconstituèrent rapidement ; dès le 1er mars l'armée de ligne atteignit l'effectif de 14 000 hommes. A la fin du mois le contingent bavarois, parti pour rejoindre la Grande Armée de 1813, se composait d'une brigade d'infanterie, d'un régiment de cavalerie et de deux batteries, au total 5 600 combattants, sous les ordres du général Raglowich. De nouvelles levées et l'appel sous les armes des légions mobiles comblèrent le vide ainsi formé. Au 1er juin la Bavière disposait d'une armée de 30 000 hommes, dont 12 000 pour les troupes de ligne et 18 000 pour les 32 bataillons des légions mobiles et le régiment de garde nationale à cheval. Toutes ces troupes furent réunies au camp d'instruction de Schwabing près de Munich et placées sous les ordres du général de Wrede, qui, à cette époque, avait seul le grade de général de cavalerie et qui était naturellement appelé par son rang et ses services antérieurs à recevoir cette preuve de la confiance de son souverain. Il la justifia en déployant une extraordinaire activité et de réels talents d'organisation. Sous sa direction la nouvelle armée bavaroise acquit une cohésion et une instruction très satisfaisantes et se montra animée d'un excellent esprit, car les hommes des légions mobiles se déclarèrent spontanément prêts à faire la guerre en dehors des frontières du royaume. L'état de prospérité du pays et la tranquillité absolue dont il jouit pendant les huit premiers mois de 1813 permirent de pourvoir avec soin à la réfection de l'habillement, de l'équipement et du matériel roulant. La cavalerie fut parfaitement remontée.

Au 1ᵉʳ août les troupes en état de faire campagne s'élevaient à 30 bataillons d'infanterie, dont 11 fournis par les légions mobilisées, 28 escadrons et 66 pièces de canon attelées, réparties entre trois divisions d'infanterie, une division de cavalerie et une réserve d'artillerie.

Le colonel Fontenille, de l'état-major de Berthier, envoyé en mission en Bavière à la fin de juillet, put écrire dans son rapport du 1ᵉʳ août : « C'est au zèle de M. de Wrede, à son activité et à son entier dévouement à l'Empereur que l'on doit les 30 000 hommes qui sont prêts à entrer en campagne... Généraux, soldats, tout paraît très dévoué à l'Empereur. M. de Wrede désirerait beaucoup que Sa Majesté Impériale demandât au roi de Bavière l'incorporation des légions mobiles dans l'armée. En dix jours de temps, il assure l'Empereur de marcher avec 30 000 hommes, dont 30 escadrons de cavalerie et 54 bouches à feu, toutes excellentes troupes, bien équipées, bien montées et surtout bien dévouées. »

Fontenille s'en tint à l'apparence et fut complètement abusé sur l'état moral de l'armée bavaroise et particulièrement sur les dispositions de Wrede à l'égard de la France. Ses rapports contribuèrent à induire Napoléon en erreur sur l'aide à attendre de la Bavière.

Mais comment Napoléon aurait-il pu douter de la fidélité d'un allié qui lui devait son titre de roi et la moitié de son royaume? D'autres que Fontenille, en situation d'être mieux renseignés, avaient travaillé à l'envi à le maintenir dans une funeste sécurité. Le prince de Neuchâtel, major-général, entretenait une correspondance confidentielle avec le roi Maximilien-Joseph, et ne paraît pas avoir un instant suspecté la sincérité de ce prince.

Le 23 juin le roi lui écrivait : « Si l'Autriche a le sens commun, elle se tiendra tranquille, sinon elle court à sa perte... Le comte de Metternich a mandé à sa légation que la paix allait se faire. Si c'est vrai, j'en serai enchanté ; si c'est pour m'endormir, il n'a pas réussi, car je suis plus éveillé que jamais. » Le 26 juillet, nouvelles protestations : « Mon attachement pour l'Empereur et la cause de la France n'a jamais varié un instant ; ainsi vous pouvez être sûr que je ferai l'impossible pour satisfaire les désirs de Sa Majesté Impériale. Dites-lui que je lui suis plus attaché que jamais et que si je ne fais pas de plus grands efforts le physique et le moral s'y opposent. La vieille Bavière est bonne. Quelques pays nouveaux sont mauvais. Avec cela il faudra bien qu'ils aillent, dussé-je me faire écharper. » Enfin le 12 août, le jour même de la déclaration de guerre, le roi renouvelait de la façon la plus forte ses protestations de fidélité : « Veuillez dire à l'Empereur qu'il peut compter sur tous mes efforts, sur ma bonne volonté et sur mon entier dévouement. Si les premiers coups que l'Empereur portera sont à son avantage, personne ne bougera plus ; sinon, gare à une révolution dans les montagnes et même en Suisse [1]. »

D'un autre côté, la correspondance du ministre de France à Munich, le comte de Mercy-Argenteau, n'était pas de nature à éclairer l'Empereur sur le véritable état d'esprit du gouvernement bavarois. En ce poste de Munich, si important par le voisinage de l'Autriche, les relations étroites de parenté de la famille royale avec les maisons de Russie, de Bade, de Hesse et de Saxe, surtout par la situation prépondérante de la Bavière dans l'Allemagne du Sud, il eût fallu à cette heure critique un diplomate qui possédât au plus haut degré les qualités professionnelles et qui fût en même temps, non seulement un bon Français, mais aussi un homme nouveau, réfractaire aux influences d'un milieu

---

[1]. Général Pelet. *Tableau des principales opérations de la campagne de 1813.*

où dominaient les aristocrates, adversaires naturels du régime impérial. Mercy-Argenteau ne répondait guère à cet idéal : c'était un gentilhomme belge, né sujet de l'Autriche, devenu Français par la conquête de son pays d'origine, ayant avec la noblesse allemande et autrichienne d'étroites relations de parenté et d'amitié ; il avait accepté la loi du vainqueur, il était même entré à son service, mais il avait conservé tous les préjugés de sa caste et n'était que trop disposé à se laisser prendre aux formes courtoises et aux paroles gracieuses de ses pairs par la naissance et par l'éducation. Enfin, lié d'ancienne date avec Talleyrand, il était porté à critiquer la politique du duc de Bassano et à se faire illusion sur les véritables sentiments des Allemands de la Confédération du Rhin à l'égard de la France.

A son arrivée à Munich il avait été captivé par la feinte bonhomie du roi Maximilien-Joseph. Depuis lors il croyait aveuglément à sa loyauté. De même, il avait jugé le premier ministre Montgelas trop fin politique pour abandonner le système de l'alliance française, traditionnelle en Bavière, et il persistait à le croire inaccessible aux intrigues de l'Autriche et aux tentatives de corruption de l'Angleterre. De même enfin, il avait noué des relations confiantes avec le général de Wrede, qui, en dépit d'un dévouement affecté pour la personne de l'Empereur, était en réalité, dans la société et dans le gouvernement, le chef occulte du parti antifrançais, dont le prince royal était le chef apparent. Vivant d'illusions, Mercy ne s'était pas assez préoccupé de bien organiser son service d'informations ; pour contrôler les communications officielles du gouvernement bavarois, il n'avait rien trouvé de mieux que d'entretenir des correspondances avec les commissaires des cercles, agents de ce même gouvernement !... Le ministre de France était donc fort mal renseigné sur le caractère et les véritables dispositions des personnages les plus importants à la cour, dans le gouvernement et dans l'armée. La situation était tout autre qu'il ne la représentait dans ses dépêches. De nombreux indices auraient dû cependant l'éclairer sur l'état d'esprit du roi et du comte de Montgelas.

Dès le milieu de juillet, à son retour des eaux de Bade, le roi manifesta des inquiétudes véritablement excessives, motivées par les rassemblements de troupes autrichiennes, en formation sur la rive droite du Danube. Il exprima à Mercy la crainte de voir ses États envahis et ne lui cacha pas que pour se défendre il comptait autant et plus sur le corps d'observation de Bavière, rassemblé à Wurzburg sous les ordres d'Augereau, que sur sa propre armée, campée à Schwabing, à proximité de Munich. Montgelas tint un langage analogue et pressa le ministre de France d'insister auprès du duc de Bassano pour obtenir du gouvernement de l'Empereur un appui efficace. Dans sa dépêche du 26 juillet, Mercy se fit l'écho complaisant des craintes de la cour de Bavière et s'efforça d'établir combien la situation était périlleuse, la frontière du côté de l'Autriche étant absolument à découvert et la vallée du Danube n'étant point gardée. A chaque entrevue avec le ministre de France, le roi et Montgelas renouvelèrent leurs instances et Mercy les transmit à son ministre avec une patience égale à son aveuglement. Cependant la moindre réflexion aurait dû le convaincre que les inquiétudes du roi, si elles étaient sincères, étaient pour le moins fort exagérées ; car, dans la situation où se trouvaient les alliés, la Bavière ne pouvait courir d'autre danger que de voir ses villes-frontières insultées par des partisans. La protection la plus sûre pour l'Allemagne du Sud était celle de la Grande Armée concentrée en Saxe sous les ordres directs de Napoléon : plus cette armée serait forte, plus les coalisés devraient rassembler de troupes pour la combattre : c'était en Saxe que se jouerait la grande partie et aucun des joueurs ne croirait jamais avoir en mains assez d'atouts. D'ailleurs les renseignements de la légation bavaroise à Vienne ne laissaient aucun doute sur les intentions de l'Autriche : la presque totalité des troupes autrichiennes était dirigée vers les frontières de

Saxe et d'Italie ; il ne restait sur la frontière de Bavière qu'un corps peu nombreux, suffisant pour défendre le territoire de l'Empire, mais incapable de passer à l'offensive devant un adversaire résolu et disposant de troupes d'un effectif supérieur, comme c'était le cas pour Wrede. Dès lors l'attitude du cabinet de Munich devenait singulièrement équivoque, et un observateur clairvoyant l'aurait attribuée, moins à des alarmes fondées sur des motifs sérieux qu'au désir de se ménager des prétextes pour observer une semi-neutralité entre les belligérants, jusqu'au moment où la fortune se serait prononcée pour l'un d'entre eux.

II

L'ARMÉE BAVAROISE EN POSITION SUR L'INN

La perspective d'avoir à combattre l'Autriche était fort désagréable au roi Maximilien-Joseph. Dans les premiers jours du mois d'août il fut atterré en comprenant que la rupture des négociations entre la France et les alliés était inévitable et qu'elle entraînerait la déclaration de guerre de la Bavière à l'Autriche. Par mesure de précaution et bien à contre-cœur il se résigna alors à porter sur l'Inn les troupes du camp de Schwabing, mais il eut soin de donner à son ministre à Vienne l'ordre de prévenir le gouvernement autrichien que la position nouvelle prise par l'armée bavaroise n'aurait aucun caractère offensif et n'apporterait aucune modification aux rapports amicaux existant entre les deux pays. Une fois cette déclaration faite, Wrede se mit en mouvement le 13 août et alla occuper la ligne de l'Inn ; il établit son quartier général à Braunau et maintint ses troupes très concentrées dans les environs de cette ville.

Dès le 16 août, les plaintes au sujet de l'éloignement du corps formé par le duc de Castiglione recommencèrent ; le vide existant entre ce corps et l'armée bavaroise motiva des inquiétudes feintes ou réelles sur la possibilité d'une invasion prochaine, contre laquelle on affectait de ne voir aucun moyen de résistance. A la cour on se remit de plus belle à emballer les effets précieux et l'on fit avec ostentation des préparatifs de départ.

Mercy était sincère en partageant les craintes du gouvernement bavarois; il s'en faisait volontiers l'interprète, car il subissait l'influence de Wrede; celui-ci, avant de quitter Munich, ne lui avait pas caché son désir de voir les troupes françaises rassemblées dans le nord de la Bavière se rapprocher de lui et combiner leurs opérations avec les siennes. Afin de pénétrer les intentions de l'Empereur, le général envoya des officiers de son état-major au prince de Neuchâtel, au duc de Castiglione et au vice-roi d'Italie, pour les informer de son mouvement sur l'Inn et pour demander des ordres. Dès son arrivée à Braunau, il s'attacha à dépeindre sous les couleurs les plus sombres la position de l'armée bavaroise. La réponse évasive du duc de Castiglione ne fut pas de nature à le satisfaire; après en avoir pris connaissance, il écrivit, le 19 août, à Mercy pour lui faire part de ses craintes si les Autrichiens prenaient l'offensive : « Mes opérations, écrivit-il, sont absolument bornées à la défensive; mais même il se peut que je sois forcé de faire un changement de front;

. . . .

à en juger par la lettre du maréchal duc de Castiglione, il n'a point reçu l'ordre de se porter en avant sur les points où la Bavière était menacée. »

Les éventualités fâcheuses envisagées par Wrede n'étaient pas près de se réaliser, car, à ce moment même, les troupes autrichiennes, inférieures en nombre à leur adversaire, nullement préparées à une campagne offensive, étaient bien loin de pouvoir franchir la frontière et ne songeaient qu'à organiser défensivement leurs cantonnements des bords de la Traun.

D'ailleurs les dispositions des cours de Munich et de Vienne rendaient un conflit bien improbable. Le ministre de Bavière en Autriche, Rechberg, ne quitta point son poste, sous prétexte de maladie, et le personnel de sa légation resta autour de lui, sans que Metternich songeât un instant à donner leurs passeports à ces représentants d'une puissance ennemie. Lorsque le conseiller de légation Koch alla porter de Munich à Vienne les dernières communications du gouvernement bavarois, il fut accueilli de la manière la plus amicale par le prince de Reuss, commandant l'armée autrichienne du Danube ; le prince ne lui cacha ni son ardent désir de ne pas avoir à tirer l'épée contre ses frères allemands, ni son intention d'observer vis-à-vis de l'armée de Wrede une attitude analogue à celle de Schwarzenberg vis-à-vis de l'armée russe en 1812.

Le gouvernement bavarois ne fut pas en reste d'amabilité. Lorsque le chargé d'affaires d'Autriche, chevalier de Hruby, fut reçu en audience de congé le 18 août, le roi Maximilien lui déclara que ni la rupture des relations diplomatiques avec l'Autriche, ni les engagements pris par la Bavière avec la France, ne pouvaient altérer les sentiments d'amitié qu'il avait voués à l'empereur François et qu'il s'était plu à cultiver depuis la dernière paix. Les plus hauts personnages de la cour, à l'exemple du roi, ne ménagèrent pas les marques de leur sympathie à l'envoyé autrichien, sous les yeux mêmes du ministre de France. Hruby ainsi encouragé, flatté, fêté, resta à Munich jusqu'au 24 août, et lorsqu'il se décida au départ, il se dirigea sur Braunau, au lieu de prendre, comme il l'avait annoncé, la route de Bohême, où se trouvait alors l'empereur d'Autriche.

Ce détour avait sa raison d'être. Le 25 août Hruby arriva au quartier général de l'armée bavaroise et fit visite à Wrede ; il lui confia qu'il avait les motifs les plus sérieux d'être satisfait des sentiments exprimés soit par le roi, soit par les membres les plus influents de la famille royale, du gouvernement et de l'aristocratie ; qu'il ne manquerait pas d'exposer à son maître avec quelle facilité il serait possible d'amener un rapprochement entre les deux États. Hruby s'était bien gardé de faire à Munich ces ouvertures, calculées pour flatter l'ambition de Wrede et pour éveiller dans son esprit le désir de prendre la haute main, non seulement sur les affaires militaires, mais aussi sur les politiques. Elles eurent un plein succès, car Wrede se démasqua et déclara franchement qu'un changement complet du système d'alliances suivi jusqu'alors par la Bavière était l'objet de ses vœux les plus ardents et qu'il était disposé à s'y employer. Hruby n'en demandait pas davantage ; à ses yeux une entente avec Wrede était précieuse, car, le cas échéant, il serait bien plus facile de négocier à Braunau, où l'autorité militaire exerçait sur les allants et venants une surveillance rigoureuse, qu'à Munich, où il serait à peu près impossible d'échapper aux yeux, pourtant peu clairvoyants, du ministre de France.

De Braunau, Hruby se rendit à Wimsbach, où le prince de Reuss, commandant le corps autrichien, avait établi son quartier général. Il mit le prince au courant des dispositions du cabinet de Munich et des intentions de Wrede. A la suite de cette conversation, Reuss, devançant les instructions qu'il devait recevoir de Prague quelques jours plus tard, expédia à Wrede un parlementaire pour négocier une entente en vue de suspendre ou plutôt de ne pas entamer les hostilités. Cette entente fut facile à établir et, par une singulière bonne fortune, se trouva répondre en apparence aux intentions de Napoléon. En effet, l'officier envoyé au major général revint à Braunau le 22 août au soir, rapportant une lettre en date du 18 août de Reichenbach, dans laquelle Berthier, au lieu de donner à Wrede l'ordre formel de prendre l'offensive, lui laissait toute liberté d'action, et ne lui faisait espérer aucun appui du corps d'observation de Bavière. Cette réponse était trop conforme aux désirs secrets de Wrede, pour qu'il ne saisît pas l'occasion de ne rien faire ; il renvoya donc tout de suite un officier à Berthier avec mission de déclarer catégoriquement qu'il était obligé de rester sur la défensive. Les Autrichiens l'imitant et continuant à se retrancher « jusqu'aux oreilles », comme l'écrivait Wrede à Mercy le 30 août, toute chance de conflit était évitée ; dès ce moment un armistice tacite s'établit entre les deux armées.

Ainsi, à la fin d'août, la Bavière avait pris à l'égard de la France une attitude singulièrement équivoque ; elle préparait sa défection, mais avec assez de prudence pour ne pas éveiller l'attention de l'Empereur, alors absorbé par les grandes opérations de la campagne de Saxe. A Munich, Mercy se contentait des renseignements donnés par Wrede sur l'état des choses à la frontière austro-bavaroise ; il avait été officiellement prévenu de l'imminence de la retraite de l'armée de l'Inn ; il n'avait aucun moyen de contrôler le bien-fondé de cette détermination, car Montgelas s'était fait invisible, et Wrede ne laissait partir de Braunau que des nouvelles soigneusement expurgées, et conformes à sa correspondance officielle ou officieuse.

A la vérité, M. de la Blanche, premier secrétaire de l'ambassade de France à Vienne, venait, en quittant son poste après la déclaration de guerre, de traverser les lignes bavaroises et il avait eu avec Wrede un long entretien ; celui-ci s'était étendu avec amertume sur les difficultés de sa position et sur l'abandon où le laissait le duc de Castiglione. Mais ce diplomate n'avait eu ni le temps, ni les moyens, et il n'avait pas la compétence nécessaires pour apprécier à leur juste valeur les raisons techniques des réclamations et des angoisses, réelles ou simulées, du général bavarois.

La situation de Mercy était d'ailleurs délicate ; il ne recevait que de rares dépêches du duc de Bassano, tandis que l'échange des correspondances entre le roi et le prince de Neuchâtel était des plus actifs, d'où parfois pour le représentant de l'Empereur la situation la plus étrange. Un jour, chargé officiellement de demander une augmentation du corps de Wrede, il croit pouvoir s'adresser directement au roi : grande émotion de Maximilien-Joseph, qui s'écrie : « Mais j'ai des nouvelles du prince de Neuchâtel et il n'y est pas question de cela. Vous devez savoir mieux que personne que je suis à bout de toutes les mesures que je puis prendre; que mon contingent est plus que complet; que j'ai rempli tous mes engagements. L'Empereur ne peut cependant pas prétendre que je me défende seul contre l'armée autrichienne! » Mercy, piqué, exhibe alors la dépêche du duc de Bassano et déclare au roi qu'il s'est adressé directement à lui, sur le conseil de Montgelas; il ajoute que dorénavant il se renfermera dans ses fonctions diplomatiques et traitera par écrit avec le ministre des Affaires étrangères en s'abstenant de faire au roi des communications verbales, comme il y avait été autorisé et même engagé. Le roi, sentant la faute commise, cherche à la réparer par des compliments et conclut : « Voyez Montgelas; dites-lui que nous sommes convenus de tout; qu'il prenne ses mesures en conséquence. Nous ferons, soyez-en assuré, tout ce qui sera possible. »

Lorsque le roi affectait de bien accueillir les demandes de la France, Montgelas faisait des réponses dilatoires, en alléguant l'inaction du corps du duc de Castiglione. C'était là le grand argument; pour ne pas lui faire perdre sa force, le roi saisissait toutes les occasions d'appuyer de sa parole les lettres de son ministre. Dans une partie de chasse il tenta de s'expliquer avec Mercy. « Ah! çà! mon cher, lui dit-il, qu'est-ce que l'Empereur veut donc que nous devenions ici? Que prétend-il que je puisse faire tout seul pour sa défense et pour celle de mon pays? Le corps d'observation de Bavière sous les ordres d'Augereau n'est nulle part. Vous pensez bien que je sais aussi un peu ce qui se passe à Wurzburg. Eh bien! le maréchal y est tout seul; au lieu d'y rassembler une armée, il fait filer les régiments à mesure qu'ils arrivent du côté opposé à celui où sont mes troupes. Qu'est-ce que tout cela va devenir? » Mercy s'efforça de faire envisager au roi les choses à un point de vue plus général; il lui remontra qu'une grande bataille gagnée en Saxe assurerait bien mieux le sort de la Bavière que la présence sur l'Inn d'un corps détaché ; que l'Empereur, prêt à frapper de grands coups, avait besoin de rassembler toutes ses forces ; qu'au surplus les régiments, à leur départ de Wurzburg, étaient remplacés par d'autres arrivant de Mayence. Le roi se borna à lui répondre : « Je ferai tout ce qui dépendra de moi pour remplir mes engagements envers l'Empereur ; mais s'il ne vient pas à mon aide, je ne puis répondre de rien. » Le sens de ces paroles n'était pas difficile à deviner.

Demander à Napoléon de venir à son aide, à l'heure même où les Bavarois de Wrede et les Autrichiens du prince de Reuss s'immobilisaient dans leurs lignes et ne manifestaient aucune velléité d'en sortir, où les deux généraux en chef rivalisaient de prévenances et s'entendaient pour éviter toute rencontre, c'était montrer une ironie toute germanique. Le roi était parfaitement au courant de l'état de choses, aussi bien sur l'Inn qu'en Saxe. Il n'ignorait pas que sur ce théâtre principal des opérations, Napoléon n'avait pas trop de toutes ses forces pour résister à Blücher venant de Silésie, à Schwarzenberg débouchant des montagnes de Bohême, au prince royal de Suède manœuvrant du côté de Berlin, aux partisans infestant le pays sur les derrières de la Grande Armée. S'il avait voulu remplir ses engagements, lui-même aurait dû envoyer des renforts à Napoléon, au lieu de réclamer des secours parfaitement superflus.

Le roi et Montgelas voulaient se réserver et gagner du temps, pour orienter leur politique vers le vainqueur probable. Or, les débuts de la campagne avaient été franchement défavorables à la France. Le 14 août Blücher avait occupé Breslau en violation des conditions de l'armistice ; de là il s'était porté contre les corps français établis sur la Katzbach et les avait obligés à se replier sur la Bober pour y attendre l'arrivée de l'Empereur. Le 21 août celui-ci avait repris l'offensive, et, au bout de trois jours de combats sanglants, il avait réoccupé ses positions sur la Katzbach : maigres succès, chèrement achetés, assombris par la trahison du premier régiment de hussards westphaliens, qui, dans la nuit du 22 août, avait passé à l'ennemi, son colonel Hammerstein en tête. Le 23, Napoléon, prévenu de la marche de l'armée de Schwarzenberg sur l'Elbe, avait dû se reporter sur Dresde. Le même jour, Oudinot, ayant livré dans des conditions inexplicables la bataille de Gross Beeren au prince royal de Suède, avait été battu et contraint de se retirer sur Wittenberg. « Tout semblait se réunir pour déjouer les calculs du génie. Les plus habiles combinaisons allaient échouer, les dispositions fautives allaient réussir. A peine une semaine était-elle écoulée depuis le renouvellement des hostilités et Napoléon avait la moitié de son armée battue, avant d'avoir paru lui-même sur le champ de bataille[1]. »

Brusquement la nouvelle de la victoire de Dresde (26 et 27 août) vint rompre le charme et modifier dans un sens favorable à la France les tendances des gouvernements et les impressions des peuples. L'événement se présentait d'ailleurs d'une manière dramatique bien faite pour en doubler l'importance : la grande armée alliée, où Russes, Prussiens et Autrichiens fraternisaient sous les yeux attendris de Moreau et des émigrés français, dirigée par Schwarzenberg et Alexandre, avait débouché des montagnes de Bohême avec une majestueuse lenteur : le généralissime n'avait pas cru devoir enlever Dresde le 25, alors qu'il disposait de 120 000 hommes contre 20 000 ; il ne l'avait pas pu le 26 avec 180 000 contre 65 000, commandés il est vrai par Napoléon en personne, apparu comme la tête de Méduse alors que ses adversaires le croyaient bien loin du théâtre de la lutte ; il avait de nouveau engagé le combat le 27, en conservant une supériorité numérique incontestable, car l'armée française ne pouvait mettre en ligne que 120 000 hommes ; et finalement il avait dû reculer, laissant aux mains du vainqueur 40 drapeaux,

---

1. Général PELET, *Tableau des principales opérations de la campagne de 1813*.

une centaine de canons, des milliers de voitures de bagages, de vivres et de munitions, 30 000 prisonniers, 20 000 tués ou blessés ! Moreau avait reçu le juste châtiment de sa trahison : frappé par un boulet français, il succombait peu après aux suites de sa blessure, en présence d'Alexandre !

Ce grand succès produisit à Munich une vive sensation. Le roi en reçut la nouvelle par une lettre de Berthier et par une autre de la reine de Saxe, sa sœur, racontant en termes dithyrambiques l'arrivée de Napoléon à Dresde. Les mots « Notre cher Empereur » y étaient plusieurs fois répétés. Maximilien-Joseph passa de l'excès de l'abattement à celui de la confiance; voyant déjà la coalition dissoute et Napoléon dictant encore une fois la paix à l'Autriche, il manifesta à Mercy sa joie et sa confiance absolue dans le génie de l'Empereur.

Mais les succès des armes françaises devaient être éphémères. Le jour même où Napoléon triomphait de Schwarzenberg, Blücher mettait en déroute sur la Katzbach les trois corps d'armée laissés sous les ordres du duc de Tarente. Le lendemain 27 août le corps d'armée commandé par le général de Lauriston subissait un grave échec à Goldberg ; le 29, la division Puthod était anéantie à Löwenberg ; enfin le 30, Vandamme était écrasé à Kulm et fait prisonnier avec la plus grande partie de ses troupes. Ces victoires devaient pallier l'effet de la défaite de Dresde ; sans se décourager les alliés s'apprêtèrent à reprendre de toute part l'offensive.

III

PREMIÈRES OUVERTURES FAITES PAR LES ALLIÉS A LA BAVIÈRE

Entre temps Hruby avait rejoint Metternich à Prague et lui avait fait connaître l'état des esprits en Bavière : d'une part, le roi encore fidèle à l'alliance française, moins par volonté réfléchie que par résignation et faute de savoir se décider ; Montgelas, peu sensible aux avances des alliés, les suspectant d'ambitions contraires aux intérêts purement bavarois ; tous deux inclinant vers la neutralité, mais très résolus à ne pas se brouiller définitivement avec l'Autriche et à ne pas envoyer un homme de plus à Napoléon ; d'autre part, Wrede, et derrière lui la reine et le prince royal, l'aristocratie et le peuple, l'armée et les universités, tous enragés de haine, non seulement contre l'Empereur, mais aussi contre la France, jugeant le moment propice pour dénoncer l'alliance traditionnelle de la Bavière et contracter de nouveaux liens avec les frères allemands, avec ceux d'Autriche, de préférence à ceux de Prusse. Aucune nouvelle ne pouvait être plus agréable à l'empereur François et à Metternich et ils s'empressèrent d'expédier au prince de Reuss et au général Hiller l'ordre de s'abstenir de toute hostilité sur l'Inn et dans le Tyrol. Metternich était plus décidé que jamais à ménager les États de la Confédération du Rhin pour en faire des clients de l'Autriche, car au quartier général des alliés il avait pu acquérir, non sans un secret effroi, une pleine connaissance des utopies de Stein et des rêveries mystiques d'Alexandre. Il voulait bien laisser la Prusse appliquer à sa guise la convention de Breslau dans l'Allemagne du Nord, mais il entendait se réserver la direction de la politique de la coalition dans l'Allemagne du Sud. Hardenberg et Nesselrode paraissaient bien disposés à la lui laisser ; mais le dernier mot n'étant pas dit, il était obligé de garder vis-à-vis d'eux certains ménagements. Hruby ne resta pas longtemps à Prague ; dès que les résultats de la victoire de Kulm furent venus effacer l'effet de la défaite de Dresde, Metternich jugea le moment propice pour renouer les négociations avec la Bavière. Cependant il ne voulut pas agir seul et il décida l'empereur de Russie à prendre la parole au nom des alliés, tout en réservant à l'Autriche le rôle principal dans la discussion du traité à intervenir, et par conséquent le bénéfice d'un accroissement d'influence.

Le 31 août Hruby quitta donc Prague, emportant avec les instructions de Metternich un document destiné à lever les derniers scrupules de Maximilien-Joseph. C'était une lettre autographe (datée de Töplitz, 19/31 août) de l'empereur de Russie, par laquelle celui-ci, traitant de puissance à puissance avec le roi de Bavière, lui exposait les vœux des coalisés et lui offrait toutes les garanties propres à l'amener à s'entendre avec eux. Cette lettre est trop importante pour ne pas être citée intégralement.

« Monsieur mon frère, écrivait Alexandre, au moment où les armées combinées ont remporté les victoires les plus signalées, où les plus belles chances pour la délivrance de l'Europe se présentent, je crois devoir réitérer à Votre Majesté l'invitation que je lui ai précédemment adressée de réunir ses armes à celles des puissances coalisées pour la cause sacrée de l'indépendance et de la justice. Les sentiments d'amitié que je n'ai cessé de vouer à Votre Majesté, les liens de famille qui subsistent entre nous, m'ont guidé dans une démarche que j'ai différé de faire jusqu'au moment où j'ai jugé les circonstances assez favorables pour qu'Elle puisse, sans compromettre ses intérêts et son existence, prendre une résolution qu'Elle nourrit sans doute depuis longtemps dans son cœur et qui serait si conforme à l'élévation de son âme et à la pureté de ses principes. En réunissant immédiatement ses troupes à celles qui sont concentrées sous le prince de Reuss dans la vallée du Danube, Votre Majesté nous fournirait le moyen de diriger une armée de 80 000 hommes sur les communications de l'ennemi, de lui couper le chemin de la France, et de frapper un coup décisif pour le but de la guerre. Le service qu'Elle rendrait à la cause commune lui assurerait la reconnaissance de toutes les cours alliées.

« La garantie de ses États, l'indemnisation pour des cessions que des considérations politiques ou militaires commanderaient, deviendraient pour elles une obligation sacrée. Quant à moi, je n'hésite pas à donner à

Votre Majesté, dès à présent, les assurances les plus formelles à cet égard. Je lui ai fourni dans des temps antérieurs trop de preuves d'amitié et d'intérêt pour qu'Elle ne doive pas être assurée de ma constante disposition à les renouveler.

« Recevez, Sire, l'assurance de la haute considération avec laquelle je suis, Monsieur mon frère, de Votre Majesté, le bon frère.

« Signé : Alexandre. »

Töplitz 19/31 août[1].

Ainsi, dès le début des pourparlers, Alexandre détermina nettement la nature du concours demandé au roi de Bavière : laisser ignorer à Napoléon son adhésion à la coalition pendant un temps assez long pour qu'une armée formée des corps autrichien et bavarois en présence sur l'Inn pût atteindre la ligne du Main et de là se porter sur les communications de l'armée française, avant que celle-ci n'eût réussi à se dégager de l'étreinte concentrique des armées de Bohême, de Silésie et du Nord. Le succès des combinaisons politiques et militaires des alliés exigeait donc une véritable trahison de la part du roi de Bavière ; ni ce prince, ni Montgelas, son ministre, ni Wrede, son général en chef, ne purent se faire la moindre illusion à cet égard.

Metternich avait calculé juste : l'intervention d'Alexandre se produisit au moment le plus opportun. Pendant quelques jours les amis des alliés à Munich et à Braunau avaient été atterrés par la nouvelle de la victoire de Dresde; Wrede, bien à contre-cœur, avait fait tirer des salves de réjouissance sur toute la ligne occupée par l'armée bavaroise, de Passau à Salzburg, toutefois, après avoir pris la précaution d'avertir Reuss que cette inoffensive canonnade n'était point un signal d'attaque. Elle aurait dû l'être cependant, car le 1ᵉʳ septembre l'officier envoyé à Berthier était revenu à Brau-

---

1. Staats archiv de Munich. Politisches archiv, n° 17.

nau, rapportant cette fois l'ordre de donner de l'occupation aux Autrichiens. Mais Wrede était bien résolu à n'en rien faire ; il aurait cependant voulu être couvert par un ordre du roi ; dans son rapport du 3 septembre, relatif à la demande d'entrevue adressée par Reuss, il se plaignit d'être laissé sans instructions nettes, et ne dissimula pas que sa responsabilité commençait à lui peser ; le moment de la crise approchait et l'inaction de l'armée bavaroise ne pouvait se prolonger sans devenir éminemment suspecte aux deux partis.

Le 4 septembre, il fut agréablement surpris par l'annonce de l'arrivée d'un parlementaire autrichien, le comte Erbach, chargé de lui apporter la lettre de l'empereur Alexandre et une lettre officielle de Reuss ; celle-ci donnait des renseignements précis sur les derniers avantages militaires des alliés et renouvelait la demande faite par Hruby en vue d'avoir un entretien avec le général en chef de l'armée bavaroise, pour lui communiquer des propositions tout à l'avantage de la Bavière. En même temps, Wrede recevait un autre document adressé à lui personnellement dans lequel était exprimé l'espoir qu'il ferait tout son possible pour détacher le roi de l'alliance française [1].

Wrede ne pouvait se rendre lui-même à Munich, sans risquer d'attirer l'attention du ministre de France ; il préférait aussi rester à Braunau, où il avait l'avantage de conserver le contact avec les Autrichiens, et de dissimuler ses démarches, en faisant exercer une surveillance attentive sur les correspondances et sur les personnes. A sa place il envoya son chef d'état-major, le général comte Rechberg, en le chargeant de remettre au roi la lettre de l'empereur de Russie et d'insister avec force sur les raisons qui militaient en faveur d'une prompte entente avec les alliés.

Rechberg arriva à Munich le 5 septembre. Les lettres

---

1. *Furst Wrede*, par Heilmann, p. 259. Heilmann n'indique pas l'origine de ce document mais il paraît l'attribuer à l'auteur du « billet anonyme » adressé à Montgelas au mois d'avril, c'est-à-dire à Gagern.

et dépêches dont il était porteur causèrent au roi et à Montgelas une satisfaction mélangée d'inquiétude : sans doute il leur était fort agréable d'entrer en rapports directs avec l'empereur de Russie et de recevoir l'assurance des bonnes dispositions des alliés à l'égard de la Bavière ; mais on leur demandait beaucoup et on leur offrait peu. Pour le moment Maximilien-Joseph voulait bien renoncer à l'alliance française, briser les liens qui l'unissaient aux autres princes de la Confédération du Rhin ; mais il se serait tenu pour satisfait d'obtenir des belligérants la reconnaissance de sa neutralité ; de là à la coopération militaire demandée par Alexandre, il y avait loin ; une aussi brusque volte-face répugnait au caractère du roi, volontiers chevaleresque, pourvu que ce fût à bon compte. De plus, les alliés paraissaient ne vouloir traiter qu'après la réunion de l'armée bavaroise à celle du prince Reuss ; dès lors, où serait la garantie de la Bavière ? Enfin, il était question de cessions de territoires ; donc l'Autriche et la Prusse avaient l'intention de revendiquer leurs provinces perdues ; on parlait bien d'indemnités ; mais où les prendre, si ce n'est aux dépens des princes allemands voisins et encore alliés ?

Le roi était d'autant plus hésitant qu'il ne savait que penser de la situation militaire. En même temps que la lettre d'Alexandre, il avait reçu la nouvelle des désastres de Kulm et de la Katzbach et redoutait que le sort de la campagne ne fût d'ores et déjà décidé[1]. Mais une nouvelle victoire de l'Empereur pouvant encore rétablir les affaires, il résolut de louvoyer pour gagner du temps. Le 6 septembre, il fit connaître à Wrede par un billet autographe que le contenu de la lettre de l'empereur de Russie était trop important pour y faire une réponse immédiate ; il le chargea d'en prévenir le prince Reuss et l'invita à s'abstenir de toute entrevue avec Hruby jusqu'à nouvel ordre.

Ces atermoiements ne faisaient pas l'affaire de Wrede,

---

[1]. Lettre au prince de Neuchâtel du 7 septembre.

qui aurait désiré engager tout de suite les négociations. Il prit un moyen terme et choisit pour faire connaître à Reuss la décision du roi, le chef d'escadron prince Œttingen Spielberg, son aide de camp de confiance et son gendre, officier distingué par sa valeur personnelle et ses relations de parenté avec les plus grandes maisons de l'aristocratie allemande, qui pouvait entrer en rapports confidentiels avec Reuss et Hruby, sans trop attirer l'attention.

Œttingen eut un premier entretien avec Reuss le 7 septembre ; les Autrichiens le reçurent avec les plus grands égards, ne marquèrent aucun étonnement du délai demandé par le roi, puis entrèrent dans le vif de la question. « Reuss, afin de vaincre les défiances des Bavarois, fit des déclarations rassurantes relativement à la souveraineté et au maintien des possessions territoriales de la Bavière ; l'une et l'autre devaient être placées, avec toutes les formules de sécurité imaginables, sous la garantie des trois puissances alliées ; il entrait trop dans les vues de l'Autriche et il était trop de son intérêt que la Bavière restât le plus puissant des États purement allemands, pour qu'on pût concevoir un doute à ce sujet. On en aurait la preuve lors des modifications territoriales en perspective, si les succès militaires des alliés continuaient ; par exemple, les grands-duchés de Wurzburg et de Francfort seraient mis à la disposition des grands États, dont les coalisés projetaient le maintien ; les États plus petits subiraient certaines diminutions ou modifications au profit des plus grands ; le grand-duc de Wurzburg serait remis en possession de la Toscane, ou indemnisé de quelque autre manière ; Reuss faisait ainsi entrevoir un dédommagement au moins équivalent aux cessions inévitables de territoires, motivées par des considérations militaires. En même temps il s'efforça de vaincre les inquiétudes que pouvaient faire concevoir à la Bavière des démarches

---

1. Il avait épousé, le 31 août 1813, Amélie-Augusta de Wrede, dame du palais de la reine de Bavière.

trop prononcées contre la France. Il déclara qu'il n'entrait nullement dans les vues de l'empereur d'Autriche de détourner le roi de Bavière de l'alliance de la France, encore moins de le pousser à la guerre ; on ne demandait à la Bavière que de faire une déclaration précise en faveur de la paix, qui devait fonder sur des bases solides les monarchies allemandes et les mettre à l'abri de toute prépondérance étrangère, déclaration à laquelle le Wurtemberg et d'autres Etats pourraient s'associer. Dans l'état des choses, une pareille déclaration serait certainement suffisante pour déterminer l'Empereur des Français à faire la paix, surtout si la Bavière, le Wurtemberg et les autres Etats de la Confédération du Rhin menaçaient de se séparer de la France, si la paix ne se faisait pas. Enfin, il appela l'attention de la Bavière sur les dangers que pourrait faire naître un trop long retard à se décider ; ce retard n'exciterait la défiance, ni de la Russie, trop éloignée pour avoir un contact immédiat avec la Bavière, ni de l'Autriche, animée vis-à-vis de la Bavière des sentiments les plus amicaux, mais bien celle de la Prusse et pourrait lui donner l'occasion de réveiller d'anciens griefs[1]. »

Les offres et les insinuations de Reuss étaient autrement plus habiles que la demande de concours immédiat formulée dans la lettre de l'empereur Alexandre et elles devaient produire à Munich une bien meilleure impression. Toutefois, pour provoquer plus sûrement de la part de Maximilien-Joseph une décision conforme aux vues des cours alliées, Reuss avait sciemment dépeint la situation sous de fausses couleurs, en avançant que Napoléon se résignerait peut-être à traiter, si les princes de la Confédération du Rhin se concertaient pour faire auprès de lui des démarches en faveur de la paix, et, en cas de refus, le menaçaient de tourner leurs armes contre lui. Or, Reuss avait à son quartier géné-

---

[1]. DOEBERL., p. 386, rapports de Wrede et d'OEttingen du 8 septembre.

ral Hruby, arrivant de Prague et mieux que personne au courant des négociations illusoires du congrès ; par lui, il devait savoir que ni les alliés n'accorderaient jamais à aucun prix la paix à Napoléon, ni Napoléon, éclairé maintenant sur leurs véritables intentions, n'était disposé à se laisser leurrer par de nouveaux pourparlers sans résultat possible.

Courrier par courrier Maximilien-Joseph répondit à Wrede en l'invitant à écouter les explications de Hruby, à condition que celui-ci se présentât en parlementaire aux avant-postes bavarois. En conséquence, Œttingen retourna le 10 septembre à Wimsbach pour prévenir Reuss que l'entretien pouvait avoir lieu ; le 11, Hruby, déguisé en officier et affublé d'un faux nom, arriva aux avant-postes, où Wrede se trouvait sous prétexte d'une tournée d'inspection.

« Le conseiller de légation autrichien fit connaître tout d'abord au représentant de la Bavière les explications verbales qu'il avait été chargé de lui porter, lorsque douze jours auparavant il avait quitté le quartier général de l'empereur d'Autriche : son souverain n'avait jamais souhaité être entraîné dans une nouvelle guerre avec le roi de Bavière ; il avait été contraint cependant de déclarer la guerre au roi par l'irréductible obstination de l'Empereur des Français et il n'avait pu faire autrement que de rappeler sa légation à Munich. Il avait appris avec une grande satisfaction de la bouche de son chargé d'affaires que le roi de Bavière n'avait pas moins de répugnance pour une campagne contre l'Autriche, et partageait sur la présente guerre ses vues et ses sentiments. En conséquence, aussitôt après l'arrivée de Hruby, il avait envoyé au feld-zeugmeister baron Hiller comme au feld-zeugmeister prince Reuss les instructions déjà connues ; en même temps il l'avait envoyé, lui, Hruby, à Wrede, en le chargeant de demander si la Bavière ne pourrait ou ne voudrait pas consentir à l'occupation du Tyrol par les troupes autrichiennes, si les opérations de ces troupes la rendaient nécessaire, étant entendu que les Autrichiens s'abstiendraient de répandre dans le peuple des proclamations hostiles à la Bavière et que les fonctionnaires royaux seraient solennellement maintenus en place. En échange de cette concession, l'Autriche était disposée à prendre tous les engagements jugés nécessaires par la Bavière.

« Hruby fit ensuite connaître au général bavarois les instructions en date du 1ᵉʳ septembre, envoyées de Töplitz par Metternich, après les dernières batailles. Dans ces instructions Metternich exposait les résultats de ces dernières et éclatantes victoires ; il exprimait ensuite le désir de l'Autriche et des autres puissances alliées que la Bavière se réunît à elles, ou tout au moins fît un pas décisif vers un rapprochement ; s'appuyant sur les motifs les plus sérieux, il ne mettait pas en doute que la majorité des États de la Confédération du Rhin ne suivît l'exemple de la Bavière ; en retour, celle-ci aurait dans l'avenir à jouer le rôle le plus brillant : le moment était venu pour elle, bien qu'elle fût un État de second ordre, de prendre pied à côté des grandes puissances ; elle pouvait contribuer d'une façon décisive à la grande œuvre de la délivrance de l'Allemagne, en aidant ces puissances à briser un joug insupportable et à conclure une paix glorieuse. La Bavière recevrait pour l'avenir l'assurance de la pleine souveraineté et de la complète indépendance. Le désir et l'intérêt de l'Autriche étaient avant tout d'obliger l'empereur Napoléon à renoncer au protectorat des États de la Confédération du Rhin ; de ces États, les plus petits recevraient une autre constitution ; les plus grands conserveraient leur souveraineté et leur indépendance et parmi eux la Bavière deviendrait le plus puissant. La Bavière recevrait également les déclarations les plus rassurantes sur le maintien de ses possessions territoriales. Si l'Autriche en venait à souhaiter, avec l'assentiment des autres puissances alliées, une cession ou un échange de territoires, l'une ou l'autre n'aurait lieu qu'après une entente avec la Bavière et moyennant une indemnisation totalement équivalente. Enfin, Hruby ajouta, pour mettre en éveil la méfiance de la Bavière contre la France, qu'avant la dernière déclaration de guerre l'Autriche aurait pu recevoir de la France des indemnités très suffisantes pour compenser ses pertes antérieures, mais qu'elle les avait refusées pour atteindre un but plus élevé : une paix assurant le repos de l'Allemagne et la suppression sans restriction de l'influence exclusive de la France sur les États confédérés [1]. »

Wrede n'était autorisé qu'à écouter les communications du diplomate autrichien ; il ne put donc prendre aucun engagement et dut se borner à donner des assurances de ses bonnes dispositions à l'égard des alliés. Toutefois, il ne cacha pas que toute incursion des troupes autrichiennes sur le territoire tyrolien serait repoussée par la force. Il transmit le jour même au roi le récit de son entrevue avec Hruby ; sa dépêche dut arriver à Munich le 12 septembre.

La capitale de la Bavière était à ce moment très calme, mais il y circulait depuis le début de septembre des bruits singuliers. Un instant abattu par la nouvelle de la victoire de Dresde, le parti favorable à la coalition, c'est-à-dire à peu près tout le monde, se réjouissait des défaites éprouvées par les corps français, lorsqu'ils n'étaient point sous les ordres directs de l'Empereur ; dans les conversations privées, on disait ouvertement qu'il était temps pour la Bavière d'engager des négociations avec l'Autriche, afin d'assurer le sort du royaume, même au prix de la rétrocession du Tyrol et du Vorarlberg ; on s'entretenait avec une bienveillante curiosité des incartades du prince Charles, commandant une brigade de l'armée de Wrede, qui, sous prétexte de reconnaissance, avait poussé jusqu'aux lignes ennemies, où il avait été reçu avec les plus grands égards. En dépit des réclamations du gouvernement français, la légation bavaroise était toujours à Vienne au complet ; M. de Rechberg était, disait-on, malade

---

1. DOEBERL, pp. 387 et 388.

et sans doute son personnel restait pour lui donner des soins. La route militaire d'Italie par le Tyrol, déjà plusieurs fois interceptée par les Autrichiens, se trouvait à chaque instant systématiquement dégarnie des attelages et conducteurs de réquisition nécessaires pour les charrois de l'armée. Enfin, il n'était plus du tout question de départ dans les cercles de la cour.

A diverses reprises Mercy avait constaté la tristesse et l'inquiétude du roi; mais comme ce prince n'avait pas manqué de manifester une grande satisfaction à l'annonce des nouvelles favorables contenues dans les dépêches du duc de Bassano, notamment dans celle du 7 septembre, il ne s'en était pas autrement préoccupé. D'ailleurs la saison de la chasse avait dispersé dans les châteaux les personnages de la cour et de la société; le roi était installé pour l'automne à Nymphenburg; Montgelas s'était retiré dans sa villa de Bogenhausen et venait rarement à Munich. Mercy vivait donc dans le plus grand isolement; il était si rassuré qu'informé des bruits colportés à Vienne sur un accord secret conclu, ou sur le point de se conclure, entre l'Autriche et la Bavière, il se borna à les mentionner dans une de ses dépêches en ajoutant : « Tout ceci me paraît bien peu digne de foi. » Il était certes fort loin de se douter qu'à ce moment même le roi Maximilien-Joseph franchissait le pas décisif et se livrait, lui, son armée et son peuple, à la discrétion des coalisés.

A la réception du rapport de Wrede, relatant son entrevue avec Hruby, Montgelas avait senti l'opportunité de prendre une décision sur la conduite à tenir et la nécessité de répondre, d'une part, aux ouvertures d'ordre général faites par l'empereur de Russie en vue de la conclusion d'un traité d'alliance, d'autre part, aux propositions plus précises faites par les représentants de l'Autriche pour poser les bases de ce traité. Mais si les premières lui paraissaient devoir être favorablement accueillies, par contre les secondes lui inspiraient une méfiance extrême, car il était parfaitement au courant des complots fomentés par l'Autriche en vue d'amener un nouveau soulèvement en Tyrol, et de récupérer ainsi sans aucun sacrifice cette province, gage précieux entre les mains de la Bavière. Il se refusait donc à admettre une occupation du Tyrol par les troupes autrichiennes, même à titre provisoire et en vertu d'une convention conclue avec la Bavière. « Une convention de ce genre, écrivait-il au roi, en ouvrant les débouchés qui conduisent directement dans l'Italie, c'est-à-dire dans la partie de l'empire français où est établie votre fille et qui est défendue par votre gendre, a quelque chose de dénaturé. » Il jugeait singulièrement équivoques les déclarations de Metternich et de Reuss relatives au point capital pour la Bavière, c'est-à-dire au maintien intégral de ses possessions territoriales, qu'il était difficile d'espérer, ou tout au moins à un dédommagement rigoureusement équivalent, et il prévoyait, de la part du cabinet de Vienne, des exigences léonines, lorsqu'on en viendrait à causer des cessions et des échanges en perspective. Montgelas conseilla donc au roi d'approuver les déclarations de Wrede relatives au Tyrol et de lui prescrire de n'admettre aucun mouvement de troupes ennemies sur le territoire bavarois, de s'opposer à la diffusion de proclamations ou de libelles contre le gouvernement royal et de réprimer toute atteinte portée à la personne ou aux biens des habitants. Quant aux propositions de l'empereur de Russie, il n'y avait selon lui que deux partis à prendre : ou bien les décliner et se refuser à toute conversation ultérieure ; rester fidèle avec honneur, dans la mauvaise comme dans la bonne fortune, aux obligations contractées comme prince de la Confédération du Rhin et allié de Napoléon ; ou bien remercier l'empereur Alexandre de ses sentiments bienveillants pour la Bavière, lui déclarer que celle-ci était prête à coopérer de tous ses moyens au rétablissement de la paix, rappeler la division Raglowich, confirmer les ordres déjà donnés à Wrede d'avoir à s'abstenir de toute action offensive, et insinuer que l'on attendait à Munich, pour faire un pas de plus, des propositions apportant des garanties plus précises, de nature à sauvegarder entièrement les intérêts de la maison royale et de l'État.

La nouvelle d'un nouveau désastre vint déterminer le roi à adopter le second parti ; le 14 septembre arriva à Munich le chef d'état-major du général Raglowich porteur des rapports relatifs à la bataille de Dennewitz, perdue le 6 septembre par le prince de la Moskowa sous les ordres duquel se trouvait la division bavaroise. Le roi annonça lui-même cette nouvelle à Mercy : « Le général Raglowich, écrivit-il, m'a envoyé son chef d'état-major en courrier pour m'annoncer la défaite du prince de la Moskowa. J'y ai perdu les deux tiers de mon corps et il paraît que c'est le seul qui ait opéré sa retraite en bon ordre. Sa dépêche est datée de Eulenburg à quatre lieues de Leipzig. Tout est dit. Actuellement mon corps est réduit à 1 150 baïonnettes, équipages et canons sont perdus. Dieu sait ce que tout ceci va devenir ! Bonjour, mon cher comte ; plaignez-moi.

« Signé : Max-Joseph. »

Tout était dit en effet : le lendemain le roi envoya à Wrede sa réponse à la lettre d'Alexandre[1]. Suivant le

[1]. Heilmann (*Furst Wrede*, p. 259) écrit : « Quelques jours auparavant (c'est-à-dire avant l'envoi à Wrede de la réponse du roi à la lettre de l'empereur Alexandre), cette lettre (celle du roi) avait été précédée d'une autre adressée à Napoléon dans laquelle le roi exposait l'impossibilité où il se trouvait de rester dans l'alliance française contre l'intérêt et la volonté de son pays. L'empereur Napoléon reconnut ce langage du roi lorsqu'il dit à Sainte-Hélène : « Le roi de Bavière me fit loyalement prévenir qu'il ne pouvait résister davantage. »
Il s'agit évidemment des propos de l'Empereur mentionnés dans le *Mémorial de Sainte-Hélène* (conversations du lundi 2 septembre 1816, pp. 633 et 644 du t. I, de l'édition de Lequien, 1835).
Il a été impossible de retrouver trace dans les archives de Munich ou de Paris d'une communication officielle du roi Maximilien à l'Empereur, relative au changement de système politique de la Bavière. Le raisonnement démontre qu'il n'y en eut pas et qu'il ne pouvait pas y en avoir ; en effet, le succès de la combinaison austro-bavaroise exigeait que Napoléon restât le plus longtemps possible dans l'ignorance du mouvement de l'armée de Wrede.
On peut fixer au 14 septembre la décision prise par le roi de s'entendre avec les alliés ; le 15 il envoie à Wrede sa réponse à l'empereur Alexandre (dans les mémoires de lord Burghersh, édition allemande de 1844 Mittler à Berlin, la lettre du roi est même antidatée au 10 sep-

conseil de Montgelas, la lettre du roi était conçue en termes mesurés, et, tout en témoignant du désir de poursuivre la conversation entamée, elle ne contenait aucun engagement précis. Maximilien-Joseph débutait en protestant de sa confiance dans les sentiments de l'empereur de Russie ; il s'en remettait entièrement à

tembre) ; le 20 au plus tard, il envoie au général Raglowich la lettre lui prescrivant de demander au major-général, ou au gouverneur de Dresde, le renvoi de la division bavaroise ; cette lettre parvient à destination le 28 septembre et Raglowich fait sa demande le jour même. Or, ce même jour, à Munich, Mercy rend compte au duc de Bassano que le comte Bray lui a affirmé « qu'il n'était nullement question de changements politiques dans les rapports de la Bavière, que toutes les propositions à cet égard de la part de l'Autriche avaient été rejetées et le seraient toujours ».

Le 1er octobre le duc de Bassano écrit au ministre de Bavière à Dresde, M. de Pfeffel, que l'Empereur consent au départ de la division Raglowich, tout en conservant à l'armée quatre bataillons aux ordres du général Maillet de la Tour, et il ajoute : « Sa Majesté Impériale et Royale les renverra lorsque des communications seront faites dans les formes d'usage et lui auront appris que votre gouvernement désire qu'ils rentrent en Bavière. » Donc, à cette date, on ignorait à Dresde que la Bavière faisait défection. Or, la lettre du roi à Raglowich a mis sept jours à faire le trajet de Munich à Dresde ; si le roi avait écrit à l'Empereur « quelques jours » avant le 10 ou au plus tard avant le 15 septembre, celui-ci aurait su à quoi s'en tenir vers le 21 septembre, et sa décision à l'égard de la division Raglowich aurait sans doute été différente ; en tout cas, il n'aurait pas attendu « des communications faites dans les formes d'usage » pour modifier l'orientation de ses affaires militaires et politiques, sachant que d'un jour à l'autre la sûreté de sa ligne de communication pouvait être compromise.

C'est à Düben, le 13 octobre, que l'Empereur eut connaissance par des rapports de prisonniers du bruit courant parmi les alliés de la prochaine défection de la Bavière. Le baron Fain (*Manuscrit de 1813, cinquième partie*, ch. II) écrit, il est vrai, que le 14 octobre le major général, tenant à la main un petit billet daté de Munich, avertit l'Empereur que le roi de Bavière avait été entraîné plus rapidement qu'il n'avait calculé et que le traité, arrangé d'avance au quartier général à Ried par les deux généraux en chef de Wrede et de Reuss-Plauen, avait été signé le 8 octobre. Mais ce billet était muet sur les conséquences militaires du traité, puisque, selon Fain, on supposait que l'armée *autrichienne du Danube était sans doute en marche pour s'avancer sur le Rhin et que l'armée bavaroise n'avait plus qu'à la suivre*. Or, c'était précisément le contraire qui était vrai. De plus, ce billet n'aurait pu parvenir à Berthier que par l'intermédiaire des alliés, ce qui était absolument contraire à leur intérêt. En effet, Fain dit plus loin que le 22 octobre, à Ollendorf, l'Empereur fit prendre les devants au secrétaire du cabinet et lui prescrivit de se rendre à Erfurt, pour ouvrir les dépêches apportées par les estafettes, que l'interception des communications avait accumulées *depuis plus de dix jours* dans cette ville.

lui pour sauvegarder ses intérêts propres et ceux de ses sujets ; en quelques phrases embarrassées il s'excusait d'avoir dû prendre part à l'expédition de Russie et se félicitait de pouvoir rétablir des rapports qu'il aurait souhaité ne jamais interrompre. Il précisait ensuite ses désirs : « Je n'ai qu'un vœu à former, c'est le prompt rétablissement d'une paix solide et durable, dont mes sujets, autant et plus que d'autres, éprouvent le besoin pressant, et la conservation intacte des États que je possède. » Il se déclarait prêt à concourir de tous ses moyens à toutes les démarches de nature à permettre d'atteindre ce double but, mais il se gardait de les définir et notamment de s'étendre sur le point précis de la coopération militaire formellement demandée à la Bavière par Alexandre. En revanche, il annonçait le rappel de la division Raglowich et insinuait qu'il était facile de prolonger l'état d'immobilité des armées bavaroise et autrichienne sur l'Inn, jusqu'à la conclusion d'une entente entre la Bavière et les puissances alliées.

Wrede reçut le 16 septembre la lettre du roi, ainsi

Le 14 octobre les communications du quartier général avec l'arrière étaient donc interrompues *depuis au moins deux jours*.

On est donc amené à conclure que Napoléon ne fut nullement prévenu par le roi de Bavière, ni directement, ni indirectement, et qu'il n'apprit qu'à Erfurt le 23 octobre la marche de l'armée de Wrede sur ses communications. Quant aux paroles citées dans le *Mémorial* on peut admettre, ou que Napoléon, n'ayant plus les documents sous les yeux, a pu se tromper, ou, ce qui est beaucoup plus vraisemblable, que ces paroles n'ont pas été prononcées par lui et ont été imaginées en vue de ménager la réputation du beau-père du prince Eugène.

D'ailleurs le témoignage de Mercy-Argenteau est formel. Dans ses *Souvenirs* sur sa mission en Bavière pendant les années 1812 et 1813, écrits après la chute de l'Empire et nettement favorables au roi Maximilien-Joseph, il déclare d'une façon positive que l'Empereur « ne put connaître d'une manière certaine le changement de système de la Bavière qu'après la bataille de Leipzig ».

Il raconte sans manifester aucun étonnement la scène de Mayence, au cours de laquelle l'Empereur prononça à haute voix et de façon que personne n'en perdît rien, les paroles suivantes : « Ils vous ont trompé à Munich ; c'est indigne. Le roi de Bavière s'est rendu coupable d'une lâche trahison. Au reste c'est le coup de pied de l'âne, mais le lion n'est pas mort. Je viens de leur tuer de Wrede et de passer sur le corps de l'armée bavaroise. Le roi me reverra l'année prochaine, et il s'en souviendra. C'était un petit prince que j'avais fait grand ; c'est un grand prince que je ferai petit ! »

que des instructions sur la conduite à tenir vis-à-vis de Reuss. En substance, le roi approuvait ses déclarations au sujet du Tyrol et lui prescrivait de mettre comme condition à la continuation des pourparlers l'interruption de toutes hostilités sur toute l'étendue des frontières entre l'Autriche et la Bavière, la garantie du maintien de l'état territorial actuel, ou tout au moins l'engagement de donner à la Bavière des indemnités rigoureusement équivalentes aux cessions ou échanges qui lui seraient réclamés.

Ainsi Wrede se trouvait chargé, suivant son désir, non seulement du commandement de l'armée, mais aussi de la conduite des négociations. A vrai dire Montgelas aurait préféré donner cette mission à un diplomate de carrière, par exemple au conseiller intime de Ringel, en qui il avait toute confiance. Mais, comme il fallait conserver le secret vis-à-vis du ministre de France, les entrevues ne pouvaient avoir lieu à Munich ; d'un autre côté, l'envoi à Braunau d'un haut fonctionnaire aurait fait naître des commentaires qu'il fallait par-dessus tout éviter. On fut donc obligé de se confier à Wrede, quelque étranger qu'il fût resté jusqu'alors à la politique ; en raison de sa situation, il était seul en mesure de suivre l'affaire sans éveiller l'attention. Wrede ne perdit pas une minute ; le jour même il s'entendit avec les Autrichiens pour assurer la sécurité et le secret de l'entrevue ; des deux parts on fit rentrer dans leurs lignes les partis qui battaient le terrain entre les avant-postes des deux armées. Le 17 septembre il se rencontra à Ried avec le prince Reuss et Hruby. Le plus pressé était de régler les questions militaires ; l'entente fut facile et les deux généraux en chef convinrent de substituer un armistice régulier aux conventions verbales qui avaient jusqu'alors suspendu les hostilités ; cet armistice fut conclu pour une durée indéterminée ; en cas de rupture les belligérants devaient se prévenir quarante-huit heures à l'avance de la reprise des opérations militaires.

Wrede remit ensuite à Hruby la lettre adressée par

le roi à l'empereur de Russie et lui fit connaître les vues de son gouvernement. De son côté, l'Autrichien donna des assurances vagues que rien ne serait changé à la situation de la Bavière jusqu'à la paix, qu'à ce moment seulement on pourrait causer utilement des arrangements territoriaux à intervenir entre les deux puissances. En revanche, il indiqua avec précision que les coalisés demandaient à la Bavière, sinon de déclarer immédiatement la guerre à la France, du moins d'accomplir certains actes de nature à provoquer la rupture de l'alliance, tels que rappel du contingent à la Grande Armée, démarches pressantes en vue d'amener Napoléon à se plier aux exigences de l'Autriche, de la Prusse et de la Russie, menaces, en cas de refus, de dénoncer les traités liant la Bavière à la France et aux États confédérés, etc. La réponse n'étant pas douteuse, la Bavière se trouverait en droit d'ouvrir les hostilités. Toute cette procédure compliquée était bien peu en rapport avec le plan imaginé par l'empereur de Russie, car la marche de l'armée austro-bavaroise sur les communications de la Grande Armée exigeait, pour réussir, énergie, célérité et surtout secret !

Pour important qu'il fût, l'entretien du 17 septembre ne pouvait aboutir, car ni Wrede, ni Hruby n'étaient en possession de pouvoirs pour traiter. Ils ne s'en séparèrent pas moins fort contents l'un de l'autre. Wrede resta à Braunau ; Hruby partit pour Prague, afin de porter la lettre du roi de Bavière à l'empereur de Russie et de solliciter de nouvelles instructions.

Il est très important de s'arrêter à cette date du 17 septembre, car l'armistice de Ried fut le prélude du traité entre la Bavière et l'Autriche. Jusque-là le roi Maximilien-Joseph avait été à peu près fidèle à la lettre, sinon à l'esprit, des engagements pris avec Napoléon, protecteur, et avec les princes allemands, membres de la Confédération du Rhin. L'inaction de l'armée bavaroise pouvait même à la rigueur être expliquée, en faisant valoir que, par sa seule présence sur l'Inn, elle protégeait l'Allemagne du Sud, couvrait les lignes de communication de l'armée française, inquiétait l'Autriche sur la sécurité de sa capitale et l'obligeait ainsi à immobiliser un corps d'armée au détriment de son armée de Bohême. Mais à partir du 17 septembre, la Bavière, en entrant secrètement dans le concert des grandes puissances, jouait un jeu funeste à Napoléon : celui-ci, assuré de la sécurité de son flanc droit, allait persister à se maintenir au cœur de l'Allemagne et y user ses forces, au lieu de ramener à proximité des frontières de l'empire une armée sans doute fort éprouvée, mais encore organisée, et qui, renforcée par les garnisons des places de l'Elbe, appuyée à la ligne du Rhin, aurait constitué entre ses mains un formidable instrument de défense.

Les alliés venaient donc de remporter, directement sur le terrain politique, et indirectement sur le terrain militaire, un important succès, en décidant le roi de Bavière à entrer enfin en relations avec eux à l'insu de Napoléon. Dans sa réponse à Alexandre, Maximilien-Joseph donnait clairement à entendre que, moyennant un bon prix, il était tout disposé à changer complètement sa politique, tout au moins à se retirer de la lutte et à observer une neutralité bienveillante pour les alliés. Enfin, l'homme avec lequel on allait avoir à débattre la grande affaire de l'accession de la Bavière à la ligue européenne contre la France, le général de Wrede, se montrait d'autant mieux disposé que ses intérêts étaient d'accord avec ses passions ; en effet, la seigneurie de Mondsee, qui composait le plus clair de sa fortune, étant située sur un territoire revendiqué par l'Autriche, il avait tout à gagner à s'assurer la reconnaissance de cette puissance.

Il devait s'écouler huit à dix jours avant le retour de Hruby. Afin de mettre ce temps à profit, Wrede se décida à venir lui-même, non à Munich, où sa présence n'aurait pu passer inaperçue, mais à Bogenhausen, chez Montgelas. Parti le 19 au soir de Braunau dans le plus grand secret, il arriva le 20 au matin à la villa du ministre, où le roi se rendit directement de Nymphenburg sans traverser la capitale ; il ne paraît pas que le général ait réussi à déterminer le roi à sortir de la position d'attente où il s'était placé ; toutefois, il l'y confirma, et, à la suite de cet entretien, le roi écrivit au major-général pour lui demander de faciliter le retour de la division Raglowich, à laquelle, sans attendre de réponse, il envoya de nouveau par le ministre de la Guerre l'ordre de rentrer en Bavière.

Le même jour Mercy assista à une soirée donnée par Montgelas, sans se douter le moins du monde de la visite reçue dans la matinée par le ministre. Néanmoins, depuis le 14 septembre il était inquiet ; la lettre par laquelle le roi lui avait annoncé la défaite du prince de la Moskowa à Dennewitz lui avait fait l'effet d'un adieu. D'un autre côté son aveugle confiance en Wrede était ébranlée : à Munich on commentait avec curiosité l'attitude des deux généraux en chef, Reuss faisant relâcher une patrouille bavaroise égarée sur le territoire autrichien, Wrede renvoyant sous escorte les déserteurs autrichiens ; on rapprochait la présence de Hruby au quartier général de Reuss des fréquents voyages à Munich du général Rechberg, chef d'état-major de Wrede, de ses longues conférences avec le roi et avec Montgelas ; on supposait qu'un arrangement avait été conclu ou était sur le point de se conclure entre la Bavière et l'Autriche ; les ennemis de la France parlaient déjà d'une alliance en forme, les plus modérés d'une convention de neutralité. Mercy finit par apprendre la visite faite par Wrede à Montgelas ; cette visite prouvait, d'une part, que le général en chef avait eu à faire une communication de la plus haute gravité, d'autre part, qu'il était sans inquiétude sur le sort de son armée pendant son absence. Mercy, cette fois sérieusement alarmé, chercha à démêler les causes secrètes de l'étrange inaction des deux armées, en présence depuis six semaines. Ne réussissant point à se rencontrer avec Montgelas, invisible pour cause de maladie feinte ou réelle, il alla trouver le comte de Bray, ami intime du ministre, et lui demanda l'explication des bruits qui prenaient chaque jour plus de consistance dans le public. A sa grande stupeur Bray lui déclara que la présence de Hruby au quartier général autrichien avait eu pour objet d'entamer une négociation avec la Bavière, que l'Autriche, fidèle à ses projets de domination en Allemagne, cherchait à détacher le roi Maximilien-Joseph de l'alliance de la France et à obtenir de lui les secours et les avantages que pouvaient offrir une belle armée et la position géographique du royaume. Il reconnut même l'existence d'une convention militaire conclue entre Wrede et le prince de Reuss, aux termes de laquelle les hostilités étaient suspendues et ne devaient reprendre qu'après un délai d'avertissement de quarante-huit heures. Mercy se récria sur le mystère dont le gouvernement bavarois avait entouré les offres de l'Autriche et les pourparlers subséquents. Bray s'efforça alors de calmer son émotion, en alléguant le caractère peu communicatif de Montgelas et en affirmant au nom du ministre qu'il n'était nullement question de modifier les relations de la Bavière avec les grandes puissances, que les propositions autrichiennes avaient été rejetées et le seraient encore à l'avenir, que d'ailleurs une alliance avec l'Autriche ne pouvait offrir une sécurité suffisante et devrait être achetée au prix de sacrifices tels, que dans l'hypothèse d'un revers il ne pourrait en être imposé à la Bavière de plus considérables. « Vous connaissez, ajouta Bray, toute la loyauté du caractère du roi. Eh bien ! il s'est prononcé tout récemment encore ! Mon sort est lié à celui de la France, a-t-il dit, rien ne peut m'en détacher ; j'existerai avec elle ; je ne souscrirai jamais à une infamie. » Ces protestations platoniques suffirent pour rassurer Mercy, aveuglé au point de n'attacher aucune importance à la convention de neutralité conclue entre Wrede et Reuss ; dans sa dépêche du 28 septembre il n'hésita pas à déclarer que les explications de M. de Bray lui semblaient conformes aux sentiments personnels du roi et aux véritables intérêts de la Bavière. « Ces considérations, écrivit-il, doivent, ce me semble, prévaloir sur des soupçons qui, lorsqu'on les examine plus attentivement, tiennent peut-être plus à la forme qu'au fond des choses. » On voit à quel point l'Empereur était insuffisamment et inexactement renseigné par son ministre à Munich, et cela au moment le plus critique, alors que depuis quinze jours les bruits les plus étranges sur les intentions de la Bavière circulaient dans les cours de la Confédération du Rhin.

Mais, avant que la dépêche de Mercy ne fût arrivée à Dresde, la méfiance de l'Empereur et de ses ministres fut mise en éveil par une démarche du général Raglowich, insolite dans la forme comme dans le fond. Obéissant aux ordres du roi expédiés le 15 ou le 16 septembre, Raglowich se présenta le 28 chez Durosnel, gouverneur de Dresde, et lui demanda de renvoyer en Bavière la division placée sous ses ordres, en alléguant l'extrême réduction des effectifs, l'impossibilité de recevoir des renforts et la nécessité de procéder à une complète réorganisation, dans l'intérêt commun du royaume et de l'Empire.

Durosnel, fort étonné de cette demande, à laquelle ses pouvoirs ne l'autorisaient pas à souscrire, en référa au duc de Bassano. Celui-ci, non moins étonné, adressa des représentations au ministre de Bavière à Dresde, M. de Pfeffel, et lui fit remarquer qu'une affaire aussi importante ne devait pas être traitée entre le chef du contingent bavarois et le gouverneur de Dresde, que le roi avait l'usage de régler directement les affaires de ce genre avec le major général, enfin que ce départ aurait tout l'air d'une défection et serait de nature à changer en soupçons fondés les vagues rumeurs répandues en Allemagne sur l'attitude équivoque prise depuis quelque temps par le gouvernement bavarois à l'égard de la France.

En réalité, Maximilien-Joseph avait bien écrit au prince de Neuchâtel, mais seulement vers le 21 septembre, en sorte que Raglowich, se conformant à des ordres datés du 15 ou du 16, était parti trop tôt et s'était adressé à des gens non prévenus. Mais dès qu'il fut informé de l'arrivée de la lettre destinée au major général, il renouvela sa demande. Le 30 septembre il réclama purement et simplement à Durosnel une feuille de route pour ramener ses troupes en Bavière. Le 1ᵉʳ octobre l'Empereur donna son consentement à ce mouvement ; toutefois, il décida de conserver à Dresde quatre bataillons, sous les ordres du général Maillet de la Tour, moins pour en tirer quelque appui, que pour affirmer les liens qui unissaient encore officiellement la Bavière à la France. « Ces bataillons, écrivit le duc de Bassano à M. de Pfeffel le 1ᵉʳ octobre, sont de nulle conséquence et S. M. I. et R. les renverra lorsque des communications seront faites dans les formes d'usage et lui auront appris que votre gouvernement désire qu'ils rentrent en Bavière. » Le lendemain 2 octobre le général Monthion, chef d'état-major du major-général, expédia à Raglowich sa feuille de route, en lui faisant remarquer l'inconvenance de sa conduite : « Cette lettre (la demande adressée à Durosnel) est contre la subordination militaire. » Le contingent bavarois était dans l'armée impériale en vertu d'un traité ; c'est en vertu d'une négociation qu'il aurait dû en partir ; il aurait alors reçu de l'état-major général un ordre que son chef n'avait pas à provoquer.

Le duc de Bassano, en informant le 1ᵉʳ octobre Mercy de cet incident, lui demanda des explications sur les dispositions du cabinet de Munich ; il se montra d'ailleurs passablement renseigné par les nouvelles venues des autres cours de la Confédération du Rhin, notamment de celle de Wurtemberg, où l'on ne mettait pas en doute la défection de la Bavière à bref délai : « les ennemis en parlent ouvertement aux avant-postes, en Prusse, en Lusace comme d'une chose terminée... on dit que le général de Wrede a négocié une convention le 18 septembre avec le prince de Reuss, que le ci-devant chargé d'affaires d'Autriche à Munich s'est trouvé à cette réunion et a été expédié pour porter la convention à la ratification de sa cour, que du côté de la Bavière, c'est M. le général de Wrede lui-même qui s'est rendu auprès de son souverain et qu'il a trouvé le roi qui l'attendait dans la maison de campagne de M. de Montgelas ».

Une circonstance particulière favorisa le développement des intrigues contre la France : dès le milieu de septembre les partisans russes, autrichiens et prussiens interrompirent fréquemment les communications entre Dresde et Fulda, point extrême protégé par les troupes de Mayence ; la route directe de Munich à Dresde fut coupée. De ce moment les courriers pour ne pas être enlevés durent se diriger sur Fulda et à partir de cette ville se réunir à une colonne en marche sur la Saxe. Dans ces conditions l'échange des correspondances fut fort ralenti ; les lettres expédiées de Dresde à Munich, et inversement, subirent un retard de huit à dix jours, parfois de quinze ; lorsqu'elles parvenaient à leur adresse, elles ne répondaient plus à la véritable situation des affaires, laquelle s'était modifiée dans l'intervalle. Mercy se trouva ainsi sans direction, et, d'autre part, il ne put faire parvenir ses renseignements en temps utile au quartier général impérial. Pour ne pas se tromper et ne pas tromper les autres il aurait dû posséder une grande puissance de déduction et une parfaite connaissance du caractère des personnages jouant les principaux rôles à la cour de Munich. Ces qualités lui faisant défaut, il conserva jusqu'au bout ses illusions sur la loyauté du roi, sur la prédilection de Montgelas pour l'alliance traditionnelle de la Bavière avec la France, et sur le dévouement de Wrede pour la personne de l'Empereur.

IV

DERNIÈRES NÉGOCIATIONS
CONCLUSION DU TRAITÉ DE RIED, 8 OCTOBRE 1813

Les nouvelles apportées à Prague par Hruby furent jugées si importantes que Metternich provoqua une réunion des souverains alliés, afin d'arrêter la marche à suivre dans les négociations avec la Bavière. Jusqu'alors l'empereur Alexandre avait parlé au nom de la coalition ; mais Metternich était déjà fatigué de son ingérence dans les affaires de l'Allemagne et, à Töplitz, il avait réussi à persuader le chancelier prussien, Hardenberg, de l'opportunité de confier à l'Autriche la direction de la politique à suivre vis-à-vis des États au sud du Main. Cependant il fallait donner à cet arrangement une sanction écrite, afin de préciser le rôle de chacun : l'empereur de Russie accréditant en quelque sorte l'empereur d'Autriche comme fondé de pouvoirs des alliés, celui-ci se présentant en cette qualité, et le roi de Prusse le reconnaissant comme tel et s'engageant à souscrire aux arrangements pris. Tout fut rapidement réglé ; Metternich avait hâte de voir la partie définitivement mise en train ; il fit donc repartir Hruby, en le chargeant d'ouvertures verbales pour Wrede ; il lui remit les lettres des empereurs de Russie et d'Autriche, et l'invita à lui envoyer un courrier toutes les vingt-quatre heures pour le tenir au courant de la marche des négociations. Les instructions écrites, les pleins pouvoirs nécessaires pour conclure le traité et la lettre du roi de Prusse devaient être apportés ultérieurement à Reuss par le chevalier de Floret.

Hruby fit diligence ; le 27 septembre il put remettre à Wrede les lettres des empereurs et lui communiquer les nouvelles propositions de sa cour. Comme l'avait prévu Montgelas, les exigences des alliés allaient croissant : il n'était plus question de neutralité plus ou moins malveillante contre la France, comme Hruby l'avait insinué dans sa première entrevue avec Wrede. Le moment était passé : la Grande Armée française s'était peu à peu repliée sur Dresde ; Schwarzenberg, Blücher et le prince royal de Suède se préparaient à passer sur la rive gauche de l'Elbe ; les partisans inondaient les deux rives de la Saale, enlevaient les convois et les courriers, et isolaient d'une manière presque absolue Napoléon de ses dépôts de la ligne du

Rhin et de la France. Les hostilités paraissaient, il est vrai, sinon suspendues, du moins ralenties, mais cette torpeur était le calme atmosphérique précurseur d'une violente tempête. Les alliés n'avaient donc plus rien à ménager; ils demandèrent à la Bavière de se déclarer sans délai et d'unir ses armes aux leurs; ils la firent d'ailleurs passer sur un pont d'or pour entrer dans leur camp : l'armée autrichienne du Danube serait mise sous le commandement de Wrede et l'armée austro-bavaroise ainsi constituée formerait l'aile gauche de la grande armée alliée; la Bavière aurait un plénipotentiaire militaire au grand quartier général des coalisés; les deux empereurs garantissaient à la Bavière la souveraineté et l'état territorial, qui ne pourrait être modifié sans le consentement du roi de Bavière.

Dans sa lettre Alexandre se déclarait uni par des liens indissolubles à l'empereur d'Autriche et au roi de Prusse; il s'engageait à accéder à toutes les propositions faites par le premier au roi de Bavière et à donner sa garantie aux transactions qui en seraient le résultat. Il abordait ensuite la question des cessions de territoire « nécessaires pour mieux établir les frontières de l'Autriche sous le rapport militaire »; c'est-à-dire la cession du Tyrol et du pays de Salzburg; en échange desquels il promettait l'indemnisation « la plus complète, calculée sur les proportions géographiques, statistiques et financières du pays cédé ». Après avoir ainsi donné satisfaction aux demandes du roi de Bavière, il passait à la menace de la façon la plus claire :

« J'attends en revanche une coopération active et immédiate de la part de Votre Majesté. Les moments sont précieux; les assurances positives qu'elle m'a données m'autorisent à compter sur son empressement à le faire. Dans le cas contraire, et si la plus belle chance pour la délivrance de l'Europe devait être perdue, Votre Majesté sentira que je ne serai plus le maître de réaliser à son égard les vues dictées par l'amitié et confirmées par la politique libérale de tous mes alliés. Les arrangements militaires qui vont être proposés à Votre Majesté doivent lui inspirer toute confiance et ajouter une nouvelle preuve en faveur des principes qui nous guident. »

Par cette lettre, l'Autriche était érigée en arbitre des destinées de la Bavière et de toute l'Allemagne du Sud. Celle de l'empereur François était moins précise; il se bornait à déclarer que si la Bavière liait sa cause « à celle de l'Europe » il ne poserait pas les armes avant de lui « avoir assuré ses dimensions actuelles et sa parfaite indépendance ». Des échanges, cessions et indemnités, pas un mot.

Le 28 septembre Floret arriva au quartier général autrichien, porteur des instructions écrites de Metternich, des pouvoirs nécessaires à Reuss et à Hruby pour conclure le traité espéré, et d'une lettre du roi de Prusse, dans laquelle celui-ci s'associait aux déclarations et aux propositions de ses alliés. Reuss la fit immédiatement passer à Wrede, en l'invitant à se munir également des pleins pouvoirs de son gouvernement dans le plus bref délai, une négociation de cette importance ne pouvant, étant donnée la gravité des circonstances, rester longtemps sans résultat. De son côté Wrede n'était pas moins impatient et il fit à Munich de pressantes démarches auprès du roi et de Montgelas.

Le ministre était l'objet de la méfiance des cours alliées, et certes bien à tort; sans doute c'était un esprit trop avisé pour se laisser prendre au jargon mi-patriotique, mi-mystique dont usait Alexandre et dont se moquait en secret Metternich. Il ne croyait pas à la durée de l'entente entre l'Autriche, la Russie et la Prusse; il était persuadé qu'au moment du règlement des comptes les grandes puissances oublieraient les promesses faites aux petites. Mais il jugeait froidement la situation : à ses yeux la Bavière était trop engagée avec les alliés pour pouvoir reculer, étant donné que Napoléon non seulement n'avait pas remporté de succès décisif, mais même paraissait placé dans une position stratégique de jour en jour plus périlleuse;

il parvint à vaincre les derniers scrupules du roi et, le 2 octobre, il remit au prince Œttingen, qui les attendait avec une extrême impatience, les instructions pour Wrede et les pouvoirs l'accréditant auprès de Reuss : la Bavière consentait à toutes les demandes des alliés relatives au groupement des forces autrichiennes et bavaroises et aux opérations militaires ; elle réclamait des garanties formelles pour les indemnités territoriales annoncées ; mais elle restait muette sur un point qui, pour des motifs bien différents, tenait fort au cœur de l'Autriche et de la Prusse, la dénonciation des traités et conventions constitutifs de la Confédération du Rhin.

Il s'agissait maintenant, pour assurer le succès de la manœuvre austro-bavaroise sur les communications de la Grande Armée française, de laisser Napoléon le plus longtemps possible dans l'illusion sur la décision de la Bavière. A la suite de son entretien avec le comte Bray, Mercy, enfin en éveil, mais bien loin de soupçonner le véritable état des choses, avait cherché à se renseigner et il avait réussi à avoir un entretien avec Montgelas ; il en rendit compte dans une dépêche datée précisément du 2 octobre, c'est-à-dire du jour où les pleins pouvoirs furent expédiés à Wrede. Le ministre reconnut que le roi « n'avait pas jugé convenable de désavouer » la convention militaire conclue entre les deux généraux en chef ; pressé de s'expliquer sur les intentions du gouvernement bavarois, il se répandit en considérations générales sur la position embarrassante de la Bavière et finit par déclarer que, dans la situation troublée où l'on se trouvait, il n'était pas possible de répondre de l'avenir ; en somme, il resta maître de la conversation. Pas une de ses paroles ne put faire soupçonner à son interlocuteur que, en ce moment même, peut-être dans le bureau à côté, on mettait la dernière main au complot froidement ourdi pour perdre Napoléon, ses soldats et la fortune de la France !

Mercy tira de cette entrevue d'étranges conclusions :

Montgelas lui parut inquiet pour sa situation personnelle et froissé d'être tenu à l'écart, alors que le général de Wrede était en rapports continus avec le prince Reuss et Hruby, dénommé pour la circonstance commissaire civil ! Sur ces rapports si suspects, il s'exprima ainsi : « On pourrait trouver assez simple, je l'avoue, que deux chefs de corps se trouvant en présence et n'ayant point l'ordre de se porter en avant, conviennent entre eux de ne point se harceler, de ne point faire une petite guerre qui détruit du monde inutilement ; mais il ne l'est pas qu'un agent diplomatique soit chargé de cette mission, ou du moins paraisse l'être, et qu'il joigne à cela des phrases qui ont l'air d'ouvrir une voie à des négociations et qui peuvent faire supposer qu'on n'en restera pas là ; on paraît du moins s'y attendre ici et l'on n'en doute même pas, dans le cas où nous serions forcés d'abandonner Dresde. »

Mercy déclarait qu'il n'avait aucune preuve d'un « changement prononcé » dans les vues du gouvernement bavarois, mais il entrevoyait « la possibilité de l'établissement de nouveaux rapports », l'opinion publique se prononçant de jour en jour avec plus de violence contre la France, et le roi étant en peine de sa position isolée, car il voyait « chaque jour le corps d'observation aux ordres du duc de Castiglione s'éloigner de la Bavière ». En conclusion, la France devait considérer comme possible et même probable un arrangement quelconque entre la Bavière et l'Autriche, si la Grande Armée venait à éprouver des revers.

A Braunau comme à Wimsbach on était également pressé d'en finir. Wrede reçut dans la matinée du 3 octobre les pouvoirs attendus depuis si longtemps et envoya aussitôt le prince Taxis au quartier général autrichien, pour proposer à Reuss de se rencontrer avec lui le même jour, à Ried. En route Taxis croisa entre Haag et Lambach un officier autrichien chargé de prévenir Wrede que Reuss avait reçu des puissances alliées l'ordre formel de hâter la conclusion du traité et, si celui-ci n'était pas signé dans les quarante-huit heures, de dénoncer l'armistice et d'entrer en ennemi sur le territoire bavarois. Ce langage menaçant était destiné à intimider Wrede et à le préparer à accepter les conditions de réserve soupçonnées par Montgelas.

Les conférences de Ried s'ouvrirent le 3 octobre à dix heures du soir. Dès le début Reuss, Hruby et Floret élevèrent des prétentions soigneusement dissimulées jusqu'alors : la Bavière devait dénoncer immédiatement les conventions qui l'unissaient aux autres États de la Confédération du Rhin ; le traité en discussion ne devait avoir qu'un caractère préliminaire ; quant au traité définitif, il serait conclu plus tard et au quartier général des alliés. Les négociateurs autrichiens tenaient fort à ce dernier point, et, pour amener Wrede à l'accepter, ils mirent en avant tous les arguments possibles. Floret en trouva un, au moins singulier : au nom de l'empereur d'Autriche, il fit les déclarations les plus rassurantes sur l'avenir réservé au prince Eugène, vice-roi d'Italie, gendre de Maximilien-Joseph. Il alla jusqu'à affirmer que son maître se trouvant comme père dans la même situation, s'intéressait au sort de ce prince, au moins autant que le roi de Bavière !

Mais Wrede était lié par ses instructions et, bien à regret, il dut déclarer aux Autrichiens que sur les points nouveaux il devait prendre les ordres du roi ; qu'en conséquence il allait expédier un courrier à Munich et que l'on aurait la réponse dans les trente-six heures. La discussion continua sur les autres articles du traité, notamment sur ceux relatifs à la coopération des armées autrichienne et bavaroise. L'accord se fit définitivement dans la journée du 4 octobre.

Le soir de ce même jour le prince Taxis quitta Ried pour apporter au roi un rapport de Wrede, énumérant les résultats acquis et demandant des instructions sur la réponse à faire aux prétentions nouvelles mises en avant par les alliés. Il arriva à Nymphenburg le 5 au matin.

« Le roi, écrit-il dans ses mémoires, m'envoya de suite à Bogenhausen et j'y trouvai le ministre qui n'était pas de la meilleure humeur. L'affaire à laquelle on travaillait depuis longtemps en réalité, lui paraissait menée avec une hâte exagérée. En ce qui concernait l'objet de ma mission, il m'assura que la chose ne souffrirait point d'obstacle, qu'il voulait cependant prendre les ordres du roi et qu'il croyait que je pourrais repartir à la fin de la journée. Mais, au ton de sa réponse, je compris qu'il n'en serait sans doute pas ainsi et il me parut que le ministre cherchait à gagner du temps. La situation des affaires en Saxe n'était pas complètement débrouillée, Napoléon était encore à Dresde et, pour ce motif, il désirait traîner les négociations en longueur jusqu'à ce que la solution de la crise se fût produite. »

Dans la journée Taxis apprit par une indiscrétion que l'homme de confiance de Montgelas, le conseiller intime de légation de Ringel, se disposait à partir pour Ried; sans prévenir personne, il reprit aussitôt la poste et courut prévenir Wrede de cet incident. Taxis s'en exagérait singulièrement la gravité : ni le roi, ni Montgelas n'avaient la moindre intention de rompre les négociations; à la vérité Maximilien-Joseph trouvait Wrede bien pressé, mais il s'était trop avancé pour hésiter longtemps sur des questions de forme; c'en était une assurément de dénoncer le pacte de la Confédération du Rhin, du moment qu'on déclarait la guerre à la France. En revanche Montgelas trouvait suspecte la prétention des alliés de se borner à conclure une espèce de convention préliminaire, laissant la porte ouverte à toutes les exigences que les forts pourraient imposer aux faibles après la victoire, et il voulait un traité définitif, précisant les devoirs et les droits de chacun. Vraisemblablement il se défiait de l'inexpérience de Wrede, obligé de tenir seul tête à Hruby et à Floret, rompus à toutes les ruses diplomatiques, et il désirait lui adjoindre un fonctionnaire du ministère des Affaires étrangères chargé de vérifier le texte du traité et d'éviter l'insertion de quelque clause ambiguë, dont l'Autriche pût se prévaloir par la suite.

Taxis arriva à Ried le 6 octobre à une heure de l'après-midi. On l'attendait avec impatience ; des deux côtés la désillusion fut grande en le voyant revenir sans les pleins pouvoirs demandés et en apprenant que les négociations ne reprendraient qu'à l'arrivée de Ringel, et peut-être sur de nouveaux frais. Les Autrichiens furieux parlèrent de rompre et de quitter Wimsbach. Non sans peine Wrede obtint un nouveau délai et dans la journée même il partit pour Munich. Il était temps, car, à quelques postes de cette ville, il rencontra Ringel, en route pour Braunau. Il lui fit rebrousser chemin et, à la grande stupeur de Montgelas, débarqua avec lui à Bogenhausen, où se rendit le roi, aussitôt prévenu de son arrivée.

Montgelas avait perdu la partie ; à la suite d'un entretien où Wrede fit valoir avec force les raisons en faveur d'une alliance étroite avec les coalisés, et exposa les périls que l'ambition insatiable de Napoléon pouvait faire courir à la maison royale et à la nation, le roi se décida à lui donner de pleins pouvoirs sans aucune restriction. Le soir même Wrede repartit pour Ried, où il arriva le 8 au matin. Dans la journée le traité fut signé et envoyé pour ratification à Munich et à Kommotau, où se trouvaient alors les souverains alliés.

A Munich, en ces premiers jours d'octobre, l'anxiété était grande ; la curiosité était surexcitée par les allées et venues continuelles des aides de camp de Wrede, qui n'avaient pu passer inaperçus, en dépit de l'ordre donné à ces officiers de s'abstenir de toute relation mondaine et d'observer le plus profond silence sur l'objet de leurs missions ou sur les incidents dont ils avaient été témoins à Ried et à Braunau. Mercy sentait confusément que ni Bray ni Montgelas ne lui avaient dit toute la vérité et que quelque chose de plus important qu'une convention militaire se traitait entre l'Autriche et la Bavière. Il relevait chaque jour des indices de plus en plus alarmants : voyages des princes Œttingen et Taxis à Bogenhausen, où ils avaient eu des entrevues avec Montgelas et même, disait-on, avec le roi ; présence fréquente au quartier général bavarois d'officiers autrichiens, reçus à la table de Wrede avec une cordialité extraordinaire ; surtout préparatifs impossibles à dissimuler en vue d'un prochain mouvement de l'armée bavaroise dans une direction tenue secrète. Enfin le 6 octobre, prévenu du prochain départ de Ringel pour Braunau, il comprit que la présence d'un haut fonctionnaire du ministère des Affaires étrangères devait avoir pour cause des négociations d'ordre diplomatique, et il résolut d'avoir avec Montgelas une explication décisive. Montgelas n'était pas très pressé de se rencontrer avec le représentant de Napoléon ; il voulait le mettre en présence de faits accomplis, afin de couper court à ses instances en faveur du maintien de l'alliance. Sous divers prétextes, il retarda l'entrevue demandée pendant deux jours, et ne reçut Mercy que le 8 octobre, le jour même où le traité entre l'Autriche et la Bavière était signé à Ried. Montgelas ne pouvait plus dissimuler la vérité ; non sans embarras et sans émotion, il déclara à Mercy que depuis quarante-huit heures les choses avaient changé de face : « Nous ne sommes pas secondés, dit-il, le Wurtemberg ne veut rien faire pour la défense commune ; les armées françaises sont éloignées ; nous sommes absolument en l'air. Que faut-il faire ? faut-il que le roi sacrifie tout ? Nous sommes à bout de nos ressources ; l'Autriche nous somme de nous décider ; des forces considérables menacent notre territoire ; le général Wrede annonce qu'il lui est impossible de résister ; deux colonnes russes très fortes viennent de déboucher par la Silésie et sont destinées principalement à menacer notre flanc. L'Autriche ne nous demande rien ; elle annonce qu'elle ne fait point la guerre pour s'agrandir, elle s'engage à nous garantir l'intégrité de notre territoire pour prix de notre alliance. »

Le grand mot était lâché ; Mercy stupéfait somma alors Montgelas de s'expliquer catégoriquement et de lui faire connaître sans détours si la Bavière avait contracté déjà des engagements avec l'Autriche et quelle en était la nature.

Pour bien peser la valeur de la réponse de Montgelas il faut se rappeler qu'on était au 8 octobre et que le 7 à Bogenhausen le roi en présence du ministre avait signé en toute connaissance de cause les pouvoirs donnés à Wrede. Cette réponse fut la suivante : « Il n'y a rien de signé encore, mais je dois vous dire que le roi est en faveur des propositions de l'Autriche. Le roi regrette qu'il se soit vu forcé à prendre ce parti, auquel il n'a pu se décider qu'à la dernière extrémité et auquel une foule de choses et de circonstances l'ont déterminé. Pour moi, j'en suis profondément affligé ; nos vœux sont pour la paix et, lorsque tout sera rétabli dans de justes rapports, je sens que la Bavière ne peut avoir d'appui plus solide que la France. »

C'était la guerre ; Mercy n'avait plus qu'à se retirer et à rendre compte. En sortant de son entrevue avec Montgelas, il apprit que l'armée austro-bavaroise placée sous les ordres de Wrede devait se porter sur le Main pour prendre la Grande Armée française à revers. Il expédia aussitôt un courrier au quartier général de l'Empereur et fit partir pour Francfort M. Desmontiers de Mérainville, attaché à sa légation, avec ordre d'envoyer un duplicata de sa dépêche par la voie la plus prompte et la plus sûre. Quelques jours après il envoya également à Francfort M. Bogne de Faye, dont la mission en Franconie se trouvait naturellement terminée, avec recommandation de tout faire pour se mettre en relation avec le quartier général, et de prévenir le duc de Valmy, lieutenant de l'Empereur sur la ligne du Rhin, d'avoir à se tenir sur ses gardes. Ces précautions furent vaines : la Grande Armée était comme cernée par les partisans ennemis et toutes les communications avec le quartier général étaient interceptées. Ni Desmontiers de Mérainville, ni Bogne de Faye ne réussirent à faire passer le moindre avis. Quant au courrier parti de Munich le 8 octobre, il se joignit en route à un courrier de l'Empereur venant de Paris ; tous deux tombèrent dans un parti de cosaques et furent faits prisonniers avant d'avoir pu détruire leurs dépêches. Ainsi l'Empereur ne put connaître d'une manière certaine le changement de système de la Bavière et le péril dont le menaçait la marche de l'armée austro-bavaroise sur ses communications, qu'après la bataille de Leipzig, à son arrivée à Erfurt, où s'étaient accumulées les correspondances venant de France.

La conclusion du traité de Ried était un fait d'une importance capitale, car la défection de la Bavière devait entraîner à bref délai celle des autres États de l'Allemagne du Sud et par suite la dissolution de la Confédération du Rhin. Au point de vue militaire Napoléon se trouvait ainsi privé de ressources qui n'étaient point négligeables et réduit à ne plus compter que sur celles de l'Empire. Ses communications avec l'Italie par le Tyrol étaient coupées; celles avec la France tellement menacées, qu'une prompte retraite se serait imposée, s'il avait eu connaissance en temps utile de l'événement. Enfin la frontière du Rhin se trouvait à découvert ; Huningue, Strasbourg, Mayence, Wesel devenaient des places de première ligne.

Dans la première quinzaine d'octobre 1813 la lutte pour la suprématie du continent et, plus immédiatement, pour la domination de l'Allemagne arrivait à son point culminant. Si l'on examine la situation politique et militaire, en tenant compte, non seulement des éléments matériels de puissance, mais aussi des facteurs moraux, on peut avancer que les adversaires en présence disposaient de forces sensiblement équivalentes, groupées au prix d'efforts impossibles à renouveler avant une période de calme relatif d'une assez longue durée. Dans ces conditions, la moindre rupture d'équilibre devait être singulièrement préjudiciable à celui des deux partis au détriment duquel elle se produirait, et entraîner des conséquences d'une importance infiniment plus considérable que le fait en soi.

A ce point de vue la signature du traité de Ried était pour les alliés un succès inappréciable et la diplomatie autrichienne en avait si bien senti les avantages qu'elle n'avait pas hésité à consentir à la Bavière un traitement inespéré par elle, en la faisant entrer avec égalité de droits dans le concert des grandes puissances.

Dans le présent la Bavière se dégageait de la Confédération du Rhin et s'unissait aux alliés « pour le rétablissement en Europe d'un ordre de choses susceptible d'assurer à toutes les puissances l'indépendance et la tranquillité futures » (art. 2). L'armée bavaroise devait faire partie de la grande armée autrichienne sous le commandement supérieur du général en chef de cette armée et sous les ordres immédiats d'un général bavarois (art. 5); elle devait entrer en opérations dès que le traité serait ratifié (art. 6); des articles secrets étaient relatifs à l'ouverture du Tyrol aux troupes autrichiennes et aux engagements pris par l'Autriche pour faire obtenir à la Bavière les subsides de l'Angleterre.

Pour récompenser le roi de Bavière de sa défection, l'empereur d'Autriche, tant en son nom qu'en celui de ses alliés, lui garantissait la jouissance libre et paisible, ainsi que la souveraineté pleine et entière, de tous les États dont il se trouvait en possession avant le commencement des hostilités (art. 3). Un article secret reconnaissait l'indépendance absolue de la Bavière, « de sorte que, placée hors de toute influence étrangère, elle jouisse de la plénitude de la souveraineté ». Un autre article secret prévoyait, il est vrai, la restitution du Tyrol, en spécifiant que la Bavière devrait se prêter aux cessions nécessaires pour assurer aux deux États une ligne militaire convenable, mais l'Autriche s'engageait en même temps à lui procurer des indemnités équivalentes choisies de manière à former avec le royaume un territoire ininterrompu.

Il était vraiment difficile à l'ancien électeur de Bavière, devenu roi et puissant prince par la grâce de l'Empereur des Français, d'espérer de ses adversaires de la veille des conditions aussi favorables à son pays et à sa dynastie; il pouvait se rendre cette justice que, s'il trahissait les engagements pris envers des alliés de dix ans, s'il se livrait à l'Autriche, ennemie traditionnelle de la Bavière, il se faisait royalement payer sa défection. En assurant à Maximilien-Joseph la dignité royale, la pleine indépendance, l'intégrité de ses possessions, telles que les avaient faites les traités conclus depuis 1805, les alliés sanctionnaient l'organisation donnée à l'Allemagne par Napoléon, notamment les sécularisations et les médiatisations de 1806, et s'interdisaient pour longtemps, non pas la reconstitution de l'ancien empire germanique, que rêvaient seuls quelques teutomanes aux esprits embrumés de légendes médiévales, mais bien toute organisation d'une Allemagne unie et vraiment forte, dans laquelle le pouvoir et les prérogatives des souverains particuliers seraient réduits ou annulés au profit d'un pouvoir central disposant pour la paix ou pour la guerre de toutes les ressources du pays. Au contraire ils consolidaient l'existence dans l'Allemagne du Sud, d'un État relativement puissant, autour duquel les autres États pourraient venir se grouper et former une ligue susceptible de tenir en échec la Prusse ou l'Autriche, en s'unissant, suivant leurs intérêts du moment, à l'une ou l'autre de ces grandes puissances. Quelques mois plus tard, lors du congrès de Vienne, ces conséquences devaient apparaître à Metternich et à Hardenberg et leur faire amèrement regretter les avantages consentis à la Bavière, à un moment où ils étaient prêts à tous les sacrifices pour abattre l'adversaire. Mais en octobre 1813 les coalisés étaient pleins d'enthousiasme ; ils se croyaient certains de triompher, et de Napoléon, et de cette insolente France, qui depuis 1792 tenait l'Europe monarchique en échec.

CHAPITRE III

LES OPÉRATIONS DE L'ARMÉE AUSTRO-BAVAROISE (8-26 OCTOBRE)

I. Entrée en campagne de l'armée austro-bavaroise.
II. Le Wurtemberg en octobre 1813.
III. La Convention d'Uffenheim.
IV. L'attaque de Wurzburg.

I

ENTRÉE EN CAMPAGNE DE L'ARMÉE AUSTRO-BAVAROISE

Le général de Wrede avait appris à l'école de Napoléon le prix du temps et il était résolu à ne pas en perdre. Il avait à accomplir une opération délicate : transporter une armée de 50.000 combattants avec ses parcs et ses convois de l'Inn sur le Main, c'est-à-dire lui faire franchir une distance de 350 kilomètres environ, au début de la mauvaise saison, sur des routes généralement très médiocres, et cela en prenant les précautions nécessaires pour que cette armée fût, au bout de cette longue marche, en état de se mesurer immédiatement, soit avec les éléments les plus solides des garnisons françaises de la ligne du Rhin, rassemblés par le duc de Valmy, soit même avec la Grande Armée, commandée par Napoléon en personne.

Pendant tout le mois de septembre Wrede avait été tenu au courant par le prince Reuss des péripéties des opérations qui se déroulaient en Saxe ; il savait que les alliés, animés de la volonté de vaincre coûte que coûte, concentraient toutes leurs forces matérielles et morales pour engager une lutte décisive sur la rive gauche de l'Elbe. Il se rendait donc parfaitement compte de l'immense importance qu'aurait, en cas de succès comme en cas de revers, l'intervention de l'armée austro-bavaroise sur la ligne de communication de la Grande Armée française : si Napoléon était vaincu, lui, Wrede, pourrait lui fermer le chemin de la France, peut-être le faire prisonnier avec les débris de ses troupes, tout au moins inquiéter sa retraite et la rendre périlleuse et coûteuse ; si Napoléon était vainqueur, il pourrait l'empêcher de profiter de sa victoire, en l'obligeant à détacher une fraction importante de son armée pour contenir le nouvel adversaire venu de l'Allemagne du Sud. Mais pour faire rendre à l'entrée en ligne de l'armée austro-bavaroise son plein effet, il fallait agir vite. Aussi Wrede, ne doutant pas de l'entente finale entre la Bavière et l'Autriche, avait étudié et préparé dans les moindres détails les mouvements de colonnes et de convois, de manière à porter rapidement sur le Danube entre Ratisbonne et Donauwörth le corps bavarois, formant le premier échelon de l'armée combinée, et à le faire suivre à court intervalle par le corps autrichien, devenu le deuxième échelon. A la fin de cette première période de marches, il comptait recevoir de Schwarzenberg, généralissime des armées alliées, des instructions lui assignant le but de ses opérations ultérieures, soit qu'il dût relier ses mouvements à ceux des autres armées, soit qu'il reçût la mission d'agir d'une manière indépendante contre les États de la Confédération du Rhin encore fidèles à l'alliance française et contre les troupes chargées de défendre la frontière de l'Empire et la ligne de communication de la Grande Armée.

Au moment de la conclusion du traité de Ried, il était prêt et avait arrêté trois plans d'opérations ; le prince Reuss se chargea de les envoyer à Kommotau, où se trouvait le quartier général des alliés, par le même courrier qui portait l'instrument du traité à ratifier. Les trois plans étaient basés sur la situation militaire à la fin de septembre. Dans les deux premiers l'armée austro-bavaroise devait combiner ses mouvements avec ceux des armées de Bohême et de Silésie, et se porter vers Fulda, soit par Bamberg, soit par Wurzburg, afin de prendre l'armée française à revers et de couper ses lignes de communication avec la base d'opération du Rhin. La marche sur Bamberg paraissait la plus indiquée, car elle permettait d'établir le plus rapidement possible la liaison effective avec les armées alliées établies en Saxe.

Le troisième plan, conception personnelle de Wrede et pour lequel il avait évidemment une prédilection, envisageait comme possible une expédition indépendante, de beaucoup plus large envergure, présentant à coup sûr de grands risques, mais dont le succès pouvait conduire à des résultats considérables. Tenant pour certain que Napoléon, soit à la suite d'une grande défaite, soit par l'usure naturelle de ses troupes, serait obligé de se rapprocher de la France, Wrede voulait le devancer sur le Rhin; il comptait traverser à marches forcées le Wurtemberg et la Hesse, obliger les souverains de ces deux États à se déclarer en faveur des alliés et à réunir leurs troupes aux siennes, puis atteindre le fleuve vers Mannheim, le franchir sans attendre l'arrivée des armées de Bohême et de Silésie, et occuper l'ancien palatinat du Rhin, où la maison royale actuelle de Bavière avait longtemps régné et où elle conservait encore des partisans nombreux et fidèles; lui-même était d'ailleurs originaire du pays et l'avait pratiqué pendant les campagnes du début de la Révolution. L'armée austro-bavaroise, grossie des contingents de l'Allemagne du Sud, soutenue par la population qui, prétendait-on, ne demandait qu'à se soulever, tenterait alors de s'emparer des places voisines, faiblement occupées et nullement en état de résister à une attaque brusquée, et d'expédier des partisans sur le territoire de l'ancienne France, pour y jeter la panique et surtout rendre difficiles l'organisation et la mise en route des renforts destinés à la Grande Armée, indispensables à Napoléon pour continuer la lutte.

Mais Schwarzenberg trouva ce plan trop hardi ; peut-être aussi le cabinet de Vienne se méfiait-il encore de la sincérité de la conversion de la Bavière à la bonne cause et ne tenait-il pas à lui laisser jouer, sans aucun moyen de contrôle, un rôle prépondérant dans l'Allemagne du Sud. Toujours est-il que le généralissime, dans sa réponse datée d'Altenburg, 13 octobre, prescrivit à Wrede de se porter par Ratisbonne sur Bamberg, de prendre la ligne du Main comme base d'opérations, de s'y fortifier, d'y établir des magasins et d'attendre le moment favorable pour interrompre les communications de l'ennemi, soit vers Fulda, soit plus à l'ouest vers Hanau et Francfort. D'après la disposition générale du même jour, le corps austro-bavarois devait se diriger à grandes marches sur Bamberg, s'emparer de Wurzburg, occuper la ligne du Main, pour de là gagner Francfort et faire face aux troupes rassemblées sous les ordres du duc de Valmy. Ces ordres ne pouvaient guère parvenir au quartier général bavarois avant le 17 octobre, c'est-à-dire au moment où les têtes de colonne atteindraient le Danube.

L'armée combinée placée sous les ordres de Wrede se composait d'un corps bavarois et d'un corps autrichien. Le premier était fort de 3 divisions mixtes (Rechberg, Beckers et Lamotte), à 2 brigades d'infanterie de 5 bataillons, 1 brigade de cavalerie à 8 escadrons (sauf la brigade de cavalerie de la première division qui en avait 12), une artillerie divisionnaire à 14 pièces de 6 (1 batterie légère à 6 pièces, 1 batterie à pied à 8 pièces). Il existait en outre une artillerie de réserve de 4 batteries à 6 pièces de 12, soit 24 pièces. Au total 30 bataillons, 28 escadrons et 66 pièces, présentant un effectif de 28 500 combattants.

Le corps autrichien avait une organisation plus compliquée. Il comprenait : 1 division légère mixte (Volkmann) à 2 brigades (1re brigade : 2 bataillons et 6 escadrons ; 2e brigade : 1 bataillon, 6 escadrons et 1 batterie légère à 6 pièces) ; 2 divisions d'infanterie, l'une (Bach) à 8 bataillons et 2 batteries à 8 pièces de 6, l'autre

(Trautenberg) à 4 bataillons et 1 batterie à 8 pièces de 6 ; 1 division de cavalerie (Spleny) à 16 escadrons et 1 batterie à cheval à 6 pièces ; une réserve d'artillerie à 1 batterie de 6 pièces de 6 et 3 batteries de 6 pièces de 12. Au total 18 bataillons, 30 escadrons et 68 pièces de canon, présentant un effectif de 23 300 combattants. Le corps autrichien était placé sous les ordres du feld-marschall lieutenant comte Fresnel, remplaçant le général de cavalerie baron Frimont, non encore arrivé.

L'armée combinée était ainsi forte de 48 bataillons, 58 escadrons et 134 pièces de canon, avec un effectif total de 51 800 combattants. Les troupes présentaient la plus belle apparence ; les cadres étaient bons et aguerris ; les hommes disciplinés, suffisamment instruits et animés d'un excellent esprit ; toutefois il y avait parmi eux un grand nombre de recrues mal préparées aux fatigues d'une campagne qui s'annonçait comme devant être fort rude. L'équipement, l'habillement, la remonte, le matériel roulant, étaient en très bon état.

Cependant la tâche du commandement avait été compliquée comme à plaisir. En effet, Wrede, bien que devenu général en chef, avait conservé sous ses ordres directs le corps bavarois ; il avait donc à combiner les marches et opérations des trois divisions de ce corps avec celles du corps autrichien, dont les divisions présentaient entre elles et avec les unités bavaroises de même nom des différences organiques essentielles.

Le 10 octobre, Wrede, assuré désormais que la Bavière n'avait plus rien à redouter de l'Autriche, leva les cantonnements des troupes bavaroises sur l'Inn et mit son armée en marche sur Landshut, où devait se faire la concentration. Lui-même resta à Braunau pour attendre la ratification du traité : le 14 octobre il reçut l'instrument signé du roi Maximilien-Joseph ; le 15 Reuss reçut celui signé par l'empereur François. Le même jour les deux généraux en chef échangèrent ces documents et l'Autrichien remit au Bavarois le commandement de son corps d'armée. Aussitôt l'échange des ratifications accompli, Wrede quitta Braunau et transporta son quartier général à Landshut, pendant que les Autrichiens franchissaient l'Inn et faisaient leur première étape en territoire bavarois. Le 15 au soir l'armée combinée occupait les positions suivantes : corps bavarois, entre l'Isar et le Danube, la tête à Vohburg, à l'est d'Ingolstadt, la queue à Landshut, occupant la zone Landshut, Au, Vohburg, Abensberg, Rottenburg ; corps autrichien, sur la rive gauche de l'Inn, quartier général à Pfarrkirchen, occupant la zone Pfarrkirchen, Eggenfelden, Marktel. Le lendemain 16 le corps bavarois eut séjour dans ses cantonnements, pendant que le corps autrichien se rapprochait de lui et venait s'établir dans la zone Rottenburg, Landshut, Vilsbiburg, Landau. L'arrêt du corps bavarois peut s'expliquer par la nécessité de donner du repos à des hommes peu entraînés à la marche ; en son temps, il fut aussi attribué à des hésitations du cabinet de Munich, provoquées par le bruit de grands succès remportés par l'armée française, que M. Bogne de Faye, revenu de Franconie à Munich le jour même de la conclusion du traité de Ried, avait répandu opportunément dans le public. « Cela suffit, dit ce diplomate, pour suspendre un moment la marche de l'armée, tant le gouvernement bavarois avait de frayeur d'agir soit dans un sens, soit dans un autre. »

Dans la situation où il se trouvait le 16 octobre, Wrede pouvait atteindre la ligne du Main, objectif assigné par Schwarzenberg, à Bamberg, en passant par Nuremberg, ou à Wurzburg, en passant par Ansbach. La première route était la plus courte et la meilleure ; une fois établie autour de Bamberg, l'armée austrobavaroise pouvait, suivant les circonstances, soit se porter sur Leipzig et Dresde pour opérer sa jonction avec la masse des armées alliées, soit couper les lignes de communication de l'ennemi en gagnant par Coburg et Meiningen la route d'étapes d'Erfurt à Mayence vers Vach. Dans les deux cas elle opérait jusqu'au bout en pays ami et elle ne risquait aucune rencontre avec des corps détachés de l'armée française.

La route conduisant à Wurzburg par Ansbach était plus longue et aboutissait à une place occupée par une garnison française, assurément trop faible pour se hasarder en rase campagne, mais assez forte pour occuper la citadelle, y soutenir un siège régulier et interdire pendant longtemps le passage du Main sur ce point. Il fallait donc essayer d'enlever la place de vive force, ou la masquer, ce qui exposait au moins à une perte de temps et d'hommes. De la région de Wurzburg, l'armée austro-bavaroise pouvait atteindre la route de Erfurt à Mayence, soit vers Fulda, en passant par Hammelburg et Bruckenau, soit vers Hanau, en passant par Aschaffenburg. Mais dans les deux cas son chef devait renoncer à combiner ses mouvements avec ceux des autres armées alliées et s'attendre à lutter seul contre les troupes françaises, qu'elles vinssent de Saxe ou des bords du Rhin.

Wrede prit cependant la résolution de se porter sur Wurzburg, très probablement pour des raisons plus politiques que militaires. En premier lieu, il dut juger plus prudent de mettre la main sur le territoire, sinon sur la capitale, du grand-duché, promis à la Bavière comme indemnité en échange du Tyrol, plutôt que d'attendre du bon vouloir de l'Autriche l'exécution des engagements pris à Ried ; il eut sans doute aussi l'espoir de produire un grand effet moral sur les Allemands du Sud, en enlevant aux Français le seul point d'appui conservé dans la région. En second lieu Wrede, tout enivré de ses récents succès politiques, rêvait de donner à son pays, à son souverain et à lui-même un rôle encore plus glorieux et plus profitable que celui qui leur avait été assigné par les alliés ; il avait réussi à faire partager ses espérances et ses illusions par le timide Maximilien-Joseph et le circonspect Montgelas. Son projet paraît avoir été de détruire la Confédération du Rhin et de lui substituer dans l'Allemagne du Sud un nouveau groupement d'États sous l'influence prépondérante de la Bavière, reprenant la politique suivie pendant la guerre de Trente Ans, lorsqu'elle était à la tête de la ligue catholique. Lui-même aurait alors joué le personnage d'un Tilly, en réunissant les contingents de ces États sous son commandement et en organisant une puissante armée du Sud. Mais, pour réaliser ce projet quelque peu chimérique, le concours du roi de Wurtemberg et des grands-ducs de Bade et de Hesse était nécessaire ; or, tous trois étaient fort peu disposés à reconnaître la suprématie de leur voisin de Bavière. Cependant Wrede ne désespérait pas de les y contraindre, en faisant servir à ses projets et à ses ambitions les pouvoirs reçus des puissances alliées pour déterminer les princes confédérés à abandonner l'alliance française. Ces pouvoirs étaient fort étendus, car, en cas de résistance ou simplement de refus, Wrede était autorisé à occuper les territoires, à suspendre l'exercice des gouvernements réguliers et à prendre en mains l'administration, pour lever des contributions et des troupes au mieux de l'intérêt des alliés. Avec un peu d'adresse ces opérations pouvaient devenir très fructueuses pour la Bavière.

En conséquence Wrede divisa ses troupes en deux colonnes de force inégale. Celle de l'Ouest, divisions bavaroises Rechberg et Lamotte et divisions autrichiennes Trautenberg et Spleny, avec les réserves d'artillerie, suivit la route Donauwörth, Nördlingen, Dinkelsbühl, Rothenburg, de manière à longer les frontières du Wurtemberg et à menacer indirectement celles des grands-duchés de Bade et de Hesse. Celle de l'Est, division bavaroise Beckers et divisions autrichiennes Volkmann et Bach, se porta directement sur Wurzburg par Ansbach. Wrede se trouva ainsi en mesure de remplir vis-à-vis des États du Sud encore attachés à l'alliance française la mission de coercition confiée à la Bavière par l'Autriche, la Prusse et la Russie.

II

LE WURTEMBERG EN OCTOBRE 1813

Le royaume de Wurtemberg devait être le premier mis en cause. Le roi Frédéric ne pouvait se faire d'illusions, ni sur la gravité du péril qui le menaçait, ni sur la faiblesse des moyens politiques et militaires dont il disposait pour le conjurer.

La situation intérieure de ses États était peu rassurante, car le loyalisme d'une partie de ses sujets était fort sujet à caution. Il avait bien réussi depuis 1803 à constituer un royaume double en étendue et en population de l'ancien duché de Wurtemberg, mais il n'avait pu établir l'unité sociale et religieuse qui avait fait la force de ses prédécesseurs dans les temps d'épreuve. A la suite des traités de Lunéville et de Presburg il avait joint à ses domaines patrimoniaux de vastes territoires en Franconie et en Souabe, d'abord par l'incorporation de nombreuses principautés ecclésiastiques ou laïques et de villes libres ayant jusqu'alors relevé directement de l'Empire, puis par l'annexion du Brisgau oriental et des possessions autrichiennes sur le haut Danube. Mais les provinces nouvellement acquises différaient profondément du Wurtemberg proprement dit par la religion, les habitudes, l'état social et les intérêts. Dans l'ancien duché la religion dominante était le protestantisme ; il n'y avait pas de grandes villes, mais une quantité de bourgs et de villages habités par une population surabondante de petits propriétaires libres, vivant pauvrement et laborieusement sur leurs biens. La noblesse était sans influence ; de temps immémoriaux le pouvoir avait été aux mains des fonctionnaires ducaux et des États, composés de 14 prélats luthériens et de 71 députés des villes et des bailliages. Au contraire la Haute-Souabe entre les Alpes Rhétiques et le lac de

Constance était riche, mais peu peuplée ; la religion dominante était le catholicisme ; le pouvoir et l'influence appartenaient à la noblesse, au clergé, et aux gros cultivateurs, sujets directs de la couronne ; les fonctionnaires ne sortaient pas de l'aristocratie locale. En Franconie, dans les vallées de la Iaxt et de la Kocher, la noblesse était puissante comme dans la Haute-Souabe, mais la population était pauvre et surabondante comme dans l'ancien duché ; à côté d'une majorité de catholiques se trouvait une minorité de protestants. Enfin, les anciennes villes libres présentaient le caractère de la région où elles étaient situées, mais avec un degré de culture plus avancé, par suite de leurs relations commerciales avec les pays voisins.

De ces provinces d'aspects différents, de ces groupes d'habitants aux intérêts divers et parfois opposés, Frédéric avait voulu faire un royaume unitaire et centralisé. Ce devait être et ce fut le plus petit royaume d'Europe, mais ce fut aussi celui où le souverain concentra au plus haut degré tous les pouvoirs dans sa main et fit en même temps sentir son action personnelle et directe au plus élevé comme au moindre de ses sujets. Frédéric apporta à l'exécution de ses desseins toutes les ressources d'un caractère fortement trempé, d'une vaste intelligence et d'une impitoyable énergie, gâtés plutôt que tempérés par le singulier mélange de perversité morale et de tendances philosophiques qu'avait produit chez les despotes allemands du xviiie siècle l'imitation servile des mœurs de la cour de Versailles jointe à la rusticité des habitudes ancestrales. Il atteignit son but, mais non sans froisser les intérêts particuliers. Interprétant à sa guise l'article 3 du traité d'alliance avec la France conclu à Louisbourg le 5 octobre 1805 et l'article 6 du traité de Brunn du 11 décembre suivant, il abolit l'antique constitution du Wurtemberg ; le 30 décembre 1805 il prononça la dissolution des États et déclara que toute réunion ayant pour objet de les rétablir serait considérée comme un acte de haute trahison. A partir de ce moment il fut le seul maître et réalisa aussi complètement que possible l'égalité des sujets devant la loi, ou plutôt devant le bon plaisir du souverain. Il traita durement la noblesse d'Empire et surtout les princes médiatisés ; il les frappa dans leurs intérêts et dans leurs privilèges par la suppression des fiefs, des fidéicommis, des servitudes territoriales, des exemptions d'impôt et de service militaire ; il les froissa comme à plaisir dans leur amour-propre, en instituant un nouveau rang de cour déterminé d'après les fonctions et les services, et non d'après la naissance ; il leur rendit la vie insupportable, en soumettant tous leurs actes à une inquisition mesquine, par exemple en leur défendant de voyager hors du royaume sans une permission spéciale, en les obligeant à habiter la capitale pendant trois mois par an, en leur supprimant le droit, non seulement de porter, mais même de posséder des armes à feu sans une foule de formalités vexatoires. Les prêtres, les bourgeois, les paysans ne furent guère plus heureux. Les clergés, catholique et protestant, perdirent leurs privilèges et leurs biens ; les propriétés des écoles et des fondations charitables furent confisquées par l'État. Le commerce fut entravé par des péages et des octrois hors de proportion avec les transactions, déjà fort restreintes par l'application du blocus continental. Le monopole du tabac fut établi, au grand mécontentement des pauvres Souabes, pour qui cette denrée était de première nécessité. Le sort des paysans devint particulièrement misérable : le roi était passionné pour la chasse, mais son obésité extraordinaire lui en rendait l'exercice impossible et il fallait lui amener le gibier sous son fusil. Aussi à chaque chasse des centaines de paysans étaient réquisitionnés comme traqueurs souvent plusieurs jours à l'avance, à de grandes distances de leurs habitations, et obligés de laisser interrompus les travaux agricoles les plus pressants. Bien entendu le gibier pouvait librement ravager les champs, sans que les propriétaires eussent le droit de le détruire.

Les paysans restèrent taillables et corvéables à

merci, avec cette différence, à leur désavantage, que jadis ils pouvaient s'entendre avec le seigneur du lieu, qui vivait près d'eux, tandis qu'ils avaient affaire à des fonctionnaires royaux, dont les exigences administratives n'admettaient aucun tempérament.

Pendant tout le règne de Frédéric les impôts allèrent en augmentant et la conscription exécutée sans méthode et sans mesure porta le désespoir dans les familles.

Le nombre des mécontents était donc très grand. Si dans le vieux Wurtemberg les habitants restaient fidèlement attachés à la maison régnante, dans les anciennes principautés médiatisées et surtout dans les anciennes provinces autrichiennes, ils regrettaient amèrement leurs anciens maîtres et n'étaient retenus dans la soumission que par le souvenir du châtiment terrible infligé en 1809 aux révoltés de Mergentheim [1].

Une défaite de l'armée française pouvait donner le signal d'un soulèvement général, et dans des conditions très défavorables, car la Bavière avait adopté une attitude de réserve faite pour inspirer les plus justes soupçons sur sa fidélité aux traités qui l'unissaient à

---

1. Après la bataille d'Essling, les habitants de cette petite ville, ancienne possession de l'ordre teutonique, excités par des agents autrichiens qui répandaient le bruit de l'anéantissement de l'armée française, se soulevèrent pour échapper à la conscription, tinrent en échec la petite garnison wurtembergeoise et maltraitèrent les fonctionnaires royaux. Il fallut faire marcher contre eux des troupes de ligne et de landwehr avec de l'artillerie et même deux escadrons de la garde à cheval. Le général von Scheler, commandant le petit corps ainsi constitué, ne réussit à s'emparer de la ville qu'après un combat sanglant. Le ministre d'État von Taube vint lui-même diriger la répression ; il fut impitoyable et marqua son passage à Mergentheim par de nombreuses condamnations, dont six à la peine capitale. Au même moment les habitants de la Haute-Souabe s'agitaient et se montraient disposés à suivre l'exemple des Tyroliens insurgés contre la Bavière. Le roi Frédéric dut concentrer toutes les troupes disponibles autour de Ravensburg : il réussit à former ainsi un petit corps de 12 bataillons, 9 escadrons et 15 pièces de canon, dont il prit en personne le commandement. Pendant tout le mois de juillet les Wurtembergeois eurent à repousser des attaques dirigées par les insurgés du Vorarlberg contre les postes de la ligne de l'Argen, notamment à Isny, à Neu-Ravensburg et à Vangen. Le calme se rétablit dans la Haute-Souabe au mois d'août, lorsque les habitants furent bien convaincus de la défaite finale de l'Autriche.

la France et aux autres États de la Confédération du Rhin. Il ne fallait donc pas compter sur elle pour couvrir, comme en 1809, le Wurtemberg contre l'attaque éventuelle d'un corps autrichien, débouchant du Tyrol ou de la Bohême et venant appuyer les insurgés de l'intérieur.

Au point de vue militaire la situation n'était pas moins grave. Les appels faits en 1812 et en 1813 avaient à peu près épuisé les ressources de la conscription. Les magasins et les arsenaux étaient dans une pénurie extrême. Au printemps de 1813 le roi ne s'était résigné que très à contre-cœur à envoyer son contingent à la Grande Armée. Il était animé des plus sombres pressentiments et, lorsque la division Franquemont avait quitté Mergentheim pour se rendre à Wurzburg, où devaient se concentrer les troupes wurtembergeoises, badoises et hessoises, il avait donné à son chef une instruction secrète sur la conduite à tenir au cas où le corps français auquel il serait attaché viendrait à éprouver un échec particulièrement grave. Ce cas échéant, Franquemont devait s'efforcer de se rapprocher des frontières du Wurtemberg ; si le corps d'armée reculait jusqu'au Rhin, il devait, sous quelque prétexte que ce fût, refuser de passer avec ses troupes sur la rive gauche du fleuve, et s'il y était contraint par la force, donner l'ordre aux officiers de se déclarer prisonniers de guerre et prévenir les sous-officiers et soldats que de ce moment ils étaient licenciés et dégagés de toute obligation militaire envers leur souverain. Mais d'autre part le roi, prévoyant les tentatives d'embauchage qui ne manqueraient pas de se produire, avait interdit à Franquemont, de la manière la plus formelle, d'entamer une négociation particulière avec les chefs des armées alliées [1].

[1]. Pendant toute la campagne le roi remplit loyalement ses obligations de prince confédéré. La division Franquemont, attachée au 4ᵉ corps, commandé par le général Bertrand, en partagea honorablement la fortune. Au début son effectif était de 6 000 hommes ; il fut maintenu à ce chiffre par de fréquents envois d'hommes de complé-

Lorsque le roi avait senti l'Autriche prête à entrer dans la coalition, il avait fait un suprême effort pour se prémunir contre une attaque possible : en réunissant tous les fonds des dépôts, en mobilisant quelques bataillons de landwehr, il avait réussi à former deux petits corps d'observation. L'un d'eux, sous les ordres du général comte Scheler, avait pris position sur les bords du lac de Constance, appuyé à la place de Friederichshafen, mise sommairement en état de défense en vue de faire face à une attaque partant du Tyrol. L'autre, sous les ordres du général Woellwarth, s'était rassemblé à Ellwangen pour couvrir la frontière est du royaume. La tranquillité se maintenant dans le Tyrol et le Vorarlberg, le premier de ces corps avait été dissous, et ses éléments étaient venus renforcer le second. Woellwarth disposa alors de 3 régiments d'infanterie, 6 bataillons de landwehr, 1 régiment de dragons, 2 escadrons de dépôt et 3 batteries d'artillerie, présentant un effectif de 9500 combattants. Avec ces troupes il organisa un cordon de surveillance sur la frontière, en arrière de laquelle il occupa la ligne de la Iaxt, sur le front Ellwangen, Crailsheim, Creglingen, d'une étendue de 70 kilomètres environ ; cette petite armée pouvait bien arrêter un de ces corps de partisans qui causaient aux cours de Munich et de Stuttgart de si vaines terreurs, mais elle était incapable de résister à l'attaque de l'armée austro-bavaroise. A l'intérieur du royaume il ne restait plus que les gardes, dont le roi très méfiant n'aurait jamais consenti à se séparer, et les recrues des dépôts, ni habillées, ni armées, ni instruites, et commandées par des chefs hors d'état de faire campagne. Il est à peine besoin de dire qu'il n'y avait aucun secours à attendre de la France, car les garnisons des places de

---

ment pendant la campagne du printemps et pendant l'armistice ; à la reprise des hostilités cet effectif atteignait 7000 hommes. Le contingent wurtembergeois formait à ce moment 3 brigades d'infanterie à 11 bataillons et 2 brigades de cavalerie à 16 escadrons, dont l'une (brigade Normann, 2ᵉ chevau-légers et 4ᵉ chasseurs) était rattachée au 6ᵉ corps sous les ordres du duc de Raguse.

la ligne du Rhin, formées de recrues et de réfractaires, étaient tout juste suffisantes pour assurer la garde des enceintes.

Il était donc de la plus haute importance d'être exactement renseigné sur les événements et notamment sur ceux qui se déroulaient à Dresde et à Munich. Le roi le comprit et ne négligea rien pour y parvenir. A défaut d'un ministre résidant à Dresde, où les affaires étaient en temps normal traitées par l'envoyé de Wurtemberg près la cour de Prusse, il envoya au quartier général impérial un plénipotentiaire militaire, le général de Beroldingen, qui jouissait de toute sa confiance et qui était un observateur avisé. Beroldingen quitta Stuttgart au début de septembre et, pendant un voyage long et accidenté, adressa au roi une série de rapports fort exacts et fort alarmants : il trouva en Thuringe et en Saxe la population exaspérée par les réquisitions motivées par d'incessants passages de troupes, mais exécutées sans ordre et sans ménagements ; les jeunes gens et les hommes valides, excités par les affiliés au Tugendbund et prêts à prendre les armes au premier échec grave de l'armée française ; les gouvernements de la Saxe ducale sans force pour calmer l'effervescence des esprits et observant dans leurs rapports entre eux et avec la France une attitude de réserve fort suspecte ; à Gotha, à Weimar, à Leipzig le bruit courait avec persistance que la Bavière se disposait à abandonner la cause de Napoléon pour embrasser celle des alliés ; cette nouvelle excitait une allégresse générale dans toutes les classes de la population. Beroldingen fut fort mal impressionné par le spectacle du désordre qui régnait sur les lignes de communication de l'armée française ; les routes étaient encombrées d'isolés, fuyards, déserteurs, malades et blessés usant leurs dernières forces pour regagner le Rhin et la France, tous vivant sur le pays dont ils épuisaient les ressources. En se rapprochant du théâtre de la guerre, il dut s'arrêter fréquemment pour ne pas tomber aux mains des partisans russes et prussiens qui infestaient les derrières de la Grande Armée et rendaient très précaire la circulation des courriers et des convois faiblement escortés. Partout il vit des hôpitaux combles de malades et de blessés, dépourvus du matériel et du personnel les plus indispensables et décimés déjà par le typhus, dont les ravages commençaient à s'étendre à la population civile. A Dresde, qu'il ne mit pas moins de trois semaines à atteindre, ses impressions ne se modifièrent pas : l'esprit des troupes, sauf de celles de la garde, lui parut tout à fait mauvais ; les officiers, surtout les plus élevés en grade, ne lui firent pas mystère de leur lassitude. Seuls les personnages de l'entourage immédiat de l'Empereur, et particulièrement le duc de Bassano, lui tinrent un langage rassurant et lui représentèrent la situation comme satisfaisante. Beroldingen eut une audience de l'Empereur le 5 octobre. Napoléon se montra à lui gai, plein de confiance dans la fidélité du roi de Wurtemberg, nullement inquiet de la Bavière et très décidé à rechercher une grande bataille, à la préparation de laquelle il employait tout son génie militaire et organisateur. Mais Beroldingen ne se laissa pas éblouir et il avertit le roi que l'armée française ne pourrait se maintenir à Dresde : qu'elle serait obligée de se retirer d'abord sur Leipzig, puis plus loin en arrière, et que le parti le plus sage que pût adopter l'Empereur était de regagner sans retard la ligne du Rhin, car une bataille perdue au cœur de l'Allemagne serait certainement suivie d'une déroute, dont les conséquences pourraient être incalculables pour la France et pour ses alliés.

Dès la rupture de l'armistice le roi Frédéric avait observé avec attention la marche tortueuse du gouvernement bavarois. L'étrange inaction des armées en présence sur l'Inn, l'attitude réservée, presque hostile, du cabinet de Munich à l'égard de la France et des confédérés allemands, les rumeurs colportées par les personnages en relations avec Wrede avaient éveillé ses soupçons sur la solidité et la durée de l'alliance qui unissait encore en apparence la Bavière à l'Empire français. Ses soupçons prirent corps au milieu de septembre : Montgelas fit alors au ministre de Wurtemberg à Munich, M. de Steube, des propositions, au moins tardives, en vue de prendre en commun des mesures militaires pour résister à une offensive éventuelle des alliés dirigée contre les États de l'Allemagne du Sud. Or, le roi n'ignorait pas l'existence des conventions verbales déjà conclues entre Wrede et Reuss et il trouva les offres du cabinet de Munich d'autant plus étranges qu'elles se produisaient à un moment où la Bavière, déjà en pourparlers avec l'Autriche, n'était certes pas en danger, où, d'autre part, l'importance de la lutte engagée sur l'Elbe ne permettait pas aux adversaires en présence de distraire la plus minime partie de leurs forces pour une opération excentrique. Il vit les frontières de ses États menacées à bref délai non seulement au nord, mais aussi à l'est; de ce moment il prit la résolution de conserver sur le territoire wurtembergeois et dans sa main les troubles disponibles et d'essayer de retirer de la Grande Armée à la première occasion favorable, sinon la totalité de son contingent, du moins les cadres excédant les besoins de l'effectif.

Il crut trouver cette occasion lors de l'arrivée à Stuttgart des rapports de Franquemont relatifs à la bataille de Dennewitz (6 septembre), où la division wurtembergeoise avait été fort éprouvée. Le 19 septembre il adressa à l'Empereur une première demande pour obtenir le retour dans ses États de cette division, sous prétexte de la réorganiser. Mais il n'obtint aucune réponse.

La question se posa de nouveau lorsque le roi crut avoir acquis la certitude d'une orientation nouvelle de la politique bavaroise. Le 3 octobre il écrivit à l'Empereur pour le prévenir de l'entente conclue entre la Bavière et l'Autriche et pour lui demander de renvoyer le contingent wurtembergeois, dont la présence sur le territoire du royaume était nécessaire, afin d'assurer la défense de frontières totalement découvertes. En même temps il lui fit loyalement connaître qu'il se croyait obligé de régler sa conduite ultérieure selon les intérêts propres de sa dynastie et de ses sujets, mais qu'il ne ferait pas un pas de plus vers les alliés sans une rigoureuse nécessité et sans un avertissement préalable adressé à l'Empereur. Cette lettre équivalait à une déclaration de neutralité ; comme la première elle demeura sans effet, car l'Empereur ne put vraisemblablement en prendre connaissance qu'à Erfurt, après la bataille de Leipzig.

Le 4 octobre le comte Zeppelin, ministre des Affaires étrangères, entreprit le ministre de France, La Tour-Maubourg ; il lui déclara qu'il avait en mains les preuves de la prochaine défection de la Bavière ; il lui fit part des appréhensions du roi et de son irritation, motivées en particulier par les intelligences entretenues malgré sa défense par certains de ses sujets avec le général de Wrede. Enfin, il lui fit connaître que le roi, mécontent de l'attitude de son ministre à Munich, l'avait appelé à Stuttgart pour lui donner de nouvelles instructions et provisoirement remplacé par Hartmann, secrétaire de légation à Vienne avant la rupture. La Tour-Maubourg ne put s'empêcher de voir dans ce changement de personne un assez fâcheux symptôme des dispositions du gouvernement wurtembergeois ; il n'ignorait pas que Hartmann avait été mêlé de très près aux pourparlers engagés par Metternich, pendant l'hiver et le printemps. « Il serait possible, écrivait La Tour-Maubourg au duc de Bassano en rendant compte de cet entretien, que M. de Hartmann fût destiné à entretenir, ou à renouer, si elles ont été entièrement interrompues, les relations avec l'Autriche. » Toutefois dans cet entretien, Zeppelin ne fit aucune allusion à un changement probable du système d'alliance avec la France et encore moins à une déclaration de neutralité. Ce silence peut s'expliquer par le désir du roi, soit de traiter directement avec l'Empereur cette grave affaire, soit d'attendre des nouvelles plus certaines avant de prendre une décision définitive.

Frédéric Ier, à ce moment critique de son règne, passait par de cruelles perplexités ; il n'avait à compter ni sur ses sujets, auxquels sa tyrannie policière et ses vexations l'avaient rendu odieux, ni sur les princes ses voisins, avec lesquels il n'entretenait depuis longtemps que des rapports difficiles ; il était l'objet des critiques les plus vives et des sarcasmes les plus amers de la part des patriotes allemands, qui lui reprochaient la destruction des libertés traditionnelles du vieux Wurtemberg et des privilèges de la noblesse. Jusqu'alors il s'était senti fort de l'appui de la France. Mais si Napoléon, après une défaite ou pour l'éviter, reculait jusqu'au Rhin, quel serait le sort de ses alliés, dont les États allaient devenir le théâtre d'une guerre sans merci ? Si les coalisés étaient victorieux, quelles vengeances ne tireraient-ils pas des princes fidèles jusqu'au bout au pacte les liant à l'Empire français ? Et d'autre part, malgré les revers très sérieux éprouvés par la Grande Armée, on pouvait tout attendre du génie de l'Empereur, même une victoire décisive dans la grande bataille qu'il recherchait et en vue de laquelle il concentrait toutes ses forces. S'il restait maître de l'Allemagne, comment traiterait-il les alliés peu sûrs qui se seraient tenus à l'écart à l'heure du péril ? à quelles conditions onéreuses les laisserait-il en possession de la souveraineté pleine et entière ? Le roi Frédéric sentait branler sa couronne sur sa tête et n'entrevoyait qu'un moyen de salut : se réfugier dans une neutralité prudente, en invoquant, auprès de Napoléon, l'épuisement trop réel du pays et la nécessité d'en défendre les frontières, et, auprès des souverains de Russie, de Prusse et d'Autriche, les démarches faites pour obtenir le renvoi des troupes wurtembergeoises de la Grande Armée. Mais même le succès de cette manœuvre était aléatoire, car il fallait l'exécuter avec les ménagements convenables pour ne froisser aucun parti d'une manière définitive, et, d'autre part, le temps pressait, car l'attitude de la Bavière devenait de jour en jour plus ambiguë et plus menaçante.

A Munich l'envoyé wurtembergeois Steube se trouvait dans la situation la plus étrange ; Montgelas gardait vis-à-vis de lui un mutisme absolu et paraissait fort peu disposé à traiter le Wurtemberg comme un voisin et un allié avec lequel la Bavière avait des intérêts communs et aurait dû s'entendre, en un moment où il était question d'assurer l'indépendance des États secondaires. Au contraire la Bavière, fière de son armée réorganisée et de ses relations avec les coalisés, semblait considérer le Wurtemberg, moins fortement armé et encore engagé dans les liens de l'alliance française, sinon comme une proie facile, tout au moins comme un État auquel on pouvait imposer des conditions d'existence nouvelles, sans égard à la volonté du souverain et aux intérêts particuliers du pays. Une pareille attitude était faite pour blesser au vif le roi Frédéric, qui avait au plus haut degré le sentiment de la dignité royale et qui ne voulait à aucun prix reconnaître la suprématie de son voisin de Bavière.

La crise décisive se produisit dans son esprit à la nouvelle du désastre éprouvé par la division wurtembergeoise à la bataille de Wartenburg, perdue par le prince de la Moskowa le 3 octobre. En fait, la division n'existait plus, car Franquemont se trouva, le ralliement opéré, n'avoir pu sauver qu'à peine 1100 combattants. Le roi prit son parti : le 7 octobre il prescrivit à Franquemont de rendre compte au major général de la situation de ses troupes, et de lui exposer l'impossibilité de continuer à prendre une part active aux opérations ; il le prévint des démarches déjà faites auprès de l'Empereur dans le but d'obtenir le renvoi du contingent wurtembergeois ; enfin il lui recommanda de faire partir sans plus attendre tous les officiers dont la présence n'était plus en rapport avec l'effectif disponible. En même temps, il expédia au général Normann, commandant une brigade de cavalerie dans le corps de Marmont, l'ordre de ménager le plus possible ses régiments, de se mettre en communication avec Franquemont et de se conformer rigoureusement à ses instructions.

Deux jours plus tard, le 9 octobre, le roi, ne se tenant plus d'impatience, enjoignit à Franquemont de rentrer personnellement en Wurtemberg et d'emmener avec lui les officiers généraux, sauf le général de Stockmayer, auquel il devait remettre le commandement des débris de sa division. Dans la lettre adressée à Franquemont, il ajouta de sa main en post-scriptum cette phrase quasi prophétique : « Bonaparte saura se presser ; la faim l'y forcera ; la retraite sera dirigée sur Francfort. » A cette date personne n'eût encore osé prévoir la défaite de Leipzig et ses conséquences !

Mais les communications étant lentes et incertaines, le roi craignait que Franquemont ne pût recevoir ses ordres en temps utile et, en supposant que l'Empereur y consentît, effectuer son voyage de retour. Il ne recevait du théâtre de la guerre que de rares nouvelles ; à Stuttgart, comme dans les autres résidences de l'Allemagne du Sud et dans les places de la ligne du Rhin, on vivait dans un incroyable isolement. Cet isolement favorisa singulièrement l'exécution des projets du gouvernement bavarois, en lui permettant de dissimuler pendant plusieurs jours la conclusion du traité de Ried et la volte-face de l'armée de Wrede. Le roi Frédéric n'en eut connaissance que le 11, à l'arrivée de Steube, qui, en exécution de ses ordres, avait quitté Munich au grand déplaisir de Montgelas. Steube ne resta pas longtemps à Stuttgart, car le roi le renvoya presque aussitôt à son poste, en le chargeant de demander d'abord à Montgelas, et ensuite au roi lui-même des explications sur le secret gardé par la Bavière pendant ses négociations avec l'Autriche et sur les projets menaçants pour la sécurité du Wurtemberg que paraissait annoncer le choix de la direction suivie par les troupes placées sous les ordres de Wrede.

N'attendant rien de bon de son voisin, Frédéric Ier essaya de s'arranger avec les grandes puissances et d'entrer en relations directes avec Metternich par le moyen d'un banquier, nommé Kaulla[1], qu'il fit partir

---

1. Kaulla était un des directeurs de la Banque royale de Stuttgart, dans laquelle le roi lui-même était intéressé. Depuis le début des guerres de la Révolution, il avait pris part à toutes les grandes

le 11 octobre pour le quartier général des alliés sous prétexte d'un voyage de commerce. Cette tentative devait demeurer infructueuse. En effet, Metternich, pour mieux attacher la Bavière aux intérêts de la coalition, avait résolu de lui laisser carte blanche. Il s'opposa même à la réalisation des intentions bienveillantes de l'empereur Alexandre, qui, précisément vers le 12 octobre, pendant son séjour à Altenburg, manifesta le désir d'envoyer Wolzogen à Stuttgart pour négocier une alliance avec le Wurtemberg. Il abandonna son projet sur l'affirmation de Metternich que des dispositions étaient déjà prises dans le même but, sans se douter que le ministre autrichien entendait parler de la marche de l'armée austro-bavaroise sur les frontières de Wurtemberg, et au besoin sur Stuttgart, et de la contrainte que Wrede était chargé d'exercer sur le roi.

Enfin Frédéric Ier jugea le moment venu d'en finir avec l'alliance française, de manière à éviter d'être entraîné dans la débâcle probable de l'Allemagne Napoléonienne. Dans ces circonstances difficiles il se conduisit avec une fermeté et une loyauté incontestables, qui contrastèrent singulièrement avec la pusillanimité et la perfidie du roi de Bavière. Le 14 octobre il écrivit une dernière lettre à l'Empereur pour le prévenir, conformément à ses promesses antérieures, que ses devoirs envers ses sujets l'obligeaient à prendre des mesures pour leur éviter les maux de l'invasion, et à solliciter des alliés la conclusion d'un armistice et la reconnaissance de la neutralité de ses États. Il renouvela de la manière la plus pressante la demande du renvoi de ses troupes, en faisant valoir que la présence de cette poignée d'hommes dans les rangs de l'armée française était de nulle considération au point de vue militaire, tandis qu'elle pouvait fournir aux alliés un prétexte pour refuser de traiter avec lui. Sur ce point le roi s'exprima sans détours : il ne cacha pas à l'Empereur

---

affaires de fournitures de matériel de guerre, de vivres et de chevaux, pour le compte de l'Autriche, des États allemands et même de la France. Il était très connu à Vienne.

sa ferme résolution de déclarer officiellement, dans le cas où ses troupes continueraient à prendre une part active aux opérations, que c'était contrairement à sa volonté formelle. Suivant son habitude il voulut traiter directement avec l'Empereur et il laissa le ministre de France à Stuttgart dans une ignorance complète de sa décision.

III

LA CONVENTION D'UFFENHEIM

La grande affaire était maintenant de se défendre contre la Bavière, mandataire aussi brutal que zélé des grandes puissances, surtout de l'Autriche. Cette affaire s'annonçait mal. Steube était rentré à Munich et avait demandé une audience à Montgelas. Le ministre le reçut froidement et lui fit des déclarations fort alarmantes : la Bavière n'avait fait que suivre l'exemple du Wurtemberg, qui pendant tout l'hiver précédent avait négocié avec l'Autriche en se tenant à l'écart de ses alliés allemands ; il n'y avait pas à revenir sur le traité de Ried ; la marche de l'armée austro-bavaroise, commandée par des nécessités stratégiques, dépendait uniquement du plan arrêté par Wrede, et il était impossible de donner des renseignements sur ce plan, un secret absolu étant la condition essentielle du succès des opérations. Montgelas termina l'entretien en expliquant à Steube que le roi de Bavière était loin de considérer le roi de Wurtemberg comme un ennemi, qu'il n'agirait pas contre ses intérêts, à moins que l'armée austro-bavaroise ne fût entravée dans sa marche par les troupes wurtembergeoises, ou obligée de se porter contre un corps français opérant sur le territoire wurtembergeois ; qu'en ce cas le roi de Bavière serait contraint par la force même des choses à ne plus voir dans son voisin qu'un allié de Napoléon et à le traiter en conséquence. Si le roi de Wurtemberg voulait éviter un conflit redoutable pour le bonheur de ses sujets et peut-être même pour l'existence de sa dynastie, il devait accéder sans le moindre retard à la coalition contre la France et donner ainsi satisfaction aux vœux de tous les patriotes allemands.

Fort troublé par ce langage menaçant, Steube se retourna vers le roi Maximilien-Joseph. Comme il fallait s'y attendre, il n'en obtint que de vaines protestations d'amitié pour la personne même de son souverain et de vagues déclarations sur les nécessités inéluctables de la politique. A l'issue de ces entretiens Steube envoya à Stuttgart les rapports les plus alarmants : il en ressortait avec évidence que Wrede avait reçu des puissances alliées la mission de faire connaître leurs exigences au roi de Wurtemberg, et de lui en imposer l'acceptation au besoin par les armes. On ne pouvait plus en douter, car le personnage chargé de la direction des affaires politiques au quartier général de l'armée austro-bavaroise était précisément un Autrichien, le chevalier de Hruby, qui venait de donner à Munich et à Ried la preuve de son habileté et qui, jouissant de la confiance de Metternich, était parfaitement au courant des desseins secrets du cabinet de Vienne. Donc il fallait au plus vite s'entendre avec l'Autriche, en se résignant à passer au besoin par l'intermédiaire de la Bavière.

La journée du 18 octobre devait être fertile en événements. Le roi reçut les rapports de Steube, datés du 16 octobre, dans lesquels le ministre rendait compte de ses entrevues avec Montgelas et avec le roi de Bavière. Après en avoir pris connaissance, il jugea prudent d'éviter un conflit armé et envoya au général Woellwarth l'ordre de ramener le gros de ses troupes sur les positions d'Esslingen, Cannstadt et Ludwigsburg, en ne laissant sur la frontière qu'un cordon de postes d'observation. En même temps il adressa aux autorités civiles des instructions en vue d'assurer l'alimentation et le logement des détachements de l'armée austro-bavaroise à leur entrée sur le territoire wurtembergeois.

Un peu plus tard arriva une lettre du grand-duc de Wurzburg. Ce prince, peu soucieux de se trouver pris entre les troupes de Wrede, qui menaçaient sa capitale, et la garnison française, qui se préparait à s'y défendre, s'était réfugié à Mergentheim et demandait au roi de lui accorder un asile dans cette ville. C'était une complication, car on pouvait craindre un nouveau soulèvement de la population, surexcitée par la présence au milieu d'elle d'un membre de la famille impériale autrichienne, pour laquelle ses sympathies étaient notoires. Le roi répondit au grand-duc en l'invitant à se retirer sans délai dans l'intérieur du pays ; il devait avoir la mortification de voir son hôte ne tenir aucun compte de ses désirs et persister à rester à Mergentheim.

Enfin à six heures du soir un lieutenant-colonel bavarois, le prince de Löwenstein, se fit annoncer chez Zeppelin et lui remit une lettre de Wrede datée de Neustadt, sur le Danube, 17 octobre. Le général bavarois annonçait que l'armée sous ses ordres allait bientôt toucher les frontières du Wurtemberg et demandait au ministre de lui faire connaître les instructions données aux troupes wurtembergeoises en vue de cette éventualité. Löwenstein était en outre chargé de prévenir verbalement le ministre que l'armée austro-bavaroise, forte de 70 000 hommes, arriverait le 20 à Dinkelsbühl, où le général de Wrede établirait son quartier général et où il comptait recevoir une réponse à ses questions. Il ne put ou ne voulut donner aucun renseignement ni sur la direction ultérieure de la marche, ni sur les localités situées en territoire wurtembergeois dont l'occupation était probable. Mais il laissa entendre que Wrede désirait éviter un conflit, comme tout incident de nature à retarder les opérations projetées et à l'empêcher d'arriver sur la ligne de retraite de l'armée française assez à temps pour la prendre entre deux feux.

Le roi Frédéric fut saisi d'indignation lorsque Zeppelin lui communiqua la lettre de Wrede : il se sentit profondément blessé du dédain des formes diplomatiques dont usaient à son égard les gouvernements de Bavière et d'Autriche ; quant à leurs exigences probables, que faisaient clairement prévoir les dernières dépêches de Steube, il les jugea inouïes et telles que les annales de l'histoire n'en présentaient point de semblables. Mais il était seul, car il ne pouvait espérer de secours, ni de la France, ni des princes voisins de Bade et de Hesse ; il était désarmé, car ses troupes étaient fort inférieures en nombre et en qualité à l'armée de Wrede ; il pouvait bien émettre des protestations, mais les alliés paraissaient résolus à n'en tenir aucun compte. Tôt ou tard il devrait se courber devant la volonté du plus fort, et une vaine résistance ne ferait que rendre sa situation plus mauvaise. La mort dans l'âme il se résigna à se soumettre. Il fallait avant tout dénoncer l'alliance française. Sur l'ordre du roi, Zeppelin adressa le 19 octobre à La Tour-Maubourg une longue note résumant les phases successives des relations entre la Bavière et le Wurtemberg, jusques et y compris la mission du prince Löwenstein, et exposant les sentiments et les intentions du roi. A cette note étaient annexées les copies de la lettre de Wrede du 17 octobre, et de la réponse de Zeppelin en date de ce même jour 19 octobre. Ces trois documents établissaient la situation avec une netteté parfaite : le roi, décidé à rompre avec la France, voulait traiter directement avec l'Autriche, ou avec la Russie, ou avec la Prusse, mais non avec la Bavière, qui l'avait offensé en dissimulant son adhésion à la coalition et en abusant de sa suprématie momentanée pour prétendre lui imposer, sans déclaration de guerre, une nouvelle ligne politique ; il souhaitait vivement obtenir des alliés un armistice et la reconnaissance de la neutralité de ses États jusqu'à la fin de la guerre, mais il ignorait encore l'étendue de leurs prétentions ; quelles qu'elles fussent, il serait obligé d'y accéder et sans doute de contracter des engagements nouveaux, contraires aux intérêts de l'Empereur des Français.

C'était donc la rupture. La Tour-Maubourg essaya vainement de la retarder, en remontrant à Zeppelin que le gouvernement wurtembergeois avait tout à gagner à faire au moins un simulacre de résistance, qu'il s'assurerait ainsi la reconnaissance de l'Empereur, et dans le cas contraire, son inimitié, encore redoutable. Il ne put rien obtenir du ministre, sinon l'assurance que sa personne et son caractère ne seraient en aucun cas méconnus et que, les circonstances exigeant son départ et sa sortie du territoire du royaume, toutes les mesures seraient prises pour assurer la sécurité de son voyage. Ces assurances n'étaient point inutiles, car elles étaient données, non loin de Rastadt, de sinistre mémoire, et au moment même où en Prusse et en Saxe les diplomates français, considérés comme gibier à cosaques, étaient déclarés de bonne prise, au mépris du droit des gens.

Les rapports du Wurtemberg avec l'Empire français étant ainsi réglés, au moins à titre provisoire et, il faut le reconnaître, avec une correction méritoire vu les circonstances, le roi avait à faire aux alliés sa soumission, rapidement et complètement; la forme insolite et le ton comminatoire de la lettre de Wrede ne lui permettaient pas de se réserver. Du reste ses idées étaient arrêtées depuis la signature du traité de Ried.

En voyant son voisin de Bavière se jeter dans les bras de l'Autriche, il avait compris que lui-même serait bientôt mis en cause et il avait déterminé avec Zeppelin les bases de l'arrangement à proposer et la gradation des concessions à faire, selon les prétentions mises en avant par les alliés. Le premier point et le plus important devait être la reconnaissance de la neutralité absolue du royaume par les belligérants, et, comme conséquence, l'engagement pris par eux de ne le faire traverser ni par des troupes, ni par des convois, même en dehors des opérations actives. Dans le cas où les alliés refuseraient de reconnaître la neutralité, il fallait faire en sorte que le royaume ne contribuât à la guerre ni en hommes ni en argent, vu l'épuisement du pays et la disparition à peu près complète des contingents fournis à l'armée française en 1812 et en 1813. Si cette demande était aussi rejetée, si les alliés exigeaient absolument la présence dans leurs rangs de troupes wurtembergeoises, il ne fallait rien négliger pour réduire autant que possible l'effectif de ces troupes et pour obtenir, en échange de l'entière adhésion du Wurtemberg à la coalition, la garantie de l'intégrité territoriale du royaume, dans son état actuel ; en particulier Zeppelin devait se refuser à en rétrocéder à l'Autriche la moindre parcelle, en se basant sur les déclarations faites par Schwarzenberg à son passage à Stuttgart pendant le printemps précédent. Modestement le roi se contentait de conserver ce qu'il avait acquis ; néanmoins, si l'occasion se présentait, on pourrait insinuer que l'annexion des États de Hohenzollern, enclave fort gênante au point de vue administratif, serait de nature à justifier de nouveaux sacrifices d'hommes et d'argent. Vraisemblablement l'agent secret Kaulla avait été chargé de faire dans ce sens des ouvertures à Metternich.

La façon dont le roi envisageait la situation n'avait rien que de raisonnable et en tout autre moment la discussion aurait pu s'engager utilement sur les bases arrêtées par lui. Mais il n'avait pas tenu suffisamment compte des puissants motifs politiques et militaires qui obligeaient les alliés à entraîner de gré, ou de force, les États de l'Allemagne du Sud dans la lutte contre la France, et, d'autre part, il fut amené par son animosité contre la Bavière à commettre une lourde faute de tactique.

En effet, sur son ordre, Zeppelin répondit à Wrede que, l'état de guerre n'étant pas déclaré avec la Bavière, il ne pouvait être question d'admettre les troupes bavaroises sur le territoire wurtembergeois, où ne se trouvait aucun détachement français ; qu'à la vérité il n'y avait pas de paix avec l'Autriche, mais que le roi, prenant en considération les changements survenus dans les derniers temps, allait envoyer le général Neuffer pour s'entendre avec un général autrichien, et, à son défaut, avec un russe ou un prussien. En fait, cette lettre opposait une fin de non-recevoir absolue à la demande de Wrede, dans la forme la plus blessante pour son amour-propre, puisque le roi refusait en termes peu voilés de reconnaître la validité des pouvoirs dont le général en chef de l'armée austro-bavaroise avait été investi par les puissances alliées au point de vue diplomatique comme au point de vue militaire. Or, Wrede était déjà mal disposé pour le Wurtemberg : ce même jour, 19 octobre, il écrivait de Donauwörth à Montgelas qu'il était décidé à marcher sur Stuttgart avec la colonne de gauche de son armée pour mettre à la raison le roi Frédéric, pendant que Fresnel avec la colonne de droite irait sur Wurzburg pour tenter d'en chasser la garnison française. Toutes les dispositions étaient prises en conséquence de ces intentions, faciles à réaliser, vu l'énorme supériorité numérique de l'armée austro-bavaroise. Après la marche du 19 cette armée occupait les localités suivantes : quartier général à Donauwörth, divisions bavaroises Rechberg et Lamotte à Donauwörth et Harburg, sur la route de Nordlingen, où elles allaient toucher les frontières du Wurtemberg ; division bavaroise Beckers à Monheim et Wemdingen sur la route d'Ansbach ; corps autrichien, dans la vallée du Danube ; quartier général à Ingolstadt, division légère Volkmann à Neuburg, divisions Bach, Trautenberg et Spleny, la tête à Ingolstadt, la queue à Vohburg. La distance de Nordlingen à Stuttgart par Aalen et Gmund étant d'environ 90 kilomètres, Wrede pouvait arriver devant la capitale du Wurtemberg le 23 ou au plus tard le 24 octobre.

En même temps que le courrier porteur de la lettre de Zeppelin à Wrede, le général Neuffer quitta Stuttgart pour remplir la mission épineuse dont le roi l'avait chargé. Selon ses instructions, il devait chercher à entrer en relations avec le général autrichien le plus voisin, et négocier avec lui un armistice, en faisant valoir, d'une part, l'assurance donnée par les représentants des trois grandes puissances alliées à leur départ de Stuttgart que leurs souverains ne se considéraient pas comme en état de guerre avec le roi de Wurtemberg ; et, d'autre part, l'absence de tout motif d'hostilité, puisque le roi avait demandé à l'empereur Napoléon de lui renvoyer ses troupes et donné l'ordre au général Franquemont, leur chef, de regagner ses États sans plus attendre. A défaut d'un général autrichien, Neuffer était autorisé à s'adresser à un russe ou à un prussien, mais il lui était interdit de la manière la plus formelle de traiter avec Wrede, ou avec un général bavarois quelconque. Cette condition enlevait d'avance toute chance de succès à sa mission.

Neuffer fit diligence, recoupa à Dinkelsbühl la route de Donauwörth à Wurzburg, avant l'arrivée de Wrede, et, continuant son voyage en pleine Bavière, parvint le 21 dans la matinée à Gunzenhausen, où les Autrichiens étaient attendus. Fresnel y arriva en effet à 4 heures du soir ; dès qu'il fut prévenu de la présence du Wurtembergeois, il le fit appeler, le reçut fort bien, mais lui déclara que Wrede et Hruby avaient seuls qualité pour traiter. En conséquence il lui proposa de se rendre sur-le-champ à Dinkelsbühl, où se trouvait le quartier général. Tous deux partirent aussitôt et atteignirent ce bourg à 11 heures du soir.

En dépit de l'espèce de patronage que lui avait accordé Fresnel, le général Neuffer fut fort mal accueilli. Wrede était en effet en proie à de grandes perplexités ; d'une part, il avait tout disposé pour diriger sur Stuttgart une colonne expéditionnaire ; comme depuis la veille il était en possession de la réponse de Zeppelin exprimant le désir du roi de conserver la neutralité, il lui tardait d'exécuter ses menaces ; mais, d'autre part, il n'était plus libre de ses mouvements, car le jour même il avait reçu un courrier de Schwarzenberg lui apportant l'annonce de la bataille de Leipzig et l'ordre impératif de gagner Wurzburg avec toutes ses forces sans aucun délai. Il ne pouvait se dispenser d'obéir à cet ordre précis, mais il désirait ne pas laisser derrière lui le Wurtemberg prendre une attitude de prudente réserve, qui, si elle était imitée par les grands-duchés de Bade et de Hesse, pouvait devenir gênante pour les opérations des alliés. Dans ces conjonctures, il chercha à intimider l'envoyé wurtembergeois, afin d'emporter de haute lutte l'entière soumission du roi Frédéric.

Wrede débuta en menaçant Neuffer de le faire arrêter pour avoir pénétré sans un sauf-conduit signé de lui dans les lignes de l'armée austro-bavaroise, et pour avoir essayé de traiter sans autorisation avec un de ses subordonnés; puis il lui donna une heure pour quitter Dinkelsbühl. Neuffer prétexta qu'il devait attendre sa voiture, restée à Gunzenhausen, et réussit à obtenir la permission de s'entretenir avec Hruby. De son côté, Fresnel, ayant remis à Wrede la lettre de Zeppelin accréditant Neuffer auprès d'un général autrichien, fit remarquer que l'envoyé wurtembergeois était muni des pouvoirs nécessaires pour conclure une convention. Wrede parut alors revenir sur ses intentions premières et consentit à entrer en pourparlers, tout en se plaignant avec aigreur du manque de précision des communications du cabinet de Stuttgart. Il posa comme condition première de l'ouverture des négociations la réunion des troupes wurtembergeoises à l'armée austro-bavaroise dans les quarante-huit heures.

Fidèle à ses instructions Neuffer refusa d'y souscrire, en alléguant que ses pouvoirs n'allaient pas si loin et qu'au surplus il avait ordre de traiter avec un plénipotentiaire russe, autrichien ou prussien, et non avec un bavarois, les relations amicales avec la Bavière n'étant pas rompues. Wrede le menaça alors de faire entrer en territoire wurtembergeois une division bavaroise, et, Neuffer ayant demandé où il fallait préparer des vivres, il refusa de s'expliquer davantage, sous prétexte que le pays étant fertile, les troupes trouveraient et prendraient partout leur subsistance. Enfin Hruby fit son apparition : la discussion recommença et se poursuivit avec vivacité; le Wurtembergeois fit valoir que, dès le 3 octobre, son souverain avait demandé à Napoléon le renvoi de son contingent, qu'il avait ainsi donné la meilleure preuve de ses sentiments à l'égard des alliés; il s'efforça d'obtenir des précisions sur les conditions de l'accession du Wurtemberg à la coalition, et sur les garanties que les alliés offriraient en échange, notamment au point de vue de l'intégrité territoriale du royaume. Hruby se tint dans des généralités : les alliés étaient bien disposés en faveur du roi de Wurtemberg et lui feraient des conditions analogues à celles consenties au roi de Bavière ; leur manifeste était la meilleure garantie de leurs intentions bienveillantes ; mais il dut se reconnaître démuni des pouvoirs nécessaires pour traiter en forme.

La controverse pouvait se prolonger indéfiniment. Wrede la termina par une sommation nette et brutale : sous quarante-huit heures, le roi devait dénoncer officiellement l'alliance avec la France, consentir à la jonction de ses troupes à l'armée austro-bavaroise, faire remettre ses passeports au ministre de France, qui devrait quitter Stuttgart sans délai ; sinon lui-même franchirait la frontière avec deux divisions bavaroises et deux autrichiennes et traiterait le Wurtemberg en pays conquis ; seule l'acceptation sans réserve de ces conditions pouvait convaincre les alliés du bon vouloir du roi ; autrement ils seraient en droit d'imputer à celui-ci l'intention de gagner du temps et d'attendre pour se déclarer le moment où il n'aurait plus le choix, ce qui enlèverait à son adhésion toute sa valeur. Neuffer dut se résigner à prendre acte de cet ultimatum dont la vigueur était encore accentuée par l'accueil discourtois fait au représentant d'un souverain égal en dignité, sinon en puissance, au roi de Bavière. Dans la nuit il repartit pour Stuttgart, où son arrivée, dans l'après-midi du 22 octobre, mit en ébullition la cour et la ville.

Le roi, incapable de renoncer même dans les circonstances les plus graves à ses plaisirs coutumiers, était parti pour la chasse ; il fallut l'envoyer chercher. Il revint au palais en toute hâte et convoqua le Conseil d'État. Son retour inopiné, les allées et venues des aides de camp et des courriers, causèrent dans la ville une vive émotion, qui devint presque une panique, à la nouvelle, d'ailleurs bientôt démentie, de l'arrivée des cosaques à Esslingen et de leur marche sur la capitale.

Le Conseil fut singulièrement agité : en effet on n'avait encore reçu aucune nouvelle de Saxe postérieure au 12 octobre ; à cette date la bataille décisive n'était pas encore livrée ; le sort de l'Allemagne n'était donc pas fixé ; l'Empereur était à Düben avec une armée à peu près intacte, concentrée sous ses ordres directs. Neuffer avait bien reçu de Wrede des renseignements sur une grande bataille perdue par les Français aux environs de Leipzig ; mais le roi ne pouvait entièrement se fier à la parole d'un adversaire qui avait tout intérêt à précipiter sa décision. D'un autre côté les Bavarois étaient pour ainsi dire aux portes de Stuttgart et n'avaient plus qu'un pas à faire pour s'y installer en maîtres. Du reste aucun moyen de défense et aucun secours à attendre. Désespéré de son impuissance, Frédéric Ier dut renoncer à son rêve de neutralité et subir la volonté de celui des deux adversaires qui était le plus rapproché. Il prit la décision d'envoyer Zeppelin au quartier général bavarois en le munissant des pleins pouvoirs nécessaires pour conclure une convention militaire, et poser les bases du traité projeté avec l'Autriche et ses alliés. Sa démoralisation était si grande, qu'il s'engagea par avance à en ratifier toutes les clauses ! Il prescrivit seulement à son ministre d'insister sur le danger qu'il y aurait à faire combattre des troupes wurtembergeoises en ligne avec l'armée austro-bavaroise, alors que des unités de ces mêmes troupes se trouvaient encore, quoique rappelées par lui, dans les rangs de l'armée française. Zeppelin devait aussi s'efforcer d'obtenir que le contingent wurtembergeois ne fût pas placé sous les ordres d'un général bavarois.

Avant son départ, Zeppelin fit connaître au ministre de France le changement de système du Wurtemberg. Aussitôt le Conseil terminé, La Tour-Maubourg fut appelé au palais où il trouva le ministre. L'entrevue fut émouvante : le roi, lui dit Zeppelin, se trouvait dans la plus cruelle des situations ; il se voyait forcé de se livrer sans aucune garantie à ses ennemis naturels et déclarés, car la Bavière lui enlevait l'avantage de traiter avec les puissances, en état par leur prépondérance d'assurer son avenir; il était assiégé des plus sombres pressentiments, et, en présence de son Conseil, il s'était écrié que le moment où il subirait la dure loi du vainqueur lui paraîtrait l'avant-coureur de celui de sa ruine totale. Mais Zeppelin ne cacha pas que le Wurtemberg était obligé de se séparer de la France et que lui-même allait partir pour le quartier général de Wrede, puis pour celui des monarques alliés, afin d'y négocier au mieux des intérêts de l'État et du souverain un traité d'accession à la coalition contre la France. Vainement La Tour-Maubourg essaya de démontrer au ministre qu'en mettant les choses au pire il n'était pas moins dangereux de s'abandonner à la merci de l'Autriche que de rester momentanément fidèle à l'alliance française; vainement il fit appel à la loyauté du roi, à une juste compréhension de ses intérêts, gravement compromis si l'Empereur victorieux venait à vouloir tirer vengeance de sa défection. Il ne put rien obtenir et dut se retirer avec la conviction que le parti du roi était définitivement arrêté. Ses passeports étaient prêts et lui furent remis le soir même.

La décision du roi était justifiée par l'urgence des circonstances. Wrede, de plus en plus enivré par l'importance de son double rôle militaire et politique, était de moins en moins disposé à ménager les souverains opposés à l'exécution de ses plans. Le 21, avant de quitter Dinkelsbühl pour se rendre à Ansbach, il avait reçu un second envoyé wurtembergeois, le colonel de Beulwitz, auquel le roi, impatient de ne pas recevoir des nouvelles de Neuffer, toujours en course à la recherche d'un général autrichien, avait confié la mission d'obtenir des renseignements sur la marche de l'armée austro-bavaroise. L'accueil fait à Beulwitz fut aussi discourtois que celui fait à Neuffer quelques heures auparavant : Wrede lui tint le langage le plus dur et le plus offensant; il insista d'une manière toute spéciale sur la jonction immédiate des troupes wurtembergeoises aux siennes, en laissant cependant au roi le choix du corps d'armée auquel elles devaient être rattachées, mais en exigeant qu'elles fussent préalablement passées en revue par lui. Il termina l'entretien par ces graves paroles : « J'ai oublié de dire au général Neuffer que j'ai ordre des puissances alliées, et non de mon roi seul, de traiter en ennemi sans tergiverser tout ce qui ne se réunira pas à elles ; quelque regret que j'en éprouve, j'appliquerai cet ordre au royaume de Wurtemberg. J'ai aussi ordre de prendre en main l'administration des pays occupés par moi dans ces conditions. Seuls la considération et le respect que je professe pour Sa Majesté me déterminent, en dépit de mon devoir, à suspendre jusqu'à après-demain mon entrée en ennemi sur le territoire wurtembergeois ; mais il ne serait pas en mon pouvoir d'attendre davantage et je vous donne ma parole que, dans trois jours, je serai aux environs de Stuttgart. Tout ce que vous pourriez me dire maintenant ne servirait à rien, si Sa Majesté n'accepte pas mes conditions. »

Ces menaces étaient inutiles, car, avant le retour de Beulwitz à Stuttgart, le roi de Wurtemberg s'était résigné à céder aux exigences des alliés. On peut aussi se demander jusqu'à quel point elles étaient sincères, car Wrede, pressé d'arriver devant Wurzburg, n'arrêta pas la marche de son armée ; en effet la colonne de gauche atteignit le 23 octobre Mergentheim, à l'extrémité septentrionale du royaume ; dans ces conditions, si Wrede avait voulu occuper Stuttgart, il aurait dû faire rétrograder un détachement important et diviser ses forces, au moment même où il allait prendre le contact avec l'ennemi.

Par suite de la difficulté des communications Zeppelin, parti de Stuttgart le 21 octobre, parvint seulement dans la nuit du 23 au 24 à Uffenheim, où Wrede était arrivé le 23 dans la journée. Les pourparlers commencèrent immédiatement ; ils furent pénibles, car Wrede et Hruby firent preuve de la plus grande mauvaise volonté ; l'envoyé wurtembergeois ne put obtenir aucune concession et dut signer la convention telle qu'elle avait été rédigée par eux. Le contingent wurtembergeois fut fixé à 3 000 hommes d'infanterie, 500 de cavalerie et 1 batterie, qui devaient être rendus et disponibles le 29 ou le 30 octobre à Aschaffenburg, pour être rattachés à la division autrichienne Trautenberg.

En rendant compte le 24 à 3 heures du matin de la conclusion de la convention, Zeppelin ne cacha pas au roi qu'en même temps que lui était arrivé à Uffenheim un courrier porteur de dépêches par lesquelles les souverains alliés prescrivaient à Wrede de prendre les mesures les plus rigoureuses contre les princes allemands dans le cas où ils refuseraient d'adhérer à la coalition contre la France. On lui avait même communiqué la sommation envoyée au grand-duc de Hesse, en conséquence de ces ordres : « Si les paroles que Neuffer et Beulwitz ont été chargés par Wrede de porter à Votre Majesté ont dépassé toute attente, écrivait Zeppelin, la lettre qui a été adressée aujourd'hui par lui au grand-duc de Darmstadt est encore bien plus brutale; il est dit dans cette lettre en propres termes que l'on prendra possession du grand-duché comme d'une province conquise par les armes, si, d'ici la fin du mois, toutes les troupes qui s'y trouvent n'ont pas été mises à la disposition des puissances alliées. »

Dès le 24 au matin Zeppelin quitta Uffenheim et se mit à la recherche du quartier général autrichien, que l'on supposait encore à Rotha, près de Leipzig, et qui en réalité était bien loin de là, sur la route de Francfort. Les moments étaient précieux et la mission d'importance, car il s'agissait d'obtenir des alliés un traité analogue à celui conclu avec la Bavière. La convention d'Uffenheim était le complément du traité de Ried : l'accession du roi de Wurtemberg à la coalition allait entraîner à bref délai celle des grands-ducs de Bade et de Hesse, comme lui dénués de moyens de résistance propres et, de plus, incapables de combiner une action commune contre ce voisin, dont les États se trouvaient comme enchevêtrés avec les leurs. L'Empereur ne pouvant venir à leur secours, les deux grands-ducs devaient bientôt être contraints de renoncer à l'alliance de la France pour sauver leur couronne et donner satisfaction à leurs sujets, mécontents de leur trop grand empressement à se soumettre à toutes les exigences du gouvernement impérial.

IV

L'ATTAQUE DE WURZBURG

Le 23 octobre Wrede avait atteint par la soumission du roi Frédéric le premier but de son expédition sur le Main; il était entièrement libre de ses mouvements et complètement renseigné sur la marche générale des opérations. Le 21 octobre il avait reçu à Dinkelsbühl la nouvelle de la bataille de Leipzig et l'ordre de gagner Wurzburg à marches forcées; toutefois dans cet ordre, Schwarzenberg n'avait mentionné Wurzburg que comme un objectif géographique, afin de préciser dans le temps et dans l'espace la position de l'armée austro-bavaroise. S'il y eut doute dans l'esprit de Wrede, il dut être levé dès le lendemain, car le 22 octobre, en arrivant à Ansbach, le général reçut une nouvelle dépêche très explicite, lui prescrivant de se porter sur la ligne de retraite de l'ennemi et de couper ses communications avec le Rhin. Dès lors la Grande Armée française devait être son objectif principal.

Wrede pouvait considérer comme un adversaire négligeable le général Turreau, qui commandait à Wurzburg une petite garnison, isolée au milieu d'une population hostile. Il n'avait donc aucune raison pour ne pas se conformer sans retard aux ordres du généralissime et il avait fait assez la guerre pour en comprendre toute l'importance.

Pour atteindre la Grande Armée française, il avait le choix entre deux itinéraires équivalents au point de vue de la longueur et de la difficulté du trajet : 120 kilomètres environ, dont une partie sur des routes de montagne assez mauvaises. L'un conduisait à Schlüchtern ou à Fulda, par Kitzingen, Arnstein, Hamelburg et Bruckenau ; l'autre à Hanau, par Ochsenfurt, Wurzburg, qu'il était facile de tourner, Lengfurt et Aschaffenburg. Le premier devait paraître le plus avantageux ; en le suivant, l'armée austro-bavaroise se rapprochait de l'armée de Bohême ; elle pouvait atteindre les montagnes du Rhöngebirg et s'établir à loisir sur les positions favorables qui se trouvent entre Flieden et Schlüchtern sur la route de Fulda à Hanau ; là, disposant de toutes ses forces, elle était en mesure de soutenir une lutte assez longue pour donner aux avant-gardes des armées de Bohême et de Silésie le temps de venir prendre en queue les colonnes ennemies entassées dans les défilés. Ce pouvait être l'ultime désastre pour l'armée française et pour son chef ! Au contraire, en se dirigeant sur Hanau, Wrede ne pouvait guère compter sur l'intervention en temps opportun des troupes alliées venant de Saxe ; tout au plus pourrait-il être rejoint par les corps de partisans qui côtoyaient ou devançaient l'armée française ; il aurait à combattre sur un terrain dépourvu de positions de barrage nettement déterminées ; enfin il risquait d'avoir à diviser ses forces pour tenir tête, d'une part, aux débris encore organisés de la Grande Armée, d'autant plus redoutables, sous un chef comme Napoléon, que, du maréchal d'Empire au dernier soldat, tous étaient pénétrés de la nécessité de regagner au plus vite le territoire national ; d'autre part, aux troupes d'étapes et aux colonnes de marche que le duc de Valmy, commandant supérieur des 5e, 25e et 26e divisions militaires, ne manquerait pas de rassembler et d'utiliser pour couvrir les abords de Mayence et maintenir libre aussi longtemps que possible la route de Saxe, ligne de retraite probable de l'armée vaincue à Leipzig. Quelle que fût la direction de marche adoptée, Wrede n'avait pas un jour à perdre, car l'Empereur ne s'attarderait pas en Allemagne et ferait les efforts les plus extrêmes pour regagner la zone frontière où se trouvaient réunis les dépôts et les magasins nécessaires pour recompléter et réorganiser ses troupes, afin de continuer la lutte.

Néanmoins Wrede arrêta une résolution qui devait lui faire perdre l'avance acquise dans sa marche rapide de l'Inn sur le Main : c'était de tenter de s'emparer de Wurzburg par une attaque brusque, avant de se porter au-devant de l'armée impériale. Différents motifs ont été mis en avant pour expliquer cette singulière décision. D'après les Autrichiens, Wrede aurait reçu de son gouvernement l'ordre positif de prendre possession du grand-duché de Wurzburg, sous prétexte que le grand-duc n'avait pas encore fait connaître officiellement sa renonciation à l'alliance française et au pacte de la Confédération du Rhin. L'existence de cet ordre a été niée par les Bavarois : dans ses mémoires, Montgelas s'exprime même assez sévèrement sur l'attaque de Wurzburg ; il accuse Wrede d'avoir perdu un temps précieux et excité une vive indignation en bombardant sans nécessité une ville allemande. La décision de Wrede peut s'expliquer plus simplement par une conception fausse de la valeur d'une place forte et surtout par l'impérieuse nécessité de donner du repos à ses troupes exténuées. En effet, l'armée austro-bavaroise ne s'était pas arrêtée depuis qu'elle avait quitté ses cantonnements des bords de l'Inn ; en huit jours elle avait parcouru près de 320 kilomètres, par des temps affreux, sur des chemins défoncés ; les jeunes recrues qui composaient la majeure partie de cette armée n'étaient point habituées à de pareilles fatigues ; il fallait de toute nécessité leur permettre de reprendre haleine avant de les mener au combat. Leur chef voulut utiliser cet arrêt forcé ; de là sans doute sa décision de faire une tentative pour enlever Wurzburg. Quant aux violences inutiles et au bombardement qui signalèrent cet incident de guerre, ils satisfaisaient une vieille rancune du roi de Bavière et de ses officiers contre les Wurzburgeois : lorsqu'en 1805, en vertu des stipulations du traité de Presburg, l'ancienne principauté ecclésiastique de Wurzburg fut enlevée à la Bavière et érigée en grand-duché au profit de l'archiduc Ferdinand, ex-grand-duc de Toscane et ex-électeur de Salzburg, le régiment recruté sur le territoire du nouvel État n'attendit pas d'être relevé du serment de fidélité prêté à l'électeur de Bavière, se mutina et se débanda en partie. Maximilien-Joseph considéra cette révolte comme une insulte personnelle et en conserva le plus amer souvenir. Huit ans plus tard les obus de Wrede vinrent apprendre aux Wurzburgeois que le prince qui avait été leur maître et qui allait le redevenir se faisait de la clémence royale une conception très particulière.

Il importe d'ailleurs assez peu de savoir si Wrede se conforma, ou non, à des ordres venus de Munich; il suffit de remarquer que bien avant le traité de Ried il avait été constamment en opposition avec Montgelas et qu'il n'avait pas peu contribué à rendre ce ministre suspect aux souverains alliés. Comme chef de l'armée combinée il jouissait de la plus large initiative pour les opérations, au point de vue militaire comme au point de vue politique, avec les conseils et sous le contrôle de Hruby. Un des objets de son expédition était de contraindre les États de l'Allemagne du Sud à entrer dans la coalition contre la France; il avait usé sans modération de ses pouvoirs vis-à-vis du roi de Wurtemberg; il n'avait aucune raison pour ménager davantage le grand-duc de Wurzburg.

L'archiduc grand-duc Ferdinand n'était nullement disposé à la résistance. Dépouillé de la Toscane en 1801, nommé en 1803 électeur de Salzburg, puis en 1805, électeur de Wurzburg, il avait toujours pensé que les domaines improvisés successivement pour lui en Allemagne étaient bien loin de valoir ceux qu'il avait perdus en Italie, au point de vue de l'étendue territoriale comme à celui des ressources financières. Il regrettait la délicieuse Florence, se déplaisait fort à Wurzburg et résidait le plus habituellement soit au château de Werneck, soit dans ses vastes propriétés de Bohême. Il n'avait pu faire autrement que d'adhérer à la Confédération du Rhin et de remplir les obligations ainsi contractées, mais tout naturellement il était resté foncièrement hostile à la France et à son souverain, et il attendait avec une confiance égale à son indolence, le moment où les nouveautés révolutionnaires feraient place au droit et à la raison, ce qui, entre autres résultats, aurait immanquablement celui de le ramener en Toscane. Il avait formé sa petite cour de cadets de l'aristocratie autrichienne et de nobles du pays, tous animés de sentiments analogues aux siens, et l'avait laissée devenir un de ces foyers d'intrigues où les tenants de l'oligarchie européenne venaient entretenir leurs espérances, se renseigner et travailler sous main à la ruine de l'Empire français. On y agissait peu, mais on y bavardait énormément.

Après l'armistice de Pleiswitz, le grand-duc, informé de la prochaine réunion d'un Congrès, partagea les illusions générales sur la conclusion de la paix et songea naturellement à profiter des négociations pour obtenir de Napoléon un établissement digne de son rang et de ses alliances; son ministre Reigersberg adressa même le 23 juin une note exposant les désirs de son souverain au ministre de France comte Germain. Le grand-duc se rendit à Prague pour être mieux à portée de suivre l'affaire. Mais là il ne tarda pas à être renseigné sur les véritables intentions de l'Autriche; de ce moment, il observa un silence prudent et ne donna aucune suite à la tentative de négociation esquissée par Reigersberg.

Si le grand-duc se taisait, en revanche ses courtisans s'agitaient, et beaucoup. Les plus actifs, ou tout au moins les plus bruyants, étaient le comte de Stadion, frère de l'homme d'État autrichien et capitaine aux gardes, et le comte Buol, ministre d'Autriche; le premier, dès le 19 juin, assurait publiquement que les empereurs de Russie et d'Autriche s'étaient entendus pour faire cause commune contre la France; le second abusait de sa situation officielle pour propager les nouvelles les plus alarmantes et surtout pour couvrir de sa protection les espions autrichiens qui pullulaient sur toutes les routes d'étapes de la Grande Armée. De Wurzburg, ces agents dirigés par le commandant de la place d'Eger, lui-même Wurzburgeois d'origine, se répandaient dans les cantonnements français, où ils étaient à même de recueillir des renseignements précieux, car le territoire du grand-duché était continuellement traversé par des troupes en marche pour rejoindre la Grande Armée, soit envoyées par les Etats confédérés de l'Allemagne du Sud, soit venues du royaume d'Italie par Augsburg.

Sous le rapport stratégique la possession de Wurzburg avait une grande importance pour les armées françaises opérant dans l'Allemagne centrale. La place était un nœud de routes très fréquentées et relativement bonnes conduisant à Stuttgart, Donauwörth, Nuremberg, Bamberg, Coburg, Fulda et Mayence; elle était de plus reliée avec cette dernière ville, principal centre des services de la base d'opération du Rhin, par le cours du Main, facilement navigable à peu près en toute saison. C'était donc le point d'appui tout indiqué pour un corps d'armée chargé de surveiller les débouchés des monts de Bohême entre la rive gauche du Danube et les montagnes du Thuringerwald et du Frankenwald, de couvrir le faisceau des communications partant du Rhin moyen pour aboutir sur l'Elbe entre Dresde et Magdeburg, et de relier les armées secondaires de Bavière et d'Italie à l'armée principale opérant en Saxe.

Au mois de février 1813 l'Empereur avait projeté de rassembler sur la ligne du Main une grande partie des forces avec lesquelles il comptait reprendre l'offensive, c'est-à-dire le 1er et le 2e corps d'observation du Rhin. le corps d'observation d'Italie, les contingents de l'Allemagne du Sud et la Garde impériale. Ces corps devaient se déployer sur la ligne Mayence, Francfort, Hanau, Wurzburg et Bamberg.

Le 12 mars, il donna au prince de la Moskowa commandant le 1er corps d'observation du Rhin, devenu par décret de ce jour 3° corps de la Grande Armée, l'ordre de diriger ses divisions sur Wurzburg, de manière qu'elles y fussent concentrées pour le 1ᵉʳ avril. Le prince y arriva le 26 mars et conformément à ses instructions dut s'assurer des dispositions prises par le gouvernement grand-ducal pour mettre la place en état de défense.

D'autre part, dès le 2 mars, l'Empereur avait envoyé l'officier d'ordonnance Laplace en mission à Karlsruhe, Stuttgart, Munich et Wurzburg; Laplace était porteur de lettres par lesquelles l'Empereur invitait le roi de Bavière à réunir sans délai ses troupes à Bamberg, Bayreuth et Kronach, le roi de Wurtemberg, les grands-ducs de Bade et de Hesse à diriger les leurs sur Wurzburg et le grand-duc de Wurzburg à mettre la citadelle en état de soutenir un siège et l'enceinte de la ville à l'abri d'un coup de main. Le 20 avril fut la date assignée pour la concentration de ces divers éléments, qui devaient former une division wurtembergeoise, une division bavaroise et une division mixte de Badois et de Hessois.

Le prince de la Moskowa, ayant reçu l'ordre de rassembler le 3ᵉ corps du 15 au 18 avril sur Meiningen, quitta Wurzburg en y laissant une petite garnison française formée de bataillons très incomplets des 127ᵉ, 128ᵉ et 129ᵉ d'infanterie et de quelques artilleurs, au total à peine 800 hommes. C'était insuffisant pour assurer la sécurité d'un gîte d'étapes aussi important, car Wurzburg était le point d'aboutissement des routes militaires venant de Karlsruhe et de Stuttgart par Mergentheim, et d'Augsburg par Donauwörth et Nördlingen, celle-ci suivie par les convois et les détachements venant d'Italie. En outre il était prudent de maintenir dans le respect des traités le gouvernement grand-ducal, fort disposé à suivre l'exemple des ducs de Saxe, qui avaient supporté avec une longanimité suspecte les incursions des partisans ennemis dans leurs États.

Le 19 avril l'Empereur nomma au commandement de la citadelle de Wurzburg le colonel Jouardet qui eut ordre de partir en poste le soir même pour se rendre à sa destination. Ses instructions lui prescrivaient de loger et de coucher à la citadelle, de la mettre en bon état de défense et d'organiser l'enceinte de la ville de manière à pouvoir repousser une attaque de cosaques ou de partisans. Les routes au delà de Wurzburg dans les directions du nord et de l'est étant considérées comme peu sûres, il devait retenir tous les isolés et tous les petits détachements, et les former en bataillons de marche, qui seraient acheminés vers l'armée lorsque leur effectif atteindrait 800 hommes. C'était là une ressource pour la garde de la place, mais assez précaire, et il était nécessaire de fournir au commandant une garnison permanente sur laquelle il pût compter. Dans ce but le major général donna ordre le 24 avril, d'une part au duc de Castiglione, commandant le grand-duché de Francfort, de diriger sans délai sur Wurzburg le 6ᵉ bataillon du 134ᵉ fort de 800 hommes, d'autre part au duc de Valmy de mettre en route un détachement de 75 artilleurs pour compléter à 100 hommes la compagnie d'artillerie déjà employée aux travaux de la place, enfin au général Kirgener d'envoyer un officier du génie pour prendre la direction de ces travaux. La garnison se trouva ainsi portée à 3 000 hommes, dont 1 500 Français, et le reste Wurzburgeois et Francfortois, avec un état-major à l'état embryonnaire.

Après la bataille de Bautzen l'attention de l'Empereur se porta de nouveau sur Wurzburg. Il prescrivit le 14 mai au général Rogniat, commandant le génie de la Grande Armée, d'ordonner sur-le-champ tous les travaux convenables pour mettre la citadelle en état de défense et de fournir les fonds nécessaires.

Dès que l'Empereur put penser que la prochaine conclusion de l'armistice allait lui donner plusieurs mois de sécurité, il résolut de pousser sur le Main le corps de réserve en voie de formation à Mayence et d'occuper solidement la région située au sud des montagnes de Thuringe. En conséquence il étendit le commandement du duc de Castiglione sur la Franconie bavaroise, notamment sur les villes de Bamberg, Bayreuth, Kronach et Forchheim, et sur les duchés de Saxe-Meiningen et de Saxe-Cobürg. En même temps le corps d'observation de Mayence, fort de quatre divisions d'infanterie, fut placé sous les ordres du maréchal[1] qui devait en outre avoir le commandement de la division bavaroise chargée de la garde du territoire situé sur la rive gauche du Danube. Ces cinq divisions devaient former un corps de 50 000 hommes. Mais d'abord il ne fut jamais question d'une division bavaroise; quant aux divisions françaises, au commencement de juin leurs têtes de colonnes seules avaient atteint Mayence; la plupart des bataillons ne devaient y arriver que dans le courant du mois; l'Empereur comptait que du 15 au 20 juin le duc de Castiglione pourrait réunir 6 000 hommes à Francfort et les pousser jusqu'à Wurzburg, où il transporterait alors son quartier général; qu'au 1er juillet il aurait une division de 9 à 10 bataillons à Bamberg et une pareille à Wurzburg; enfin qu'au 15 juillet les quatre divisions seraient au complet, ou du moins que tous leurs éléments seraient sur la rive droite du Rhin. Il ne s'abusait pas d'ailleurs sur les dif-

---

1. Le corps d'armée désigné successivement sous les noms de corps de réserve, corps d'observation de Mayence, corps d'observation de Bavière, et qui par dédoublement forma enfin les 11e et 9e corps de la Grande Armée, fut constitué en vertu d'ordres de l'Empereur, du 2 avril 1813.

À cette date l'Empereur fit connaître au ministre de la Guerre ses intentions en ce qui concernait l'organisation générale de l'infanterie employée en Allemagne; entre autres, il prescrivit différentes mesures pour assurer la garde des chantiers maritimes, des ports de guerre et des côtes, de manière à rendre disponibles 6 bataillons d'infanterie légère et 29 d'infanterie de ligne, afin de constituer une réserve à Mayence. Cette réserve, jointe à la division d'Erfurt, devait être forte de trois divisions de 16 bataillons chacune et prendre le nom de corps de réserve. En principe les bataillons ne devaient recevoir que des conscrits de 1814; leur cadre serait complété au moyen de sous-officiers et d'officiers de l'armée d'Espagne. Le rassemblement et le groupement en demi-brigades provisoires s'effectueraient à Mayence sous la direction et la surveillance du duc de Valmy. Mais dès ce moment il apparaît que l'Empereur réservait le commandement du corps de réserve au duc de Castiglione, car à la date du 8 avril, il lui fit donner l'ordre de se rendre à Francfort, pour y prendre le commandement du grand-duché et être à portée de recevoir un service plus actif.

ficultés de la formation de ce nouveau corps d'armée. Mais il espérait que l'arrivée du duc de Castiglione à Wurzburg avec un noyau de troupes françaises produirait un grand effet moral dans toute l'Allemagne du Sud et donnerait de l'assurance aux gouvernements confédérés, dont la confiance, sinon la fidélité, lui semblait ébranlée. Aussi recommanda-t-il au duc de donner la plus grande publicité possible aux mouvements de ses troupes, de faire mettre dans les journaux les noms des généraux commandant l'artillerie, le génie et les divisions, d'annoncer l'arrivée de vieux régiments venant d'Espagne, en un mot de tout faire pour qu'à la fin de juin l'Allemagne eût les yeux fixés sur lui et s'occupât beaucoup de « son armée ».

Le corps de réserve de Mayence devint corps d'observation de Bavière par un décret du 18 juin, qui le porta à 6 divisions d'infanterie (42e, 43e, 44e, 45e, 51e et 52e) théoriquement fortes de 70 bataillons, une division de cavalerie (13e et 14e hussards et deux régiments de cuirassiers ou de dragons non désignés) et une artillerie de 120 pièces, dont 76 devaient être organisées tout d'abord. Avec la division bavaroise espérée, ce corps devait atteindre l'effectif d'environ 60 000 hommes. Mais il se forma avec une extrême lenteur ; il n'avait au 4 juillet que 18 000 hommes présents sous les armes, appartenant en majeure partie aux 42e et 43e divisions ; la brigade de cavalerie qui arrivait d'Italie était très incomplète. Cependant le 6 juillet l'Empereur donna l'ordre au duc de Castiglione de porter ces unités sur Bamberg, de réunir à Wurzburg les 44e et 45e divisions, à Aschaffenburg la 51e et à Hanau la 52e. Douze jours plus tard il prescrivit un mouvement général en vue de porter les 42e et 43e divisions de Bamberg sur Bayreuth, les 44e et 45e de Wurzburg sur Bamberg, et de rassembler les 51e et 52e, ou plutôt les premiers éléments de ces divisions, à Wurzburg. Enfin par un ordre daté de Mayence 29 juillet la 42e division et la brigade de cavalerie légère furent transférées de Bayreuth à Hof, formant ainsi l'avant-garde du corps d'observation de Bavière sur la route de Dresde. A ce moment les divisions les mieux organisées n'avaient encore que la moitié de leur effectif : ainsi la 42ᵉ n'eut jusqu'au 15 août que 6 bataillons présents ; à cette date elle en reçut 4 ; les deux derniers ne la rejoignirent qu'entre le 20 et le 25 août.

Pendant l'armistice Wurzburg devint un des principaux centres des services de l'arrière de la Grande Armée. Un ordre du 30 juin prescrivit d'établir une double ligne d'évacuation de Dresde sur Wurzburg, par Bamberg et par Iéna. D'autre part, un ordre du même jour, relatif aux transports généraux de l'armée entre Mayence et Dresde, détermina qu'une des trois lignes à employer passerait par Wurzburg, Bamberg, Coburg, Altenburg et Chemnitz. Sur chacune de ces lignes il devait y avoir 50 voitures en mouvement chaque jour à chaque étape, affectées les jours pairs au service des subsistances, les jours impairs au service de l'artillerie ; au retour elles devaient servir aux blessés, aux malades et aux invalides. Des approvisionnements considérables destinés à l'armée et indépendants des approvisionnements de siège furent réunis à Wurzburg : un ordre du 9 juillet prescrivit la formation d'un magasin de réserve de 10 000 quintaux de farine, 500 de riz et 1000 de légumes ; un ordre du 28 juillet, celle d'un magasin de fourrage de 15 000 quintaux de foin et de 15 000 quintaux de paille, fournis par le grand-duché ; un ordre du 18 juillet, celle d'un hôpital de 2 000 malades et de 1000 convalescents, entretenu par le grand-duché.

Les travaux de défense furent poussés activement à partir du 6 juillet sur l'ordre de l'Empereur ; la citadelle fut mise en état de soutenir un siège, et l'enceinte de la ville une attaque de vive force. Les bâtiments combustibles qui se trouvaient dans la citadelle furent démolis, les parapets relevés, les ponts-levis rétablis, les chemins couverts recoupés et palissadés, l'armement complété à 50 pièces de canon. L'approvisionnement de siège fut constitué et renfermé dans la citadelle. Des ouvrages de campagne furent construits pour occuper les points les plus importants des abords de la place.

La population, assez calme pendant l'hiver et le printemps de 1813, commença à s'agiter et à manifester son mécontentement, lorsque le corps d'observation de Bavière vint s'établir sur le Main. Les incessants passages de troupes rejoignant la Grande Armée, de blessés et de malades évacués sur les hôpitaux de la rive droite du Rhin, la construction de camps baraqués autour de la place, la création d'un grand hôpital et de magasins de subsistances motivèrent d'énormes et incessantes réquisitions de denrées, de matériel, de charrois, de main-d'œuvre, rendues plus onéreuses par la rapidité avec laquelle il fallait y satisfaire. En effet le duc de Castiglione et ses chefs de service, conscients de la gravité des événements, ne ménagèrent point un pays dont l'occupation leur semblait précaire. L'irritation grandit rapidement et se manifesta par des rixes fréquentes entre officiers ou soldats et gens du peuple, sans que jamais les magistrats parvinssent à mettre la main sur les coupables. Pour en finir le maréchal dut faire venir chez lui les membres du gouvernement et les menacer d'exécution militaire, s'ils ne parvenaient point à rétablir la sécurité.

Au début du mois d'août les espérances de paix s'étaient évanouies. Les négociants de Francfort et de Nuremberg se hâtaient de faire sortir des États autrichiens leurs marchandises et n'hésitaient pas à payer jusqu'à cinq fois le prix des transports ordinaires. Les ennemis de la France, exaltés par l'arrivée de Moreau à Gothenburg, ne dissimulaient plus leurs espérances ni leurs menées hostiles. Un des plus actifs, le prince Taxis, racontait partout qu'il avait offert à l'empereur d'Autriche ses trois fils, alors au service de Bavière, de Bade et de Wurtemberg, et que le souverain en accueillant ses offres lui avait assuré qu'ils se battraient bientôt pour la même cause ! Quant au grand-duc, enfin revenu de Bohème, il se montrait fort démoralisé : il paraissait n'être rentré dans ses États que pour préparer son départ et faisait ouvertement emballer ses effets précieux, réparer ses harnais et ses voitures. Il annonçait l'intention de se retirer à Francfort et déplorait que le manque d'argent le contraignît à retarder son voyage.

Le terme de l'armistice approchait. Le 4 août l'Empereur enleva au corps d'observation ses quatre premières divisions et en forma le 14ᵉ corps, dont il donna le commandement au maréchal Gouvion-Saint-Cyr. Le corps d'observation se trouvant réduit aux 51ᵉ et 52ᵉ divisions, l'Empereur le renforça des 53ᵉ et 54ᵉ divisions, dont les bataillons devaient être dirigés sur Mayence pour y recevoir 10 000 conscrits de la marine et 4000 conscrits hollandais. Ce renforcement n'était que fictif, car plusieurs mois devaient s'écouler avant l'entrée en ligne des 53ᵉ et 54ᵉ divisions, et en réalité elles ne furent jamais constituées. Un 5ᵉ corps *bis* de cavalerie fut également placé sous les ordres du duc de Castiglione ; ce corps, dont le commandement fut donné au général Milhaud, devait se former à Mayence avec des escadrons d'Espagne, complétés par des hommes et des chevaux envoyés des dépôts de France. Pendant tout le mois d'août le corps d'observation de Bavière eut donc une existence à peu près nominale. Les deux divisions Turreau (51ᵉ) et Semelé (52ᵉ) n'avaient encore au 18 août que 4000 hommes sous les armes ; les renforts ne devaient arriver que dans les premiers jours de septembre et les porter à l'effectif de 12 000 hommes.

L'annonce de la rupture de l'armistice et de l'entrée de l'Autriche dans la coalition ne surprit personne, mais fit naître les plus sérieuses inquiétudes parmi les habitants de la Franconie et de la Thuringe. D'un jour à l'autre leur pays pouvait devenir le théâtre d'opérations de guerre, où les ennemis des Français ne seraient pas plus ménagés que leurs amis ; le prodigieux pillage de la Saxe par les Russes et les Prussiens était un exemple du sort réservé aux États de la Confédération du Rhin. Les événements prirent d'ailleurs rapidement une tournure menaçante : le 20 août les fonctionnaires bavarois de Bayreuth, intimidés par les habitants qui avaient conservé des sympathies prussiennes et les affichaient ouvertement, se réfugièrent à Bamberg; le 21 août le duc de Castiglione commença à faire évacuer sur Aschaffenburg les malades et les blessés; le 24 il donna l'ordre de procéder sans délai aux travaux de destruction nécessaires pour dégager les vues de l'enceinte de la ville et de la citadelle et pour achever de mettre la place en état de siège, au grand désespoir des habitants, qui se voyaient déjà ruinés et bombardés. Aux terreurs trop fondées inspirées par les événements militaires dont la Saxe était le théâtre vinrent se joindre, au milieu de septembre, celles causées par l'attitude équivoque de la Bavière. Bientôt ni le duc de Castiglione, ni le grand-duc ne purent douter de l'existence d'une entente secrète entre la Bavière et l'Autriche. De ce moment Wurzburg devint comme une place frontière pouvant être attaquée d'un jour à l'autre. Entre autres fâcheux symptômes, le comte Germain, ministre de France, signala à cette époque un afflux inaccoutumé de déserteurs, de fuyards et d'hommes légèrement blessés; la plupart appartenaient aux contingents de la Confédération du Rhin et manifestaient contre la France les dispositions les plus hostiles.

Entre temps le duc de Castiglione poussait fiévreusement l'organisation des 51ᵉ et 52ᵉ divisions, car il s'attendait à entrer en campagne d'un moment à l'autre. En effet, l'Empereur lui avait envoyé des instructions de Goerlitz, à la date du 18 août, pour lui indiquer la conduite à tenir au cas où il serait débordé par un corps ennemi débouchant des montagnes de Bohême. En substance le maréchal devait se maintenir le plus longtemps possible dans la place et ne la quitter qu'à la dernière extrémité, en y laissant une bonne garnison et en prenant toutes les mesures pour permettre à celle-ci de soutenir un long siège. Il devait ensuite manœuvrer avec le reste de son corps, faire sa jonction avec les troupes envoyées par le duc de Valmy, le roi de Wurtemberg et les grands-ducs de Hesse-Darmstadt et de Bade, et, ainsi renforcé, prendre position de manière à couvrir à la fois le Wurtemberg et Mayence, tout en se maintenant le plus longtemps possible en communication avec Wurzburg. Mais, dans la pensée de l'Empereur, la mission principale du duc de Castiglione était de faire face à une attaque venant de l'Allemagne du Sud, dirigée contre Mayence et naturellement contre la principale route d'étapes de la Grande Armée dans la section Francfort, Eisenach.

En transmettant les instructions de l'Empereur, le major général entra dans les détails les plus minutieux sur les mesures à prendre par le maréchal avant son départ de la place. L'Empereur désignait comme commandant de la ville et de la citadelle le général de division Turreau; celui-ci aurait sous ses ordres un général de brigade, commandant en second, un officier supérieur du génie avec trois officiers de grade inférieur, un officier supérieur d'artillerie, également avec trois officiers de grade inférieur, et, indépendamment des officiers de troupe, quatre colonels ou majors, avec huit chefs de bataillon d'infanterie; une garnison de 5 000 hommes serait constituée au moyen de :

Infanterie française	3 000	hommes.
Artilleurs	200	—
Sapeurs	100	—
Ouvriers	100	—
Troupes de Wurzburg	500	—
Hommes en voie de guérison dans les hôpitaux	1 100	—
Total	5 000	hommes.

En outre le maréchal devait laisser au général Turreau une centaine de cavaliers, pour lui permettre de surveiller les environs, et une batterie attelée, affectée à la défense de l'enceinte de la ville, où ne devaient être mises en batterie que des pièces mobiles.

Les malades et blessés jugés susceptibles dans un délai plus ou moins long de reprendre du service entraient pour une part importante dans la formation de la garnison : indépendamment des 1100 hommes en voie de guérison, pour lesquels un approvisionnement d'armes et d'effets devait être préparé, les cadres des bataillons des 127e et 128e devaient immédiatement recevoir chacun 350 convalescents sortant des hôpitaux de Wurzburg et d'Aschaffenburg, de manière à porter leur effectif à 900 hommes par bataillon.

Le maréchal devait avant son départ prendre les mesures suivantes en vue de mettre la place en état de soutenir un long siège : transférer dans la citadelle l'hôpital pour les malades intransportables et pour les convalescents, emmagasiner dans les souterrains des vivres pour six mois, en prélevant les farines sur le magasin de réserve constitué pour l'armée et en réquisitionnant sur le territoire du grand-duché le vin, le bois, le sel, etc.; compléter l'armement et les munitions; terminer les ouvrages extérieurs destinés à retarder l'approche de l'ennemi de la citadelle ; établir sur le pont du Main une traverse avec une pièce de canon et préparer un fourneau de mine, de façon à pouvoir rompre le pont en cas de besoin. Enfin, il devait laisser pour instruction au général Turreau de défendre l'enceinte de la ville sur la rive droite jusqu'à ce que l'ennemi eût ouvert la tranchée et amené de l'artillerie de siège, et de se retirer ensuite sur la rive gauche dans la citadelle, où il tiendrait jusqu'à la dernière extrémité.

Ces ordres étaient rationnels et répondaient bien à la nécessité de couvrir la droite de la Grande Armée et surtout la ligne de communication de Mayence à Erfurt. S'ils eussent été maintenus, le duc de Castiglione avec son corps d'armée, grossi de quelques bataillons français et de troupes wurtembergeoises, badoises et hessoises, aurait probablement pu, sinon arrêter, du moins retarder la marche de l'armée austro-bavaroise.

Malheureusement l'Empereur modifia ses intentions et prit la décision d'attirer à lui le corps d'observation de Bavière, autant pour renforcer la Grande Armée en vue de la bataille décisive que pour occuper solidement sur ses derrières la région entre Leipzig et Erfurt, infestée par les partisans ennemis. En conséquence le 17 septembre, de Peterswaldau, il envoya au maréchal l'ordre de se porter le plus tôt possible par Coburg sur Iéna avec toutes les troupes disponibles, en ne laissant à Wurzburg que la garnison déjà désignée. Le maréchal reçut cet ordre le 23 septembre ; comme il s'attendait à un mouvement, il put dès le lendemain mettre en route une première colonne ; deux autres suivirent le 25 et le 26. Le maréchal emmena avec lui 8 739 hommes d'infanterie, 3 000 cavaliers et 14 pièces de canon.

Le véritable maître de Wurzburg devint alors le général de division Turreau, gouverneur de la place. Le duc de Castiglione avait mis à sa disposition 4 150 hommes formés de bataillons complets ou de détachements des 47e, 113e, 127e et 128e de ligne, 13e hussards, artilleurs et sapeurs. Mais le bataillon du 47e, fort de 750 hommes, partit le 8 octobre pour rejoindre le maréchal ; d'autre part, 3 compagnies du 2e bataillon du 113e, qui s'organisaient à Mayence, ne furent pas prêtes à temps et ne purent atteindre Wurzburg ; le duc de Valmy les posta à Aschaffenburg pour surveiller le cours du bas Main. Le ministre désigna tardivement les officiers des états-majors de la place, de l'artillerie et du génie ; aucun d'eux ne parvint à son poste. Turreau ne disposa donc que de 9 compagnies du 113e (1 bataillon 1/2), des 2es bataillons des 127e et 128e à 6 compagnies, d'un bataillon wurzburgeois à 3 compagnies, et de détachements du 13e hussards, d'artillerie et de sapeurs. L'effectif total de la garnison, après le départ du bataillon du 47e, ne dépassa pas 3 500 hommes ; c'était insuffisant pour soutenir un siège régulier dans une place comme Wurzburg, dont les fortifications présentaient un énorme développement : sur la rive droite du Main, une enceinte de 15 bastions ; sur la rive gauche, une enceinte de 3 bastions enfermant la ville basse et se reliant à la citadelle du Marienberg. Les ouvrages, d'un tracé suranné, étaient en assez mauvais état ; les abords étaient obstrués de jardins et de maisons de campagne qui favorisaient les approches de l'ennemi. Seule la citadelle était susceptible d'une bonne défense.

La composition de la garnison était peu faite pour inspirer confiance. Les artilleurs et les sapeurs étaient d'anciens Français, sur la fidélité desquels on pouvait absolument compter. Le bataillon du 113°, formé de cadres français et d'hommes recrutés dans la Haute-Italie, le détachement du 13° hussards, créé le 28 janvier 1813 dans les États romains et la Toscane, étaient disciplinés et paraissaient animés de bonnes dispositions. Mais il n'en était pas de même des bataillons des 127° et 128°, composés presque exclusivement de recrues levées dans la 32° division militaire, et surtout du bataillon wurzburgeois, dont les officiers et les soldats étaient originaires du pays même. Tous ces Allemands montraient une profonde répugnance à se battre contre leurs frères de sang et désertaient à la première occasion, fréquemment offerte par les habitants ou par les émissaires du Tugend-Bund ; il était à craindre qu'ils ne fissent défection en masse à la première affaire sérieuse.

Le 11 octobre Turreau fut informé que le Wurtemberg réunissait un corps d'observation à Mergentheim et établissait un cordon de surveillance sur la frontière bavaroise ; le 12 il n'eut plus aucun doute à conserver sur la défection de la Bavière et la prochaine arrivée devant la place de l'armée de Wrede. La situation devenait grave, car la population, travaillée par le ministre de Bavière et les émissaires autrichiens, manifestait les dispositions les plus hostiles ; les nobles et le peuple se montraient particulièrement exaltés ; les bourgeois, inquiets pour leur commerce et leurs propriétés, paraissaient plus calmes ; quant au gouvernement grand-ducal, il restait inerte et s'en fiait aux communications officielles du ministre de Bavière, qui, contre toute évidence, protestait des dispositions pacifiques de sa cour et prétendait ignorer les mouvements des troupes austro-bavaroises, alors que ces mouvements faisaient l'objet de toutes les conversations et que les nouvelles reçues de Stuttgart et de Nuremberg ne permettaient pas de les mettre en doute.

Turreau déploya une grande activité : il fit terminer l'approvisionnement et l'armement de la citadelle ; il organisa l'évacuation sur Mayence par la voie du Main des derniers malades transportables, d'un important magasin d'habillement et de 6 000 quintaux de farine ; il chercha par tous les moyens à se renseigner, lança des reconnaissances journalières sur les routes conduisant en Bavière et fit occuper d'une manière permanente les principaux points de passage du Main en aval de Wurzburg, par des détachements placés à Ochsenfurt, Kitzingen et Dettelbach.

Le 15 octobre il informa le duc de Valmy qu'une colonne bavaroise avait atteint Ratisbonne, qu'une seconde était en marche pour se porter par la Franconie sur le bas Main, que toutes ces troupes, ainsi qu'un corps de 15 000 Autrichiens de l'armée du prince de Reuss, étaient sous les ordres du général de Wrede.

Depuis quelques jours le grand-duc ne se montrait plus en ville ; le 17 octobre il quitta dans le plus strict incognito le château de Werneck et se rendit à Mergentheim sur le territoire wurtembergeois ; il semblait bien partir sans esprit de retour, car il emmenait avec lui un énorme convoi de bagages. Cette fuite du grand-duc, passablement honteuse à un moment où ses États étaient menacés, ne causa d'ailleurs aucune émotion ni aucun regret à Wurzburg, où tout le monde était convaincu que la ville et son territoire seraient prochainement de nouveau réunis à la Bavière.

Le 19, la cavalerie ennemie prit le contact avec les reconnaissances françaises ; une patrouille de 50 hussards fut attaquée par les chevau-légers bavarois en avant de Dettelbach et contrainte de se retirer avec perte sur Wurzburg.

Enfin, le 21 au soir, Turreau, informé de l'apparition d'un gros détachement ennemi à Ochsenfurt, à quatre lieues de Wurzburg, prit la résolution de déclarer la ville en état de siège. Le lendemain matin un arrêté fit connaître cette décision à la population consternée et édicta les mesures de haute police nécessitées par les circonstances.

Au gré des habitants, ces mesures venaient encore trop tôt : le gouvernement de la régence fit une démarche auprès du ministre de France et sollicita la levée de l'état de siège, en alléguant que des renseignements positifs venus d'Ansbach, de Bayreuth et de Nuremberg représentaient l'ennemi comme encore fort éloigné ; le comte Germain eut la faiblesse de se faire auprès du gouverneur l'interprète des désirs des habitants ; mais Turreau tint bon et il eut raison, car le 23 il apprit de façon certaine la présence de forces ennemies considérables à Ochsenfurt et à Marktbreit ; en outre, le départ du ministre de Bavière ne lui laissa aucun doute sur l'imminence de l'attaque. Ce diplomate avait eu dans les derniers jours une attitude de nature à lui faire perdre les bénéfices de l'immunité diplomatique ; néanmoins Turreau respecta les privilèges attachés à son caractère et le laissa partir librement ; il se borna à le diriger sur la route de Francfort, afin de l'empêcher de rejoindre immédiatement le quartier général bavarois et d'y porter des renseignements sur l'état de la place. Le ministre de France partit le même jour. Les portes de la ville furent définitivement fermées après le retour des détachements envoyés à Kitzingen et aux environs.

L'attaque était en effet prochaine. Le même jour l'armée austro-bavaroise occupait les positions suivantes : la tête de la colonne de droite, division bavaroise Rechberg, passait le Main à Ochsenfurt pour se porter par la rive droite contre la ville même de Wurzburg dont elle n'était plus qu'à 18 kilomètres ; à une étape en arrière, à Uffenheim, se trouvaient le quartier général de Wrede, la division bavaroise Beckers avec deux brigades de cavalerie et la réserve d'artillerie ; plus en arrière encore, à Windsheim, les divisions autrichiennes Fresnel et Bach. Dans la colonne de gauche, la division bavaroise Lamotte occupait Mergentheim, en territoire wurtembergeois ; les divisions autrichiennes Trautenberg et Spleny et la réserve d'artillerie s'échelonnaient de Rothenburg à Dinkelsbühl et se trouvaient encore en territoire bavarois. En résumé Wrede pouvait rassembler, le 24, devant Wurzburg 31 bataillons, 28 escadrons, 50 pièces de 6 et 24 pièces de 12.

Le 24, au petit jour, l'avant-garde de la division Rechberg parut devant la place ; les tirailleurs bavarois refoulèrent sans peine les postes extérieurs et, profitant du couvert des jardins, des clôtures et des gloriettes incomplètement rasées, parvinrent jusqu'à la queue des glacis. Mais là ils se trouvèrent exposés à la fusillade des défenseurs de l'enceinte et à la mitraille de quelques pièces de campagne rapidement mises en batterie aux saillants des bastions les plus menacés. En effet, Turreau avait pris toutes les dispositions compatibles avec la force et la composition douteuse de la garnison. Depuis trois heures du matin les troupes étaient sous les armes : la défense de la ville avait été confiée au général Vasserot, à la tête de 14 compagnies des 113°, 127° et 128° régiments. Turreau s'était réservé le commandement de la ville basse, sur la rive gauche du Main, gardée par 4 compagnies d'élite des 127° et 128° et par le bataillon wurzburgeois ; c'était la position la plus importante, car, si elle était forcée, la retraite des défenseurs de la ville serait devenue impossible ; enfin la citadelle, d'un accès difficile, était gardée par 2 compagnies d'élite du 113°.

A midi le feu cessa de part et d'autre et un parlementaire bavarois, le major comte Seibelsdorf, vint apporter une lettre du général Rechberg sommant Turreau de rendre la place : « Je priai le général ennemi, écrit Turreau dans son rapport au major général daté du 27 octobre, de me faire connaître de quelles nations étaient les troupes de cette armée alliée qui se déployait sous les murs de Wurzburg ; je ne pouvais pas encore me persuader que ce fussent des Bavarois ! » La réponse à cette question lui fut apportée à trois heures de l'après-midi par le même parlementaire, cette fois

Turreau lui fit connaître sa décision : Si Rechberg voulait la ville, *il fallait la prendre !*

Bien que Rechberg disposât de 10 bataillons, il ne se jugea pas en forces pour tenter un assaut et attendit l'arrivée de Wrede et des pièces de 12 de la réserve d'artillerie ; il se borna à inquiéter la garnison par quelques attaques, assez mollement menées ; à sept et à huit heures du soir, il interrompit le feu par de nouveaux envois de parlementaires, insistant toujours pour la reddition immédiate et émettant la prétention bizarre de rendre Turreau personnellement responsable des maux qu'une résistance « déplacée et sans raison » pourrait causer à la ville de Wurzburg.

A la fin de la journée Wrede arriva avec la division bavaroise Beckers et la réserve d'artillerie, bientôt rejointes par les divisions autrichiennes Fresnel et Bach. A partir de dix heures du soir l'attaque prit une tournure beaucoup plus sérieuse : 74 canons ou obusiers ouvrirent le feu et firent pleuvoir une grêle de boulets et d'obus, non sur l'enceinte, mais sur les divers quartiers et particulièrement sur la basse ville, où le feu prit en quatre endroits à la fois et où presque toutes les maisons furent endommagées par les projectiles. La population épouvantée se réfugia dans les caves ; quant aux défenseurs des remparts, ils souffrirent fort peu. L'investissement n'était pas encore complet, car, à minuit, Turreau put faire partir un courrier qui alla porter à Mayence au duc de Valmy son dernier rapport.

Vers une heure du matin, Wrede, jugeant le moral des troupes françaises ébranlé, escomptant aussi l'insurrection des partisans des alliés et peut-être la trahison des soldats de la 32ᵉ division militaire, parmi lesquels il s'était ménagé des intelligences, dirigea simultanément trois attaques de vive force contre trois portes de la ville. Mais on faisait bonne garde et une vive fusillade obligea les Bavarois à la retraite.

Le 25 octobre, au lever du jour, Turreau ne put se dissimuler l'aggravation de la situation : l'ennemi avait profité de la nuit pour couronner les hauteurs ; ses batteries prenaient d'enfilade et à revers toutes les faces de l'enceinte; ses tirailleurs étaient sur les glacis; les dispositions paraissaient prises pour un assaut général, auquel l'énorme supériorité numérique des assaillants assurait les plus sérieuses chances de succès. Wrede ne donna cependant pas l'ordre d'attaquer et maintint ses troupes en repos jusqu'à midi. A cette heure, il envoya en parlementaire à Turreau le chef d'état-major du corps autrichien, général Geppert, pour le sommer encore une fois de rendre la ville et lui remettre une lettre du grand-duc par laquelle ce prince rappelait à lui le bataillon wurzburgeois. Turreau était bien décidé à repousser toutes les sommations, mais il voulait gagner le plus de temps possible et il demanda jusqu'au lendemain 26 octobre à midi pour rendre une réponse positive, et, en attendant, une suspension d'armes. Les deux demandes furent rejetées. Aussitôt après le retour du parlementaire dans les lignes bavaroises, le feu recommença de part et d'autre et un nouvel assaut fut tenté contre l'enceinte de la ville, sans plus de succès que les précédents. La fusillade continua avec intermittence jusque fort avant dans la nuit. Mais, en réalité depuis la fin du bombardement, les Austro-Bavarois s'abstinrent de toute action sérieuse, soit que Wrede voulût réellement donner du repos à ses troupes, soit qu'il attendît l'effet des intrigues menées par les partisans des alliés, dans le but de provoquer la défection des troupes wurzburgeoises et des soldats allemands incorporés dans les régiments français. Pendant vingt-quatre heures son armée immobile devant Wurzburg eut ainsi effectivement séjour.

La journée du 26 octobre devait être décisive. A trois heures du matin un parlementaire vint apporter une nouvelle sommation et fut aussitôt conduit à la citadelle. Turreau rassembla le conseil de défense et lui exposa la situation. Elle était grave : l'ennemi avait établi sur les deux rives du Main des batteries de pièces de 12 et d'obusiers, dont l'une plongeait sur la porte Burkard de la basse ville, point particulièrement important à défendre ; sur la rive droite la ville pouvait être foudroyée par une artillerie très supérieure en nombre et en calibre aux pièces établies par l'assiégé sur l'enceinte bastionnée ; tout annonçait un nouvel assaut général ; si l'ennemi réussissait à forcer une des portes de la ville voisine du Main (Sander-Thor ou Pleicher-Thor) et à pousser jusqu'au pont, il pouvait couper la retraite aux défenseurs des remparts éloignés du Rennweg et de la Porte Neuve, qui avaient à traverser toute la ville et le fleuve pour rentrer à la citadelle ; enfin, on avait à redouter une insurrection des habitants et des troupes locales, qui avaient eu connaissance par voie indirecte de l'attitude hostile à la France prise par le grand-duc, et la révolte, ou, tout au moins, la désertion en masse des conscrits de la 32e division militaire, qui se montraient de plus en plus indisciplinés. D'un autre côté, les instructions du duc de Castiglione prévoyaient le cas où il serait nécessaire d'abandonner la ville et de concentrer la résistance dans la citadelle, de manière à rester maître du passage du Main. Après une courte discussion le conseil décida de se conformer à ces instructions et de proposer à Wrede une capitulation, dont la condition essentielle serait que les Français rendraient aux Bavarois la ville proprement dite située sur la rive droite et conserveraient sur la rive gauche la ville basse et la citadelle.

Restait à régler la question du maintien sous les armes du bataillon wurzburgeois. Turreau avait de bonnes raisons pour suspecter sa fidélité, mais il voulait empêcher l'ennemi d'utiliser cette troupe contre lui. Or, le parlementaire bavarois se refusait à prendre un engagement quel qu'il fût. Turreau fit alors appeler à la citadelle le conseiller d'État Hartmann et lui remit une lettre fermée du grand-duc, qui avait été apportée par le parlementaire. Après en avoir pris connaissance, Hartmann se déclara hors d'état de donner une réponse avant de s'être concerté avec ses collègues ; on les fit chercher et, après avoir conféré avec Hartmann, ils déclarèrent par écrit au gouverneur que le grand-duc n'avait pris aucune décision sur l'emploi à faire de ses troupes. La question allait recevoir une solution imprévue.

Les membres du conseil de défense et du conseil d'État étaient encore à la citadelle ; le parlementaire attendait la réponse que Turreau était en train de minuter, lorsqu'un violent tumulte et une fusillade nourrie éclatèrent sur plusieurs points de la ville. On ne tarda pas à en connaître la cause : les Allemands du 127e et du 128e s'étaient révoltés et débandés ; les compagnies de garde aux portes Burkard et du Rennweg avaient même essayé de les livrer à l'ennemi. Heureusement la ferme contenance du cadre français fit échouer ces tentatives. Les officiers s'armèrent de fusils abandonnés et, secondés par quelques hommes restés fidèles au drapeau, engagèrent la lutte contre les mutins ; une douzaine de ceux-ci furent tués ; d'autres furent sabrés par les hussards du 13e. Mais la situation n'en était pas moins singulièrement aggravée, car il était impossible de conserver la ville où la population s'agitait.

Turreau se hâta de faire partir le parlementaire et le fit accompagner par le général Vasserot et l'adjudant commandant Collot, munis de pleins pouvoirs pour négocier une capitulation. Puis, sans attendre leur retour, il donna l'ordre d'évacuer la ville et de ramener sur la rive gauche l'artillerie et le 113e, à l'exception des détachements de garde aux portes. Comme il se méfiait de la fidélité du bataillon wurzbourgeois, il voulut le faire remonter à la citadelle ; mais, lorsque les officiers et les hommes de ce bataillon s'aperçurent de la direction qu'on leur faisait prendre, ils s'insurgèrent, s'enfuirent vers le pont pour rentrer en ville et culbutèrent le poste de garde à la barricade construite au débouché sur la rive gauche ; en arrivant sur la rive droite ils se heurtèrent à la tête de colonne du 113e, qui effectuait sa retraite ; un combat assez vif s'engagea entre les deux corps, quelques hommes furent tués et blessés de part et d'autre ; en fin de compte les débris du bataillon wurzburgeois furent ramenés de force à la citadelle et désarmés. La garnison se trouva réduite aux cadres des 127ᵉ et des 128ᵉ, aux neuf compagnies du 113ᵉ et aux détachements de canonniers, de sapeurs et de hussards. Presque tous les hommes des 127ᵉ et 128ᵉ et du bataillon wurzburgeois étaient restés en arrière, cachés dans les maisons où les habitants les avaient recueillis.

Les Bavarois ne profitèrent pas de l'insurrection pour s'emparer de la ville. A une heure et demie Wrede envoya sa réponse. Il acceptait les conditions posées par Turreau, sauf celle relative à l'évacuation immédiate sur Mayence de l'artillerie et des munitions excédant les besoins de la défense ; il exigeait la remise des soldats wurzburgeois. Turreau promit de les renvoyer dès que le grand-duc lui en ferait la demande. Enfin, après de longs pourparlers, la capitulation fut signée et le 26 au soir la ville fut remise aux troupes austro-bavaroises.

Turreau avait obtenu de Wrede des conditions tout à fait inespérées, si l'on considère que, par suite de la retraite de la Grande Armée, la seule importance de la place de Wurzburg consistait dans la possession d'un pont permanent sur le Main assurant le passage en toute saison. Or, d'après la capitulation, la citadelle et même la ville basse restaient aux mains de la garnison française ; par suite les Bavarois ne pouvaient passer le Main à Wurzburg ; les quartiers de la rive droite se trouvaient dans la situation la plus précaire, car ils pouvaient être foudroyés par l'artillerie de la citadelle; les deux adversaires s'interdisaient réciproquement, il est vrai, toute hostilité et les assiégés devaient être seulement bloqués. Mais cette condition était tout à l'avantage des Français, car Turreau, après la désertion des Allemands, avait encore 1.000 hommes de garnison, des munitions et des vivres pour plus de trois mois et comptait d'ici là, soit être secouru, soit, comme il s'en était réservé le droit, rentrer à Mayence avec les troupes inutiles à la défense de la citadelle. Aucune de ces éventualités ne se réalisa et Turreau resta paisiblement possesseur de la citadelle de Wurzburg jusqu'au 21 mai 1814. A cette date le gouvernement de Louis XVIII lui fit parvenir l'ordre de remettre la place aux Bavarois et de rentrer en France avec sa garnison.

CHAPITRE IV

LA LIGNE DU RHIN AU MOIS D'OCTOBRE 1813

I. Situation générale des 5e, 25e et 26e divisions militaires.
II. Les grands-duchés de Francfort, de Hesse et de Bade se détachent progressivement de l'alliance française.
III. Insuffisance des mesures prises pour organiser la défense de la ligne du Rhin.
IV. La panique sur la ligne de communication de la Grande Armée.
V. Le ralliement des fuyards.
VI. Organisation de la défense des 5e, 25e et 26e divisions militaires. Évacuation du grand-duché de Francfort.
VII. Arrivée à Mayence des fuyards de Leipzig. Situation générale des 5e, 25e et 26e divisions militaires à la fin d'octobre.
VIII. L'affolement à Paris.

I

SITUATION GÉNÉRALE DES 5e, 25e ET 26e DIVISIONS MILITAIRES

En 1813 les États riverains du Rhin étaient, sur la rive gauche, l'Empire français ; sur la rive droite, du sud au nord, les grands-duchés de Bade, de Hesse et de Francfort, les États de Nassau, le grand-duché de Berg et les départements transrhénans, réunis à l'Empire par le sénatus-consulte du 13 décembre 1810.

La ligne du Rhin, de Huningue à Wesel, formant la base principale d'opérations de ses armées d'Allemagne, l'Empereur avait placé sous la haute autorité d'un chef unique, responsable de la sûreté de la frontière, les troupes et les services répartis sur les territoires des divisions militaires, dont les limites orientales se confondaient avec celles de l'Empire, c'est-à-dire les 5e, 25e et 26° divisions[1]. Pour ce poste important il avait fait choix, comme dans les campagnes précédentes, du maréchal et sénateur Kellermann, duc de Valmy.

Le duc de Valmy avait en 1813 soixante-dix-huit ans, étant né en 1735. Mais il avait conservé assez d'activité physique et intellectuelle pour bien remplir des fonctions qui exigeaient un travail de cabinet et une surveillance assidus. En effet, il avait à diriger entre Huningue et Wesel, Mayence et Namur, la mise en état de défense des places, l'organisation et la gestion des dépôts et des hôpitaux, l'approvisionnement et l'entretien des magasins et arsenaux, la formation et la mise en route des colonnes de marche conduisant à la Grande Armée des troupes de renfort et du matériel de remplacement. Sur la rive droite du Rhin il avait également à diriger la police militaire et les autres services sur le territoire des grands-duchés de Francfort et de Wurzburg, rattachés à son commandement, le premier par une décision de l'Empereur du 18 juillet, le second par une décision du 3 octobre. Au delà les commandants de places, de gîtes d'étapes et de colonnes recevaient directement les ordres de l'Empereur.

Le duc de Valmy pouvait être amené à prendre des décisions de la plus haute gravité au point de vue politique comme au point de vue militaire. En cas d'urgence, ses communications avec Paris étaient bien assurées par le télégraphe aérien qui, par Metz, reliait la capitale d'un côté avec Mayence, de l'autre avec Strasbourg, pourvu que la transmission des dépêches ne fût pas arrêtée par l'état de l'atmosphère. Mais entre Mayence et le quartier général, la correspondance s'échangeait par estafettes. Pour peu que la sûreté de la route fût compromise par des partisans ennemis, les courriers étaient obligés de se joindre à une colonne

---

[1]. 5º Division militaire : chef-lieu Strasbourg. départements du Haut-Rhin et du Bas-Rhin ; 25º division militaire : chef-lieu Wesel. départements des Bouches-du-Rhin, de la Meuse-Inférieure, de l'Ourte, de Sambre-et-Meuse, de la Roër, de la Lippe; 26º division militaire : chef-lieu Mayence, départements du Mont-Tonnerre, de la Sarre, de Rhin-et-Moselle.

allant à l'armée ou à un convoi rentrant à Mayence. Les nouvelles les plus importantes, les ordres les plus pressés ne touchaient alors les intéressés qu'avec d'énormes retards. Dans ces conditions, le duc de Valmy devait jouir, et jouissait en effet, d'une large initiative, limitée seulement par des instructions générales, données pour une période de temps indéterminée, qui pouvaient bien prévoir certaines éventualités, mais non le moment et les circonstances où elles se produiraient. Dans la pratique, il décidait sur place et ordonnait toutes les mesures de détail, dans la limite des crédits et des effectifs mis à sa disposition ; il pouvait user du droit de réquisition, soit sur le territoire national, soit sur celui des États confédérés ; il entretenait avec les souverains de ces États des rapports réguliers, soit directement, soit par l'intermédiaire des ministres de France accrédités auprès d'eux. Bien que portant simplement le titre de commandant supérieur des 5e, 25e et 26e divisions militaires, il occupait en fait, sinon en droit, et au point de vue militaire seulement, une situation comparable à celle des gouverneurs généraux, tels que le prince Borghèse dans les départements au delà des Alpes, le duc de Plaisance en Hollande, le duc de Raguse en Illyrie.

Le duc de Valmy était fort bien secondé. Son chef d'état-major, l'adjudant commandant Josset-Saint-Ange, les généraux de division Schaal à Mayence, Merle à Wesel, Desbureaux à Strasbourg, étaient des hommes actifs et de bon sens, pénétrés de leurs devoirs, ayant de beaux services de guerre. Schaal était général de division du 8 brumaire an III ; Merle datait d'Austerlitz. Desbureaux, le plus ancien, général de division du 20 septembre 1793, était le plus distingué des trois : il avait réussi par son affabilité à s'attacher les Alsaciens et pouvait compter sur eux pour le seconder dans la défense du territoire confié à sa garde ; vigilant et ingénieux, il savait suppléer aux ressources qui lui faisaient presque entièrement défaut et tirer le meilleur parti du peu d'hommes et de matériel dont il disposait.

Le personnel de l'administration civile n'était pas moins bien composé ; il semble même qu'un soin particulier avait été apporté au choix des préfets chargés d'administrer les départements compris dans les 5e, 25e et 26e divisions militaires.

Avec les Alsaciens, profondément patriotes et attachés aux conquêtes matérielles et morales de la Révolution, la tâche était facile. Le préfet du Bas-Rhin, Lezay Marnesia, allié à la famille de l'impératrice Joséphine par le mariage de sa sœur avec le comte de Beauharnais, oncle par conséquent de la grande-duchesse de Bade, jouissait de l'estime générale ; par sa sollicitude pour l'agriculture, source principale de la richesse du pays, il avait mérité le surnom de préfet des paysans.

Dans le Haut-Rhin La Vieuville, ancien chambellan de l'Empereur, avait acquis une grande autorité sur les habitants des campagnes comme sur ceux des villes, où l'industrie se développait rapidement. Observateur sagace, il avait toujours un œil ouvert sur la frontière suisse et surtout sur la grande cité de Bâle, dont la neutralité et le voisinage de la France faisaient un repaire d'élection pour les fauteurs d'intrigues politiques, d'espionnage ou de contrebande.

Les Allemands des nouveaux départements de la rive gauche du Rhin, communément désignés sous le nom de départements réunis, étaient devenus pour la plupart, sinon des citoyens français très chauds, du moins des sujets de l'Empereur très soumis et parfois dévoués. Le souvenir de la tyrannie paternelle, caractéristique du gouvernement des anciens princes ecclésiastiques ou laïques, faisait apprécier par les bourgeois et les paysans comme un bienfait inestimable la sécurité donnée aux individus et aux communautés par l'introduction du code Napoléon, des méthodes régulières et de la comptabilité rigoureuse de l'administration française. Les nobles étaient seuls à bouder l'Empire, mais ils avaient perdu avec leurs privilèges toute influence. Ces Allemands catholiques détestaient la Prusse protestante, dont l'armée avait d'ailleurs laissé un fâcheux renom, lors de son passage dans la vallée du Rhin pendant les guerres de la Révolution : s'ils avaient conservé certaines sympathies pour l'Autriche, c'était en quelque sorte à titre historique. Aussi avaient-ils éprouvé une grande satisfaction du mariage de l'Empereur avec l'archiduchesse Marie-Louise ; à leurs yeux, cette fatale union avait concilié d'une manière définitive le passé et le présent.

Le préfet du Mont-Tonnerre était depuis le Consulat l'ancien conventionnel Jean Bon Saint-André, ou, moins démocratiquement, le baron de Saint-André. Travailleur infatigable, de mœurs simples, sinon austères, il connaissait bien son département et l'administrait avec sagesse et fermeté. Il avait gagné la confiance des habitants, en prenant en toute occasion, parfois avec une vigueur révolutionnaire, la défense de leurs droits et de leurs intérêts, contre l'autorité militaire, trop souvent portée, dans cette région frontière, à tenir compte uniquement des nécessités du moment. En somme, il rendait les plus précieux services dans cette importante ville de Mayence, où l'Empereur aimait à séjourner [1], où stationnait à poste fixe le quartier général du commandement supérieur des trois divisions militaires de la vallée du Rhin et par laquelle s'écoulaient sans interruption le flux et le reflux des colonnes et des convois allant à l'armée ou en revenant, des voyageurs isolés, civils ou militaires, et du roulage commercial.

[1]. Pendant son dernier séjour à Mayence au mois de juillet 1813, l'Empereur s'enquit avec grand soin des besoins de la ville et ordonna la reprise ou l'exécution de grands travaux, notamment reprise des travaux de la salle de spectacles et de l'hôpital Joséphine achèvement de la place Gutenberg, construction d'un égout, d'un abattoir sur les bords du Rhin en dehors de la ville. La dépense était évaluée à 1 million : elle devait être couverte au moyen d'un emprunt de 400.000 francs sur le commerce et sur les particuliers aisés, portant intérêt à 6 p. 100, remboursable sur les produits du port franc, et d'un autre emprunt sur la caisse extraordinaire de 500.000 francs portant intérêt à 5 p. 100. En outre, l'Empereur prescrivit de commencer les études pour la construction d'un pont permanent sur le Rhin.
(Le préfet du Mont-Tonnerre au ministre de l'Intérieur le 2 août 1813.)

Moins en vue, mais tout aussi laborieux et utiles, Sainte-Suzanne dans la Sarre, Doazan dans Rhin-et-Moselle, Ladoucette dans la Roër, du Saillant dans la Lippe, faisaient les plus louables efforts pour rallier à la France des peuples dont les traditions, les mœurs et les intérêts présentaient avec ceux de leur nouvelle patrie de profondes différences. En général, ces préfets réussissaient dans leur tâche ardue : ils étaient probes et laborieux, ils avaient pour la plupart appris leur métier à la grande école du Conseil d'État; surtout, loin de se confiner dans leurs hôtels, ils parcouraient sans cesse leurs arrondissements, dont ils connaissaient parfaitement l'esprit et les besoins.

Si chez les Allemands de la vallée du Rhin les préfets de l'Empire obtenaient une soumission franche et complète, il n'en était pas de même chez les Hollandais et les Belges de la vallée de la Meuse. Les uns et les autres, toujours imbus d'un esprit plus municipal que national, regrettaient les franchises dont ils avaient joui sous les gouvernements des maisons d'Autriche et d'Orange. Ils subissaient avec répugnance les institutions françaises, dont la forte centralisation leur faisait sentir, pour les moindres affaires, qu'ils étaient désormais les sujets d'un grand souverain et les citoyens d'un grand État. Pérès en Sambre-et-Meuse, Micoud dans l'Ourte, Roggieri dans la Meuse-Inférieure, Frémin de Beaumont dans les Bouches-du-Rhin s'épuisaient sans grand succès à lutter contre un incoercible esprit d'opposition, entretenu par une noblesse sourdement hostile, par une bourgeoisie à moitié ruinée par le blocus continental, et surtout par le clergé catholique, encore tout-puissant dans les campagnes et qui ne pardonnait à l'Empereur, ni l'exacte discipline imposée à ses membres, ni le traitement infligé au Pape.

A côté des préfets, il convient de ne pas oublier d'autres fonctionnaires, moins en vue peut-être, mais dont le rôle était considérable, c'est-à-dire les commissaires généraux ou spéciaux de police dépendant du duc de Rovigo, ministre de la Police générale. Ce n'étaient pas de minces personnages que les commissaires généraux Popp à Strasbourg, Garnier à Munster, et les commissaires spéciaux Berckheim à Mayence, Paulze d'Ivoy à Cologne, Boula du Colombier à Wesel, ces trois derniers auditeurs au Conseil d'État. Leurs informations portaient sur toutes les affaires intéressant non seulement la sûreté intérieure de la France, mais aussi la situation politique des États de la Confédération du Rhin, le fonctionnement des administrations civiles et militaires et la marche des opérations de guerre. Leurs agents, soldés ou bénévoles, étendaient le champ de leurs investigations bien au delà des frontières ; parmi les plus utiles se trouvaient beaucoup de chefs de maisons de banque ou de commerce, dont les correspondances constituaient, à une époque où la presse était soumise à une censure sévère, de véritables journaux, échappant à tout contrôle et rendant compte avec exactitude des bruits courants et des fluctuations de l'opinion.

On trouve d'intéressants renseignements sur l'état de l'esprit public pendant l'été et l'automne de 1813 dans les rapports adressés par les préfets au ministre de l'Intérieur Montalivet et par les commissaires de police au duc de Rovigo. Les uns et les autres font ressortir très nettement l'extrême soumission et l'extrême lassitude de la population des départements compris dans les 5ᵉ, 25ᵉ et 26ᵉ divisions militaires. Il faut passer le Rhin, aller dans la Lippe, pour trouver des indices d'agitation, contre-coup des progrès des armées russe et prussienne, ou des émeutes qui se produisent dans le grand-duché de Berg, peut-être effet des intrigues de l'aristocratie locale, surtout de la famille de Bentheim, encore toute-puissante à Schweinfurt. Mais même cette agitation est timide et ne se risque nulle part jusqu'à la rébellion armée. Au début, les victoires de Lutzen et de Bautzen raniment la confiance ébranlée par les désastres de l'année 1812. Amis et ennemis de l'Empereur sont également persuadés de son prochain triomphe. Aussi l'armistice de Pleiswitz est-il salué comme le présage de la paix, objet des vœux des civils comme des militaires ; au mois de juillet le voyage de Napoléon à Mayence corrobore si bien cet espoir que l'on s'attend généralement à l'annonce de la conclusion de cette paix si désirée pour le 15 août, anniversaire de la fête de l'Empereur. Pendant tout l'été de 1813, les rouages de l'administration fonctionnent avec une régularité parfaite : les contributions se lèvent sans retard ni contrainte ; il en est de même de la conscription, avec une proportion moindre de réfractaires que dans les départements de l'Ouest et du Midi. Les réquisitions de chevaux et de denrées s'exécutent sans trop de réclamations, bien que les secondes soient souvent aggravées par des réquisitions de transport, qui entraînent les attelages et les conducteurs à de longues distances de leurs demeures. Par chance, la récolte est belle. Le numéraire est encore abondant et ne craint pas de se montrer. Ce qui le prouve, c'est que les ventes des biens des communes, cédés à la caisse d'amortissement en vertu de la loi du 20 mars 1813, n'éprouvent aucune résistance et que les articles adjugés le sont à un prix supérieur à celui fixé par les préposés des domaines ; presque partout ces biens conservent la même valeur que les biens patrimoniaux.

A la rupture de l'armistice, les illusions s'évanouissent : l'impression est franchement mauvaise, car la nouvelle de la reprise des hostilités en Allemagne coïncide avec celle des désastres éprouvés en Espagne. Par contre, l'attitude de l'Autriche soulève une véritable indignation : les sujets allemands de Napoléon, malgré quelques restes d'attachement au chef de l'ancien empire germanique, ont horreur de cette guerre dénaturée, par laquelle l'empereur François cherche à ébranler le trône partagé par sa fille ; déjà peu favorables à la Prusse, ils s'exaspèrent en la voyant livrer l'Allemagne à la Russie et appeler à son aide les hordes cosaques, dont le passage en Autriche pendant la campagne de 1805 a laissé le souvenir de pillages éhontés et de barbaries sauvages. La victoire de Dresde rassure un moment les esprits et fait concevoir de nouvelles espérances d'une reprise des négociations de paix. Mais ce n'est qu'un éclair ; de la fin d'août à la fin de septembre les mauvaises nouvelles se succèdent. « Les esprits sont dans ce moment dans une situation très pénible, écrit Jean Bon Saint-André à Montalivet le 30 septembre. Depuis le revers essuyé par le général Vandamme, l'opinion publique ne s'est nourrie que de désastres et de calamités. On a successivement accrédité les bruits de la défaite des maréchaux Oudinot, Ney, Davout et Macdonald. On a cru remarquer que, partout où l'Empereur n'était pas présent de sa personne, nos généraux avaient le dessous, et ce rapprochement a donné lieu à une foule de commentaires sur les faits de la guerre qui ne présentaient pas toujours des perspectives consolantes. Le plus remarquable de ces commentaires est celui qui suppose que le plan de campagne légué par le général Moreau à l'armée coalisée consiste à éviter avec soin tout engagement avec l'Empereur et à harceler sans cesse ses lieutenants et les corps détachés de la Grande Armée. Les événements ne contredisent pas cette idée et probablement ils l'ont fait naître. »

La surprise de Cassel, l'extrême facilité avec laquelle s'est écroulé tout l'appareil du gouvernement westphalien, les intrigues de l'ancien électeur de Hesse, l'attitude ambiguë des cours de Munich et de Stuttgart, font craindre la retraite de la Grande Armée sur le Rhin. La perspective d'opérations de guerre dans leur voisinage inquiète les habitants des départements riverains du fleuve. L'alarme se répand dans les campagnes, où jusqu'alors on s'était assez peu soucié des nouvelles de la guerre, laissées aux oisifs des villes ; elle est d'autant plus vive qu'elle est plus vague, faute d'informations dignes de confiance : en effet on n'ajoute plus foi ni aux bulletins de l'armée, ni aux journaux français, soumis à Paris à une censure sévère, inspirés en province par les préfets, quand ils ne sont pas rédigés dans leurs bureaux mêmes. Les nouvelles sont dénaturées et amplifiées, soit par les correspondances privées, qui souvent reproduisent sans choix les rumeurs les plus étranges, soit surtout par les journaux et les pamphlets imprimés en Prusse ou en Autriche, dans le sens le plus violemment antifrançais, et qui pénètrent à peu près librement dans les États de la rive droite du Rhin ; en dépit de toutes les protestations de la diplomatie française, Mannhein, Heidelberg, Francfort, même Dusseldorf, sont de véritables entrepôts de libelles ; leurs habitants travaillent avec acharnement à les répandre parmi leurs compatriotes de la rive gauche, avec lesquels ils sont en relations de commerce ou d'amitié. Des motifs moins nobles que la haine de l'étranger inspirent les spéculateurs de Francfort ; ils provoquent une baisse extraordinaire du prix des denrées en répandant de fausses nouvelles sur l'approche imminente de l'armée russe ; leur manœuvre réussit et ils raflent sur les deux rives du Rhin les grains et les vins, dont les propriétaires se défont à vil prix pour se procurer du numéraire facile à cacher. Du même coup la vente des bien communaux s'arrête à peu près partout.

Dans la Sarre, sur le simple bruit du passage du Rhin par les cosaques, les convois en route sur Mayence rétrogradent, le nombre des réfractaires augmente, les malintentionnés s'agitent : Sainte-Suzanne est obligé de former des colonnes mobiles pour soutenir l'autorité de ses sous-préfets. Dans Rhin-et-Moselle, Coblentz et les villes de la rive gauche sont troublées par la présence des Français au service de Jérôme qui ont fui en toute hâte la Westphalie. Dans la Lippe, du Saillant s'inquiète, car il n'a à sa disposition, en dehors des troupes de passage, que la compagnie départementale, réduite à quelques hommes, et une compagnie de gendarmerie très incomplète. A Munster, vingt hommes déterminés pourraient piller toutes les caisses sans rencontrer aucune résistance ; le gouvernement a beaucoup d'ennemis dans toutes les classes ; la bourgeoisie est celle qui en renferme le moins, mais elle laissera tout faire.

Par contre dans la Roër, séparée du reste de l'Allemagne par le grand-duché de Berg, où l'administration française tient encore bon, l'alarme est moins vive. Ladoucette constate, le 12 septembre, qu'à Cologne le commerce n'a éprouvé aucune secousse à la reprise des hostilités et que les opérations de banque s'y font aussi facilement et aussi avantageusement qu'en temps de paix. Dans les Bouches-du-Rhin la population reste inerte ; le tirage de la conscription, commencé en août, se poursuit sans causer le moindre trouble. L'opposition vient des familles atteintes par la cessation du commerce interlope avec l'Angleterre, des individus qui reçoivent encore par des voies détournées des pensions de cette puissance, ou de ceux qui ont des capitaux placés en Russie. Les fonds russes montent de 3 p. 100 sur la fausse nouvelle de l'entrée des alliés à Dresde ; leurs détenteurs manifestent une satisfaction aussi indécente qu'éphémère, car l'annonce officielle de la victoire de l'Empereur ne tarde pas à arriver. La situation est à peu près la même dans la Meuse-Inférieure.

Dans l'Ourte et dans Sambre-et-Meuse, il existe entre les Wallons et les Flamands des divergences d'opinion et même des antipathies persistantes, qui tiennent à d'anciens souvenirs. Les premiers sont plutôt favorables à la France ; les seconds plutôt hostiles. Mais partout l'opposition est sourdement entretenue par les prêtres et par les anciens privilégiés, généralement bien renseignés. Les uns et les autres accueillent avec satisfaction les nouvelles des premiers revers de la campagne d'automne et répandent parmi leurs clients le bruit qu'une suite de défaites décidera seule l'Empereur aux cessions de territoire indispensables à la conclusion de la paix. Le mécontentement contre la France va en grandissant, car la crise politique se double d'une crise économique, causée par la suspension du travail des fabriques et par la crainte de nouveaux impôts, de la création d'un papier-monnaie, ou de l'émission d'un emprunt forcé. En septembre, les plaintes contre les droits réunis deviennent plus vives, la rentrée des contributions et la levée de la conscription plus difficiles ; les préfets sentent leurs administrés de moins en moins dociles et redoutent une insurrection, ou tout au moins une insoumission générale, si les alliés passent le Rhin. Plus on se rapproche de Paris et plus les relations avec la capitale se multiplient, plus les nouvelles qui en proviennent produisent un effet décourageant. « Paris est sombre, dit-on à Liège en octobre, on semble y avoir désappris à rire. Le mécontentement est général ; souvent il éclate d'une manière fort indiscrète. On rencontre beaucoup de jeunes femmes et d'enfants couverts de crêpe noir et cette triste couleur paraît se réfléchir dans tous les cœurs. Les personnages les mieux partagés sont soucieux ; l'avenir les préoccupe fortement ; mais soit qu'ils n'aient aucune influence, soit impuissance, soit défaut de caractère ou d'estime et de confiance réciproques, ils ne forment point un tout. Les voit-on dans les salons dorés, ils font ce qu'ils peuvent pour avoir une contenance assurée ; mais quiconque a l'habitude des observations, aperçoit sans peine les inquiétudes qui les dévorent et le voile dont ils cherchent à les couvrir ne sert qu'à les faire mieux ressortir. A Saint-Cloud le *Te Deum* a été chanté avec une figure de *Miserere*. » Les récits des officiers et soldats qui arrivent du théâtre de la guerre blessés ou malades, fatigués, mécontents, produisent partout le plus fâcheux effet ; ils bavardent inconsidérément, généralisent leur propre misère, et contribuent pour une large part à décourager les conscrits et à les exciter à la désertion. Dès le 8 octobre, Berckheim signale l'esprit frondeur de nombreux officiers et d'employés aux armées, surtout des plus anciens de service ou de ceux qui ont fait en Russie la campagne de 1812.

II

LES GRANDS-DUCHÉS DE FRANCFORT, DE HESSE ET DE BADE SE DÉTACHENT PROGRESSIVEMENT DE L'ALLIANCE FRANÇAISE

Les gouvernements avec lesquels le duc de Valmy entretenait les relations les plus suivies étaient naturellement ceux des grands-duchés de Francfort et de Hesse et des États de Nassau. Le premier avait été rattaché à son commandement par une décision de l'Empereur du 18 juillet : mesure justifiée par la situation géographique de ce territoire, traversé dans sa plus grande largeur par la principale route d'étapes suivie par les troupes et les convois allant rejoindre la Grande Armée, ou en revenant.

La grande place de Mayence formait la tête d'étapes de guerre de cette armée. Troupes et convois entraient en campagne dès qu'ils avaient franchi le pont de bateaux et les barrières de Kastell, tête de pont de Mayence sur la rive droite du Rhin. Un ordre de l'Empereur du 29 mars 1813 ayant prescrit de couper la marche de Mayence à Francfort en deux étapes, de manière à entraîner les hommes et les chevaux, les colonnes achevaient de s'organiser le second jour à Francfort, ou même le troisième à Hanau, où elles étaient rejointes par les isolés et les équipages des particuliers désireux de profiter de leur escorte ; à Francfort, les commandants de ces colonnes recevaient les derniers ordres et les derniers courriers de France ; le territoire du grand-duché formait donc une sorte de zone de rassemblement, où les officiers et les soldats jouissaient de leurs derniers jours de paix et d'abondance avant de s'enfoncer dans la sombre Allemagne, de jour en jour plus épuisée par les maux de la guerre, et par conséquent plus hostile. Inversement, dans cette zone s'arrêtaient les convois de malades et de blessés, ou les dépôts dont l'Empereur jugeait la présence encombrante dans le voisinage immédiat du théâtre des opérations. De là ils étaient répartis par le duc de Valmy, suivant les ressources des localités, dans les grands-duchés de Francfort et de Hesse et dans le duché de Nassau.

Le premier de ces États se trouvait donc dans une dépendance à peu près complète de l'autorité militaire française, superposée à l'autorité locale dans des conditions telles qu'il ne restait à celle-ci aucun recours, même contre les abus les plus criants. En effet, à côté des préfets, sous-préfets et maires francfortois, il existait tout un personnel français, commandants de gîtes d'étapes, commissaires des guerres chargés de la gestion des hôpitaux ou des magasins, chefs de détachements de troupe ou de gendarmerie employés à la police des transports de réquisition, dont les exigences, justifiées ou non, ne pouvaient être ni repoussées, ni discutées, car les services de l'armée devaient être assurés à tout prix et sans le moindre retard. Les premiers se trouvaient donc en fait subordonnés aux seconds, car la lenteur relative des communications ne permettait pas d'adresser en temps utile des réclamations, soit au gouvernement central, soit au commandant militaire du grand-duché, et moins encore au duc de Valmy.

Le grand-duc de Francfort, Dalberg, prince primat d'Allemagne, résidait habituellement au château d'Aschaffenburg. Déjà fort affaibli moralement et physiquement, il avait abandonné la direction des affaires à son ministre de l'Intérieur, le baron d'Albini, secondé pour les relations extérieures par le baron d'Eberstein et pour les finances par le comte de Benzel Sternau. Ces trois hommes avaient jusqu'alors paru sincèrement acquis au système de la Confédération du Rhin ; en réalité ils envisageaient l'avenir avec crainte et cherchaient par toute espèce de ménagements à se concilier les bonnes grâces des patriotes. Les mécontents étaient nombreux, notamment dans l'ancien comté de Hanau où habitaient beaucoup d'anciens soldats ou fonctionnaires hessois, restés fort attachés à l'Électeur, dont ils continuaient à recevoir une pension par des voies indirectes. Ces mécontents pouvaient devenir d'autant plus incommodes qu'ils avaient un chef tout désigné en la personne du commandant de Hanau, le baron de Heiners, fils naturel de l'Electeur ; ce personnage, entreprenant et ambitieux, en voulait à l'Empereur de n'avoir pas employé ses talents, et, si la Grande Armée venait à éprouver un revers, il était fort capable d'organiser un soulèvement ou tout au moins de renseigner l'ennemi et de favoriser ses mouvements.

En voyant défiler les régiments de conscrits avec lesquels l'Empereur allait entreprendre la campagne du printemps, les Allemands des bords du Rhin jugèrent qu'il avait extrait de la France ses dernières ressources en hommes et en matériel et qu'il ne pourrait pas tenir tête aux armées aguerries de la Russie et de la Prusse. Les victoires de Lutzen et de Bautzen produisirent une sensation d'autant plus vive qu'elles furent plus inattendues et qu'on les crut plus décisives. On se plut à espérer que l'Empereur se lasserait de tenter la fortune et profiterait de ses succès pour conclure la paix. L'armistice de Pleiswitz fortifia cette espérance et pendant quelques semaines le commerce prit un essor incroyable. Mais les illusions s'évanouirent à l'arrivée des renforts qui passèrent le Rhin en juin et en juillet. Les habitants des villes traversées par ces régiments furent stupéfaits de leur effectif élevé, de leur superbe tenue, de la forte espèce d'hommes qui les composait. C'était moins des renforts qu'une seconde armée succédant à la première, alors que les libelles avaient représenté l'Empereur comme aux abois, la France comme épuisée d'hommes et d'argent[1] ! Bien avant la dénonciation de l'armistice, on s'attendait à la reprise des hostilités. L'accession probable de l'Autriche à la coalition ranima l'espérance des patriotes allemands ; dans les premiers jours d'août, ils ouvraient à Francfort des paris sur la

---

1. Dépêche de Hédouville du 28 juin.

date à laquelle les armées alliées arriveraient sur le Rhin !

L'effet de la victoire de Dresde fut compensé par celui des défaites de Gross Beeren, de la Katzbach et surtout de Kulm. Cette dernière eut un énorme retentissement. De ce moment les partisans de l'ancien état de choses, qui regrettaient les franchises et les privilèges de Francfort, du temps où elle était ville libre, les commerçants et les banquiers, dont le blocus continental lésait les intérêts, ne cachèrent plus leurs sentiments. La population se montra insolente ; les officiers et les soldats français furent insultés dans les rues ; des rixes fréquentes se produisirent, sans que les magistrats fissent rien pour calmer cette effervescence ; bien mieux, ils firent arrêter les gendarmes français qui voulaient rétablir l'ordre !

« A l'exception du prince et de la plupart des employés de son gouvernement, écrivait Hédouville le 4 septembre, il n'est presque personne dont les vœux ne soient en faveur des coalisés. Le moindre retard dans nos succès fournit matière aux bruits les plus alarmants pour nous. » Cette appréciation était encore trop optimiste ; les membres du gouvernement, sinon le grand-duc, songeaient dès lors à conclure avec les souverains de Russie, de Prusse et d'Autriche, une entente aux dépens de la France. Albini crut le moment venu après la bataille de Dennewitz, lorsqu'il constata que les communications avec le quartier général de Napoléon devenaient de plus en plus irrégulières, par suite de l'insécurité des routes interceptées à chaque instant par les coureurs ennemis. Il calcula que l'Empereur ne serait pas prévenu, ou serait prévenu trop tard, de l'attitude prise par le gouvernement francfortois et il envoya en mission à Aschaffenburg auprès du grand-duc le conseiller intime Leonhard, pour obtenir l'autorisation de se rendre auprès des souverains alliés afin de négocier une paix particulière au grand-duché. Ce plan échoua ; peut-être Dalberg avait-il encore foi dans l'étoile de Napoléon ; plus probablement il n'attendait rien de bon des hommes d'État prussiens et autrichiens et des patriotes à la mode de Stein, résolus à détruire la Confédération du Rhin et à délivrer l'Allemagne de l'influence française, dont il avait été un des plus fermes soutiens et des plus ardents protagonistes. Mais il laissa Albini en fonctions et se garda bien de prévenir Hédouville de la démarche suspecte de son ministre.

Une des principales causes du mécontentement des habitants de Francfort était l'obligation d'entretenir à leurs frais les hôpitaux destinés aux malades et blessés évacués de la Grande Armée. Par un décret du 2 avril, l'Empereur avait ordonné l'établissement d'une ligne d'hôpitaux de l'Elbe au Main, pour 20 000 hommes. Cette ligne aboutissait à Francfort ; le territoire du grand-duché devait recevoir près du tiers du contingent, soit 6 000 hommes, répartis à raison de 3 000 pour Francfort et 1 000 pour chacune des villes de Fulda, Hanau et Aschaffenburg. Il est juste de reconnaître que le gouvernement grand-ducal fit preuve de la plus grande bonne volonté ; il aménagea en hôpitaux temporaires le palais teutonique (pour 800 malades), le château de Bockenheim (350), le Leinwandhaus (350) et fit construire au Klapperfeld, à la Pfingstweide et à l'Ober Main Thor des hôpitaux baraqués pour 150, 1 000 et 350 malades. Dans les autres villes, des organisations analogues permirent de recevoir les deux tiers des hospitalisés ; mais un tiers resta logé chez l'habitant, au grand détriment de la santé publique. Au milieu de juin, le service, dont l'inspection générale était confiée au général Sahuc, résidant à Francfort, fonctionnait avec régularité. Le ministre de France constatait que les autorités et la population se soumettaient généralement de bonne grâce à toutes les demandes de l'administration militaire, que les malades étaient bien soignés et que l'alimentation était très bonne.

Les mesures prises par l'Empereur suffirent pendant les mois de mai et de juin, où l'armée n'eut que peu de malades, relativement à son effectif. Les opérations se déroulèrent en Saxe et en Silésie, pays sains et riches.

Le soldat put bien se nourrir et n'eut pas de marches fatigantes à faire ; il conserva un moral excellent. Le temps fut le plus souvent beau et nullement contraire à la santé. Les maladies régnantes furent bénignes et purent être traitées dans les hôpitaux de la zone de l'armée, à peu près pourvus du personnel et du matériel nécessaires et aussi bien tenus que pouvaient le permettre les circonstances.

Mais au mois de juillet les premiers cas de typhus épidémique furent constatés. Cette maladie, rapportée de Russie par les débris de la Grande Armée, avait déjà causé de terribles ravages pendant l'hiver dans toute l'Allemagne du Nord parmi les troupes et la population civile. Elle avait atteint son plus haut degré de virulence au mois de février, puis complètement disparu ; elle reparut au mois de juillet, alors que les troupes étaient au repos dans de bons cantonnements et bien alimentées, et se développa immédiatement avec un caractère si contagieux que les hôpitaux existant dans la zone de l'armée furent promptement encombrés. L'armistice permit d'évacuer dans des conditions relativement satisfaisantes les malades atteints les premiers sur les hôpitaux de la zone de l'arrière. Mais à la reprise des hostilités, les troupes furent exténuées par des marches et des contremarches incessantes ; elles éprouvèrent beaucoup de privations, par suite de l'épuisement de toutes les ressources d'un pays occupé depuis de longs mois ; elles furent souvent obligées de bivouaquer dans la boue, car pendant l'automne de 1813 le temps fut particulièrement mauvais. L'état sanitaire s'en ressentit ; les hôpitaux furent promptement de nouveau remplis, et par les nombreux blessés des grandes batailles du début de la campagne d'automne, et par les malades dont l'afflux augmenta dans des proportions inquiétantes. De nouvelles évacuations sur l'arrière s'imposèrent et elles dépassèrent de beaucoup les prévisions du décret du 2 avril[1].

---

1. *Histoire des maladies observées à la Grande Armée française pen-*

Dès la fin de septembre le grand-duché de Francfort donna asile à plus de 15.000 malades ou blessés, chiffre près de trois fois supérieur à celui primitivement fixé. Le 29 septembre la seule ville de Francfort en contenait 8.367, au lieu de 3.000, chiffre pour lequel les locaux, le matériel et le personnel avaient été organisés.

Les évacuations furent opérées avec beaucoup de désordre. Le commissaire de police de Mayence, Berckheim, dans un rapport en date du 1ᵉʳ octobre, attirait en ces termes l'attention du duc de Rovigo sur ce déplorable état de choses : « Les convois de nos blessés arrivent journellement dans cette ville (Francfort). La plupart d'entre eux n'ont point été pansés depuis le premier appareil. Aucun d'eux n'a été pansé avec la régularité qu'exigeaient leurs blessures. Ce sont pour la plupart des jeunes gens qui, ignorant la manière de soigner une plaie, ne la tiennent pas dans un état continuel de propreté. Au reste, le pourraient-ils? Personne ne s'occupe de leur fournir le linge. J'en ai vu arriver beaucoup à Francfort sans vêtements, sans chemise, sans bas et sans souliers. Aucune surveillance n'est exercée à leur égard en chemin ; personne ne se croit obligé de veiller à ce qu'ils obtiennent une nourriture saine en route. Aussi les blessures très légères deviennent-elles malignes par suite de cette étrange négligence ; la gangrène en est souvent le résultat et l'État se voit privé par des amputations, qui n'auraient pas été nécessaires, de ses plus braves défenseurs. »

Le duché de Nassau et le grand-duché de Hesse ressentaient presque au même degré que le grand-duché de Francfort le contre-coup des événements militaires ; toutefois, situés l'un au nord, l'autre au sud, des routes d'étapes qui de Francfort se dirigeaient sur Wurzburg par Aschaffenburg, sur Erfurt par Hanau et Fulda et sur Cassel par Giessen, ils n'avaient pas à supporter les

---

dant les campagnes de Russie en 1812 et d'Allemagne en 1813, par de KERCKHOVE, Anvers, 1835.

charges permanentes des passages de troupes et des transports de réquisition, mais seulement celles résultant de l'établissement des dépôts et hôpitaux, et, éventuellement, du rassemblement des approvisionnements destinés à la place de Mayence. Le duché de Nassau ne comptait pour ainsi dire pas, en raison de sa faible population et du peu d'étendue de son territoire ; son souverain entretenait les meilleurs rapports avec le duc de Valmy et acquiesçait sans difficulté à toutes ses demandes. Le grand-duché de Hesse avait, au contraire, une grande importance, en raison de sa situation intermédiaire entre l'Empire français et les États de l'Allemagne du Sud, la Bavière exceptée, et aussi de la qualité, sinon du nombre, des troupes qu'il pouvait mettre en ligne.

Louis, premier grand-duc de Hesse, était franchement partisan de l'alliance française, et personnellement attaché à l'Empereur, qui l'avait toujours traité avec des égards particuliers ; il était plein d'honneur et de bon sens, mais d'un caractère faible, et s'en remettait pour la gestion des affaires publiques à ses favoris Lichtenberg, son ministre d'État, et Wedekind, son médecin. Le premier, médiocrement intelligent et peu sûr, affectait les sentiments de l'admiration la plus exaltée pour l'Empereur et servait ses intérêts, dans les limites où le lui permettait la grande-duchesse, femme spirituelle et aimable, jadis galante, qui avait tourné ses ardeurs vers la politique. Le docteur Wedekind, après avoir fait profession à Mayence pendant la Révolution du jacobinisme le plus effréné, s'était mué en homme de cour et aspirait à conseiller le grand-duc dans les affaires de l'État. Des princes de la famille de Hesse, deux seulement méritaient l'attention : le landgraf Christian, frère du grand-duc, se faisait remarquer par son hostilité contre tout ce qui était français et par son admiration pour tout ce qui était prussien ; ses sentiments restaient d'ailleurs à l'état platonique ; il était aussi connu par son intimité avec le roi de Bavière Maximilien-Joseph. Le prince Émile, quatrième fils du grand-duc, était, au contraire, un chaud partisan de Napoléon ; il avait fait la campagne de 1812 et faisait celle de 1813 à la tête des troupes hessoises à la Grande Armée ; l'Empereur avait en haute estime ses talents et sa valeur ; il avait, dit-on, promis à la grande-duchesse de lui renvoyer son fils après la guerre, le front ceint d'une couronne, sans doute celle de Prusse. Les autres personnages de la cour étaient des comparses sans importance. En somme, gouvernement affable et paternel, aux mains de gens effroyablement bornés, dont l'administration épuisait peu à peu le pays par des dépenses mal entendues, sans qu'aucune profusion fût apparente.

A Darmstadt, dès le commencement de juillet, on était informé de l'entente conclue entre l'Autriche d'une part, la Prusse et la Russie de l'autre, dans le but d'obliger Napoléon à détruire de sa propre main la Confédération du Rhin et à s'abstenir de toute intervention dans les affaires d'Allemagne ; on s'attendait donc à la guerre, conséquence forcée d'un refus inévitable. La perspective de rentrer dans une contrefaçon quelconque du Saint-Empire romain, sous l'influence de la Prusse, ou sous celle de l'Autriche, et de renoncer à l'exercice de la souveraineté absolue, souriait fort peu au grand-duc. Il s'attacha plus que jamais à l'alliance française et, au moment de la rupture de l'armistice, ne cacha pas que la déclaration de l'empereur François lui semblait faible et mal raisonnée. Sa manière de voir était partagée par les officiers les plus instruits et les fonctionnaires les plus éclairés des États du Rhin, où l'on était suffisamment éloigné de l'Autriche pour ne pas être presque fatalement entraîné dans son orbite, comme la Bavière, le grand-duché de Wurzburg et même le Wurtemberg. D'après le grand-duc, les armements avaient été poussés avec activité en Autriche ; mais, comme sous l'administration financière du comte Wallis, on n'avait pu songer à rassembler les approvisionnements et le matériel nécessaires à une entrée en campagne, ces préparatifs devaient se ressentir de la hâte avec laquelle ils avaient été faits ; l'empereur, entêté et d'une intelligence bornée, entouré de vieillards fatigués comme Duka et Kutscherra, voulait tout diriger par lui-même et se perdait dans le détail ; les archiducs, même l'archiduc Charles, étaient mécontents et en disgrâce ; aucun général capable d'inspirer la confiance ne se trouvait à la tête des armées ; le démembrement de la monarchie pouvait être la conséquence d'un revers, car en Bohême et en Hongrie l'aristocratie locale n'aurait pas mieux demandé que d'avoir un souverain particulier. En résumé, le grand-duc s'attendait à une campagne longue et pénible, mais il ne doutait pas du triomphe final de Napoléon, et il le souhaitait ardemment.

D'après les observations personnelles de Vandeul, ministre de France à Darmstadt, la masse de la population était assurément plus inquiète que les années précédentes, mais elle n'en était pas moins convaincue de l'issue heureuse pour la France des événements en cours ; en revanche, elle était lasse des perpétuels sacrifices d'hommes et d'argent et elle aspirait à la paix. Le 2 septembre Vandeul constata l'heureux effet produit par la nouvelle de la victoire de Dresde. « Le public, écrivit-il, convient généralement que l'ennemi a manqué son coup et que cet échec le replace dans la mesure d'infériorité où il est habituellement... Le manifeste de Schwarzenberg est trouvé ridicule, la conduite de Metternich est encore plus décriée. »

Le grand-duché de Bade était trop éloigné de Mayence et trop en dehors des routes d'étapes pour éprouver comme ses voisins la gêne résultant pour ceux-ci de la présence permanente des dépôts ou du passage continuel des colonnes de marche et des convois. Les seules réquisitions qui lui furent imposées portèrent, au mois de septembre 1813, sur la fourniture des bois destinés au palissadement des places d'Alsace et elles s'exécutèrent sans aucune difficulté. D'ailleurs le gouvernement français usait de ménagements vis-à-vis du grand-duc, apparenté avec l'Empereur par son mariage avec

Stéphanie de Beauharnais, et beau-frère de l'empereur de Russie Alexandre Ier, du roi de Bavière Maximilien-Joseph et du prince héritier de Hesse-Darmstadt.

Charles, deuxième grand-duc de Bade, en montant sur le trône en 1811, s'était trouvé souverain d'un État qui par les annexions de 1803 et de 1805 était passé de 200.000 habitants à un million et de 1.200.000 florins de revenus à 8 ou 9 millions. C'était peut-être l'État le moins homogène de l'Allemagne du Sud, car il s'étendait entre le Rhin et la Forêt-Noire, de Constance à Mannheim, et englobait des groupes de population très différents par la religion, les intérêts et les mœurs. Mais comme les 7 ou 800.000 nouveaux sujets n'avaient trouvé aucune différence entre le nouveau seigneur et les anciens, qu'au demeurant ils avaient eu à se louer de l'administration du premier grand-duc, bon homme facilement accessible, ils s'étaient résignés sans trop de peine à leur sort, sauf dans le Brisgau, où l'on regrettait toujours le gouvernement autrichien.

Le grand-duc était loin de jouir de la même popularité que son grand-père. Il était indécis, négligent, enclin à l'arbitraire ; en dépit de son mariage avec une princesse remarquablement belle et intelligente, il n'avait pas renoncé aux habitudes dissipées de sa jeunesse et il avait mis l'administration de l'État dans le plus grand désordre, au vif mécontentement de ses sujets. Comme dans les autres États allemands, ceux-ci reprochaient à leur prince d'imposer au pays des sacrifices d'hommes et d'argent hors de proportion avec les ressources, pour complaire à l'Empereur des Français.

A la rupture de l'armistice, le grand-duc montra un zèle ardent. Il repoussa la demande faite par le ministre d'Autriche en vue de rester à Karlsruhe et fit arrêter à la poste les journaux autrichiens. Le 20 août le ministre de France, comte de Nicolay, lui décerna des éloges. « Je dois dire à V. E., écrivit-il au duc de Bassano, que je suis très content de S. A. R. dans la circonstance présente ; dans la dernière conversation que nous eûmes ensemble, après avoir raisonné sur l'importance et la certitude du succès de nos armes, le prince me dit : « Je sens qu'en ce moment aucun sacrifice ne « doit me coûter. » Du reste le grand-duc agit, car il envoie à l'armée des renforts tant qu'il peut et il craint toujours que l'Empereur ne soit pas assez satisfait de lui. »

Les bonnes dispositions des souverains des États riverains du Rhin se maintinrent aussi longtemps qu'ils purent croire leur sécurité assurée par la présence de l'armée bavaroise sur l'Inn et des troupes françaises en Westphalie. Mais, dans le courant de septembre, elles se modifièrent au fur et à mesure qu'arrivèrent sur le Rhin des renseignements de plus en plus inquiétants sur les dispositions de la Bavière à l'égard de la France, et sur la situation du roi Jérôme, menacé par les partisans ennemis, avec lesquels ses sujets paraissaient enclins à faire cause commune.

La nouvelle du coup de main de Czernitscheff et de l'effondrement du gouvernement westphalien se répandit avec une extraordinaire rapidité et eut un retentissement immense dans toute la région du Rhin. Les princes confédérés en furent consternés ; leurs sujets s'en réjouirent ouvertement et saisirent toutes les occasions de manifester leurs sympathies pour les Russes, les Prussiens et autres libérateurs. De tous les princes, le plus ému fut Dalberg ; il s'imagina que ses sujets allaient se soulever et le livrer aux cosaques, et sans plus tarder mit à exécution ses projets de retraite arrêtés depuis le mois de juillet. Le 29 septembre, après avoir confié à ses ministres le gouvernement de l'État, il quitta Aschaffenburg et se dirigea par Karlsruhe sur Constance, pour y attendre des temps meilleurs. Ses sujets ne furent point émus par son départ ; ils espéraient bien ne jamais le revoir et, escomptant l'arrivée des alliés sur le Rhin, songeaient déjà à reconquérir leurs anciennes franchises. Les agents français étaient dans le même temps fort démoralisés : dès le 30 septembre, Hédouville prévint le duc de Bassano qu'il était urgent de faire évacuer sur la rive gauche du Rhin les dépôts, les malades et les convalescents, disséminés depuis Francfort jusqu'à Giessen, car les partisans pourraient bien intercepter la route de Fulda.

A Darmstadt la cour ne dissimula point son anxiété ; seul le grand-duc affirma ouvertement son attachement inébranlable à l'alliance française et à l'Empereur et s'exprima en termes très durs sur la félonie du roi de Bavière. Mais autour de lui la grande-duchesse, le prince Christian, Lichtenberg, même Wedekind étaient très hésitants : « Dans la supposition d'une invasion sérieuse par l'ennemi, écrivait Vandeul le 19 octobre, on ne sait encore quel parti l'on prendrait : l'ambition conseille bien de persévérer dans le bon système, quoi qu'il puisse arriver ; mais cette ambition même est timide et le grand-duc tout seul triomphera-t-il des diverses influences auxquelles il est habitué ? »

Finalement pour tirer tout le monde d'embarras, la grande-duchesse se déclara malade et suspendit les réceptions à la cour.

La maison de Bade était profondément divisée. Le grand-duc, et naturellement son épouse, penchaient vers la France, dont ils n'avaient reçu jusqu'alors et n'avaient à attendre dans l'avenir que de bons procédés. La margrave douairière, fière des unions contractées par ses filles, l'une impératrice de Russie, l'autre reine de Bavière, une troisième princesse héréditaire de Hesse, les Hochberg, enfants du second lit du grand-père du grand-duc régnant et appelés à recueillir sa succession au cas où la grande-duchesse Stéphanie ne donnerait pas le jour à un fils, faisaient des vœux pour le triomphe des alliés, dont ils espéraient bien profiter pour faire répudier ou tout au moins éloigner la jolie Française de petite noblesse, toujours considérée comme une intruse par sa nouvelle famille. La margrave, restée malgré la guerre en correspondance suivie avec sa fille, l'impératrice de Russie, avait été prévenue, par une lettre arrivée à la fin de septembre, que les troupes russes allaient bientôt pénétrer sur le territoire de

Bade, mais qu'elles y observeraient une exacte discipline et n'y commettraient point d'excès, l'impératrice ayant adressé à son époux des demandes réitérées en faveur de son pays natal. Le grand-duc et sa famille étaient donc assez rassurés au point de vue de leurs intérêts particuliers, car ils avaient des protecteurs dans les deux camps.

Le 2 octobre, le prince primat arriva à Karlsruhe sans s'être fait annoncer; il repartit le 3 pour Constance, où le grand-duc, fort ému de cette espèce de fuite, songea un instant à le suivre, sous prétexte de conduire la grande-duchesse faire ses couches dans cette ville tranquille et agréablement située ; il fut même occupé pendant quelques jours de l'idée de se faire préparer un logement, mais il y renonça par crainte de tomber aux mains du roi de Wurtemberg, dont les Etats étaient voisins de Constance et qui, disait-on, venait d'envoyer à Töplitz le général de Gersdorf pour nouer une alliance avec l'Autriche. Il se décida alors à ne pas quitter sa capitale, où il se trouvait relativement en sûreté et à même de passer rapidement sur la rive gauche du Rhin, si la situation devenait désespérée. En attendant, il affecta de se montrer fermement attaché à l'alliance française ; il activa la fourniture des bois destinés au palissadement des places d'Alsace et continua d'entretenir les rapports les plus cordiaux avec le ministre de France et le général Desbureaux, commandant à Strasbourg la 5e division militaire.

Au début d'octobre, une demande au moins inopportune altéra sérieusement les relations de l'Empereur avec les princes confédérés riverains du Rhin. Les hôpitaux établis entre l'Elbe et le Main étaient devenus absolument insuffisants; la création de nouveaux établissements s'imposait. Mais l'Empereur, autant pour éviter le mauvais effet produit sur la population des départements frontières et sur les conscrits des dépôts par l'aspect des victimes de la guerre, que pour réaliser des économies aux dépens de ses alliés, décida de maintenir les indisponibles sur la rive droite du Rhin jusqu'au moment, soit de leur guérison et de leur rentrée dans le rang, soit de leur réforme définitive, et il ordonna de faire une nouvelle répartition des blessés, malades et convalescents. En conséquence le 4 octobre le duc de Bassano invita les ministres de France à prévenir les gouvernements auprès desquels ils étaient accrédités que le nombre des hommes à hospitaliser était fixé pour le grand-duché de Bade à 11.000, pour le grand-duché de Hesse à 10.500, pour le grand-duché de Francfort à 16 000, pour la principauté d'Isenburg à 1.000, pour le duché de Nassau à 5.500 et pour le grand-duché de Berg à 6.000, au total 50.000 hommes, qui allaient à bref délai arriver sur le Rhin.

Eu égard aux circonstances, cette répartition aurait été raisonnable, si les départements français de la rive gauche eussent eu à supporter leur part de charges. Mais il n'en était pas ainsi, et cette inégalité de traitement provoqua dans la population une émotion dont les divers gouvernements confédérés se firent les interprètes. Les diplomates français s'étaient bien attendus à des réclamations, mais ils étaient habitués à voir leurs demandes discutées avec déférence et finalement accueillies; ils furent donc fort surpris de la forme et du fond des réponses faites à cette occasion, car ils essuyèrent partout un refus à peu près absolu. A Francfort le ministre Benzel-Sternau adressa directement au duc de Valmy une protestation contre les charges nouvelles imposées au grand-duché : « Le moment est venu, écrivit-il, où tous les ressorts de l'administration, les talents de la Faculté et les soins des autorités doivent échouer contre l'excès des calamités. Il est impossible de tracer l'affreux tableau des établissements encombrés de mourants. Les évacuations affluent sans ordre ni méthode; rien ne peut être préparé pour les recevoir. »

Dans le grand-duché de Hesse, où stationnaient déjà les dépôts du 1ᵉʳ corps de réserve de cavalerie, l'attitude du gouvernement fut nettement hostile. Le 11 octobre le ministre Lichtenberg déclara à Vandeul que les finances de l'État étaient épuisées, que des charges énormes et excédant les ressources pesaient sur les habitants et que de nouvelles charges seraient de nature à les indisposer contre la France. Il ne dissimula pas les impressions pénibles causées au grand-duc et à lui-même par les exigences de l'Empereur, qui prétendait imposer à la Hesse la dépense des hôpitaux, alors qu'il pouvait facilement placer nombre de malades dans les villes de la rive gauche du Rhin. Finalement il exposa les conditions auxquelles le grand-duc se résignerait à accéder à la demande de l'Empereur : déplacement des dépôts de cavalerie cantonnés en Hesse ; interdiction aux commandants d'armes de Francfort et de Hanau de faire des réquisitions sur le territoire du grand-duché sans autorisation expresse du duc de Valmy et sans avertissement préalable ; envoi dans les localités désignées par le gouvernement grand-ducal, à l'exclusion absolue de Darmstadt, de militaires légèrement blessés ou malades, susceptibles d'être logés chez l'habitant, de manière à éviter l'établissement d'hôpitaux temporaires.

Le 12 octobre Lichtenberg eut avec Vandeul un entretien d'une tournure très vive ; il alla jusqu'à lui dire que le « grand-duc avait besoin d'être forcé à tout aux yeux de ses sujets ». Le lendemain cependant il parut se relâcher de ses prétentions et fit même « des espèces d'excuses ». Mais l'attention de Vandeul était éveillée ; en rendant compte de l'incident au duc de Bassano, il fit remarquer la gravité du changement d'attitude du gouvernement hessois, indice probable d'une faute plus grave encore, qui pourrait être commise sous peu.

Edelsheim, ministre du grand-duc de Bade, mit moins de formes encore dans sa réponse ; il déclara tout net que le pays n'était pas en état de supporter de nouvelles charges et que, si l'on pouvait transporter jusque dans le pays de Bade les malades de la Grande Armée, on pouvait tout aussi facilement les faire passer sur la rive gauche du Rhin et les hospitaliser sur le territoire de l'Empire. Il saisit cette occasion pour se plaindre amèrement du maintien systématique sur la rive droite des dépôts et des hôpitaux, afin de les y faire vivre aux dépens des États confédérés.

Du reste la situation sanitaire justifiait entièrement les plaintes et les appréhensions des souverains et de leurs ministres. Le typhus avait fait son apparition dans la vallée du Rhin avec les convois d'évacuation arrivés à la fin de septembre : les cas s'étaient rapidement multipliés, assez bénins au début, puis très graves et le plus souvent avec issue fatale. Le 18 octobre, Hédouville prévint le duc de Bassano que la mortalité peu sensible jusqu'alors s'accroissait d'une manière inquiétante ; beaucoup d'officiers de santé et d'infirmiers succombaient victimes de leur zèle ; l'inquiétude régnait parmi les habitants. Une cause particulière contribuait à répandre la contagion ; les malades étaient transportés sur des voitures de réquisition : or, ce service avait été désorganisé au moment du retour des dépôts de cavalerie sur le Rhin ; les paysans ne s'y prêtaient plus qu'avec une répugnance extrême ; beaucoup cachaient leurs voitures et leurs chevaux. Ceux sur lesquels les commandants de gîtes d'étapes réussissaient à mettre la main, ne se gênaient point pour maltraiter et abandonner les malades confiés à leurs soins, lorsqu'ils n'étaient point surveillés ; sur toute la route les villes et les villages étaient ainsi remplis d'hommes plus ou moins atteints, dans un état d'extrême misère physiologique, qui communiquaient leur mal aux habitants et préparaient pour les troupes de passage de redoutables foyers d'infection.

Les exigences maladroites et en partie injustes de l'Empereur produisirent un effet très fâcheux : portées à la connaissance des souverains encore fidèles à l'alliance française au moment même où ils reçurent la nouvelle officielle du traité de Ried et de la marche de l'armée austro-bavaroise sur le Main, elles contribuèrent certainement à leur inspirer l'oubli des avantages retirés de cette alliance et le désir de recouvrer leur indépendance. D'ailleurs ces princes se trouvaient dans la situation la plus critique : ils avaient épuisé leurs armées pour envoyer des renforts à l'Empereur et n'avaient conservé dans leurs états que le minimum de troupes nécessaire pour leur garde personnelle et le maintien de l'ordre public ; ils n'avaient aucun secours à attendre de la France, car ils n'ignoraient ni le faible effectif, ni le défaut d'organisation des forces dont disposait le duc de Valmy ; ainsi ils étaient hors d'état de résister à l'agression des Bavarois. Ils se sentaient isolés, car les relations entre les gouvernements confédérés étaient généralement froides, sinon mauvaises. Enfin, ils ignoraient les avantages promis à la Bavière pour la décider à entrer dans la coalition et ils pouvaient redouter qu'elle n'eût obtenu la liberté de modifier à son profit l'état territorial dans l'Allemagne du Sud, si elle s'était engagée, comme il était vraisemblable, à rétrocéder à l'Autriche et à la Prusse leurs anciennes possessions. Une seule combinaison leur parut alors désirable : faire reconnaître par les belligérants la neutralité de leurs États ; mais ils n'osèrent la proclamer ouvertement et ils attendirent dans l'angoisse l'issue de la lutte et la décision du vainqueur.

En fait, au milieu d'octobre, la Confédération du Rhin n'existait plus que de nom ; la pusillanimité et l'ingratitude des souverains, la fureur patriotique de leurs sujets rendaient inefficace tout l'appareil politique et militaire combiné pour assurer l'influence de la France en Allemagne et l'isoler des grandes puissances du Nord et de l'Est.

III

INSUFFISANCE DES MESURES PRISES POUR ORGANISER LA DÉFENSE DE LA LIGNE DU RHIN

La charge écrasante de la défense de la frontière française allait retomber tout entière sur le duc de

Valmy, en partie par suite des circonstances de guerre, en partie par suite de l'imprévoyance du gouvernement de la régence et surtout des ministres de la Guerre et de l'Administration de la guerre.

Dans une lettre datée du 18 août, par conséquent postérieure de trois jours seulement à la rupture de l'armistice, l'Empereur avait appelé l'attention du duc de Feltre sur les mesures à prendre pour parer à une offensive éventuelle des alliés contre l'Allemagne du Sud et la ligne du Rhin. Ne considérant pas comme dangereuse une diversion de cette nature, aussi longtemps que la Grande Armée se maintiendrait sur la rive droite du fleuve, escomptant aussi trop légèrement la fidélité des États confédérés aux traités conclus entre eux et avec la France, il avait admis que le duc de Castiglione, disposant du corps d'observation de Bavière renforcé de troupes françaises tirées de Mayence et de troupes hessoises, badoises, wurtembergeoises et bavaroises, pourrait, en prenant son point d'appui sur Wurzburg, empêcher l'ennemi d'arriver sur le Rhin, ou du moins disputer le terrain pied à pied jusqu'à la bataille décisive. Par là même il avait admis implicitement que, si le duc de Castiglione était obligé de reculer jusqu'à Mayence, les places du Rhin pourraient être, sinon sérieusement attaquées, tout au moins insultées. Il avait donc recommandé au duc de Feltre d'avoir l'œil sur ces places et de compléter sans délai, au moyen d'hommes isolés sortant des hôpitaux, les cadres des 123°, 124°, 127° et 128° de ligne, désignés pour tenir garnison à Wesel, Mayence et Strasbourg [1].

---

[1]. Par un ordre du 22 juillet, l'Empereur avait décidé d'incorporer les réfractaires dans les 123°, 124°, 127°, 128° et 129° régiments d'infanterie. A la date du 6 août, le ministre rendit compte des mesures prises pour assurer l'exécution de cet ordre :

1° Envoi des cadres des 1er, 4° et 5° bataillons et des dépôts des 123° et 124° de Saint-Omer et d'Abbeville sur Wesel ;

2° Envoi des cadres des 1er et 5° bataillons et du dépôt du 127° de Namur sur Wesel ; du 3° bataillon au complet de guerre sur Wurzburg, où se trouvait déjà le cadre du 2° bataillon. Le 3° bataillon

Les circonstances devenant plus urgentes, le ministre était autorisé, s'il le jugeait utile, à lever les gardes nationales d'Alsace et des places frontières, et à prescrire aux généraux commandant les divisions militaires de grouper en bataillons provisoires de garnison, des compagnies tirées des 5ᵉˢ bataillons ; il devait placer

devait verser dans le 2ᵉ ses hommes de troupe, puis retourner à Mayence et de là se rendre à Wesel ;
3º Envoi des 1ᵉʳ et 5ᵉ bataillons et du dépôt du 128ᵉ de Philippeville sur Strasbourg ;
4º Envoi du 1ᵉʳ bataillon du 129ᵉ, de la moitié du dépôt de Maestricht sur Wesel pour y être versés dans le 127ᵉ ; de la moitié du 3ᵉ bataillon, d'une compagnie du 5ᵉ, et de la moitié du dépôt sur Strasbourg pour y être versés dans le 128ᵉ : enfin le 2ᵉ bataillon, devenu 4ᵉ du 128ᵉ, devait être dirigé de Wurzburg sur Mayence et de là sur Strasbourg.
En résumé 9 bataillons devaient se former à Wesel : 1ᵉʳˢ, 4ᵉˢ et 5ᵉˢ bataillons des 123ᵉ, 124ᵉ et 127ᵉ ; 2 à Strasbourg, 1ᵉʳ et 5ᵉ du 128ᵉ ; 2 devaient passer par Mayence, 3ᵉ du 127ᵉ et 4ᵉ du 128ᵉ.
Mais la formation de ces bataillons était pratiquement subordonnée à l'arrivée des réfractaires dans les dépôts. Or, la recherche de cette catégorie de conscrits ne put pas commencer avant le milieu de septembre. En effet, par un ordre du 15 août, l'Empereur prescrivit l'organisation de quatre colonnes mobiles, fortes chacune de 60 gendarmes d'élite, de 50 gendarmes départementaux et d'une compagnie d'infanterie à l'effectif de 100 hommes, commandées par un officier général. Ces colonnes furent réunies du 15 au 18 septembre à Mayence, Strasbourg, Lille et Dijon. La colonne de Mayence, général Henry, devait opérer dans les 24ᵉ, 25ᵉ et 26ᵉ divisions militaires ; celle de Strasbourg, général Saunier, dans les 1ʳᵉ, 2ᵉ, 3ᵉ, 4ᵉ, 5ᵉ et 6ᵉ divisions ; celle de Lille, général Reynaud, dans les 15ᵉ, 16ᵉ et 21ᵉ divisions ; celle de Dijon, général Béteille, dans les 7ᵉ, 18ᵉ et 19ᵉ divisions. A cette époque le ministre estimait le nombre des réfractaires à 74.000 ; l'Empereur pensait qu'il y en avait davantage.
Les réfractaires constituaient une bien médiocre ressource ; les généraux commandant les 5ᵉ et 25ᵉ divisions militaires voyaient arriver avec un véritable dégoût, ces hommes déjà débilités au moment de leur mise en route par un séjour parfois prolongé dans les prisons de l'intérieur, et épuisés par un long et fatigant voyage, accompli dans les plus mauvaises conditions : en effet, les gradés subalternes chargés de la conduite des détachements, se préoccupaient peu de ménager des hommes étrangers aux corps auxquels eux-mêmes appartenaient : trop fréquemment ils les maltraitaient, ou même commettaient des malversations sur la nourriture et sur la solde. A leur arrivée à Wesel et à Strasbourg, beaucoup de réfractaires entraient à l'hôpital et, comme il n'était pas possible de les isoler, communiquaient aux soldats des autres corps leurs maux physiques et moraux. La mortalité était grande parmi eux, surtout à Wesel, où sévissait une dysenterie maligne. Parmi les valides un grand nombre étaient faibles de constitu-

deux bataillons dans Kehl, deux dans Kastell, un dans le fort Montebello et quatre dans Wesel, pour constituer les noyaux des garnisons de guerre.

Au cas où l'ennemi viendrait à dépasser Wurzburg, les généraux commandant les 5e, 25e et 26e divisions militaires arrêteraient tous les détachements de passage sur leur territoire pour se rendre à l'armée, les réuniraient à Strasbourg, Mayence et Wesel, et en formeraient des bataillons provisoires de guerre. Enfin l'Empereur ordonna de commencer la constitution des approvisionnements de siège à Kehl et à Kastell et de mettre partout l'armement de sûreté en batterie, en ajoutant que ces opérations devaient se faire « doucement et sans secousse ».

Ces instructions répondaient bien à l'état des affaires; elles durent parvenir à Paris vers le 25 août. Le duc de Feltre, ainsi prévenu en temps utile, pouvait les mettre à exécution avec calme et méthode : il avait pour devoir strict de se faire rendre compte sans délai[1] de l'état des places, de prescrire d'urgence la mise en train des travaux nécessaires et de faire affluer de l'intérieur les approvisionnements en vivres, en munitions et en matériel pour combler les déficits constatés. Il fallait aussi renforcer le personnel des divisions militaires, substituer à certains officiers, usés physiquement et moralement, des hommes actifs et énergiques, et faire comprendre à ceux-ci que d'un jour à l'autre ils pourraient se trouver en présence de l'ennemi. Tout

---

tion, mal conformés, ou même estropiés, et devaient être rapidement réformés. (Correspondance des généraux commandant les 5e, 25e et 26e divisions militaires.)

Le 5 octobre 1813, le ministre de la Guerre adressa au général d'Hastrel, directeur de la conscription, de sévères observations, motivées par les réclamations des généraux Desbureaux, à Strasbourg, et Merle, à Wesel, au sujet de l'état misérable des détachements de réfractaires et des mauvais traitements dont ils avaient souffert pendant leur route.

1. C'est seulement le 21 octobre que le duc de Feltre songea aux places du Rhin. A cette date il donna au général d'Aboville l'ordre d'aller inspecter l'état de l'artillerie et de presser l'armement. Le premier rapport de d'Aboville relatif à Kehl et à Strasbourg est du 31 octobre.

cela était possible, car la France contenait encore de grandes ressources en personnel et en matériel, sauf peut-être en fusils. La belle saison rendait faciles les transports et les travaux de terrassement. Bref on pouvait entamer et poursuivre avec ordre et économie l'œuvre de mise en état de défense du territoire, que l'on dut entreprendre avec fièvre et au prix de dépenses énormes deux mois plus tard.

Malheureusement le ministre n'en fit rien ; il se borna à porter les instructions de l'Empereur à la connaissance du duc de Valmy par une dépêche en date du 27 août, qui se terminait par ces mots : « Tout doit s'exécuter sans éclat, afin de ne pas jeter l'alarme dans l'esprit des habitants », et il laissa le duc et les généraux commandant les divisions se débattre avec les difficultés résultant du manque d'hommes, de matériel et de fonds[1].

Cependant les avertissements ne lui manquèrent pas. En particulier il reçut vers le 15 septembre une dépêche chiffrée du duc de Bassano datée du 8, écrite sous le coup des impressions qu'avaient fait naître au quartier général les défaites de Kulm, de la Katzbach et de Dennewitz : « Dans de telles circonstances, mon cher duc, et avec le génie de l'Empereur, on peut encore tout espérer, écrivait le duc de Bassano ; mais il se peut aussi que des chances contraires influent d'une manière fâcheuse sur les affaires. On ne doit pas trop le craindre, mais on doit le regarder comme possible et ne rien négliger de ce que commande la prudence. Je vous présente ce tableau, afin que vous sachiez tout et que vous agissiez en conséquence. Vous feriez sagement de veiller à ce que les places fussent mises en bon état et d'y réunir beaucoup d'artillerie,

---

1. A la date des 4 et 5 octobre, le général Desbureaux commandant la 5e division militaire à Strasbourg se plaignit du défaut de fonds qui arrêtait les travaux les plus urgents, notamment ceux du fort de Kehl, destiné à recevoir le 128e de ligne, régiment formé de réfractaires. Desbureaux était forcé de conserver à Strasbourg les 1er et 5e bataillons de ce corps, au grand détriment de l'instruction et de la discipline.

car nous faisons souvent dans ce genre des pertes assez sensibles. Vous devriez vous entendre secrètement avec le directeur général des vivres pour faire dans les places du Rhin des approvisionnements extraordinaires ; enfin pour préparer tout ce qui convient, afin que, dans une circonstance extraordinaire, Sa Majesté n'éprouvât point de nouveaux embarras et que vous ne fussiez pas pris au dépourvu[1]. »

Ainsi, plus d'un mois avant la bataille de Leipzig, d'une part, on envisageait au quartier général impérial la possibilité d'un retour sur le Rhin, d'autre part, à Paris le gouvernement de la régence était très suffisamment renseigné pour prendre d'urgence toutes les mesures nécessaires à la défense de la frontière de l'Empire.

Le duc de Feltre ne comprit pas l'importance de l'avertissement donné par le duc de Bassano. Il s'occupa seulement de la question des vivres, et la fit étudier dans un conseil composé de l'archichancelier, des ministres de la Guerre et de l'Administration de la guerre et du ministre du Trésor. Ce conseil ne mit même pas une grande activité dans ses travaux, car c'est seulement le 3 octobre que le duc de Feltre en fit connaître les résultats à l'Empereur : « Le conseil a décidé, écrivait-il, qu'il était nécessaire dans l'intérêt du service de Votre Majesté, pour ne rien négliger de ce que commande la prévoyance dans le cas où des événements détermineraient le retour de la Grande Armée sur le Rhin, que des approvisionnements de réserve, tant en vivres qu'en fourrages, seraient formés provisoirement sur le Rhin et que des fonds seraient mis à cet effet à la disposition du ministre directeur de l'Administration de la guerre[2]. »

---

1. Lettre citée par Camille Rousset dans la *Grande Armée de 1813*, p. 227.

2. 5° D. M., pour 60.000 hommes et 10.000 chevaux pendant un mois. Département du Mont-Tonnerre, pour 150.000 hommes et 20.000 chevaux pendant quinze jours. Département de Rhin-et-Moselle, pour 50.000 hommes et 10.000 chevaux pendant quinze jours. Département

Entre temps l'Empereur modifia ses idées premières. A la date du 27 septembre, jugeant peu probable l'éventualité du retour de l'armée en France dans le courant de l'année, il fit écrire au ministre directeur de l'Administration de la guerre une lettre, qui se croisa avec celle du duc de Feltre en date du 3 octobre ; aux termes de cette lettre, il renonçait à former sur le Rhin de grands approvisionnements en vivres et en fourrages et jugeait suffisant d'augmenter un peu les approvisionnements en farine [1]. En conséquence on arrêta l'exécution des sages mesures proposées, et l'on se borna à assurer le service courant. Par un hasard heureux dû au grand rendement de la récolte de 1813, cette imprévoyance n'eut pas de conséquences fâcheuses.

Il en fut de même pour les magasins d'équipement et d'habillement et pour les arsenaux des places de la ligne du Rhin ; les ministres de la Guerre et de l'Administration de la guerre se bornèrent à pourvoir à la consommation normale de l'armée et s'abstinrent l'un de demander, l'autre d'expédier des suppléments d'effets, d'armes et de munitions, sans considérer qu'en cas de besoins imprévus, ils seraient hors d'état d'y satisfaire en raison de la lenteur de la fabrication et des transports. Or, les événements n'allaient pas tarder à faire sentir cruellement les effets de la routine ministérielle, en démontrant combien il eût été nécessaire de pouvoir disposer immédiatement sur la base d'opérations d'approvisionnements extraordinaires de toute espèce.

Ainsi le matériel manquait ; il en était de même des hommes. D'après les ordres généraux donnés par l'Empereur et les mesures de détail arrêtées par le ministre, le duc de Valmy devait avoir à sa disposition pendant les mois de septembre et d'octobre 1813 des troupes

---

de la Roër, pour 100.000 hommes et 15.000 chevaux pendant un mois ou au moins quinze jours. A Metz et sur la Moselle, pour 60.000 hommes et 12.000 chevaux pendant un mois.

1. La décision de l'Empereur fut notifiée par le ministre de la Guerre au ministre directeur de l'Administration de la guerre par une lettre en date du 8 octobre.

d'origine et de valeur très différentes : unités diverses et dépôts stationnés normalement sur le territoire de la 26ᵉ division militaire ; détachements de toutes armes en route pour rejoindre la Grande Armée, qui devaient se concentrer à Mayence ; enfin, bataillons, escadrons et compagnies d'artillerie, également destinés à la Grande Armée, mais dont l'entrée en ligne était reculée à une date indéterminée.

Les garnisons de la 26ᵉ division militaire comprenaient dix bataillons ou dépôts d'infanterie (2ᵉ et 5ᵉ bataillons du 27ᵉ de ligne, 5ᵉˢ bataillons des 30ᵉ, 33ᵉ, 61ᵉ, 85ᵉ, 111ᵉ, 133ᵉ, dépôts des 28ᵉ et 37ᵉ légers) ; quatre escadrons (5ᵉˢ escadrons des 9ᵉ et 12ᵉ cuirassiers, 20ᵉ chasseurs et 3ᵉ hussards), deux compagnies d'artillerie (27ᵉ et 28ᵉ du 7ᵉ régiment à pied), et d'assez nombreux dépôts d'artillerie, du train d'artillerie, du train des équipages et des pontonniers. Ces troupes suffisaient à peine au service et à la garde des places, car les effectifs étaient très faibles ; au 1ᵉʳ octobre l'infanterie n'avait que 2.738 présents sous les armes, la cavalerie 419, avec seulement 173 chevaux, l'artillerie 231.

Le 3ᵉ bataillon du 127ᵉ et le 4ᵉ du 128ᵉ, affectés spécialement à la garnison de Kastell, devaient y être portés au complet de guerre par l'incorporation de conscrits réfractaires tirés du dépôt général de Strasbourg ; jusqu'à l'arrivée de ces conscrits l'effectif des deux bataillons serait réduit à celui des cadres.

Les détachements de toutes armes expédiés par les dépôts de l'intérieur aux régiments de la Grande Armée variaient de la force d'un peloton à celle d'une et parfois de plusieurs compagnies ; tous étaient régulièrement organisés, commandés par des officiers et des sous-officiers du corps et composés exclusivement de soldats habillés, armés et réputés instruits, susceptibles par conséquent d'entrer immédiatement en campagne. Ils constituaient pour le duc de Valmy une ressource précieuse, mais essentiellement précaire, car le séjour des détachements à Mayence était strictement limité au temps nécessaire à la formation d'une colonne de marche. Ces unités provisoires, d'un effectif rarement inférieur à 3 000 hommes et parfois beaucoup plus élevé [1], pouvaient tenir la campagne pendant un certain temps sans avoir à redouter l'attaque des partisans ennemis. Placées sous les ordres d'un général de brigade, elles se composaient d'un nombre variable de bataillons et escadrons de marche, avec quelques pièces et des canonniers pour les servir, et d'un convoi. Dès qu'un nombre de détachements suffisant était réuni à Mayence, le duc de Valmy procédait à la formation d'une colonne et la mettait en route pour rejoindre la Grande Armée. Ces départs paraissent avoir eu lieu à peu près régulièrement tous les quinze ou vingt jours.

Les troupes dont la disponibilité était reculée à une époque indéterminée consistaient en bataillons et compagnies d'artillerie destinés aux 51e, 52e, 53e et 54e divisions du corps d'observation de Bavière. Les bataillons devaient se former à Mayence même au moyen d'hommes tirés des compagnies de réserve départementales, de conscrits cédés par le ministère de la Marine au ministère de la Guerre, et de conscrits hollandais, versés dans des cadres venus des dépôts de l'intérieur, surtout de ceux situés dans l'ouest de la France. Les soldats des compagnies départementales, déjà instruits, habillés et armés, étaient à même d'être employés immédiatement, mais ils étaient fort peu nombreux. Les conscrits de la marine, au nombre de 8 500 environ, pouvaient être considérés comme disponibles à bref délai, car, avant leur départ des ports de guerre, ils avaient été exercés au maniement d'armes et aux manœuvres de l'infanterie pendant trois mois ; mais ils n'étaient pas armés et ils manquaient de beaucoup d'effets d'habillement et d'équipement. Enfin, les conscrits hollandais, au nombre de 2.500 environ, ne pourraient entrer en ligne que

---

[1]. La colonne de marche commandée par le général Lefol présentait à son départ d'Erfurt le 4 octobre un effectif de 247 officiers et fonctionnaires des divers services, 10.256 hommes de troupe ou convoyeurs, 3.556 chevaux et 220 voitures, dont 6 pièces attelées pour le combat.

beaucoup plus tard, car il fallait les habiller, les armer et les instruire entièrement.

Les premiers cadres de bataillon arrivèrent à Mayence au début de septembre (3º et 4º bataillons du 113º; 2ᵉˢ bataillons des 8º, 58º, 26º, 95º, 24º, 88º; 4º bataillon du 28º); mais, à part le bataillon du 95º, qui reçut les hommes des compagnies de réserve départementales, ils demeurèrent sans emploi; les premiers détachements de conscrits de la marine n'arrivèrent du port le plus rapproché, Anvers, que les 14 et 17 septembre avec les 2ᵉˢ bataillons des 51º et 55º amenant 1 147 conscrits. Pendant le mois d'octobre les arrivées s'échelonnèrent en trois périodes : du 3 au 5, 9º bataillon du 2º de marine et 3º du 62º amenant 3.500 conscrits de Toulon, 6º bataillon du 66º, avec un premier détachement de Rochefort, 2º bataillon du 122º; du 11 au 17 octobre, 5ᵉˢ bataillons des 26º et 82º amenant le reste du contingent de Rochefort, au total 1.168 hommes, 4º bataillon du 86º amenant 852 conscrits de Cherbourg, 7º bataillon du 1ᵉʳ de marine, 4º du 47º, 2º du 86º, amenant 1.545 conscrits de Brest et 463 de Lorient, 6º bataillon du 5º d'infanterie légère, parti de Cherbourg exceptionnellement au complet de 700 hommes instruits, habillés et armés. Postérieurement au 17 octobre arrivèrent encore les cadres du 3º bataillon du 17º léger et des 2ᵉˢ bataillons des 15º et 70º. Au total 15 bataillons, dont un seul, celui du 5º léger, était en état d'entrer en campagne.

Les premiers détachements de conscrits hollandais arrivèrent vers le 15 octobre. Vu leur mauvais esprit ces hommes ne pouvaient être employés qu'au service de garnison dans les places de la rive gauche du Rhin. En effet le ministre avait prévenu l'Empereur[1] que, d'après des renseignements fournis par le prince architrésorier Lebrun, gouverneur de Hollande, ces conscrits étaient partis sans résistance, mais en manifestant l'intention de déserter à la première occasion. Il avait en consé-

---

1. Le Ministre à l'Empereur 11 octobre.

quence recommandé de ne pas les envoyer immédiatement sur la rive droite du Rhin.

Aux troupes en formation à Mayence, il faut ajouter les 5es, 6es, 7es et 8es escadrons des quatre régiments de gardes d'honneur ; ces seize escadrons devaient arriver sur le Rhin du 15 septembre au 15 novembre et y être arrêtés pour terminer leur organisation et surtout leur instruction, à peine ébauchée dans les dépôts. Au 1er octobre les quatre 5es escadrons étaient à Mayence, les 6es en route pour s'y rendre ; les 7es et 8es étaient encore en formation dans les dépôts et ne devaient les quitter qu'à la fin du mois[1]. Ces escadrons ne pouvaient être utilement employés avant une période de temps assez longue, car les officiers, les sous-officiers et les simples gardes étaient également ignorants des principes les plus élémentaires de la manœuvre et du service. Quant à l'artillerie, elle se composait de quatre compagnies, 27e et 28e du 1er d'artillerie à pied, 27e et 28e du 7e, destinées aux 53e et 54e divisions. Ces compagnies étaient au complet ; leur matériel existait à l'arsenal de Mayence, mais les chevaux pour l'atteler manquaient et devaient être fournis par le dépôt de remonte de Hanau.

En résumé, si les ordres donnés étaient exactement observés, le duc de Valmy devait disposer à la fin de septembre d'une dizaine de mille hommes, dont à peu près 3.000 fournis par les garnisons de la 26e division militaire, 4.000 par les détachements de toutes armes, y compris les gardes d'honneur, et 3.000 par les bataillons en formation, y compris les conscrits d'Anvers. Pendant le mois d'octobre ces forces s'accroîtraient d'environ 12.000 hommes des cadres et des conscrits, mais diminueraient par le départ des colonnes de marche formées avec les bataillons organisés et les hommes réputés instruits. Il ne devait donc rester à Mayence que 10 à 12.000 conscrits, peu sûrs et totalement dépourvus d'ins-

---

[1]. Ordre de l'Empereur au duc de Valmy en date du 23 septembre. Lettre du duc de Valmy à l'Empereur, 27 septembre. Rapport du Ministre de la Guerre à l'Empereur, 29 septembre.

truction, encadrés par des officiers et sous-officiers formant le fond des dépôts de France, par conséquent assez médiocres comme résistance physique et comme qualités morales et professionnelles. Il eût fallu du temps pour donner aux bataillons ainsi constitués l'instruction et la discipline sans lesquelles ils risquaient de rester à l'état de bandes sans cohésion. Il eût fallu aussi des approvisionnements permettant de distribuer aux conscrits les armes et les effets nécessaires pour faire honorablement figure de soldats et leur donner, avec l'habit de leur nouvel état, les sentiments que leur dénuement ne contribuait pas peu à empêcher de naître. Mais le temps, le matériel et les hommes allaient également manquer au duc de Valmy, au moment même où il en aurait eu le plus besoin pour défendre la frontière de l'Empire.

IV

LA PANIQUE SUR LA LIGNE DE COMMUNICATION DE LA GRANDE ARMÉE

A la fin de septembre le duc de Valmy se trouva aux prises avec les difficultés les plus graves.

Depuis la rupture de l'armistice, les combats et les maladies avaient peu à peu encombré les hôpitaux de la première zone, entre l'Oder et l'Elbe, puis ceux des places de l'Elbe, puis ceux de la deuxième zone, entre l'Elbe et les montagnes de Thuringe. On s'était efforcé, en dernier lieu, d'évacuer les hommes capables de supporter le transport sur les hôpitaux créés en vertu d'un ordre de l'Empereur du 18 juillet, à Gotha, Eisenach, Fulda, Hanau, Cassel, Francfort, Marburg, Aschaffenburg et Wurzburg ; ces établissements avaient été très rapidement remplis bien au delà du chiffre pour lequel les locaux, le personnel et le matériel avaient été prévus, de telle sorte que des convois erraient parfois de ville en ville sans savoir où déposer leur chargement de blessés et de malades ; on devine quelles pouvaient être les souffrances de ces malheureux.

D'autre part, les débris des 3°, 5° et 11° corps d'armée, vaincus à la Katzbach, des 4°, 7° et 12°, à peu près détruits à Dennewitz, n'avaient pas tardé à se débander complètement. Fuyards, déserteurs, malades ou blessés en état de marcher, s'engagèrent sur les routes du Rhin, voyageant à leur gré, commettant pour vivre des violences contre les personnes et les propriétés, redoutés par les habitants et vraiment redoutables, faute d'une police militaire suffisamment organisée [1].

Le désordre fut porté à son comble par la retraite des dépôts de cavalerie établis à Leipzig et aux environs de cette ville. Le 18 septembre, l'Empereur expédia de Peterswaldau à Lefebvre-Desnouettes, chargé de la direction des opérations contre les partisans dans la région de la Saale, l'ordre de faire rétrograder ces dépôts sur Gotha, Eisenach et Langensalza. Le mouvement s'exécuta dans les plus mauvaises conditions. Les dépôts s'agglomérèrent en une lourde colonne de près de 8.000 hommes montés ou à pied, 6.000 chevaux plus ou moins blessés, avec un énorme convoi d'effets d'équipement, d'habillement et de harnachement ; ils entraînèrent avec eux une masse de non-combattants,

1. Le désordre venait de très loin. Déjà il s'était manifesté pendant la campagne du printemps, en grande partie parce que les officiers ne connaissaient pas leurs soldats et étaient dépourvus de toute influence morale : un ordre du jour du 6 mai avait relevé leur négligence à maintenir les hommes dans le rang pendant les marches ; un autre du 10 mai avait ordonné la formation de patrouilles de gendarmerie saxonne pour arrêter les traînards. Si l'instruction de l'armée se perfectionna pendant l'armistice, les vertus militaires ne se développèrent pas parallèlement. Les défaites de la Katzbach (26 août), de Gross Beeren (23 août) et de Dennewitz (6 septembre) furent suivies d'une débandade presque complète des corps qui avaient combattu dans ces affaires. Dès le 3 septembre il fallut envoyer des colonnes de gendarmerie pour arrêter les fuyards des 3°, 5° et 11° corps. Le 6, lorsqu'on réorganisa ces corps d'armée, il fallut faire un ordre du jour qui menaçait d'être décimé tout soldat qui en quittant ses drapeaux trahit le premier de ses devoirs. Ces mesures de rigueur, d'ailleurs difficilement applicables, restèrent inefficaces. (Général PELET, *Campagne d'automne de 1813*, p. 367.)

d'isolés et d'équipages particuliers. Le général Noirot, commandant supérieur des dépôts, fit preuve dès le début de la marche d'une incapacité complète ; il laissa les officiers réquisitionner sans contrôle toutes les voitures et tous les chevaux à leur convenance ou à celle de leur détachement, les hommes piller et dévaster les villages, au point que les paysans affolés se sauvaient dans les bois.

A leur passage aux environs d'Erfurt les dépôts de cavalerie présentaient déjà l'image de la plus parfaite déroute[1]. Attirés par cette riche proie, les partisans autrichiens, russes et prussiens déployèrent la plus grande activité.

L'Autrichien Mensdorf se jeta sur la communication de Dresde et de Torgau avec Leipzig ; le transfuge saxon Thielmann sur celle de Leipzig avec Erfurt. Thielmann réussit même à s'emparer de Merseburg, dont la garnison de 500 hommes capitula le 18 septembre ; mais le 24 il fut atteint par Lefebvre-Desnouettes, battu et obligé de se retirer sur Zwickau. Lefebvre-Desnouettes prit alors position à Altenburg pour couvrir du côté du sud la route d'étapes de Leipzig à Erfurt ; il y fut attaqué par Platow, sorti de Bohême le 26 septembre avec ses cosaques et un corps d'infanterie et de cavalerie autrichiennes ; Platow et Thielmann réussirent le 28 septembre à obliger les Français à se retirer sur Weissenfels et interrompirent de nouveau les communications entre Leipzig et Erfurt.

La route d'étapes était en même temps menacée au nord par les troupes légères de l'armée du prince royal de Suède. Dès le 25 septembre, la cavalerie régulière du corps de Woronzow occupa sur la rive gauche de l'Elbe, Halberstadt et Eisleben, coupant ainsi les communications de Cassel avec Magdeburg et avec Leipzig. A la droite le lieutenant-colonel de Marwitz, du corps de Tauenzien, exécuta un coup de main heureux sur Brunswick, où, après un simulacre de combat, la gar-

---

1. Lettre du général Dalton au duc de Valmy, 25 septembre.

nison westphalienne fit défection. A gauche Czernitscheff, partant d'Eisleben, prépara une audacieuse expédition sur Cassel.

Les nouvelles des succès des partisans russes, autrichiens et prussiens, considérablement grossies par la malveillance des habitants, causèrent une véritable panique sur les derrières de la Grande Armée. Fuyards, déserteurs, éclopés, employés des administrations, malades et blessés guéris, ou se croyant tels, se hâtèrent de gagner les régions voisines du Rhin pour s'y mettre en sûreté. Une circulaire étrangement maladroite du baron de Saint-Aignan, ministre de France près les cours de la Saxe ducale, accéléra encore le mouvement de cette masse démoralisée : ému par l'apparition, au nord de la route d'étapes, de quelques bandes de cosaques, détachées sans doute par Czernitscheff pour battre le pays, Saint-Aignan annonça partout la marche sur Gotha d'un corps de 10.000 chevaux. La colonne Noirot évacua précipitamment ses cantonnements et, général en tête, roula comme un torrent sur la route de Mayence, entraînant avec elle tous les isolés. Près de 20 à 25.000 hommes arrivèrent ainsi dans le grand-duché de Francfort. Cette seconde partie de la marche des dépôts de cavalerie fut encore plus désastreuse que la première pour les pays traversés. Un grand nombre de voitures et de chevaux de réquisition furent indûment emmenés jusqu'au Rhin, volés ou perdus, et ne revinrent jamais à leurs propriétaires ; le service des transports de la Grande Armée fut ainsi totalement désorganisé. Ces réquisitions abusives ne suffirent même pas pour sauver le matériel, car beaucoup de voitures furent abandonnées et pillées par les habitants, qui se déguisaient en cosaques pour faire la chasse aux maraudeurs [1]. Les chefs donnaient

---

1. Correspondance de l'Empereur : n° 20 675, 1er octobre, au duc de Bassano, 20 676, 2 octobre, au major général.
Dépêche du duc de Bassano au baron de Saint-Aignan, 4 octobre.
Correspondance du général Dalton, gouverneur d'Erfurt, du préfet du département de Fulda, et du major Catusse, commandant le même département. Septembre et octobre 1813.

le plus mauvais exemple : « On voit, écrivait Berckheim le 3 octobre, que personne n'est retenu dans les limites de son devoir par la crainte salutaire d'une surveillance active et énergique, lorsqu'on voit beaucoup d'officiers et de soldats s'amuser dans une ville quelconque située sur les derrières de l'armée, tandis que leurs corps se battent devant l'ennemi ; lorsqu'on voit des chirurgiens et des employés d'administration militaire qui se font héberger dans les villes d'étapes au lieu de se rendre à leur poste ; lorsqu'on voit un officier général tel que M. Noirot, laisser surprendre sa colonne de marche par quelques misérables cosaques, se rendre par là l'objet de la risée publique en Allemagne et pour terminer une telle équipée ne point empêcher les soldats de sa colonne de se livrer entre Leipzig et Weimar au pillage, au vol et au viol, jusqu'au point de pousser les paysans à des actes de désespoir ; lorsqu'on voit enfin le peu de soin que l'on prend de nos malheureux blessés. »

Le 25 septembre, l'Empereur, informé de l'anarchie qui régnait sur les derrières de la Grande Armée, avait bien donné l'ordre au duc de Valmy d'arrêter les fuyards, de les renfermer dans la citadelle de Mayence, d'en former des bataillons provisoires et de les réexpédier sur Leipzig avec les colonnes de marche. Mais il ne se doutait pas de l'étendue du mal : la citadelle et les hôpitaux de Mayence étaient bien trop petits pour contenir les 20 ou 25.000 fuyards, blessés ou malades, qui de tous les points de l'Allemagne affluaient vers le Rhin ; la plupart d'ailleurs ne se souciaient nullement de rentrer dans le rang.

Le duc de Valmy prit des mesures énergiques ; il interdit aux isolés de passer le Rhin ailleurs qu'à Mayence ; dans la place même les militaires furent consignés aux portes, afin qu'une fois entrés ils ne pussent plus sortir. Les cadres des 3e et 4e bataillons du 113e, des 2es bataillons des 8e, 58e et 122e, du 4e bataillon du 28e, les dépôts du 28e léger et du 37e léger à Mayence, le 3e bataillon du 127e et le 4e bataillon du 128e à Kastell, furent désignés pour recevoir les isolés valides et les éclopés de l'infanterie ; les cadres des 2es bataillons des 24e et 88e furent envoyés à Francfort et à Hanau dans le même but. Des demandes instantes furent adressées au ministre en vue d'obtenir sans délai l'envoi des armes et effets nécessaires pour remettre 6.000 hommes en état, en sus des approvisionnements prévus pour les conscrits déjà arrivés ou attendus à Mayence.

A la fin de septembre ces mesures avaient déjà produit quelque effet. Les bataillons des 24e, 88e, 127e et 128e avaient été portés au complet et les hommes avaient reçu les armes et les effets qui leur manquaient. Ces quatre bataillons étant ainsi devenus disponibles, le duc de Valmy put se séparer des détachements destinés à la Grande Armée, arrivés à Mayence dans la seconde quinzaine de septembre, et en former la 54e colonne de marche, forte de trois bataillons, d'un régiment de cavalerie provisoire, d'une compagnie d'artillerie avec son matériel et d'un convoi de vivres et de munitions : au total 130 officiers, 3.500 hommes de troupe et 1.000 chevaux. Cette colonne, placée sous les ordres du général Rigau, quitta Mayence le 27 septembre. En suivant l'itinéraire normal, elle devait arriver à Fulda le 3 octobre et à Erfurt le 10. Son apparition sur la route d'étapes était singulièrement opportune, car de très graves événements se passaient en Westphalie.

Czernitscheff avait entamé le 25 septembre une expédition dans le but de tenter un coup de main sur Cassel, siège du gouvernement et résidence du souverain. Il disposait d'environ 4.000 cavaliers réguliers ou cosaques, d'un peu d'infanterie et d'artillerie légères, forces bien supérieures au fantôme d'armée sur lequel comptait le roi Jérôme pour défendre sa personne et son trône. La véritable armée westphalienne avait été en effet totalement détruite en Russie ; sans doute, depuis le mois de décembre 1812, le roi, activement secondé par le ministre de la Guerre Salha et le général Allix, avait réussi à reformer quatre bataillons de la garde, cinq régiments d'infanterie de ligne, trois bataillons d'infanterie légère, cinq régiments de cavalerie, avec l'artillerie correspondante. Mais ces corps étaient employés à la Grande Armée, où l'Empereur, peu confiant dans leur fidélité, les avait répartis entre différents corps d'armée. Cette méfiance était complètement justifiée : les soldats du roi Jérôme, pour la plupart recrues sans discipline et sans instruction, étaient animés du plus mauvais esprit et commandés par des chefs tout disposés à imiter le colonel baron de Hammerstein et le major de Pentz, qui, dans la nuit du 22 au 23 août, avaient passé à l'ennemi, entraînant les deux régiments sous leurs ordres, 1er et 2e hussards westphaliens. A la fin de septembre le roi Jérôme n'avait en réalité pas 3.000 hommes sous les armes dans ses États ; les seuls sur lesquels il put compter étaient les hussards français du régiment Jérôme-Napoléon, créé depuis le 3 août avec l'autorisation de l'Empereur et recruté au moyen de détachements fournis par vingt-quatre régiments de cavalerie légère. Mais sur 1.200 officiers et hommes de troupe, 600 seulement étaient montés et équipés ; les autres en étaient réduits à faire le service à pied.

Les troupes westphaliennes, au moment où Czernitscheff menaçait par le sud la capitale du royaume, se trouvaient réparties au nord et à l'est : à Munden le général de Zandt surveillait la route de Brunswick avec 550 hommes ; vers Heiligenstadt le général Bastineller gardait les défilés du Harz avec 1.100 hommes ; à Cassel même, le général Allix, gouverneur de la place, disposait d'un millier d'hommes. Le 26, Czernitscheff atteignit Mulhausen, et le 28, de grand matin, Helsa, première poste sur la route de Cassel à Eisenach ; le jour même il pouvait se présenter devant Cassel et tenter une attaque avec de grandes chances de succès.

En effet, le roi Jérôme avait décidé de ne pas attendre l'ennemi : le 28 au matin deux convois sortirent de la ville ; l'un, composé des Français employés dans les administrations westphaliennes, du personnel de la cour et des bagages du roi, prit la route de Munster, territoire français le plus proche, où se trouvaient quelques troupes; l'autre, plus léger, formé de voitures de bagages et d'artillerie, des gardes du corps, des grenadiers westphaliens restés fidèles, et des hussards Jérôme-Napoléon montés, sous les ordres directs du roi, prit la route de Marburg. Le général Allix, avec deux compagnies de la garde et les hussards non montés, resta à Cassel pour défendre la place le plus longtemps possible et pour couvrir la retraite du roi.

Les journées du 28 et du 29 septembre se passèrent en tiraillerie des deux côtés. Czernitscheff perdit un temps précieux à rechercher la colonne du général Bastineller, qui s'était totalement débandée. Allix, renforcé du détachement Zandt, rentré à Cassel le 29, s'efforça d'organiser la résistance ; mais il se trouva dans une situation extrêmement difficile, car les soldats westphaliens désertèrent les uns après les autres, et la population devint menaçante. Le 30 au matin le combat s'engagea à la porte de Leipzig, sur la rive droite de la Fulda. Les hussards se défendirent bravement, mais finirent par être refoulés dans la ville, où une émeute éclata. Allix se résigna alors à signer une capitulation fort honorable, car il obtint de sortir de la place avec armes et bagages, emmenant avec lui le corps diplomatique et les fonctionnaires civils. Le même jour, Jérôme alla s'établir au château de Montabaur, à proximité de Coblentz sur la rive droite du Rhin. Il n'y resta que trois jours ; le 3 octobre il passa le Rhin et vint se réfugier à Coblentz même, où le rejoignirent quelques fonctionnaires et quelques dames, qui lui composèrent une espèce de cour[1].

Les premiers renseignements sur la marche de Czernitscheff parvinrent à Mayence le 29 septembre ; le roi Jérôme prévenait le duc de Valmy que l'ennemi occupait Mulhausen et lançait des partis jusque dans les environs de Cassel ; il demandait de la manière la plus pressante l'envoi de troupes françaises, car il jugeait impossible de se maintenir dans sa capitale sans leur

---

1. *Napoléon et sa famille*, par Frédéric Masson.

appui. Il était difficile au duc de Valmy de répondre par un refus ; d'un autre côté des renseignements sûrs lui donnaient lieu de craindre que le corps ennemi arrivé à Mulhausen ne cherchât à faire sa jonction avec un autre corps signalé du côté de Plauen, dans le but de couper la route d'Erfurt à Mayence. Dans cette hypothèse la section de cette route la plus menacée se trouvait comprise entre Fulda, à l'extrémité de la zone protégée par les troupes venues de Mayence, et Gotha, ou à la rigueur Eisenach, que le gouverneur d'Erfurt pouvait faire occuper par des détachements.

Le duc de Valmy avait prescrit à Rigau d'escorter son convoi jusqu'à Vach, de le remettre sur ce point aux troupes envoyées d'Erfurt à sa rencontre, et de manœuvrer ensuite pour rejoindre les troupes du roi de Westphalie. Mais à la suite des nouvelles reçues le 29, il modifia ses instructions premières ; il expédia en conséquence à Rigau l'ordre de gagner Fulda à marches forcées, d'y prendre position en se renseignant sur la marche et les projets de l'ennemi, et, au besoin, d'alléger sa colonne, en renvoyant le convoi sur les derrières et en ne conservant que les troupes, les pièces attelées et servies, et les voitures de vivres et de munitions nécessaires à l'effectif réellement présent sous les armes. En même temps il lui envoya comme renforts les deux bataillons des 51° et 55° de ligne, complétés avec des conscrits de la marine, et tous les hommes montés disponibles à Francfort dans les dépôts de la cavalerie de la garde, environ 1.000 baïonnettes et 600 sabres. Comme il y avait déjà à Fulda et dans les gîtes voisins quelque cavalerie pour maintenir le pays, le duc de Valmy calculait que Rigau se trouverait ainsi, vers le 5 octobre, à la tête de 4.500 combattants environ, parfaitement en mesure de protéger la route d'étapes et de couvrir les États de Francfort et de Nassau, où s'étaient réfugiés près de 20.000 fuyards et de 15.000 blessés.

D'autre part, le duc de Valmy dirigea les deux bataillons du 127° et du 128° avec deux compagnies de cavalerie sur Marburg, où le détachement devait prendre position, de manière à appuyer les troupes du roi Jérôme et au besoin les recevoir, dans le cas où la présence de l'ennemi obligerait ce prince à évacuer sa capitale et à se replier sur Mayence.

Cette seconde éventualité se réalisa plus vite que ne le prévoyait le duc de Valmy ; en effet, il reçut le 30 une lettre datée du 29 par laquelle le roi lui annonçait son départ de Cassel, son arrivée à Wetzlar et lui demandait de nouveaux renforts. Cette lettre s'en référait à une précédente, sans doute interceptée par l'ennemi, et relative aux événements antérieurs à l'évacuation de Cassel. Le maréchal se décida à venir au secours du roi, mais sans découvrir la route de l'armée ; il ne modifia donc point les ordres envoyés en dernier lieu à Rigau et lui laissa continuer sa route sur Fulda ; mais il détourna sur Wetzlar les bataillons du 51e et 55e, déjà arrivés à Hanau, et fit suivre les bataillons du 127e et du 128e de tout ce qu'il avait de disponible à Mayence, un fort détachement du 12e de voltigeurs de la garde, les 5es escadrons des 1er et 2e régiments de gardes d'honneur, la compagnie d'élite du 20e dragons, de nombreux détachements d'infanterie et de cavalerie formés en bataillons et escadrons provisoires, la 27e compagnie du 7e d'artillerie à pied servant 8 bouches à feu. Toutes ces troupes quittèrent Mayence du 30 septembre au 2 octobre et furent dirigées par Francfort, Friedberg et Wetzlar sur Marburg, où elles devaient être ralliées par Allix avec 1.000 hommes environ.

Le duc de Valmy avait l'intention de donner le commandement supérieur des troupes opérant en Westphalie au général Préval, gouverneur militaire des provinces de Francfort et de Hanau. Par une lettre du 4 octobre il demanda à l'Empereur de conférer à Préval le grade de général de division, les circonstances et l'importance de son commandement exigeant qu'il fût revêtu d'un grade supérieur à celui de ses subordonnés. Cette demande était amplement justifiée par le mérite et l'ancienneté de Préval, qui avait déjà quinze ans de grade de colonel et de général ; mais elle était aussi inspirée par le désir de maintenir les troupes françaises sous les ordres d'un général de division au service de France et d'éviter ainsi de les mettre sous ceux d'Allix, qui avait quitté l'armée française comme colonel et gagné ses grades de général de brigade, puis de division, au service de Westphalie.

Le 5 octobre Préval, emmenant avec lui tous les cavaliers disponibles du dépôt de Hanau, 200 hussards et dragons de vieille cavalerie d'Espagne et 150 cuirassiers montés par ses soins, partit pour Marburg. Il avait ordre de combiner ses opérations avec Rigau, auquel le maréchal prescrivit, le 6 octobre, de se porter de Fulda sur Hersfeld et Rothenburg, pendant qu'un fort détachement escorterait jusqu'à Erfurt le convoi destiné à la Grande Armée. En même temps le maréchal invita le général Dalton à envoyer des troupes de la garnison d'Erfurt jusqu'à Eisenach pour protéger la marche du convoi et pour pousser de fortes reconnaissances par Langensalza sur Mulhausen, afin d'inquiéter l'ennemi, faciliter les opérations de la colonne Rigau et débarrasser la route d'étapes des partisans qui l'infestaient.

Czernitscheff évacua Cassel le 3 octobre, sans attendre l'attaque. Les troupes françaises restèrent cependant en Westphalie pour pacifier le pays; mais le roi Jérôme ayant pris sur lui de les placer sous le commandement d'Allix, le duc de Valmy se hâta de rappeler Préval à Francfort, où sa présence était nécessaire pour diriger le service des étapes, mettre de l'ordre parmi les isolés et maintenir dans la soumission une population qui commençait à donner des signes non équivoques de mécontentement.

V

LE RALLIEMENT DES FUYARDS

Les opérations de la colonne Rigau avaient eu l'avantage d'écarter les partisans de la route d'étapes et de couvrir le grand-duché de Francfort. Mais l'envoi en Westphalie de tous les détachements plus ou moins en état de tenir la campagne, avait laissé Mayence, Kastell et la 26ᵉ division militaire totalement dégarnies. Pour ne pas rester dans cette situation périlleuse le duc de Valmy dut songer à tirer le meilleur parti possible des isolés et des dépôts de cavalerie entassés sur le territoire du grand-duché.

Les conscrits de la marine continuaient d'arriver aux époques fixées, mais avec un déchet assez considérable sur le nombre prévu. Ainsi le 5 octobre, en recevant ceux de Toulon, le duc de Valmy constata que l'effectif du détachement était de 2400, au lieu de 3 500 annoncés. En calculant dans la même proportion la diminution produite par les entrées aux hôpitaux, les réformes et les désertions, la totalité des hommes de cette catégorie ne permettrait pas de compléter plus de dix cadres de bataillons, à raison de 600 hommes par bataillon.

Les conscrits hollandais, ayant une moins longue route à faire pour atteindre Mayence, moins exposés par conséquent aux fatigues et aux privations, pourraient servir à compléter 5 ou 6 cadres de bataillon ; mais il faudrait les conserver dans les places de la rive gauche du Rhin, afin de pousser sans relâche l'instruction et de prévenir la désertion.

Il restait donc, indépendamment des quatre bataillons déjà reconstitués et dirigés sur la Westphalie, six à sept cadres de bataillon et les dépôts de la 26ᵉ division militaire susceptibles de recevoir les fuyards reconnus valides. Le général Schaal, commandant la division, fut chargé de cette organisation. Le 5 octobre il rendit compte au ministre des dispositions prises par le duc de Valmy : les hommes revenus de l'armée avaient été répartis en trois catégories : dans la première, ceux en état de rentrer immédiatement en campagne après avoir été équipés, armés et habillés à neuf ; dans la seconde, les blessés et les malades susceptibles de rentrer dans le rang après une courte période de repos et de soins ; dans la troisième, les hommes jugés incapables désormais de reprendre le service actif. Ceux de la première catégorie devaient être versés dans les cadres désignés à cet effet ; ceux de la seconde, suivant leur état, soit dans les dépôts, soit dans les hôpitaux du lieu ; enfin ceux de la troisième étaient dirigés sur le dépôt des convalescents de Landau, où le général Schawembourg prononçait définitivement sur leur sort.

Grâce à ces mesures, six bataillons se trouvaient reconstitués au 10 octobre : les 3e et 4e bataillons du 133e avaient reçu respectivement 580 et 630 isolés, pour la majeure partie en état de servir. Les 2es bataillons des 8e, 58e et 122e et le 4e bataillon du 28e avaient reçu 700, 460, 900 et 480 hommes ; en outre 600 hommes étaient en subsistance aux dépôts des 28e et 37e légers. Mais tous ces hommes étaient à réarmer, rééquiper et rhabiller en totalité : « J'ai bien eu la preuve, écrivait le 10 octobre le duc de Valmy à l'Empereur, que dans le nombre de ces fuyards il y en avait qui avaient été mis totalement en état et à neuf il y a seulement deux et trois mois. Mais il est impossible de se faire une idée de l'état pitoyable dans lequel la presque totalité de ces hommes reviennent : sans armes, sans shakos, sans habits, sans pantalons même et sans souliers. Ils se seraient pour la plupart défaits exprès de tout ce qu'ils avaient reçu avant de passer le Rhin et d'aller à l'armée qu'ils ne seraient pas dans une nudité plus complète. » Cependant ces hommes étaient de la plus belle espèce et les bataillons reconstitués auraient été superbes, si l'on avait pu leur distribuer les effets et les armes nécessaires.

Malheureusement le comte de Cessac, ministre directeur de l'Administration de la guerre, auquel le duc de Valmy avait communiqué les ordres de l'Empereur en date du 25 septembre, les avait interprétés dans le sens le plus strict et sans tenir compte des besoins urgents que l'Empereur ne pouvait connaître. Le 5 octobre il adressa au commissaire ordonnateur en chef Noury, chargé du service de l'armée de réserve, l'ordre formel de limiter les distributions aux effets de grand équipement, en les prenant sur un approvisionnement de 8.000 effets de cette nature pour lesquels un marché était passé à Mayence et dont il l'invitait à presser l'exécution. Pour les effets de petit équipement et d'habillement le ministre en interdit la délivrance, arguant, d'une part, que les fuyards visés par l'ordre de l'Empereur, étaient des conscrits habillés à neuf dans l'année et par conséquent ne devaient pas avoir besoin de vêtements ; d'autre part, qu'il importait de régler avec la plus sévère économie l'emploi des approvisionnements existant à Mayence, en raison des entraves que le défaut de fonds et surtout de numéraire apportait à l'exécution des marchés passés par l'administration de la guerre. En d'autres temps et en d'autres circonstances de telles instructions auraient été justifiées. Mais en octobre 1813 elles étaient très inopportunes ; désireuse de s'y conformer, l'administration militaire locale souleva une foule de difficultés qui eurent pour effet de retarder la disponibilité de près de 6.000 hommes susceptibles d'un bon service. Ne pouvant recevoir le reste des isolés à Mayence, où les ressources manquaient pour les remettre en état, n'ayant pas d'ordre pour les renvoyer sur les dépôts de France, et ne voulant pas les laisser passer le Rhin, le duc de Valmy fut contraint de les établir en cantonnements provisoires sur la rive droite ; mais il ne dissimula pas à l'Empereur que, s'ils y séjournaient longtemps, ils seraient perdus pour la campagne prochaine : oisifs, mal vêtus, mal nourris par les paysans dont ils étaient obligés de partager les aliments grossiers, mal logés dans des chaumières infectes où ils ne pouvaient se débarrasser de la vermine apportée des bivouacs, ces hommes allaient devenir la proie des maladies. Le duc de Valmy proposa donc à l'Empereur d'en former des détachements et de les diriger sur les dépôts des divisions militaires les plus voisines du Rhin ou même de l'Intérieur. Une fois encadrés et surveillés, bien logés, bien nourris, on pourrait les habiller de nouveau sans qu'ils aient la tentation de vendre leurs effets pour subsister, on s'occuperait de leur instruction et l'on arriverait à reconstituer des bataillons solides.

En attendant il fallait couper court au trafic des effets, des armes et des munitions, encouragé dans un but très suspect par les habitants de la rive droite du Rhin. Le 11 octobre le duc de Valmy proposa à l'Empereur de rendre un décret édictant les mesures les plus rigoureuses : fusiller tout soldat convaincu d'avoir vendu ses armes, ses effets ou ses munitions ; obliger les officiers de compagnie à faire chaque jour la visite des sacs, des armes et des munitions, sous leur responsabilité, s'ils ne faisaient pas arrêter sur-le-champ les hommes coupables de les avoir perdus ou vendus ; en cas de négligence constatée, destituer les officiers fautifs ; inviter les autorités locales à expédier dans le prochain gîte d'étapes, et de là sur Mayence, les effets et les armes abandonnés ; fusiller les receleurs ; mettre le décret en vigueur dans toute l'étendue du territoire de l'Empire.

La remise en état des dépôts de cavalerie était peut-être encore plus difficile que celle des bataillons d'infanterie. Ces dépôts étaient arrivés à Francfort du 1er au 3 octobre dans le plus affreux désordre ; leurs chefs voulurent continuer le système de réquisitions abusives tolérées jusqu'alors par le général Noirot et traiter le grand-duché en pays conquis. Mais cette fois ils trouvèrent à qui parler : le duc de Valmy se rendit à Francfort le 2 octobre, fit arrêter Noirot[1] et rétablit l'ordre par les moyens les plus énergiques : la masse des dépôts constituant un commandement beaucoup

---

1. Dès que le ministre de la Guerre eut été informé de la conduite de Noirot, il prescrivit au duc de Valmy de l'arrêter et adressa à l'Empereur un rapport tendant à le faire traduire devant un conseil d'enquête (5 octobre). Mais, les lettres du duc de Valmy avaient déjà provoqué un décret impérial en date du 2 octobre prononçant la destitution de Noirot. A la réception de ce décret le duc de Valmy remit Noirot en liberté et le renvoya dans ses foyers. Il en rendit compte au Ministre par une lettre datée du 19 octobre.

trop lourd fut subdivisée en trois groupes : le premier, formé des dépôts du 1ᵉʳ corps de réserve, fut placé sous les ordres du général Ludot et cantonné dans le grand-duché de Hesse ; le second, formé des dépôts du 2ᵉ corps de réserve, sous les ordres du général Barthélemy, et le troisième, formé des dépôts des 3ᵉ, 4ᵉ et 5ᵉ corps et des régiments attachés aux corps d'armée, sous les ordres du général Laroche, furent cantonnés dans les États de Nassau. La direction supérieure du service fut confiée au général Préval, déjà gouverneur militaire des provinces de Hanau et de Fulda.

Lors d'une première inspection, le duc de Valmy avait espéré tirer promptement de ces dépôts quelques compagnies. Mais, après l'établissement des cantonnements dans les États de Hesse et de Nassau, des revues détaillées de chaque groupe lui démontrèrent que cette cavalerie ne serait pas de longtemps en état de rendre quelque service. Les cadres, rebut des escadrons de guerre, étaient démoralisés et indisciplinés ; les hommes, en général fort peu instruits, ne valaient pas mieux et manquaient de tout, car, pendant leur retraite, ou plutôt leur déroute, à travers l'Allemagne, les uns avaient laissé armes et portemanteaux dans des voitures qui avaient été perdues ou pillées, les autres s'en étaient débarrassés pour marcher plus vite ; beaucoup n'avaient plus ni chaussures ni vêtements. Presque tous les chevaux étaient blessés et ne pourraient être montés avant un repos complet et des soins assidus. Pour former des compagnies, il fallait donc dans chaque groupe de dépôts rechercher les meilleurs gradés et cavaliers, les monter avec les chevaux les plus en état, et les magasins de Mayence étant entièrement dépourvus d'approvisionnements pour la cavalerie, compléter leur armement, leur harnachement, leur habillement et leur équipement en enlevant aux hommes non montés et aux chevaux indisponibles les armes et les effets inutiles.

L'exécution de ces mesures produisit au bout d'une dizaine de jours à peu près 500 hommes montés en état d'entrer en campagne. Le maréchal proposa alors à l'Empereur de conserver au dépôt général de Hanau les hommes valides encore habillés et armés plus ou moins complètement, avec le nombre de chevaux équivalent choisis parmi ceux dont la guérison pourrait être la plus prompte ; de réformer les hommes et les chevaux hors d'état de servir ; enfin de renvoyer dans les dépôts des 3e, 4e, 5e, 25e et 26e divisions militaires, les hommes et les chevaux en provenant, et de grouper ceux dont les dépôts étaient dans l'intérieur de la France à Metz (grosse cavalerie), à Maëstricht (dragons), à Strasbourg (hussards), à Coblentz (chasseurs), à Mayence (lanciers) et à Dusseldorf (Polonais). Malheureusement ces propositions très sages ne parvinrent pas à l'Empereur en temps voulu, par suite de l'interruption des communications, et les dépôts restèrent sur la rive droite du Rhin.

Si l'état matériel des troupes françaises rassemblées sur le Rhin était mauvais, leur état moral était pire. Pour reconstituer la Grande Armée de 1813, il avait fallu renouveler presque entièrement les cadres ; les meilleurs officiers et sous officiers avaient franchi le Rhin au printemps, ou pendant l'été avec les renforts expédiés avant la rupture de l'armistice ; les bataillons envoyés à Mayence en septembre et octobre se composaient donc des fonds de dépôt et présentaient une forte proportion d'anciens officiers, frondeurs et fatigués, et d'élèves des écoles, jeunes et inexpérimentés. En outre, le ministre avait eu la fâcheuse inspiration d'employer dans les régiments destinés à recevoir les réfractaires, un certain nombre d'officiers belges, hollandais et même français, émigrés revenus du service d'Autriche après 1810, que leur présence prolongée dans les rangs ennemis aurait dû écarter à jamais du service de France, tout au moins sur la frontière. A part quelques exceptions honorables, officiers et sous-officiers étaient peu propres à faire une guerre aussi rude ; ignorants et insouciants, ils négligeaient l'instruction du soldat, l'inspection de ses armes et de ses effets, le soin de son bien-être. De là peu de confiance entre les chefs et les subordonnés, beaucoup de désordre et d'indiscipline, maux facilement contagieux dans des corps composés de conscrits trop jeunes, facilement en proie au découragement, et de fuyards ralliés, dégoûtés de la guerre et très désireux de n'en pas affronter à nouveau les périls et les privations.

Enfin la troupe contenait une forte proportion de nouveaux Français. Sur les 130 départements de l'Empire, 44, plus du tiers, avaient été annexés à l'ancienne France et soumis aux lois de la conscription depuis moins de dix ans. Italiens, Savoisiens, Niçois, Belges, Hollandais, Suisses de Genève ou du Valais, Allemands rhénans, westphaliens ou hanséates, étaient disposés à déserter à la première occasion favorable et s'attardaient volontiers sur la rive droite du Rhin. Les originaires de l'ancienne France cherchaient au contraire à passer le fleuve, pour s'enfoncer dans l'intérieur du pays et regagner leur village, où ils espéraient se soustraire aux recherches de la gendarmerie, grâce à la complicité de leurs familles et de leurs amis. Beaucoup y réussissaient et ils marchaient vite. D'après une lettre adressée par le ministre de la Guerre au général commandant la 6° division militaire à Besançon, à la date du 30 octobre, les premiers fuyards de la Grande Armée apparurent dans les Vosges entre le Haut-Rhin et la Haute-Saône du 7 au 11 octobre. Réunis en bandes suffisamment nombreuses pour ne rien craindre des patrouilles de la gendarmerie départementale, ayant conservé quelques armes, ces déserteurs étaient la terreur des fermes isolées, où ils se faisaient donner au besoin par la force le vivre et le couvert. Le ministre dut inviter les généraux commandant les divisions militaires à s'entendre avec les préfets pour organiser de véritables battues, pour l'exécution desquelles la gendarmerie devait être secondée par les forestiers, les gardes champêtres et la garde nationale.

VI

ORGANISATION DE LA DÉFENSE DES 5ᵉ, 25ᵉ ET 26ᵉ DIVISIONS MILITAIRES. ÉVACUATION DU GRAND-DUCHÉ DE FRANCFORT

Aux embarras causés par la situation troublée du pays entre Rhin et Weser, par la nécessité de soutenir le gouvernement du roi Jérôme et d'assurer la sécurité des communications de la Grande Armée avec sa base d'opérations, étaient venues se joindre des inquiétudes motivées par l'attitude ambiguë adoptée par la cour de Bavière depuis la rupture de l'armistice.

Vers la fin de septembre l'attention du duc de Valmy fut éveillée par les rapports de ses agents dans l'Allemagne du Sud. Il y était question d'un ensemble de mesures prises très secrètement par le gouvernement bavarois en vue de préparer un mouvement vers le nord de l'armée jusqu'alors inactive sur les bords de l'Inn. A Bamberg on parlait de réunir de grands approvisionnements pour 40.000 hommes, attendus incessamment dans cette ville. De Munich on annonçait que le roi, intimidé par la menace d'une insurrection en Tyrol, obsédé par les instances de la reine et du prince royal, paraissait disposé à accepter les offres de l'Autriche et à conclure avec cette puissance une convention de neutralité ; on signalait le ton étrangement blessant pour la France des proclamations adressées aux Tyroliens par le commissaire général Lerchenfeld et le général de Wrede[1]. Celui-ci notamment avait écrit que l'Autriche faisait la guerre pour donner la paix au monde et non pour insurger des sujets contre leur prince. A Stuttgart, à Karlsruhe, à Darmstadt, les ennemis de la France s'agitaient et poussaient les souverains, leur famille et leur gouvernement à suivre l'exemple de la

---

1. Lettre de Berckheim du 26 septembre.

Bavière et à entrer dans la voie des arrangements avec les alliés. Il fallait s'attendre à de graves événements.

Le duc de Valmy aurait donc eu à ce moment plus que jamais besoin de pouvoir renseigner rapidement l'Empereur et d'en recevoir des instructions. Le contraire se produisit. Depuis la seconde quinzaine de septembre les partisans ennemis avaient rendu précaires les communications entre le quartier général impérial et Mayence. Dans sa dépêche au duc de Bassano, en date du 23 septembre, Hédouville, ministre de France à Francfort, se plaignit de l'irrégularité de la correspondance. L'estafette partie de Mayence le 2 octobre fut enlevée. Le 5 octobre le duc de Valmy reçut le dernier courrier du quartier général ; le 11, par une lettre de Dalton, gouverneur d'Erfurt, il fut informé de l'interruption complète des communications avec Leipzig et de l'apparition sur les derrières de la Grande Armée de bandes de partisans de plus en plus actives et nombreuses. En somme, dès les premiers jours d'octobre il se trouva livré à ses seules inspirations [1].

Pour se donner de l'air et rester en relations avec Dalton, le duc de Valmy mit en route le 12 octobre la 55ᵉ colonne de marche, commandée par le général Guérin, forte de quatre bataillons complétés avec des conscrits de la marine destinés au corps d'observation de Bavière, d'une compagnie d'artillerie légère destinée au 5ᵉ corps de cavalerie de réserve et de quelques escadrons de marche, à l'effectif total de 3.600 combattants, avec un convoi important, formé d'un trésor, de munitions et d'objets d'hôpitaux. Ce devait être la dernière, car la circulation sur la route d'étapes allait être bientôt interrompue, par suite de l'entrée en campagne contre la France de l'armée austro-bavaroise.

En effet, la période de tension politique prit fin le 14 octobre. A cette date le duc de Valmy fut informé officiellement à la fois par le roi de Westphalie et par Hédouville de la signature d'un traité d'alliance entre

---

1. Correspondance de Berckheim, octobre 1813.

la Bavière et l'Autriche et de la formation d'une armée combinée de 30.000 Bavarois et de 15.000 Autrichiens, dont le premier objectif paraissait devoir être Wurzburg. Cette grave nouvelle fut transmise le jour même à Paris par le télégraphe.

Le moment était venu de se conformer aux instructions données par le ministre à la date du 27 août pour le cas où la guerre s'étendrait à l'Allemagne du Sud. Avant tout, il fallait prévenir Desbureaux, commandant la 5ᵉ division militaire, car les places de la Haute-Alsace pouvaient être menacées à l'improviste par un corps ennemi dirigé de la vallée du Danube par Stokach, sur Fribourg en Brisgau. Le duc de Valmy lui expédia donc dès le 14 l'ordre de mettre le plus rapidement possible en état de défense Huningue, Neuf-Brisach et Kehl, d'arrêter tous les détachements en marche sur Mayence et d'en former des bataillons provisoires de garnison, enfin d'organiser sur toute la ligne du Rhin un service de surveillance très serré, en y employant, concurremment avec les troupes, la gendarmerie, les forestiers et les douaniers. Des ordres analogues furent adressés aux généraux commandant les 25ᵉ et 26ᵉ divisions militaires.

Mais s'il était possible à la rigueur de pourvoir en territoire national à la garde des places et de la frontière au moyen des hommes disponibles des dépôts et des personnels militarisés de quelques grands services publics, il fallait, pour défendre le territoire du grand-duché de Francfort et protéger la route d'étapes, des troupes en état de tenir la campagne. Au 15 octobre, après le départ de la 55ᵉ colonne de marche, le duc de Valmy n'avait plus sous la main que trois bataillons, le 6ᵉ du 5ᵉ léger et les 5ᵉˢ des 26ᵉ et 82ᵉ de ligne, formant 2.000 hommes d'infanterie, avec un escadron de marche de 100 chevaux, tiré à grand'peine des dépôts du 1ᵉʳ corps de réserve de cavalerie. Cinq autres bataillons, 2ˢ des 86ᵉ, 93ᵉ, et 122ᵉ, 4ᵉ du 47ᵉ, 7ᵉ du 1ᵉʳ d'artillerie de marine, étaient en voie d'organisation à Mayence et pourraient, dans quelques jours, former un second échelon de 3.000 hommes environ. Dans l'intention du maréchal, ces huit bataillons étaient destinés à la 56ᵉ colonne de marche, que devait commander le général Grouvel. Les trois bataillons disponibles furent mis en marche le 15 octobre et formèrent l'avant-garde ; le bataillon du 5ᵉ léger fut poussé jusqu'à Vach avec l'escadron de marche, afin de surveiller le pays et de faire exécuter les réquisitions, notamment celle des transports, devenues de plus en plus difficiles ; les bataillons des 26ᵉ et 82ᵉ prirent position à Fulda, où devaient les rejoindre successivement les autres éléments de la colonne.

Enfin le 18 octobre, la situation devint nette. Par une lettre datée du 15, Turreau envoya au duc de Valmy un résumé des renseignements recueillis par le comte Germain, ministre de France à Wurzburg et par lui-même : il en résultait que de fortes colonnes de troupes bavaroises avaient atteint Ratisbonne, que d'autres, formées de troupes autrichiennes du corps du prince de Reuss, se trouvaient sur l'Isar vers Landshut, que cette armée était commandée par Wrede et paraissait se diriger sur le cours inférieur du Main. D'autre part, un conseiller du grand-duc de Bade, envoyé pour régler les questions relatives à l'établissement des hôpitaux sur le territoire du grand-duché, apporta la confirmation de la lettre de Turreau ; d'après les nouvelles de Munich et de Stuttgart reçues à Karlsruhe, 35.000 Bavarois devaient être arrivés le 16 octobre à Nuremberg ; leur cavalerie avait sans doute déjà atteint Vonnsiedel ; d'autre part, le roi de Wurtemberg avait rassemblé 12.000 hommes à Mergentheim et à Heilbronn ; il était entré en relations avec les alliés et menaçait d'envahir le pays de Bade. Ces renseignements n'étaient pas tous exacts, mais ils concordaient sur le point essentiel, la marche de l'armée austro-bavaroise dans la direction du Nord.

Les communications directes de la Grande Armée avec la France étant évidemment très menacées, il était fort important de prévenir l'Empereur assez à temps pour qu'il ne fût pas surpris par l'apparition de l'ennemi en grandes forces sur ses derrières. Le duc de Valmy se hâta donc d'envoyer les renseignements utiles sur la situation dans l'Allemagne du Sud au général Dalton et au roi de Westphalie, en les invitant à donner des nouvelles au quartier général au moyen d'émissaires de confiance, que l'un ou l'autre pourrait peut-être se procurer sur place.

L'attitude prise par le roi de Wurtemberg faisait présager celle des grands-ducs de Bade et de Hesse, tout aussi incapables de défendre leurs territoires, et peut-être n'en ayant pas le désir. La ligne du Rhin était par cela même découverte de Mayence à Bâle. Le maréchal renouvela en conséquence l'ordre au général Desbureaux de se tenir en mesure pour les places d'Alsace et d'y faire rentrer les dépôts à l'approche de l'ennemi. En rendant compte au Ministre des dispositions ainsi prises, il indiqua la nécessité de donner des instructions d'ensemble pour faire agir de concert les différentes autorités, en l'absence d'ordres de l'Empereur.

La situation générale parut s'améliorer vers le 20 octobre; sur la foi de lettres reçues par des négociants et des banquiers de Francfort, le bruit se répandit que la Grande Armée avait remporté de nombreux et brillants succès; tantôt l'Empereur en personne avait infligé le 8 octobre au prince royal de Suède une sanglante défaite entre Eilenburg et Wurzen; tantôt le roi de Naples, ou le prince de la Moskowa, ou le duc de Castiglione, avaient battu l'ennemi en différentes rencontres les 11 et 12 octobre et, à la suite de ces combats, avaient envoyé au quartier général des milliers de prisonniers, parmi lesquels un grand nombre d'officiers généraux et supérieurs. Mais ces bonnes nouvelles ne reçurent aucune confirmation officielle et leur effet ne tarda pas à se dissiper.

Le 21, Hédouville envoya au maréchal le manifeste du roi de Bavière; d'après ses informations, la marche de l'armée austro-bavaroise était retardée par les pluies; le 18, le roi de Wurtemberg, sommé par un officier envoyé par Wrede d'avoir à adhérer sans délai à la coalition contre la France, avait chargé le général Neuffer de se mettre à la recherche d'un général autrichien pour traiter avec lui : il fallait donc s'attendre à avoir sur les bras non seulement les Bavarois et les Autrichiens, mais aussi les Wurtembergeois.

A cette date la situation des troupes dont pouvait disposer le duc de Valmy était la suivante: en Westphalie le général Rigau avait joint au commandement de la 54° colonne de marche celui des renforts envoyés successivement au roi Jérôme et organisé un corps d'environ 8.000 hommes, infanterie, cavalerie et artillerie ; son quartier général était à Eschwege sur la Werra. Le général Guérin, commandant la 55° colonne de marche forte de 3.700 hommes avec deux batteries, était à Gotha et devait arriver à Erfurt le 22. Le général Grouvel, commandant la 56° colonne de marche, avait ses troupes échelonnées de Vach à Francfort; les bataillons des 5° léger, 26° et 82° de ligne, avec un escadron, occupaient Vach, Hunfeld et Fulda : les bataillons des 47° et 122° étaient à Francfort avec une batterie d'artillerie légère, servie par une compagnie à pied, en attendant que la compagnie à cheval qui lui était destinée fût remontée à Hanau. Un bataillon de marche de 784 hommes, formé de douze détachements d'infanterie, avec une compagnie de cavalerie de marche de cuirassiers et de carabiniers, quittait Mayence le 21 pour rejoindre à Fulda Grouvel, qui aurait ainsi sous ses ordres 4.500 hommes avec une batterie.

Enfin, le maréchal avait fait occuper Aschaffenburg par trois compagnies du bataillon du 113°, dont les trois autres étaient à Wurzburg, et par un escadron monté du 19° dragons, revenu avec les dépôts de cavalerie et en état. Ce détachement avait pour mission de surveiller la vallée du Main.

Les autres bataillons étaient encore en formation à Mayence.

En réunissant les éléments des 54°, 55° et 56° colonnes

de marche, le duc de Valmy aurait pu former un corps peu homogène de 12 à 15.000 hommes au plus. Même en le renforçant, au fur et à mesure de l'arrivée des conscrits et de la remise en état des isolés, il n'aurait pu contenir les 50 ou 60.000 hommes de l'armée austro-bavaroise.

Depuis plus de quinze jours, il était sans nouvelles de l'Empereur, lorsque le 22 octobre il reçut du général Bertrand une lettre, ou plutôt un billet facile à dissimuler, et conçu en termes énigmatiques, qu'il s'empressa de télégraphier à Paris : « Le comte Bertrand me prévient par une lettre datée de Weissenfels le 19 au soir qu'après des affaires nombreuses où nous avons toujours eu l'avantage et où nous avons soutenu la gloire de nos armes, l'armée se dirige sur la Saale ; l'Empereur se porte bien, le prince de Wagram est rétabli. »[1]

Aucun renseignement n'étant joint à la lettre de Bertrand, la situation restait fort obscure, car le mouvement sur la Saale pouvait être aussi bien le résultat d'un revers, que celui d'une manœuvre voulue par l'Empereur. En revanche le duc de Valmy reçut ce même jour une lettre du 20 octobre de Turreau l'informant de l'apparition d'une avant-garde bavaroise le 19 à Dettelbach sur le Main, à l'est de Wurzburg, et du passage de partisans russes à Hildburghausen, dans la vallée de la Werra. D'autre part, des lettres de Mannheim de même date confirmèrent les progrès de l'ennemi et mentionnèrent même l'incident de la rencontre malheureuse qu'une patrouille de hussards italiens sortis de Wurzburg avait eue avec des chevau-légers

---

1. La dépêche du duc de Valmy est la reproduction presque textuelle d'un passage de la lettre de l'Empereur au général Bertrand insérée dans la Correspondance sous le n° 20 817 avec la date Leipzig, 20 octobre, 8 heures du matin. Comme la lettre de Bertrand au duc de Valmy est datée du 19, il est clair que l'Empereur dut donner l'ordre au premier d'informer le second de la marche de l'armée sur la Saale dans la soirée du 18 ou dans la journée du 19, par une lettre non insérée dans la Correspondance.
La dépêche du duc de Valmy n'arriva à Paris que le 23 octobre.

bavarois. Wrede allait donc arriver devant Wurzburg le 23, ou au plus tard le 24.

Quelle suite donnerait-il à ses opérations ? Différentes éventualités étaient à considérer : très probablement, désireux d'éviter toute perte de temps et d'hommes, il se bornerait à organiser le blocus de la citadelle et pousserait le gros de ses forces, par Hammelburg et Bruckenau sur Fulda, afin de couper la ligne de communication directe de la Grande Armée avec la France et de menacer au besoin les routes aboutissant sur le Rhin à Coblentz et en aval de cette ville. Mais là n'était point le seul péril, car il pouvait être tenté de profiter de l'énorme supériorité numérique de son armée, qu'allaient renforcer sous peu de jours les troupes wurtembergeoises, pour organiser un gros détachement, dans le but, soit d'occuper Francfort et de diriger une attaque contre Mayence, soit de franchir le Rhin à Mannheim, d'envahir le Palatinat et de séparer la 26ᵉ division militaire de la 5ᵉ, c'est-à-dire Mayence de Strasbourg. Enfin il fallait toujours admettre la possibilité d'opérations contre la Haute-Alsace, exécutées par des troupes wurtembergeoises, autrichiennes et bavaroises, rassemblées sur le Haut-Danube. Dans ces conditions toute la région située sur la rive droite du Rhin devait être considérée comme un prochain théâtre de guerre et l'on ne pouvait y laisser que des troupes en état de combattre.

Sur les instances de Préval, vice-gouverneur du duché de Francfort, et dans le but de soustraire à la captivité une masse d'officiers et de soldats susceptibles de rentrer dans le rang à plus ou moins bref délai, le maréchal décida de ramener sur la rive gauche du Rhin les malades et les blessés reconnus transportables parmi les 30.000 hospitalisés sur le territoire des grands-duchés de Francfort et de Hesse. Cette décision était tardive, car les hôpitaux de la rive droite étaient déjà ravagés par le typhus. Le 24 octobre le général Sahuc, inspecteur général du service de santé, succombait à cette maladie, victime du zèle avec lequel il s'était acquitté de ses fonctions. D'un autre côté les transports s'effectuèrent dans de mauvaises conditions. « Des infamies qui déshonorent le nom français et qui indignent la population de mon arrondissement, écrivait Berckheim au ministre de la Police le 26 octobre, se sont passées lors de l'évacuation des blessés et malades de la rive droite à la rive gauche. Des moribonds, sans vêtements, sans nourriture, sans secours, ont été entassés dans les bateaux du Main et ont expiré, soit pendant la traversée, soit dans les rues de Mayence. Ces individus devaient rester à Francfort d'après les ordres du maréchal, qui ne voulait faire venir à Mayence que les blessés transportables. C'est le sieur Rey, commissaire ordonnateur à Francfort, qui, gagné probablement par les Francfortois, a dirigé ces évacuations inhumaines. »

La mesure prise eut un grave inconvénient; faute de place les malades et les blessés ne purent être reçus dans les hôpitaux de Mayence ; ils durent continuer leur long et pénible voyage, partie par bateaux sur Coblentz, et de là sur les hôpitaux de la 24e division militaire (Bruxelles) et de la 3e (Metz), partie par des voitures de réquisition sur les hôpitaux des 5e (Strasbourg) et 4e (Nancy). Par suite de ce transport la maladie se propagea rapidement sur la rive gauche du Rhin, restée jusqu'alors indemne.

Le maréchal ordonna également l'évacuation des dépôts généraux de cavalerie; les hommes disponibles, montés ou non, furent réunis à Francfort et placés sous les ordres du général Préval; les indisponibles et le matériel furent renvoyés dans les dépôts des corps, lorsque ceux-ci étaient à proximité de la ligne du Rhin, ou établis dans les places et villes de la rive gauche, lorsque les dépôts étaient trop éloignés ou situés dans l'intérieur de l'Empire, savoir : les cuirassiers et les dragons à Metz, les chasseurs et hussards à Strasbourg, les gardes d'honneur à Trèves. Les dépôts de la garde à cheval furent renvoyés à Metz; le dépôt général des Polonais fut transféré de Dusseldorf à Deux-Ponts et les conscrits polonais de l'infanterie furent dirigés sur Sedan.

Le 23 octobre le maréchal reçut la confirmation du mouvement des Austro-Bavarois par les deux rives du Main. Ne pouvant espérer les arrêter, ne recevant aucun ordre de l'Empereur, il dut en revenir à l'objet principal de sa mission, c'est-à-dire à la protection du territoire de l'Empire et à la défense de la ligne du Rhin. Il n'était donc plus possible d'assurer la garde des gîtes d'étapes par des petits détachements, destinés presque infailliblement à tomber au pouvoir de l'ennemi. En conséquence un émissaire fut dépêché à Dalton, porteur d'une lettre par laquelle le duc de Valmy l'invitait à faire rentrer au plutôt dans Erfurt, si elle n'y était déjà, la colonne du général Guérin, ainsi que les garnisons et les magasins éparpillés entre Erfurt et Fulda, et à établir une nouvelle ligne d'évacuation et de transport sur Cologne par Cassel et Dusseldorf; il le prévenait également de son intention de retirer sur Hanau et Francfort les trois bataillons qui formaient à Vach, Hünfeld et Fulda l'avant-garde de la 56ᵉ colonne de marche. A cette lettre étaient joints divers rapports destinés au major-général, relatifs à la marche des Austro-Bavarois, aux mesures prises jusqu'alors pour la protection de la route d'étapes et aux modifications nécessitées par les circonstances. Dalton devait s'efforcer de faire passer ces dépêches au quartier général impérial.

En même temps le duc de Valmy envoya au général Grouvel l'ordre de ramener à marches forcées sur Francfort ses trois bataillons et tous les isolés qu'il pourrait rallier, en suivant la route Krainfeld, Gedern, Vilbel, parallèle à la route d'étapes, mais située plus au nord et par conséquent moins exposée aux entreprises de l'ennemi. En supposant que l'ordre parvînt à destination, Grouvel ne pouvait guère atteindre Francfort avant le 27 ou le 28.

Préval fut investi du commandement des troupes françaises stationnées dans le grand-duché; il reçut l'ordre de ne pas s'aventurer sur la rive gauche du Main, de se borner à défendre Sachsenhausen, faubourg de Francfort sur cette rive, et, s'il y était attaqué sérieusement, de ramener ses troupes sur la rive droite et de faire rompre le pont. Le maréchal lui recommanda de ne tenir à Francfort même que contre des troupes légères ou de forces à peu près égales aux siennes ; surtout d'éviter de se compromettre contre des forces supérieures, et, si l'ennemi devenait pressant, de faire retraite en bon ordre et par échelons sur Mayence.

Enfin, pour servir de repli aux troupes de Préval, le maréchal fit occuper la position de Hochheim, en avant de Kastell, par un bataillon de marche, constitué avec des fuyards valides, un détachement de cuirassiers et de gardes d'honneur et trois pièces de canon. Un second bataillon de marche fut réparti entre les forts Montebello et Saint-Hilaire, où l'on plaça quelques pièces en batterie, et le village de Costheim, dont le pont sur le Main fut conservé, comme passage obligé des convois d'évacuation venant du grand-duché de Hesse.

Le maréchal perfectionna de son mieux l'organisation défensive de la ligne du Rhin ; il envoya à Worms et à Spire les bataillons des 15e et 70e, complétés également avec des fuyards, de manière à pouvoir les jeter dans Landau, si cette place était menacée ; à Strasbourg, deux compagnies d'artillerie à pied nécessaires à la défense de l'enceinte et du fort de Kehl ; il prescrivit au général Desbureaux de former avec les conscrits réfractaires du dépôt de Strasbourg et les fonds de dépôts des corps d'infanterie stationnés en Alsace, des garnisons à Huningue et à Neuf-Brisach et de mettre le mieux possible ces places en état de défense ; il établit un service de surveillance et de correspondance incessant, de jour et de nuit, sur toute la ligne du Rhin dans l'étendue des 5e, 25e et 26e divisions militaires, à l'aide des douaniers à pied et à cheval, des gardes forestiers et de la gendarmerie, soutenus sur les points importants par des piquets d'infanterie et de cavalerie, tant pour être prévenu à temps de l'arrivée de l'ennemi que pour pouvoir faire passer les ordres avec célérité ; enfin, il prescrivit de ramener sur la rive gauche du Rhin tous les bateaux, y compris le pont volant de Mannheim, et de rompre tous les ponts sur le Main, sauf celui de Costheim.

Les renseignements arrivés à Mayence le 24 justifièrent ces mesures prudentes. En effet, le duc de Valmy reçut une lettre de Turreau lui annonçant la présence de l'ennemi devant Wurzburg. Mais le gros de l'armée austro-bavaroise devait avoir dépassé ce point, car les reconnaissances du détachement d'Aschaffenburg signalèrent la présence de l'ennemi à Miltenberg sur le Main à 74 kilomètres de Francfort. Il était à prévoir que son avant-garde atteindrait la route d'étapes vers Hanau le 25, ou au plus tard le 26.

Mais le 25 octobre le duc de Valmy reçut des nouvelles de la plus haute gravité et fut amené à modifier encore une fois ses intentions et les ordres donnés en conséquence. D'une part, il apprit, par une lettre de Dalton datée du 22 au matin, que ce général venait de recevoir de Lefebvre-Desnouettes l'ordre, au nom de l'Empereur, de faire préparer des vivres et des fourrages pour l'armée qui allait arriver devant Erfurt. Dalton ajoutait que la 55° colonne, retardée dans sa marche par la difficulté de trouver des moyens de transport, n'avait pu encore dépasser Eisenach et que même son convoi était immobilisé à Vach ; qu'il avait envoyé au général Guérin l'ordre de gagner Erfurt à marches forcées avec ses quatre bataillons, ses deux batteries et le trésor, dont l'Empereur aurait sans doute un besoin urgent. D'autre part, une lettre du duc de Bassano, datée du 23, le prévint que l'Empereur venait d'arriver à Erfurt, qu'il avait l'intention de continuer sa marche sur Mayence, et qu'un grand nombre de fuyards devançaient l'armée sur la route d'étapes. D'autres lettres étaient destinées aux ministres à Paris : elles y arrivèrent le 28. Ces lettres ne contenaient aucun renseignement positif sur les batailles de Leipzig et sur le désastre qui en avait été la conséquence, mais elles n'en faisaient pas moins présager un échec grave. Il avait évidemment fallu les motifs les plus sérieux pour décider l'Empereur à abandonner la ligne de la Saale et à ramener ses troupes sous le canon d'Erfurt. Le mouvement rétrograde devant se continuer sur Mayence, il ne pouvait évidemment plus être question d'abandonner les positions encore occupées sur la rive droite du Rhin. Il fallait au contraire les conserver le plus longtemps possible pour rallier les fuyards, obliger Wrede à diviser ses forces et retarder la défection des princes confédérés.

Sans doute les Bavarois, ayant appris l'arrivée de l'Empereur à Erfurt, renonceraient à tenter une attaque sérieuse contre Francfort et encore plus à s'y établir, et se porteraient en grande masse sur Fulda. En conséquence le duc de Valmy manda à Préval qu'il ne fallait plus se retirer sans défendre Francfort, qu'au contraire il fallait tenir bon à Sachsenhausen et sur la rive droite du Main; il l'invita à envoyer en toute hâte dans les gîtes d'étapes jusqu'à Vach des officiers chargés de diriger les fuyards revenant de l'armée sur la route de Krainfeld, Gedern et Vilbel, et, dans le cas où cette route viendrait à être interceptée, sur la Westphalie, pour de là regagner la ligne du Rhin en traversant les États de Berg et de Nassau. Enfin, il adressa aux gouvernements du duché de Nassau [1] et du grand-duché de Francfort une circulaire pour les prévenir que le théâtre de la guerre se rapprochait, que l'on devait s'attendre à des passages de troupes françaises, les unes armées, commandées par leurs officiers et marchant régulièrement, les autres désarmées et désorganisées; en conséquence les autorités municipales devaient tenir prêtes pour les besoins de ces troupes des subsistances et de l'eau-de-vie (la seule ville de Francfort pour 100.000 hommes pendant plusieurs jours); elles devaient aussi donner des feuilles de route aux isolés

---

1. Circulaires du gouvernement ducal de Nassau des 27 et 28 octobre. (*Annales de la société de Nassau pour les recherches historiques.*)

et les diriger sur Coblentz, les portes de Mayence devant être fermées le soir.

Dans ces périlleuses conjonctures le duc de Valmy dut aussi rechercher jusqu'à quel point il pouvait encore compter sur la fidélité des princes confédérés aux engagements pris naguère envers la France et quels secours il pouvait en attendre pour faire face à l'attaque imminente de l'armée austro-bavaroise. D'après des renseignements sûrs, ces princes n'étaient restés insensibles, ni aux démarches conciliantes de l'Autriche, qui, en échange de leur accession à la coalition, leur avait offert sa protection et leur avait garanti l'intégralité de leurs possessions, ni aux menaces des patriotes, qui proclamaient la nécessité d'une révolution totale, dirigée contre les souverains fidèles à Napoléon et traîtres à la cause de l'Allemagne.

Le maréchal s'adressa d'abord au duc de Nassau et le somma d'envoyer à Mayence, sur-le-champ, toutes ses troupes disponibles, c'est-à-dire un petit bataillon d'environ 300 hommes et quelques cavaliers, pour de là rejoindre son contingent en Espagne. Après quelques négociations, la cour de Nassau consentit à faire passer le Rhin à ses troupes.

La même sommation fut adressée au grand-duc de Hesse; elle arriva à Darmstadt en même temps qu'une lettre de Wrede, conçue dans les termes les plus blessants, invitant le grand-duc à adhérer sans délai à la coalition sous peine d'être dépossédé du gouvernement et peut-être du trône. Le faible prince vivait dans les transes depuis l'entrée en campagne des Bavarois; il perdit d'autant plus facilement courage que la grande-duchesse, le prince Christian, le ministre Lichtenberg, même l'ex-jacobin Wedekind unirent leurs efforts pour l'amener à abandonner la cause de la France; mais comme il ne jugeait pas encore la défaite de Napoléon définitive, il ne voulut pas risquer de se brouiller complètement avec lui et décida, dans le cas où la guerre se rapprocherait des frontières de la Hesse, de se retirer avec sa cour à Mannheim ou à Rastadt, pour y attendre les événements, et de licencier ses troupes, afin qu'aucun parti ne pût les employer.

Quant au roi de Westphalie, il se rendait si peu compte de l'extrême gravité de la situation, qu'il avait manifesté l'intention de concentrer sur Marburg les troupes opérant en Westphalie. Le duc de Valmy dut lui rappeler ses devoirs envers l'Empereur et l'inviter à réunir ses forces à celles rassemblées à Francfort sous les ordres de Préval, dans le but de couvrir le retour des fuyards et de maintenir dans la soumission les habitants des contrées traversées par la route d'étapes.

Le 26 octobre le duc de Valmy reçut une dernière lettre de Turreau datée du 24 à minuit. Turreau lui rendait compte qu'il avait été attaqué, sommé à deux reprises de rendre la place, qu'il avait répondu par un refus, et il manifestait la ferme volonté de se défendre vigoureusement.

Le duc de Valmy annonça à Paris par le télégraphe l'arrivée de l'Empereur à Erfurt et prévint les ministres de la Guerre et de l'Administration de la guerre, de la nécessité d'envoyer sans délai à Mayence des fusils et des effets d'habillement et d'équipement en quantité suffisante, pour pourvoir aux besoins des fuyards, et de former ou d'accroître les moyens en hôpitaux à l'intérieur, pour recevoir les malades et blessés évacués de la rive droite du Rhin.

Le 27 octobre le voile se leva. Pour la première fois depuis le 5, le duc de Valmy reçut des nouvelles directes et des instructions détaillées de l'Empereur par un courrier qui, parti de Gotha le 25, avait réussi par un miracle d'audace et d'adresse à franchir en deux jours 240 kilomètres, sur une route infestée par les cosaques et les partisans, où tout habitant était un espion et se transformait à l'occasion en assassin.

Les lettres destinées au maréchal portaient la date de Gotha, 25 octobre; on y avait joint les bulletins de la bataille de Leipzig, daté de Leipzig, 16 octobre, et de la bataille de Wachau, daté d'Erfurt, 24 octobre. D'autres lettres étaient destinées au gouvernement de la régence[1]. Tout l'envoi fut immédiatement réexpédié sur Paris où il dut arriver au plus tard le 29, car le 30 les deux bulletins furent publiés dans le *Moniteur*.

Une analyse sommaire de cette correspondance permet de se rendre compte de l'aspect sous lequel l'Empereur voyait les situations respectives de la Grande Armée, de l'armée austro-bavaroise, et des 5e, 25e et 26e divisions militaires et, par voie de conséquence, des sentiments que ses lettres durent faire naître dans l'esprit du duc de Valmy et des officiers généraux, ses collaborateurs immédiats.

A cette date du 25 octobre, l'intention de l'Empereur est évidemment de se maintenir sur la rive droite du Rhin et de former tout de suite deux armées, l'une à Mayence, l'autre à Wesel, et éventuellement une troisième à Strasbourg ; donc la région voisine du fleuve va devenir le théâtre des opérations : elle doit être laissée « libre et disponible pour les mouvements de l'armée ». En conséquence, ordre d'évacuer sans délai sur la rive gauche les malades, les convalescents et les dépôts de cavalerie.

L'Empereur compte arriver sous peu de jours « dans les plaines de Francfort avec 30.000 hommes de cavalerie, 100.000 d'infanterie et 4 à 500 pièces d'artillerie ». Ces troupes, dont l'effectif est visiblement exagéré, se renforceront d'abord des fuyards ralliés, puis des con-

---

[1]. Un certain nombre de ces lettres ont été publiées dans la Correspondance sous les nos 20 834 à 20 838 ; mais il y en avait certainement d'autres qui n'ont pas été publiées, ou qui n'ont pas été retrouvées, notamment une lettre de l'Empereur au ministre des Finances mentionnée dans celle adressée au grand chancelier et une lettre au duc de Valmy. Il ressort des lettres de l'Empereur qu'il reçut à Erfurt, les courriers de Paris expédiés jusqu'au 18 octobre, et à Gotha ceux expédiés les 19, 20 et 21 octobre. Le dernier contenait le décret de la régente du 21 octobre prescrivant la levée des gardes nationales dans les sept départements de l'Est de l'ancienne France. Aux courriers de Paris devaient être joints ceux de Mayence jusqu'au 22 inclusivement. C'est donc à Gotha que l'Empereur eut connaissance de la marche de l'armée austro-bavaroise, de l'attaque probable de Wurzburg et put calculer que cette armée se trouvait déjà en mesure d'arriver avant lui sur la section difficile de la route d'étapes entre Hanau et Fulda.

valescents en état de rejoindre leurs corps, enfin de « tout ce que les régiments auront de disponible à leurs 5es bataillons, surtout les régiments de marine ». Ainsi se formera l'armée de Mayence. En conséquence ordre au duc de Valmy de faire préparer des vivres à Hanau, Francfort et Mayence ; de rhabiller et de réarmer les fuyards et les convalescents pour les mettre en état de rentrer en ligne ; au ministre, de réunir dans le plus bref délai à Mayence 30.000 fusils, plusieurs millions de cartouches et 100.000 coups de canon.

Pour l'armée de Wesel, l'Empereur ne donne encore aucune indication sur les troupes qu'il y emploiera. Mais sans doute il compte sur le retour du 13e corps, qui occupe Hambourg, et des garnisons des places de l'Elbe, au moins celle de Magdebourg, peut-être même celles de Wittenberg et de Torgau, que le prince d'Eckmuhl pourra rallier et avec lesquelles il se fera jour jusqu'au Rhin. De Düben, puis d'Erfurt, des ordres lui ont été envoyés dans ce sens, ainsi qu'à Lemarrois à Magdebourg, à Narbonne à Torgau, à Lapoype à Wittenberg, même à Gouvion-Saint-Cyr à Dresde. Aucun de ces ordres n'est parvenu et ne parviendra jamais à destination, mais on ne le sait. Soit que les garnisons rentrent en France, soit qu'elles restent dans les places, « Wesel est le point le plus important ». Cette recommandation revient sous une forme ou sous une autre dans les lettres au duc de Valmy, au ministre, à l'archichancelier. En conséquence ordre d'armer la place, d'y réunir une garnison de 8 à 10.000 hommes, d'y former des approvisionnements pour trois mois et 10.000 hommes, au moyen de réquisitions faites dans les départements de la Lippe et de la Roër et dans le grand-duché de Berg, surtout d'y envoyer « un bon gouverneur, un colonel du génie et un colonel d'artillerie d'élite ».

De l'armée de Strasbourg, des places de l'ancienne France, il n'est malheureusement pas question. Sans doute l'Empereur croit ses ordres antérieurs déjà exécutés et la défense de l'Alsace suffisamment assurée par les troupes de ligne et par les gardes nationales du Haut-Rhin et du Bas-Rhin, dont il recommande de presser l'organisation.

Par contre il prescrit d'armer tout de suite entre le Rhin et la Meuse Juliers, sur la Meuse Venloo, Grave et Gorcum, Naarden qui couvre Amsterdam, même Delfzyl sur la mer du Nord. Le duc de Valmy devra donner les ordres nécessaires, sans attendre l'intervention des ministres [1], auxquels il adressera pour justification copie de la lettre de l'Empereur (n° 20 837).

Tous ces projets, tous ces ordres témoignent d'un optimisme extrême, soit que l'Empereur ne se soit pas rendu un compte exact de l'état de désagrégation de la Grande Armée, de la pénurie de ressources en hommes, en matériel, en argent, avec laquelle ses ministres et le duc de Valmy avaient à compter, soit plutôt qu'il ait voulu en imposer et inspirer confiance.

Le jour même de la réception des ordres de l'Empereur, dont beaucoup avaient déjà été exécutés de sa propre initiative, le duc de Valmy expédia au général Merle, commandant la 25ᵉ division militaire, les instructions relatives à l'armement de Wesel, de Juliers, de Grave et de Venloo, et au général Molitor, commandant la 17ᵉ division militaire, celles relatives aux places de Hollande. Il adressa au ministre de nouvelles et pressantes demandes de fonds, d'effets et d'armes. « J'avais arrêté dans plusieurs conseils que j'ai réunis les premières dispositions pour l'armement et l'approvisionnement de Mayence ; mais j'ai trouvé le génie et l'artillerie sans fonds, l'administration de la guerre sans ordres. J'ai demandé à l'Empereur des crédits et des autorisations. » La pénurie d'argent surtout était grande, car dès le lendemain il se vit obligé de prendre un arrêté pour réquisitionner une somme de 100.000 francs chez le payeur de la 26ᵉ division militaire et, à son défaut,

---

1. Le ministre de la Guerre prévint le ministre de l'Administration de la guerre des intentions de l'Empereur par une lettre datée du 30 octobre. L'approvisionnement des places devait être fait pour six mois.

chez le receveur général du département du Mont-Tonnerre, afin de solder les travaux urgents des ouvrages de Mayence et de Kastell.

L'arsenal ne contenait que 18.400 fusils; il en aurait fallu le triple pour réarmer les fuyards et les conscrits hollandais. Les magasins d'habillement et d'équipement n'étaient pas mieux fournis. Déjà le maréchal avait dû prendre sur lui, en dépit des ordres du ministre de l'Administration de la guerre, de faire distribuer des effets et des armes aux 7 à 8.000 fuyards versés dans les cadres des bataillons présents à Mayence. Mais il s'attendait à en voir arriver 40 ou 50.000 sur différents points de la ligne du Rhin; il craignait de ne pouvoir les remettre en état et d'être réduit à les laisser se disperser dans les départements voisins. En conséquence il demanda au ministre d'adresser aux généraux commandant les 3e, 4e et 24e divisions militaires, en seconde ligne, l'ordre d'arrêter tous les isolés qui ne pourraient justifier leur position, et de les réunir dans des places fortes, afin de faciliter la surveillance et la reconstitution des corps de troupe.

Le 27 le maréchal reçut la visite de M. de Vandeul arrivant de Darmstadt; il apprit de ce diplomate qu'à la nouvelle de l'entrée des Bavarois à Aschaffenburg le grand-duc de Hesse s'était enfui à Mannheim, en licenciant la majeure partie de la garnison (800 hommes sur 1.200) et en confiant la direction des affaires au prince Christian, ami d'ancienne date du roi de Bavière, qui pour cette raison pourrait peut-être obtenir de Wrede un arrangement favorable aux intérêts de sa famille. Désormais la Hesse devait être considérée comme perdue pour l'alliance française : maître de ce pays, Wrede pouvait à l'improviste jeter des partis sur la rive gauche du Rhin pour insurger les habitants, insulter les places et intercepter les communications entre Mayence et Strasbourg. Landau surtout était très menacée, car la garnison était réduite aux hommes valides du dépôt du 39e de ligne, à quelques canonniers suisses, et à quelques lanciers à pied. Le maréchal se hâta de faire entrer dans la place le bataillon du 15ᵉ de ligne, précédemment envoyé à Spire, et le remplaça dans cette ville par un bataillon de marche de même force. Ces mesures étaient indispensables pour arrêter la panique qui s'était emparée des habitants de la rive gauche, à la nouvelle fausse, mais colportée par les malveillants, de l'entrée des Bavarois à Heidelberg et à Mannheim et des préparatifs faits par eux pour passer le fleuve. Les habitants cachaient leurs objets précieux, les fonctionnaires français faisaient leurs paquets et envoyaient leurs familles dans l'intérieur, où cette émigration suscitait les commentaires les plus défavorables au gouvernement et à l'autorité militaire [1].

Mais le véritable péril était sur la rive droite du Main : contrairement à toutes les prévisions, Wrede, en quittant Wurzburg, n'avait pas cherché à prendre le contact avec la Grande Armée : il s'était dirigé sur Hanau, important nœud de routes, d'où, suivant les circonstances, il pouvait se porter soit sur Fulda, soit sur Cassel, soit sur Francfort et Mayence ; déjà il était en mesure de refouler le faible corps rassemblé par Préval en avant de Francfort et de faire paraître dès le 29 une avant-garde devant les ouvrages de Kastell.

Préval avait établi son quartier général à Francfort, où il avait mis à la disposition du colonel Boizard, commandant de place, 200 hommes de cavalerie d'élite à pied pour tenir la population en respect ; il avait placé le reste des cavaliers à pied sur la rive gauche du Main dans le faubourg de Sachsenhausen, dont les issues avaient été barricadées. Sur la rive droite il avait fait occuper à 6 kilomètres de Francfort la forte position de Bergen, couverte sur son flanc droit par le Main et sur son flanc gauche par la Nidda, obstacle sérieux en raison de la hauteur des eaux à cette époque. La grosse cavalerie, 8 à 900 chevaux, sous les ordres

---

1. Lettres de Glockner, commissaire de police de Landau, au commissaire général de police Popp à Strasbourg, octobre 1813.

du général Laroche, était cantonnée à Bergen même ; la cavalerie légère battait le pays entre cette localité et Hanau, l'infanterie était répartie dans les villages entre Bergen et Francfort. Mais l'effectif de toutes ces troupes ne montait pas à plus de 4.000 hommes ; c'était tout à fait insuffisant pour tenir un front qui, dans sa partie la plus resserrée, entre Vilbel sur la Nidda et le coude du Main au sud de Bergen, ne mesurait pas moins de 6 kilomètres.

Les bataillons d'infanterie, formés de conscrits qui n'avaient jamais vu le feu et qui manifestaient ouvertement les plus mauvaises dispositions, constituaient une faible ressource ; la cavalerie, seule troupe sur laquelle on pût compter, avait peine à se mouvoir dans les terres détrempées par la pluie des jours précédents ; pour la même raison, l'artillerie ne pouvait sortir des routes.

Préval se trouvait donc dans une position fort aventurée ; néanmoins il résolut de tenir à Bergen et à Francfort le plus longtemps possible pour y recueillir les fuyards qui arrivaient en groupes de plus en plus nombreux par la route de Fulda ; il sauva ainsi plus de 20.000 isolés, une foule d'officiers généraux et supérieurs, beaucoup de voitures et d'équipages, même, une partie de l'artillerie du 4ᵉ corps, que son chef, le général Bertrand, opérant en flanc-garde de l'armée et obligé de suivre des chemins de traverse, avait envoyée en avant.

Pendant la journée du 28 les fuyards affluèrent, mais la situation empira. D'abord Préval ne reçut aucune nouvelle de la marche de la Grande Armée. Par contre ses reconnaissances lui apprirent que la cavalerie bavaroise était entrée dans Hanau, et qu'elle avait fait de nombreux prisonniers ; parmi eux se trouvait l'estafette partie de Mayence le 26, qui n'avait pu dépasser Fulda et avait rebroussé chemin. A plusieurs reprises cette cavalerie avait escarmouché avec des groupes de fuyards armés et obligé les isolés à se jeter dans les bois pour gagner le chemin de traverse de Langenselbold à Bergen par Bruchkobel et Hochstedt. Le soir le général Guérin arriva à Francfort ramenant le gros de la 55° colonne de marche, ses deux batteries et son trésor ; il avait été attaqué près de Hanau, et s'était difficilement frayé un passage. Il fallait s'attendre à voir les Bavarois occuper en forces Hanau dès le lendemain et couper définitivement la ligne de communication de la Grande Armée avec Mayence.

La journée du 29 se passa sans nouvelles de l'Empereur ; il n'arriva plus personne de Fulda par la route passant par Hanau, évidemment interceptée par l'ennemi. Mais celle passant par Gedern resta libre, car les trois bataillons formant la tête de la 56° colonne de marche revenant de Fulda atteignirent sans encombre Vilbel dans la vallée de la Nidda. Préval avait l'intention de les utiliser pour renforcer le flanc gauche de sa ligne sur le front Vilbel, Bonames, et couvrir ainsi les approches de Francfort par le nord. Mais le général Grouvel fut intimidé par l'apparition de quelques coureurs ennemis ; sans attendre la réponse aux ordres demandés à Préval, il abandonna Vilbel et continua sa route sur Mayence. Le général Laroche s'en laissa également imposer par les démonstrations de la cavalerie bavaroise devant Bergen et battit en retraite sur Francfort.

Préval, accouru en toute hâte, constata que rien ne justifiait ce mouvement ; il fit réoccuper Bergen, obligea non sans peine la cavalerie légère à se reporter en avant et disposa son infanterie en deux échelons, l'un dans les faubourgs de Francfort, l'autre à Bornheim, à moitié chemin de Bergen. Mais ce fut son dernier accès d'énergie. A la fin de la journée les éclaireurs ennemis se montrèrent plus nombreux entre le Main et la Nidda et au nord de ce cours d'eau ; le général Laroche les prit pour l'avant-garde d'un corps ennemi d'au moins 20.000 hommes. En même temps Préval apprit à Francfort qu'un corps bavarois se portait sur Offenbach par la rive gauche du Main. Craignant d'être attaqué à la fois sur son front et sur ses flancs, ne voulant pas compromettre des troupes nécessaires à la défense de Mayence, il jugea le moment venu d'évacuer Francfort et donna l'ordre de la retraite.

Le mouvement commença le 30 à deux heures du matin et s'exécuta sans opposition de la part de l'ennemi. A huit heures le petit corps français atteignit Höchst et se trouva en sûreté sur la rive droite de la Nidda, dont les ponts furent aussitôt rompus.

L'abandon sans combat, avant même l'apparition de l'ennemi, de l'importante position de Francfort serait inexplicable, si l'on ne tenait pas compte d'un fait déconcertant : depuis le 27 octobre le duc de Valmy et Préval étaient sans nouvelles de l'Empereur, alors qu'ils s'attendaient à en recevoir par la route Fulda, Krainfeld, Gedern, Vilbel, où la circulation resta parfaitement libre jusqu'au 29, et que l'on pouvait atteindre en toute sécurité de Schlüchtern, de Salmünster et même de Gelnhausen. Mais personne dans l'état-major de l'Empereur n'ayant songé à expédier des courriers par cette voie, le duc de Valmy conclut de l'absence de tout renseignement sur la marche de la Grande Armée que celle-ci avait dû quitter la route de Mayence à Hünfeld ou à Fulda et s'était dirigée sur Coblentz par Giessen, Wetzlar et la vallée de la Lahn, afin d'éviter la rencontre de l'armée austro-bavaroise. Imbus de cette idée, le duc de Valmy et Préval s'efforcèrent d'abord d'assurer la retraite du plus grand nombre possible de fuyards et d'équipages ; après l'occupation de Hanau par les Bavarois, ils ne songèrent plus qu'à couvrir les abords de Mayence. Le duc de Valmy était si persuadé de la marche de l'Empereur sur Coblentz qu'il fit rassembler en hâte dans cette ville des approvisionnements et des bateaux, et même descendre jusque-là le pont volant de Mannheim, afin de doubler celui qui existait déjà entre Coblentz et le village de Thal sur la rive droite du Rhin.

VII

ARRIVÉE A MAYENCE DES FUYARDS DE LEIPZIG. SITUATION GÉNÉRALE DES 5ᵉ, 25ᵉ ET 26ᵉ DIVISIONS MILITAIRES A LA FIN D'OCTOBRE

A Mayence l'approche de l'armée austro-bavaroise provoqua les alarmes les plus vives. Le 30 octobre le duc de Valmy signala au ministre, par le télégraphe, la nécessité d'augmenter sans retard les moyens de défense, l'ennemi étant déjà à Hanau et devant ce même jour entrer à Francfort, et de prendre les mesures les plus énergiques pour arrêter le désordre en seconde ligne, les fuyards arrivant à Mayence en si grand nombre, qu'il serait bientôt impossible de les contenir. Il confirma sa dépêche dans une lettre reflétant les appréhensions que faisaient naître et la situation critique des troupes et des territoires placés sous son autorité, et l'absence de nouvelles de l'Empereur depuis le 27; il exposa la série des événements survenus depuis cette date, et les dispositions prises pour parer à une attaque des Bavarois contre Mayence et surtout contre Landau; il annonça son intention de déclarer Mayence en état de siège et de faire procéder à l'approvisionnement de la place pour 25.000 hommes et pour six mois, par voie de réquisition sur les trois départements de la 26ᵉ division militaire; mais il ne dissimula pas qu'il aurait de beaucoup préféré employer tout autre moyen, car ces départements avaient jusqu'alors montré un bon esprit, et il importait de les ménager, afin de conserver leurs ressources pour l'armée de campagne. Il fit le plus triste tableau de la déroute dont il était le témoin impuissant : « Dans un moment où l'ennemi est sur nous, écrivait-il, où nos alliés nous abandonnent, il est impossible de se faire une idée de tous les excès auxquels les nombreux fuyards de tous les corps se portent en quittant l'Allemagne. Je vous l'avouerai avec peine, Monsieur le duc, il est impossible de voir plus de lâcheté et de démoralisation dans l'officier de tout grade, comme dans le soldat. C'est avec les plus grands efforts que je suis parvenu à recevoir et à contenir à la fois dans Mayence cette colonne dévastatrice. J'arrête les soldats de l'infanterie, les hommes encore montés du train, de la cavalerie et de l'artillerie, mais démoralisés ils quittent et désertent sans pouvoir les retenir. »

L'exemple et les propos de ces hommes arrivés au dernier degré de lâcheté et d'indiscipline produisaient l'effet le plus déplorable sur l'esprit des jeunes soldats des bataillons en formation à Mayence; les originaires de la vieille France étaient profondément découragés ; les étrangers, surtout les Hollandais, manifestaient insolemment leur joie, en voyant passer les débris de la Grande Armée ; ceux qu'on aventurait sur la rive droite du Rhin passaient à l'ennemi ; ceux qui restaient sur la rive gauche montraient l'esprit le plus détestable; le duc de Valmy annonça l'intention de s'en débarrasser en les renvoyant à Metz.

Mayence était devenue le théâtre de scènes affreuses, dont l'horreur croissait d'heure en heure. Aux convois d'évacuation des hôpitaux et des dépôts venus des États de Hesse, de Francfort et de Nassau s'étaient joints des groupes de plus en plus nombreux de fuyards, officiers, employés, hommes de troupe, montés ou démontés, armés ou désarmés, mais tous également déguenillés, affamés et affaiblis. Dans les derniers jours, ces groupes avaient fini par former une foule compacte, au milieu de laquelle les voitures de l'artillerie, des équipages militaires et des vivandiers, les calèches des particuliers, les charrettes des paysans, la plupart surchargées de blessés, de malades et d'éclopés, avaient peine à se frayer un passage, et dont l'écoulement sur le pont de bateaux ne cessait ni le jour ni la nuit. Piétons, cavaliers et voitures se répandaient dans les rues de la ville, bientôt transformées en bourbiers, car elles étaient encombrées d'hommes et de chevaux qui ne pouvaient ni trouver un abri, ni gagner les villages voisins, les portes de l'enceinte restant fermées pour empêcher la déroute de se répandre sur toute la région de la rive gauche. Les plus heureux des fuyards, ceux qui avaient conservé de l'argent et des forces, envahissaient les hôtels, les auberges, les moindres cabarets, où ils étaient obligés de faire queue à la porte des cuisines, pour préparer eux-mêmes leur nourriture, et de rester le sabre à la main auprès des fourneaux, pour empêcher qu'on ne leur ravît les aliments à moitié cuits[1]. Mais les faibles, ceux qui, faute de ressources, avaient compté sur des distributions régulières de vivres, souffraient de la faim ; aucune autorité n'étant là pour établir les pièces nécessaires à la délivrance des rations, les gardes-magasins ne savaient à qui entendre et, devant la menace du pillage, ils étaient réduits à fermer leurs établissements, d'ailleurs assez mal approvisionnés.

Si dans cette ville où ils avaient espéré trouver la fin de leur misère, le sort des hommes valides était déplorable, celui des malades et blessés était pire encore. Il avait bien fallu abriter à Mayence les blessés et les malades évacués des hôpitaux de la rive droite les plus gravement atteints, et qui n'étaient réellement plus transportables. Les hôpitaux de la place avaient donc été remplis avant même l'arrivée des fuyards de Leipzig. Les églises avaient alors été transformées en ambulances; toutes étaient pleines de malades et de mourants qu'un peu de paille défendait mal de l'humidité du sol et du froid de la saison. Les médecins et les infirmiers étaient trop peu nombreux pour assurer un service inopinément et démesurément augmenté; les fournitures de couchage, le matériel sanitaire, les médicaments faisaient défaut. Dans cette masse d'hommes déjà malades ou affaiblis par les privations de tout genre, le typhus se développait avec une effrayante rapidité ; la mortalité croissait au

---

1. Mémoires de Parquin, de Criois, d'un ex-officier, etc.

point que les voitures manquaient pour porter les morts aux cimetières improvisés sur les glacis. On était obligé de mettre en réquisition celles des paysans qui apportaient à Mayence les contributions en denrées ; lorsque ces voitures avaient été déchargées aux magasins de vivres, elles étaient conduites aux hôpitaux et les paysans étaient contraints d'emporter un chargement de cadavres hors de la ville ; parfois ils devaient faire plusieurs voyages et ce service durait jusqu'à la nuit. La population civile n'était pas épargnée par l'épidémie.

Il en était à peu près de même dans les villes où passaient les convois d'évacuation venus de Mayence. Le 3 novembre le préfet de la Sarre, rendant compte au ministre de l'Intérieur de l'arrivée à Trèves du dépôt des quatre régiments de gardes d'honneur, constatait que les 8 ou 900 hommes de ce dépôt avaient été mis en route dans le plus grand désordre, sans solde, dénués des effets les plus nécessaires et sous le commandement d'un seul officier. L'indiscipline était extrême; beaucoup de gardes avaient abandonné leurs armes et leurs chevaux et marchaient isolément ou par groupes, répandant l'alarme sur toute la route et tenant les propos les plus indécents.

L'administration militaire n'avait rien prévu pour la subsistance et les soins à donner aux malades et aux blessés transportés dans l'intérieur : partout les habitants, avec une admirable charité, fournissaient à ces malheureux les aliments et les vêtements les plus indispensables et recueillaient ceux qui ne pouvaient aller plus loin. Mais cette charité même allait se lasser, car les besoins étaient hors de proportion avec les ressources. Par exemple, depuis le 25 octobre, la seule ville de Coblentz pourvoyait à l'entretien des blessés et malades qui arrivaient chaque jour par milliers, entassés au nombre de 7 à 800 dans des bateaux infects, sans médecins, sans infirmiers, sans escorte, et entièrement abandonnés à des mariniers brutaux.

La population des départements de la frontière avait

quelque mérite à se montrer secourable, car elle était fort troublée, non seulement par la crainte d'une prochaine invasion, mais aussi par l'annonce de mesures extraordinaires, projetées par le gouvernement pour continuer la guerre, et de nature à léser gravement les intérêts matériels. Les agents de l'ennemi et les opposants de l'intérieur s'efforçaient d'accréditer le bruit d'une nouvelle levée de conscrits, de la création de nouveaux impôts, de l'augmentation de ceux existant déjà, et surtout d'immenses réquisitions pour approvisionner les places et subvenir aux besoins de l'armée. Les habitants des campagnes craignaient de se voir enlever le plus clair de leurs ressources au début de la mauvaise saison. En outre, l'exécution des réquisitions entraînait trop souvent des abus de pouvoir de la part des hauts fonctionnaires, et des rapines insupportables de la part des employés subalternes, surtout des gardes-magasins chargés de la réception des denrées : le procédé le plus habituel à ceux-ci était de retarder les livraisons, afin d'obliger à de longs et dispendieux séjours loin de leurs villages, les convoyeurs qui s'obstinaient à exiger des reçus conformes à la quantité et à la qualité des produits apportés.

Dans la 25ᵉ division militaire le contre-coup des événements qui se déroulaient en Saxe se fit sentir assez tard, car le territoire de cette division était couvert par celui de la 32ᵉ et par le grand-duché de Berg, où les autorités et les troupes françaises se maintinrent jusque dans les premiers jours de novembre.

Le général Carra Saint-Cyr, commandant la 32ᵉ division militaire, dont le quartier général avait été transféré de Hambourg à Osnabruck, était chargé de défendre la ligne du Weser et de maintenir les communications du 13ᵉ corps établi à Hambourg avec la France. Il disposait de 4 000 hommes environ, divisés en deux petits corps : l'un, placé sous les ordres du général Amey et formé de trois bataillons suisses médiocrement sûrs, avait remplacé à Minden la division Lemoine, dirigée sur Magdebourg : l'autre placé sous les ordres du général Lauberdière, et formé de détachements français, entre autres un solide bataillon de douaniers, opérait contre les partisans de Tettenborn, qui s'étaient emparés de Brême par surprise le 14 octobre et avaient ainsi isolé le 13ᵉ corps. Lauberdière réussit à reprendre Brême le 22 octobre, mais il ne put s'y maintenir longtemps. En effet, le 26, Carra Saint-Cyr apprit que l'ennemi se rassemblait en forces à Nienburg sur la rive droite du Weser et réparait le pont rompu lors de la prise de Brême : craignant que sa ligne ne fût forcée par son centre, il prit la décision de rassembler ses troupes pour couvrir Osnabruck et Munster. En conséquence, il donna l'ordre à Lauberdière de se retirer sur Diepholz, et à Amey de se porter de Minden sur Bomté, bifurcation des routes conduisant d'Osnabruck à Brême et à Minden. Cette retraite, peut-être prématurée, eut pour effet de livrer à l'ennemi la ligne du Weser et toute la région entre ce fleuve et l'Ems, traversée par la route de Brême en Hollande par Lingen et Deventer, de découvrir ainsi jusqu'à l'Yssel le territoire de la 31ᵉ division militaire (quartier général à Groningue), et d'interrompre d'une façon définitive les communications avec la France des troupes concentrées autour de Hambourg sous le commandement du prince d'Eckmühl. De ce moment la position des troupes et des administrations françaises sur la rive droite du Rhin devint fort critique et l'évacuation de la région dut être considérée comme inévitable.

Le général Merle occupait Wesel avec une garnison de 12 bataillons : les 1ᵉʳˢ, 4ᵉˢ et 5ᵉˢ des 123ᵉ, 124ᵉ et 127ᵉ, les 5ᵉˢ bataillons des 94ᵉ, 11ᵉ léger et 21ᵉ léger : plus quatre compagnies d'artillerie. L'effectif était suffisant, car les troupes, le dépôt des réfractaires et les conscrits destinés aux 5ᵒˢ bataillons comptaient au 15 octobre 6 000 hommes présents sous les armes. Mais la qualité laissait fortement à désirer, et, par suite de circonstances locales, il était difficile de l'améliorer. En effet, les établissements militaires faisant défaut dans la place, Merle avait dû transformer plusieurs casernes en magasins et loger les hommes chez les habitants, au grand détriment du maintien de la discipline et de la marche de l'instruction. En outre, les réfractaires et les conscrits étaient éprouvés par les fièvres paludéennes, endémiques à Wesel : l'état sanitaire était si mauvais qu'à la fin d'octobre la garnison perdait 10 à 15 hommes par jour.

Le 29 octobre, sur l'ordre du duc de Valmy, Merle déclara la place en état de siège. Il envoya à l'ordonnateur de la division et aux directeurs des fortifications et de l'artillerie, l'ordre d'armer et d'approvisionner pour trois mois les places de Wesel, Venloo, Juliers et Grave; en même temps il frappa des réquisitions sur le grand-duché de Berg et sur les départements de la Lippe et de la Roër. Le grand-duché et la Lippe montrèrent immédiatement beaucoup de mauvaise volonté : toutes les classes de la population affichèrent leurs sympathies pour les alliés et prirent une attitude si agressive que les fonctionnaires français se hâtèrent de renvoyer leurs familles sur la rive gauche du Rhin et de faire leurs préparatifs de départ. Le 29 octobre, du Saillant reçut de mauvaises nouvelles : Lauberdière avait évacué Brême et battait en retraite sur Diepholz; le roi Jérôme avait quitté pour la seconde fois sa capitale et s'était dirigé sur Marburg : de tous côtés le département était menacé d'être envahi. Du Saillant et le général Harty, commandant le département, essayèrent d'organiser la résistance. Mais la garnison de Munster était réduite à 600 conscrits, sans artillerie : pour en constituer une, le préfet réquisitionna chez les particuliers quelques petits canons, conservés à titre de curiosité : deux pièces de 2 chez le comte de Steinfurt, une de 2 chez le baron de Droste, trois de 4 chez le baron de Landsberg; c'était une faible ressource, car les affûts étaient en mauvais état et les munitions manquaient. Le 30 le préfet reçut une lettre du général Carra Saint-Cyr, lui mandant d'Osnabruck que l'ennemi arrivait en force et qu'il était temps de faire partir les administrations. Sur cet avis du Saillant donna l'ordre d'emballer les archives, les caisses publiques, et prépara le départ du personnel français sur Emmerich.

Par contre, dans la Roër, la tranquillité se maintint. Sous l'impulsion du préfet, les habitants montrèrent même de l'empressement à seconder les autorités civiles et militaires : les opérations de la conscription, le recouvrement des impositions, l'exécution des réquisitions ne donnèrent lieu à aucune difficulté. Dans les grandes villes du Rhin, l'esprit resta excellent, en dépit de la présence de nombreux fugitifs, soldats débandés, fonctionnaires français employés dans l'administration militaire ou dans celles du grand-duché de Berg et du royaume de Westphalie.

Si dans ces circonstances critiques l'attitude des Allemands de la rive gauche du Rhin fut de nature à inspirer une sécurité, au moins momentanée, il n'en fut pas de même de celle des Hollandais et surtout des Belges flamands et wallons. Dans les Bouches-du-Rhin la masse de la population, peu éclairée, peu aisée, peu énergique, ne se montra pas disposée à prendre l'initiative d'un mouvement, mais elle accueillit avec faveur les libelles et les proclamations répandus par les partisans de la maison d'Orange, qui conspiraient déjà pour secouer le joug de la France. Dans les anciennes possessions autrichiennes, les habitants des villes et des campagnes se réjouirent ouvertement de la défaite de la Grande Armée et ne cachèrent pas leur espoir d'un prochain changement de gouvernement. A Liège, dès le 26 octobre, on annonça la dissolution de la Confédération du Rhin et le rétablissement de l'ancien empire germanique, avec tous les privilèges de classe qui flattaient l'orgueil des nobles et des prêtres. Les politiques pensaient à Bernadotte qui, disait-on, devait renoncer au trône de Suède en faveur du fils du dernier roi et serait fait souverain d'un nouvel État, comprenant la Belgique et une partie de la Hollande. Les conscrits étaient poussés à la désertion par leurs parents et quelques militaires originaires du pays, revenus des prisons de l'ennemi dans des conditions fort suspectes. D'après les récits de ces hommes, les alliés avaient des égards particuliers pour les prisonniers de guerre qui parlaient allemand ou qui appartenaient à des contrées autrefois soumises à l'Autriche.

Dans la 5ᵉ division militaire, Desbureaux jugea la situation très grave, dès qu'il eut été informé de la volte-face politique et militaire de la Bavière. Sans attendre les ordres du ministre, il s'efforça de mettre à l'abri d'un coup de main Landau, Neuf-Brisach et Huningue ; il fit une tournée dans le Haut-Rhin pour s'assurer de l'état des places de ce département et les trouva dénuées de tout : les arsenaux vides, pas de fusils, pas de plomb pour confectionner des cartouches. A son retour à Strasbourg, il donna ordre au directeur de l'artillerie d'envoyer 500 fusils à Neuf-Brisach pour armer 150 hommes à pied du 16ᵉ chasseurs, en garnison dans la place, et les hommes à pied du 9ᵉ hussards de Schlestadt, qu'il se proposait de jeter dans Neuf-Brisach, au moindre mouvement hostile constaté sur la rive droite. Il fit occuper par 40 hommes du 10ᵉ léger le fort Vauban, poste important sur le Rhin, pour empêcher l'ennemi de s'y établir et de l'utiliser comme tête de pont. Il se hâta d'organiser les conscrits réfractaires du dépôt de Strasbourg, dans l'intention de les envoyer à Huningue, dont l'enceinte était en mauvais état et dépourvue de palissades ; il fit faire les travaux les plus urgents à Landscron ; il compléta la garnison de Kehl, en y faisant entrer 500 hommes du 1ᵉʳ bataillon du 128ᵉ ; il demanda l'autorisation de transférer dans une ville de l'intérieur le dépôt des convalescents, qui encombrait la place de Landau et les hôpitaux de la division. Enfin, il réclama des ordres, des fonds, des hommes et du matériel, sans dissimuler aucun de ses besoins.

Le 26 Desbureaux fut informé par Nicolay, ministre de France à Karlsruhe, de l'entrée des Bavarois sur le territoire de Bade : 4 000 hommes avaient occupé Boxberg, sur la route de Mergentheim à Bruchsal ; le grand-duc n'avait été prévenu de rien et n'avait aucun renseignement sur la destination ultérieure de ce détachement; ces 4000 hommes pouvaient fort bien être l'avant-garde d'un corps d'armée en marche sur Mannheim pour y passer le Rhin. Le jour même Desbureaux avertit par le télégraphe le ministre de la Guerre. Il était fort inquiet, car il ne comptait pas sur le grand-duc de Bade. Ce prince multipliait ses protestations de dévouement à l'Empereur et donnait avis de tous les renseignements parvenus à sa connaissance au ministre de France, mais il désirait ardemment obtenir la reconnaissance de la neutralité de ses États et faisait effort pour se concilier les deux partis. Ainsi il recommandait à ses fonctionnaires de bien accueillir les alliés et les laissait libres de manifester leur hostilité contre la France ; à Mannheim, dès le 25, le directeur de la police, le sieur de Hinckeldey, avait renvoyé sur la rive gauche du Rhin tous les sujets français et annoncé l'intention de s'opposer par la force à l'enlèvement du pont volant; cependant il se ravisa et ne mit pas ses menaces à exécution. Les douaniers français purent enlever le pont volant, le faire descendre à Mayence, et ramener aussi à peu près partout les bateaux sur la rive gauche du fleuve, non sans quelques conflits avec les paysans. Le grand-duc s'en plaignit avec amertume à Nicolay, qui eut le tort de se faire auprès de Desbureaux le trop complaisant écho de ces doléances. Son intervention parut fort étrange, car lui-même se préparait au départ et avait déjà envoyé ses effets les plus précieux au maire de Lauterburg.

Le 28 octobre, Desbureaux demanda par le télégraphe au ministre s'il devait sans plus tarder mettre les départements en état de siège, ou attendre pour le faire l'entrée de l'ennemi sur le territoire français ; il réclama de nouveau des mesures extraordinaires pour la mise en état de défense et surtout l'approvisionnement des places. Il confirma cette dépêche par une lettre dans laquelle il rendait compte des mesures prises, d'après les renseignements donnés par le duc de Valmy relativement à la marche de colonnes ennemies sur Wurzburg et sur Mannheim ; il mettait en état de défense Landau, enfin débarrassé du dépôt des convalescents dirigé sur Phalsburg ; il y formait la garnison au moyen du dépôt du 39e, de canonniers envoyés de Strasbourg et d'un bataillon de marche envoyé de Mayence ; il organisait la surveillance de la ligne du Rhin entre Landau et Strasbourg en utilisant les douaniers, deux escadrons du 4e gardes d'honneur et les hommes montés du dépôt et du 2e escadron du 18e dragons, stationnés à Haguenau ; enfin, il faisait occuper Landscron par un détachement suffisant pour repousser une attaque de vive force. Il transmit aussi au ministre une demande du commandant de Kehl, tendant à obtenir l'autorisation de démolir dans le village de Kehl-badois les maisons susceptibles de masquer les vues du fort, et même d'opérer une incursion sur le territoire de Bade pour se ravitailler en viande sur pied.

C'était proposer de traiter avec toutes les rigueurs de la guerre un pays encore allié en apparence. Mais Desbureaux était sans illusions et il n'avait pas tort. En effet, ce même jour le grand-duc de Bade vint trouver Nicolay à son hôtel et le supplia d'écrire à l'archichancelier pour lui demander d'exposer à l'Impératrice régente sa pénible situation : ne disposant que de 3.000 hommes de troupes, il n'était pas en mesure de résister aux alliés ; il jugeait avantageux pour ses intérêts comme pour ceux de l'Empereur d'essayer d'obtenir la reconnaissance de la neutralité de ses États. Mais ces rêves furent dissipés bien avant l'arrivée à Paris de la dépêche de Nicolay : le 29 octobre, le grand-duc reçut une lettre de Wrede, datée d'Aschaffenburg, 28 octobre ; contrairement aux usages, cette lettre avait été confiée à un simple courrier. Le grand-duc se montra beaucoup plus blessé du manque de courtoisie dans la forme que des exigences brutales du général en chef de l'armée austro-bavaroise. « Monseigneur, écrivait Wrede, j'ai l'honneur de vous faire part que je passe depuis deux jours avec mes troupes sur votre territoire. Le Roi mon maître vous a fait part il y a quelques jours de son désir que les relations amicales ne soient jamais interrompues avec vous et cependant j'apprends que le ministre de France est encore à Karlsruhe. Je vous engage donc, Monseigneur, à cesser sur-le-champ les relations diplomatiques avec la France, à me donner ce que vous avez de troupes et à vous joindre à notre religieuse cause. »

A la réception de cette lettre, le grand-duc la communiqua tout de suite au ministre de France ; il manifesta un instant l'intention de résister à cette insolente sommation et d'en tirer vengeance sans plus attendre. Mais cet accès d'énergie dura peu ; il fit sa soumission et pour toute vengeance envoya sa lettre par la poste ! Comme l'armée austro-bavaroise était en ce moment loin de lui, il se réserva de retarder son adhésion effective à la coalition, mais, afin de donner une apparence de satisfaction à Wrede, il prescrivit de diriger la garnison de Rastadt sur les villages voisins de Kehl et d'établir autour du fort une ligne de postes d'observation.

Ce mouvement inquiéta vivement Desbureaux. Il fit demander des explications au grand-duc et n'obtint qu'une réponse fort embarrassée : le déplacement de la garnison de Rastadt n'avait aucune signification hostile à la France ; il était motivé par des considérations d'ordre intérieur et surtout par la nécessité de maintenir la tranquillité parmi les habitants des campagnes, etc. Peu confiant dans ces belles protestations, Desbureaux redoubla de précautions : il fit couper le pont de la Kintzig ; il prévint le bailli de Kehl-badois qu'à la première tentative d'hostilité il ferait immédiatement brûler le village ; il interdit les communications par bateau entre les deux rives du Rhin et ne les toléra plus que par le pont de Kehl, où la surveillance des allants et venants était facile et fut rigoureusement exercée ; enfin, il renforça le cordon de la frontière au moyen de 600 douaniers bien armés et bien disposés, tirés de la deuxième ligne de douanes, qui furent rapidement portés sur la première.

A la fin d'octobre Desbureaux avait déjà obtenu quelques résultats sérieux. Le fort de Kehl était sur un pied de défense respectable. La garnison se composait de deux bataillons du 128ᵉ, portés au complet au moyen des hommes les plus valides et les plus disciplinés du dépôt des réfractaires de Strasbourg, et d'un détachement de 70 canonniers, renforcé chaque soir d'un second détachement de 50 canonniers envoyés de Strasbourg pour la garde des batteries; le tout était sous les ordres du colonel Sauret, du 18ᵉ de ligne, officier ferme et dévoué. Presque toutes les pièces étaient en batterie, prêtes à faire feu, et approvisionnées à 150 coups en munitions confectionnées; le fort contenait en outre 20 000 kilogrammes de poudre et 500 000 cartouches d'infanterie. Mais il restait encore beaucoup de travaux à faire, surtout de palissadement, pour mettre la place à l'abri d'un coup de main. Aussi l'on faisait bonne garde : chaque soir les pièces des ouvrages extérieurs étaient chargées à mitrailles; un cordon attaché à la cartouche permettait de la retirer à la rentrée des reconnaissances du matin, lorsque celles-ci n'avaient rien signalé de suspect.

A Strasbourg les travaux d'armement se poursuivaient fiévreusement; au 31 octobre deux pièces étaient en batterie sur les faces de chaque bastion; les pièces de flanquement étaient aussi en batterie et approvisionnées, en prévision de l'approche des gelées qui allaient priver la place de sa meilleure défense, en rendant facile le passage des fossés pleins d'eau. L'arsenal avait en réserve un nombre de pièces et d'affûts suffisant, à condition d'employer du matériel russe et autrichien alésé aux calibres de 6 et de 12 français; il contenait aussi 6 000 fusils destinés à la garde nationale, mais il manquait 400 000 kilogrammes de poudre, autant de plomb et 15 à 20 000 fusils pour les troupes de ligne. L'argent manquait aussi : au 1ᵉʳ août la direction d'artillerie de Strasbourg devait 260 000 francs;

sur les 100 000 dont elle avait reçu les ordonnances depuis cette date, il n'avait été payé encore que 80 000 francs ; 100 000 francs au moins étaient nécessaires pour acquitter les dépenses d'octobre et de novembre. Le service du génie avait de son côté énormément de travaux à faire pour placer des palissades, des barrières, établir des banquettes pour la fusillade, etc., il demandait encore six mois pour mettre la place en état de soutenir un siège. Le patriotisme et la bonne volonté des Alsaciens facilitaient il est vrai la tâche de l'autorité militaire : à Strasbourg, sur un appel de la municipalité, les habitants fournirent tout le matériel nécessaire à l'établissement de deux hôpitaux auxiliaires ; les gens aisés prêtèrent leurs chevaux pour mettre les canons en batterie sur les remparts.

Dans les autres places d'Alsace la situation était à peu près la même : il y avait des canons, des affûts et des projectiles en quantité suffisante ; il manquait des armes portatives, de la poudre, du plomb, du petit matériel et des outils ; les enceintes proprement dites étaient généralement à l'abri d'un coup de main ; mais d'importants travaux étaient encore nécessaires pour mettre l'ensemble des ouvrages de fortifications en état de résister à une attaque régulière.

VIII

L'AFFOLEMENT A PARIS

M. de Cetto, ministre de Bavière à Paris, reçut dans la matinée du 15 octobre par un courrier extraordinaire l'ordre de demander ses passeports. Le personnel de sa légation n'observa sans doute pas une grande discrétion, car dans la journée même la nouvelle fut ébruitée et jeta un certain émoi dans le monde des spéculateurs. Par contre, le gouvernement ne la prit pas au sérieux ; la Besnardière, gérant du ministère des Relations extérieures en l'absence du duc de Bassano, alors au quartier général de l'Empereur, crut à une manœuvre de bourse, en constatant que l'estafette partie dans la soirée n'emportait aucune dépêche de M. de Cetto pour le duc de Bassano, seul qualifié pour délivrer des passeports en pareil cas. Mais le cabinet de Munich n'en était plus à l'observation des formes protocolaires!

Le lendemain 16 il fallut déchanter : Cetto s'adressa directement à la Besnardière, sans d'ailleurs pouvoir donner aucune explication de la décision prise par son gouvernement; en effet, on lui avait simplement mandé que Mercy-Argenteau avait reçu tous les éclaircissements nécessaires, sur les motifs de la rupture des relations entre la Bavière et la France. Aussi la Besnardière, en mettant le duc de Feltre au courant de la situation, se borna à écrire qu'il s'agissait vraisemblablement d'une entente de la Bavière avec l'Autriche, peut-être même les alliés de celle-ci, mais il ne fit aucune allusion à l'éventualité d'une entrée en campagne de l'armée bavaroise contre les troupes françaises chargées de la garde des lignes de communication de la Grande Armée et de la défense de la frontière du Rhin. Néanmoins, le ministre de la Guerre dut considérer cette éventualité comme possible, car le même jour il reçut une dépêche télégraphique, datée de Mayence, 14 octobre, et retardée par les brouillards, par laquelle le duc de Valmy l'informait de la conclusion d'une alliance offensive et défensive entre la Bavière et l'Autriche. Le ministre se hâta de prévenir le vice roi d'Italie, dont les communications avec l'Allemagne par le Tyrol allaient se trouver coupées.

Le gouvernement bavarois ayant arrêté ou retardé les courriers de Mercy, afin de dissimuler le plus longtemps possible les mouvements de l'armée de Wrede, on resta à Paris pendant quelques jours dans une ignorance complète des événements. Enfin, le 19 ou le 20 octobre le duc de Rovigo reçut par la voie de la Suisse des rapports d'un de ses agents secrets, en date du 10 : aucun doute n'était désormais plus possible; à

Munich la grande affaire était décidée ; Wrede, à la tête d'une armée combinée de 70 000 Bavarois et Autrichiens, avait quitté les bords de l'Inn depuis le 8 et s'était dirigé sur Ratisbonne ; le ministre de France avait envoyé un courrier à l'Empereur à Dresde et se disposait à partir de Munich avec le personnel de sa légation. La guerre s'étendait dans les conditions les plus dangereuses ; l'Allemagne du Sud tout entière était ouverte aux entreprises des alliés et l'Alsace pouvait se trouver envahie avant le retour désormais inévitable de la Grande Armée sur le Rhin.

Dès lors il fallait se conformer sans retard aux instructions données par l'Empereur le 18 août et s'efforcer de rattraper le temps perdu.

Dans un rapport adressé le 20 octobre à l'Impératrice régente le ministre de la Guerre exposa que, la Bavière ayant fait alliance avec l'Autriche et le Wurtemberg devant probablement suivre cet exemple, il donnait des ordres pour mettre les places du Rhin en état de défense. Comme les garnisons de ces places étaient formées de dépôts ou de corps destinés à y être stationnés en temps de paix, et par conséquent fort réduites, il proposa de rendre un décret appelant à l'activité les gardes nationales du Haut-Rhin, du Bas-Rhin, des Vosges, de la Meurthe, de la Moselle, de la Haute-Saône et de la Haute-Marne, soit sept légions départementales. Les légions du Haut-Rhin et du Bas-Rhin devaient être fortes de 6 cohortes, présentant un effectif de 3 600 hommes ; celles des autres départements de 8 cohortes présentant un effectif de 4 800 hommes ; soit pour les sept légions 52 cohortes et 31 200 hommes. Ces légions auraient constitué une ressource précieuse, si elles avaient été disponibles à bref délai. Mais leur organisation n'avait pas été préparée ; les armes et les effets faisaient défaut. Il ne fallait pas compter pouvoir mettre en route les premiers détachements avant le milieu de novembre. Seules les gardes nationales d'Alsace étaient en mesure d'entrer immédiatement en ligne, à condition que Desbureaux put leur donner des fusils. En attendant il fallait parer au plus pressé.

Mais alors l'imprévoyance, on peut même dire la désobéissance, du duc de Feltre portèrent leurs fruits. Le ministre et ses bureaux avaient négligé, non seulement de pourvoir aux besoins des places, mais même de s'en faire rendre un compte méthodique, en prévision d'une attaque considérée comme possible par l'Empereur depuis deux mois déjà ; par suite, ils ignoraient, d'une part, les ressources en hommes et en matériel immédiatement disponibles dans l'intérieur et sur les côtes ; d'autre part, les places et les localités importantes de la frontière sur lesquelles ces hommes et ce matériel devaient être dirigés. Afin d'être rapidement renseigné, le ministre, par un ordre du 27 octobre, chargea le général d'Aboville d'inspecter les places du Rhin et d'en presser l'armement. Mais les premiers rapports de d'Aboville ne pouvaient parvenir à Paris avant le commencement de novembre, et c'est en effet ce qui se produisit.

Sans attendre les résultats de la mission confiée à d'Aboville, le duc de Feltre adressa le 23 octobre à l'Empereur un rapport sur les places d'Alsace, très optimiste, car il ne tenait aucun compte des plaintes et des réclamations de Desbureaux. D'après le ministre, les enceintes de Neuf-Brisach et de Landau étaient en bon état, celles de Huningue et de Strasbourg avaient besoin de réparations, surtout aux revêtements des escarpes et contrescarpes ; il n'y existait aucune brèche de nature à compromettre la résistance, dans le cas d'un coup de main ; mais pour mettre ces places à même de soutenir un siège, il fallait entreprendre sans retard de nombreux travaux de terrassement et de boisage, planter des palissades et constituer les approvisionnements. Le ministre conclut en demandant à l'Empereur d'accorder une première somme de 500 000 francs sur le fonds de réserve du budget du génie, sur lequel il restait encore 1 500 000 francs disponibles. Comme l'Empereur était en Allemagne, sa réponse ne pouvait arriver de sitôt.

Le même jour le ministre envoya aux généraux commandant les divisions une circulaire précisant les règles d'après lesquelles les cohortes de garde nationale devaient être levées, organisées et mises en route; ces règles étaient les mêmes que celles fixées par le décret du 5 avril 1813. Les cohortes des Vosges devaient être dirigées sur Neuf-Brisach et Schlestadt; celles de la Meurthe sur Oggersheim et Spire, celles de la Moselle sur Worms et Oppenheim, celles de la Haute-Saône sur Huningue, celles de la Haute-Marne sur Strasbourg. Le général sénateur comte Demont, commandant les gardes nationales de l'arrondissement maritime de Rochefort, reçut l'ordre de se rendre à Strasbourg pour y prendre le commandement supérieur des gardes nationales levées dans les sept départements de l'Est en vertu du décret du 21 octobre.

Mais la mise en état de défense du territoire, la formation des gardes nationales et la réorganisation des troupes de ligne furent rendues singulièrement difficiles par le manque d'argent. Le 23 octobre le ministre de l'Administration de la guerre exposa au duc de Feltre qu'il lui était impossible de faire à Mayence les approvisionnements d'effets demandés par le duc de Valmy pour les militaires revenant de la Grande Armée et évalués à 30 000 collections complètes. L'Empereur ne répondant pas, et pour cause, aux propositions qui lui étaient adressées, les fonds manquaient : les marchés restaient sans exécution, faute d'argent liquide pour assurer les paiements, au comptant et en numéraire, seules clauses acceptées désormais par les fournisseurs. Il en était de même pour les services du génie et de l'artillerie; dans ce dernier il était dû près de 3 millions aux entrepreneurs des manufactures, autant à l'entrepreneur des transports. Le crédit du gouvernement n'existait plus, au moment même où les besoins grandissaient démesurément, et auraient dû pouvoir être satisfaits sans le moindre retard.

Le 25 octobre, le ministre donna ordre au duc de Valmy d'appliquer les dispositions prescrites par l'Empereur et communiquées le 27 août, c'est-à-dire de pourvoir les places et forts de la ligne du Rhin de tout le matériel nécessaire pour une bonne défense, d'y former les garnisons de guerre, et d'organiser à Mayence, Strasbourg et Wesel en bataillons et escadrons provisoires les divers détachements se rendant à l'armée, de manière à former un corps d'observation capable de soutenir les gardes nationales d'élite sur un point plus particulièrement menacé de la ligne du Rhin! On croit rêver lorsqu'on lit cette dépêche! Le duc de Valmy dut se demander si le ministre était devenu subitement fou; en effet, le matériel manquait ou était incomplet dans beaucoup de places, et il n'y avait pas d'argent pour s'en procurer; les bataillons et escadrons en état, susceptibles d'être employés à la formation des garnisons et à l'organisation du service de surveillance sur le Rhin, étaient en très petit nombre; les détachements destinés à la Grande Armée se composaient de conscrits qui devaient être habillés et armés en arrivant à Mayence et auxquels il fallait donner un rudiment d'instruction avant de les mettre en ligne; quant aux gardes nationales, elles n'existaient même pas sur le papier, car les arrêtés des préfets pour l'application du décret furent pris en général vers le 25 octobre.

Le ministre se rendait d'ailleurs si peu compte des difficultés auxquelles allaient se heurter les préfets et les généraux commandant les divisions militaires, au moment de la levée des gardes nationales, qu'il proposa, le 26 octobre, d'étendre à la frontière suisse les mesures déjà prises pour la frontière du Rhin et qu'il demanda l'autorisation de former 36 cohortes au moyen des gardes nationales du Doubs, du Jura, de l'Ain, de la Côte-d'Or, de Saône-et-Loire et de l'Yonne. Or, déjà il n'y avait pas assez de fusils pour armer les légions levées en vertu du décret du 21 octobre!

Les plaintes du ministre de l'Administration de la guerre, du duc de Valmy et des généraux commandant les divisions militaires finirent cependant par émouvoir le duc de Feltre. En rendant compte, le 27 octobre, à l'archichancelier des mesures prises pour la défense de la frontière, il ne lui dissimula pas qu'elles étaient retardées dans l'exécution par le manque de fonds et il réclama des crédits pour faire continuer les travaux du génie restés en souffrance sur plusieurs points, satisfaire aux besoins du service de l'artillerie et des manufactures d'armes et constituer les approvisionnements en vivres. Cette réclamation était singulièrement tardive.

Le 27 octobre, l'affolement du gouvernement fut porté à son comble par l'arrivée des lettres du duc de Bassano datées d'Erfurt 23 octobre, annonçant la continuation de la retraite de l'armée sur Mayence et invitant le ministre à prendre d'urgence dans les places du Rhin toutes les mesures en rapport avec la gravité des circonstances. Le duc de Feltre transmit le même jour cette invitation à son collègue de l'Administration de la guerre en ce qui concernait les approvisionnements de vivres, l'équipement et l'habillement. Mais comme l'Empereur n'avait pas alloué de nouveaux crédits, les recommandations du duc de Bassano risquaient fort de rester sans effet.

Pour remédier à la pénurie d'hommes exercés, le duc de Feltre s'avisa d'un expédient fort extraordinaire : il décida de diriger tous les hommes montés des dépôts de cavalerie stationnés dans les 3e, 4e, 6e et 18e divisions militaires sur Strasbourg, pour y être à la disposition de Desbureaux, qui, au fur et à mesure de l'arrivée des détachements, constituerait des escadrons de marche de chaque subdivision d'arme; de même les hommes disponibles des dépôts stationnés dans les 1re, 2e, 14e, 15e, 16e et 25e divisions militaires durent être dirigés sur Mayence pour être à la disposition du duc de Valmy. Des ordres dans ce sens furent envoyés aux généraux commandant les divisions militaires le 23 octobre. Cette décision n'était pas heureuse. Les dépôts des régiments de cavalerie contenaient assurément un grand nombre d'hommes et de chevaux, mais les hommes n'étaient pour la plupart que des conscrits incapables de se tenir en selle ; les chevaux étaient ou malades, ou trop jeunes et sans aucun dressage ; enfin, les effets de toute nature, habillement, armement, harnachement, faisaient défaut partout. En réalité les dépôts ne purent fournir que quelques centaines de vieux cavaliers, qui eussent été plus utilement employés à l'instruction des recrues et au dressage des jeunes chevaux.

Du reste le duc de Feltre se faisait, sincèrement ou non, les illusions les plus étranges sur l'effectif et la valeur des troupes disponibles pour la défense de la ligne du Rhin.

Dans une lettre du 28 octobre, adressée au duc de Valmy, il exposait comme suit les ressources en hommes :

Détachements divers en station sur le Rhin de Huningue à Coblentz.	21 000
Détachements devant y arriver dans le courant de novembre.	3 000
Cohortes urbaines des places d'Alsace à Strasbourg, Schlestadt, Huningue, Neuf-Brisach, Belfort, Landau et Lauterbourg.	9 000
Gardes nationales de l'Est, qui devaient se mettre en marche sur le Rhin du 1er au 5 novembre	15 600
Conscrits qui devaient arriver sur le Rhin dans le courant de novembre destinés aux dépôts stationnés dans les 5e et 26e divisions militaires	15 200
	63 800

C'était une armée, mais une armée purement fictive, et à laquelle il ne manquait que des uniformes, des armes, des munitions, des chevaux, des équipages et tous les services !

Il était temps que l'Empereur vînt remettre de l'ordre dans ce prodigieux chaos, tel qu'involontairement on se demande si déjà la trahison n'avait pas inspiré certaines mesures incohérentes, ou motivé d'inexplicables négligences !

CHAPITRE V

LE RETOUR DE LA GRANDE ARMÉE SUR LE RHIN

I. La retraite d'Erfurt sur Hanau, 23-28 octobre.
II. Marche de l'armée austro-bavaroise de Wurzburg sur Hanau, 26, 27 et 28 octobre.
III. Théâtre des opérations ; effectifs des armées en présence au 29 octobre.
IV. Journée du 29 octobre ; combat de Gelnhausen.
V. Journée du 30 octobre ; bataille de Hanau.
VI. Journées des 31 octobre, 1ᵉʳ et 2 novembre ; deuxième combat de Hanau, rentrée de l'armée à Mayence.

I

LA RETRAITE D'ERFURT SUR HANAU, 23-28 OCTOBRE

Les événements décisifs de la campagne d'automne se produisirent pendant la période de temps comprise entre le 6 et le 22 octobre 1813. Le 6, l'Empereur quitta Dresde pour n'y plus revenir ; du 6 au 15, il concentra ses forces autour de Leipzig ; à la suite d'une première bataille livrée le 16 sans résultat certain, d'une seconde livrée le 18 avec un insuccès complet, il fut contraint le 19 d'ordonner l'évacuation de la ville et de ramener la Grande Armée sur la rive gauche de l'Elster, opérations rendues désastreuses par l'énorme supériorité numérique des alliés, par la trahison des troupes de la Confédération du Rhin et en dernier lieu par la destruction prématurée du pont de l'Elster. Pendant les journées des 20, 21 et 22 octobre, l'armée exécuta sa retraite sur Erfurt ; son arrière-garde livra de violents combats aux avant-gardes des armées alliées et réussit à ne pas se laisser entamer.

Le 22 au soir, l'Empereur put considérer comme accomplis les résultats immédiats des batailles de Leipzig et des combats subséquents. Depuis le 19, en effet, la Grande Armée n'avait subi aucun échec grave, ni éprouvé aucune perte sérieuse ; elle allait atteindre Erfurt, place forte de premier rang, pourvue de grands magasins de vivres et de munitions, sous le canon de laquelle elle pourrait s'arrêter avec sécurité, se rallier et se ravitailler. Les armées ennemies, fort éprouvées malgré leur victoire, seraient dans ces conditions obligées de cesser la poursuite et de se concentrer pour un nouvel effort.

Dans la nuit du 22 au 23 octobre, à 3 heures du matin, l'Empereur, venant d'Ollendorf, arriva à Erfurt; sa présence y était impatiemment attendue. Depuis plus de dix jours, le général Dalton, gouverneur de la place, avait dû retenir les courriers venant de France, les communications avec le quartier général impérial étant totalement interceptées par les partisans ennemis. L'Empereur acheva donc la nuit au milieu de ses dépêches : celles venant de Paris, d'Espagne et d'Italie ne contenaient aucune nouvelle de nature à influer sur les décisions à prendre ; celles concernant l'Allemagne du Nord étaient plutôt rassurantes : le 30 octobre, le général Allix s'était rendu maître de Cassel évacué par Czernitscheff; le général Amey écrivait de Minden que Tettenborn avait occupé Brême, mais que nos troupes devaient y être rentrées ; les dépêches du grand-duché de Berg et de Hambourg ne portaient rien de nouveau. En revanche, les renseignements relatifs à la situation politique et militaire de l'Allemagne du Sud avaient un caractère d'extrême gravité : par les lettres du duc de Valmy et du roi Jérôme, l'Empereur reçut la confirmation officielle des bruits recueillis pendant le séjour à Düben, et depuis, sur la défection de la Bavière : il apprit que le roi Maximilien-Joseph avait tourné ses armes contre son allié de la veille et mis ses troupes en mouvement pour couper les communications de la Grande Armée avec la France : que le roi de Wurtemberg n'avait pas encore fait connaître ses intentions, mais qu'il serait amené sous peu, de gré ou de force, à faire cause commune avec la Bavière et à joindre à l'armée de cette puissance le corps d'observation rassemblé sur les frontières orientales de ses États ; enfin, qu'il n'y avait rien à attendre des grands-ducs de Bade, de Hesse de Wurzburg et de Francfort, dont les troupes fort peu nombreuses n'auraient eu quelque valeur qu'en s'agrégeant à un noyau formé par un corps wurtembergeois. Ainsi toute l'Allemagne du Sud d'alliée devenait ennemie ; la principale ligne de communication de la Grande Armée avec sa base d'opération du Rhin par Eisenach, Fulda et Francfort pouvait être coupée à bref délai par une armée ennemie toute fraîche, venant de la vallée du Main et opérant à l'ouest des montagnes de Thuringe, dans une zone jusqu'alors indemne de toute agression [1].

L'Empereur ne pouvait songer à se maintenir au cœur de l'Allemagne, loin des dépôts et des magasins où il devait puiser pour réparer les pertes en hommes

---

[1]. L'Empereur reçut à Erfurt, entre autres dépêches importantes : 1° Les lettres du duc de Valmy à partir du 7 octobre ; 2° Quatre lettres du général Turreau, de Wurzburg, sous les dates des 5, 12, 13 et 17 octobre ; 3° Trois lettres du général Amey, de Minden, sous les dates des 5, 15 et 18 octobre ; 4° Deux lettres du général Carra Saint-Cyr, d'Osnabruck, sous les dates des 15 et 16 octobre ; 5° Deux lettres du général Hogendorp, de Hambourg, sous les dates des 26 septembre et 1er octobre. (*Rapports du maréchal Berthier à l'Empereur pendant la campagne de 1813 publiés par X... Chapelot 1909, t. II.*) D'un rapport de Caulaincourt, sans date, mais évidemment écrit à Erfurt, il résulte que depuis le départ de Paris (16 avril) jusqu'au 23 octobre, toutes les estafettes parties de Paris pour le quartier général étaient arrivées à destination, sauf cinq : celles des 9, 10 et 11 septembre, enfermées à Magdeburg ; celle du 30, enlevée par un parti ennemi entre Vach et Berka ; celle du 5 octobre, dont le courrier avait caché les dépêches aux environs d'Eckartsberg (ces dépêches ne purent être retrouvées). Quant aux estafettes envoyées du quartier général à Paris, elles étaient également arrivées à destination, sauf deux : celle de Dresde, du 30 septembre, enlevée par l'ennemi à Naumburg ; celle de Wurzen, du 8 octobre, enlevée entre Lutzen et Weissenfels ; celle de Wurzen, du 9 octobre, et celle d'Ollendorf, du 22, n'avaient pu passer et étaient restées à Erfurt (A. N., AF[IV], 1662).

et en matériel faites par l'armée : la retraite s'imposait. Le choix de la direction à lui donner ne pouvait non plus être douteux ; la route la plus courte et la meilleure était celle de Mayence par Gotha, Eisenach, Vach, Hünfeld, Fulda, Hanau et Francfort ; cette route était d'un parcours facile, sauf entre Eisenach et Vach où, pendant 32 kilomètres, elle traversait l'extrémité nord du Thuringer-Wald, et entre Fulda et Gelnhausen, où, pendant 57 kilomètres, elle s'élevait sur les arides et froids plateaux qui raccordent le Vogelsgebirg aux Rhöngebirg pour descendre dans les défilés tortueux de la haute vallée de la Kinzig. Elle était, il est vrai, fortement dégradée par l'immense circulation de convois et de troupes qui depuis le printemps l'avaient sillonnée sans relâche, et tracée à travers des régions peu fertiles, dont les habitants, écrasés de réquisitions de toute nature, étaient fort mal disposés ; mais elle présentait l'avantage incontestable d'être déjà organisée en ligne d'étapes pourvue de magasins de vivres et d'hôpitaux. En la suivant, la Grande Armée irait au-devant des renforts en marche pour la rejoindre, car la 55ᵉ colonne de marche, général Guérin, et la 56ᵉ, général Grouvel, étaient à ce moment échelonnées de Eisenach à Francfort. En outre, elle serait couverte sur son flanc droit par les troupes de la 54ᵉ colonne, général Rigau, qui tenaient la ligne de la Werra sur le front Wanfried, Eschwege, Ollendorf, et poussaient leurs avant-postes jusqu'à Mulhausen. Ces trois colonnes présentaient un effectif d'environ 12 000 à 15 000 combattants frais et ne pouvaient être laissées sans direction.

Mais la retraite sur Mayence n'en constituait pas moins une opération très difficile : il fallait faire franchir à la Grande Armée avec ses trains, ses parcs, ses blessés[1], une distance de 270 kilomètres, sur une route

---

1. D'après un rapport de Larrey à l'Empereur, daté de Mayence, 3 novembre, les blessés transportables des batailles de Leipzig suivirent l'armée jusqu'à Mayence dans les caissons vides de l'administration (A. N., A F^IV, 1663).

unique et dans un temps strictement limité, de manière à devancer les Austro-Bavarois dans la partie vraiment difficile du trajet, c'est-à-dire entre Fulda et Gelnhausen. Les renseignements reçus à Erfurt le 22 et le 23 permettaient de calculer que Wrede pourrait rassembler le gros de ses forces le 23 dans la vallée du Main et faire irruption le 27, ou au plus tard le 28, dans la région de Fulda. Le mouvement de la Grande Armée devait donc être réglé de manière à faire occuper cette région par une solide avant-garde avant l'arrivée de l'ennemi ; mais il ne pouvait commencer avant le 24, car il fallait donner séjour aux troupes le 23 pour les rallier, les réorganiser et les ravitailler en vivres et en munitions. La distance d'Erfurt à Gelnhausen étant de 180 kilomètres, l'Empereur ne disposait que de quatre, ou au plus cinq jours pour amener son avant-garde et la tête du gros de la colonne de combat au débouché ouest de la vallée de la Kinzig. Ces éléments devaient donc faire des étapes moyennes d'au moins trente-six kilomètres [1] : le reste de l'armée devait marcher presque aussi rapidement. C'eût été déjà un effort très sérieux pour une armée victorieuse, dont les états-majors et les corps eussent été parfaitement organisés et dont tous les services eussent fonctionné normalement. Mais en octobre 1813, il en allait autrement : la Grande Armée était vaincue, elle avait laissé sur les champs de bataille de la Saxe beaucoup de ses officiers les plus braves et les plus énergiques ; ses cadres affaiblis ne suffisaient plus pour retenir autour des drapeaux un grand nombre d'hommes démoralisés par la défaite et les privations ; elle traînait avec elle un ennemi, le typhus, plus redoutable que la lance des cosaques ou le sabre des volontaires prussiens ; enfin, elle était réduite à ses propres moyens pour ramener en France ses blessés et ses malades, car le

---

1. En 1805 et en 1806 la Grande Armée avait fait des étapes moyennes de $24^{km},800$ et de 24 kilomètres. Les plus fortes marches exécutées par des corps d'aile ou de seconde ligne avaient été de 48 kilomètres en 1805 et de 52 kilomètres en 1806.

service des transports de réquisition était totalement désorganisé.

L'Empereur n'eut pas une minute d'hésitation; il arrêta immédiatement les dispositions essentielles à l'exécution de la retraite. Il prescrivit à Sebastiani de se porter sur-le-champ avec le 2º corps de cavalerie (divisions Berckheim, Excelmans et Saint-Germain) sur Gotha, où il trouverait et prendrait sous ses ordres la colonne Guérin, de pourchasser les cosaques et d'assurer la liberté des communications entre Erfurt, Gotha et Eisenach[1]; il envoya aux maréchaux l'ordre de remettre dans la journée du 23 les états des fusils, des effets et des munitions de toute espèce, nécessaires pour réparer les pertes des corps, et, à leur passage à Erfurt, de laisser des corvées et des caissons pour rapporter dans les bivouacs les objets reçus; enfin, il fit préparer la distribution de vivres aux troupes par les magasins de la place, heureusement en mesure de satisfaire aux besoins de l'armée[2].

Pendant toute la journée du 23 octobre, l'armée défila dans Erfurt et alla s'établir au bivouac sur les hauteurs de la rive gauche de la Gera. Elle occupa une forte position défensive : le front, dont le centre saillant était formé par la place elle-même, couvert par la rivière et les marais, la droite appuyée au ruisseau

---

1. En réalité la colonne Guérin n'avait pas dépassé Eisenach. Le mouvement de Sebastiani sur Gotha n'en était que plus indispensable, car il était important de s'assurer de cette ville. Dans la journée même, avant l'arrivée de la cavalerie française, le colonel Chrapowitsky, commandant un détachement du corps de Czernitscheff, avait occupé Gotha et fait prisonnier 73 officiers, 900 soldats et le baron de Saint-Aignan, ministre de France, près les cours de la Saxe ducale, dont la capture devait avoir par la suite une grande importance pour les alliés. À l'approche de Sebastiani, Chrapowitsky évacua la ville, en emmenant ses prisonniers et en faisant sauter un important convoi de munitions, que, faute d'attelages, il fut obligé d'abandonner.

2. L'Empereur au major général, Erfurt, 23 octobre, nº 20 826. Au 22 octobre il y avait à Erfurt, non compris les approvisionnements de siège, 1 500 quintaux de farine, 800 de riz, 400 000 rations de biscuit 33 000 litres d'eau-de-vie, 100 000 boisseaux d'avoine, 4 000 quintaux de foin; la viande faisait défaut. Dalton au ministre de la Guerre, 22 octobre, 6 heures du matin (A. G.).

d'Apfelstedt; la gauche à celui de Tiefthal. Le terrain en arrière permettait de rassembler et de mouvoir les masses à l'abri des vues de l'ennemi. L'arrière-garde, constituée par les corps de Bertrand et d'Oudinot, resta en position sur les hauteurs de Ballstedt, entre les marais de la Vippach et les hauteurs difficilement praticables de l'Ettersberg; les avant-postes de cavalerie eurent avec les têtes de colonnes ennemies quelques engagements; mais partout les attaques furent menées avec une extrême mollesse; tout annonçait la fin de la poursuite active. A la nuit l'arrière-garde se rapprocha d'Erfurt; le duc de Reggio occupa Kerpsleben, sur la route de Weissenfels, et Bertrand Linderbach, sur celle de Weimar.

Bien avant l'arrivée de l'armée, Dalton avait déjà dû recevoir à Erfurt une quantité d'isolés et de malades. Dès le milieu d'octobre il avait organisé en bataillons de marche 2 400 hommes valides et évacué sur l'arrière les malades jugés incapables de reprendre du service avant un mois au moins; il avait conservé dans la place 800 convalescents, susceptibles de rentrer dans les rangs à bref délai, et 4 700 malades intransportables[1]. A ces 8 000 hommes étaient venus se joindre les premiers fuyards de Leipzig : blessés, éclopés, isolés ayant réussi à passer l'Elster le 19, appartenant surtout aux 7e, 8e et 11e corps, au total près de 20 000 hommes démoralisés et rebelles à toute discipline.

On s'efforça, sans grand succès, de remettre un peu d'ordre dans cette masse. Les soldats débandés furent ramenés à leur corps par la prévôté; les malades furent placés dans les hôpitaux; les hommes légèrement blessés ou fatigués furent mis en subsistance dans les bataillons de la garnison. Au fur et à mesure de leur arrivée sur les emplacements assignés pour les bivouacs, les corps reçurent d'abondantes distributions de vivres, de fusils, de cartouches, de vêtements et de souliers;

---

[1]. Dalton au ministre de la Guerre, 17 octobre. A. G.

l'artillerie fut réorganisée et compléta ses caissons. Les 2ᵉ, 3ᵉ, 5ᵉ et 11ᵉ corps furent réduits à une division fortement encadrée. Nansouty reçut le commandement de la cavalerie, vacant par le départ de Murat. L'Empereur fit de nombreuses promotions et distribua des décorations et des dotations[1].

Le 23 au soir la Grande Armée à peu près ralliée, suffisamment pourvue en vivres et en munitions, cessa de faire figure d'une horde en déroute. L'Empereur songea alors un instant à s'arrêter cinq ou six jours, et à livrer une nouvelle bataille ; il chargea même le duc de Tarente de reconnaître une bonne position défensive. Mais, sur les objections du maréchal et à la suite de la reconnaissance, il renonça à ce projet[2].

Schwarzenberg, généralissime des armées alliées, s'attendait à trouver de la résistance à Erfurt. En effet, il suspendit le mouvement de l'armée de Bohême, à ce moment en marche sur deux colonnes séparées par l'Ettersberg, pour la concentrer en avant de Weimar et la préparer à attaquer l'ennemi de front : l'armée de Silésie s'éleva vers le nord, afin d'atteindre la route Tennstedt, Langensalza, Eisenach, de manière à former échelon en avant et à droite, et à se mettre ainsi en mesure de prendre en flanc, voire même à revers l'aile gauche de l'ennemi. Par suite des dispositions de Schwarzenberg, Blücher, jusqu'alors le plus ardent à la poursuite, se trouva amené à entreprendre une série

1. Dans son *Tableau des principales opérations de la campagne de 1813* le général Pelet, toujours très bien informé, fait allusion à des dangers qui menacèrent l'Empereur, à des projets formés contre sa vie. « De prétendus républicains, des mécontents, que rien ne pouvait satisfaire, renouvelèrent des intrigues depuis longtemps assoupies. » Bien qu'il n'ait pas été possible d'arriver à préciser ces allusions, il est assez curieux de noter que Ranc, très au courant des faits et gestes des sociétés secrètes et de la franc-maçonnerie, a pris précisément pour sujet de son livre, *le Roman d'une conspiration*, un complot formé dans le but d'assassiner l'Empereur au mois d'octobre 1813.

2. *Souvenirs du maréchal Macdonald duc de Tarente* (Plon et Nourrit 1892). Il importe de remarquer que le maréchal commença d'écrire ses souvenirs au mois de mai 1825, en pleine Restauration. Sans en contester la sincérité, on peut mettre en doute le ton général des conversations avec l'Empereur.

de marches longues et pénibles qui l'éloignèrent d'Erfurt, lui firent perdre un temps précieux et le contact de l'adversaire et achevèrent d'épuiser ses troupes. Les seuls éléments restés disponibles pour la poursuite furent les corps de partisans de Platow, d'Orlow-Denissow, de Scheibler, de Mensdorf, de Thielmann, jetés au sud de la route Weimar, Erfurt, Gotha : de ce moment ces corps marchèrent sur les flancs et en tête de l'armée française, en guettant l'occasion de lui nuire, moins par des attaques directes, que par l'obstruction des routes et la destruction des magasins. Leur action aurait pu être beaucoup plus efficace, si les différents chefs avaient combiné leurs mouvements; mais à peine éloignés du commandement, ils tirèrent chacun de leur côté, en quête d'un coup à faire. Leurs soldats montrèrent plus de dispositions pour le pillage que pour le combat. En somme, les partisans se bornèrent à détruire des convois et à ramasser des traînards, mais, à aucun moment, ils n'apportèrent un obstacle sérieux à la retraite des corps encore organisés de la Grande Armée.

La nuit du 23 au 24 octobre fut pluvieuse et rendit pénible le séjour des bivouacs : le repos des troupes fut d'ailleurs troublé par le retour des corvées laissées à Erfurt et par les distributions de vivres et d'effets, qui demandèrent beaucoup de temps.

Bien avant l'aube les divisions de cavalerie chargées d'éclairer le terrain se mirent en mouvement. Le 3e corps de cavalerie, duc de Padoue, quitta à 3 heures du matin son bivouac sur la route d'Erfurt à Weimar, traversa Erfurt et se porta sur la route de Gotha. La cavalerie légère de la garde, sous les ordres de Lefebvre-Desnouettes, se dirigea sur Langensalza pour couvrir le flanc droit de l'armée marchant en retraite. Le 4e corps de cavalerie, prince Sulkowski, quitta Gamstedt, où il avait passé la nuit, pour remplacer à Gotha le 2e corps de cavalerie, Sebastiani, chargé de former l'avant-garde sur la route d'Eisenach. Le gros de l'armée se mit en route assez tard dans l'ordre ci-après :

A 10 heures 30, le grand parc et les gros bagages de l'armée, près de 4 000 voitures, divisées en détachements de 100, escortées par la gendarmerie, sous le commandement du général Radet, grand prévôt de l'armée; le 11ᵉ corps (Macdonald) formé en une seule division; les 3ᵉ, 6ᵉ et 7ᵉ corps groupés sous les ordres de Marmont;

A 11 heures 30, le parc de réserve de la garde[1] sous l'escorte de la division Semelé, du corps d'Augereau, réduite à 1 800 hommes; cette division avait bien retrouvé à Erfurt trois bataillons des 15ᵉ, 47ᵉ et 70ᵉ, avec une batterie, qui lui étaient destinés; mais ces unités furent affectées par l'Empereur à la garnison de la place;

A midi, la division Albert, reste du 5ᵉ corps, et le 2ᵉ corps (duc de Bellune). Le général Albert devait rejoindre le duc de Tarente, avec lequel il termina la retraite: le 2ᵉ corps devait s'arrêter à Gamstedt, à mi-chemin de Gotha, et y prendre position pour échelonner l'arrière-garde;

Enfin à midi 30, la vieille garde à pied et à cheval, qui devait prendre position à Schmiera, jusqu'au départ de l'Empereur pour Gotha.

Cet ordre de marche fut observé à peu près constamment pendant la retraite, sauf pour la garde qui suivit l'Empereur et dont la place dans la colonne fut déterminée chaque jour par le départ de celui-ci. Mais en réalité, il ne s'appliqua qu'aux corps ayant conservé une organisation plus ou moins régulière, marchant en armes sous la conduite de leurs chefs. Dès le 23 un certain nombre de groupes de fuyards, appartenant en général aux 5ᵉ et 7ᵉ corps, devancèrent l'armée. En outre, les corps organisés furent précédés ou suivis d'une foule d'isolés, à pied ou à cheval, valides ou éclopés, d'équipages particuliers appartenant à des officiers

---

[1]. D'après un rapport du général Dulauloy, commandant l'artillerie de la garde, daté du 24 octobre, cette artillerie comprenait : 174 bouches à feu en ligne, 181 caissons à canon avec 16 300 coups, 38 caissons d'infanterie avec 60 800 cartouches (A. N., AF^IV, 1662).

ou à des fonctionnaires, de voitures de vivandiers, pressés d'évacuer l'Allemagne : l'impossibilité d'établir de l'ordre dans cette foule causa à la moindre panique, au moindre obstacle de la route, des encombrements gênants pour la marche de la colonne [1].

L'Empereur essaya de remédier au désordre en prescrivant au général Dalton d'arrêter tous les isolés qui n'auraient pas dépassé Erfurt avant midi; de les mettre en subsistance dans les bataillons de la garnison, de manière à les porter à l'effectif de 1 200 hommes, et de créer de nouveaux bataillons, lorsque ce chiffre serait dépassé. Malheureusement cet ordre donné tardivement ne put être exécuté, en raison de l'affluence et de la mauvaise volonté des isolés.

Pendant toute la journée la pluie ne cessa de tomber et rendit la marche pénible. La colonne du général Guérin s'arrêta à Vach ; Sebastiani laissa les Polonais à Mechterstedt pour assurer la route de l'armée et occupa Eisenach avec les divisions Excelmans et Saint-Germain : le 5ᵉ corps, formant la tête de colonne du gros, atteignit Teutleben, à l'est de Gotha, et eut à subir de grandes privations [2]; le 11ᵉ corps et les parcs s'établirent à Gotha, où, grâce à la présence de la division Berckheim, laissée en arrière par Sebastiani, ils

---

[1]. L'Empereur se rendit compte des embarras causés par la masse de voitures accompagnant l'armée et fit le possible pour en diminuer le nombre. Dans ses mémoires, publiés par A. Courbier, le général Radet s'exprime ainsi sur ce sujet : « Parvenus à une petite ville dont j'ai oublié le nom, les ponts de la rivière étaient rompus (a). L'armée nous rejoignit. Pendant que l'on faisait un pont, je reçus l'ordre de faire brûler toutes les voitures inutiles. J'y avais un coupé qui fut le premier enflammé. Par ce moyen il ne nous resta qu'environ 3 000 voitures : 2 à l'Empereur, 6 aux gens de la suite (b). Depuis ce moment jusqu'à Hanau, il ne se passa pas un jour ni une nuit sans que nous eussions été attaqués. Sur ma demande on me renforça d'un corps de 2 000 chasseurs à cheval par lequel je me fis éclairer et nous ne perdîmes pas une seule voiture, pas même une roue. »

[2]. *Souvenirs* du capitaine ROBINAUX.

(a) Ces indications paraissent devoir se rapporter à Vach sur la Werra.
(b) Le chiffre de trois mille voitures peut paraître élevé ; mais il faut tenir compte de ce fait que les blessés transportables des batailles de Leipzig suivirent l'armée dans sa retraite chargés sur les caissons vides de l'administration.

trouvèrent en abondance des vivres et des fourrages ; les autres corps bivouaquèrent entre Gotha et Gamstedt. L'Empereur passa la journée à Erfurt pour assurer l'écoulement de l'armée.

L'arrière-garde constituée par les quatre divisions de jeune garde, sous les ordres des ducs de Reggio (1re et 3e) et de Trévise (2e et 4e), et par le 4e corps, sous les ordres de Bertrand, se maintint face au nord et à l'est sur les hauteurs qui séparent la vallée de la Gera, des bas-fonds arrosés par le ruisseau de la Pfingst. A 4 heures du soir, le duc de Trévise, ayant acquis l'assurance que l'ennemi ne faisait aucune disposition d'attaque, replia ses postes et vint s'établir à l'ouest d'Erfurt. Bertrand conserva ses positions en étendant toutefois sa droite jusqu'aux environs de Stedten, sur la Gera en amont d'Erfurt.

La cavalerie légère de la garde et le 5e corps de cavalerie flanquèrent la droite de l'armée dans la région ondulée au nord de la route d'Erfurt à Gotha. L'ennemi ne parut pas sur les routes de Langensalza à Gotha et à Eisenach.

Dans l'ensemble, les renseignements recueillis étaient rassurants. Le roi de Naples, arrivé à Eisenach sans encombre, écrivait à 3 heures de l'après-midi que la route de Mayence était parfaitement libre, qu'aucun parti ennemi n'avait encore paru ni à Coburg, ni à Bamberg, ni à Kronach, que le général Guérin rétrogradait tranquillement sur Vach, et que le général Rigau était toujours à Eschwege, le roi de Westphalie à Cassel. Il attendait sa voiture pour continuer son voyage en poste et sans escorte [1].

Dans cette journée du 24 Napoléon réussit à dérober une première marche à l'ennemi. Schwarzenberg perdit un temps précieux ; il arrêta à Ollendorf, sur la route de Buttelstedt à Erfurt, le corps de Giulay, et ramena tous les autres corps, y compris la cavalerie de Pahlen, au sud de l'Ettersberg, la tête à Utzberg (Pahlen), le

---

1. A. N., A. F^{IV}, 1662.

centre à Ulla (gardes russe et prussienne), la gauche à Weimar (Autrichiens), avec avant-postes sur la ligne Udstedt, Nieder-Zimmern, Mönchenholzhausen, à 4 kilomètres environ des avant-postes français.

Quant à l'armée de Silésie, elle continua à s'élever vers le nord sur de très mauvais chemins. A la nuit les troupes s'arrêtèrent épuisées dans la zone Tennstedt, Schwerstedt, Gangloff-Sommern, Weissensee, à une grande journée de marche de l'ennemi.

Schwarzenberg ne sut tirer aucun parti de sa cavalerie régulière ou irrégulière, cependant incontestablement supérieure à celle de Napoléon, et par le nombre, et par l'ascendant que procure la victoire. Il fut aussi mal servi : les chefs des corps de partisans jetés entre Erfurt et Gotha assistèrent au défilé de l'armée française, sans envoyer au généralissime le moindre renseignement ; sur le front ni Giulay, ni Pahlen, ni Bubna ne cherchèrent à percer le mince rideau formé par la jeune garde et par le 4ᵉ corps. Les éclaireurs de l'armée de Silésie ne montrèrent pas une activité plus grande ; Blücher ne fut pas avisé de l'arrivée à Gotha des premières colonnes de l'infanterie française. La journée du 25 allait donc être décisive, car si l'Empereur réussissait à gagner une seconde marche sur l'ennemi, il mettrait la majeure partie de ses troupes hors d'atteinte et pourrait poursuivre avec sécurité sa route sur Mayence.

D'après les ordres donnés, les différents éléments de la Grande Armée devaient occuper les points suivants :

Colonne du général Guérin, Vach, gardant le pont de la Werra jusqu'à l'arrivée des premières troupes de l'armée ; 2ᵉ corps de cavalerie (Sebastiani), en station à Eisenach, surveillant la cavalerie ennemie signalée au nord sur les routes de Langensalza et d'Eschwege et éclairant sur Berka ; 5ᵉ, 11ᵉ corps et les parcs escortés par la division Semelé (duc de Tarente), à Eisenach ; 2ᵉ corps (duc de Bellune), à Sattelstedt, tenant le défilé de la vallée de la Hörsel, entre le Hörselberg au nord et les premiers contreforts du Thüringer Wald au sud ;

3ᵉ et 6ᵉ corps (duc de Raguse), à une lieue au delà de Gotha, vers Aspach, sur la route de Eisenach ; vieille garde et quartier général impérial, à Gotha.

Comme la veille, le soin d'assurer la sécurité du flanc droit de l'armée en marche fut confié au duc de Padoue et à Lefebvre-Desnouettes : le premier, avec le 3ᵉ corps de cavalerie, reçut l'ordre de s'arrêter aux environs de Sattelstedt, en liaison avec le duc de Bellune ; le second de gagner du terrain au nord-ouest vers Hayna, en restant sur la rive gauche de la Nesse.

L'arrière-garde resta formée des corps des ducs de Reggio, de Trévise et du général Bertrand. Le corps du duc de Reggio avait jusqu'alors supporté presque tout le poids de la retraite ; marchant de nuit, se battant de jour, il était fort affaibli par les combats, les fatigues et les privations. L'Empereur décida de le placer en seconde ligne et lui assigna comme emplacement Teuttleben sur la route d'Erfurt à Gotha. Le duc de Trévise fut chargé de couvrir le mouvement général de l'armée, avec le 1ᵉʳ corps de cavalerie, commandé par le général Doumerc ; il lui fut prescrit de s'assurer, avant de quitter sa position à l'est d'Erfurt, que toutes les troupes et tous les bagages avaient évacué la place, et d'aller ensuite prendre position à une lieue en arrière du duc de Reggio vers Gamstedt.

La marche commença avant le jour et s'exécuta sans incident, en présence des patrouilles ennemies. Sauf au nord, où Lefebvre-Desnouettes constata sur la rive droite de la Nesse la présence d'une colonne de cavalerie de près de 4 000 hommes paraissant se diriger sur Eisenach, nulle part on n'aperçut des corps ou des groupes un peu importants. L'Empereur quitta Erfurt à 3 heures du matin avec la vieille garde et arriva de très bonne heure à Gotha. Il y reçut les estafettes parties de Paris les 19, 20, et 21 octobre et passa la journée à répondre aux Ministres et au duc de Valmy[1].

Le 25 au soir la situation de l'armée française se

---

1. La Correspondance contient des lettres datées de Gotha relatives

trouva fort améliorée. Tous les corps avaient atteint les emplacements assignés ; le 5ᵉ avait même réussi par une marche forcée à occuper Vach ; Sebastiani avait poussé une de ses brigades jusqu'à Berka et tenait les défilés du Thuringer Wald, assurant ainsi la marche du lendemain [1].

On avait donc gagné beaucoup de chemin sur l'armée de Bohême, restée immobile dans ses cantonnements.

Schwarzenberg, toujours persuadé que Napoléon était résolu à livrer une nouvelle bataille à Erfurt, se contenta de prescrire l'exécution d'une grande reconnaissance offensive dans le but de rechercher les positions occupées par l'ennemi et les points de passage de la Gera. Pahlen et Bubna furent chargés de l'opération ; ils rendirent compte que les avant-postes français s'étaient rapprochés d'Erfurt, que la place paraissait en parfait état de défense et que les ponts de la Gera étaient intacts. Pahlen occupa même sur la rivière le village de Gispersleben, d'où il lança quelques détachements jusqu'à Pferdingsleben, à 9 kilomètres de Gotha. Dans la soirée, à une heure trop tardive pour mettre les troupes en mouvement, Schwarzenberg reçut des renseignements complets sur la retraite définitive de l'armée française.

Blücher avait été mieux informé ; de l'ensemble des rapports de sa cavalerie, il avait pu conclure que l'ennemi était en pleine marche, que sa première colonne devait avoir atteint Eisenach le 24, et que deux autres suivaient échelonnées à vingt-quatre heures d'intervalle. Il s'était porté avec toute la rapidité possible de Gangloff-Sömmern sur Langensalza, où il établit son quartier général le 25 au soir ; le gros de l'armée

à la conscription (nᵒ 20 832, 20 835), à la mise en état de défense de la ligne du Rhin et de la Hollande (nᵒ 20 834, 20 837), aux finances (nᵒ 20 833), même à la marine (nᵒ 20 836) ; et il y en eut d'autres.

1. De Utzberg et Ollendorf, où se trouvaient les avant-postes de l'armée de Bohême, à Gamstedt, où coucha le duc de Trévise formant l'extrême arrière-garde de l'armée française, la distance est d'environ 24 kilomètres, ou une journée de marche. De Utzberg à Eisenach la distance est d'environ 65 kilomètres, deux fortes journées de marche.

bivouaqua autour de cette ville; la cavalerie gagna du terrain dans la direction d'Eisenach; c'étaient sans doute des fractions de cette cavalerie que Lefebvre-Desnouettes avait observées et signalées.

Blücher ne pouvait plus espérer atteindre les deux premières colonnes françaises, constituées en réalité par la colonne Guérin, l'avant-garde de Sebastiani et le gros de la Grande Armée; mais il résolut d'essayer de barrer le passage à la troisième, c'est-à-dire à l'arrière-garde formée par les corps des ducs de Trévise et de Reggio, en occupant avant eux le défilé de la vallée de la Hörsel, entre Sattelstedt et Eisenach.

Pendant la journée du 26 la Grande Armée s'engagea dans le Thuringer Wald; la marche fut lente en raison de la nature montueuse du pays, du mauvais état de la route, et de la pluie continuelle.

Sebastiani quitta Eisenach après avoir été relevé par le duc de Padoue avec le 3° corps et les Polonais. Il se porta sur Vach où le rejoignit le duc de Tarente. Les parcs et la division Semelé s'arrêtèrent à Berka; le duc de Bellune quitta Sattelstedt à 2 heures du matin, fit une halte à Eisenach pour attendre le duc de Raguse, et continua ensuite sur Berka. Cette ville ayant été rapidement encombrée, le duc de Raguse, après avoir dépassé également Eisenach, dut s'arrêter à Overleben[1] sur la route de Berka.

L'Empereur et la vieille garde quittèrent Gotha à 3 heures du matin et arrivèrent à Eisenach avant midi. L'Empereur y passa la journée pour donner quelque repos à la garde et pour assurer l'écoulement de l'armée, dont les parcs et convois avaient peine à gravir la difficile montée du Clausberg; dans la soirée il se rendit à Vach, où il passa le reste de la nuit.

Pendant la marche, le gros de l'armée fut flanqué à gauche par la division Berckheim, qui avait couché à

---

1. Lettre du major-général au général Bertrand, Eisenach, 26 octobre, 5 heures soir. Il n'a pas été possible d'identifier cette localité; il s'agit sans doute de Ober Ellen, à 3 kilomètres environ au nord de la route de Eisenach à Berka, par Mark-Suhl.

Ulleben, sur la route de Gotha à Meiningen, et à droite par la division Ornano, qui attendit à Sattelstedt les premières troupes de l'arrière-garde et se rendit ensuite à Eisenach.

Différents incidents marquèrent cette journée. En arrivant à Eisenach l'Empereur donna l'ordre au général Fournier, commandant une division du 3ᵉ corps de cavalerie, de se porter sur Kreutzburg pour avoir des nouvelles du roi Jérôme et du général Rigau, dont les troupes tenaient la rive gauche de la Werra, tout en se gardant avec soin sur les routes de Langensalza et de Hayna, par lesquelles on s'attendait à voir apparaître l'armée de Silésie. Fournier, au lieu d'exécuter cet ordre en personne, laissa le commandement de sa division, d'ailleurs fort réduite, à un de ses brigadiers, le général Ameil, commandant la 14ᵉ brigade. Ameil n'alla pas loin[1] : à 7 kilomètres d'Eisenach il se heurta à l'improviste aux cosaques d'Ilowaïsky et engagea le combat ; il perdit beaucoup de monde, ne réussit pas à remplir sa mission et fut rejeté sur Eisenach, où Fournier se trouvait encore. L'Empereur, par un décret daté du jour même, destitua Fournier et le plaça sous la surveillance de la police[2].

La partie de la vallée de la Hörsel comprise entre Sattelstedt et Eichrodt fut le théâtre d'engagements successifs des avant-gardes du corps prussien de Yorck

---

1. En dépit de l'insuccès éprouvé par Ameil, une partie au moins des ordres de l'Empereur fut exécutée, ainsi que le prouve un passage de la lettre du roi Jérôme au ministre de la Guerre, datée d'Arnsberg, 28 octobre, 9 heures du soir.

« Le général Sebastiani m'a fait dire par le général Wolf, qui a été obligé depuis Eisenach jusqu'à Cassel de se faire jour avec 50 chevaux légers, que je saurais facilement ce que j'aurais à faire et que je devrais commencer tout de suite mon mouvement de retraite pour ne point être compromis ».

2. Général Pelet. *Campagne d'automne* et AN. F⁷, n° 4056.
Le décret signé à Eisenach fut transmis par le major général au duc de Rovigo le 7 novembre, de Mayence ; le 12, le duc de Rovigo chargea le commissaire de police Berckheim de faire partir Fournier pour l'intérieur de la France ; le 20, Berckheim rendit compte au ministre que ses ordres étaient exécutés et que Fournier avait quitté Mayence, se rendant dans ses foyers.

avec les divisions de jeune garde des ducs de Reggio et de Trévise. Ces divisions quittèrent Gotha à 2 heures du matin et parvinrent sans encombre à Sattelstedt. Mais, au moment de passer le défilé formé par le village et le pont de la Hörsel, elles se trouvèrent inopinément sous le feu des batteries à cheval de la division de cavalerie du général von Jurgass. D'après les ordres donnés par Blücher, toute la cavalerie et l'artillerie à cheval de l'armée de Silésie auraient dû se porter sur le Hörselberg pour couper la route d'Eisenach aux fractions de l'armée française venant de Gotha. Mais celle des corps de Sacken et de Langeron resta en arrière ; seule, celle du corps de Yorck atteignit l'objectif assigné et tenta de remplir sa mission.

Aux premiers coups de canon le duc de Reggio porta en avant la brigade Pelet (9e, 10e et 12e voltigeurs), dont les tirailleurs obligèrent l'ennemi à retirer ses pièces et tinrent la cavalerie en respect pendant le défilé de l'artillerie et du convoi à Sattelstedt. La cavalerie prussienne, engagée d'ailleurs dans un terrain très difficile où elle ne pouvait agir en masse, se contenta d'échanger avec les Français une fusillade sans résultats.

Les ducs de Reggio et de Trévise se réunirent à Eichrodt où, à la fin de la journée, ils eurent à soutenir un combat très vif contre la division Hünerbein, avant-garde du corps de Yorck, jusqu'à près de 8 heures du soir. Mais ils réussirent à ne pas se laisser entamer. Le duc de Reggio alla bivouaquer en avant d'Eisenach ; le duc de Trévise conserva la position d'Eichrodt.

A Eisenach même les troupes de la vieille garde eurent aussi à repousser une avant-garde prussienne, venue par la route de Langensalza ; à la fin de la journée, elles furent relevées par la division Decouz du corps du duc de Reggio.

La marche du gros de la colonne fut troublée sur différents points par les partisans. Ilowaïsky attaqua Guérin entre Vach et Hünfeld, lui enleva deux canons, des bagages et des prisonniers ; Radzewitch ramassa de nombreux traînards sur la route de Gotha ; Platow recueillit deux bataillons bavarois, qui avaient jusqu'alors suivi la Grande Armée.

A Berka la nuit fut fort agitée ; un incendie dévora une partie de la ville.

« Je n'oublierai jamais, raconte le général Griois, le spectacle qu'offraient ses rues étroites, encombrées de troupes, d'artillerie et de bagages, la consternation et la stupeur des habitants, la voix lugubre des veilleurs qui faisaient retentir d'un ton grave et mesuré le terrible mot : « Feuer » [1].

Le 26 au soir, l'Empereur pouvait espérer ramener sur le Rhin tout ce qui avait dépassé Eisenach : d'une part, les masses des armées de Bohême et de Silésie étaient définitivement distancées ; d'autre part, les épreuves des jours précédents avaient fait disparaître des rangs de la Grande Armée les hommes et les chevaux incapables de les supporter et produit ainsi une sorte de sélection naturelle. En effet, les étapes des 24, 25 et 26 octobre n'avaient pas été très longues ; mais les troupes avaient beaucoup souffert de l'irrégularité de la marche, du mauvais temps, du manque de distributions régulières, des bivouacs dans la boue et surtout de l'énervement causé par la présence continuelle des partisans ennemis. D'Erfurt à Eisenach la route était couverte de morts et de mourants, de chevaux fourbus ou crevés, de voitures dételées ; des centaines d'hommes épuisés de fatigue et de faim s'étaient réfugiés dans les villages et dans les bois ; la plupart furent massacrés par les cosaques ; quelques-uns, épargnés sur le moment et faits prisonniers, subirent des traitements barbares et succombèrent presque tous avant d'atteindre un hôpital ou un lieu d'internement.

Cette situation déplorable de la ligne de retraite eut cependant un avantage, car Schwarzenberg jugea im-

---

1. Mémoires du général Griois, t. II.

prudent d'engager ses troupes dans la forêt de Thuringe, sur une route où les localités devaient être dévastées par le passage de l'ennemi et surtout empestées par le typhus qui ravageait ses rangs et dont les armées alliées n'étaient déjà pas indemnes. Il décida donc de diviser l'armée de Bohême en trois colonnes : la plus faible, formée des corps de Wittgenstein, russe, et Kleist, prussien, fut seule chargée de la poursuite sur la route directe d'Eisenach ; le reste de l'armée fut dirigé au sud de cette route : la colonne du centre (Autrichiens) sur Geisa par Muhlberg, Tambach et Schmalkalden ; la colonne de gauche (garde russe et prussienne et réserves russes) sur Kranichfeld et Schwarza. Par cette nouvelle orientation de la marche Schwarzenberg s'enlevait la possibilité de joindre l'armée française ; peut-être, satisfait des résultats acquis, n'en avait-il pas le désir.

Conformément à ces dispositions, l'armée de Bohême reprit son mouvement le 26 au matin : la cavalerie de Pahlen atteignit Friemar au nord-est de Gotha ; Wittgenstein et Kleist franchirent la Gera au nord d'Erfurt, organisèrent le blocus de la ville au moyen de la 4e division d'infanterie russe et des 9e et 12e brigades d'infanterie prussienne, placées sous les ordres du général-lieutenant prince Gortschakoff, et s'établirent pour la nuit autour de Tottelstedt. Les corps d'armée autrichiens, les gardes russe et prussienne et les réserves russes, retardés par les mauvais chemins, ne parvinrent que tard dans la nuit à leurs cantonnements.

Quant à l'armée de Silésie, elle occupa la zone Kalberfeld, Eichrodt, sur la route de Gotha à Eisenach, et Gross-Behringen, sans avoir réussi à arrêter le mouvement de retraite des Français. Les troupes de Blücher étaient à bout de forces ; et leur chef, en dépit de son énergie et de la haine vouée à Napoléon, sentait à regret l'impossibilité de leur demander de plus grands efforts. Depuis le 23, l'armée de Silésie n'avait pas cessé de faire de fortes étapes par un temps affreux, sur de détestables chemins de montagne, ou dans des champs détrempés ; les marches journalières n'avaient pu être achevées qu'au prix d'indescriptibles efforts, très préjudiciables à la santé des hommes et des chevaux. Le 26 octobre fut le dernier et le plus mauvais de ces mauvais jours ; il marqua la fin de la poursuite de la Grande Armée vaincue à Leipzig.

La journée du 27 devait être excessivement dure pour les troupes françaises, car l'Empereur, se jugeant hors de l'atteinte des armées de Bohême et de Silésie, voulait gagner du chemin sur la route de Mayence pour devancer, s'il se pouvait, l'armée austro-bavaroise. D'après les ordres donnés à Eisenach dans l'après-midi du 26, les points à atteindre par les différentes fractions de la colonne étaient les suivants :

2º corps de cavalerie, 5º et 11º corps, équipages et division Semelé, Fulda ;

2º corps, Vach ; 3º et 6º corps, Berka, puis Vach ;

3º corps de cavalerie et division Berckheim, en flanqueurs sur la gauche de l'armée par la route de Marksuhl, Vach, suivant le mouvement de l'armée sur Fulda.

La marche devait commencer à 2 heures du matin, la distance d'Eisenach à Fulda étant de quatre-vingts kilomètres.

Sebastiani trouva Fulda occupé par les cosaques, en train de piller les magasins de l'administration française, les équipages particuliers qui avaient devancé l'armée, et un peu aussi les habitants, fort surpris des coutumes de leurs sauvages libérateurs. Il n'eut pas de peine à les chasser sans leur laisser le temps d'incendier les magasins et rétablit l'ordre dans la malheureuse ville. D'après les renseignements qu'il recueillit et qu'il envoya dans l'après-midi au major-général, le nombre des partisans jetés en avant et sur les flancs de l'armée s'élevait à 3 ou 4 000 hommes divisés en un grand nombre de bandes, sans liaison entre elles ; ces bandes s'en prenaient aux isolés, aux voitures faiblement escortées, mais évitaient avec soin les détachements marchant et se gardant militairement ; elles avaient ainsi laissé passer sans l'inquiéter la colonne du général Guérin, partie de Fulda le 26 pour gagner Gelnhausen ; on ignorait à Fulda où se trouvait l'armée austro-bavaroise ; en tout cas, Wrede ne paraissait point avoir encore dépassé Wurzburg.

Le duc de Tarente arriva à Fulda à la nuit tombante ; ses troupes étaient très fatiguées et avaient laissé en arrière près du tiers de leur effectif ; elles trouvèrent difficilement des vivres et des abris dans une ville déjà encombrée d'isolés, de voitures de bagages et de chevaux de main, que la crainte de tomber entre les mains des cosaques avait empêchés de poursuivre leur route. Le 3ᵉ corps de cavalerie et les Polonais atteignirent également Fulda.

Le duc de Castiglione, avec la division Semelé et les parcs, le duc de Bellune, avec le 2ᵉ corps, la vieille garde et le quartier général impérial s'arrêtèrent à Hünfeld ; l'Empereur se trouvait ainsi au centre de la colonne, et en mesure d'en gagner promptement la tête, à la première nouvelle de la présence de l'ennemi. Le duc de Raguse, avec les 3ᵉ et 6ᵉ corps, s'arrêta à Butlar, où le rejoignit le 5ᵉ corps de cavalerie.

La marche fut ralentie par la présence des partisans, plus audacieux que les jours précédents. Platow, venant de Geisa, attaqua à plusieurs reprises entre Vach et Hünfeld ; Orlow et Mensdorf se montrèrent entre Hünfeld et Fulda. L'escarmouche la plus sérieuse se produisit au passage de la vieille garde près de Butlar. L'ennemi se présenta avec du canon sur les hauteurs de Mannsbach au nord de la route, et menaça d'interrompre le défilé de l'artillerie. Le bataillon de service, soutenu par quelques pièces, prit position et réussit à le contenir jusqu'à l'arrivée de la division Friant. Friant déploya des tirailleurs, les porta résolument à l'attaque et obligea les cosaques à se retirer ; il continua ensuite sa route sur Hünfeld, en laissant à Butlar le général Rottenbourg, pour garder la position jusqu'à l'arrivée des premières troupes du duc de Reggio.

L'arrière-garde resta à Eisenach jusqu'à 10 heures du

matin, pour donner le temps à l'artillerie du 4ᵉ corps, qui n'avait pu suivre les troupes dans les chemins de la montagne, de passer le défilé du Clausberg, sous l'escorte des débris de la division wurtembergeoise Franquemont[1]. Le duc de Reggio la suivit sur la route de Marksuhl et se rendit à Vach. Le duc de Trévise gagna cette localité en passant par Berka, le général Bertrand par la montagne, en tournant par leur source les affluents de la Werra. La marche des trois corps fut rendue difficile par la nécessité de pousser en avant les traînards, dont le nombre augmentait d'une façon effrayante. Le duc de Trévise annonçait en avoir vu près de 30 000 sur la route de l'armée. Les divisions de jeune garde souffrirent beaucoup pendant cette journée. Seul le 4ᵉ corps, traversant une région où les vivres se trouvaient en abondance, se maintint intact et en ordre. Les trois corps se réunirent pour la nuit à Vach et aux environs de cette ville.

Pendant que la Grande Armée s'avançait à marches forcées sur le Rhin, le groupe d'armées placé sous les ordres de Schwarzenberg progressait par étapes réglées comme en temps de paix. Les corps de Kleist et de

---

[1]. Il est juste de reconnaître l'attitude digne et correcte du général Franquemont et des troupes sous ses ordres. Dès le 24 octobre, à Erfurt, Franquemont avait demandé au major général la permission de se diriger sur le Wurtemberg, et il avait reçu en réponse l'ordre de gagner Mergentheim, où le roi de Wurtemberg réunissait son armée. Franquemont continua cependant la retraite avec le 4ᵉ corps, vraisemblablement pour éviter de tomber entre les mains des alliés, avec lesquels son souverain lui avait défendu de traiter ; en suivant la route de l'armée, il se rapprochait d'ailleurs des frontières du royaume. Bertrand, qui n'avait jamais eu qu'à se louer des Wurtembergeois, leur confia la garde du parc d'artillerie du 4ᵉ corps. Le 27 octobre, la division Franquemont atteignit Brunnthal, village à une demi-heure de marche au sud de Fulda, où se trouve la bifurcation de la route de Wurzburg, et, avec l'assentiment du général Bertrand, se sépara de la Grande Armée. « Nous prîmes congé en bons camarades et sans amertume des officiers français et italiens, raconte un témoin oculaire ; nous avions depuis si longtemps partagé leurs travaux dans la bonne comme dans la mauvaise fortune ! » Le 31 octobre, Franquemont arriva à Mergentheim avec environ 700 fantassins, 150 cavaliers, 100 artilleurs et 4 canons, débris de sa division.

Voir à ce sujet PELET. *Tableau de la campagne d'automne* et v. MARTENS. *Vor fünfzig Jahren*, Stuttgart, 1863, t. II.

Wittgenstein arrivèrent le 27 à Gotha ; mais, par une combinaison assez étrange, ces corps, qui se trouvaient les plus à même de joindre l'ennemi, reçurent l'ordre de s'arrêter et de rétrograder sur Erfurt pour assiéger la place ; les Autrichiens cantonnèrent autour de Muhlberg, sur le revers oriental du Thüringer Wald ; leur avant-garde, formée par la division légère aux ordres de Bubna, franchit les montagnes et poussa ses avant-postes à Marksuhl et à Salzungen sur la Werra, à une vingtaine de kilomètres de Vach. Quant à la troisième colonne, gardes russe et prussienne et réserves russes, elle resta encore plus en arrière et à gauche et cantonna autour d'Arnstadt, où les souverains de Russie et d'Autriche établirent leurs quartiers généraux. Celui de Schwarzenberg était à Muhlberg. La liaison entre l'armée de Bohême et l'armée austro-bavaroise fut effectuée par le corps de partisans du colonel Scheibler, qui occupa Bruckenau, sur la route de Fulda à Wurzburg.

L'armée de Silésie engagea ses avant-gardes sur les trois routes qui d'Eisenach conduisent dans la vallée de la Werra. Blücher établit son quartier général à Eisenach, conservant avec lui le corps de Langeron. A droite, le corps Sacken atteignit Berka, à 12 kilomètres de Vach, où se trouvait l'arrière-garde française. A gauche, le corps Yorck s'échelonna sur la route de Salzungen, à la poursuite de Bertrand, que l'on supposait avec raison s'être jeté dans la montagne. La cavalerie prussienne atteignit Gumpelstadt, d'où elle lança des patrouilles dans la vallée de la Werra, en se reliant aux éclaireurs de la division Bubna. Le corps Yorck se trouvait ainsi à une trentaine de kilomètres de Vach.

En résumé, les avant-gardes de l'armée de Silésie étaient à une journée de marche de l'arrière-garde française ; à leur gauche, celles de l'armée de Bohême faisaient échelon à une journée de marche en arrière. Si les ducs de Reggio et de Trévise continuaient à faire bonne contenance et à maintenir leur distance, si aucun obstacle ne s'opposait à l'écoulement du gros de la colonne, l'armée française était hors de toute atteinte.

Les ordres donnés à Hünfeld le 28 à 1 heure du matin furent à peu près uniformes pour tous les corps. On peut les résumer ainsi :

1° Partir avant 4 heures du matin pour faire une « bonne marche » sur la route de Francfort.

2° En passant à Fulda, faire prendre une livre de riz par homme au magasin, laisser un détachement dans la ville pour en assurer la garde jusqu'à l'arrivée du corps suivant.

3° Marcher avec ordre, faire filer les bagages et l'artillerie avec une bonne escorte.

4° Une fois l'étape terminée, informer le quartier général de la localité choisie pour y passer la nuit.

A l'avant-garde, Sebastiani et le duc de Tarente furent chargés de faire réparer les ponts et déblayer la route ; à l'arrière-garde les ducs de Reggio et de Trévise eurent ordre de se tenir en communication avec Bertrand et de pousser devant eux tous les isolés.

L'armée fit beaucoup de chemin dans la journée, sans être inquiétée. Sebastiani, de Schlüchtern, où il arriva à midi et fit une heure de halte, rendit compte que devant lui 3 à 400 chevaux, sans artillerie ni infanterie, se retiraient sur la route de Mayence, en cherchant à l'obstruer par des abattis et en incendiant les ponts. Au dire des habitants du pays tous les partisans russes, autrichiens et prussiens paraissaient s'être donné rendez-vous à Gelnhausen. A la nuit tombante Sebastiani atteignit Salmunster, après une étape de 44 kilomètres ; il adressa à 6 heures du soir au major-général un rapport confirmant les renseignements précédents : Gelnhausen était occupé par un corps de 4 à 5 000 cavaliers, et il fallait s'attendre sur ce point pour le lendemain à une affaire sérieuse ; les Bavarois étaient en marche de Wurzburg sur Francfort ; néanmoins, ils ne paraissaient pas encore avoir atteint Hanau en forces, car le général Guérin devait y être arrivé.

A Salmunster Sebastiani tenait la tête et la partie la plus difficile de la vallée de la Kinzig, mais il était encore à 18 kilomètres de Gelnhausen, débouché ouest de ce long défilé, dont la possession était indispensable pour assurer le prompt écoulement de l'armée.

La colonne des équipages sous le commandement du général Radet atteignit Salmunster peu après l'arrivée de Sebastiani.

Le duc de Tarente, avec les 5ᵉ et 11ᵉ corps fut obligé de s'arrêter à Steinau, à 8 kilomètres de Salmunster ; ses troupes épuisées ne purent aller plus loin.

L'Empereur avec la vieille garde et le 3ᵉ corps de cavalerie atteignit Schlüchtern, à 6 kilomètres en arrière de Steinau[1].

Le reste de l'armée ne réussit pas à franchir les hauteurs de Gomfritz qui séparent la vallée de la

---

[1]. A son passage à Fulda l'Empereur fit donner l'ordre aux officiers et soldats saxons décorés de la Légion d'honneur, qui avaient volontairement suivi l'armée de rentrer dans leur pays (Pelet).

Il faut également placer au 28 octobre l'incident relatif aux Polonais, relaté dans la Correspondance à la date du 27. L'Empereur, passant sur la route non loin de Schlüchtern, rencontra le 4ᵉ corps ; il s'approcha et demanda à un des officiers de l'arrière-garde si c'étaient bien les Polonais. Sur sa réponse affirmative, l'Empereur quitta la chaussée, fit arrêter les troupes, appeler les officiers et former le cercle autour de lui ; il leur adressa l'allocution suivante : « Messieurs les officiers du corps polonais, j'apprends que vous voulez me quitter. Je vous engage à ne pas le faire. Je n'ai plus besoin de vous, mais vous avez encore besoin de moi. Vous viendrez en France, vous y serez reçus en frères et en amis, vous vous y reposerez de vos fatigues. Vos braves et loyaux services seront récompensés. Je vous ferai équiper et réorganiser complètement. Malgré mes échecs, je suis encore un des plus puissants souverains d'Europe. Je vous donne ma parole que je ne ferai pas la paix sans garantir votre rentrée honorable dans votre patrie ». (*Résumé de Grabowski, officier à l'état-major impérial.*)

Le discours de l'Empereur fut accueilli avec enthousiasme par les officiers, et les soldats, entendant leurs acclamations, crièrent : Vive l'Empereur !

Vraisemblablement le prince Sulkowski quitta l'armée à ce moment et retourna à Fulda, d'où il adressa le jour même sa démission à l'Empereur par la lettre suivante :

« Sire,

« Le discours de V. M. I. et R. a décidé mes compatriotes à le suivre partout où Elle l'ordonnera. Je croyais cela impossible, mais il n'y a rien d'impossible au grand Napoléon.

« Quant à moi, Sire, j'ai la conviction que je n'ai pas assez de forces pour être chef dans des circonstances aussi difficiles. Je crains en général que je ne puisse remplir les devoirs du poste que V. M. a

Kinzig de celle de la Fliede, affluent de la Fulda. Le duc de Bellune s'arrêta à Flieden, le duc de Castiglione à Neustadt, le duc de Raguse à Neuhof. Ces trois corps, formant le centre de la colonne, s'établirent pour la nuit dans une zone de six kilomètres de profondeur environ. Ils communiquaient facilement avec le quartier général, car la distance de Flieden à Schlüchtern n'est que de 10 kilomètres, mais ils n'étaient pas en mesure d'entrer en ligne utilement dans la journée du 29, en cas de combat du côté de Gelnhausen, car la distance de ce point à Flieden est de 33 kilomètres, par des chemins de montagne.

La nécessité de pousser en avant la masse énorme des isolés obligea l'arrière-garde à s'arrêter avant d'avoir atteint Fulda. Oudinot prit position à Marbach sur la rive gauche du ruisseau de Hane, à 8 kilomètres au nord de Fulda, afin d'assurer l'évacuation de la ville. Mortier resta à une journée de marche en arrière ; il n'avait pu faire sauter le pont de Vach et avait été suivi par les cosaques ; il s'arrêta à Butlar, sur les bords de l'Ulster, et par une canonnade très vive tint l'ennemi en respect. Il avait rallié et essayé de mettre en ligne près de 4 000 isolés armés ; mais ces hommes se dispersèrent pendant la nuit. Quant à Bertrand, il bivouaqua à Aschenbach, à 7 kilomètres au sud-est de Hünfeld, couvrant ainsi le flanc gauche de l'armée contre une attaque éventuelle des corps ennemis en marche à travers le Thuringer-Wald.

De Salmünster à Butlar, les corps d'armée en état de combattre étaient échelonnés sur une profon-

---

daigné me confier. Je La supplie donc de m'autoriser à rentrer dans mes foyers.

« Au sein de ma famille, je bénirai toujours le restaurateur de ma patrie.

« Agréez, Sire, l'hommage de mon plus profond respect et de mon entière soumission.

« Le général de division « ANTOINE, prince SULKOWSKI. »

(AN. AF IV, 1862). Néanmoins Sulkowski se rendit à Francfort, où il fut reçu par l'Empereur en audience de congé ; il resta à Francfort avec son aide de camp Zbijewski (*Mémoires de Grabowski*).

deur de 77 kilomètres environ. Mais la Grande Armée couvrait un espace de terrain beaucoup plus considérable. La cavalerie de Sebastiani était précédée à une journée de marche environ par la colonne du général Guérin, forte de plusieurs milliers d'hommes avec du canon, par quelques détachements en mission plus ou moins régulière, par de nombreux groupes de soldats de même résistance physique, rapprochés par des besoins communs, et par une foule énorme d'isolés, la plupart valides et encore armés. Le tout peut être évalué à 15 ou 20 000 hommes. Il est impossible de préciser les emplacements occupés par les diverses fractions de cette colonne informe pendant les journées des 27 et 28 octobre : d'après le rapport de Préval, chargé par le duc de Valmy de la défense de Francfort, les premiers fuyards de Leipzig arrivèrent à Bergen dans la journée du 27 ; dans sa lettre au major-général datée de Fulda, 27 octobre au soir, Sebastiani mentionne le départ du général Guérin qui avait quitté Fulda le 26 ; dans ses mémoires le colonel Biot, aide de camp du général Pajol, raconte qu'en arrivant le 27 au soir à Gelnhausen, il y trouva 5 à 6 000 hommes de toutes armes et même un trésor destiné à l'armée, ce qui s'applique bien à la colonne Guérin ; enfin, les combats livrés le 28 à Hanau et aux environs de cette ville par la cavalerie bavaroise indiquent suffisamment que les localités de la vallée de la Kinzig devaient être remplies de petits détachements et d'isolés pendant la journée du 27.

Les derniers jours de la marche sur Hanau furent funestes à l'ordre et à la discipline, car le soldat souffrit de grandes privations. L'Empereur avait compté trouver à Fulda des vivres de toute espèce en abondance ; mais déjà le duc de Valmy avait fait ramener sur Mayence les denrées les plus facilement transportables ; ce qui restait des approvisionnements fut pillé ou détruit en grande partie par les cosaques et les habitants avant l'arrivée de Sebastiani. On put à peine distribuer aux troupes une livre de riz par homme.

La maraude même donna peu de résultats dans un pays pauvre, infertile et déserté par les habitants. Pour comble de malheur le froid devint subitement très vif et une neige précoce couvrit le flanc des montagnes.

Les routes noyées d'eau, défoncées par le passage des convois et de l'artillerie, se transformèrent en profonds bourbiers, dans lesquels la marche fut extraordinairement pénible, surtout la nuit ; or, les marches de nuit étaient une nécessité absolue et causaient aux troupes d'indicibles fatigues, en raison des à-coups inévitables dans ces longues colonnes de malheureux soldats fatigués, affaiblis, mêlés à des chevaux blessés, à des équipages, dont le moindre obstacle ralentissait ou arrêtait l'écoulement. « C'est peut-être le dégoût de ces angoissantes marches de nuit, autant que le découragement et la faim qui jetaient tant d'hommes hors des rangs. Il était difficile en effet de résister à l'envie de les quitter pour aller s'étendre incognito à l'abri de quelque arbre ou de quelque mur pour y dormir en paix et prendre ensuite les allures d'une marche indépendante qui semblait pleine d'attraits. Il n'y avait pas lieu de craindre de s'égarer en quittant la colonne armée et de manquer ainsi la route de France ; aux débris qui la jonchaient et aux fuyards qui la suivaient, il n'était que trop facile de la reconnaître de jour, et, la nuit, on l'eut retrouvée rien qu'à l'odeur nauséabonde qui s'en exhalait, et qui provenait surtout des chevaux éreintés ou de leurs cadavres semés le long du chemin : senteur âcre et toute spéciale que je distinguerais, je crois, encore à présent et qui probablement contribuait pour sa part à nous préparer au terrible typhus qui nous attendait sur le Rhin[1]. »

Les souffrances endurées par les troupes eurent naturellement pour effet d'augmenter dans d'énormes proportions le nombre des trainards. Il ne resta autour des aigles que la majeure partie des cadres et quelques soldats, surtout les plus anciens. A chaque bivouac, à

---

1. Souvenirs d'un ex-officier.

chaque passage de défilé, les régiments s'éparpillaient; des malades et des éclopés restaient en arrière et allaient attendre sous le plus chétif abri le moment où ils deviendraient les proies ou les victimes des partisans; des soldats valides allaient grossir les bandes de vagabonds qui suivaient l'armée ou marchaient à sa hauteur ; les plus alertes s'efforçaient de dépasser l'avant-garde afin d'arriver les premiers aux gîtes et aux vivres. C'était l'armée des fricoteurs : le nom était juste, au moins pour le nombre. De Leipzig à Erfurt on l'estimait à près de 20 000 ; à partir d'Erfurt ce nombre alla en augmentant avec une rapidité prodigieuse, car toutes les causes qui peuvent produire la dissolution d'une troupe se trouvèrent réunies.

Seule la présence de l'Empereur maintenait une espèce d'ordre dans les débris de la Grande Armée : « son influence sur les troupes conservait toute sa force; en passant à travers la colonne il y rétablissait momentanément une apparence d'ordre. Les corps lui montraient autant d'enthousiasme que dans les jours de la plus éclatante prospérité. Mais il ne pouvait être sur tous les points et le désordre recommençait lorsqu'on le perdait de vue[1]. » Le désordre dépendait d'ailleurs beaucoup du plus ou moins d'énergie des chefs. Ainsi la vieille garde, les troupes du génie et de l'artillerie n'éprouvèrent d'autres pertes que celles des combats; la jeune garde, surtout les divisions du duc de Reggio, les corps de Sebastiani, du duc de Tarente, du duc de Padoue, se maintinrent assez bien jusqu'à la fin de la retraite; les autres allèrent en se désagrégeant de plus en plus.

II

MARCHE DE L'ARMÉE AUSTRO-BAVAROISE DE WURZBURG SUR HANAU, 26, 27 ET 28 OCTOBRE

Le 26 octobre, le jour même où la Grande Armée échappait à l'étreinte des armées de Bohême et de Silé-

---

1. PELET. *Campagne d'automne*, 1813

sie, l'armée austro-bavaroise sous les ordres de Wrede se trouvait divisée en deux colonnes : celle de droite, divisions bavaroises Rechberg et Beckers et divisions autrichiennes Volkmann et Bach, était encore immobilisée devant Wurzburg; celle de gauche, division bavaroise Lamotte, avec la brigade de cavalerie Vieregg, et divisions autrichiennes Trautenberg et Splény, primitivement destinée à occuper militairement pour le compte des alliés le royaume de Wurtemberg, avait fait séjour le 25 dans la vallée de la Tauber, la tête à Königshoffen, le reste à Mergentheim, Weikersheim et Röttingen, et se remettait en marche dans la direction d'Aschaffenburg, par la route de la rive gauche du Main. La division Lamotte, qui formait la tête de cette colonne, avait à franchir une distance de 80 kilomètres environ et par suite ne pouvait pas atteindre Aschaffenburg avant le 27 octobre, dans la soirée.

La nombreuse cavalerie de l'armée austro-bavaroise pouvait librement explorer le pays au loin en avant ; cependant elle resta collée à son infanterie pendant les journées des 25, 26 et 27 octobre et ne rendit aucun service ; les partisans chargés de relier les armées de Bohême et de Silésie à l'armée austro-bavaroise ne déployèrent pas plus d'activité.

En effet, Wrede ne reçut que le 26 au soir les premiers renseignements de nature à lui faire accélérer sa marche. Ces renseignements lui furent apportés par le capitaine russe Bergmann envoyé par le colonel autrichien Scheibler, commandant un corps de partisans venu à la rencontre des Austro-Bavarois en côtoyant par le sud la route suivie par l'armée française. Scheibler avait atteint Schmalkalden le 26 à midi ; il y avait été rejoint par un de ses émissaires, parti de Fulda le 25 à 10 heures du soir : « Depuis hier 25 à midi, écrivait Scheibler, le défilé des troupes ennemies dans cette ville (Fulda) ne s'est pas interrompu un instant... Le maréchal Ney et plusieurs généraux de distinction ont couché dans la ville ; tout au moins leurs logements étaient faits... L'arrivée de l'Empereur est annoncée pour ce matin ; une partie de la garde l'a déjà précédé[1]. »

Scheibler comptait se porter en personne par Meiningen sur Bruckenau, et de là suivant les circonstances sur Fulda, ou sur Steinau, afin d'atteindre la route de l'ennemi dans la matinée du 27.

Encore que de seconde main, et en partie inexacts, ces renseignements étaient précieux. Ils furent confirmés par des rapports venus d'Aschaffenburg ; d'après ceux-ci des détachements français plus ou moins considérables se succédaient depuis plusieurs jours sur la route de Fulda à Francfort ; une colonne de 3000 homme savait même occupé Hanau le 25 (?). Wrede, dès le 26 au soir, ne pouvait donc pas douter que l'armée française battue à Leipzig, ou tout au moins une fraction très importante de cette armée, ne suivît dans sa retraite la route de Mayence par Eisenach, Fulda, Hanau et Francfort. Il était évidemment trop tard pour atteindre Fulda avant l'ennemi, car de cette ville à Wurzburg la distance par la route de Carlstadt, Hamelburg, Bruckenau, est de 32 lieues (128 kilomètres), soit trois ou quatre jours de marche. Wrede décida alors de concentrer son armée à Aschaffenburg, pour de là rechercher une position où il pût barrer le passage à l'ennemi et lui infliger le plus de pertes possible (lettre au roi de Bavière, 26 octobre) : il songea à occuper Hanau, ou même Gelnhausen (lettre à l'empereur de Russie, même date), car il avait bien discerné l'importance de cette localité, au débouché des défilés formés par la vallée supérieure de la Kinzig. Mais, dans la situation où se trouvaient ses troupes, il ne pouvait compter amener à Gelnhausen, le 29, que la seule division Lamotte, le reste de l'armée ne pouvant y arriver que le 30, ou même le 31. Du reste il était encore très indécis, mais il devait avoir le sentiment vague de la faute commise en s'attardant devant Wurzburg ; ainsi peuvent s'expliquer la précipitation des

---

1. Heilmann, *Feldmarschall Fürst Wrede*, p. 278.

mouvements des jours suivants et les extrêmes efforts demandés aux troupes.

Le 27 octobre, la division Lamotte arriva à Aschaffenburg à 2 heures de l'après-midi; la brigade de cavalerie Vieregg poussa jusqu'à Dettingen, à 14 kilomètres de Hanau. Les divisions autrichiennes Trautenberg et Spleny cantonnèrent à Miltenberg.

La colonne de droite quitta Wurzburg le même jour; la division bavaroise Beckers et les divisions autrichiennes Bach et Volkmann se dirigèrent sur Aschaffenburg, par Lengfurt et Rohrbrunn; la division bavaroise Rechberg par la route, plus longue d'une étape, qui suit la rive gauche du Main et passe à Wertheim et à Miltenberg. Les trois premières avaient à parcourir en deux jours une distance de 66 kilomètres dans la difficile région du Spessart et sur des routes médiocres; la quatrième avait à parcourir en trois jours 95 kilomètres. C'était beaucoup demander à des troupes jeunes, déjà fort éprouvées par la série ininterrompue de marches exécutées depuis leur départ des bords de l'Inn.

Wrede voulut devancer le gros de l'armée à Aschaffenburg et partit en poste le 27 au matin. Il n'était sans doute pas sans inquiétude sur ce qui pouvait bien se passer du côté de Fulda, car, en longeant la colonne, il donna l'ordre au général autrichien Volkmann, commandant provisoire de la division légère, de diriger le lendemain 28 sur la route de Fulda à Hanau un détachement chargé de harceler et, s'il était possible, de couper les colonnes ennemies échelonnées sur cette route, mais surtout de reconnaître leurs emplacements et leurs forces, l'état des différentes armes et le nombre des pièces de canon.

En arrivant à Aschaffenburg le 27 dans la soirée, Wrede apprit que depuis plusieurs jours Hanau était continuellement traversé par des officiers et soldats de tous grades, voyageant en pleine sécurité comme en temps de paix; on lui signala même le passage du roi de Naples et de plusieurs généraux de distinction. Mais, vraisemblablement, il ne recueillit aucun renseignement de nature à lui faire croire que Napoléon en personne avec toute son armée s'avançait à grandes journées sur la route de Mayence. En tout cas, il agit comme s'il était persuadé du contraire : il pouvait, sans imposer aux troupes des fatigues exagérées[1], faire occuper fortement Hanau dès le 28 à midi par la division Lamotte, arrivée à Aschaffenburg le 27 à 2 heures de l'après-midi, et la brigade Vieregg (avec une batterie légère), arrivée en même temps à Dettingen. Aux 10 bataillons et aux 12 escadrons bavarois, il pouvait joindre dans la journée les 16 escadrons et la batterie de la division de cavalerie autrichienne Spleny. Mais il se borna à prescrire au général Vieregg d'envoyer un de ses régiments sur Hanau, pour empêcher les isolés de continuer sans encombre leur voyage : « um solchen Herren diese leichte retraite zu occupieren. »

En exécution de cet ordre, le 28 octobre, dans la matinée, le 1er régiment de chevau-légers se porta seul de Dettingen sur Hanau (14 kilomètres), où il arriva entre 7 et 8 heures. La ville était bondée de militaires français de tous grades et de toutes armes, mais il ne s'y trouvait ni garnison, ni détachement organisé ; aucune mesure de sécurité n'avait été prise, quoique un petit nombre de fantassins postés aux portes eussent suffi pour arrêter des cavaliers, la ville étant entourée d'une vieille enceinte, en mauvais état, mais précédée d'un fossé plein d'eau.

La surprise fut complète : à 8 heures du matin, les Bavarois étaient maîtres de la place, où ils ramassèrent de nombreux prisonniers, parmi lesquels le général Saint-André et quelques officiers supérieurs, et beaucoup de butin ; mais ils ne jugèrent pas à propos d'envoyer des patrouilles, ni à l'est vers Langenselbold, ni à l'ouest vers Bergen : ils se bornèrent à surveiller l'espèce de clairière qui s'ouvre au nord de Hanau

---

1. La distance de Aschaffenburg à Hanau est de 24 kilomètres.

entre les bois de Wilhelmsbad et la forêt de Lamboy. Un détachement poussa cependant jusqu'à Kesselstadt, sur les bords du Main, et s'empara d'un bateau de riz expédié de Wurzburg à Mayence par le général Turreau, au moment de l'évacuation des magasins inutiles à la garnison.

L'occupation de Hanau par les chevau-légers fut le premier d'une série d'épisodes très confus dont cette ville devint le théâtre pendant la journée du 28. Les divers détachements français et les groupes d'isolés, après avoir passé la nuit dans la vallée de la Kinzig entre Gelnhausen et Hanau, s'étaient remis en marche au point du jour. Les premiers ne tardèrent pas à se montrer à la lisière de la forêt de Lamboy. Les chevau-légers se portèrent à leur rencontre et engagèrent un combat assez vif : ils perdirent quelques hommes, entre autres le prince Louis de Waldeck, neveu du roi de Bavière, qui fut grièvement blessé. Les Français se pelotonnèrent de de plus en plus nombreux et parvinrent à refouler leurs adversaires dans les faubourgs de Hanau : quelques groupes quittèrent la grande route, se jetèrent dans la forêt de Lamboy et en débouchèrent près de la ferme de Neuhof, dans l'intention de gagner un pont de la Kinzig en amont de la ville et de tenter d'y pénétrer par la rive gauche. Une partie du régiment de chevau-légers se porta dans cette direction, mais ce mouvement eut pour effet de diminuer le nombre des défenseurs du faubourg de la rive droite. L'ennemi s'en étant rendu compte redoubla ses attaques sur ce point, réussit à s'en emparer et même à rejeter les Bavarois en dehors de Hanau. Les chevau-légers allèrent se reformer dans la plaine au sud de la ville.

A midi, la route de Francfort étant redevenue libre, isolés, détachements, et équipages reprirent leur marche, ne laissant dans Hanau que quelques cavaliers occupés à faire rafraîchir leurs chevaux. Dans cette foule à l'état inorganique, il ne se trouva aucun chef pour réunir sous son commandement les quelques centaines d'hommes nécessaires pour occuper et mettre en état de défense le poste si important de Hanau[1].

Vers une heure de l'après-midi le reste de la brigade Vieregg (2ᵉ et 7ᵉ régiments de chevau-légers avec une batterie) arriva devant la ville, en reprit sans peine possession, franchit le pont de la Kinzig et interrompit de nouveau l'écoulement des Français dans la direction de Francfort; mais la cavalerie bavaroise ne tarda pas à entrer en contact avec la colonne du général Guérin, qui avait passé la nuit à Gelnhausen.

Guérin mit en ligne 3 à 4 000 hommes d'infanterie, quelques cavaliers et deux batteries. Devant ces forces supérieures, Vieregg dut se résoudre à évacuer de nouveau Hanau et alla prendre position entre la ville et le village d'Auheim pour attendre l'arrivée de l'infanterie, sans le secours de laquelle il jugea impossible de se maintenir. De son côté, Guérin se hâta de gagner Francfort avec le gros de sa colonne.

En apprenant les incidents de la matinée, Wrede avait mis en route sur Hanau la division Lamotte. Cette division ne dut quitter Aschaffenburg qu'à midi, ou même plus tard encore, car son bataillon de tête ne rejoignit qu'à la nuit la brigade Vieregg; ainsi appuyée, celle-ci s'empara de nouveau de la ville même et de la porte de Francfort. Mais elle ne réussit pas à déloger du faubourg situé entre cette porte et le pont de la Kinzig, un millier de traînards français qui s'y étaient établis pour passer la nuit et qui défendirent vigoureusement leur gîte. A 10 heures du soir, l'arrivée de la première brigade de la division Lamotte (brigade Deroy) permit enfin de chasser les Français du faubourg, d'occuper le pont de la Kinzig, et les maisons isolées sur la rive droite, en bordure de la route de Francfort, et de repousser dans la forêt de Lamboy quelques détachements venant de Gelnhausen; la 2ᵉ brigade de la division Lamotte (brigade Stock) occupa la ville.

Dans ces différentes actions les Bavarois avaient perdu

---

1. Voir les *Mémoires du colonel Biot*, aide de camp du général Pajol. qui passa à Hanau avant la bataille.

3 officiers et 30 soldats tués ou blessés ; ils avaient fait 12 à 1 300 prisonniers et ramassé un fort beau butin, mais ils n'avaient recueilli aucun renseignement sur la marche de la Grande Armée. Le général Vieregg ne semble pas avoir songé un instant à envoyer quelques escadrons en reconnaissance dans la direction de Gelnhausen, par les chemins de la rive gauche de la Kinzig, pour rechercher l'ennemi et prendre contact avec les partisans de l'armée de Bohême.

Pendant la journée du 28, Wrede ne quitta pas Aschaffenburg ; il y reçut une lettre de Schwarzenberg, datée d'Elleben 27 octobre, qui était de nature à lui faire commettre l'erreur la plus grave. Comme on l'a vu plus haut, le généralissime n'avait su tirer aucun parti de son immense cavalerie ; les régiments de ligne marchèrent tranquillement avec l'infanterie ; les partisans se préoccupèrent beaucoup plus de massacrer les traînards et les isolés et de piller les convois insuffisamment escortés, que de renseigner le commandement. Dès le 26 octobre Schwarzenberg perdit complètement le contact avec l'adversaire et en vint à admettre que l'Empereur pourrait bien se diriger non plus sur Mayence, mais sur Wetzlar, par Hersfeld et Asfeld, pour se couvrir du cours de la Lahn et effectuer le passage du Rhin à Bonn ou à Coblentz. Conception extraordinaire, s'il en fût jamais, car elle supposait qu'un homme de guerre tel que Napoléon commettrait de gaieté de cœur la faute d'abandonner sans combat la seule route d'étapes vraiment bonne existant dans la région, pour se jeter dans les affreux chemins de montagne du Vogelsgebirg, et renoncerait ainsi à gagner Mayence, grande place forte abondamment approvisionnée, pourvue d'une tête de pont sur la rive droite et d'un pont de bateaux permanent, reliée télégraphiquement à la capitale de l'Empire, pour se diriger sur deux petites villes ouvertes, sans ressources, presque sans garnison, qu'il ne pourrait atteindre qu'en improvisant péniblement des moyens de passage du fleuve ! En dépit de toute vraisemblance, Schwarzenberg s'arrêta à cette conception fausse de la situation et fit partager son erreur à Wrede, en l'invitant à tenir compte, dans la direction de ses opérations, de l'abandon éventuel par l'ennemi de la route de Mayence[1]; lui-même décida de modifier l'orientation de la marche des armées de Bohême et de Silésie. Blücher fut dirigé sur Giessen et Wetzlar; le corps Kleist fut renvoyé sur Erfurt pour en faire le siège; le corps Wittgenstein, renforcé de la cavalerie de Pahlen, fut chargé de relier les deux armées en marchant sur Hersfeld et Asfeld; les corps d'armée autrichiens, les gardes russe et prussienne et les réserves russes suivirent des routes parallèles à celle de l'armée française, mais très au sud. Napoléon n'avait dès lors plus rien à craindre sur ses derrières et sur ses flancs et pouvait tourner toutes ses forces encore organisées contre l'adversaire qui tenterait de lui barrer le passage.

Wrede, complètement rassuré par la lettre de Schwarzenberg, négligea les renseignements précieux contenus dans un rapport de Czernitscheff arrivé à Aschaffenburg dans la soirée du 28. Ce rapport était daté de Neuhof, 28 octobre, dans la matinée : « Me trouvant ici avec le général Ilowaisky, écrivait Czernitscheff, et faisant en quelque sorte l'avant-garde de l'armée ennemie, personne plus que vous ne peut être mis plus au fait du désordre avec lequel l'armée ennemie se retire. Monsieur l'officier porteur de la présente en a été témoin oculaire et pourra vous donner des nouvelles positives : munitions, fourrages, subordination, tout y manque; le désordre est sans exemple. Nous ne saurions trop vous engager à vous porter au plus vite sur Francfort, si telle est votre destination. Une armée de 30 000 braves sous vos ordres arrêtera toute l'armée ennemie et y mettra le comble de la destruction. Napoléon lui-même est avec son armée et n'ose s'en absenter, à cause de 4 à 5 000 aventuriers qui le précèdent.

---

1. Lettre de Schwarzenberg à Wrede datée d'Elleben, 27 octobre, arrivée à Aschaffenburg le 28 (HEILMANN, *Feldmarschall Fürst Wrede*).

« *P. S.* — L'avant-garde de l'armée ennemie, composée pour la plupart de garde impériale, a passé aujourd'hui la nuit à Fulda et le reste de l'armée à Hünfeld et aux environs. »

Par bonheur pour Napoléon, Wrede ne tint pas plus compte des renseignements envoyés le 28 par Czernitscheff que de ceux envoyés le 26 par le colonel Scheibler : convaincu que l'Empereur se dirigeait sur Wetzlar et Coblentz, il résolut d'essayer de le devancer pour lui couper la route du Rhin, et, à cet effet, de se porter sur Wetzlar par Hanau et Friedberg avec la majeure partie de ses forces, en laissant sur ses flancs des détachements, d'une part, pour barrer la route de Francfort aux débris de l'armée française engagés sur la route de Fulda, d'autre part, pour tenir en respect les troupes rassemblées autour de Mayence par le duc de Valmy : les premiers ne lui inspiraient aucune inquiétude, mais il n'en était pas de même des secondes. Sans doute il espérait rejeter facilement les quelques milliers d'hommes établis à Francfort sur Kastell, mais il jugeait nécessaire d'observer cette tête de pont de Mayence, avec un corps suffisant pour empêcher toute incursion de la garnison de la rive droite du Rhin. D'ailleurs il croyait avoir le temps de débrouiller la situation, car il écrivit le 28 au soir à Schwarzenberg : « Ce n'est que demain soir, lorsque j'aurai recueilli des renseignements plus précis sur les mouvements de l'ennemi, qu'il me sera possible de faire connaître à Votre Altesse d'une façon plus circonstanciée comment et avec quelles forces je pourrai faire mon mouvement sur la route de Wetzlar. »

Le gros de l'armée austro-bavaroise termina sa concentration sur Aschaffenburg. Les divisions autrichiennes Spleny et Trautenberg de la colonne de gauche y arrivèrent de bonne heure ; les divisions bavaroise Beckers et autrichiennes Bach et Volkmann n'y furent rendues que dans la soirée entre 10 et 11 heures au prix d'extrêmes fatigues. Conformément à l'ordre donné par Wrede le 27, Volkmann, à son passage à Rohrbrunn dans le Spessart, avait envoyé sur la route de Fulda à Hanau un détachement formé du 3ᵉ bataillon de chasseurs, d'une compagnie du régiment de Szekler-infanterie et du régiment de uhlans Schwarzenberg, sous le commandement du colonel von Mengen, des uhlans. Mengen reçut l'ordre de se porter directement avec le gros de son détachement sur Schöllkrippen, d'envoyer sur sa droite un escadron et deux compagnies à Orb et deux escadrons à Bieber, pour surveiller les directions de Salmunster et de Wirtheim, de gagner ensuite Gelnhausen et de s'y établir pour barrer la vallée de la Kinzig. Sa mission était fort difficile à remplir, car, pour atteindre les localités indiquées ci-dessus, il devait faire franchir à ses troupes des distances de 30, 35 et 50 kilomètres, en pays de montagne, sur de mauvais chemins forestiers, rendus presque impraticables par une épaisse couche de neige fraîchement tombée. Aussi les Autrichiens n'arrivèrent-ils à Schöllkrippen qu'entre minuit et 2 heures du matin après des efforts extraordinaires.

En résumé, le 28 au soir, l'armée austro-bavaroise occupait les positions suivantes : Quartier général, division bavaroise Beckers, divisions autrichiennes Volkmann, Bach, Trautenberg et Spleny à Aschaffenburg ; avant-garde, division bavaroise Lamotte, avec une brigade de cavalerie à 3 régiments, à Hanau ; flanc-garde, détachement autrichien Mengen, à Schöllkrippen et environs sur la route de Gelnhausen ; division bavaroise Rechberg à une journée de marche d'Aschaffenburg, dans la vallée du Main, à Miltenberg.

Entre Hanau, où se trouvait l'avant-garde de Wrede, et Salmunster, où cantonnait la cavalerie de Sebastiani, la distance est de 38 kilomètres.

III

THÉATRE DES OPÉRATIONS ; EFFECTIFS DES ARMÉES EN PRÉSENCE AU 29 OCTOBRE

La vallée de la Kinzig, théâtre des opérations des 29, 30 et 31 octobre, est orientée du N.-E. au S.-O. Entre Schlüchtern et Gelnhausen elle est fort resserrée et sur certains points, notamment au défilé de Wirtheim, juste assez large pour donner passage à la rivière et à la route, qui, en 1813, passait d'un bord à l'autre sur des ponts en bois ; les hauteurs sont escarpées et couvertes de forêts jusqu'à Gelnhausen. A partir de ce bourg, les pentes s'adoucissent et sur les premières ondulations des coteaux les vignes remplacent les bois; la vallée s'élargit ; le fond en est occupé par des prés marécageux, où serpentent de nombreux ruisseaux.

Ainsi placé à la sortie des défilés, le bourg de Gelnhausen constituait un poste important et d'une défense facile, car en 1813, il était encore entouré d'une vieille muraille fortifiée. De ce point deux routes conduisaient à Hanau : sur la rive droite de la Kinzig, la route d'étapes traversait les villages de Rotenbergen, Langenselbold et Ruckingen, puis la forêt de Lamboy, longeait la rive droite devant Hanau, sans toutefois pénétrer dans la ville, et continuait sur Francfort par Hochstædt et Bergen ; sur la rive gauche, un chemin de traverse gagnait Hanau, par Meerholtz et Nieder Rodenbach.

La ville de Hanau est située sur la rive gauche de la Kinzig, dans un coude prononcé vers le nord par cette rivière avant son confluent avec le Main ; elle était entourée d'une enceinte bastionnée, assez mal entretenue, mais à laquelle de larges fossés toujours inondés conservaient une certaine valeur ; elle était ainsi couverte sur les trois quarts de son pourtour, à l'est, au nord et à l'ouest, par deux lignes d'eau, l'une intérieure, le fossé, l'autre extérieure, la Kinzig et le Main. Dans cette partie de son cours la Kinzig formait un obstacle sérieux, car les pluies de l'automne de 1813 l'avaient considérablement grossie. Son lit profond, son courant rapide, ses berges taillées à pic empêchaient de la franchir ailleurs que sur les ponts. Entre les deux lignes d'eau s'étendait, comme une sorte de glacis, une zone de 200 à 500 mètres de large couverte de jardins et semée d'habitations de plaisance, assez rapprochées en avant des portes de Francfort et des moulins pour former de petits faubourgs. Cinq portes étaient percées dans l'enceinte : au sud-est la porte de Nuremberg, d'où partait la route d'Aschaffenburg et le chemin de Gelnhausen par Meerholtz; au sud la porte de Steinheim, conduisant à Auheim et à la vallée du Main en amont, et la porte du canal, conduisant à Kesselstadt et à la vallée du Main en aval ; à l'est la porte de l'hôpital, reliant la ville au faubourg des moulins; enfin, à l'ouest, la porte de Francfort, par laquelle on gagnait le faubourg de ce nom, le pont de la Kinzig et la route d'étapes. Celle-ci ne traversait donc pas la ville proprement dite, mais elle en était trop rapprochée pour qu'une colonne pût cheminer sous le feu d'un ennemi occupant l'enceinte.

Les environs immédiats de la ville avaient l'aspect d'une clairière, sauf au sud-ouest où s'ouvrait largement la vallée du Main. Sur la rive droite de la Kinzig s'étendait une plaine cultivée, large de 800 à 1 000 mètres du nord au sud et d'environ 2 000 mètres de l'ouest à l'est, et traversée par quelques ruisseaux affluents de la Kinzig. A l'est cette plaine était bornée par la forêt de Lamboy, dont la partie nord porte le nom de Puppenwald; au nord par la forêt de Bruchkobel, à l'ouest par les bois de Wilhelmsbad. Toutes ces forêts plantées en haute futaie étaient d'un parcours facile pour l'infanterie et la cavalerie; l'artillerie même pouvait en beaucoup de points s'y mouvoir en dehors des chemins frayés.

Deux grandes routes traversaient cette plaine : la

route d'étapes sortait de la forêt de Lamboy à 500 mètres du coude formé par la Kinzig, longeait la rivière en vue de Hanau pendant 1500 mètres environ et s'en écartait ensuite dans la direction de Francfort; la chaussée de Friedberg se détachait de la route d'étapes en face de Hanau et s'étendait droit au nord à travers la forêt de Bruchkobel.

Sur la rive gauche de la Kinzig le Bulauwald formait la suite du Lamboywald. Au sud de Hanau, entre la forêt et le Main, s'étendait une plaine de 2500 mètres de large traversée par la route d'Aschaffenburg et les chemins de Meerholtz et d'Auheim.

La rareté des passages de la Kinzig établissant des communications du nord au sud, donnait un caractère particulier à ce terrain; en effet, il n'existait que deux ponts praticables aux voitures: le pont de Hanau, et, à 1500 mètres en amont de la ville, le pont de Lamboy, celui-ci construit légèrement en bois, fort étroit et ne desservant que des chemins de culture. Entre ces deux ponts se trouvait encore la passerelle de l'écluse des moulins, praticable seulement pour des hommes passant un à un avec précaution.

Les forces en présence étaient fort inégales et l'avantage du nombre appartenait incontestablement aux Austro-Bavarois. En raison de l'échelonnement de la Grande Armée sur une seule route, l'Empereur ne pouvait compter pour la première journée de combat que sur les corps formant l'avant-garde depuis Erfurt et sur la vieille garde, dont il ne s'était pas séparé, autant pour assurer sa sécurité personnelle que pour veiller au bien-être et à la conservation de cette troupe d'élite. La garde avait éprouvé de fortes pertes par le feu, les maladies et la fatigue; mais elle n'avait pas été atteinte par la débandade, fléau des autres corps, et elle avait conservé toute sa cohésion et sa vigueur morale. Bien que réduite, elle constituait encore une précieuse réserve susceptible d'un effort extraordinaire, et sur elle reposait en définitive le salut de l'armée. Une situation du 1er novembre fait ressortir l'effectif de la vieille garde à pied à 7164 hommes, officiers et soldats. Ce chiffre doit être très voisin de la réalité, car ce corps ne subit pas de grandes pertes à Hanau et ne fournit pas un homme au contingent d'isolés arrêtés à Mayence au cours des battues exécutées dans cette ville par la prévôté dans les journées des 3, 4 et 5 novembre; du moins l'état détaillé remis à l'Empereur par le major-général n'en fait aucune mention et, s'il y eut des hommes quittant le rang sans motif valable, le nombre dut en être très faible. On peut donc admettre que l'effectif de la vieille garde à pied devait être le 29 octobre voisin de 7500 hommes.

Au 1er novembre également, l'effectif de la cavalerie de la garde, non compris les gardes d'honneur, était de 3863 officiers et soldats; celui de l'artillerie de 1071. Ce dernier chiffre ne s'applique qu'aux batteries de combat proprement dites, c'est-à-dire aux 6 compagnies à pied et aux 6 compagnies à cheval, indépendamment des ouvriers et canonniers employés au grand parc et du train d'artillerie. Quant au matériel il était au complet et se composait de 48 pièces de 12 pour les compagnies à pied et de 36 pièces de 6 pour les compagnies à cheval, soit 84 pièces.

Il est beaucoup plus difficile d'arriver à un chiffre même approximatif pour les corps d'infanterie et de cavalerie de la ligne. Les situations les plus voisines du 30 octobre ne furent arrêtées que le 15 novembre, au moment de la réorganisation de l'armée. Avant cette date, les bataillons d'infanterie subirent des pertes par le feu de l'ennemi et surtout par la débandade qui se produisit après la bataille de Hanau, lorsque chacun fut assuré de pouvoir gagner Mayence sans risquer de tomber entre les mains des coureurs ennemis. Une fois sur la rive gauche, ils furent renforcés par le retour des isolés, ramenés par la gendarmerie ou rejoignant de bonne volonté, mais ils s'affaiblirent simultanément par suite de nombreuses désertions ou entrées aux hôpitaux.

Les 11°, 5° et 2° corps d'armée, qui prirent part aux

actions de la journée du 30, avaient été fort éprouvés à la bataille de Leipzig; aussi, dès le début de la retraite, ils avaient été poussés en tête de colonne, où le danger était moindre. Lorsque l'ennemi se présenta pour barrer la route, il fallut, vaille que vaille, tirer parti de ces corps incapables de combattre en ligne, mais encore susceptibles de bons services dans l'attaque ou la défense d'un poste. En effet, les misères de la retraite avaient opéré une véritable sélection et il ne restait dans les rangs que des hommes robustes et disciplinés. Le bulletin de la bataille de Hanau, les acteurs et témoins oculaires s'accordent à donner aux 5º et 11º corps l'effectif de 5 000 hommes environ, au 2º corps celui de 2 000, soit 7 000 hommes. Ce chiffre doit être considéré comme très voisin de la réalité et correspond au rôle joué dans la journée du 30 octobre par cette fraction des troupes françaises.

Pour la cavalerie, les renseignements sont un peu plus complets. D'après un état général de la cavalerie, arrêté au 8 novembre et signé par Belliard, les 2º, 3º et 5º corps de cavalerie comptaient à cette date, en officiers et hommes montés disponibles, respectivement 1 862, 1 914 et 3 339 sabres, soit au total 7 115. Si l'on ajoute le 4º corps, qui n'avait pas fourni de situations, et si l'on tient compte des pertes faites à Hanau et de la fonte des effectifs pendant les huit premiers jours de novembre, on peut admettre que les quatre corps qui prirent part aux combats des 29, 30 et 31 octobre devaient avoir un effectif d'environ 9 000 sabres [1].

L'Empereur eut donc à sa disposition pendant les journées des 29 et 30 octobre :

La vieille garde à pied	7 500 hommes.
La cavalerie de la garde	3 863 —
L'artillerie de la garde	1 071 —
Les 11º, 5º et 2º corps d'armée. . . .	7 000 —
Les 2º, 3º, 4º et 5º corps de cavalerie.	9 000 —
Total.	28 434 hommes.

[1]. A. N. AF^IV. Registre 6.

A ce chiffre, il faut ajouter les quatre régiments de gardes d'honneur, à 4 escadrons fort réduits, environ 1 600 hommes.

Par suite l'effectif total dut être voisin de 30 000 h.

D'après le bulletin publié au *Moniteur* du 5 novembre, l'armée française mit en ligne 120 pièces de canon ; mais toutes n'entrèrent pas simultanément en action, car la place faisait défaut pour le déploiement d'une telle masse d'artillerie.

C'était le retour aux origines : Napoléon se retrouvait commandant d'un petit corps d'armée ; il pouvait suivre de l'œil et presque diriger à la voix tous les mouvements, sur un théâtre restreint à quelques centaines de mètres ; maréchaux et commandants de corps d'armée n'avaient plus sous leurs ordres que la valeur d'à peine un régiment, comptant plus d'officiers et de sous-officiers que de soldats. Cet excédent d'hommes des cadres explique la vigueur et la ténacité extraordinaires des attaques qui assurèrent le succès à l'armée française et lui permirent de triompher d'un ennemi très supérieur en nombre.

Les renseignements sur les effectifs de l'armée austro-bavaroise sont également fort imprécis ; les auteurs allemands, notamment Plotho et Heilmann, paraissent les avoir réduits à dessein pour rendre plus explicable l'issue malheureuse de l'expédition de Wrede.

Le contingent bavarois fut diminué d'un tiers par suite de l'absence de la division Rechberg ; de plus, trois bataillons avaient été laissés à Wurzburg pour occuper la ville et bloquer la citadelle. Les troupes présentes à Hanau ne comprirent donc que 17 bataillons, 28 escadrons et 8 batteries, avec 52 pièces dont 24 de 12. Au moment de la levée des cantonnements sur l'Inn, les bataillons étaient à un effectif très voisin de 800 hommes, les escadrons et les compagnies d'artillerie de 100 hommes. Les deux divisions et les trois brigades de cavalerie bavaroises auraient dû présenter en ligne 13 600 fantassins, 2 800 cavaliers et 800 artilleurs, au total 17 200 combattants.

Les divisions autrichiennes étaient au complet ; au départ de Braunau leur effectif était de 23 300 hommes.

L'armée austro-bavaroise, n'ayant pas subi de pertes par le feu jusqu'alors, aurait donc dû être forte de 40 500 hommes. Mais, on peut évaluer au $1/10^e$ le déchet causé par les maladies et les fatigues qui avaient fortement éprouvé des hommes jeunes et mal entraînés ; par suite, le nombre des présents sous les armes devait être de 36 450, ou en chiffre rond 36 000 hommes. Le déchet était d'ailleurs compensé et au delà par l'adjonction des corps de partisans russes, autrichiens et prussiens, qui se concentrèrent autour de Hanau avant la bataille. Celui de Czernitscheff se composait, le 10 août, de 13 régiments cosaques à l'effectif de 4 197 hommes ; celui de Ilowaïsky de 3 régiments cosaques à l'effectif de 900 hommes ; celui de Mensdorf, le 29 septembre, de 6 escadrons de cavalerie autrichienne ; celui d'Orlow, le 29 octobre, de 1 000 hommes, dont 500 cosaques avec 2 pièces de canon[1] ; les corps de Scheibler et de von Colomb devaient avoir la valeur d'un fort régiment de cavalerie. En résumé, les chefs de partisans purent mettre à la disposition de Wrede 8 à 9 000 hommes avec quelques pièces d'artillerie légère, ce qui fait ressortir l'effectif des troupes alliées à 44 000 hommes au moins.

IV

JOURNÉE DU 29 OCTOBRE ; COMBAT DE GELNHAUSEN

Le 29 octobre, dès l'aube, la cavalerie de Sebastiani quitta Salmünster et se porta sur Gelnhausen. Elle marcha lentement, car elle dut réparer les ponts de Salmünster et d'Aufenau, brûlés en partie, et dégager la route, obstruée en maints endroits par des abatis.

---

[1]. Lettre d'Orlow à Wrede le 29 octobre citée par Heilmann.

La perte de temps aurait été encore plus sensible, si les cosaques et les partisans autrichiens avaient défendu ces coupures ; mais le 23ᵉ chasseurs, colonel Marbot, de la division Excelmans, formant la tête de colonne, ne trouva pas d'adversaires avant le défilé de Wirtheim, où il rencontra les uhlans du détachement Mengen.

Dès l'aube également, après quelques heures d'un repos bien insuffisant, les différentes fractions de ce détachement avaient quitté Schöllkrippen, Bieber et Orb, et gagné la vallée de la Kinzig. Le major Hadik, renforcé de quelques cavaliers du corps de partisans d'Orlow qui l'avaient rejoint à Orb, ne put devancer l'avant-garde française et dut se rabattre sur Wirtheim, où il retrouva le lieutenant-colonel Alberti, venu de Bieber. Alberti essaya de défendre le passage du défilé ; mais, vigoureusement chargé par le 23ᵉ chasseurs, il fut obligé de se replier rapidement sur le gros du détachement, que Mengen, entre temps, avait établi à Gelnhausen et à Altenhasslau. La position était facile à défendre contre la cavalerie, car le bourg de Gelnhausen était à cette époque entouré de murailles anciennes. Le lieutenant-colonel Baroni, commandant le 3ᵉ bataillon de chasseurs autrichiens, avait placé une compagnie dans Gelnhausen, dont les portes, sauf celle conduisant à Hanau, furent barricadées, et réparti les autres dans les vergers qui entourent Altenhasslau ; de plus, il avait fait détruire le pont de la Kinzig [1].

Sebastiani n'avait pas d'infanterie à sa disposition, mais il avait avec lui une batterie d'artillerie à cheval, tandis que son adversaire en était dépourvu. Il se débarrassa avec quelques coups de canon des cavaliers voltigeant sur son flanc gauche, et put tourner toutes ses forces contre Gelnhausen. « Saint-Germain marcha

---

[1]. « Quand nous approchâmes de Gelnhausen, je trouvai la position occupée, heureusement faiblement par un millier d'hommes. La Kinzig la couvrait et le pont avait été déjà rompu, mais si précipitamment que les poutres flottaient à l'entour. » (*Souvenirs du maréchal Macdonald, duc de Tarente.*)

avec la grosse cavalerie sur la rive droite de la Kinzig, Excelmans sur le bord opposé. Le premier fit mettre pied à terre à des carabiniers pour les envoyer en tirailleurs ; Marbot attaqua l'infanterie et enleva les hauteurs avec les chasseurs du 23e [1], qui avaient aussi mis pied à terre. »

Le combat se prolongea pendant près de deux heures, car les Autrichiens, avantageusement postés, ne se laissèrent pas déloger facilement. La compagnie établie à Gelnhausen ne se retira qu'en voyant sa ligne de retraite menacée, à droite par les tirailleurs de Saint-Germain, qui s'étaient glissés dans les vignes et dominaient l'intérieur du bourg, et à gauche par la division Excelmans, qui avait réussi à rétablir un pont en aval de Gelnhausen et s'était portée rapidement sur la route de Hanau. Les chasseurs autrichiens furent un instant près d'être cernés et ne furent dégagés que par une charge vigoureuse des uhlans Schwarzenberg. Tout le détachement Mengen se retira alors sur Langenselbold par les deux rives de la Kinzig, en faisant bonne contenance et en repoussant les attaques réitérées de l'avant-garde française. Par suite celle-ci progressa lentement et ne put arriver que vers 3 heures de l'après-midi entre Rotenbergen et Langenselbold [2].

Mengen, en obligeant l'ennemi à mettre près de neuf heures pour franchir 24 kilomètres, avait parfaitement rempli une partie de sa mission ; mais il n'avait recueilli aucun renseignement et ne paraît pas s'être rendu compte qu'il avait pris le contact avec l'avant-garde de la Grande Armée commandée par Napoléon en personne. Du moins, on est autorisé à le croire, car il ne reçut aucun renfort pendant la matinée et la première moitié de l'après-midi, en dépit des rapports qu'il dut expédier à Hanau, où se trouvait Lamotte avec sa division d'infanterie et les 14 escadrons de la

---

1. Pelet, *Tableau de la campagne de 1813*.
2. Dans ses souvenirs le maréchal Macdonald ne fait aucune mention du combat livré par la cavalerie de Sebastiani et s'attribue tout le mérite de la journée.

brigade Vieregg. De Hanau à Gelnhausen la distance est de 20 kilomètres ; les Bavarois pouvaient donc arriver sur le théâtre de l'action entre midi et 1 heure, si leur chef avait cru Mengen engagé contre des éléments organisés, et non contre des groupes de fuyards, comme ceux auxquels lui-même avait eu affaire dans la journée précédente ; de même, les corps de partisans ne prêtèrent aucun appui au détachement autrichien. L'inaction des Bavarois peut s'expliquer par l'extrême fatigue dont ils étaient accablés à la suite de la journée du 28, et surtout par le trouble où les avaient jetés les incidents qui se produisirent aux environs immédiats de Hanau dans la matinée du 29.

Comme il a été dit plus haut, les localités de la vallée de la Kinzig, de Gelnhausen à Langenselbold, étaient littéralement bondées de Français, isolés ou en groupes, qui précédaient la Grande Armée. Dès l'aube tout ce monde se remit en marche et trouva le chemin libre, car les diverses fractions du détachement Mengen n'avaient pu encore atteindre la vallée. La tête de cette colonne arriva à la lisière ouest de la forêt de Lamboy entre 7 et 8 heures du matin et vint heurter, à la grande surprise des uns et des autres, les avant-postes de la brigade bavaroise Deroy, dont le gros avait passé la nuit dans le faubourg de Hanau et dans les habitations en bordure de la grande route sur la rive droite de la Kinzig. La brigade prit aussitôt les armes, se porta à la rencontre de l'ennemi, l'attaqua avec vigueur sans lui laisser le temps de se pelotonner et l'obligea à s'enfuir dans les bois. La cavalerie bavaroise n'eut pas à intervenir ; mais les Français tombèrent sous les lances des partisans de Kaïssarow répandus aux environs. Deroy combina ses mouvements avec le général russe et réussit à cerner et à faire près de 3 000 prisonniers. Il continua son mouvement jusqu'à la lisière est de la forêt de Lamboy et prit position sur un petit plateau dominant la vallée à l'ouest de Ruckingen.

Lamotte avait, pendant ce temps, porté en avant la

brigade Stock et l'avait établie à la place de Deroy à la lisière ouest de la forêt, laissant momentanément Hanau sans défenseurs. Quelques groupes de Français réussirent à se rallier dans les bois au sud de la route et firent vers 10 heures du matin une tentative pour gagner cette route au delà de Hanau, en passant par la ville même. Au nombre de 4 ou 500 ils se glissèrent le long de la Kinzig, la franchirent à la passerelle des moulins et pénétrèrent dans la ville. Mais ils ne purent la traverser et gagner le pont donnant accès à la route de Francfort; en effet, ils rencontrèrent quelques compagnies d'infanterie envoyées en hâte par le général Stock et après un combat très court ils furent obligés de rentrer dans la forêt de Lamboy.

En résumé, vers midi, la situation des alliés était la suivante : le détachement Mengen, engagé dans un violent combat contre l'avant-garde française, tenait encore à Gelnhausen; la division Lamotte faisait face à la direction de Fulda; une de ses brigades était à la lisière est de la forêt de Lamboy, l'autre à la lisière ouest; la brigade Vieregg faisait au contraire face à la direction de Francfort; elle s'était portée par Hochstædt sur Bischoffsheim et ses tirailleurs escarmouchaient avec les avant-postes du général Préval établis sur la ligne Bergen, Vilbel. En outre, dans les environs immédiats de Hanau se trouvaient les corps de partisans de Czernitscheff, Ilowaïsky, Kaïssarow, Orlow-Denissow, Mensdorf et Scheibler; tous paraissent être restés à peu près complètement inactifs, bien qu'ils n'aient pas pu ne pas avoir connaissance des combats livrés simultanément à Gelnhausen et dans la forêt de Lamboy.

Wrede quitta Aschaffenburg dans la matinée avec la division bavaroise Beckers et les trois divisions autrichiennes; il arriva vers une heure de l'après-midi à Hanau, où se trouvaient déjà rassemblés plusieurs milliers de prisonniers français. L'aspect de ces hommes affamés, malades, déguenillés, dut lui donner une idée tout à fait fausse de l'état de la Grande Armée et des ressources dont l'Empereur disposait encore. Les officiers bavarois qui avaient fait la retraite de Russie comparaient non sans stupeur cette foule misérable à celle qui moins d'un an auparavant s'était traînée de Moscou à Kowno ; pour compléter la ressemblance, un froid rigoureux sévissait depuis le 27 octobre et une neige précoce donnait un aspect désolé aux vastes massifs de bois des environs de Hanau.

Les renseignements donnés par Lamotte et ceux envoyés par Mengen ne produisirent pas grande impression sur l'esprit de Wrede. Il ne se rendit certainement pas compte que l'attaque de Gelnhausen avait été exécutée par l'avant-garde même de la Grande Armée et que l'Empereur avec sa garde étaient à peu de distance en arrière; en effet, au lieu de pousser en avant toutes les troupes sous sa main, il se borna à envoyer au secours de Mengen le reste de la division légère autrichienne, c'est-à-dire deux bataillons du régiment de Szekler-infanterie, le régiment de hussards archiduc Joseph et une batterie à cheval, en prescrivant à Volkmann d'attaquer l'ennemi, s'il le jugeait possible, mais surtout de dégager et de ramener le détachement Mengen. Comme ses troupes venaient de franchir l'étape d'Aschaffenburg à Hanau, Volkmann prit les devants avec les hussards et la batterie. A 3 heures de l'après-midi il arriva à Langenselbold, où il trouva Mengen avec son détachement, encore en bon ordre, mais à bout de forces. Il arrêta le mouvement de retraite, fit occuper le village par les chasseurs et se porta, avec les deux régiments de cavalerie et la batterie, à l'attaque de l'avant-garde française au débouché de Rotenbergen. « Les Autrichiens essayèrent de repousser dans le défilé la tête de la colonne française, mais ils furent chargés et ramenés vivement par les 23e et 24e chasseurs jusqu'à Langenselbold où le combat recommença. L'artillerie légère canonna pendant quelques instants notre cavalerie[1]. »

---

1. C'est évidemment à cette période du combat que se rapporte le récit de Marbot : « Nous continuâmes notre poursuite pendant une

La lutte se prolongea jusqu'à six heures du soir. A la nuit, Volkmann, voyant déboucher l'infanterie ennemie, exécuta sa retraite sous la protection des deux bataillons de Szekler, en position au moulin de Ried, à un kilomètre à l'ouest de Langenselbold. La division légère se replia sur la brigade Deroy, restée à la lisière de la forêt de Lamboy, puis s'en alla bivouaquer à la ferme de Lehrhof près de Hanau.

Wrede était resté à Hanau; il y avait été rejoint par les chefs des corps de partisans Mensdorf, Czernitscheff et Scheibler; les uns avaient précédé, les autres côtoyé la foule des isolés en retraite sur Mayence; ils avaient ramassé des prisonniers et du butin, mais ils ne fournirent aucun renseignement précis sur la direction suivie par l'Empereur et par le gros des forces françaises. Cette absence de nouvelles fortifia chez Wrede la conviction que l'ennemi s'était détourné de la route de Francfort pour prendre celle de Wetzlar. Il résolut de lancer le lendemain sa cavalerie dans cette direction et il en informa Schwarzenberg.

Le 29 au soir l'armée austro-bavaroise occupait les positions suivantes :

Division bavaroise Lamotte, sur la rive droite de la Kinzig, ayant la brigade Deroy aux avant-postes, entre Ruckingen et la lisière est de la forêt de Lamboy, et la brigade Stock en réserve à la lisière ouest;

Division bavaroise Beckers et division autrichienne Bach, sur la rive droite de la Kinzig, devant Hanau;

Quartier général et une brigade de la division Trautenberg, à Hanau;

Deuxième brigade de la division autrichienne Trautenberg et division de cavalerie autrichienne Splény sur la rive gauche de la Kinzig, au bivouac devant la porte de Nuremberg;

heure; le régiment ennemi que nous avions devant nous était celui de Ott. Jamais je ne vis de hussards aussi beaux. Ils arrivaient de Vienne où on les avait complètement habillés de neuf..... ce régiment coquet perdit, tant en tués que blessés, plus de 200 hommes sans qu'aucun des nôtres reçût le plus petit coup de sabre, les ennemis ayant toujours fui sans avoir une seule occasion de se retourner. »

Division autrichienne Volkmann à la ferme du Lehrhof, au sud du pont de Lamboy. Quant à la division bavaroise Rechberg, elle occupait Offenbach sur la rive gauche du Main et se trouvait totalement séparée de l'armée. Rechberg avait reçu l'ordre de se porter sur Francfort par Seligenstadt et Offenbach, d'occuper la ville et de pousser ses avant-postes dans la vallée de la Nidda, de manière à s'opposer à la marche des troupes françaises venant de Mayence.

Enfin, la brigade wurtembergeoise Walsleben devait arriver ce même jour à Aschaffenburg ; elle avait pour mission de mettre la ville en état de défense et de la conserver à tout prix, si par hasard un corps isolé de la Grande Armée française tentait de passer le Main en amont de Hanau.

A en juger par cette répartition des troupes, Wrede devait avoir l'intention de marcher le lendemain sur Wetzlar avec quatre divisions, en faisant couvrir son flanc droit par la division Lamotte et la brigade Walsleben, et son flanc gauche par la division Rechberg. Il se croyait encore en pleine sécurité et libre de ses mouvements, au moment même où l'Empereur se préparait à fondre sur lui avec l'élite de ses troupes.

Sebastiani et Macdonald occupèrent Langenselbold à la nuit close.

« Il y avait là un château où l'Empereur vint s'établir lorsqu'il avait déjà fixé son quartier dans un autre village un peu en arrière[1]. Il fallut donc renverser la cuisine, charger les équipages et atteler. Il n'y avait dans ce dernier village qu'une mauvaise maison, tandis qu'où j'étais et où il vint, c'était un château inhabité, mais meublé. Par mes informations je sus que l'armée bavaroise était à Hanau ; on ne connaissait pas sa force ; elle avait commencé d'y arriver dès la veille et continuait ce même jour. Elle n'avait donc eu que le temps d'envoyer un détachement à Gelnhausen et des partis de cavalerie sur divers points. Une personne qui était

---

1. *Souvenirs du maréchal Macdonald.*

revenue de Hanau le soir même et avait vu de ses propres yeux, me donna les renseignements ci-dessus. L'Empereur me fit appeler et me demanda s'il était en sûreté, sa garde n'étant pas arrivée encore. » « Je n'en « réponds pas, lui dis-je; nous sommes arrivés de nuit, « peu avant vous, et j'ignore même si toutes mes « troupes ont suivi. » — « Nous sommes donc aux avant-« postes. » — « Oui. » — « Il me retint à dîner et envoya chercher la personne arrivée le soir même de Hanau dont je lui avais rapporté les dires; il aimait à interroger lui-même; elle ne lui en apprit pas davantage. Il prétendit que les Bavarois ne tiendraient pas devant lui; il eut lieu d'être détrompé le lendemain. »

Peu après l'Empereur, la vieille garde infanterie, la cavalerie de la garde et le 3° corps de cavalerie arrivèrent à Langenselbold. Le duc de Bellune, avec le 2° corps, le duc de Castiglione, avec la division Semelé et les parcs, s'arrêtèrent à Gelnhausen, à 11 kilomètres en arrière. Toutes ces troupes étaient donc disponibles pour la bataille prochaine.

Le reste de l'armée était fort loin en arrière. La tête du 6° corps n'arriva à Salmünster qu'à 6 heures du soir; le duc de Raguse rendit compte que toutes ses troupes n'y seraient réunies que dans la nuit et qu'il continuerait le lendemain de bonne heure sur Hanau. Il annonça la défection du régiment de dragons badois, qui jusqu'alors avait fidèlement combattu avec le 10° hussards sous les ordres du général Beurmann[1]. Les deux divisions de jeune garde du duc de Reggio avaient atteint Steinau par une marche forcée. Le 4° corps avait continué à flanquer la gauche de l'armée à hauteur du duc de Trévise, contenant sans peine un millier de cosaques. A midi, Bertrand était à Engelhelms, au sud de Fulda; il comptait être le soir à Kahlbach, près de Neuhof; il y arriva en effet à 5 heures 1/2 du soir; mais, apprenant la présence des Bavarois à Bruckenau, il se décida, malgré la fatigue de ses troupes, à marcher toute la

---

[1]. Raguse à Berthier, de Salmünster, 6 heures soir.

nuit pour être au jour à Schlüchtern et de bonne heure à Salmünster le lendemain[1]. Dans ces conditions l'Empereur ne pouvait compter être rejoint par le 6e corps avant la fin de la journée du 30, et par le 4e corps avant la matinée du 31. Quant au duc de Trévise, il avait continué lentement sa retraite. Il avait quitté Butlar dans la matinée et gagné Fulda; il avait pris position en avant de la ville pendant cinq heures, afin de faire distribuer à ses troupes et aux isolés ce qui restait de riz dans les magasins de la ville et 6 000 rations de viande, préparées pour les Russes et cachées jusqu'alors par les habitants; après avoir assuré la complète évacuation de Fulda, il s'était retiré sur Flieden, où, à la nuit, il prit position pour défendre l'accès de la vallée de la Kinzig. Sa marche fut lente, car il ne voulut laisser personne en arrière et fit détruire les voitures abandonnées. Les traînards étaient fort nombreux : « Il y a parmi les isolés, écrivait-il de Flieden à 8 heures du soir au major général, des hommes blessés et des malades, et ceux-là sont vraiment à plaindre; il en est mort plusieurs sur la grande route. Mais il en est beaucoup bien portants et bien armés, dont on pourra tirer parti lorsqu'il sera possible de les arrêter. J'avais eu l'idée d'en mettre 4 à 5 000 en subsistance dans les 2e et 4e divisions de jeune garde; mais la dissolution subite des régiments que j'avais formés hier m'a fait craindre que cela ne produisit mauvais effet. Je fais brûler tous les caissons que je trouve abandonnés; il y en a beaucoup, moins cependant que je n'aurais cru, et la route étant belle maintenant, j'ai lieu de croire que le mal ira en diminuant. »

Il jugeait d'ailleurs la situation rassurante; il n'avait vu ni infanterie, ni artillerie, mais seulement de nombreux partis de cosaques. Ces appréciations étaient exactes, car le gros des armées ennemies ne pouvait

---

[1]. Bertrand à Berthier :
1o De Engelhelms, midi.
2o De Neuhof, 5 heures 30 soir.

plus rejoindre l'arrière-garde de la Grande Armée, à moins d'un incident imprévu et improbable[1].

V

JOURNÉE DU 30 OCTOBRE ; BATAILLE DE HANAU

On ne dormit guère au quartier général de Langenselbold pendant la nuit du 29 au 30 octobre. L'Empereur et le major général en passèrent la plus grande partie à étudier la situation et les dispositions à prendre en vue de la rencontre de l'ennemi. Ni les rapports de Sebastiani, ni les combats de la journée du 28, ni les interrogatoires des quelques prisonniers faits à Gelnhausen et à Langenselbold, n'avaient donné des renseignements précis et concordants ; quant aux habitants, par crainte ou par malveillance, ils se renfermaient dans le silence. Les patrouilles envoyées à la tombée de la nuit sur Hanau par les chemins des bois s'égarèrent ou furent enlevées par les cosaques ; aucune ne parvint à remplir complètement sa mission. Sur l'ordre de l'Empereur Lefebvre-Desnouettes exécuta en personne vers minuit une reconnaissance sur la grande route même ; il trouva à 1 kilomètre à l'ouest de Langenselbold une barricade de voitures et des feux abandonnés et poussa

---

1. A la date du 29 octobre les armées alliées venant de Saxe étaient à une distance d'au moins 70 kilomètres de l'arrière-garde française. L'armée de Silésie était établie sur la ligne Friedwalde, Vach, Lengsfeld, le quartier général à Philippsthal près de Vach. Des trois colonnes de l'armée de Bohème, celle de droite (cavalerie de Pahlen et corps Wittgenstein) était échelonnée de Berka à Gotha ; celle du centre (corps autrichiens) cantonnait de Barschfeld à Schmalkalden ; celle de gauche (gardes russe et prussienne et réserve russe) autour de Meiningen. Le quartier général de Schwarzenberg et celui de l'empereur d'Autriche étaient à Schmalkalden ; celui de l'empereur de Russie à Meiningen. Pour que Blücher, le plus avancé sur la route de Francfort, parvînt à rejoindre l'ennemi, il eût fallu que Wrede tînt dans ses positions autour de Hanau et barrât non seulement la grande route, mais aussi tous les chemins conduisant au Rhin pendant trois ou quatre jours, c'est-à-dire jusqu'au 1er ou au 2 novembre.

jusqu'à Ruckingen, d'où il vit briller des feux de bivouac à la lisière de la forêt de Lamboy ; toutes les routes étaient donc interceptées. On le savait d'ailleurs déjà, car depuis plusieurs jours le quartier général était sans communications avec Mayence et les isolés avaient reflué nombreux sur Langenselbold ; on s'attendait à être obligé de forcer le passage aux environs de Hanau, mais on ignorait où se produirait le choc et quelles étaient les forces de l'ennemi.

En toute hypothèse, il était nécessaire de débarrasser les corps d'armée en état et ayant la bonne volonté de se battre, des isolés et des équipages entassés autour de Langenselbold. Dans ce but, le général de Flahault fut chargé de recueillir des renseignements sur l'état des chemins permettant de tourner Hanau par le nord et de rejoindre la route de Francfort. Les gens du pays lui indiquèrent un chemin à terre grasse, mais à peu près praticable, passant par Langendiebach, Bruchkobel et Hochstædt. Sur le rapport de Flahault, l'Empereur prescrivit d'organiser les bagages, les parcs, les isolés, les chevaux de main, en une colonne séparée, sous les ordres du général Radet, et de leur faire suivre cet itinéraire, de manière à laisser la grande route à la colonne de combat. Le duc de Padoue, avec le 3ᵉ corps de cavalerie, et Lefebvre-Desnouettes, avec la cavalerie légère de la garde, devaient protéger la marche de la colonne Radet.

L'heure du départ des équipages ne fut pas fixée, car leur mouvement était subordonné à celui des corps combattants. Or, l'Empereur ne pouvait encore donner d'ordres à ceux-ci ; il attendait le résultat de la reconnaissance qu'il se proposait de faire en personne au lever du jour. Les troupes étant peu nombreuses et passant la nuit au bivouac autour de Langenselbold, il comptait donner ses instructions aux chefs de corps, directement ou par des officiers d'ordonnance, aussitôt après avoir terminé l'examen du terrain et arrêté ses projets.

Du côté de l'ennemi on n'était pas beaucoup mieux

renseigné. Un seul chef de partisans, le général Orlow, paraît s'être rendu compte de la situation : arrivé à Somborn, à 17 kilomètres à l'est de Hanau, dans la journée du 29, il expédia le soir à Wrede un rapport pour lui faire connaître le résultat de ses observations et pour se mettre à sa disposition. « La cavalerie française marche en tête, écrivait-il, et consiste en chasseurs à cheval, dragons et cuirassiers ; le tout peut monter à 6 000 chevaux. Cette cavalerie est entremêlée de bataillons d'infanterie qui traînent avec eux 10 pièces de canon et 15 chariots de munitions. Toute la colonne peut être estimée au plus à 18 ou 20 000 hommes. Elle marche sur la grande chaussée, occupe successivement par des piquets tous les passages de la Kinzig et s'avance ainsi sur Hanau. Elle est partie aujourd'hui de Salmünster.

. . . .

« Le nombre des troupes et d'artillerie que j'indique est ce que j'ai vu de mes propres yeux ; il est cependant possible que je n'ai point vu le tout. Il est très sûr que Napoléon se trouve en personne vis-à-vis de moi sur la grande chaussée [1]. »

Le rapport d'Orlow parvint au quartier général bavarois dans la nuit du 29 au 30. Mais Wrede n'en tint pas compte et persista à croire qu'il avait devant lui des fuyards, ou, tout au plus, un corps détaché de la Grande Armée, encombré d'équipages et par suite facile à arrêter et à cerner. Il arrêta ses dispositions pour attirer l'ennemi dans la clairière au nord de Hanau, au débouché en plaine de la route de Francfort, et pour le faire envelopper par sa cavalerie dans les prairies du Fallbach au nord de la route, seul terrain favorable à cette arme.

Le centre de gravité de l'armée alliée fut constitué par une grande batterie de 28 pièces, 12 autrichiennes et 16 bavaroises, placée à l'est du coude formé par la Kinzig vers le nord, de manière à battre à courte por-

---

[1]. Rapport cité par Heilmann.

tée la lisière de la forêt de Lamboy. A gauche de la batterie et légèrement en arrière, la cavalerie se déploya dans la plaine, en première ligne les trois brigades bavaroises, en seconde ligne la brigade autrichienne Flachenfeld, dragons Knesewitch et cuirassiers Liechtenstein, formant une masse de trente six escadrons.

A droite de la batterie, la division bavaroise Lamotte occupa le terrain entre la route et la ferme de Neuhof, faisant face à la lisière de la forêt ; son front fut prolongé entre la ferme et la Kinzig par la brigade autrichienne Geramb, ayant en première ligne le régiment de Szekler-infanterie et en deuxième ligne les hussards archiduc Joseph. Cette brigade couvrait ainsi le pont de Lamboy. Le dispositif sur la rive droite de la Kinzig fut complété par le régiment d'infanterie archiduc Rodolphe, de la brigade Bach, en soutien de l'artillerie ; deux compagnies de ce régiment furent détachées à l'aile gauche de la masse de cavalerie pour assurer sa sécurité dans les bois marécageux d'où sort le Fallbach.

La direction de Francfort fut surveillée par un détachement bavarois formé du 16e bataillon de landwehr avec un demi-escadron et 2 pièces de canon.

Enfin, les corps francs de Mensdorff et de Czernitscheff s'établirent à l'extrême gauche sur la route de Friedberg, faisant face au nord.

Pour des motifs inconnus, Wrede laissa sur la rive gauche de la Kinzig une grande partie de ses troupes et il les groupa sans souci de l'ordre de bataille, dans des conditions de nature à rendre difficile l'exercice du commandement aux divers échelons ; il plaça à l'aile droite en première ligne à hauteur du pont de Lamboy la division bavaroise Beckers et en seconde ligne le régiment Jordis, de la division autrichienne Bach ; celle-ci se trouvait divisée, puisqu'un de ses régiments se trouvait employé à l'aile gauche et sur l'autre rive de la Kinzig. Il rassembla en réserve générale, sur le chemin de Hanau à Nieder-Rodenbach, les brigades autrichiennes Mengen et Klenau et les hussards de Szekler, appartenant à trois divisions différentes. Il constitua la garnison particulière de Hanau, au moyen de la brigade Diemar, de la même division autrichienne Trautenberg que la brigade Klenau. Enfin, il laissa à la sortie de la ville, devant la porte de Nuremberg deux escadrons de hussards de Szekler, un escadron du 7ᵉ chevau-légers et le corps franc de Scheibler.

En résumé, Wrede disposa sur la rive droite pour faire face à l'attaque principale 15 bataillons, 42 escadrons, 28 pièces et 4 à 5000 cosaques ou partisans; il maintint en réserve sur la rive gauche 20 bataillons, 13 escadrons et le reste de l'artillerie. Il commit une faute particulièrement lourde en se privant volontairement du concours de ces 13 escadrons, immobilisés sur un terrain nullement propice à l'action de l'arme, et très suffisamment gardé par les corps de Scheibler, aux abords immédiats de la ville, de von Colomb, à Nieder-Rodenbach, et d'Orlow, dans les bois de la rive gauche à hauteur de Langenselbold. Enfin, il négligea de faire établir des ponts de circonstance entre les ponts permanents de Lamboy et de Hanau. Par suite, les renforts tirés de la réserve ne pouvaient rejoindre la ligne de combat qu'à l'extrême droite, en se portant dans la direction de la ferme de Neuhof par le premier pont, ou à l'extrême gauche en traversant la ville et en gagnant le faubourg de la rive droite par le second, l'un et l'autre constituant des défilés fort étroits. En cas d'échec la retraite des troupes en position sur la rive droite de la Kinzig risquait d'être très compromise: la cavalerie et l'artillerie seraient obligées de traverser le pont et la ville de Hanau, où des encombrements étaient inévitables; à l'extrême droite la brigade Géramb devrait s'écouler par le pont de Lamboy; mais au centre la division Lamotte pouvait être acculée à la Kinzig, sans autre moyen de franchissement que la passerelle de l'écluse des moulins.

A la pointe du jour, l'Empereur fit en personne la reconnaissance du terrain entre Langenselbold et la lisière est de la forêt de Lamboy. Entre 7 heures et

7 h. 30 il porta en avant les 5ᵉ et 11ᵉ corps, forts de 5 000 hommes environ, sous les ordres du général Charpentier et du duc de Tarente, et le 2ᵉ corps de cavalerie, sous les ordres de Sebastiani. Le duc de Tarente ne tarda pas à rencontrer les avant-postes bavarois, derrière lesquels se trouvaient les cinq bataillons de la brigade Deroy, le 2ᵉ régiment de chevau-légers et une batterie. Le combat, mollement mené, se prolongea pendant près de deux heures : vers 10 heures les Bavarois se mirent en retraite pour aller prendre leur place dans la ligne de bataille en formation dans la grande clairière au nord de Hanau. Cette retraite s'exécuta dans un ordre parfait : la véritable bataille allait s'engager au delà des bois. Les tirailleurs du duc de Tarente parvinrent en effet sans trop de peine à la lisière ouest, mais, lorsqu'ils voulurent en déboucher, ils furent arrêtés net par le feu de l'artillerie ennemie et bientôt après refoulés dans l'intérieur du bois par les vigoureuses contre-attaques de la brigade Stock, qui aborda la forêt dès que la lisière eut été dégagée par la brigade Deroy. Celle-ci, après s'être reformée dans la plaine, appuya le mouvement de la brigade Stock. Le combat se poursuivit, avec des chances diverses, mais dans des conditions telles que l'intervention de renforts devait seule permettre aux Français de faire un pas en avant.

Pendant cette première partie de l'engagement l'Empereur resta sur le terrain découvert entre Langenselbold et la lisière est de la forêt, conservant sous la main la cavalerie de Sebastiani : la vieille garde infanterie, formant la réserve sur laquelle il comptait pour l'attaque décisive, acheva de se masser en avant de Langenselbold : Radet rassembla les équipages et les isolés au delà du village, dans l'angle des jardins, sur le chemin de Langendiebach, avec une escorte de deux bataillons d'infanterie.

L'Empereur fut bientôt informé des obstacles rencontrés par les 5ᵉ et 11ᵉ corps, et se décida à engager sans plus attendre le 2ᵉ corps de cavalerie, seule troupe alors disponible.

« L'Empereur vit qu'il fallait à tout prix gagner du temps : il jette les yeux sur notre division (Saint-Germain) et ordonne que deux escadrons de cuirassiers chargent en fourrageurs dans la forêt... Ce n'était pas facile pour une faible troupe de cuirassiers, galopant dans un bois marécageux, forcés de se désunir et de se disperser, d'atteindre un ennemi qui, caché derrière les arbres, nous envoyait des balles que nous ne pouvions éviter. Notre audace ne fut pas d'abord couronnée d'un succès complet. La vivacité du feu étonnait nos gens ; nous fûmes ramenés jusque vers la lisière du bois. Là nous nous ralliâmes et nous fîmes une seconde charge ; elle fut plus brillante, et ceux qui y ont pris part se la rappelleront toujours : les Bavarois fuyaient éperdus et se jetaient à nos pieds...

« Pendant deux heures nous restâmes dans cette malheureuse forêt, chargeant toujours. Un moment, le général Excelmans vint à nous avec deux escadrons de chasseurs, nous ranimant par sa brillante valeur[1]. »

Vers midi, les efforts combinés des tirailleurs du duc de Tarente et des cavaliers de Sebastiani furent enfin couronnés de succès et les Français restèrent maîtres de l'intérieur de la forêt, mais le combat continua sur la lisière, tour à tour prise et reprise par l'un ou l'autre des deux adversaires.

A ce moment de l'action, la supériorité numérique des Austro-Bavarois était écrasante. Wrede aurait pu refouler sans peine la mince ligne des tirailleurs français, en faisant soutenir la division Lamotte par la brigade Diemar, tirée de Hanau, ou même par une brigade de la réserve générale : la distance entre Hanau et la forêt étant de 1 500 mètres à peine, ces renforts auraient pu intervenir dans la lutte vers 11 heures du matin. Mais l'attention de Wrede fut absorbée par un incident dont aucun historien français n'a fait mention et pour lequel il convient de s'en référer au récit de

---

1. *Journal de Rilliet* (sous-lieutenant au 1er cuirassiers). Soldats suisses au service étranger. Genève, A. Jullien, 1908.

son biographe le plus autorisé, le général-major Heilmann.

« La brigade Geramb (de la division légère autrichienne Volkmann, régiment de Szekler infanterie et hussards archiduc Joseph) était à peine arrivée sur la rive droite de la Kinzig, à 7 h. 3/4 du matin, qu'elle rencontra inopinément l'ennemi. Le combat qui s'engagea alors fut d'autant plus extraordinaire qu'il se produisit en arrière de l'avant-garde, laquelle était encore en position à la lisière est de la forêt de Lamboy et à Ruckingen. Ce ne pouvait être qu'une colonne ennemie qui avait passé la nuit dans la forêt de Lamboy et qui en voulant continuer sa marche rencontra le régiment Szekler, qui précisément gagnait la forêt. Quelle qu'en soit la cause, il s'engagea sur ce point un violent combat, qui coûta au régiment Szekler 9 officiers et 400 hommes. Le régiment tint bon néanmoins jusqu'à l'arrivée de troupes fraîches, qui ne se produisit que vers midi. Wrede fut pendant assez longtemps témoin de la courageuse attitude des Szekler, en particulier du 1er bataillon sous les ordres du major Földwary ; tout transporté d'admiration pour leur bravoure, il embrassa le major, en disant aux soldats : « Szekler, je voudrais tous vous embrasser en la personne de votre major ! » Cette scène se produisit au moment où le régiment se trouvait l'arme au pied à la lisière de la forêt de Lamboy. »

Vraisemblablement les ennemis rencontrés par les Szekler devaient être des isolés ayant passé la nuit dans les bois et cherchant à gagner la route.

Aucune des actions engagées dans la matinée n'avait suffi pour éclairer Wrede sur la gravité des événements, car il était dominé par l'idée fixe que la colonne principale de la Grande Armée, l'Empereur en tête, lui avait dérobé sa marche vers le nord et il avait naturellement tendance à interpréter dans un sens conforme à cette idée tous les renseignements envoyés du champ de bataille. On peut ainsi expliquer l'autorisation donnée à Czernitscheff de marcher sur Friedberg, au premier avis de l'occupation de cette ville par une nombreuse troupe de cavalerie française. Le départ nullement justifié du corps de Czernitscheff découvrit la gauche de la cavalerie austro-bavaroise, qui ne fut plus éclairée que par les partisans de Mensdorf. Cette dérobade du général russe devait être sévèrement jugée par Schwarzenberg [1].

A 11 heures du matin, Wrede était encore dans une parfaite sécurité ; cela ressort du récit de son officier d'ordonnance le prince Taxis : « Vers 11 heures, le général m'envoya à la division Rechberg, qui se trouvait à Offenbach, pour lui porter l'ordre d'occuper Francfort et gagner de là les rives de la Nidda, pour empêcher qu'aucune troupe ennemie venant de Mayence pût s'avancer contre Francfort. Je reçus l'ordre d'accompagner la division assez avant pour pouvoir rendre compte de l'état des choses et, en outre, d'annoncer *que le général de Wrede avait acquis la certitude que Napoléon se rapprochait du Rhin par les chemins de traverse conduisant à Giessen et qu'en conséquence il comptait le lendemain porter son quartier général à Francfort.* »

Peu après le départ de Taxis, vers midi, Wrede, dans l'intention d'en finir, envoya au général Beckers, toujours en position d'attente sur la rive gauche, l'ordre de porter la brigade Pappenheim sur la ligne de combat, de manière à relever la brigade Geramb et à appuyer la droite de la division Lamotte. Pappenheim franchit la Kinzig au pont de Lamboy, dégagea le régiment de Szekler qui repassa sur la rive gauche, réus-

---

1. Schwarzenberg à Metternich, de Hünfeld.

1ᵉʳ novembre 1813.

La nombreuse cavalerie légère confiée aux partisans n'a aucunement répondu à mon attente. Elle aurait dû se jeter avec vigueur sur les flancs de l'ennemi pendant le combat ; mais elle n'en a rien fait, d'après ce que Wrede m'a mandé.....; Le tour de Czernitscheff est plus digne d'un écolier nouvellement décoré de la dragonne que d'un général ; c'est une plaisanterie de très mauvais goût. J'aurais désiré qu'il eût été plus brillant le jour de la bataille de Wrede que contre les fermiers de Regnault (?) (*Œsterreichs Theilnahme an den Befreiungs Krieg*. Vienne Gerold sohn, 1887, p. 772.)

sit à repousser les charges des cuirassiers de Saint-Germain et empêcha les tirailleurs français de déboucher de la forêt entre la rivière et la ferme de Neuhof. Grâce à l'intervention de ce renfort, la division Lamotte se reporta en avant, réoccupa la lisière jusqu'à la grande route et commença même à refouler l'infanterie ennemie à l'intérieur des bois.

Jusqu'alors le plan conçu par Wrede semblait en bonne voie d'exécution; ses prévisions sur le mouvement général de l'adversaire étaient confirmées par un rapport d'Orlow, adressé de Meerholz à 20 kilomètres à l'est de Hanau sur la rive gauche de la Kinzig, contenant des renseignements de nature à prolonger les illusions du général en chef de l'armée austro-bavaroise.

« Je vous envoie en original le rapport de mes avant-postes par lequel vous constaterez que l'empereur Napoléon a couché cette nuit au village de Rotenbergen, et que des troupes françaises ont commencé à filer ce matin depuis 3 heures par Gelnhausen ; leur marche n'a pas encore discontinué. Des nouvelles assez probables annoncent que les Français ont renoncé depuis hier soir à se porter sur Hanau. On assure que l'armée française a pris de Langenselbold à droite sur Friedberg [1], ce qui est d'autant plus vraisemblable qu'une colonne ennemie doit se diriger à droite de la Grande Armée sur le même point. L'ennemi file dans ce moment même devant mes yeux, avec peu d'ordre, en plupart cavalerie. »

Dans le même temps l'Empereur était à la Ihmshutte à l'entrée de la forêt du côté de Langenselbold. Il devait être fort anxieux, car ses officiers d'ordonnance lui apportaient des renseignements peu favorables sur la marche du combat. Le 2ᵉ corps, réduit à 2 000 hommes groupés sous les ordres du général Dubreton, était

---

[1]. Ce passage tend à faire croire qu'Orlow avait eu connaissance par un espion ou par les habitants de l'enquête faite par le général de Flahault et de l'ordre donné au sujet de la marche de la colonne des équipages placée sous les ordres du général Radet.

arrivé de Gelnhausen et avait été aussitôt envoyé renforcer les 5ᵉ et 11ᵉ. Mais les ducs de Tarente et de Bellune, au lieu d'avancer, avaient peine à maintenir leur position. Excelmans avait même dû faire mettre pied à terre à quelques escadrons pour soutenir les tirailleurs. La vieille garde était encore disponible, mais l'Empereur hésitait d'autant plus à engager cette précieuse réserve que l'artillerie, en colonne sur la route, n'avait pu se déployer et préparer l'attaque décisive.

Le duc de Tarente vint enfin le trouver :

« Ayant joint l'Empereur, raconte-t-il dans ses souvenirs, je lui parlai très énergiquement de l'état des choses. — Que voulez-vous que j'y fasse dit-il avec indifférence ; je donne des ordres et l'on ne m'écoute plus ; j'ai voulu faire réunir tous les équipages sur un point avec une escorte de cavalerie ; personne n'est venu. — Je le crois bien, répondis-je, beaucoup ont de l'expérience ou de l'instinct ; ils présument avec raison que la communication par laquelle vous vouliez les diriger n'est pas plus libre que la nôtre ; mais, dis-je, remarquez que notre situation n'est pas ordinaire ; il faut forcer le passage et envoyer sans perdre un instant tout ce que vous avez là de disponible. Votre garde, pourquoi n'est-elle pas en marche ? Dans peu, nous sommes tous f....., si elle n'arrive pas promptement. — Je n'y puis rien, me répondit-il froidement. Autrefois d'un signe, d'un geste, d'une parole brève tout s'ébranlait ; autrement il eût fait feu des quatre pieds. Cependant il appela le major général, qui prétendit aussi avoir donné des ordres. Il les renouvela, on battit la générale et je m'en retournai avec la promesse qu'une partie de la garde allait arriver et serait mise à ma disposition[1]. »

En constatant l'inutilité des efforts des corps déjà en ligne et l'impossibilité de forcer le passage par leur seul moyen, l'Empereur prescrivit à Drouot d'aller se

---

[1]. En dépit du ton extraordinaire des discours que le maréchal prétend avoir adressés à l'Empereur, cet extrait des souvenirs a un intérêt, car il fixe le moment de l'intervention de la garde.

rendre compte de la marche du combat, de la configuration du terrain et d'examiner ce qu'il pouvait y avoir à faire.

« Le général (Drouot) se porte sur les lieux et, au milieu du feu incessant de l'ennemi, il aperçoit un chemin de traverse (à droite de la route) qui aboutissait sur la grande route et pouvait faire arriver l'artillerie.

« Il arrêta son plan et retournant vers l'Empereur il dit : « Sire, l'ennemi nous mitraille avec une forte batterie ; donnez-moi cinquante pièces de canon et j'espère que nous passerons. — Allons voir, dit l'Empereur. — Peu nombreux, reprend le général ; s'ils nous aperçoivent en nombre, ils redoubleront leurs feux. Arrivés sur les lieux, les boulets et la mitraille brisaient autour d'eux les arbres de la forêt et menaçaient gravement le groupe de reconnaissance. — Sire, dit le général, ce n'est point ici votre place ; retirez-vous, je vous en supplie. — Il faut bien, reprit Napoléon, que je voie par moi-même la position de l'ennemi. — Ayez confiance en moi, je vous ai promis de forcer le passage avec cinquante bouches à feu. — Comment les placerez-vous ? — Je ferai entrer dans le chemin d'exploitation une douzaine de pièces sans caissons ; chaque pièce gagnera par un à gauche la lisière du bois ; trois bouches à feu s'avanceront en même temps par la route. Le feu de ces quinze pièces attirera l'attention de l'ennemi. Les autres, avançant par le chemin, se formeront successivement à la droite des premières par la manœuvre sur la gauche en batterie. Bientôt nos bouches à feu imposeront silence à celles de l'ennemi qu'elles prendront d'écharpe, et il ne pourra plus rester dans la plaine exposé à nos coups, tandis que nous serons en grande partie garantis des siens [1]. »

---

[1]. *Biographie du général Drouot*, par JULES NOLLET (de Nancy), 1848. Les historiens allemands ont prétendu que l'Empereur ne quitta pas la Ihmshutte de toute la journée et se borna à diriger le combat d'après les rapports des officiers d'ordonnance et des généraux commandant les corps d'armée. D'après Macdonald, au moment où il s'avançait à la tête de la garde, l'explosion d'un obus le détermina à s'arrêter et à mettre pied à terre dans le bois où il resta

Pour rendre l'accès de la lisière possible à l'artillerie, il était nécessaire de dégager la forêt des tirailleurs bavarois. A cet effet, l'Empereur appela à lui deux bataillons de la vieille garde sous les ordres du général Curial. Il prescrivit en même temps à Nansouty de former la cavalerie de la garde en colonne par pelotons aussi serrés que possible sur la route même, aussitôt après le passage de l'artillerie, de manière à pouvoir déboucher au premier moment favorable. Les ducs de Tarente et de Bellune furent informés du mouvement en préparation et reçurent l'ordre de maintenir coûte que coûte leur position.

A 3 heures, Curial prononça son attaque avec vigueur; en très peu de temps il réussit à rejeter définitivement les Bavarois en dehors du bois et à rendre libre l'accès du chemin d'exploitation que devait suivre l'artillerie. Les deux bataillons de la vieille garde se logèrent dans le saillant formé par la forêt de Lamboy à gauche de la grande route[1].

Immédiatement derrière eux, Drouot poussa en avant deux batteries de la ligne et leur fit prendre position sur la grande route au débouché du bois. Ces bat-

jusqu'au soir. Cependant il fit en personne la reconnaissance du terrain. Le fait eut pour acteurs et témoins, outre l'Empereur et Drouot, le duc de Vicence et deux ou trois officiers. L'Empereur ne put, il est vrai, pénétrer jusqu'à la lisière, alors occupée par les Bavarois, mais il en vit assez pour arrêter les dispositions de l'attaque décisive, dont Drouot avait conçu la préparation. Entre les divers récits, celui de Drouot, dont la loyauté scrupuleuse n'a jamais été mise en doute, paraît le plus digne de confiance.

1. ... Je vis bientôt deux bataillons de chasseurs de la vieille garde qu'il (l'Empereur) avait dirigés sur le même point que moi. Ils accouraient à toutes jambes, tout en chargeant leurs armes, et à l'entrée du bois que nos troupes ne disputaient plus qu'avec peine, ils se précipitèrent sur tous les points où ils crurent que la résistance était plus grande. Un feu terrible de mousqueterie annonça sur-le-champ qu'ils avaient trouvé l'ennemi, qui dut bientôt céder une partie du terrain gagné. Il est impossible de se faire une idée de l'élan de ces braves chasseurs; plus de rangs; les plus agiles étaient en avant et c'était à qui joindrait l'adversaire, à qui croiserait le plus tôt la baïonnette avec lui. On est fier de porter l'uniforme en voyant de tels soldats et je ne puis encore me rappeler ce moment sans sentir mon cœur battre plus vivement. (*Mémoires du général Griois*, t. II, p. 264.)

teries, en quelque sorte sacrifiées, eurent en peu de temps presque toutes leurs pièces démontées, beaucoup d'hommes et de chevaux tués et blessés. Mais, en attirant sur elles le feu de l'ennemi, elles permirent à l'artillerie de la garde de se déployer peu à peu à droite de la route. Drouot réussit ainsi à former une puissante ligne de pièces de 12 et entama la lutte avec la grande batterie centrale des Austro-Bavarois. La situation des Français s'était améliorée, mais ils n'en étaient pas moins exposés à un feu meurtrier de boulets, de mitraille et d'obus; dans la forêt le bruit des arbres fracassés se faisait entendre au milieu des décharges de l'artillerie et de la mousqueterie, et les branches brisées, les éclats de bois, devenaient des projectiles dangereux. L'ennemi souffrait moins, car il avait profité d'une ride du terrain pour abriter ses pièces.

L'Empereur était avec son état-major sur la grande route à peu de distance de la lisière. Pour mettre fin à cette canonnade, il fit porter en avant la cavalerie de la garde. Elle déboucha du bois sur plusieurs points et se lança à la charge. Mais elle tomba sous le feu des batteries ennemies, s'arrêta, tourbillonna quelques instants et finalement fut vivement ramenée par la 3e brigade de chevau-légers, dont le chef, colonel von Diez, s'était mis en mouvement à la vue des premiers escadrons français.

Mais dans sa marche d'approche cette brigade, partie de l'aile droite de la ligne de cavalerie bavaroise, obliqua encore à droite dans le champ de tir de sa propre artillerie. Celle-ci commençait à manquer de munitions, et elle ne pouvait se ravitailler, car les parcs étaient restés fort loin en arrière sur la route d'Aschaffenburg; quelques pièces, déjà mises à la prolonge, furent entraînées dans le mouvement rétrograde des chevau-légers, lorsque ceux-ci regagnèrent leur place de bataille. Toute l'artillerie alliée ne tarda pas à se mettre en retraite; elle repassa en désordre le pont de Hanau et ne se rallia qu'après avoir dépassé la ville.

L'apparition de la vieille garde produisit sur l'armée

bavaroise et sur son chef l'effet de la tête de Méduse. Wrede ne put plus douter de la présence de l'Empereur avec l'élite de ses troupes ; il en ressentit une profonde émotion : « Je ne serais pas sincère, dit-il quelques mois plus tard à Mercy-Argenteau, si je ne vous faisais pas l'aveu de l'effet que produisit sur moi la vue de cette vieille garde dont je connaissais bien la valeur et le sentiment de la nouvelle position dans laquelle je me trouvais vis-à-vis de l'Empereur[1]. »

Mais il était brave ; il eut en outre l'intuition très nette que le moment était venu de donner aux grandes puissances alliées un gage non équivoque de l'adhésion franche et sincère de la Bavière à son nouveau système politique : « Maintenant il n'y a plus rien à changer, s'écria-t-il ; nous devons faire notre possible en braves gens. » Il repoussa donc avec énergie la proposition faite par un officier autrichien, peut-être même par Fresnel lui-même, de se retirer sur la rive gauche de la Kinzig, d'où l'on aurait pu, sinon arrêter, du moins fortement gêner le mouvement de retraite des Français. « Prendre une telle position, dit Wrede, serait nous donner l'apparence de ne pas vouloir nous battre sérieusement, et de laisser intentionnellement à l'ennemi un trou pour passer. Nous sommes amis depuis trop peu de temps pour que nous ne donnions pas une preuve éclatante de notre bonne volonté. » Cette résolution fait honneur au général bavarois, mais les mesures prises pour le placement des troupes la rendaient difficile à tenir.

En voyant la partie compromise par la retraite de son artillerie, Wrede voulut essayer d'enlever la grande batterie française et lança sur elle sa cavalerie. Cet épisode de la bataille a donné lieu à des versions très différentes ; voici celle de Heilmann :

« Toute la première ligne, formée des trois brigades bavaroises, à laquelle se joignit une fraction du régiment de hussards archiduc Joseph, se mit de suite en

---

[1]. *Revue contemporaine.* Souvenirs de Mercy-Argenteau, 15 juin 1869.

mouvement ; mais, dès le début de la marche d'approche, il se produisit du désordre, parce que les ailes, trouvant devant elles un terrain peu favorable, se resserrèrent fortement sur le centre. Le régiment de chevau-légers formant l'aile droite reçut des feux de flanc du saillant formé par la forêt de Lamboy, à droite de la route, dans lequel les chasseurs de Curial s'étaient embusqués.

« Néanmoins, toute la masse continua à se porter en avant. Ni le feu le plus violent, ni la contre-attaque de deux régiments de cavalerie, destinés à servir de soutien particulier à l'artillerie ne purent maîtriser l'abordage de cette masse serrée au botte à botte ; les escadrons bavarois mêlés aux cavaliers ennemis pénétrèrent dans les batteries françaises. »

En réalité, l'abordage fut beaucoup moins violent et exécuté par beaucoup moins de monde. En voyant venir la cavalerie bavaroise, Drouot et ses officiers avaient eu le temps de faire charger à mitraille, en prescrivant d'attendre pour tirer que l'ennemi fût à courte portée ; les canonniers de la garde, soldats aguerris, avaient saisi leurs fusils et mis la baïonnette au canon. La décharge de près de cinquante pièces françaises dut produire un effet terrible dans une masse serrée d'hommes et de chevaux ; de cette masse disloquée, un certain nombre de cavaliers emportés par leurs montures se détachèrent et pénétrèrent dans les batteries ; les uns engagèrent avec les canonniers un combat à l'arme blanche, les autres vinrent se jeter au milieu de la cavalerie de la garde ; on s'égorgea un instant avec fureur. Drouot courut les plus grands dangers : à pied, l'épée à la main, il donna à ses hommes l'exemple du plus froid courage ; un chevau-léger se jeta sur lui et voulut le percer de son sabre, mais il fut tué d'un coup de baïonnette. Cette mêlée sanglante dura peu ; les Bavarois qui avaient pénétré dans les lignes françaises furent tous exterminés.

Le combat changea alors de face. La cavalerie française de la garde et du 2º corps se porta en avant. Chefs et soldats sentaient la nécessité de vaincre et de forcer le passage, ou de mourir ; l'exaltation était générale. Cette cavalerie, en colonnes serrées, tomba sur les escadrons bavarois encore désunis, à la suite de leur charge infructueuse contre les batteries françaises ; leur première ligne ne tint pas sous le choc et se retira à toute allure, poursuivie la pointe au corps, non sans éprouver de grosses pertes. La deuxième ligne, dragons Knesewitch et cuirassiers Liechtenstein, maintenue jusqu'alors inactive par le feldmarschall lieutenant Spleny, recueillit les chevau-légers et chargea à son tour. « Ces attaques furent renouvelées jusqu'à six fois et donnèrent lieu à de violentes mêlées de cavalerie, dans lesquelles les chefs engagèrent les escadrons qu'ils avaient sous la main sans distinction de corps. L'issue du combat fut favorable à l'ennemi qui était le plus fort et auquel sa nombreuse artillerie, qui, entre temps, s'était avancée dans la plaine, assurait une supériorité décisive.[1] » La cavalerie alliée dut évacuer les abords de Hanau. Sa retraite fut facilitée par une heureuse charge des partisans de Mensdorf, sur le flanc gauche de la cavalerie française, désunie par le combat et la poursuite, et par le feu de neuf pièces de canon, ramenées en ligne avec un approvisionnement formé en réunissant tous les coups restant à tirer des batteries en retraite.

Le bulletin de la Grande Armée fait le récit suivant des grandes charges de Hanau : « Le général de Nansouty se porta sur la droite de ces batteries (les batteries de Drouot) et fit charger 10 000 hommes de cavalerie ennemie par le général Lafferrière-Levêque, major de la vieille garde, par la division de cuirassiers Saint-Germain et successivement par les grenadiers et les dragons de la cavalerie de la Garde. Toutes ces charges eurent le plus heureux résultat. La cavalerie ennemie fut culbutée et sabrée ; plusieurs carrés d'infanterie furent enfoncés ; le régiment autrichien Jordis et les uhlans Schwarzenberg furent entièrement détruits.

---

1. Heilmann.

L'ennemi abandonna précipitamment le chemin de Francfort qu'il barrait et tout le terrain qu'occupait sa gauche. Il se mit en retraite et bientôt après en complète déroute. Il était cinq heures... » Le bulletin mentionne que le général Letort, major des dragons de la Garde, voulut, quoique blessé à la bataille de Wachau, charger à la tête de son régiment et eut son cheval tué sous lui ; il signale aussi la belle conduite de deux escadrons du 3º gardes d'honneur commandés par le major Saluces.

Mais on ne saurait ajouter une foi entière à toutes les allégations d'un bulletin rédigé dans le but évident de présenter une synthèse de la bataille. Par exemple la mention de la destruction du régiment Jordis par les charges de cavalerie est inexacte ; ce régiment, engagé au pont de Lamboy, fut en effet à peu près anéanti, mais par le feu de l'infanterie et de l'artillerie de l'aile gauche française ; de même les uhlans Schwarzenberg, maintenus à la réserve générale, ne prirent aucune part au combat de cavalerie.

Quoi qu'il en soit les faits constants sont les suivants : reconnaissance par Drouot de la position à occuper par l'artillerie ; décision de l'Empereur, après une visite dans la forêt ; attaque de Curial, qui eut pour résultat de refouler dans la plaine l'infanterie bavaroise ; déploiement de l'artillerie française ; charge de la cavalerie bavaroise, qui pénétra jusqu'au milieu des pièces, contre-attaque de la division Saint-Germain et de la cavalerie de la garde et long combat de cavalerie dans la plaine, terminé par la retraite des Austro-Bavarois sur Hanau et l'évacuation de tout le terrain au nord de la grande route. L'attaque de Curial commença vers trois heures ; le combat de cavalerie se termina vers cinq heures ; dans cet intervalle de deux heures l'affaire fut décidée et le gain de la journée assuré à l'armée française.

Mais tout n'était pas fini, car la retraite de l'artillerie et de la cavalerie alliées ne suffisait pas pour rendre libre le passage sur la grande route aux abords de Hanau. Pendant le choc des deux cavaleries dans la plaine, Wrede avait eu en effet le temps de rassembler dans le faubourg le régiment d'infanterie archiduc Rodolphe, refoulé jusqu'au pont de la Kinzig, le régiment des uhlans Schwarzenberg et une batterie tirés de la réserve, le tout placé sous les ordres du colonel von Mengen. A cette espèce d'arrière-garde vinrent se rallier les débris des corps qui avaient combattu au nord de la route et les partisans de Mensdorf. Mengen tint bon jusqu'au soir dans sa position ; il empêcha ainsi les Français d'utiliser la route de Francfort par Dornigheim, mais non le chemin de traverse qui rejoint cette route par Wilhelmsbad et Hochstædt ; dès la fin de l'après-midi, les isolés commencèrent à s'écouler sur ce chemin.

Vers 5 heures, l'infanterie bavaroise, engagée depuis le matin au sud de la route de Francfort, se trouva singulièrement compromise. Jusqu'à trois heures les bataillons de Lamotte et de Pappenheim avaient repoussé assez facilement les tentatives réitérées faites par les tirailleurs des 2ᵉ, 5ᵉ et 11ᵉ corps pour déboucher de la forêt de Lamboy.

L'occupation par les deux bataillons de vieille garde de la partie de la forêt voisine de la route de Francfort détermina un mouvement général en avant de la ligne française ; les tirailleurs des 2ᵉ, 5ᵉ et 11ᵉ corps s'établirent solidement sur la lisière ouest et s'emparèrent même de la ferme du Neuhof. Les Bavarois se trouvèrent alors refoulés dans une étroite bande de plaine, entre la Kinzig et les bois. Pour regagner le terrain perdu et sans doute aussi pour appuyer la grande attaque de cavalerie qu'il préparait, Wrede fit passer sur la rive droite le reste de la division Beckers, brigade Zoller, et le régiment autrichien Jordis. Ces troupes fraîches réussirent à reprendre la ferme du Neuhof, et toute la ligne se reporta encore une fois à l'attaque des bois. Mais la situation était bien changée depuis la retraite de l'artillerie bavaroise. Drouot, voyant le terrain dégagé par les charges des cuirassiers de Saint-Germain et de la cavalerie de la garde, avait aussitôt poussé ses pièces hors du bois et tourné ses batteries de gauche contre l'infanterie bavaroise pour la battre d'écharpe.

« L'Empereur envoya deux bataillons de la vieille garde pour appuyer Macdonald et Victor qui combattaient vaillamment à la tête de leurs tirailleurs. La vieille garde se précipita sur les masses ennemies [1]... »

Cette attaque fut irrésistible et produisit sur les témoins oculaires une profonde impression. L'ex-officier en a laissé dans ses souvenirs un saisissant tableau : « Tout à côté de nous s'étendait une prairie qui descendait en pente douce jusqu'à la rivière. Au haut de cette prairie, deux bataillons de grenadiers de la vieille garde, sous le général Friant, attendaient en frémissant d'impatience qu'on leur permît de se jeter sur les ennemis. Au commandement désiré : Grenadiers, en avant !... leur ligne descend compacte, irréprochable, mais impétueuse et terrible, car ces hommes étaient exaspérés. Je les vois encore, tels que je les ai souvent dépeints : ils grinçaient des dents, ils sifflaient comme des serpents en agitant leurs dards meurtriers, je veux dire leurs redoutables baïonnettes. En un instant tout ce qui était devant eux est culbuté, percé, précipité dans la Kinzig, où s'entassent sept à huit cents cadavres. Spectacle affreux pour un homme, superbe pour un soldat [2] ! »

L'attaque des grenadiers de Friant et l'entrée en ligne de la tête de colonne des 3ᵉ et 6ᵉ corps, aussitôt dirigée par l'Empereur sur le Neuhof, déterminèrent un dernier et victorieux effort des Français. Les bataillons de Lamotte, épuisés par trois jours de marches et de combats ininterrompus, très éprouvés par le feu des batteries de Drouot, se mirent en retraite. Mais ils se

---

1. Général Pelet.
2. L'ex-officier (Pasteur Martin, de Genève) comptait au 154ᵉ régiment d'infanterie de ligne, 16ᵉ division, 5ᵉ corps d'armée ; la lecture de ses souvenirs donne lieu de croire que pendant le combat il devait se trouver à l'aile gauche de la ligne de tirailleurs des 11ᵉ, 5ᵉ et 2ᵉ corps.

trouvèrent dans la situation la plus critique : ne pouvant gagner le pont de Hanau qu'en contournant le coude nord de la Kinzig et en exécutant une longue marche de flanc sous le feu, ne pouvant non plus utiliser le pont de Lamboy, déjà à peine suffisant pour le passage de la division Beckers, également en retraite, ils essayèrent de franchir la Kinzig à l'écluse des moulins. Les premiers arrivés purent se servir de la passerelle ; mais l'accès de celle-ci fut rapidement obstrué et la foule n'eut d'autre ressource que d'essayer de passer la rivière à la nage ou à gué. Les meuniers avaient heureusement abaissé le niveau des eaux en levant les vannes à propos ; mais le courant était très violent ; beaucoup d'hommes furent noyés.

La retraite de la division Beckers s'exécuta également dans de mauvaises conditions, car le pont de Lamboy, en bois et fort étroit, ne put suffire à l'écoulement des fuyards ; là aussi beaucoup d'hommes périrent en essayant de passer la Kinzig à gué ou à la nage. Le régiment autrichien de Jordis y fut à peu près anéanti (815 tués, 761 blessés, 351 prisonniers et 60 disparus). Les tirailleurs français, soutenus par quelques batteries, rapidement portées à la ferme de Neuhof, purent alors occuper la rive droite de la Kinzig ; ils franchirent même le pont de Lamboy ; mais, comme aucune réserve n'était à portée de les soutenir, ils furent ramenés par le feu d'une batterie, mise en position par le général de Colonge, commandant l'artillerie bavaroise. La brigade Pappenheim exécuta même un retour offensif, rejeta la ligne française jusqu'à la lisière du bois et réoccupa la ferme de Neuhof ; mais cette position étant fort aventurée, elle l'abandonna définitivement à la nuit.

La colonne des équipages, commandée par le général Radet, ne put exécuter l'ordre donné de se porter sur Bruchkobel pour regagner par Hochstædt la route de Francfort. Au début de la journée, Radet avait formé le parc en l'appuyant au village de Langendiebach, de manière à dégager la grande route. Il avait là sous ses ordres, outre les équipages proprement dits, le matériel énorme du grand parc, qui, au départ d'Erfurt, avait recueilli toutes les bouches à feu rendues inutiles par la réduction des corps d'armée; il disposait ainsi de plus de deux cents pièces de canon, escortées par deux bataillons de la garde et par la gendarmerie d'élite, forte d'environ 800 hommes. Il resta à Langendiebach, car il ne pouvait s'engager sur le chemin de Bruchkobel, tant que l'armée ne serait pas maîtresse du terrain au nord de Hanau. Lefebvre-Desnouettes, chargé d'éclairer la marche de la colonne, se porta en avant avec la cavalerie légère de la garde : sur la route de Friedberg, il se heurta aux cosaques de Kaïssarow, engagea le combat, et fut ramené. Le duc de Padoue entra alors en ligne et arrêta l'ennemi, mais il ne parvint pas à dégager le chemin; pendant assez longtemps, les tirailleurs des deux partis restèrent aux prises, sans succès marqué de part et d'autre.

Mais les équipages étaient une proie bien précieuse pour les cosaques et Kaïssarow fit pour les enlever une tentative ainsi rapportée dans les mémoires de Radet : « Pendant qu'ils (Lefebvre-Desnouettes et le duc de Padoue) étaient aux prises avec les trois premières lignes ennemies, la quatrième fila dans la gorge, non loin du bois et vint droit à nous; j'avais plus de deux cents bouches à feu; les voyant venir à moi, je fis mes dispositions; je mis toute mon infanterie en arrière des intervalles des pièces, une portion de ma cavalerie sur mes flancs, une autre derrière et une bonne réserve cachée dans le clos des bivouacs. Je fis charger toutes mes pièces, dont moitié à mitraille, et j'attendis en courant et en encourageant tout le monde. Tous les cochers, soldats du train et charretiers du centre étaient à pied et bride en main.

« L'ennemi déboucha et se forma à portée du canon de moi. J'empêchai de tirer; il s'ébranla et vint sur nous; je fis lâcher une bordée de cinquante boulets sur lui; j'ordonnai de recharger à mitraille; je le laissai arriver à trois cents toises de nous et je fis tirer sur lui toute mon artillerie qui lui abattit un nombre considérable d'hommes et surtout de chevaux; cependant il avançait en petit nombre, mais la fusillade, les cinquante pièces et par suite toutes les autres firent un tel feu qu'il n'y en eut pas deux cents qui vinrent jusqu'à nous; les chasseurs et les gendarmes de gauche les coupèrent et ils se rendirent; on tira sur le gros, qui se retirait en désordre, et notre cavalerie ayant pris le dessus se porta sur cette ligne maltraitée et la défit pendant que les trois autres lignes faisaient à vue de nous leur retraite en ordre. Il y eut des chevaux de cette ligne écrasée qui vinrent se rendre parmi nous.

« Un pareil feu d'artillerie, qui nous avait tous rendus sourds, étonna l'Empereur, qui envoya voir ce que c'était; mais mon aide de camp, ayant rencontré celui de l'Empereur, rendit compte du fait. Il n'y eut que 112 hommes de trouvés sur le champ de bataille; mais en revanche, il y avait plus de 600 chevaux, la plupart sur pied avec une jambe cassée. J'avoue que dans l'horrible détonation qui me portait jusqu'à la moelle des os, puis le feu et la fumée des canons, j'étais transporté; heureusement le vent à nous nous favorisait et nous laissait voir clair devant nous.

« Notre cavalerie poursuivit ses succès; mes patrouilles vinrent me dire qu'elle avait dépassé la forêt; qu'elle était en ligne avec l'armée, mais qu'il n'y avait que des marais et pas de chemin.

« L'aide de camp, le général Corbineau, m'ayant assuré que l'Empereur était victorieux et avait écrasé l'armée baravoise, j'ordonnai le départ par la route. Nous allâmes voir le champ de bataille; nous y trouvâmes 28 officiers sur 112 hommes tués; nos gendarmes trouvèrent beaucoup de bons portemanteaux, achevèrent les chevaux sur pied ayant une jambe cassée et nous partîmes.

« En traversant la forêt, je fus étonné de voir comme toutes les gaules et les arbres étaient criblés de balles, de boulets et de mitraille. Un nombre considérable de cadavres gisaient dans cette forêt, mais la plaine entre la forêt, la ville de Hanau et la rivière en était jonchée, le gué de la rivière en était obstrué ; cette bataille fut un carnage[1]. »

L'armée française passa la nuit sur le champ de bataille. L'Empereur établit son bivouac à la lisière ouest de la forêt de Lamboy[2]; les 2ᵉ, 5ᵉ et 11ᵉ corps se rassemblèrent le long de la grande route, les 3ᵉ et 6ᵉ autour de la ferme du Neuhof, face au pont de Lamboy. Bertrand, avec le 4ᵉ corps, et le duc de Reggio, avec les 1ʳᵉ et 3ᵉ divisions de jeune garde, arrivèrent dans la nuit à Langenselbold. Le duc de Trévise, formant l'arrière-garde avec les 2ᵉ et 4ᵉ divisions de jeune garde et le 1ᵉʳ corps de cavalerie, était encore dans la haute vallée de la Kinzig et se hâtait pour atteindre Gelnhausen.

A la fin de la journée, l'armée austro-bavaroise abandonna complètement le terrain sur la rive droite de la Kinzig. Wrede maintint la brigade autrichienne Diemar dans la ville de Hanau, et un bataillon de grenadiers de la brigade Klenau au bivouac en arrière du pont de Lamboy ; il rassembla le gros de l'armée à moins d'un kilomètre de Hanau, sur une ligne à peu près perpendiculaire au cours du Main, la gauche au village de Gross Auheim, où fut établi le quartier général, le centre en arrière de la ferme de Lehrhof, la droite appuyée à la forêt du Bulau Wald. Dans cette position il conservait la possibilité de déboucher sur la rive droite et il rendait impraticable la circulation sur la grande route devant Hanau. Il comptait recommencer le combat le lendemain et atteindre au moins l'arrière-

---

1. *Mémoires du général Radet*, publiés par A. COURBIER, Saint-Cloud, Belin frères, 1892, p. 291.

2. D'après les souvenirs du duc de Tarente l'Empereur sortit du bois à la nuit close et se dirigea sur Hanau pour y prendre gîte, suivi de tout ce qui était venu s'entasser dans la forêt, troupes, équipages, chevaux de mains, artillerie, etc. Quelques coups de fusil arrêtèrent cette colonne, qui tourbillonna sur elle-même pendant quelques instants et finit par rentrer dans le bois où elle passa la nuit. Il s'agit évidemment de la colonne Radet. Celui-ci donne sur l'aspect du champ de bataille des détails qu'il ne put saisir que de jour. Or, il ne put quitter Langendiebach avant cinq heures du soir au plus tôt et l'on était au 30 octobre.

garde de l'armée française, obligée à de grands détours pour éviter Francfort. En effet, à 10 heures du matin, l'avant-garde de Rechberg avait occupé Sachsenhausen et s'était présentée devant le pont du Main, incomplètement détruit par les Français de Préval. Les habitants des deux rives se hâtèrent de construire un pont de fortune couvrant les brèches et accueillirent les Bavarois avec de grandes démonstrations de joie. Dans l'après-midi deux régiments d'infanterie et une batterie entrèrent à Francfort ; vers le soir, des cosaques venant de la direction de Friedberg, firent leur jonction avec les Bavarois. Ni les militaires alliés, ni les habitants ne savaient rien de l'armée française ; on supposait qu'elle s'était dirigée sur Coblentz, car l'on ne reçut à Francfort aucune nouvelle de la lutte acharnée dont les environs de Hanau étaient le théâtre.

VI

JOURNÉES DES 31 OCTOBRE, 1ᵉʳ ET 2 NOVEMBRE. DEUXIÈME COMBAT DE HANAU ; RENTRÉE DE L'ARMÉE A MAYENCE

Il était nécessaire d'occuper la ville même de Hanau, afin de permettre aux troupes, et surtout à l'artillerie et aux convois, de suivre la grande route, car les reconnaissances de la veille avaient démontré l'impossibilité d'engager de pareilles masses sur des chemins de traverse praticables seulement pour des piétons, des cavaliers isolés, et, tout au plus, pour des chars légers du pays.

A partir de 2 heures du matin Drouot commença à faire jeter des obus dans la ville. A 4 heures l'Empereur fit demander au duc de Raguse s'il était en mesure d'attaquer Hanau et le pont de Lamboy. Le maréchal dirigea sur la passerelle des moulins 400 hommes commandés par le général Charrière ; ce petit détachement se glissa sans encombre jusqu'au fossé de l'enceinte fortifiée, mais il ne put réussir à pénétrer dans l'intérieur de la ville. Cette attaque, ou plutôt cette démonstration, suffit cependant pour déterminer Wrede à donner au général Diemar l'ordre de la retraite ; avant le lever du jour, les Autrichiens évacuèrent la place.

A 8 heures du matin, le major général envoya au duc de Tarente l'ordre d'entrer dans Hanau, d'y rétablir l'ordre et de ramasser des prisonniers qui devraient être dirigés sur Francfort. Il le prévint qu'il serait relevé par le général Bertrand et qu'il devrait se mettre aussitôt en route pour suivre le mouvement général de l'armée.

La matinée fut assez calme ; l'ennemi ne fit aucun mouvement offensif ; tout se borna à une violente canonnade, échangée entre l'artillerie du 6° corps, en position au Neuhof, et trois batteries bavaroises, postées au sud du pont de Lamboy, et à une fusillade peu nourrie entretenue par les tirailleurs des deux partis d'un bord à l'autre de la Kinzig. L'Empereur passa les premières heures à son bivouac, où il reçut une députation de la ville de Hanau. Il était assis sur un pliant de maroquin rouge, devant un grand feu de garde, qu'entouraient plusieurs maréchaux et officiers généraux. Il exprima à la députation son mécontentement du bon accueil fait par les habitants aux alliés, puis il s'informa de Wrede et de quelques officiers bavarois qu'il connaissait personnellement. Le duc de Vicence servit d'interprète pour les demandes et les réponses : en se retirant, la députation pria le grand écuyer de recommander la ville à la bienveillance de Sa Majesté Impériale, et obtint une réponse rassurante [1].

Le mouvement de l'armée sur Francfort commença vers 9 heures, par le départ du 2° corps de cavalerie, suivi des deux divisions de jeune garde du duc de Reggio, du 2° corps et des équipages, marchant à double rang sous l'escorte de la division Semelé. Entre 9 et 10 heures du matin, l'Empereur traversa à pied le

---

[1]. FAIN, *Manuscrit de 1813.*

champ de bataille et vint jusqu'au pont du Fallbach. A 11 heures, il se mit en route avec la garde. Le duc de Tarente, avec les 5ᵉ et 11ᵉ corps, et le duc de Raguse, avec les 3ᵉ et 6ᵉ, quittèrent leurs positions entre midi et une heure de l'après-midi, après avoir été relevés par le général Bertrand, avec le 4ᵉ corps. La marche sur Francfort fut extrêmement lente : les troupes, les convois et les groupes d'isolés se croisaient et s'embarrassaient mutuellement.

Les Francfortois, si enthousiastes la veille, avaient été consternés en constatant dans la matinée le départ des Bavarois et la nouvelle interruption des communications avec la rive gauche du Main. En effet, Rechberg, sur un ordre de Wrede arrivé dans la nuit, avait précipitamment évacué la ville, repassé le fleuve en détruisant le passage de fortune construit la veille et pris position à Sachsenhausen ; dans l'intention d'incommoder autant que possible la marche des colonnes ennemies, il garnit de tirailleurs les bords du Main et plaça sur la colline des Moulins une batterie, pour battre les environs de la porte de Tous les Saints, et au débouché du pont une seconde batterie, pour enfiler les rues perpendiculaires au fleuve.

La première nouvelle de la déconfiture des Austro-Bavarois fut apportée à Francfort par les Français eux-mêmes. A 11 heures du matin, Sebastiani entra en ville, laissa un détachement en observation devant les Bavarois et se porta sur Höchst, afin de s'assurer des ponts de la Nidda. La cavalerie française fit une irruption si rapide qu'elle faillit enlever un détachement posté à la porte de Bockenheim et oublié par Rechberg. Ce détachement dut son salut à quelques habitants, qui le guidèrent par des ruelles détournées jusqu'au Main et lui firent franchir la rivière en bateaux.

L'Empereur arriva vers 3 heures aux fermes de Röder, à 2 kilomètres de Francfort, ayant mis près de quatre heures à parcourir les 14 kilomètres qui séparent ce point de Hanau. Il dirigea tout de suite deux batteries de douze de la garde, commandées par le colonel

Griois, sur les bords du Main, pour faire taire le feu des Bavarois, devenu fort gênant. Ces batteries prirent position à l'Ober-Main-Thor, de manière à battre d'écharpe le pont et ses abords, et en peu de temps les rendirent intenables. Aux fermes de Röder l'Empereur fut reçu par le lieutenant-colonel du 4ᵉ bataillon de la garde nationale de Francfort, Bernhard Aubin, député par le corps municipal pour le saluer ; guidé par lui, il se rendit à la villa du consul général de Russie, Simon Maurice von Bethmann, où devait être établi le quartier général impérial. En chemin, Aubin lui fit remarquer sur la Pfingstweide l'hôpital baraqué construit pour recevoir les blessés et malades de l'armée française et insista sur les sacrifices que la ville s'était imposés pour les soigner ; l'Empereur lui en exprima sa reconnaissance. Il se montra également bienveillant pour Bethmann ; sur sa demande il donna l'ordre de mettre fin à la canonnade devenue dangereuse pour la ville, car les obus des batteries de la garde avaient mis le feu au moulin situé sur le pont même du côté de Francfort, et à peu près inutile à la sûreté de l'armée française, car Rechberg avait fait retirer ses pièces fort éprouvées. Le combat se prolongea cependant jusqu'à la nuit entre les tirailleurs embusqués dans les maisons de Francfort et de Sachsenhausen.

Pour conserver les troupes en main, l'Empereur ne les laissa pas se disperser dans la ville, réservée aux états-majors, aux blessés, et aux équipages du quartier général avec le bataillon de service et la gendarmerie d'élite. Les corps d'armée bivouaquèrent dans les faubourgs et les jardins, dont les baraques servirent à alimenter les feux de garde. Aussitôt après l'installation du quartier général, l'Empereur fit partir pour Mayence, afin d'entrer en communication avec le duc de Valmy, son aide de camp le duc de Plaisance. Celui-ci eut la plus grande peine à remplir sa mission ; au dire de Préval, le duc de Valmy ne reçut pas avant huit heures du soir les premières et très inattendues nouvelles de la victoire de Hanau et de l'approche de la Grande Armée. Comme la lettre de l'Empereur était datée de trois heures après-midi, le porteur mit cinq heures pour franchir les 33 kilomètres qui séparent Francfort de Mayence, tant la route était encombrée.

Dans sa lettre, non insérée dans la Correspondance, l'Empereur donnait au duc de Valmy des instructions pour l'exécution des mesures les plus urgentes, c'est-à-dire le ralliement des isolés et la formation des approvisionnements. Ces instructions peuvent être résumées comme suit : arrêter et grouper par corps d'armée, dans des locaux se prêtant au rassemblement momentané d'un grand nombre d'hommes, tels que casernes, cloîtres, églises, tous les isolés valides, tous les éclopés et blessés légèrement ayant pu arriver jusqu'au Rhin à pied ; évacuer sans délai sur les divisions de l'intérieur tous les hommes sérieusement malades ou grièvement blessés ; ôter leurs chevaux aux fantassins qui arriveraient montés, quel que fût le prétexte allégué, et les remettre au service de l'artillerie ; pousser la fabrication du pain de manière à avoir toujours cent mille rations disponibles, en sus de la production quotidienne. Le maréchal devait prescrire aux préfets de le seconder dans la recherche et le rassemblement des isolés, en mettant en mouvement la gendarmerie, et en invitant les maires des communes à faire arrêter ceux qui viendraient à passer sur leur territoire par les gardes champêtres et les gardes forestiers, au besoin même par des habitants de bonne volonté. De plus, il devait les charger de former par voie de réquisition les approvisionnements de fourrage et d'avoine, dans le cas où le Ministre de l'Administration de la guerre n'aurait pas déjà pris des mesures pour assurer la fourniture de ces denrées. Enfin, l'Empereur demanda au maréchal de lui faire connaître par le retour du courrier la situation des troupes rassemblées à Mayence et sur la Nidda, et celle de la garnison et des approvisionnements de Wesel.

Dans la soirée la situation de la Grande Armée était la suivante : le 2ᵉ corps de cavalerie avait franchi la Nidda à gué et se trouvait sur la rive droite, en liaison avec les troupes de Mayence, dont Préval avait remis le commandement au général Lucotte ; les équipages et le grand parc d'artillerie n'avaient pu passer la rivière grossie par une crue subite et campaient entre Höchst et Francfort. Le quartier général impérial, la garde et les corps des ducs de Bellune, de Tarente et de Raguse étaient à Francfort même, ou au bivouac autour de la ville. Le désordre était très grand ; les isolés étaient aussi nombreux que les soldats restés fidèles à leur devoir. Radet écrivait au major général, du pont de Höchst à huit heures et demie du soir, qu'il était indispensable de prendre des mesures rigoureuses sur ceux non blessés et sans armes, si l'Empereur voulait rétablir dans l'armée l'ordre et la discipline et éviter que « ces sangsues dévastatrices et incendiaires ne reportassent en France le fléau des crimes et des horreurs dont elles avaient pris l'habitude ».

Bertrand, chargé de couvrir la retraite de l'armée jusqu'à l'arrivée du duc de Trévise, remplit parfaitement sa mission. Après avoir relevé les corps des ducs de Tarente et de Raguse à Hanau, il prit des dispositions pour défendre vigoureusement la ville et ses abords. La division Guilleminot et la brigade Morio de l'Isle occupèrent le Neuhof, en arrière du pont de Lamboy, dont le tablier fut rompu ; une brigade de la division italienne Fontanelli occupa Hanau, dont les portes furent barricadées et l'enceinte organisée défensivement ; la seconde brigade de cette division s'établit dans le faubourg entre la ville et la Kinzig ; la division Morand resta en réserve sur la rive droite.

Le défilé de l'armée française sur la grande route du bord du Main n'avait pu échapper aux avant-postes bavarois. Mais Wrede ne songea à reprendre l'offensive qu'après le départ des 3ᵉ et 6ᵉ corps. Il était, paraît-il, fort découragé par l'insuccès de la veille, et en proie à de sombres pressentiments ; la mort de son gendre, le prince Œttingen, tué à ses côtés en apportant un renseignement, l'avait profondément affecté. A deux heures de l'après-midi, il fit attaquer simultanément le pont de Lamboy et la porte de Nuremberg, dans le but de réoccuper la grande route et les bois et de couper ainsi l'arrière-garde de l'armée française, encore du côté de Gelnhausen, de son gros, déjà près de Francfort et hors d'atteinte. Toute l'artillerie austro-bavaroise entra d'abord en action : 32 pièces battirent les abords du pont de Lamboy ; les autres concentrèrent leur feu sur la porte de Nuremberg et les parties voisines de l'enceinte. Dès que Wrede eut jugé la préparation suffisante, il donna le signal de l'attaque.

La colonne de droite, formée de trois bataillons bavarois et de trois bataillons autrichiens, sous les ordres du colonel bavarois Palm, se porta avec beaucoup de résolution sur le pont de Lamboy et essaya de franchir la Kinzig, soit à gué, soit sur les longerons du pont, restés à peu près intacts. Mais, en arrivant sur la rive droite, les assaillants les plus hardis furent repoussés par une charge à la baïonnette de la division Guilleminot. Palm renouvela à trois reprises cette attaque, sans plus de succès ; ses troupes éprouvèrent de grosses pertes par le feu et l'arme blanche ; beaucoup d'hommes tombèrent dans la Kinzig et s'y noyèrent. Finalement Palm fut grièvement blessé et les Austro-Bavarois se retirèrent, laissant le pont aux mains des Français.

La colonne de gauche, formée de six bataillons autrichiens et conduite par Wrede en personne, attaqua la porte de Nuremberg ; les pionniers réussirent à détruire la barricade établie sous la voûte et l'infanterie se répandit dans les rues, en refoulant les Italiens, qui, pris de panique, lâchèrent pied et s'enfuirent en désordre jusqu'au pont conduisant à la grande route. Bertrand fit exécuter une contre-attaque par la division Morand. Le 8ᵉ léger, formant la tête de colonne, conduit par le général Hulot, chargea l'ennemi à la baïonnette et pénétra dans l'intérieur de la ville ; mais il se heurta à des forces supérieures, ne put conserver le terrain gagné et dut repasser sur la rive droite. Bertrand posta alors dans les maisons et les vergers le 8° léger et le 23ᵉ de ligne, soutenus par une batterie de huit pièces battant d'écharpe le pont et ses abords. Sur ce point également l'ennemi montra la plus grande ténacité : les Autrichiens se précipitèrent à trois reprises sur les soldats de Hulot ; mais ils ne réussirent pas à forcer le passage.

Dans ce combat, Wrede donna la preuve de son extraordinaire bravoure ; à l'attaque de la porte de Nuremberg il monta des premiers à l'assaut ; il prit la tête des troupes pour traverser la ville et pousser jusqu'au pont de la Kinzig ; là il fut frappé d'une balle au bas-ventre, blessure qui parut mortelle au premier abord. Au moment où on le transportait dans une maison voisine du pont pour lui faire le premier pansement, Fresnel arriva avec des troupes de renfort et prit le commandement de l'armée alliée. Il montra autant d'indécision et de mollesse que son prédécesseur avait déployé d'énergie. Bien qu'il disposât de forces très supérieures à celles de Bertrand, notamment en artillerie, il jugea à propos d'arrêter l'offensive et se contenta du terrain gagné, c'est-à-dire de la ville de Hanau ; l'infanterie autrichienne se borna à occuper l'enceinte et les faubourgs. Le combat dégénéra en une tiraillerie sans résultat, car Bertrand resta jusqu'à la nuit maître des routes de la rive droite ; il replia alors son corps d'armée sur Hochstædt, après s'être assuré qu'il ne restait plus en arrière ni voitures ni isolés.

Le duc de Trévise était arrivé dans la matinée à Gelnhausen et avait continué à marcher sur Hanau, en dépit de la fatigue de ses troupes. A hauteur de Langendiebach, il eut connaissance de l'attaque dirigée par Wrede contre Hanau et crut prudent et possible de quitter la grande route et de se diriger par Bruchköbel sur Hochstædt. Il ne fut pas sérieusement inquiété par l'ennemi et repoussa sans peine quelques attaques des cosaques de Platow et d'Orlow. Mais, à partir de Langendiebach, il eut à traverser les marais que Radet avait évités la veille. Cette dernière partie de la marche fut extraordinairement dure : les soldats, déjà épuisés par les fatigues et les privations des jours précédents, se traînèrent péniblement dans la boue, où ils avaient parfois de l'eau jusqu'au genou ; un assez grand nombre succombèrent de besoin ; beaucoup se dispersèrent ou restèrent en arrière. A leur arrivée à Hochstædt, les 2e et 4e divisions de jeune garde ne comptaient pas plus de 1700 combattants. Le 1er corps de cavalerie ne pouvait plus mettre en ligne qu'une centaine de chevaux.

Les pertes éprouvées par l'armée française du 28 au 31 octobre sont difficiles à apprécier avec quelque exactitude. Le bulletin de la bataille annonça 4 ou 500 hommes tués ou blessés, chiffre manifestement très au-dessous de la vérité ; d'après un rapport de Larrey à l'Empereur, la bataille de Hanau produisit 1 000 à 1 100 blessés transportables, qui suivirent l'armée dans les voitures disponibles et furent traités à Mayence. Les *Victoires et Conquêtes* parlent de 3 000 tués et blessés et de 3 000 prisonniers ; le premier chiffre paraît se rapprocher de la vérité, le second est beaucoup trop faible. Les évaluations des historiens allemands sont très exagérées en sens contraire : 15 000 tués ou blessés selon Plotho, 3 000 selon Friederich. Ils s'accordent en revanche à peu près sur le nombre des prisonniers, qui varie entre 10 et 11 000. Dans sa lettre à Rechberg, ministre de Bavière à Stuttgart, en date du 5 novembre, Wrede donna le chiffre 11 000 prisonniers faits du 29 au 31 octobre. Il s'agit évidemment d'isolés et de traînards, ramassés par les cosaques ou arrêtés le 28 et le 29 dans Hanau et aux environs par la cavalerie bavaroise. Quoi qu'il en soit, il paraît raisonnable de fixer le chiffre des pertes de l'armée française à environ 2 000 hommes tués ou blessés et à 7 à 8 000 prisonniers.

Les pertes de l'armée austro-bavaroises sont mieux connues : elles s'élevèrent à 1 700 hommes tués, 3 100 blessés et 4 300 prisonniers ou disparus, en chiffres ronds 9 000 hommes : parmi les morts se trouvaient le colonel Flachenfeld, commandant une brigade de cavalerie autrichienne, le prince Œttingen Spielberg et son cousin le prince Œttingen Wallerstein ; parmi les blessés Wrede, les généraux Pappenheim et von Stock (mort de ses blessures le 21 novembre), bavarois, les généraux Trautenberg et Klenau, autrichiens, et de nombreux officiers supérieurs.

Quant aux trophées, ni l'un ni l'autre des deux adversaires n'en recueillit. Les Bavarois ont fait grand état des deux pièces de canon enlevées à la colonne du général Guérin. Le bulletin français contient une phrase sur les drapeaux pris pendant la bataille, et envoyés à Paris avec ceux pris aux batailles de Wachau et de Leipzig. Quels étaient ces drapeaux, à quels corps appartenaient-ils, dans quelle circonstance et par qui furent-ils pris? C'est ce qu'il a été impossible d'établir. Les Autrichiens et les Bavarois ont toujours prétendu n'avoir perdu aucun drapeau ou étendard pendant la bataille du 30 octobre.

La journée du 1ᵉʳ novembre fut employée à préparer le passage du Rhin; opération assez compliquée, même en dehors de la présence de l'ennemi, car l'armée et tous ses équipages devaient défiler sur l'unique pont de bateaux reliant Mayence à Kastell. Dès 3 heures du matin le major-général expédia aux ducs de Bellune et de Tarente et au général Albert l'ordre de commencer à 5 heures leur mouvement sur Mayence. De là le duc de Tarente devait gagner Bingen, le général Albert une localité entre Bingen et Mayence qui lui serait désignée par le duc de Valmy, le duc de Bellune Oppenheim, et rallier leur corps d'armée.

Le duc de Raguse, avec les 3ᵉ et 6ᵉ corps, et le général Semelé, avec les débris du corps du duc de Castiglione, quittèrent Francfort vers 6 heures. Le premier s'arrêta à Höchst sur la rive droite de la Nidda, où il s'établit militairement pour attendre l'Empereur et le reste de l'armée; le second occupa les villages les plus rapprochés de Kastell, de manière à pouvoir au premier ordre se réunir aux bataillons des 53ᵉ et 54ᵉ divisions du corps d'observations de Bavière, retenus jusqu'alors sur le Rhin par les retards apportés à leur organisation et la difficulté de rejoindre la Grande Armée.

La vieille garde et les deux divisions de jeune garde

du duc de Reggio restèrent à Francfort jusqu'à deux heures de l'après-midi, afin d'assurer l'évacuation complète de la ville et de ses abords et de couvrir le mouvement de l'armée. L'Empereur quitta la villa Bethmann à une heure; lorsqu'il parut sur l'esplanade où les troupes étaient en bataille, il fut encore une fois salué de leurs acclamations. C'étaient les dernières qu'il devait entendre sur la terre d'Allemagne, tant de fois foulée par ses soldats victorieux.

Le mouvement de retraite fut très lent: les troupes, l'artillerie, les équipages, les isolés à pied ou à cheval ne tardèrent pas à s'accumuler sur la rive gauche de la Nidda, aux abords du pont et du gué de Höchst. Le premier, réparé par les soins du général Neigre, mais assez peu solide, fut réservé à l'infanterie et aux voitures de toute espèce; mais le défilé demanda beaucoup de temps et dura jusqu'à la nuit. La cavalerie combattante et les hommes montés non combattants durent utiliser le gué; mais celui-ci fut bientôt gâté par les sabots des chevaux: une crue subite de la rivière vint augmenter les difficultés du passage et obligea une partie de la cavalerie à passer la nuit sur la rive gauche de la Nidda.

Le 4ᵉ corps et les deux divisions de jeune garde, fort réduites, du duc de Trévise, battirent lentement en retraite de Hochstædt sur le Röderhof à l'est de Francfort, et y prirent position. Quelques coups de canon suffirent pour tenir en respect les cosaques d'Orlow. Les Austro-Bavarois ne se montrèrent pas: ils se bornèrent à occuper Dornigheim, à 4 kilomètres à l'ouest de Hanau.

Sur la gauche du 4ᵉ corps, Lefebvre-Desnouettes battit le pays entre la Nidda et le Main: le soir il s'établit à Vilbel et à Bonames. Il avait vainement cherché à faire rejoindre les isolés qui, depuis quatre jours, avaient quitté la grande route et s'étaient répandus dans les États de Nassau, où ils signalaient leur passage par des excès de tout genre. La plupart de ces hommes étaient dans un état de misère affreux: ils vendaient leurs effets pour se procurer de la nourriture : sans armes, sans munitions, sans chefs, ces bandes de fuyards étaient hors d'état de se défendre : les cosaques les pourchassaient en vue de faire du butin et en étaient venus à établir des espèces de marchés forains, où affluaient les Juifs de Francfort et où l'on trafiquait ouvertement des chevaux, des armes, des bijoux enlevés aux morts ou volés aux vivants : les choses allèrent si loin que les autorités locales durent prendre des arrêtés pour interdire ce singulier commerce. Les habitants n'étaient pas à l'abri des violences et des déprédations : dans le duché de Nassau, on garda longtemps un amer souvenir du passage des alliés : il fut partout marqué par d'exorbitantes réquisitions, des pillages, des viols, des meurtres, toujours impunis. La misère et l'effroi devinrent bientôt tels dans les localités traversées par les grandes routes que les habitants se réfugièrent en masse dans les bois, avec leurs bestiaux et leurs objets les plus précieux.

Avant de quitter Francfort, l'Empereur reçut une longue lettre du duc de Valmy, datée de Mayence 31 octobre, apportée par le chef de bataillon Dubard, aide de camp du maréchal. Cette lettre contenait des détails sur la situation politique des États de la Confédération, sur les mesures de défense prises sur la ligne du Rhin depuis le 26 octobre, date à laquelle les communications entre Mayence et le quartier général impérial avaient été définitivement interrompues, et un résumé des renseignements envoyés de Wesel par le général Merle, d'Osnabruck par le général Carra-Saint-Cyr, de Minden par le général Amey. A la lettre du maréchal étaient jointes celles du général Carra-Saint-Cyr, datées d'Osnabruck 22, 24, 25 et 26 octobre, et une lettre du général Amey, datée de Minden 22 octobre. De plus, le chef de bataillon Dubard emmena avec lui les estafettes parties de Paris les 27, 28 et 29 octobre[1].

---

1. Une note sans date, mais évidemment écrite le 31 octobre après

L'Empereur apprit ainsi que les troupes françaises tenaient encore dans la 32ᵉ division militaire, mais qu'elles avaient dû évacuer la Westphalie, que le roi Jérôme et le général Rigau étaient en retraite sur Cologne et Wesel, que la garnison de cette place se renforçait tous les jours par des détachements venus de l'intérieur, ou par des isolés venus de la Grande Armée, et qu'en résumé les forces françaises disponibles sur le Rhin inférieur allaient s'élever sous peu à 12 ou 15 000 hommes.

Il jugea indispensable de constituer sur cette frontière un centre d'autorité et, dès son arrivée à Höchst, il fit envoyer par le major général au duc de Tarente l'ordre de remettre le commandement des débris du 11ᵉ corps au général Charpentier et de se rendre sur-le-champ en poste à Cologne pour y prendre la direction de la mise en état de défense de la frontière du Rhin depuis la Moselle jusqu'à Zwolle. Le maréchal devait avoir sous ses ordres toutes les troupes stationnées dans la 25ᵉ division militaire et toutes celles qui s'étaient déjà repliées sur cette division, ou qui allaient se replier, y compris les colonnes du roi de Westphalie et du général Rigau ; il aurait à faire ramener sur la rive gauche du Rhin tous les bacs et tous les bateaux, de manière qu'aucun parti ennemi ne pût passer le fleuve, à pourvoir à l'armement et à l'approvisionnement de Wesel et des autres places, à l'organisation des gardes nationales

---

l'arrivée à Francfort par Caulaincourt, donne sur le service de l'estafette des renseignements précis.

« D'après des renseignements pris au bureau de l'Estafette à Francfort, il résulte que trois estafettes de Paris ont été dirigées sur le quartier général et n'y sont pas parvenues ; celle du 23 octobre, prise aux environs de Vach ;

« Celle du 24 octobre, pas de nouvelles ; celle du 25 octobre, prise à Hanau par les Bavarois.

« L'estafette de Paris, arrivée à Francfort le 28, a rétrogradé sur Mayence, où elle doit être, ainsi que celles des 27, 28 et 29.

« Le courrier parti d'Erfurt avec l'estafette d'Ollendorf du 23 octobre est arrivé à Francfort le 26.

« Le courrier expédié de Gotha le 25 avec l'estafette du quartier général pour Paris a passé à Francfort ; on a la certitude qu'il est arrivé à Mayence. » AN AFᴵⱽ, 1663.

de la Roër et de Rhin-et-Moselle, à se concerter avec le général Molitor, commandant la 17ᵉ division militaire[1], pour la défense de la frontière de l'Yssel et l'armement de Deventer, en un mot, à parer au plus pressé et à prendre sur place et d'urgence les décisions nécessaires. Des ordres conformes furent adressés au duc de Valmy, à Molitor, à Charpentier, à Merle et au ministre de la Guerre. Vraisemblablement une des raisons qui déterminèrent l'Empereur à conférer au duc de Tarente des pouvoirs extraordinaires fut la volonté d'enlever toute autorité au roi de Westphalie, dès que ce prince aurait touché le territoire de l'Empire.

Le 2 novembre, dès l'aube, l'armée reprit son mouvement de retraite. A 5 heures du matin, l'Empereur fit sa rentrée à Mayence ; il ramenait en croupe l'invasion.

1. 17ᵉ division militaire : chef-lieu Amsterdam, départements du Zuyderzee, des Bouches-de-la-Meuse et de l'Yssel supérieur.

CHAPITRE VI

LES ALLIÉS SUR LE RHIN

I. Arrivée des armées alliées sur le Rhin. Conseils de guerre des 7 et 8 novembre. Arrêt des opérations actives.
II. Le congrès des souverains à Francfort.
III. Reprise des opérations.

I

ARRIVÉE DES ARMÉES ALLIÉES SUR LE RHIN
CONSEIL DE GUERRE DES 7 ET 8 NOVEMBRE
ARRÊT DES OPÉRATIONS ACTIVES

Le 4 novembre les armées alliées venant de Saxe atteignirent le front Wetzlar, Friedberg, Hanau, Aschaffenburg, à trois étapes environ du Rhin.

L'armée de Silésie s'était portée sur Giessen, où s'établirent le quartier général et le corps de Langeron ; le corps Sacken occupa Wetzlar, le corps Yorck Gross-Linden et environs. Blücher avait bonne envie de pousser plus avant, mais il dut se résigner à donner deux jours de repos à ses troupes vraiment à bout de forces ; depuis le 14 octobre elles n'avaient cessé d'être en mouvement et, en dernier lieu, elles avaient été fort éprouvées par la traversée du Vogelsgebirg, exécutée par un temps et sur des chemins affreux.

L'armée de Bohème, plus ménagée, était encore éparpillée sur une vaste étendue de pays. A la droite, le corps russe de Wittgenstein atteignit Friedberg, où il se relia à l'armée de Silésie ; devant lui la cavalerie de Palhen et surtout les cosaques battaient le pays jusqu'au Rhin depuis plusieurs jours. Au centre, la division légère autrichienne Bubna s'avança jusqu'à Hanau ; les corps d'armée de Giulay, Colloredo et Liechtenstein, les réserves et les parcs s'échelonnèrent entre Salmünster et Fulda. A la gauche, la cavalerie des gardes russe et prussienne poussa jusqu'à Aschaffenburg, mais l'artillerie, l'infanterie et les parcs ne purent suivre sa marche rapide et s'arrêtèrent dans la vallée du Main, au N. de Wurzburg, sur le front Gemunden, Veitshochheim.

L'armée austro-bavaroise, jouant le rôle d'une avant-garde générale, avait occupé Francfort le 3 novembre. Le 4, son avant-garde particulière, renforcée par les corps de partisans de Platow, d'Orlow et de Mensdorf, franchit la Nidda et établit ses avant-postes sur les hauteurs de Wickert, à 3 kilomètres à l'est de Hochheim, où avait pris position l'arrière-garde de la Grande Armée française, constituée par le 4º corps sous les ordres du général Bertrand.

Le même jour Metternich et Schwarzenberg arrivèrent à Francfort. En passant à Fulda le 2 novembre le premier avait écrit au second : « Je désire surtout régler avec vous l'entrée de l'Empereur à Francfort, que je voudrais solennelle et au milieu de ses troupes. L'Empereur est tout à fait disposé à cela et je vous prie de lui indiquer les marches, de manière que les chevaux de selle puissent arriver dès le 6 à Francfort, ce qui serait possible. Je désire que l'Empereur arrive avant l'Empereur de Russie. Le premier arrivant a le pas, et à Francfort l'Empereur couronné doit bien le soutenir [1]. » Ce désir n'était pas uniquement inspiré par des considérations d'étiquette ou de sentiment : Francfort allait devenir, pour un temps sans doute assez long, le quartier général des armées, la résidence des souverains alliés et de leurs ministres, le rendez-vous des princes allemands ou de leurs représentants. Dans l'in-

---

1. Metternich à Schwarzenberg, de Fulda, 2 novembre. *OEsterreichs Theilnahme an den Befreiungskrieg*.

térêt de l'Autriche, l'empereur François devait y paraître investi, sinon des droits et des devoirs de chef de l'empire germanique, auxquels il avait dû renoncer en 1806, du moins d'une dignité et d'une autorité de fait, de nature à affirmer à l'Allemagne la prépondérance de l'Autriche, au détriment de l'influence de la Prusse et de la Russie.

De son côté, Schwarzenberg avait hâte de mettre au point le plan des futures opérations. Mais avant de le soumettre à l'empereur Alexandre, il voulait étudier avec Metternich les combinaisons possibles et s'entendre sur les principes politiques à observer au point de vue purement autrichien. Il s'attendait à voir l'empereur Alexandre tomber « comme une bombe » à Francfort, dès que ce prince serait informé de l'évacuation de la ville par les troupes françaises et entreverrait la possibilité de s'y procurer la jouissance et le profit d'une entrée triomphale [1].

Connaissant les dispositions peu bienveillantes à son égard du souverain russe, il voulait pouvoir s'appuyer sur l'autorité de Metternich, en présentant son projet [2].

L'empereur de Russie déjoua les calculs des Autrichiens ; les mêmes motifs qui leur faisaient souhaiter son arrivée tardive l'engagèrent à précipiter sa marche. Le 1er novembre le quartier général russe était à Münerstadt ; d'après le tableau de marche arrêté par Schwarzenberg, il devait se transporter successivement à Hop-

---

1. Schwarzenberg à Metternich, Schlüchtern, 3 novembre.

2. Schwarzenberg avait été investi du commandement suprême des armées coalisées sur l'insistance de l'empereur François, qui en avait fait une condition *sine qua non* de l'entrée de l'Autriche dans la grande alliance. Mais l'empereur Alexandre n'avait pas confiance en lui, et à deux reprises il voulut prendre lui-même le titre de généralissime : une première fois, après la bataille de Dresde ; l'opposition de l'Autriche et la mort de Moreau, sur les conseils duquel il comptait pour se guider, firent échouer la combinaison ; une deuxième fois, après la bataille de Leipzig, lorsque Schwarzenberg mécontenta les plus ardents des alliés par la mollesse des dispositions prises pour la poursuite de l'armée française. L'empereur de Russie dut s'incliner de nouveau devant le veto de Metternich. (*Mémoires de Metternich, histoire des alliances; Tolls Denkwürdigkeiten*, III.)

penhausen (2 novembre), Hamelburg (3), Gemunden (4), Lorh (5 et 6), Aschaffenburg (7), de manière à arriver à Francfort le 8. Mais le 2, Alexandre gagnait Schweinfurt ; le 3, éclairé par les rapports des officiers russes attachés à l'état-major général, il prenait son parti ; laissant en arrière l'infanterie et l'artillerie, il faisait avec les quatre divisions de cavalerie de sa garde et la brigade de cavalerie de la garde prussienne une marche forcée et atteignait Homburg, déjà fort en avance sur l'empereur d'Autriche, tranquillement arrêté à Fulda depuis trois jours ; le 4, il était à Aschaffenburg et le 5 il faisait son entrée à Francfort, à la tête de 7 500 cavaliers dans la plus belle tenue.

L'empereur François était joué ; il se hâta d'accourir, mais pour être reçu en hôte par Alexandre, contrairement à son désir et à celui de Metternich. Le 6, en effet, l'empereur de Russie, son frère le grand-duc Constantin, le généralissime et tous les états-majors allèrent au-devant de lui jusqu'aux fermes de Röder sur la route de Hanau et le ramenèrent à Francfort. A la porte de Tous les Saints l'étincelant cortège fut reçu par une députation du corps municipal, dont quelques membres avaient, en 1792, porté le dais au couronnement comme empereur d'Allemagne de ce même prince auquel ils venaient offrir, comme empereur d'Autriche, les clefs de leur ville.

Au son des cloches, de la musique et du canon, entre deux haies de troupes formées par les garde russe et prussienne et par quelques bataillons autrichiens hâtivement rassemblés, les empereurs se rendirent à l'église du dôme où fut chanté un *Te Deum*. L'empereur d'Autriche fit ensuite visite à l'empereur Alexandre et alla établir sa résidence au palais de la Tour et Taxis. Le soir il y eut banquet, illumination générale et représentation de l'opéra *Titus*, dont plusieurs passages donnèrent lieu à des manifestations patriotiques.

L'enthousiasme de la population était grand, mais non exempt d'inquiétude ; par une proclamation parue le même jour, les puissances alliées avaient pris possession du grand-duché de Francfort et de la principauté d'Isenburg et nommé gouverneur général le prince de Hesse-Homburg ; en vertu de ses pouvoirs celui-ci avait confirmé dans leurs emplois les autorités et les employés, notamment le baron d'Albini, président du conseil des ministres, et invité les habitants à se montrer soumis et à contribuer de toutes leurs forces à la délivrance de l'Allemagne.

Cette organisation provisoire ne faisait pas l'affaire des citoyens de Francfort ; ils auraient voulu voir proclamer immédiatement leur indépendance et rétablir les privilèges dont ils jouissaient du temps du Saint Empire romain. Leurs désirs furent exprimés par l'avocat Feyerlein dans une audience accordée le 6 aux représentants des quatorze quartiers de la ville et aux officiers de la garde nationale par l'empereur d'Autriche. Mais comme celui-ci s'était engagé par le traité de Ried à céder à la Bavière le grand-duché en dédommagement du Tyrol, il dut se borner à assurer en termes vagues les Francfortois de sa bienveillance. Le même jour Schwarzenberg donna ses ordres pour un stationnement prolongé. Les quartiers généraux du généralissime et des souverains s'établirent à Francfort, occupé par une garnison mixte russe et autrichienne ; Bubna releva à Wickert et aux avant-postes devant Hochheim les troupes de l'armée austro-bavaroise, qui repassèrent le Main et s'échelonnèrent sur la route de Darmstadt à Mayence, avec le quartier général à Gross-Linden ; les corps d'armée autrichiens prirent des cantonnements autour de Francfort sur la rive droite du Main ; Wittgenstein resta à Friedberg. La zone comprise entre la rive gauche du Main et la route de Francfort à Darmstadt fut réservée aux gardes russe et prussienne et aux réserves russes, dont les divers éléments, retardés par la marche à travers le Spessart, devaient rejoindre le reste de l'armée les jours suivants.

Schwarzenberg, encore indécis sur la direction à donner à la guerre, ne songeait qu'à arrêter l'armée de Bohême ; au contraire Blücher, enflammé contre la

France et son Empereur d'une haine grandissant avec le succès, se préparait à pousser vigoureusement en avant l'armée de Silésie. Informé de la désorganisation des troupes françaises, du mauvais état des places, des dispositions à la révolte des Hollandais et des Belges, il avait conçu le projet de se porter sur Mulheim, au nord de Cologne, de passer le Rhin sur ce point, et de marcher ensuite rapidement sur Bruxelles, de manière à atteindre cette ville vers le 25 novembre. Il ne mettait pas en doute le succès de cette audacieuse expédition et il espérait ainsi isoler les troupes françaises disséminées dans les places de Hollande, priver Napoléon des ressources de ce pays et de celles de la Belgique, notamment des importantes fabriques d'armes de Liège, et porter la guerre sur la frontière de la vieille France, à une courte distance de Paris. Il comptait sur le fait accompli pour entraîner sur la rive gauche du Rhin l'armée de Bohême, qui ne pourrait se dispenser d'appuyer l'armée de Silésie, aventurée en territoire ennemi. En conséquence, le 6 novembre, à Giessen, il arrêta et expédia les ordres de marche, afin de concentrer les corps de Sacken, de Langeron et d'Yorck le 14 novembre autour de Mulheim.

L'initiative audacieuse du maréchal « Vorwärtz » allait rencontrer à Francfort la plus vive opposition. Sans doute les chefs politiques et militaires de l'oligarchie européenne étaient unanimes à penser que la lutte pour la suprématie du continent devait avoir pour but final l'anéantissement de la puissance française et la chute de Napoléon ; mais ils étaient très divisés d'opinion sur les résolutions à prendre.

Les partisans du passage immédiat du Rhin et d'une invasion de la vieille France étaient peu nombreux, mais influents et bruyants : c'étaient Alexandre, ses courtisans les plus intimes, les étrangers et surtout les émigrés français servant dans les rangs russes, comme Langeron, Saint-Priest, Rochechouart : c'étaient Stein et les patriotes, qui faisaient passer les intérêts de l'Allemagne avant ceux des princes, grands ou petits ;

c'étaient enfin les représentants civils et militaires de l'Angleterre auprès des souverains alliés, sir Robert Wilson, lord Cathcart, lord Aberdeen, lord Burghersh.

Par contre, beaucoup d'officiers du plus haut grade et d'hommes d'État expérimentés jugeaient utile, pour des motifs très divers, d'interrompre les opérations militaires pendant une période plus ou moins longue. Les Russes étaient las d'une guerre qui avait perdu à leurs yeux tout caractère national; ils ne la voyaient pas sans inquiétude se prolonger au profit unique de la Prusse, de l'Autriche et de l'Angleterre; avant d'aller plus loin, ils auraient désiré recueillir un fruit tangible de leurs victoires, ou du moins prendre leurs sûretés pour l'avenir. Mais, connaissant les sentiments de leur maître, ils observaient une prudente réserve.

Les sentiments des Autrichiens étaient plus complexes. L'armée était satisfaite d'avoir enfin vengé les innombrables échecs subis pendant les guerres de la Révolution et de l'Empire. Mais depuis l'ouverture des hostilités elle avait subi des pertes sérieuses et de grandes privations; les officiers et la troupe, payés de leurs appointements et de leur solde en papier-monnaie prodigieusement déprécié, n'avaient pu se procurer les objets les plus nécessaires à la vie que par la voie des réquisitions. « Il faut des bottes, des culottes, des chemises, une bouteille de vin pour se restaurer des énormes fatigues, et les billets sont refusés partout », écrivait Schwarzenberg à Metternich le 3 novembre, et il demandait l'établissement du cours forcé. L'armée avait donc grand besoin de repos; mais habituée à observer une discipline sévère, à voir son opinion ne compter pour rien dans les décisions du gouvernement, elle attendait sans impatience les ordres de ses chefs.

Les généraux Duka et Knesebeck, qui représentaient dans les conseils de guerre l'empereur d'Autriche et le roi de Prusse, étaient partisans d'une temporisation prudente. Le premier, vieillard accablé d'infirmités, préférait le repos au mouvement, la paix à la guerre; s'y résignant, il la voulait au moins conduite avec méthode, en s'avançant pas à pas, en faisant le siège des places fortes. Le second, exclusivement préoccupé des intérêts de la couronne de Prusse, pensait qu'entre le Rhin et l'Elbe, il y avait déjà assez de territoires disponibles pour lui rendre son ancienne splendeur. Il jugeait dangereux de compromettre les avantages déjà acquis en passant le Rhin prématurément, car il se souvenait de l'issue peu glorieuse de la campagne de 1792 et redoutait de soulever en France par une nouvelle invasion une nouvelle explosion de patriotique fureur, au plus grand profit de Napoléon. Il était donc d'avis d'établir les armées en quartiers d'hiver sur la rive droite du Rhin, ou tout au moins d'y séjourner jusqu'au moment où ces armées reposées et renforcées seraient en état d'entreprendre une nouvelle campagne avec une supériorité numérique écrasante.

Il appartenait à Schwarzenberg de dire le dernier mot. Le généralissime n'était pas opposé en principe à une campagne d'hiver; sur la foi des renseignements recueillis au quartier général, il jugeait que les opérations de début sur la rive gauche du Rhin ressembleraient fort à de simples marches militaires et que l'invasion de la France pourrait conduire à de grands résultats, si l'on réussissait à surprendre Napoléon, sans lui laisser le temps d'organiser la défense du territoire, et à le priver des ressources des départements envahis. Mais il ne se dissimulait pas qu'en pénétrant dans l'intérieur du pays les armées alliées trouveraient une résistance de plus en plus énergique; il prévoyait une campagne longue et pénible et il voulait préparer parfaitement les troupes aux énormes efforts qu'il aurait à leur demander. Il les jugeait incapables de continuer la guerre avant de s'être refaites, d'avoir reçu des renforts et remis le matériel en état. Il était donc fort opposé aux projets de Blücher et ne voyait pas sans inquiétude l'impulsion nouvelle donnée à l'armée de Silésie.

Tout porte à croire que Schwarzenberg était dans le vrai. Les corps d'armée chargés de poursuivre jusqu'au

Rhin l'armée française avaient subi de fortes pertes pendant les batailles de Leipzig ; du 19 octobre au 4 novembre ils avaient encore laissé beaucoup d'hommes en arrière, car cette période de marches, entremêlées au début de combats sérieux, avait peut-être été la plus dure de toute la campagne, au point de vue de l'usure continue des forces physiques.

Les effectifs de ces corps d'armée vers le 4 novembre sont assez difficiles à déterminer, en l'absence de renseignements officiels de source autrichienne, russe ou prussienne. Néanmoins, on peut se rapprocher de la vérité en comparant les chiffres, donnés par Plotho, des présents sous les armes avant les batailles de Leipzig avec ceux des tués, blessés et disparus pendant ces batailles.

A la date du 15 octobre les Autrichiens avaient en ligne (y compris le corps Klenau) 70 000 combattants; les Russes (gardes et réserves, corps Wittgenstein, Sacken, Langeron et Wintzingerode) 103 000 ; les Prussiens (corps Yorck) 21 500, soit au total 194 500. Les pertes de ces unités pour les trois journées de Leipzig s'élevèrent à :

Autrichiens.	8 400
Russes.	19 535
Prussiens.	5 744
Au total	33 679 ou 33 500

Mais les corps de Klenau et de Wintzingerode ne suivirent pas les armées sur le Rhin. De ce chef il faut déduire environ 40 000 hommes. Du 19 octobre au 4 novembre les armées de Bohême et de Silésie perdirent en tués, blessés et surtout en malades et en éclopés, de 5 à 10 000 hommes, ce qui fait ressortir le déficit à 80 000 hommes environ. En déduisant ce chiffre de celui des combattants disponibles au 15 octobre (194 500 — 80 000) on obtient l'effectif probable, environ 114 500, dont 36 000 pour l'armée de Silésie et 78 500 pour l'armée de Bohême. En joignant à ces 114 500 hommes les 25 000 hommes de l'armée austro-bavaroise, disponibles après Hanau, Schwarzenberg n'avait pas sous la main plus de 140 000 hommes au maximum, effectif assurément très supérieur à celui des débris de l'armée française, avant son ralliement, mais insuffisant pour entreprendre en toute sécurité une guerre d'invasion. D'autre part, il ne pouvait compter recevoir promptement des renforts, car le reste des armées alliées était retenu devant les places d'Allemagne encore au pouvoir des Français. Kleist faisait le siège d'Erfurt; Tauenzien celui de Magdebourg; Klenau, Chasteler et Tolstoï bloquaient Dresde ; Walmoden et une partie des Suédois contenaient Davout; Beningsen observait Wittenberg et Torgau et formait une réserve centrale contre les garnisons françaises, dont on pouvait craindre la concentration dans la main d'un chef énergique. Tous ces corps devaient rester indisponibles jusqu'à la capitulation des places, ou jusqu'à leur remplacement par des troupes de réserve et par les landwehr des petits États allemands, qu'on projetait de lever à bref délai.

Ainsi, à ce moment précis, ces garnisons, que l'Empereur avait abandonnées au fond de l'Allemagne et dont il devait si amèrement regretter l'absence, lui rendaient encore un dernier et immense service, en contribuant par leurs menaces sur les lignes de communication des alliés à retenir ceux-ci sur la rive droite du Rhin.

Abstraction faite des effectifs, l'état matériel des armées de Bohème et de Silésie rendait indispensable un arrêt des opérations actives. La santé des troupes laissait fortement à désirer : les marches sous la pluie, les haltes au bivouac dans la boue ou dans les localités infectées par les malades et les morts, semés par l'armée française pendant sa retraite, les fatigues et les privations avaient facilité la diffusion du typhus, endémique en Allemagne depuis le mois de décembre 1812. La chaussure, l'équipement, l'habillement, l'armement, le matériel roulant avaient beaucoup souffert et demandaient une remise à neuf ou des réparations sérieuses. Il ne fallait pas songer à tirer les matières premières ou les objets confectionnés de la région de Francfort, déjà épuisée par les réquisitions faites au profit de l'armée française. Force était donc de donner le temps de rejoindre aux parcs et aux convois amenant le matériel de rechange des magasins de Prusse et de Bohême.

Telle était la situation générale : on ne possède des renseignements détaillés que sur le corps prussien de Yorck, de l'armée de Silésie. A la rupture de l'armistice ce corps était fort de 37 800 hommes avec 106 pièces de canon; le 4 novembre, à son arrivée à Giessen, il était réduit à 9993 avec 42 pièces, dont les affûts étaient presque tous en mauvais état ; beaucoup de voitures d'artillerie avaient été brisées dans les mauvais chemins, ou abandonnées faute d'attelages. Depuis la fin de septembre, les parcs et convois étaient restés bien loin en arrière : les munitions d'artillerie et d'infanterie consommées avaient pu être remplacées par les prises faites sur l'ennemi, mais les bagages et les effets de rechange faisaient cruellement défaut à tout le monde, surtout aux officiers subalternes d'infanterie. Les armes portatives étaient en partie hors de service, par suite de l'humidité persistante et du manque d'entretien, inévitable pendant une période de marches incessantes ; un grand nombre d'hommes étaient même complètement désarmés, car on n'avait pu remplacer les fusils brisés. Les effets de toute espèce étaient usés ; les soldats de la ligne portaient encore les débris des uniformes distribués en 1811, au moment de l'entrée en campagne contre la Russie ; les hommes de la landwehr avaient reçu à leur incorporation des blouses confectionnées en étoffe de mauvaise qualité, qui sous la pluie persistante avaient rétréci au point de gêner les mouvements ; les uns et les autres étaient encore en pantalons de toile ; pour leur procurer des capotes on avait dû dépouiller les prisonniers de ces vêtements. Beaucoup d'hommes marchaient les pieds nus, en dépit des réquisitions faites pendant la route pour leur procurer des souliers, même usagés.

Les chevaux étaient épuisés ; un grand nombre étaient blessés et avaient besoin d'un long repos avant de pouvoir être utilisés à nouveau. Leur effectif avait d'ailleurs extraordinairement diminué ; on n'avait pu remplacer ceux qui avaient péri ou que l'on avait été forcé d'abandonner, car les régions traversées par le corps d'armée avaient présenté très peu de ressources.

Sans doute la situation de tous les corps d'armée n'était pas aussi mauvaise. Les Autrichiens et les Bavarois, entrés en campagne depuis trois mois seulement, avaient moins souffert que les Russes et les Prussiens, qui depuis dix-huit mois faisaient une guerre très rude. Les gardes russe et prussienne, marchant avec leurs souverains, avaient été ménagées en dehors des combats; elles avaient eu de bons cantonnements, une nourriture assurée. Mais dans l'ensemble les armées avaient grand besoin de s'arrêter pour se refaire et pour donner le temps de rejoindre aux renforts et aux convois de matériel.

Au point de vue autrichien, de fortes raisons politiques militaient également en faveur d'une suspension des hostilités. En ces premiers jours de novembre Metternich ne se sentait pas maître de la situation ; il était fort préoccupé des plans de remaniements territoriaux conçus par l'empereur Alexandre. Ce prince, conseillé par son ami Czartorisky, ne dissimulait pas son désir de reconstituer à son profit l'ancien royaume de Pologne, en réunissant aux provinces polonaises annexées à la Russie, le duché de Varsovie, déjà occupé par ses troupes, et la Galicie, encore aux mains de l'Autriche; pour obtenir l'adhésion de ses alliés, il se montrait disposé à laisser la Prusse s'emparer de la Saxe, mise sous séquestre et gouvernée provisoirement par un Russe, le prince Repnin, et à permettre à l'Autriche de s'étendre à sa guise en Allemagne et en Italie ; il songeait même à lui attribuer l'Alsace, afin de la brouiller irrévocablement avec la France, et d'éviter la conclusion à la paix générale d'une entente ou d'une alliance entre l'Autriche, la Prusse et la France, destinée à mettre des bornes à l'expansion de la puissance russe. Metternich jugeait ces projets dangereux pour les intérêts autrichiens; il trouvait la Russie bien assez forte et déjà encombrante, car elle faisait sentir son influence en Allemagne d'une manière menaçante pour les principes conservateurs du gouvernement autrichien, en favorisant outre mesure les efforts faits par Stein et ses amis pour étendre à tous les États secondaires le pouvoir sans contrôle de l'administration centrale. Il ne voulait pas engager une nouvelle campagne avant d'avoir assuré la prépondérance de l'Autriche sur les souverains de ces États par la conclusion d'accords analogues aux traités de Ried et de Fulda, qui, tout en rattachant à la coalition les rois de Bavière et de Wurtemberg, leur avaient cependant laissé, à la grande fureur de Stein, une indépendance relative et le plein exercice du pouvoir dans les limites de leurs frontières respectives. Metternich voulait aussi rétablir en Suisse le gouvernement des patriciens, partisans de l'Autriche, et s'assurer en Italie, le concours de Murat, peut-être même celui du prince Eugène; par-dessus tout il tenait à mettre la dernière main à l'intrigue diplomatique ébauchée à Dresde, poursuivie à Prague, puis à Weimar, dans le but de discréditer Napoléon aux yeux des Français; à ses yeux, le succès de cette intrigue devait être le prologue nécessaire d'une nouvelle campagne.

La situation était donc des plus singulières : ni Alexandre, ni Metternich n'avaient entièrement découvert leur jeu; mais ils avaient laissé échapper assez de confidences, fait assez d'ouvertures, pour partager en deux camps les ministres, les chefs militaires, les courtisans et les intrigants, déjà arrivés à Francfort ou en route pour s'y rendre. Par une étrange contradiction, l'un, composé d'hommes cultivés, animés de tendances réformatrices et relativement libérales, poussait furieusement à une action immédiate contre la France; l'autre, où se groupaient les aristocrates les plus entichés de l'esprit de caste et les théoriciens imbus des doctrines les plus réactionnaires, faisait effort pour retarder la reprise de la lutte et affectait de croire possible une entente avec Napoléon.

Les 7 et 8 novembre se tinrent à Francfort, en présence de l'empereur de Russie, des conférences militaires où chacun exposa son plan de campagne. Gneisenau, chef d'état-major de l'armée de Silésie, fit connaître les intentions de Blücher et les ordres, déjà en voie d'exécution, donnés en conséquence. Il insista de la manière la plus pressante pour que les armées coalisées franchissent le Rhin sans délai. L'armée de Silésie, renforcée des corps disponibles de l'armée du Nord, devait faire la conquête de la Belgique et de la Hollande, pendant que l'armée de Bohême se porterait sur Strasbourg, Metz et Luxembourg, et qu'un corps détaché traverserait la Suisse pour pénétrer en Franche-Comté. Après avoir ainsi délivré les pays réunis à la France depuis le début des guerres de la Révolution, on aurait à choisir, soit de faire la paix, soit de marcher sur Paris pour y renverser l'usurpateur et le remplacer par un gouvernement inspirant confiance à l'Europe.

En opposition formelle avec Blücher et Gneisenau Knesebeck développa des considérations dictées par la plus grande prudence. Selon lui, les armées de Bohême et de Silésie devaient s'établir en quartiers d'hiver sur le Rhin moyen, de manière à retenir autour de Mayence la plus grande partie de l'armée française ; un gros détachement de l'armée du Nord entrerait en Hollande et ferait la conquête de ce pays, sans rencontrer grande résistance, car l'ennemi n'oserait s'affaiblir en Alsace et dans les provinces rhénanes pour renforcer les faibles garnisons des places situées entre Wesel et la mer. Entre temps, on pourrait poursuivre les pourparlers déjà engagés. Puis au printemps, si les négociations n'avaient pas réussi, lorsque les armées seraient reposées et réorganisées, les réserves arrivées, on rouvrirait la campagne, mais en agissant toujours avec circonspection ; la grande armée en masse se porterait par la Suisse sur le midi de la France et opérerait sa jonction avec l'armée autrichienne d'Italie ; l'armée de

Silésie, établie sur le Rhin moyen, couvrirait les lignes d'opération de l'armée de Bohême, et assurerait la sécurité de l'Allemagne du Sud.

Les idées de Knesebeck furent combattues très vivement par Gneisenau, et par les plénipotentiaires anglais : le premier savait que Blücher, déjà en route pour Mülheim, éprouverait la plus amère déception, s'il était obligé de revenir sur ses pas ; les seconds désiraient vivement voir la Hollande enlevée à la France et redoutaient un échec de la fraction de l'armée du Nord chargée de l'opération, si les forces principales de la coalition étaient maintenues inactives sur le Rhin moyen. Ils firent valoir que Napoléon ne manquerait pas de profiter de ce temps d'arrêt pour réorganiser lui aussi ses armées, compléter les effectifs des corps avec les conscrits des dernières levées, remettre en état l'artillerie, les équipages, la remonte, et qu'en ajournant au printemps la reprise des hostilités, on risquerait de se trouver en présence de troupes parfaitement préparées à de nouveaux combats.

Ni le plan de Gneisenau, ni celui de Knesebeck ne faisaient l'affaire de Schwarzenberg, entièrement dominé par le souci de ménager les intérêts politiques de l'Autriche. Le premier était trop simple, trop brutal, ne donnait pas à Metternich le temps nécessaire pour mener à bien ses intrigues contre Napoléon et ses négociations avec les princes allemands. Le second ajournait trop la solution de la crise et, de plus, présentait l'inconvénient très sérieux d'accumuler dans une région déjà épuisée par les réquisitions faites au profit de l'armée française une énorme masse d'hommes et de chevaux, dont l'entretien et l'alimentation pouvaient devenir des problèmes fort difficiles à résoudre dans une saison peu propice au roulage et à la navigation. Schwarzenberg aurait été plutôt disposé à entrer dans les vues de Gneisenau, mais en ajournant le passage du Rhin, afin d'assurer aux troupes le minimum de repos strictement indispensable, et en donnant à la masse principale des armées alliées une tout autre direction.

De concert avec son chef d'état-major Radetzky et son quartier-maître général Langenau, il avait préparé un plan de campagne, inspiré de celui conçu, dit-on, par Pitt pour la campagne de 1799. En dépit de l'énorme supériorité numérique des alliés, il avait jugé impossible d'envahir le territoire français en franchissant le Rhin dans la partie moyenne de son cours, c'est-à-dire entre Huningue et Coblentz : trop d'obstacles devaient retarder la marche des armées : le Rhin d'abord, avec les puissantes forteresses de Strasbourg et de Mayence; puis les Vosges, la Moselle, la Meuse; par-dessus tout la triple ligne de places créée par Vauban, qui conservait aux yeux des étrangers son prestige de frontière de fer. Il avait donc renoncé à attaquer la France de front et résolu de tourner ses défenses naturelles et artificielles en l'abordant sur la section de frontière comprise entre Bâle et Genève inclusivement. L'opération impliquait la traversée et l'occupation plus ou moins prolongée de la plus grande partie du territoire suisse, et, à ce titre, était entièrement conforme aux idées stratégiques de Schwarzenberg et de ses collaborateurs, qui croyaient s'assurer une base excellente, en s'établissant fortement dans la région montagneuse où tous les grands fleuves de l'Europe prennent leur source. De cette position centrale on pourrait facilement pénétrer sur le territoire français, insuffisamment défendu par les mauvaises places de Blamont, Besançon, Joux, Salins et Genève; la frontière franchie, on se trouverait en Franche-Comté, où la population avait jadis montré des dispositions peu favorables à la Révolution, à portée de la Bourgogne, où les émigrés rentrés, restés en relations suivies avec leurs parents et amis servant dans les rangs autrichiens, avaient peu à peu repris une grande influence; on serait à même de combiner les mouvements de l'armée principale avec ceux de l'armée autrichienne d'Italie et de l'armée anglo-espagnole commandée par Wellington; enfin on abrégerait le trajet des renforts tirés de l'Allemagne du Sud et de l'Autriche. D'autre part, l'occupation de la Suisse faciliterait l'exécution des projets politiques de Metternich qui, afin de mieux séparer la France de l'Italie, désirait soustraire la Confédération à l'influence française et rétablir le pouvoir des patriciens de Berne et des Grisons, toujours accueillis à Vienne avec faveur et soutenus dans leur longue lutte contre les partisans de la liberté.

La droite de la grande armée serait couverte par un corps détaché contre Metz; l'armée de Silésie serait chargée de faire la conquête de la Hollande et de la Belgique; l'armée du Nord, de tenir Davout en respect et d'achever les sièges des places d'Allemagne.

Ce plan vague, mais grandiose, embrassait toutes les frontières de la France continentale et abondait en considérations géographiques. Il était fait pour plaire à l'empereur Alexandre, entièrement dépourvu de jugement personnel sur les questions stratégiques, mais, en sa qualité d'élève du général wurtembergeois Phull, totalement imbu des idées professées à l'école militaire Charles de Stuttgart, où le dogme de l'influence souveraine du terrain sur les opérations de guerre était mis en honneur avec une prédilection toute particulière. De plus, en faisant ce plan sien, il se posait en arbitre souverain de la guerre et de la paix, et ce rôle lui plaisait fort. Enfin, à cette époque, il espérait sans doute encore faire entrer la Suisse dans la coalition contre la France, ou tout au moins obtenir du gouvernement helvétique, libre passage sur un certain nombre de routes d'étapes.

La discussion sur le plan de Schwarzenberg fut passionnée. Gneisenau finit par s'y rallier, parce que le généralissime laissait à Blücher la faculté de pénétrer en Belgique, et d'agir partout à peu près à sa convenance. Par contre, Knesebeck, jugeant le flanc droit de la grande armée insuffisamment couvert par un corps détaché sur Metz, insista jusqu'à la fin pour que l'armée de Silésie fût transportée sur le Rhin, la gauche à Bâle, la droite vers Mayence, et y fût maintenue en observation, tandis que l'armée du Nord serait chargée de la conquête de la Belgique et de la Hollande. Finalement l'avis de Schwarzenberg prévalut : le 8 novembre l'empereur Alexandre l'adopta, en modifiant certains détails pour lui donner un cachet personnel, et le soir même il remit à Gneisenau une note écrite de sa main en français, dans laquelle il avait résumé le rôle assigné aux différentes armées.

D'après cette note, l'armée du Nord devait se diviser en deux fractions : la plus forte (15 000 Suédois, 15 000 Saxons, 30 000 Russes du corps de Wintzingerode et 20 000 Prussiens du corps de Bulow, soit 80 000 hommes) passerait le Rhin aux environs de Cologne et marcherait sur la Hollande, afin de séparer ce pays de la France ; la plus faible (10 000 Suédois et 15 000 Russes du corps de Walmoden, soit 25 000 hommes) immobiliserait Davout à Hambourg. L'armée de Silésie (12 000 Prussiens du corps de Yorck et 40 000 Russes des corps de Sacken et de Langeron, soit 52 000 hommes) passerait le Rhin à Coblentz et couvrirait l'aile droite et les lignes de communication de la Grande Armée ; elle serait portée à l'effectif de 132 000 hommes, au moyen des renforts destinés aux trois corps de première ligne (15 000 hommes), des corps allemands de nouvelle formation (50 000 Hessois, Badois, Westphaliens et Wurtembergeois) et du corps prussien de Kleist (15 000 hommes), devenu disponible après la capitulation d'Erfurt ; elle prendrait alors l'offensive, si les circonstances paraissaient favorables. La grande armée (gardes et réserves russes et corps russe de Wittgenstein, 40 000 hommes, armée autrichienne, 120 000 hommes, corps bavarois, 30 000 hommes, renforts, 15 000, soit 205 000 hommes), laissant des corps d'observation devant Kehl et Brisach, opérerait par la Suisse, vraisemblablement dans la direction de Genève, afin de se relier à l'armée autrichienne d'Italie ; celle-ci prendrait comme premier objectif la ligne du Var et s'avancerait ensuite dans le Midi de la France, pour donner la main à l'armée anglo-espagnole de Wellington. Enfin, différents corps seraient chargés des sièges des places de l'Elbe : Beningsen (20 000 hommes) de ceux de Torgau et de Wittemberg ; Tauenzien (28 000 hommes) de celui de Magdebourg ; Klenau, Chasteler et Tolstoï (52 000 hommes) de celui de Dresde. L'empereur n'avait pas fixé la date à laquelle les opérations devaient être reprises, car il avait fait état des renforts encore en marche, et des corps à fournir par les États allemands, corps dont l'organisation n'était pas commencée, sauf en Saxe ; il n'était entré dans aucun détail pratique d'exécution ; sa note ne pouvait donc valoir qu'à titre d'ébauche. En réalité les conférences avaient abouti à un résultat purement négatif : pour un temps indéterminé les opérations militaires allaient perdre le caractère d'une guerre de mouvements et se transformer en une occupation méthodique des États de la rive droite du Rhin.

Tel était bien le désir de Metternich : le jour même où Alexandre fit connaître ses intentions à Gneisenau, il reprit, dans les conditions les plus singulières, les négociations avec la France[1].

L'Empereur lui-même avait fourni l'occasion : le 17 octobre, entre deux batailles, il s'était fait amener le général autrichien Merveldt, prisonnier depuis la veille ; au cours d'une conversation assez longue, il lui avait manifesté, en termes d'ailleurs très généraux, son désir de faire la paix et indiqué les conditions auxquelles il était disposé à souscrire pour obtenir ce résultat. Puis il l'avait renvoyé prisonnier sur parole, afin que les chefs de la coalition fussent instruits sans retard de ses intentions conciliantes. En effet Merveldt exécuta sa commission le même soir.

Metternich, même après Leipzig, ne dédaigna pas

---

1. J'ai jugé inutile de refaire, et moins bien, après Albert Sorel, l'exposé de l'incident des « bases de Francfort » ; en effet, depuis la publication du t. VIII de *l'Europe et la Révolution française*, les archives publiques en France et à l'étranger n'ont livré aucun document de nature à modifier les appréciations de l'éminent historien ; les archives privées, desquelles on aurait pu espérer quelque éclaircissement, sont restées discrètes. Ne pouvant passer l'affaire sous silence, je me suis borné, pour la clarté de mon récit, à énumérer chronologiquement les faits et à indiquer quelques curieuses coïncidences.

ces ouvertures; faire la paix avec l'homme qui incarnait tout ce qu'un aristocrate de son rang haïssait le plus au monde, il n'y songea pas un instant; mais il résolut de profiter de l'incident pour essayer de battre l'Empereur sur le terrain politique, comme Schwarzenberg venait de le vaincre sur le terrain militaire. Dès le 20, il eut une conversation confidentielle avec Lauriston, prisonnier de guerre comme Merveldt. Il paraissait naturel de l'échanger contre celui-ci et de le renvoyer à Napoléon porteur d'une réponse.

Metternich ne pouvait se passer de l'assentiment d'Alexandre; il l'entreprit le lendemain 21 octobre et, à sa grande déception, ne réussit pas à lui faire partager ses vues. Il s'adressa ensuite à Nesselrode et le trouva non moins hostile à de nouveaux pourparlers, avant que la retraite de l'armée française sur la rive gauche du Rhin ne fût devenue un fait accompli. Mais il revint à la charge, et, fort de l'entière approbation de l'empereur François, il parvint à gagner à ses projets l'empereur de Russie, sous condition de ne pas ouvrir de négociations en forme pour la paix définitive sans le consentement de l'Angleterre, et, en attendant, de continuer énergiquement la guerre, en se réservant d'élever les exigences selon le résultat des opérations. L'entente entre Alexandre et Metternich fut conclue le 26 à Weimar.

Entre temps un hasard singulièrement heureux fit tomber aux mains des Russes un homme infiniment plus propre que Lauriston à servir, consciemment ou non, les desseins de Metternich : c'était le baron de Saint-Aignan, ministre de France près les cours de la Saxe ducale. L'importance du personnage ne doit pas être appréciée en raison de ses fonctions, mais bien en raison de sa situation sociale à Paris : beau-frère de Caulaincourt, il était fort répandu dans tous les mondes, mais il fréquentait surtout les salons où se rencontraient, médisaient et complotaient les obligés, les affidés, les amis et les amies de Talleyrand. Enlevé par les cosaques le 24 octobre et traité d'abord comme belligérant, il avait reçu le 26 l'ordre de partir pour la Bohème avec une colonne de prisonniers; il avait aussitôt protesté auprès de Schwarzenberg et de Metternich, en se réclamant de son caractère diplomatique, et obtenu gain de cause, bien que, dans des circonstances exactement semblables, son collègue Lefebvre, premier secrétaire de la légation de France à Berlin, eût été expédié sans phrases au fond de la Russie. Sur l'invitation de Schwarzenberg Saint-Aignan se rendit auprès de Metternich, en fut reçu avec un empressement marqué et obtint la promesse de ses bons offices. Mais l'entretien ne se limita pas à la question intéressant Saint-Aignan seul.

« Metternich l'entreprit en propos vagues et généraux sur la paix et sur le tort que s'était fait Napoléon en refusant de comprendre et de suivre ses conseils... il exprima la crainte que le caractère de l'empereur Napoléon ne fût un obstacle à la paix; qu'alors ce serait une guerre désastreuse... que l'Allemagne aurait par elle-même et d'un mouvement spontané 300.000 hommes de plus sur nos frontières... que les Allemands étaient un peuple doux, honnête et éloigné de toute violence; que ce peuple n'était en révolution que parce que l'empereur Napoléon l'avait froissé, n'avait rien fait pour lui, et avait exaspéré les souverains... que l'Angleterre était bien plus modérée qu'on ne pensait. » Il lui confia qu'il existait entre lui, Metternich, et le duc de Vicence, sous le sceau du secret, un écrit qui pouvait faire conclure la paix en soixante heures, mais il se garda de préciser. Ayant ainsi amorcé Saint-Aignan, il l'invita à aller attendre à Töplitz la nouvelle de sa délivrance. Conformément à cette invitation Saint-Aignan partit le lendemain 27 octobre et arriva le 30 à sa destination.

Il est difficile de comprendre pourquoi Metternich fit faire au diplomate français un voyage qu'il savait parfaitement inutile, car, précisément à la date du 27, en arrivant à Bornheim près Anstedt, il avertit Schwarzenberg des décisions prises en commun avec l'empereur Alexandre « ... Nous allons expédier Saint-Aignan à l'empereur Napoléon avec une réponse aux ouvertures qu'il a faites à Merveldt. Je vous prie de faire diriger sur-le-champ Saint-Aignan vers le lieu du séjour de notre Empereur. Il faudra pour cela expédier à sa poursuite un courrier qui le trouvera dans la direction de Töplitz. C'est à vous à régler l'objet de la manière la moins compromettante au point de vue militaire. Nous traiterons du reste l'envoi de Saint-Aignan comme le simple renvoi d'un non combattant, sans dire à personne que nous le chargeons d'ouvertures. » En même temps il invita le généralissime à faire passer par un parlementaire une lettre de lui, adressée à Caulaincourt, dans laquelle se trouvait incluse une seconde lettre de Saint-Aignan à son beau-frère[1]. Mais Schwarzenberg avait porté son quartier général à Muhlberg le 27 octobre et il ne reçut la lettre de Metternich que le 28. Par suite de retards inexpliqués, Saint-Aignan ne fut rejoint par le courrier que

---

1. Le parlementaire chargé de porter les lettres était le capitaine Hess. « Le capitaine Hess, qui était à Dresde avec Bubna, doit partir demain (26) avec une réponse pour Berthier qui a proposé un échange de prisonniers. L'Autriche consent à en échanger 500 et en outre Régnier et un autre général contre Merveldt. C'est là sa mission officielle, mais la véritable est d'entamer une conversation sur l'entretien de Merveldt avec Napoléon. Metternich vous racontera tout cela. Il ne veut rien avoir de caché pour vous et a l'intention de vous mettre au courant quand vous serez près de lui. » (Sir Robert Wilson à lord Aberdeen, 25 octobre.)

En réalité Hess ne partit qu'après la réception de la lettre de Metternich à Schwarzenberg, donc le 28 octobre au plus tôt. Il remit les lettres dont il était chargé le 3 ou le 4 novembre à Berthier, aux avant-postes de Hochheim ; il s'entretint non seulement avec Berthier, mais aussi avec le duc de Trévise et le général Bertrand. Ce dernier particulièrement conseilla la paix avec insistance dans l'intérêt même de l'Autriche et appela l'attention de Hess sur les inconvénients qu'avait pour cette puissance une alliance avec la Russie. Hess rentra de sa mission le 4 novembre à Francfort, le jour même de l'arrivée dans cette ville de Metternich et de Schwarzenberg, rapportant des lettres qui causèrent l'impression la plus agréable. Dans l'une, adressée à Schwarzenberg, Berthier acceptait l'échange de Merveldt avec Régnier ; dans une autre, Caulaincourt remerciait Metternich de la mise en liberté et du renvoi en France de Saint-Aignan. Tous deux proposaient de continuer l'échange des communications sur les sujets déjà abordés.

le 2 novembre à Töplitz ; il ne se remit en route que le 3 et ne rejoignit le quartier général de l'empereur d'Autriche que le 8 à Francfort ; le jour même il fut reçu par Metternich.

Dans ce second entretien le ministre reprit et précisa les propos tenus dans le premier ; il alla jusqu'à dire que personne n'en voulait à la dynastie de l'Empereur : mensonge audacieux, car dans le conseil de guerre tenu la veille, la chute de Napoléon avait été envisagée comme devant être le but final des efforts de la coalition. Vraisemblablement il découvrit une partie de ses intentions, tâta Saint-Aignan, et finalement, sûr de son bon vouloir, il lui proposa de porter à Paris la réponse des alliés aux ouvertures faites à Merveldt. Saint-Aignan de son côté paraît avoir accepté la mission offerte avec une légèreté déconcertante : il n'avait aucun mandat et il avait perdu tout caractère officiel par le fait même de sa captivité.

Le lendemain, 9 novembre, Saint-Aignan eut avec Metternich un troisième entretien, auquel prirent part d'abord Nesselrode, puis Aberdeen, ambassadeur d'Angleterre, et enfin Schwarzenberg. Il demanda à résumer par écrit leurs propos. « La note qu'il rédigea constatait les liens indissolubles des alliés, l'adhésion de l'Angleterre à la coalition, par suite l'inutilité désormais de penser soit à un armistice, soit à une négociation, qui n'eut pas pour premier principe une paix générale ; les souverains coalisés étaient unanimement d'accord sur la puissance et la prépondérance que la France doit conserver dans son intégrité, en se renfermant dans ses limites naturelles, qui sont le Rhin, les Alpes et les Pyrénées. L'indépendance de l'Allemagne était une condition *sine qua non* de la paix ; de même l'indépendance de la Hollande et celle de l'Italie, la frontière de l'Autriche de ce côté restant à déterminer ; enfin le rétablissement des Bourbons en Espagne. L'Angleterre était prête à faire les plus grands sacrifices pour la paix fondée sur ces bases et à reconnaître la liberté du commerce et de la navigation, à laquelle la France a droit de prétendre. Un congrès pourrait s'ouvrir sur-le-champ, sans que cependant les négociations suspendissent le cours des opérations militaires [1]. »

A la fin de la conversation Metternich désigna Caulaincourt comme l'homme le plus propre à mener à bien les négociations. Il chargea Saint-Aignan « de dire au duc de Vicence qu'on lui conservait les sentiments d'estime que son noble caractère avait toujours inspirés et qu'on lui remettrait volontiers les intérêts de l'Autriche et ceux de tout le monde, si l'on pouvait, pour en décider suivant les principes d'équité qu'on lui connaissait ». Nesselrode ajouta que l'empereur Alexandre avait de la loyauté et du caractère du duc la plus haute opinion, qu'il n'en changerait jamais et que les choses s'arrangeraient vite s'il était chargé de représenter la France au congrès.

La note, œuvre de Saint-Aignan seul, résumait en termes volontairement vagues les conversations des 8 et 9 novembre : elle était dépourvue de toute valeur officielle, car, si Metternich avait parlé avec un apparent abandon, en revanche Nesselrode et Aberdeen s'étaient bornés à protester de leurs intentions pacifiques, et Hardenberg, considérant ces conversations comme de simples comédies, s'était abstenu d'y paraître. Après comme avant, Alexandre était fermement résolu à renverser le gouvernement de l'Empereur, à lui substituer une sorte de protectorat, dont il songeait déjà à investir Bernadotte, ou, au pis aller, à restaurer une dynastie bourbonienne, soit avec le comte de Lille, soit avec le duc d'Orléans. Les Anglais n'étaient disposés à admettre aucune atteinte à leur suprématie maritime : pour la garantir, il leur fallait une Hollande indépendante sous un prince à leur dévotion, et accrue d'une portion de la Belgique, tout au moins d'Anvers. Les Allemands donnaient à l'expression « limites naturelles » un sens qui aurait fort étonné les Français par-

---

[1]. Sorel, *L'Europe et la Révolution française*, t. VIII.

tisans de la paix, mais restés patriotes : les plus modérés, d'ailleurs peu nombreux, acceptaient bien comme telles les Alpes et les Pyrénées, et à la rigueur la portion du cours du Rhin comprise entre Bâle et l'embouchure de la Lauter ; mais les unitaires de l'école de Stein, les affiliés du Tugendbund et toute la clique des Universités criaient bien haut que le Rhin était un fleuve allemand et non la frontière de l'Allemagne, qu'il devait couler entre des rives exclusivement allemandes ; en vertu de cette théorie, ils réclamaient comme terres allemandes l'Alsace, la Lorraine, voire même la Champagne, la Franche-Comté et une partie de la Bourgogne !

Mais l'équivoque était créée et Metternich ne demandait pas autre chose ; très bien renseigné sur l'état des esprits en France, il savait que la masse de la nation était encore fidèle à l'Empereur, mais qu'elle était lasse de la guerre, épuisée de sacrifices d'hommes et d'argent, inquiète de l'avenir ; que l'armée, surtout dans les grades inférieurs, subissait toujours l'ascendant du chef tant de fois victorieux, mais qu'elle était fort réduite et dans un grand dénuement matériel : il savait aussi qu'en France même il pouvait compter sur de nombreux auxiliaires, prêts à seconder ses machinations, dès qu'ils entreverraient l'occasion de réduire ou même d'anéantir le pouvoir de l'Empereur : Talleyrand et ses amis se seraient volontiers accommodés d'une régence, où la confiance de la Russie et de l'Autriche les aurait appelés à jouer les premiers rôles ; les libéraux et quelques jacobins attardés, ou non encore nantis, auxquels pesait un gouvernement ferme et ordonné, rêvaient l'établissement d'un régime parlementaire, peut-être avec Bernadotte, peut-être même avec le duc d'Orléans ; les royalistes, que la crise religieuse avait fait sortir de leur torpeur, conspiraient et intriguaient un peu partout ; enfin tous ceux auxquels l'Empire avait donné ou rendu titres, terres, argent, situation sociale, voulaient en jouir à tout prix, fût-ce au prix du démembrement et de l'humiliation de la plus grande France. A ces opposants Metternich espérait donner, par une audacieuse interversion des rôles, un prétexte pour représenter Napoléon comme intraitable par orgueil, par ambition, par aveuglement, et, en contraste, les alliés comme animés à l'égard de la France et de son souverain des dispositions les plus conciliantes ; il comptait sur eux pour inquiéter le monde des capitalistes et des grands propriétaires, décourager ou corrompre les fonctionnaires, démoraliser les soldats, préparer la défection des chefs militaires, au besoin renseigner les états-majors des armées alliées et guider leurs colonnes! Ce calcul se trouva malheureusement juste et tous les opposants jouèrent leur rôle en conscience.

Avant de se rendre, le 9 novembre, chez Metternich, Saint-Aignan dut avoir connaissance du combat livré dans la journée même devant Hochheim, qui illustrait de la manière la plus démonstrative le plan des alliés : faire la guerre, tout en négociant, et élever les prétentions selon le succès des opérations. Schwarzenberg fit attaquer le village de Hochheim par les corps d'armée de Giulay et de Liechtenstein et par la division Bubna. L'énorme supériorité numérique des Autrichiens rendit l'issue de l'attaque non douteuse et avant la nuit l'avant-garde de la Grande Armée française fut définitivement rejetée dans les ouvrages de Kastell. Désormais la France ne possédait plus sur la rive droite du Rhin que Kehl, la tête de pont de Kastell et la place de Wesel. Le 10 au soir Saint-Aignan quitta Francfort et se mit en route pour Paris.

Blucher était en marche sur Mülheim, sans se soucier beaucoup, semble-t-il, des décisions de l'empereur Alexandre, lorsqu'il reçut, le 11, à Altenkirchen, l'ordre positif de ramener en arrière l'armée de Silésie, désignée pour faire le blocus de Kastell et du fort Montebello, et de régler les étapes de manière que ses troupes eussent complètement relevé celles de l'armée de Bohême le 17 novembre. La rage au cœur le vieux maréchal dut obéir ; il établit son quartier général à

Höchst le 16 et chargea du blocus les corps de Sacken et de Yorck, le corps de Langeron restant en réserve [1].

Le 18 novembre Schwarzenberg arrêta les dispositions d'ensemble pour donner aux armées alliées des

[1]. Après l'installation de l'armée de Silésie autour de Kastell, Blücher se rendit à Francfort où il exhala sa fureur dans les termes les plus véhéments. Knesebeck surtout eut à supporter ses reproches ; c'est à lui que fut adressé le surprenant discours cité avec vénération par Scherr et dont il n'est pas sans intérêt de donner une traduction aussi exacte que possible : « Le Metternich, le million de chiens, le gueux, qui mériterait d'être pendu, vous tient tous à la corde et en laisse. Ah! malheur! il voudrait sauver le Bonaparte ; naturellement ; n'est-il pas pour ainsi dire le beau-frère de ce coquin de Corse! Que tous les tonnerres écrasent le gueux et ses gueux de diplomates. Et vous êtes aussi de cette clique, vous, Knesebeck! que le diable vous emporte! — Mais, Excellence, mon opinion était seulement qu'il fallait s'établir en quartiers d'hiver, plutôt en apparence qu'en réalité, de manière à s'ébranler à l'improviste lorsque l'Empereur des Français se serait cru en sécurité. — Allons donc! finasseries et poudre aux yeux! Je sais ce qu'il en sort de toutes ces écrivasseries bonnes pour des renards. Des quartiers d'hiver! Pourquoi faire? Parce que nous sommes mal préparés à une campagne d'hiver! Et après? Le Bonaparte l'est-il mieux que nous? Il l'est moins, beaucoup moins ; je vous le dis, et cela est. Nous pouvons l'anéantir si nous allons vivement de l'avant. Et qu'est-ce encore que cette trahison, ce bavardage infâme sur les frontières naturelles de la France? Laisser la ligne du Rhin aux Welches! il n'y a que des drôles qui ont pu couver cet œuf! C'est abject! c'est abjectement diplomatique! Un bon bougre, Arndt il s'appelle, vous l'a cependant bien dit, infâmes têtes à poux : le Rhin est le fleuve de l'Allemagne, et non pas sa frontière. Et c'est pour un pareil résultat que tant de braves gens ont versé leur sang! Il y a de quoi devenir enragé! Mais je vais vous dire, moi, de quoi il s'agit dans toutes vos manigances diplomatiques ; on veut ménager les chers petits Français et leur Bonaparte, berner la Prusse et la patrie allemande, en les privant de la vengeance à laquelle elles ont droit et des dédommagements qu'elles méritent pour leurs souffrances et leurs efforts. Mille fois malheur! Quant à vous, général, vous devriez avoir honte de vous trouver au milieu d'une bande de pareilles canailles. Vos sacrées hémorroïdes ont reparu et votre cœur est tombé dans vos culottes. Mais que Dieu me damne si la farce montée par Metternich est jouée jusqu'au bout. Nous avons aussi notre mot à dire, nous, les hommes de la Katzbach, de Wartenburg, de Gross Beeren, de Dennewitz, de Mockern, et si les paroles restent impuissantes, nos sabres parleront. Nous voulons aller à Paris et en finir avec Bonaparte : nous le ferons envers et contre Metternich. Vous pouvez le lui dire de ma part, à lui et à tous les Judas qui l'entourent ; et dites-leur aussi que je les ai tous au cul! »

Il paraît qu'à la suite de la visite de Blücher, Knesebeck tomba malade d'épouvante et de chagrin.

Blücher, seine Zeit und sein Leben, t. III, l. V, chap. v, p. 309, par le Dr Johannes Scherr, Leipzig, Wigand, 1863.

cantonnements de repos. Les troupes se mirent aussitôt en mouvement pour s'y installer. Comme certaines localités étaient fort éloignées, cette période de marches se prolongea pour certains corps d'armée jusqu'à la fin de novembre.

D'une manière générale le Main forma la ligne de démarcation entre les armées de Silésie et de Bohême. La première resta groupée autour de Kastell, ayant comme zone d'exploitation la région comprise entre le Main, le Rhin et la Lahn. La seconde s'étendit beaucoup plus à l'aise entre le Main et le Rhin. Afin de rester maître de la situation, Schwarzenberg eut soin de placer en première ligne dans les grands-duchés de Hesse et de Bade les troupes autrichiennes et bavaroises, et en seconde ligne, dans le grand-duché de Francfort, dans la partie orientale du grand-duché de Hesse et dans le royaume de Wurtemberg, les troupes russes et prussiennes. Ainsi il se ménageait la possibilité de concentrer sur un point quelconque de la ligne du Rhin entre Mayence et Bâle la majeure partie de son armée, sans avoir à consulter l'empereur Alexandre. Pour le moment, il est vrai, l'établissement d'une zone de cantonnement aussi étendue excluait toute idée d'offensive.

Les mouvements terminés, les corps d'armée occupèrent les emplacements ci-après : 1er corps autrichien, Fribourg en Brisgau ; corps austro-bavarois, Offenburg, assurant le blocus de Kehl ; 3e corps autrichien, Karlsruhe ; 2e corps autrichien, Graben; division Bianchi, Wiesloch ; division Weissenwolf, Heidelberg ; divisions légères Bubna et Liechtenstein, de l'embouchure du Neckar à Gernsheim. En deuxième ligne : la cavalerie de réserve autrichienne dans la vallée du Neckar, de Heilbronn à Tubingen : les gardes et réserves russes et la garde prussienne dans la région comprise entre la rive gauche du Main, la vallée de la Tauber, la rive droite de la Jaxt et la route de Francfort à Heidelberg ; le quartier général de Barclay à Aschaffenbourg. Enfin, le corps russe de Wittgenstein dans la vallée de la Kocher, quartier général à Schwäbisch-Hall.

II

LE CONGRÈS DES SOUVERAINS A FRANCFORT

Les habitants de Francfort, délivrés du joug fort doux de leur grand-duc, avaient accueilli avec un enthousiasme délirant les souverains alliés et leurs troupes; mais ils ne tardèrent pas à déchanter et à trouver fort incommode la présence de leurs libérateurs, habitués à considérer comme française toute ville récemment évacuée par les Français, et, en vertu de cette fiction commode, à la traiter sans aucun ménagement. Francfort fut inondée de généraux, d'officiers, de soldats, de fonctionnaires civils; l'effectif de la garnison ne fut jamais inférieur à 25 ou 30 000 hommes (26 000 hommes le 15 novembre) et, avec les troupes de passage, s'éleva parfois à 50 000 hommes, chiffre supérieur à celui de la population. Tous les édifices publics furent occupés par les administrations militaires autrichienne et russe; presque toutes les églises furent converties en magasins; toutes les maisons particulières, même les plus pauvres, reçurent des hommes et des chevaux à loger et à nourrir. « Je suis arrivé aujourd'hui à 11 heures du matin, écrivait le 12 novembre Sulpiz Boisserée à son frère Melchior, et j'habite chez Guaita; chez Ehrmann il n'y avait pas de place; le pauvre vieux a 21 hommes dans sa maison; un de ses amis couche sur son sopha. Impossible de descendre dans les auberges... Vous ne pouvez vous faire une idée de l'encombrement... Les cosaques bivouaquent sur la Zeil et dans les autres rues; dans les moindres logis il y a quatre ou cinq soldats, qui s'installent comme il leur plaît. Tout est plein de fumier et d'ordures à un point qui dépasse l'imagination... Les Guaita m'ont reçu cordialement et amicalement; je couche sur leur sopha. Bien qu'ils n'occupent qu'un étage, ils ont neuf hommes à loger, plus le conseiller d'État prussien Jordan avec trois domestiques[1]. »

Les nobles et les gros financiers purent sans de trop grands sacrifices donner l'hospitalité aux princes, aux généraux et aux officiers supérieurs ; les gens du peuple, rapprochés des soldats par leurs mœurs grossières et leur misère habituelle, partagèrent avec eux leurs taudis et souffrirent relativement peu de cet envahissement ; mais il n'en fut pas de même des bourgeois et des commerçants, dont les logements étaient en général resserrés et les ressources limitées. Dans ces classes moyennes de la société le sans-gêne et les exigences des Autrichiens, des Russes et des Prussiens excitèrent rapidement un très vif mécontentement. Officiers et soldats se conduisaient comme en pays conquis, voulaient des chambres chauffées à blanc, des repas copieux, arrosés d'une bouteille d'eau-de-vie par homme et par jour ; leur voracité n'était jamais satisfaite. Emportés par leur penchant à la rapine, ils allaient jusqu'à dépouiller les passants dans les rues de leurs souliers et de leurs manteaux. En outre, les Slaves et les Allemands étaient animés à l'égard les uns des autres d'une hostilité très vive ; à chaque instant et sous les prétextes les plus futiles éclataient entre eux des querelles, suivies de réconciliations, dont les bourgeois apeurés devaient faire les frais. La diversité des autorités militaires rendait illusoires toutes les réclamations ; les plaintes les mieux fondées ne donnaient lieu qu'à des enquêtes inutiles, ou le plus souvent étaient rejetées sans examen.

L'entassement dans des locaux peu appropriés au logement des hommes et des chevaux, l'ignorance ou le mépris des règles de l'hygiène, et surtout les excès de tout genre succédant à de longues privations, facilitèrent la propagation du typhus, dont les hôpitaux, infectés par les malades français et imprudemment utilisés par les alliés, constituaient des foyers permanents et redoutables. Ces hôpitaux ne suffirent pas ; les Russes

---

1. Sulpiz Boisserée. *Correspondance*, Stuttgart, Cotta, 1862.

et les Autrichiens durent en établir de nouveaux, dont l'installation laissa toujours fort à désirer. « A Sachsenhausen, dans la maison teutonique, était un hôpital russe. Dans les hautes salles voûtées du rez-de-chaussée, aux murs ornés de sculptures en stuc, aux parquets cirés, que visitait l'Empereur, étaient couchés dans des lits propres les malades de la garde russe; dans les greniers, où l'Empereur ne montait pas, les malades des régiments de ligne sur un lit de paille. Les poêles en fer étaient chauffés jusqu'au rouge, pendant que le vent et la neige passaient par les carreaux cassés. » L'administration de ces établissements donna lieu à de grandes malversations ; les malades redoutaient d'y entrer, restaient chez leurs hôtes jusqu'à la dernière extrémité et contribuaient ainsi à répandre l'épidémie. La mortalité dans la population civile devint très élevée.

L'interdiction de l'importation des marchandises anglaises fut levée le 15 novembre. Le commerce salua avec joie la fin des prohibitions et des entraves imposées par le système français du blocus continental, mais il n'eut pas longtemps à se réjouir, car les opérations du change rendirent bientôt la situation de la place très critique. Russes, Prussiens, Autrichiens payaient leurs achats en billets; mais ils exigeaient le retour de la monnaie en numéraire et au cours officiel. A leur arrivée la valeur du florin papier avait été fixée par le gouverneur à 48 kreutzers de Francfort; mais au bout de peu de jours les banques ne le prirent plus qu'à 40, et les négociants qu'à 44. Ces différences du change furent la cause de contestations infinies entre les acheteurs, les marchands de détail et de gros, et les banquiers. A part les officiers et soldats, tout le monde fut bientôt en perte et regretta les beaux napoléons d'or, dépensés sans compter par les Français en entrant en Allemagne ou en en sortant.

Vers la fin de novembre la disette devint menaçante : à 8 ou 10 lieues à la ronde le pays avait été dévasté par le passage des armées belligérantes; bien que les Français eussent repassé le Rhin depuis longtemps, les cosaques continuaient à battre les routes, sous prétexte de rechercher les traînards et les déserteurs, et commettaient les brigandages les plus affreux. Ils ne respectaient personne, car une de leurs bandes dévalisa l'épouse du général de Wrede, qui retournait en Bavière après être venue soigner son mari blessé ! Les paysans ne se hasardant pas à apporter leurs denrées sur les marchés, Francfort ne se trouva plus approvisionnée que par les convois venus de l'Allemagne du Sud et les troupeaux venus de Hongrie, sous escorte.

Mais même ces arrivages étaient rendus difficiles par suite de la mauvaise saison et surtout de l'état des routes.

Plus d'un mois après le passage des armées, ces routes présentaient encore un aspect affreux : on ne comptait pas les ponts rompus, les villages brûlés ou détruits, les vergers dévastés, les champs couverts de cadavres d'hommes et de chevaux, dévorés par les loups et les corbeaux et dans un tel état de putréfaction que les paysans se refusaient à les enterrer. Entre Fulda et Hanau le spectacle était particulièrement horrible : « Les horreurs de la route augmentaient à chaque pas, écrivait lady Burghersh à sa mère, à mesure que nous approchions de Hanau. Nous obligions les postillons à crier quand ils apercevaient des cadavres. Ainsi il y en eut beaucoup que je ne vis pas. J'en ai seulement vu six, qui sont apparus sans que j'ai été prévenue : quatre n'avaient plus aucun vêtement, deux étaient des squelettes. Quant aux chevaux ils étaient par tas de dix et de douze. En quelques endroits la puanteur était horrible. »

En dépit de la misère et de la maladie, Francfort était encombrée d'une foule très brillante. A part le roi de Saxe, captif en Prusse, le prince grand-duc de Francfort, prudemment réfugié en Suisse, et quelques principicules retenus dans leurs résidences par l'âge, la santé ou le manque de ressources, tous les souverains d'Allemagne, grands et petits, bravant le voyage pénible, les routes hideuses, les gîtes insalubres, se précipitèrent pour faire leur cour aux vainqueurs, comme jadis ils s'étaient rués à Erfurt et à Dresde pour obtenir une parole, un regard du grand Empereur ! Le grand-duc de Wurzburg arriva le 11 novembre ; il fut suivi le 13 par les grands-ducs de Bade et de Hesse et par les rois de Prusse et de Bavière ; le 15 par le duc de Nassau ; le 19 par le roi de Wurtemberg ; le 26 par le prince d'Isenburg ; le 27 par l'électeur de Hesse, le duc de Saxe-Weimar, le prince de Nassau-Orange. Ceux qui ne purent venir en personne s'empressèrent d'envoyer des représentants. Tous les personnages qui jouaient un rôle politique ou militaire, ou qui aspiraient à en jouer un, s'empressèrent de se rendre dans la ville où allaient se décider les destinées de l'Allemagne et de l'Europe : le baron de Stein arriva le 12, Blücher le 15, Wrede le même jour. Les grandes-duchesses de Russie, Catherine, veuve du prince d'Oldenburg, et Marie, duchesse de Saxe-Weimar, rejoignirent leur frère l'empereur Alexandre le 24 novembre ; leur soif d'honneurs et de plaisirs donna même lieu en Allemagne à maintes médisances et à des caricatures mordantes. Du début de novembre au milieu de décembre Francfort regorgea de ministres et de diplomates, de généraux et d'officiers de tous grades, de courtisans et d'intrigants de toute provenance. Certains de ces derniers devaient même, semble-t-il, travailler pour la France. Dans une lettre au prince Karadja du 20 novembre, Gentz mentionne le passage à Francfort du banquier hollandais Labouchère, et le qualifie d'agent secret au service de la France, tout en constatant la trop grande divergence des points de vue et l'impossibilité d'entamer une négociation avec le plus petit espoir de la voir aboutir.

Il fallait loger et distraire tout ce beau monde, et ce n'était pas une mince difficulté. Les plus grands personnages avaient peine à trouver un gîte. « Hier soir, écrivait Sulpiz Boisserée le 13 novembre, le ministre Stein est arrivé chez Hardenberg, où il a dû attendre pendant quatre heures qu'on lui ait trouvé un logement ; ses gens avaient couru dans toute la ville sans en trouver, le chancelier ayant oublié d'y pourvoir. En rentrant avec moi à la maison, Guaita, toujours prêt à tout pour procurer un avantage à sa ville ou pour lui éviter un ennui, mit tout en mouvement pour meubler deux chambres vides chez sa belle-sœur qui habite la maison voisine, afin que l'homme, aux mains duquel on a confié l'administration des pays abandonnés par leurs souverains, ait au moins un toit pour abriter sa tête. » Si tel était le sort de Stein, à ce moment plus puissant que tous les princes d'Allemagne réunis, on devine quel pouvait être celui des voyageurs de moindre importance.

Les empereurs de Russie et d'Autriche et le roi de Prusse s'employaient consciencieusement à occuper, sinon à amuser, leurs hôtes : le 14 novembre, revue des troupes par le grand-duc Constantin et banquet offert par l'empereur d'Autriche à l'empereur Alexandre, au roi de Prusse et aux princes allemands; le 15, encore revue et bal dans la salle du théâtre; le 16, autre bal offert par la société du casino, et représentation de gala, où l'on vit le roi de Prusse faire à Blücher les honneurs de sa loge; le 21, encore banquet chez l'empereur d'Autriche, offert à l'empereur Alexandre, aux rois et aux princes héritiers de Prusse et de Wurtemberg; le 28, revue des troupes de l'armée de Silésie passée près de Hochheim par l'empereur François et le roi de Prusse; le 30, visite du roi de Prusse à Wiesbaden et bal offert par les officiers du corps de Yorck; le 1er décembre, parade de ce corps d'armée, dans la plaine entre Mosbach et Erbenheim, pendant laquelle le roi fut salué de quelques coups de canon tirés des remparts de Kastell; après la revue, banquet offert par le roi à Hochheim à l'hôtel de la Couronne, dont l'hôte se plaignit de vol d'argenterie, commis par des domestiques russes; le 2, à Höchst, grande chasse offerte par Blücher à ses amis de Francfort; le 3, grande revue et distribution solennelle aux officiers et soldats russes ayant fait la campagne de 1812, de la médaille commémorative de cette campagne[1]; le 4,

1. Médaille en argent semblable pour tous les grades. Ruban bleu. Avers : l'œil de la Providence avec le millésime 1812. Revers : inscription en caractères russes : *non nobis, non nobis, sed nomini tuo*.

banquet offert par le roi de Prusse aux empereurs, aux grandes-duchesses, à la duchesse Louis de Wurtemberg, à la princesse de la Tour et Taxis, à l'électeur de Hesse, aux ducs de Weimar, de Gotha et de Cobourg; puis concert par la cantatrice Élise Barenfels ; le 6, bal donné par les grandes-duchesses ; le 12, fête offerte à Blücher, à l'occasion de l'anniversaire de sa naissance, par le gouvernement ducal de Nassau, qui fit bien les choses, car il lui en coûta 8 477 florins 38 kreutzers ; le 16, autre fête offerte au même Blücher par la ville de Francfort.................. Metternich, Nesselrode, Schwarzenberg donnaient aussi des réceptions et des dîners, où se traitaient souvent les questions les plus sérieuses. A l'armée de Silésie on menait joyeuse vie : à Höchst, en dépit de la misère du pays, Blücher exigeait chaque jour une table splendidement servie de 25 à 30 couverts; Langeron donnait des fêtes au château d'Engers, où il avait établi son quartier général; le général russe Emmanuel, installé à l'hôtel de la Couronne à Hochheim, scandalisait les habitants ruinés et affamés par des orgies, où plusieurs Allemandes, ses maîtresses, lui tenaient compagnie.

Le ton de toutes ces réunions était passablement grossier, car le plus souvent les femmes, autres que les catins suivant les armées, s'abstenaient d'y paraître. Du reste, à part les deux grandes-duchesses et leurs dames, la princesse de la Tour et Taxis, la duchesse Louis de Wurtemberg et parfois la grande-duchesse et la princesse héréditaire de Hesse, venues de Darmstadt, l'élément féminin n'était représenté que par les dames de Francfort et des environs. A l'arrivée de lady Burghersh, ministres et ambassadeurs, ravis de trouver enfin une femme de leur monde, s'empressèrent de donner en son honneur des dîners peut-être fort intéressants, mais peu amusants, car l'excentrique Anglaise constatait mélancoliquement qu'elle était le plus souvent seule de son sexe au milieu de 15 ou 20 hommes.

En dehors des cérémonies officielles, des parades et des services religieux, où ils apparaissaient entourés de leurs gardes et de leurs états-majors en grande tenue, les empereurs et le roi de Prusse menaient une existence fort simple. L'empereur Alexandre sortait beaucoup à cheval, lorgnait les femmes et faisait, sans souci de l'étiquette, de nombreuses visites, notamment au banquier Bethmann, avec lequel il aimait à s'étendre sur les fautes militaires commises par Napoléon. L'empereur François ne quittait guère le palais de la Tour et Taxis, où il passait ses journées à travailler et ses soirées à jouer du violon avec ses courtisans les plus intimes. Le roi de Prusse et son fils parcouraient sans cesse à pied les rues de la ville et les promenades ; ils se laissaient facilement aborder, et, par l'aménité de leurs façons, la simplicité de leur tenue et la bienveillance de leurs propos, ils avaient acquis dans le peuple et dans la bourgeoisie une véritable popularité.

Au milieu des fêtes, les affaires ne chômaient pas. En venant rendre hommage aux vainqueurs les princes allemands poursuivaient un but pratique : les uns, bénéficiaires du système de la Confédération du Rhin, cherchaient à conserver les possessions territoriales et les prérogatives souveraines, récompenses tangibles des services rendus à la France et à l'Empereur ; les autres, dépossédés de leurs États héréditaires, voulaient les recouvrer et entendaient bien y rentrer en maîtres absolus, afin de restaurer les institutions décrépites, les usages surannés et les uniformes démodés du bon vieux temps, de ce temps où les maudits Français eux-mêmes n'avaient pas encore perdu le respect des rois et des reines, des nobles seigneurs et des nobles dames. Tous ces princes recherchaient les bons offices d'un protecteur puissant, qui ceux de l'empereur d'Autriche, qui ceux de l'empereur de Russie, qui ceux du roi de Prusse, en invoquant les liens de parenté plus ou moins éloignés, les anciens services rendus, les amitiés communes, les persécutions subies sous le régime impérial ; ils en avaient besoin, car ils se sentaient menacés par un puissant adversaire dressé contre eux pour défendre les intérêts du peuple allemand. Cet adversaire était le baron de Stein, en qui s'incarnaient en ce moment solennel les espérances et les haines des patriotes les plus éclairés et les plus énergiques.

Par une convention conclue le 21 octobre, l'Autriche, la Prusse, la Russie, la Suède et l'Angleterre avaient établi, sous la présidence de Stein, un département central d'administration, investi des pouvoirs les plus étendus sur tous les pays privés de gouvernement par suite des événements de guerre, sur ceux dont les souverains refuseraient d'accéder à l'alliance contre l'ennemi commun, et, dans une mesure à déterminer, sur ceux dont les souverains deviendraient par traité alliés des puissances signataires. En réalité la convention s'appliquait uniquement aux États ayant fait ou faisant encore partie de la Confédération du Rhin, car les provinces autrichiennes, prussiennes, hanovriennes et suédoises, ayant appartenu avant l'année 1805 aux puissances alliées, et le grand-duché de Wurzburg, comme possession de seconde géniture de la maison d'Autriche, étaient soustraits à l'action du département central. Stein et ses amis étaient fort mal disposés à l'égard des princes allemands, suspects à leurs yeux de nourrir des sentiments tièdes pour l'intérêt supérieur de la patrie commune et de regretter plus ou moins ouvertement la destruction du système de l'alliance française, à laquelle ils devaient des augmentations de territoire et de population très considérables, et surtout la plénitude de l'exercice de leurs droits souverains. Ils poussaient donc les puissances alliées à user de la force et des droits conférés par la victoire pour obliger les princes à se prêter aux sacrifices les plus grands, dans le but de donner à l'Allemagne une constitution unitaire, d'assurer sa puissance et de garantir son indépendance. Deux moyens s'offraient : ou bien suspendre purement et simplement le pouvoir des souverains et placer leurs États sous l'administration du département central; ou bien laisser sur le trône ceux qui manifestement n'avaient adhéré à l'alliance française que contraints et forcés, remplacer les autres par leurs fils ou successeurs désignés, si ceux-ci étaient reconnus bien pensants, et, en tout cas, soumettre l'exercice de l'autorité des uns et des autres pendant une période indéterminée au contrôle de l'administration centrale. Les puissances alliées avaient intérêt à imposer ce contrôle pour secouer la torpeur du peuple et obtenir un concours en rapport avec la gravité des circonstances, c'est-à-dire de grands sacrifices financiers, le développement des troupes de ligne et l'organisation de la levée en masse. Aucun obstacle sérieux n'était à redouter, car dans la plupart des États de la Confédération du Rhin les souverains ne pouvaient guère compter sur la fidélité de leurs anciens sujets, ni sur celle des habitants des pays acquis aux dépens de l'Autriche, de la Prusse et des princes dépossédés par Napoléon. Les premiers s'étaient de plus en plus détachés de maîtres considérés comme des valets et des imitateurs serviles du tyran français; les seconds avaient conservé un souvenir affectueux de leurs anciens princes, dont la chute brusque et l'exil leur avaient fait oublier les désordres et le despotisme archaïque.

Mais Metternich jugeait ces conceptions bien trop révolutionnaires; fort opposé à toute tentative de reconstitution du Saint Empire, il voulait remplacer la Confédération du Rhin par un organisme analogue, mais plus vaste et plus souple, dans lequel entreraient la Prusse et l'Autriche, celle-ci jouant naturellement un rôle prépondérant. Le succès de ses combinaisons n'était possible que si les princes allemands trouvaient dans l'Autriche la protectrice de leur existence politique. Dans ce but, il avait conduit avec modération les négociations avec la Bavière, et conclu le traité de Ried; même après Leipzig, il avait accepté la soumission du roi de Wurtemberg et signé, le 2 novembre à Fulda, un traité d'alliance entre le Wurtemberg et l'Autriche seule. La Prusse et la Russie avaient dû adhérer à ces traités, afin de maintenir l'union entre les coalisés. Mais les patriotes avaient fait entendre d'aigres récriminations, car ils trouvaient un grave inconvénient à accorder aux deux royaumes de l'Allemagne du Sud, avec la confirmation de leurs acquisitions territoriales, sous réserve d'échanges exactement compensés, la reconnaissance d'une existence propre, indépendante de celle des autres États allemands, et l'espoir de prendre rang en Europe à la suite des grandes puissances. Inversement tous les princes, dès qu'ils purent saisir le moment favorable pour se dégager de l'alliance française et se séparer de la Confédération du Rhin, mirent tout en œuvre pour obtenir un traitement analogue.

Les intrigues dans ce sens étaient déjà fort avancées lorsque Stein arriva à Francfort le 12 novembre. Jusqu'alors il avait été retenu à Leipzig par l'organisation du gouvernement général de la Saxe, destiné, dans sa pensée, à servir de modèle aux autres gouvernements à créer dans les pays nouvellement occupés par les armées alliées. Il avait été habilement secondé par le gouverneur général prince Repnin, familiarisé par un long séjour en Allemagne avec la langue et les mœurs, par le baron de Riedesel, chargé des relations avec les cours de la Saxe ducale, par les généraux Thielmann et von Vieth, préposés à l'organisation des forces militaires, et il avait obtenu en un temps très court des résultats considérables : il avait institué un conseil de gouvernement divisé en quatre sections, ayant pour attributions respectives la police, les finances, l'entretien des troupes alliées, la formation et le développement des troupes locales, portées à 15 000 hommes de troupes de ligne, 20 000 de landwehr du premier ban et 20 000 du second ban ; créé des ressources extraordinaires, en établissant un impôt sur le revenu et en arrêtant le mode de recouvrement ; rappelé les fonctionnaires dispersés par les événements de guerre et remis les administrations en activité régulière ; organisé le service des hôpitaux pleins de malades et de blessés, etc. Son temps avait donc été bien employé, mais il n'en avait pas moins été perdu pour la cause de l'unité allemande. En son absence Metternich avait aisément réussi à convaincre les souverains alliés de la nécessité de pardonner aux princes allemands tous les vieux péchés commis de connivence avec l'ennemi, sous condition de prendre une part active à la guerre et de se prêter dans l'avenir aux modifications territoriales éventuellement nécessitées par l'organisation nouvelle de l'Allemagne.

Il y eut cependant quelques exceptions : le roi de Westphalie et les grands-ducs de Francfort et de Berg, créatures de Napoléon, étaient naturellement entraînés dans sa défaite et n'avaient à compter sur aucun dédommagement ; le roi de Saxe avait exaspéré les alliés par son attitude au printemps de 1813 ; à cette époque aucun souverain, en raison de la situation politique, militaire et géographique de ses États, n'aurait pu leur donner un appui plus utile en se déclarant contre la France, aucun n'avait plus contribué par son exemple à retenir dans le système de la Confédération du Rhin nombre de princes disposés à en sortir ; le prince d'Isenburg était particulièrement honni pour avoir accepté le grade de général de brigade dans l'armée française et recruté sous son nom un régiment au moyen de déserteurs et de réfractaires prussiens ; enfin, le prince de la Leyen, sans raison précise, uniquement pour l'exemple.

En revanche le grand-duc d'Oldenburg, l'électeur de Hesse, le duc de Brunswick, rentrèrent dans leurs États ; Brême et Lubeck recouvrèrent leur indépendance ; la Prusse, l'Angleterre et la Suède reprirent possession de leurs anciennes provinces. En résumé, dès les premiers jours de novembre, la Confédération du Rhin avait cessé d'exister officiellement, mais les États dont elle se composait subsistaient pour la plupart dans la forme napoléonienne et les anciens États détruits par la conquête française étaient reconstitués, les uns et les autres sous l'influence de l'Autriche. Quant au peuple allemand, les sacrifices faits dans la guerre de délivrance ne lui avaient rien rapporté, sinon la consolidation ou le rétablissement d'une trentaine de potentats grands et petits, et la vague perspective que ces trente potentats consentiraient peut-être à former une espèce de confédération, non pas dans l'intérêt de la nation allemande, mais dans le leur propre, afin de consolider leur trône et de maintenir leurs sujets dans l'habitude de servir de leur corps et de leur argent, sous le contrôle de la police politique autrichienne. La désillusion devait être prompte et amère.

Stein avait cependant un rôle important à remplir. Les puissances alliées avaient compris la nécessité et l'urgence de déterminer la forme pratique du concours que les princes allemands s'étaient engagés à donner à l'œuvre commune, et, pour cela, d'arrêter des mesures générales fixant le mode d'entretien des armées alliées loin de leur pays d'origine, l'organisation et la répartition des forces militaires de toute nature des divers États, les ressources financières nécessaires pour maintenir et développer ce grand armement. Deux commissions furent instituées dans ce but, sous la présidence, l'une de Metternich, l'autre de Schwarzenberg, ce qui eut naturellement pour effet de mettre en mains autrichiennes de puissants moyens d'influence et d'action.

La commission présidée par Metternich eut à déterminer le mode d'entretien des armées alliées, à créer les moyens financiers pour faire face aux besoins et à élaborer les règles relatives au recrutement et à la formation des contingents des États allemands, à l'exception de ceux de la Bavière et du Wurtemberg. Elle termina ses travaux le 18 novembre et en exprima le résultat dans trois conventions.

Par la première la Russie, la Prusse et l'Autriche s'engagèrent à faire venir de leurs États, lorsque les routes seraient praticables et la navigation ouverte, tous les approvisionnements nécessaires à l'entretien de leurs troupes pendant six mois ; en attendant, les États alliés furent astreints à fournir aux besoins de toute nature, contre paiement au moyen de bons qui seraient liquidés par des obligations créées pour acquitter les frais de la guerre ; d'autre part, ils se chargèrent pendant un an de l'entretien de leur contingent particulier ; passé ce temps, leurs dépenses devaient être liquidées au moyen des mêmes obligations.

Par la seconde convention chaque État allié contracta immédiatement une obligation égale à la somme totale de ses revenus bruts pendant un an et s'engagea à effectuer les paiements en 24 termes échelonnés de trois mois en trois mois, au prorata de la part de chaque contribuable. Toutes les puissances grandes et petites se reconnurent solidaires de l'obligation générale, divisée en coupons au porteur de 50 à 5 000 florins portant intérêt à 6 p. 100[1].

La troisième convention fixa les principes généraux du système de recrutement et de défense commun à tous les États allemands, à l'exception de l'Autriche, de la Prusse, de la Bavière, du Wurtemberg, du Hanovre et de la Suède. Les États alliés furent invités à former, d'indigènes seulement, des corps de volontaires, des troupes de ligne, une landwehr, une réserve pour la landwehr et, dans les régions où cela serait nécessaire, un landsturm, chaque État fournissant un contingent double de celui qu'il avait fourni jusqu'alors à la Confédération du Rhin, moitié en troupes de ligne et moitié en landwehr. Toutes ces troupes devaient être organisées en plusieurs grands corps d'armée, placés à proximité des pays d'origine, et pourvus d'un général en chef et d'un état-major particulier. Les puissances alliées convinrent de nommer sur-le-champ des officiers chargés de désigner les positions stratégiques à fortifier dans l'intérêt de la défense commune de l'Allemagne et d'entreprendre les travaux sans délai, les frais de construction, de charrois et de main-d'œuvre devant

---

1. Les obligations prévues par la seconde convention furent signées le 2 janvier 1814. La Prusse, la Russie et l'Autriche en prirent chacune 5/17e; la Suède et la régence de Hanovre, chacune 1/17e. Mais ces obligations furent annulées, lors de la liquidation faite au congrès de Vienne, car les signataires avaient pour la plupart livré des fournitures excédant leur part. Quelques réclamations furent formulées, mais non maintenues.

être supportés par le pays où ces fortifications seraient élevées et par les pays voisins. Enfin, les produits des fabriques d'armes et des moulins à poudre, et le butin conquis sur l'ennemi furent réservés à l'armement de l'Allemagne.

En résumé, les grandes puissances acceptèrent l'adhésion à la coalition des États de second et de troisième ordres, mais elles les obligèrent à livrer à la discrétion du département central la totalité de leurs ressources financières et de leur crédit, de leurs troupes et de leur matériel de guerre.

Le 24 novembre Anstett pour la Russie, le baron Binder pour l'Autriche, le baron de Humboldt pour la Prusse et les représentants des petits États signèrent 21 actes, de rédaction uniforme. Par le premier, qui était le véritable traité, les princes allemands s'engagèrent à renoncer à la Confédération du Rhin, à soutenir la cause de l'indépendance de l'Allemagne par tous les moyens en leur pouvoir et à se conformer aux arrangements reconnus nécessaires par la suite pour établir en Allemagne un ordre de choses définitif. En échange les grandes puissances leur garantirent le maintien de leur souveraineté et de leurs possessions territoriales. Les trois conventions furent annexées au traité.

La commission présidée par Schwarzenberg se composa du baron de Stein, des généraux Wolkonsky et Wollzogen pour la Russie, Gneisenau pour la Prusse et Radetzky pour l'Autriche. Elle eut à arrêter la formation en corps d'armée des troupes des États allemands et à les mettre en mesure de prendre part à la prochaine campagne ; elle termina ses travaux le 24 novembre. Les contingents des divers États furent divisés en sept corps d'armée, savoir : Bavière, 1er corps (36 000 hommes); Oldenburg, Hanovre, Brunswick et Brême, 2e corps (28 300 hommes) ; Saxe royale et Saxe ducale, Schwarzburg et Anhalt, 3e corps (24 250 hommes) ; Hesse-Cassel, Berg, Waldeck et Lippe, 4e corps (18 050 hommes) ; Wurzburg, Hesse Darmstadt, Francfort, Isenburg, Reuss et Nassau, 5e corps (10 930 hommes) ; Wurtemberg,

6ᵉ corps (12 000 hommes) ; Bade, Hohenzollern et Liechtenstein, 7ᵉ corps (8330 hommes). Au total 290 120 hommes de première ligne. Les États allemands furent invités à organiser en seconde ligne une égale quantité de troupes de landwehr en mesure de faire campagne et à tenir les troupes de ligne disponibles le 31 décembre, les landwehr douze jours plus tard. Un comité militaire fut chargé de préparer l'organisation du landsturm et de choisir l'emplacement des ouvrages de fortification dont la construction serait de nature à faciliter l'exécution du plan général des opérations. Enfin, il fut prévu que des règlements particuliers détermineraient l'organisation et le fonctionnement de la police militaire sur les lignes de communication des armées, la production des fabriques d'armes, fonderies et poudreries existant en Allemagne, le mode de nomination aux emplois d'officiers dans les troupes levées sur les pays administrés par le département central, les rapports des généraux en chef avec les diverses autorités locales.

Le 26 novembre Schwarzenberg, Metternich, Hardenberg, Nesselrode, les généraux Knesebeck et Lottum, se réunirent en conférence et désignèrent les généraux commandant les corps d'armée, savoir : 1ᵉʳ corps, Wrede ; 2ᵉ, Wallmoden ; 3ᵉ, duc de Weimar : 4ᵉ, duc de Cobourg ; 5ᵉ, prince Philippe de Hesse-Hombourg ; 6ᵉ, prince royal de Wurtemberg ; quant au 7ᵉ corps, destiné à être incorporé dans l'armée de Bohême, aucun chef ne lui fut donné.

Le service hospitalier des armées fut organisé sur les bases suivantes : l'Autriche, la Prusse et la Russie se chargèrent chacune d'un sixième des frais d'hôpitaux ; les autres alliés de la moitié du total. L'Allemagne fut divisée en six arrondissements, ayant chacun une direction particulière et relevant d'une direction centrale, dont le chef fut le comte de Solms-Laubach, sous l'autorité supérieure du baron de Stein.

Par suite de ces différentes conventions le département central d'administration se trouva avoir à intervenir dans l'administration intérieure, des États allemands, pour les affaires financières, pour le service des hôpitaux, l'exploitation des fabriques d'armes et de matériel de guerre et la répartition de leur production, enfin, dans une foule de cas imprévus, où des conflits étaient à peu près inévitables entre les princes, fort jaloux de leur autorité, et les agents du département, peu disposés à les ménager. Dans ce moment difficile Stein déploya la plus grande énergie; il fut admirablement secondé par les conseillers Friese et Eichhorn, Prussiens, par le baron Spiegel, Autrichien, Tourguenieff, Russe, délégués au département central par les cours alliées. Le baron de Solms-Laubach s'occupa spécialement des questions de finance, du service des hôpitaux et de l'octroi du Rhin; le lieutenant-colonel prussien Ruhle von Lilienstern, du service de l'armement et de l'organisation militaire.

Le département central eut aussi une espèce de corps diplomatique; comme agents auprès des cours allemandes on peut citer : le baron de Troschke, à Dessau, pour les duchés d'Anhalt; le baron de Riedesel, à Arnstadt, pour les duchés de Saxe et la principauté de Schwarzburg; le major russe von Bötticher, à Cassel, pour l'électorat de Hesse et les principautés de Waldeck et de Lippe ; le baron de Schenkendorf, à Carlsruhe, pour le grand-duché de Bade. Les affaires de Nassau et du grand-duché de Hesse furent traitées à Francfort même par le comte de Solms-Laubach.

A son arrivée à Francfort, Stein avait été accablé d'adulations par les princes allemands et par leurs représentants. Le duc de Nassau s'était empressé de lever le séquestre mis sur ses biens depuis le mois de janvier 1809 et les avait rendus à leur propriétaire avec les revenus accumulés des années écoulées. Mais ces manifestations de sympathie ne pouvaient dissimuler la vérité aux yeux d'un homme clairvoyant. Dès que les princes furent revenus de leur émoi et eurent acquis l'assurance de conserver leurs titres et leur pouvoir, dès que leurs représentants eurent signé les traités du 24 novembre, la plupart cherchèrent par tous les moyens à se soustraire aux obligations contractées, ou du moins à les remplir aux moindres frais possibles. Il est difficile de se faire une idée des dégoûts dont Stein fut abreuvé dans l'accomplissement de ses hautes fonctions.

« J'espère que tu as reçu ma dernière lettre, écrivait-il à sa femme le 27 novembre. Si je suis moins exact que tu as le droit d'attendre, je te prie de t'y résigner, en considération de la multitude des affaires et surtout de l'énorme perte de temps résultant de mes rapports avec un tas d'hommes ennuyeux et importuns. Le déluge de princes et de souverains commence à s'écouler ; ils ont été bien mieux traités qu'ils ne le méritaient ; en attendant ils doivent concourir à l'œuvre commune en fournissant des troupes, de l'argent et des approvisionnements ; à la paix leur sort sera décidé. Le plus ridicule et en même temps le plus odieux de tous, est le tyran wurtembergeois. Sa lâcheté et sa crapule sont telles qu'il n'est pas possible qu'un homme de ce caractère n'ait pas tôt ou tard le sort qu'il mérite. Tous les autres principicules sont de pauvres gens, fort étonnés qu'on fasse tant d'embarras avec eux et qu'on consente à leur accorder une considération que leur pitoyable conduite est loin de leur avoir méritée. »

Faute de vrai patriotisme, de compréhension exacte de la situation générale et de leurs intérêts particuliers, presque tous les princes mirent la plus mauvaise volonté à tenir leurs engagements. A leur décharge on peut dire que les grands armements de 1812 et de 1813 avaient épuisé leurs ressources financières et militaires. De plus, dans les territoires compris dans les limites du royaume de Westphalie, des grands-duchés de Berg et de Francfort et de la 32ᵉ division militaire, les administrations françaises avaient cessé d'exister ; à part les pouvoirs municipaux, tout était à reconstituer ; or, les électeurs de Hanovre et de Hesse, les ducs d'Oldenburg et de Brunswick étaient peu soucieux de célébrer leur retour en accablant leurs sujets de charges encore plus lourdes que celles du régime français. La création de la landwehr et du landsturm se heurta à des difficultés d'une nature spéciale : ces institutions étaient assurément excellentes dans un État comme la Prusse, où prince et sujets étaient animés des mêmes passions et d'une confiance mutuelle. Mais ces sentiments étaient loin d'être généraux ; beaucoup de souverains redoutaient pour la sûreté de leur couronne l'effet des idées de liberté et d'unité allemandes, que ne manquerait pas de développer l'organisation de ces forces militaires, sur un plan uniforme, sous une direction unique, dans lesquelles les hommes de toutes les classes sociales seraient rapprochés et apprendraient à se connaître.

Les grands-ducs de Mecklembourg-Schwerin et Strelitz, le duc de Dessau, les princes de Lippe-Schaumburg et de Schwarzburg, les ducs de Saxe, les villes de Brême et de Lubeck s'imposèrent les plus grands sacrifices et donnèrent des preuves non équivoques de leur dévouement à la cause de l'indépendance.

Par contre, le gouvernement hanovrien montra peu de zèle. Le 4 novembre le duc de Cumberland, représentant le roi d'Angleterre, fit son entrée solennelle à Hanovre. En 1803 ce prince avait pris la fuite avec une précipitation fâcheuse devant les troupes françaises ; depuis il avait vécu en Angleterre, où il avait été mêlé à une foule de scandales et où il était l'objet du mépris public. Avec lui reparurent les institutions surannées et les abus les plus invétérés, au grand mécontentement du peuple et de la bourgeoisie, dont l'élan patriotique se trouva singulièrement ralenti. Le général von der Decken avait passé tranquillement en Angleterre toute la période de l'occupation française ; il fut cependant chargé de réorganiser l'armée, et s'en acquitta fort mal : il s'empressa de disgracier les patriotes qui, comme les comtes de Kielmansegge, avaient donné le signal du soulèvement contre l'étranger ; il réserva pour les nobles seuls tous les grades d'officiers ; il apporta à ses travaux une prodigieuse lenteur. A part quelques bataillons envoyés à l'armée du Nord, les troupes hanovriennes ne parurent sur le Rhin qu'à la conclusion de la paix.

La réaction fut tout aussi vive dans le duché de Brünswick. Le duc, réfugié en Angleterre depuis 1809, fit reprendre possession de ses États par des représentants au commencement de novembre ; lui-même y rentra le 22 décembre. Il fit preuve de bonne volonté : tardivement cependant, car ses troupes ne rejoignirent les armées alliées que pendant la dernière période de la guerre.

L'électeur Guillaume de Hesse, déchu du trône en 1806 par Napoléon, avait vécu à Prague depuis cette époque ; en septembre 1813, il se rendit à Breslau auprès des souverains alliés et s'engagea à verser des subsides dans la caisse militaire ; aussi fut-il remis en possession de ses États aussitôt après la bataille de Leipzig. Le 21 novembre 1813 il fit à Cassel une entrée triomphale et ridicule : « En tête du cortège s'avançaient une foule de paysans à cheval, ivres pour la plupart, des jeunes filles vêtues de blanc grelottant de froid, des instituteurs et des chœurs discordants d'écoliers, des gardes nationaux à pied et à cheval. Enfin, venait l'Électeur dans une voiture tirée par plus de deux cents hommes ; à côté de lui le prince héritier. Le vieux seigneur portait une majestueuse perruque avec une longue queue ; une grosse loupe au cou l'obligeait à pencher la tête de côté[1]. » Avare et débauché, dur et entiché des anciens usages, l'Électeur n'avait rien appris pendant ses années d'exil : il déclara simplement qu'il avait dormi pendant sept ans, replaça les gens dans la position qu'ils occupaient à son départ et fit reprendre instantanément à la cour, dans l'armée, dans l'administration, les anciens règlements, les anciens usages et jusqu'aux anciennes modes ! Pour être admis à son service ou en sa présence, officiers et fonctionnaires durent s'affubler d'une énorme queue de cheveux naturelle ou postiche, mais conforme aux ordonnances du temps du grand Frédéric ! Son esprit rétrograde, son gouvernement

---

1. *Souvenirs de Karl von Raumer*, cités par Vehse, *Geschichte der deutschen Höfe*.

tracassier et désordonné ne tardèrent pas à indisposer ses sujets; beaucoup en vinrent à regretter le roi Jérôme. L'Électeur entra fréquemment en conflit avec le département central d'administration : cependant il tint exactement ses engagements concernant les levées de troupes de ligne et de landwehr.

Le duc d'Oldenburg reprit également possession de ses États ; mais il ne jugea pas à propos de se faire représenter aux conférences de Francfort, resta sourd à toutes les sollicitations et, en fin de compte, ne donna ni un florin, ni un homme à la coalition.

Le grand-duc de Hesse-Darmstadt et le duc de Nassau, craignant un retour offensif de Napoléon, mirent beaucoup de lenteur et de mauvaise volonté à remplir leurs obligations envers les puissances alliées et le département central d'administration et s'efforcèrent d'entraver les manifestations patriotiques de leurs sujets. L'attitude des généraux alliés était d'ailleurs peu faite pour les rassurer. Le 14 novembre Yorck fit son entrée à Wiesbaden, abandonné par le duc de Nassau qui s'était réfugié au château d'Usingen ; il jugea insuffisante la réception préparée en son honneur et, pour marquer son mécontentement, il s'empressa de faire occuper le corps de garde principal par un détachement prussien, qui désarma et expulsa brutalement les troupes de Nassau. Un chambellan étant venu se plaindre de ce procédé peu amical fut fort mal reçu. Yorck se retrancha sèchement sur le droit de la guerre, et comme l'autre terrifié s'écriait « Mon Dieu ! Votre Excellence ne veut cependant pas déposer mon gracieux seigneur ! », il répondit encore plus sèchement : « Si cela convient à mon gracieux seigneur, cela se fera à l'instant. »

Le grand-duc de Bade se résigna le dernier à renoncer à l'alliance française. Les patriotes allemands lui reprochèrent avec amertume son manque de décision, et sa prodigalité inopportune : plus de 15 000 florins furent dépensés à Karlsruhe en galons, brassards et équipements luxueux pour des volontaires qui ne servirent guère qu'à former une garde d'honneur au grand-duc ; en revanche, les troupes de ligne et de landwehr passèrent le Rhin très tardivement et furent à peine capables de contenir les garnisons, pourtant bien faibles, des places d'Alsace.

Le roi de Bavière, conseillé par Montgelas, affecta de se considérer comme ayant acquis par le traité de Ried une indépendance complète ; il refusa obstinément de reconnaître l'autorité du département central et de le laisser s'immiscer dans les affaires intérieures du royaume, même pour certaines questions d'un intérêt commun à tous les États alliés, comme, par exemple, l'établissement et l'entretien des hôpitaux militaires. En revanche, il s'efforça de légitimer son indépendance et de se mettre en bonne posture pour obtenir de sérieux agrandissements en faisant de très considérables sacrifices d'hommes et d'argent.

Bien en prit au roi de Wurtemberg de s'être arrangé avec les puissances alliées avant l'arrivée de Stein ! Il n'en fut pas moins l'objet préféré des sarcasmes et des insultes des patriotes. Stein et ses amis ne lui pardonnèrent pas le châtiment infligé au général Normann et aux régiments de sa brigade, pour avoir déserté l'armée française en pleine bataille de Leipzig et tourné leurs armes contre l'allié de leur souverain. D'autre part, les militaires autrichiens avaient été exaspérés par la conduite loyale de la division Franquemont qui, lors du mouvement du corps de Bertrand de Lindenau sur Markranstädt, avait contribué à leur infliger un échec et leur avait fait plusieurs centaines de prisonniers, et qui avait ensuite suivi le 4ᵉ corps jusqu'à Fulda. Pour se venger ils n'épargnèrent au roi et à ses sujets aucun affront. Ils s'établirent en maîtres dans le royaume, sans prévenir les autorités locales, et le pillèrent odieusement ; ils ne respectèrent même pas les résidences royales, et dévastèrent les chasses, orgueil et plaisir du roi. Aux plaintes adressées à ce sujet par Neuffer, chargé à Francfort des affaires de Wurtemberg, Schwarzenberg fit des réponses cavalières : selon lui le territoire du royaume étant compris dans le théâtre de la guerre, les chefs de corps n'avaient à donner au gouvernement local aucun avis des mouvements opérés par les troupes alliées ; il refusa même de réprimer les excès de pouvoir des officiers subalternes et les brigandages des soldats. Dès lors le roi se tint à l'écart et borna au strict nécessaire ses rapports avec les puissances alliées et avec le département central. Par défiance envers ses sujets, il s'opposa d'une manière absolue à la formation de corps de volontaires et à l'organisation de la landwehr ; il ne voulut mettre en mouvement contre la France que des troupes de ligne, d'une fidélité et d'une obéissance éprouvées. Il prescrivit, il est vrai, la préparation de la levée en masse ; mais ce lui fut un prétexte ingénieux pour désarmer ses sujets, car il leur ordonna de déposer dans les magasins de l'État tous les fusils de guerre ou de chasse en leur possession ; en échange ils devaient recevoir des piques ; mais ces piques furent conservées dans les arsenaux pour n'être délivrées qu'au moment de l'approche de l'ennemi ! De plus, tous les rassemblements et les exercices furent rigoureusement interdits !

L'action du département central d'administration s'exerça en toute autorité sur le gouvernement général de la Saxe, dont il a été déjà question, et sur les deux gouvernements généraux créés successivement, l'un pour le grand-duché de Francfort et la principauté d'Isenburg, l'autre pour le grand-duché de Berg et pour les possessions allemandes de la maison d'Orange. Le premier reçut pour gouverneur général le prince Philippe de Hesse-Homburg secondé par le baron Hügel ; le second le prince de Solms-Lych, dont la fonction fut remplie au début par le conseiller d'État russe, prussien d'origine, Justus Grüner, célèbre par sa haine de la France, poussée jusqu'au délire.

Malgré toutes les résistances, Stein réussit à mener son œuvre à bonne fin. Redouté par les princes, il inspirait à leurs sujets la plus grande confiance ; il dut à plusieurs reprises jouer entre eux le rôle de médiateur, car les premiers voulaient profiter des bouleversements politiques et militaires pour enlever aux seconds le peu de libertés qu'ils possédaient encore, surtout au point de vue municipal, et pour établir le régime absolutiste dans toute sa rigueur. Stein intervint heureusement et obtint le maintien des institutions, telles qu'elles avaient été réglées par les jugements de l'ancien tribunal d'Empire.

La popularité de Stein était immense ; nombre d'Allemands songèrent à lui conférer une dignité plus haute que celle de président du département central d'administration, ou, tout au moins, à la consolider entre ses mains pour une longue durée. Quelques officiers, dit-on, vinrent même trouver à Francfort le célèbre professeur d'histoire et de droit politique, Nicolas Vogt, et lui demandèrent si, d'après les lois de l'Empire, Stein pourrait être élu empereur allemand. Vogt avait été autrefois un des professeurs du jeune Metternich et avait conservé de bonnes relations avec son ancien élève ; on peut juger de son empressement à résoudre négativement la question.

III

REPRISE DES OPÉRATIONS

Dans les premiers jours de décembre les armées alliées se trouvèrent en état de rentrer en campagne : les vacances dans tous les grades avaient été comblées par de nombreuses promotions, les effectifs des corps relevés par le retour des malades et des blessés guéris et par l'arrivée des renforts. Le matériel était remis à neuf. La santé des troupes laissait cependant toujours à désirer, en dépit des précautions prises pour leur assurer du repos, une alimentation abondante et des abris contre la rigueur de la saison. Le typhus, auquel était venue se joindre une dysenterie maligne, continuait à ravager la vallée du Rhin. De plus, les ressources des grands-duchés de Bade et de Hesse et du royaume de Wurtemberg commençaient à s'épuiser et les arrivages des pays plus éloignés devenaient de jour en jour plus difficiles. A tous les points de vue il eût été utile de changer d'air et de reprendre les opérations actives. Les alliés pouvaient le faire avec confiance, car ils n'étaient que trop bien renseignés sur la situation de l'adversaire, de jour en jour plus critique : en effet, les corps d'armée français, disposés en cordon le long du Rhin, n'avaient pas encore été renforcés par l'arrivée des conscrits des dernières levées ; au contraire ils s'affaiblissaient sans cesse par la maladie et la désertion. Si Schwarzenberg avait saisi ce moment pour pénétrer résolument en France, il n'aurait eu vraisemblablement qu'à compter les journées d'étapes jusqu'à Paris, comme le déclara, dit-on, le maréchal Ney, dans une conversation tenue après la paix.

Mais Francfort était un vaste foyer d'intrigues, singulièrement facilitées par les formes adoptées par les cabinets des grandes puissances. Les empereurs de Russie et d'Autriche, le roi de Prusse, les ministres, les généraux en chef, ne se quittant pour ainsi dire pas, avaient pris l'habitude de discuter familièrement les questions les plus graves, aussi bien dans le cabinet qu'au salon, à la promenade qu'à table. Il parvenait toujours quelque écho de ces entretiens dans les chancelleries et les états-majors ; les travaux en préparation en souffraient, chacun se laissant influencer par le désir d'entrer dans les vues du souverain, du ministre ou du général dont l'avis semblait prévaloir. Avant de pouvoir tenir des conférences et de dresser des protocoles réguliers, on avait perdu un temps précieux en bavardages inutiles. Gneisenau, dans une lettre au comte Munster datée du 4 décembre, a laissé un curieux tableau des divergences d'opinion qui existaient entre les alliés.

« Les diplomates autrichiens et russes, dont le nombre est fort grand, s'agitent beaucoup ; à eux s'attachent les princes de la Confédération du Rhin. Notre chancelier (Hardenberg) est à peu près isolé. Les trois envoyés britanniques ne s'entendent pas entre eux : Aberdeen est entièrement dominé par l'artificieux Metternich et acquis aux combinaisons autrichiennes ; Castlereagh est froid et inactif ; seul Steward est convaincu de l'importance du moment et de la grandeur du résultat que nous poursuivons en commun. Nesselrode est un instrument entre les mains de Metternich ; Anstett se contente de placer des mots spirituels et ne poursuit que des avantages temporaires. L'empereur de Russie décide de tout avec Metternich ; il veut garder toute la Pologne et donner à la Prusse la Saxe en échange ; l'Autriche manifeste publiquement l'intention de s'assurer la souveraineté d'une grande partie de l'Italie. C'est pourquoi elle veut envahir la France méridionale en passant par la Suisse et n'attache que peu de prix à la conquête de la Hollande, qui peut seule assurer la sécurité de l'Allemagne du Nord. Comme les hostilités sont suspendues, les intrigants et même les généraux désireux de voir la paix conclue affluent autour des quartiers généraux. Des influences traîtresses se font sentir ; la présomption naturelle des diplomates y trouve son compte ; des divisions se produisent ; il en résulte que les fils lâches qui tiennent ensemble la coalition se rompent les uns après les autres. Que les armées viennent à éprouver un revers, tous se sépareront en se faisant mutuellement des reproches. C'est pourquoi Francfort est un séjour dangereux ; je ne serai tranquille que quand cette ville sera loin derrière nous. La Prusse a tout à craindre de la rupture de l'alliance actuelle contre la France ; seuls des succès certains peuvent consolider cette alliance ; quelque probables que soient ces succès, ils l'étaient assurément encore bien plus il y a quatre semaines. »

Dans les conseils de guerre des 7 et 8 novembre les Autrichiens, hostiles à tout plan de campagne basé sur une offensive directe contre la France des deux principales armées alliées partant du Rhin moyen, avaient préconisé avec la plus grande insistance et réussi à faire adopter en principe un autre plan beaucoup plus compliqué, dont l'exécution comportait au début l'occupation de la Suisse par l'armée de Bohême. Schwarzenberg poursuivit activement les études préparatoires dans ce sens et, à une date inconnue, mais évidemment antérieure à celle où parvint à Francfort la nouvelle de la capitulation de Dresde (vers le 15 novembre), il présenta à l'empereur Alexandre des propositions générales conformes aux principes arrêtés dans les conférences de Trachenberg : ne pas laisser à Napoléon le temps de reconstituer une nouvelle armée et de reprendre l'offensive sur la rive droite du Rhin ; au contraire, tirer parti de la supériorité momentanée des armées alliées pour porter la guerre sur le territoire français; placer ainsi l'ennemi dans l'alternative d'employer les débris de ses troupes pour garnir les forteresses, ou bien de s'en servir pour tenir la campagne, sans se trouver en force sur aucun point.

Pour atteindre le résultat désiré, il fallait :

1° Jeter immédiatement sur la rive gauche du Rhin tous les cosaques et tous les partisans disponibles, en leur donnant pour instruction de parcourir la France dans tous les sens, d'empêcher les conscrits de se rassembler et de rejoindre les dépôts et les corps de troupes, d'inquiéter et d'interrompre autant que possible les communications de l'ennemi ;

2° Mettre l'armée de Bohême en mouvement par sa gauche, lui faire passer le Rhin et la porter dans l'intérieur de la France, en combinant ses mouvements avec ceux de l'armée anglo-espagnole et de l'armée autrichienne d'Italie ;

3° Faire passer le Rhin à l'armée de Silésie, dans le but de contenir et d'occuper l'armée française et de manœuvrer contre elle, jusqu'au moment où l'armée de Bohême aurait atteint les communications de l'ennemi ; à l'armée de Silésie devait être joint un corps détaché de l'armée de Bohême, destiné d'abord à observer Kehl et Neuf-Brisach et à passer ensuite sous les ordres de Blücher, lorsque l'armée de Bohême s'avancerait dans l'intérieur de la France ;

4° Charger le prince royal de Suède de l'expédition de Hollande ; le prince, disposant des corps d'armée de Bulow, de Wintzingerode, de Thielmann et d'une partie des Suédois, serait en mesure de se porter rapidement de Cologne sur Anvers, de manière à couper la Hollande de la France, avant que Napoléon ait pu jeter des garnisons dans les places, et à provoquer une insurrection, qui serait soutenue par un débarquement des troupes anglaises, lorsque l'armée du Nord marcherait sur la frontière française ;

5° Opposer le corps de Walmoden et le reste des Suédois à Davout, laisser devant Dresde, Chasteler et Tolstoï[1], devant Erfurt, Kleist, devant Magdebourg Wittemberg et Torgau, Beningsen et Tauenzien.

Ces propositions furent développées dans un mémoire rédigé par Radetzky et daté du 19 novembre. Schwarzenberg et ses deux adjoints considéraient l'invasion de la France comme une opération difficile et voulaient la conduire méthodiquement ; ils s'exagéraient les ressources de Napoléon, et les évaluaient à près de 500.000 hommes, par la prochaine entrée en ligne des conscrits des nouvelles levées ; ils redoutaient le déchaînement d'une guerre de guerillas sur les flancs et les derrières des armées alliées, engagées dans le labyrinthe de places fortes du Nord et de l'Est de la France. En bons élèves des théoriciens du xviiiᵉ siècle, ils croyaient à la valeur stratégique propre des accidents du sol, et ils assimilaient la ligne du Rhin à une courtine, dont la Suisse et la Hollande formaient les bastions ; ils jugeaient donc nécessaire de s'emparer de ceux-ci avant de pénétrer dans la place. Mais l'attaque par les Pays-Bas ne pouvait pas produire des résultats décisifs, car les places de la Flandre française constituaient comme une sorte de retranchement intérieur organisé pour permettre au défenseur de disputer le terrain, dans des conditions de nature à faire perdre

---

1. La mention des corps chargés du blocus de Dresde indique l'époque à laquelle Schwarzenberg arrêta son plan d'opérations.

aux coalisés le bénéfice de leur supériorité numérique. L'expérience des guerres de la Révolution prouvait d'ailleurs que toutes les tentatives dirigées contre la France en partant des Pays-Bas ou des provinces rhénanes étaient destinées à échouer misérablement. Au contraire, l'attaque par la Suisse paraissait avantageuse; d'abord ce pays formerait une excellente base d'opérations pour une armée composée en majeure partie d'Autrichiens, la voie du Danube permettant d'amener sur le front sans trop de fatigue et dans le moindre temps possible les troupes de renfort et les convois de ravitaillement; cette armée, déployée sur la ligne Bâle, Soleure, Berne, Yverdun, aborderait la frontière française dans sa partie la moins bien protégée, les passages du Jura n'étant défendus que par quelques mauvais forts mal armés et mal approvisionnés, et, plus en arrière, par les deux places de Besançon et d'Auxonne, laissées depuis longtemps sans entretien. Enfin, l'occupation du Valais permettrait de prendre à revers l'armée française d'Italie et de faciliter les progrès de l'armée autrichienne en Lombardie ; cet avantage n'était pas à dédaigner pour l'Autriche, car Metternich ambitionnait d'annexer à l'empire les provinces du Nord et d'étendre son influence sur le reste de la Péninsule. Quant à donner la main à travers la France à l'armée de Wellington, Schwarzenberg n'y songeait certainement pas ; s'il fit intervenir cette hypothèse, ce fut pour donner un caractère plus grandiose à ses propositions.

Mais surtout Schwarzenberg, Radetzky et Langenau avaient une arrière-pensée et se réservaient de la découvrir au moment opportun : ils voulaient absolument passer par la Suisse, parce qu'ils jugeaient que c'était la voie la plus sûre et la plus courte pour atteindre le plateau de Langres. A leur avis, la grande armée alliée, une fois en possession de cette clef de pays, n'aurait plus qu'à descendre comme un torrent dans les plaines de Bourgogne et de Champagne ; les Français, obligés d'occuper constamment des positions dominées, ne pourraient lui en disputer l'accès qu'avec un grand désavantage tactique. Sur ce plateau, ou dans les vallées voisines, se jouerait, et peut-être sans combat, la partie décisive, car Napoléon devait lui aussi attacher une importance capitale à ce plateau fameux; en le voyant aux mains des alliés, il perdrait toute espérance et se résignerait à la paix.

De son côté Gneisenau avait préparé un plan beaucoup plus simple et plus rationnel : il l'exposa dans un mémoire, daté du 24 novembre. Dans son for intérieur il croyait peu à la durée de l'entente entre les puissances coalisées contre la France : il jugeait la marche par la Suisse, adoptée par Alexandre le 8 novembre, d'une exécution très difficile, même dangereuse dans la saison où l'on voulait l'entreprendre : surtout il était convaincu qu'une attaque brusque et immédiate pourrait seule produire des résultats importants et, en définitive, coûterait moins de peine et de sang qu'une guerre prolongée et d'une issue très douteuse.

Gneisenau divisait les forces de la coalition en quatre échelons :

A. — *Troupes immédiatement disponibles sur le Rhin :*

Garde et grenadiers russes	30 000 hommes.
Corps russe de Wittgenstein	10 000 —
Armée autrichienne	120 000 —
Armée de Silésie	52 000 —
Armée bavaroise	30 000 —
	242 000 hommes.

B. — *Troupes prochainement disponibles :*

Corps prussien de Kleist	15 000 hommes.
Troupes des États de l'ex-Confédération du Rhin	20 000 —
	35 000 hommes.

C. — *Renforts en marche pour rejoindre :*

a) Le corps de Wittgenstein	15 000 hommes.
b) Les corps de Langeron et de Sacken	15 000 —
c) Les corps de Yorck et de Kleist	12 000 —
	42 000 hommes.

D. — *Troupes disponibles dans un délai plus éloigné, ou de nouvelle formation :*

Corps Chasteler.	disponibles après les capitulations des places de l'Elbe.	18 000 hommes.
Corps Klenau. .		9 000 —
Corps Tolstoï. .		25 000 —
		52 000 hommes.
Troupes des États de l'ex-Confédération du Rhin (sauf la Bavière); deuxième échelon.		150 000 hommes.
Troupes bavaroises; deuxième échelon		40 000 —
		242 000 hommes.
dont la moitié seulement pourrait utilement entrer en ligne soit		121 000 hommes.

D'après ce calcul, l'ensemble des forces disponibles devait monter à 440 000 hommes, non compris l'armée du prince royal de Suède. De cette masse, Gneisenau proposait de faire l'emploi suivant :

1° L'armée bavaroise (30 000 hommes), ou un corps autrichien de même force, resterait en observation devant Mayence et assurerait le blocus de la place sur la rive droite du Rhin.

2° Les armées de Bohême et de Silésie (212 000 hommes), formant le groupe central des armées d'invasion, passeraient le Rhin, l'une au-dessous, l'autre au-dessus de Mayence et se porteraient ensuite sur Nancy et Metz. A supposer que ce groupe fût obligé de détacher 35 000 hommes pour observer les places d'Alsace et qu'il perdît 7000 hommes par maladies ou autres causes pendant la première période des opérations, il pourrait encore mettre en ligne 175 000 hommes à son arrivée sur la Moselle.

3° A la droite du groupe central, une armée secondaire, formée des corps de Bulow, de Walmoden et d'une partie du corps de Wintzingerode, détachés de l'armée du Nord, passerait le Rhin vers Cologne et se porterait sur Liège, puis sur Givet.

4° A la gauche, une autre armée secondaire, formée

du corps de Kleist et des meilleures troupes des États de l'ex-Confédération du Rhin (moins la Saxe), passerait le Rhin au-dessus de Strasbourg : puis, suivant les circonstances, elle relèverait les troupes laissées devant les places d'Alsace, ou se porterait par la Suisse sur la Franche-Comté et la Bourgogne.

5° Enfin, pour relier le groupe central à l'armée secondaire de droite, le corps saxon, en formation sous les ordres de Thielmann, passerait le Rhin au-dessous d'Ehrenbreitstein et s'établirait dans la forte position de la Chartreuse près de Coblentz, d'où, suivant les circonstances, il serait à même d'appuyer l'armée de Silésie ou l'armée secondaire opérant sur la Meuse.

D'après les prévisions de Gneisenau, le groupe central (175 000 hommes) recevrait sur la Moselle 30 000 Russes et 12 000 Prussiens des renforts en marche, et serait ainsi porté à 217 000 hommes. En arrière de cette masse de première ligne, et plus ou moins disponibles, se trouveraient les 30 000 Bavarois, les troupes détachées en Alsace (35 000 hommes), le corps de Kleist (15 000 hommes) et les corps allemands (20 000 hommes), formant un premier échelon de 100 000 hommes; plus en arrière encore, les 52 000 hommes de Klenau, de Chasteler et de Tolstoï et le reste des corps allemands, formant un second échelon de 121 000 hommes. Un tel déploiement de forces obligerait Napoléon à jeter des garnisons dans toutes les places et ne lui laisserait qu'une armée peu nombreuse et mal pourvue pour tenir la campagne; s'il ne se résignait pas immédiatement, ou après une première bataille perdue, à conclure la paix aux conditions dictées par les alliés, ceux-ci seraient en mesure de marcher sur Paris avec une supériorité numérique écrasante, car à ce moment les armées de Bohême, de Silésie et de la Meuse auraient été rejointes par les 100 000 hommes du premier échelon, relevés dans leurs positions par les 121 000 hommes du second.

En réalité l'hypothèse d'une paix conclue au début de l'invasion intervenait uniquement à titre de clause de style. Stein, Blücher et Gneisenau poursuivaient l'anéantissement de l'armée française, l'occupation de Paris et la destruction du gouvernement impérial : ils n'étaient nullement disposés à terminer la guerre avant d'avoir atteint ces résultats. Ce qui le prouve, c'est la direction Liège, Givet donnée à l'armée secondaire de droite : cette armée ne pouvait évidemment chercher à faire sa jonction avec les armées de Bohême et de Silésie sur la Moselle ou sur la Meuse, mais bien vers Reims ou aux portes de Paris. La bataille décisive devrait donc être livrée dans les plaines de Champagne ou de Brie, où la cavalerie des alliés, très supérieure par le nombre et la qualité à la cavalerie française, pourrait leur assurer de grands avantages tactiques. De là aussi mieux que des bords du Rhin ou de la Moselle, il serait facile de lancer dans l'intérieur de la France de nombreux corps de partisans pour couper les communications de Paris avec la province et pour étouffer tout essai de résistance locale.

Gneisenau avait trop de bon sens pour proposer de combiner les opérations des armées ayant le Rhin pour base avec celles de l'armée autrichienne d'Italie ou de l'armée anglo-espagnole. Il jugeait avec raison que les événements qui se produiraient en Lombardie ou au pied des Pyrénées n'exerceraient aucune influence sur ceux dont le Nord et l'Est de la France allaient devenir le théâtre, en raison de l'éloignement dans le temps et dans l'espace. Aussi ne fit-il aucune allusion à une combinaison de ce genre.

Lorsque les souverains, les ministres et les généraux en chef en vinrent à discuter les avantages et les inconvénients respectifs des plans de campagne proposés par Schwarzenberg et par Gneisenau, l'empereur Alexandre se trouva en proie à de grandes incertitudes. Au point de vue théorique il était séduit par le caractère grandiose du premier : en le rejetant purement et simplement, il se serait donné à lui-même un démenti, car dès le 8 novembre il avait admis sans aucune opposition l'opération par la Suisse, Metternich ayant réussi à lui persuader que la Confédération attendait impatiemment l'apparition des avant-gardes alliées entre Bâle et le lac de Constance pour s'unir aux libérateurs de l'Europe et secouer le joug de la France. Mais, depuis, son opinion s'était modifiée, par suite de l'intervention de plusieurs citoyens suisses fort avant dans sa confiance, comme Laharpe et Jomini.

Après Leipzig, Jomini, saisi de scrupules tardifs, avait jugé décent de se retirer de la lutte et s'était fixé momentanément à Gotha : il ne tarda pas à y être renseigné sur les projets formés par Schwarzenberg et sur les intrigues tramées en Suisse même par les partisans de l'Autriche, membres du parti aristocratique et réactionnaire, par conséquent adversaires résolus du régime de la médiation. Or, Jomini était Vaudois et très attaché à sa patrie ; il comprit sans peine que l'indépendance et l'existence même du canton de Vaud seraient sérieusement menacées, si les patriciens de Berne, soutenus par les baïonnettes autrichiennes, réussissaient à restaurer la Confédération des « Très louables cantons » dans l'état où elle se trouvait en 1789.

Jomini n'hésita donc pas à se rendre à Francfort pour y plaider la cause de la neutralité de la Suisse : il y arriva précisément la veille du jour où les envoyés de la diète, Reding et Escher, devaient être reçus par l'empereur Alexandre, encore hésitant sur le parti à prendre et assez enclin à s'entendre avec l'Autriche. Il fut fort bien accueilli par le souverain, et en reçut mission de s'expliquer avec Metternich sur les intentions du cabinet autrichien et sur les futurs rapports des puissances coalisées avec la Suisse. L'entretien eut lieu le 3 décembre : Metternich chercha à démontrer la nécessité de l'occupation temporaire de la Suisse ; il fit valoir que les armées alliées avaient besoin, pendant l'hiver, de disposer du pont de Bâle, seul pont permanent sur le Rhin ; que les puissances étaient en droit d'exiger de la Suisse un traitement identique à celui accordé à la France, laquelle avait pu à diverses reprises, en 1809 et plus récemment au printemps de 1813, utiliser pour ses troupes le pont de Bâle ; enfin, que l'Autriche avait un intérêt majeur à pénétrer en Suisse, car l'occupation de Genève et du Simplon permettrait de seconder les opérations de l'armée autrichienne d'Italie et obligerait le vice-roi, menacé d'être pris à revers, à évacuer la Lombardie.

Jomini objecta que, si Napoléon avait abusé de sa puissance pour violer des territoires neutres, ce n'était point une raison pour l'imiter ; qu'en montrant plus de respect pour leurs droits, on s'attacherait plus sûrement les Suisses : que si, par malheur, les alliés éprouvaient des revers, ou que les ponts de bateaux fussent enlevés par les glaces, il serait toujours temps de se saisir du pont de Bâle pour assurer le salut de l'armée : qu'en passant le Rhin au-dessous de Bâle on pourrait gagner Genève, alors chef-lieu d'un département français, sans pénétrer sur le territoire helvétique, en traversant la principauté de Neuchâtel, ou, mieux encore, en suivant la vallée du Doubs. Enfin, comme moyen terme, il suggéra de négocier avec la Confédération pour placer le cordon de neutralité à deux lieues en arrière de Bâle, Napoléon lui-même ayant déneutralisé le pont de cette ville dans la présente année 1813 (passage par Bâle de la division Boudet se rendant d'Italie en Saxe) et les alliés étant en droit d'obtenir une parfaite réciprocité. D'après Jomini, Metternich jugea ses propositions conformes au but poursuivi par les alliés, parut disposé à les admettre et alla en conférer immédiatement avec l'empereur Alexandre : celui-ci, à la fin de sa conversation avec le ministre et en sa présence, donna à Jomini l'assurance que son pays serait satisfait et qu'il parlerait dans ce sens aux députés de la diète à l'audience du lendemain. On verra par la suite le résultat de ces promesses [1].

Mais Schwarzenberg ne se laissa pas convaincre : pour lui hors de la Suisse il n'y avait pas de salut. Après

---

[1]. *Le général Jomini. sa vie et ses écrits*, par FERDINAND LECOMTE, Lausanne, Benda, 1888 (pages 231 et suivantes).

avoir perdu plusieurs jours en délibérations stériles, l'empereur de Russie eut l'étrange idée de remettre à un tiers le soin de trancher la question et de prendre pour arbitre Metternich lui-même. Dans une deuxième conférence entre l'empereur, Metternich et Schwarzenberg, Alexandre, à la demande même du ministre, exposa les différents plans proposés : puis l'arbitre prit la parole.

« Je commençai, dit Metternich dans ses mémoires, par faire ressortir l'analogie des idées de S. M. I. avec celles du général en chef autrichien, aussi bien que les raisons sérieuses qui militaient en faveur de la Suisse comme base d'opérations. L'Empereur me laissa développer tous les arguments politiques et militaires que je pouvais faire valoir pour appuyer mon raisonnement ; mais finalement il déclara que, tout en reconnaissant la valeur de mes raisons, il ne pourrait jamais consentir à laisser violer la neutralité suisse. Je répliquai à l'empereur Alexandre qu'une mesure de ce genre entrait tout aussi peu dans mes calculs, mais que j'avais les meilleures raisons du monde pour croire qu'à notre apparition sur le territoire de la Confédération nous serions accueillis comme des libérateurs. Sa Majesté me répondit que des motifs particuliers et des considérations peut-être toutes personnelles lui défendraient toujours de s'exposer au danger ou même à la possibilité de rencontrer de la résistance chez les cantons. Le Czar finit cependant par dire que si l'on pouvait obtenir des Suisses, sans exercer aucune pression sur eux, la permission de disposer du pont de Bâle, il n'aurait plus d'objection à faire. Cette concession me permit d'entrer plus avant dans le sujet, et, sans décliner l'offre du Czar, j'exprimai ma conviction que les Suisses ne feraient pas plus de difficulté pour nous laisser passer par leur pays tout entier que pour nous permettre le passage par le pont de Bâle exclusivement ; dans les deux cas, disais-je, les champions de la prétendue neutralité se plaindraient de la violation du principe qu'ils invoquaient. Je mis fin à cette discussion en me prononçant pour le plan du prince Schwarzenberg, mais je demandai, comme il était juste, qu'on tînt compte des vœux de S. M. l'Empereur et qu'on usât de tous les ménagements possibles à l'égard de la Confédération helvétique. »

Sur cette équivoque on se sépara, sans chercher à préciser davantage le plan des futures opérations et sans résoudre la question du passage par la Suisse. Mais en réalité chacun était satisfait. Schwarzenberg avait obtenu l'autorisation, au moins tacite, de concentrer l'armée de Bohême sur le Rhin en aval et en amont de Bâle ; mais, comme il ne pourrait la laisser longtemps séjourner dans un pays naturellement pauvre, où il était difficile d'amener par la route des approvisionnements considérables, il saurait bien trouver un prétexte pour faire passer les corps d'armée autrichiens sur la rive gauche, non seulement à Bâle, mais sur tous les points atteints par les têtes de colonne ; devant le fait accompli l'empereur de Russie ne pourrait plus sans de graves inconvénients refuser publiquement son approbation. De son côté l'empereur ne pouvait se méprendre sur le caractère enfantin de ses conceptions, car l'armée de Bohême tout entière ne pouvait pas défiler pour ainsi dire homme par homme sur le pont de Bâle ; il était donc moralement sûr d'avoir la main forcée tôt ou tard ; mais il pourrait reprendre son avantage en accusant de perfidie Metternich et Schwarzenberg, empêcher le rétablissement du régime oligarchique en Suisse et ainsi conserver l'estime quelque peu naïve des libéraux, des philosophes et surtout de ses amis du canton de Vaud.

La reprise imminente des hostilités consterna les souverains, les hommes politiques et les militaires désireux, sinon de conclure la paix immédiatement, du moins de prolonger jusqu'au printemps l'arrêt sur le Rhin. Le roi de Prusse, Knesebeck et Duka firent les plus grands efforts pour détourner les alliés de la voie où voulaient les engager Schwarzenberg et Blücher. Frédéric-Guillaume paraît avoir été fort impressionné à ce moment par les instances du prince royal de Suède ; à deux reprises, d'abord par le major Kalkreuth, puis par le comte Krusemarck, le prince lui avait envoyé des lettres pour faire ressortir tous les dangers auxquels les armées alliées seraient exposées en entrant en France, et les obstacles qu'une invasion du territoire apporterait à la conclusion de la paix. Dans un mémoire adressé à l'empereur de Russie le 7 décembre, au moment où les troupes s'ébranlaient de toutes parts, le roi de Prusse essaya de démontrer que l'intérêt bien entendu des alliés était de se tenir sur une défensive imposante à la gauche et au centre et de prendre une offensive prompte et bien calculée à droite. « Ne conviendrait-il pas, écrivait-il, d'attendre que la Suisse fût gagnée pour nos intérêts, que le printemps favorisât les opérations, que les armées soient recrutées, augmentées par les levées allemandes et suffisamment fournies de munitions et de tout le nécessaire pour une aussi grande entreprise? Supposons que nous réussissions à pénétrer dans le cœur de la France, pourrions-nous espérer d'aller planter nos étendards à Paris, d'opérer quelque chose de décisif, sans nous être préalablement assurés de ces moyens? Et qu'aurions-nous fait si nous étions obligés de nous arrêter à moitié chemin ? Un échec en France nous rejetterait bien en arrière de ce que nous avons atteint, relèverait l'opinion en faveur de Napoléon, lui ferait bien hausser le ton et serait le plus grand des malheurs. » Le roi était en conséquence d'avis de ne pas pénétrer sur le territoire de la vieille France, mais de s'emparer de l'Allemagne transrhénane, de la Belgique et de la Hollande, où l'on était attendu ; la possession des ports des Pays-Bas faciliterait les communications avec la Russie, la Suède, l'Allemagne du Nord et l'Angleterre ; enfin, il était plus sûr de faire soi-même cette conquête, que d'en charger le prince royal de Suède, dont la conduite n'était pas faite pour inspirer confiance ; on lui laisserait le soin de réduire Davout et d'obliger les Danois à faire la paix.

Le mémoire du roi de Prusse n'eut aucun succès ; il venait trop tard et ressassait des arguments usés. D'ailleurs les ordres de marche étaient lancés ; tout le monde avait hâte de s'éloigner de Francfort et regrettait le temps perdu.

Avant de se mettre en route, les souverains alliés firent paraître la célèbre déclaration, dite de Francfort, destinée à faire connaître au monde entier, en termes quasi idylliques, combien leurs vues étaient « justes dans leur objet, généreuses et libérales dans leur application, rassurantes pour tous, honorables pour chacun ». Ce document, œuvre de Metternich, fut approuvé par les souverains le 4 décembre et antidaté du 1er du même mois. Le passage essentiel spécifiait effrontément que les puissances alliées ne faisaient point la guerre à la France, mais à la prépondérance trop longtemps exercée par l'empereur Napoléon en dehors des limites de son empire. C'était indiquer nettement le but poursuivi réellement par les coalisés, à savoir la déchéance de l'Empereur, et inciter ses adversaires de l'intérieur à y travailler. Que l'Empereur vînt à disparaître et immédiatement une ère de félicités s'ouvrirait pour l'Europe pacifiée et pour la France jouissant « d'une étendue de territoire qu'elle n'avait jamais connue sous ses rois ». Il n'était plus question des limites naturelles ni de la liberté du commerce maritime !

Des milliers d'exemplaires furent répandus sur tous les points de la France avec une méthode qui indiquait une organisation préparée de longue main. La proclamation circula à Paris à partir du 11 décembre, glissée sous les portes, envoyée par la poste sous enveloppe, parfois mise dans les poches des promeneurs du Palais-Royal ! Elle fut connue dans les départements de l'Ouest vers le 15 décembre et son apparition coïncida avec l'affichage de nombreux placards royalistes. « Quand elle parvint à Paris, le public et les politiques s'accordèrent pour entrer dans le jeu ; ils lurent le texte comme Metternich l'avait désiré et ils virent, en imagination, les mots fascinateurs, la limite du Rhin, surgir de l'encre sympathique, entre les lignes ; la limite sacrée, de Bâle à la Hollande, se dessina sur la carte en un relief lumineux. On apprit que Napoléon la refusait et ce fut désormais la plus indiscutable des légendes[1]. »

Quant aux négociations sur les fameuses et fallacieuses bases de Francfort, Metternich se chargea de les traîner en longueur, sans même se mettre très en frais d'imagination. Saint-Aignan était arrivé le 15 novembre à Paris ; le 16, le duc de Bassano écrivit au chancelier autrichien pour lui annoncer que l'Empereur adhérait volontiers à la proposition de l'ouverture d'un congrès en vue de la conclusion de la paix générale, qu'il désignait le duc de Vicence pour son plénipotentiaire et qu'il exprimait le désir de voir choisir la ville de Mannheim pour y tenir le congrès. Mais l'Empereur n'était pas tombé dans le piège : sans entamer de discussion sur « la causerie » qui avait eu lieu entre Saint-Aignan et les ministres des puissances alliées, il se bornait à indiquer sa manière de voir : « une paix basée sur l'indépendance de toutes les nations, tant sous le point de vue continental que sous le point de vue maritime, a été l'objet constant des désirs et de la politique de l'Empereur ».

Le courrier chargé de cette importante dépêche arriva à Mayence au plus tard le 20 novembre : son admission dans les lignes ennemies fut retardée sous divers prétextes jusqu'au 24 novembre. Metternich répondit le lendemain au duc de Bassano ; dans sa lettre il découvrait son jeu, en donnant à l'entretien avec Saint-Aignan un caractère officiel et précis, bien éloigné du ton de sa lettre au duc de Vicence en date du 10 novembre. Il n'était plus question de « causerie » et de « paroles à rapporter » à l'Empereur. Saint-Aignan devenait un messager officiel, chargé de faire connaître à son gouvernement les bases sur lesquelles les alliés étaient disposés à traiter. Metternich, poursuivant l'é-

---

1. SOREL. *L'Europe et la Revolution française*, t. VIII.

quivoque, présentait l'Autriche et ses alliés comme prêts à entrer en négociations, aussitôt après avoir reçu l'assurance de l'adhésion de l'Empereur à ces bases ; il lui demandait de s'expliquer sur ces dernières, afin d'éviter d'insurmontables difficultés dès le début des négociations.

Cette lettre parvint à Paris le 2 décembre ; dès lors l'échange des correspondances se poursuivit entre le duc de Vicence, successeur du duc de Bassano, et Metternich. Le 2 décembre le duc de Vicence répondit que l'Empereur adhérait aux bases générales et sommaires dont les ministres des cours alliées avaient donné connaissance à Saint-Aignan. Le 10, Metternich, en accusant réception de cette lettre, fit connaître qu'il avait communiqué l'adhésion de l'Empereur aux puissances et que les négociations pourraient s'ouvrir dès que les réponses seraient parvenues : c'était une première manœuvre dilatoire, car les empereurs d'Autriche et de Russie, le roi de Prusse et leurs trois cabinets se trouvaient réunis dans la même ville et le chef du cabinet anglais était en contact pour ainsi dire permanent avec ses trois collègues. Cette manœuvre avait évidemment pour but de gagner le temps nécessaire au déploiement stratégique des armées alliées sur le sol français. L'Empereur ne s'y trompa pas : le 4 janvier, donnant ses instructions au duc de Vicence en vue du futur congrès, il écrivait : « J'ai accepté les bases de Francfort ; mais il est plus que probable que les alliés ont d'autres idées. Leurs propositions n'ont été qu'un masque. Les négociations une fois placées sous l'influence des événements militaires, on ne peut prévoir les conséquences d'un tel système. »

Du 9 au 12 décembre les habitants de Francfort virent partir, non sans un secret soulagement, leurs hôtes illustres, mais encombrants, après un séjour de six semaines. Schwarzenberg se mit en route le 9, l'empereur François le 11, l'empereur de Russie le 12. Le rendez-vous général des souverains, des ministres, des diplomates et de leur énorme suite fut fixé à Fribourg en Brisgau, où devaient s'organiser définitivement sur le pied de guerre les trois quartiers généraux, celui du généralissime, celui des souverains et celui des trois intendants généraux, Cancrin pour la Russie, Prohaska pour l'Autriche et Lottum pour la Prusse.

Schwarzenberg avait hâte de se retrouver à la tête de ses troupes car l'opération par laquelle devait débuter la campagne contre la France n'était pas sans présenter de sérieuses difficultés, résultant, non pas de l'attitude de l'ennemi, mais bien de la rigueur de la saison et de la nature du pays. Il s'agissait en effet de concentrer l'armée de Bohème, jusque-là largement étendue dans les territoires les plus riches des grands-duchés de Bade et de Hesse et du royaume de Wurtemberg, dans la région pauvre et montueuse qui s'étend sur la rive droite du Rhin de Fribourg à Schaffhouse. Il fallait éviter un stationnement prolongé dans cette région, car les troupes allaient épuiser rapidement les ressources locales et devraient être ensuite ravitaillées par les convois, dont l'arrivée serait nécessairement retardée par la marche même des colonnes.

CHAPITRE VII

LA VIOLATION DE LA NEUTRALITÉ SUISSE

I. État de la Suisse à la fin de l'année 1813.
II. Effet produit par la nouvelle de la bataille de Leipzig. Réunion d'une diète extraordinaire.
III. Premières mesures de défense.
IV. Intrigues des alliés et du parti réactionnaire suisse.
V. Situation à Bâle en décembre.
VI. Mission de Reding et de Escher à Francfort.
VII. Les derniers pourparlers.
VIII. Le passage du Rhin.

I

ÉTAT DE LA SUISSE A LA FIN DE L'ANNÉE 1813

Dans le courant de l'année 1813, les relations entre l'Empire français et la Confédération helvétique étaient devenues difficiles. A la confiance réciproque qui les avait caractérisées pendant les premières années de la période dite de la médiation, avaient peu à peu succédé, du côté français, un mauvais vouloir mal dissimulé, du côté suisse, une lassitude du présent et une méfiance de l'avenir, justifiées par les procédés du gouvernement impérial. Depuis six ans les Suisses avaient conçu des craintes de plus en plus vives pour le maintien de leur indépendance : en 1806 l'établissement du blocus continental, en 1809 les violations du territoire helvétique par les troupes françaises[1], en 1810 l'application

---

1. En 1809 la neutralité du territoire helvétique fut violée à deux

à la Suisse des décrets de Trianon et de Saint-Cloud, l'occupation du canton du Tessin par les troupes et les douanes du royaume d'Italie, l'annexion du Valais à l'Empire, en 1811 et en 1812 le développement des mesures prises pour arrêter la contrebande et pour atteindre dans les pays alliés de la France les marchandises anglaises, les refus opposés aux réclamations les plus modérées du gouvernement fédéral, tous ces faits, perfidement commentés par les agents anglais et autrichiens, avaient fini par inspirer aux patriotes clairvoyants le très vif désir de séparer la politique et les intérêts des deux pays.

Sans doute la masse de la nation se souvenait des services rendus à la Suisse par le médiateur ; notamment elle était attachée à la constitution reçue de sa main, et en appréciait les bienfaits : restitution aux vieux cantons des institutions démocratiques, consolidation de l'existence des cantons nouveaux, suppression des distinctions entre pays maîtres et pays sujets, autorité plus grande donnée au gouvernement fédéral, qui depuis dix ans avait fait régner la paix intérieure, rétabli l'ordre et la prospérité et considérablement amélioré l'administration. Mais les hommes éclairés, sans méconnaître les progrès réalisés, ne pouvaient se dissimuler que l'influence de la France et son intervention fréquente dans les affaires suisses avaient peu à peu détaché les citoyens de la chose publique en rendant illusoire l'exercice de leurs droits, causé une crise financière et commerciale très douloureuse, et maintenu l'organisation militaire sous une honnête apparence dans un état de langueur peu compatible avec la situation troublée de l'Europe ; nullement disposés à se placer

---

reprises. Le 11 mars le 23ᵉ chasseurs, en marche sur l'Allemagne, emprunta le pont de Bâle. Du 23 au 29 novembre, les troupes de la division Lagrange, venant du Vorarlberg et se dirigeant sur Huningue, passèrent par étapes sur le territoire suisse. Ces deux passages eurent lieu sans négociations préalables, le premier avant l'ouverture des hostilités entre la France et l'Autriche, le second après la conclusion de la paix. Les réclamations du gouvernement fédéral furent accueillies d'une façon évasive.

sous la protection d'une autre puissance, surtout sous celle de l'Autriche, ils aspiraient à recouvrer une complète indépendance, et, pour la garantir, à faire admettre par les grands Etats voisins la neutralité absolue du territoire helvétique.

En revanche, les aristocrates ne s'étaient pas résignés à la perte des privilèges exorbitants qui avaient fait leur fortune sous l'ancien régime ; ils attendaient impatiemment l'occasion de reprendre contre la France et contre leurs compatriotes imbus des principes libéraux d'origine française la lutte infructueusement soutenue de 1791 à 1803. Ils ne visaient à rien de moins qu'à détruire les nouveaux cantons pour rétablir les cantons primitifs dans leurs limites traditionnelles, et la constitution, pour supprimer toute manifestation légale de la volonté populaire et restaurer l'influence souveraine de leur caste. Bien loin de redouter l'intervention étrangère, ils l'appelaient de tous leurs vœux, comme le seul moyen de réaliser des desseins auxquels ils n'ignoraient point que la majorité de leurs concitoyens était profondément hostile.

Ainsi la Suisse se trouvait divisée entre deux grands partis : l'un constitutionnel, à tendances plutôt françaises, très résolu néanmoins à saisir l'occasion d'assurer à sa patrie une complète indépendance ; l'autre réactionnaire, entièrement acquis aux puissances alliées et prêt à sacrifier les intérêts les plus sacrés pour consolider son existence et assurer son pouvoir. Ces deux partis avaient des représentants dans tous les cantons, mais leur importance et leur influence variaient suivant les traditions et les circonstances locales, et surtout suivant la part prise à la direction des affaires par les différentes classes sociales.

A Berne les constitutionnels, dirigés par les Watteville, les Luternau, les Fischer de Muralt, comptaient dans leurs rangs les hommes les plus riches et les plus distingués ; ils souhaitaient le maintien des institutions issues de l'acte de médiation, mais ils croyaient nécessaire de modifier le système de votation, trop populaire à leur gré et donnant trop d'autorité aux gens de la campagne, en général peu instruits et peu capables. Le parti opposé réunissait les jeunes gens avides de changement, les hommes non employés dans le gouvernement et les patriciens désireux de voir rétablir les anciens bailliages ; le chef reconnu de ce parti était le membre du petit conseil Kirschberger, père d'un officier au service prussien et très prononcé contre la France.

Les petits cantons conservaient un souvenir trop amer et trop vivace des maux soufferts pendant les guerres civiles et étrangères de la fin du xviiie siècle, pour ne pas être restés fort hostiles à leurs compatriotes suspects de favoriser en Suisse le maintien de l'influence française. Mais la population simple, rude, animée d'instincts démocratiques, appréciait les avantages de la constitution ; elle n'en demandait pas le changement, mais elle voulait une orientation nouvelle de la politique extérieure, afin de rétablir l'indépendance de la Confédération et de rendre sa neutralité effective et évidente.

Dans les Grisons, un parti nombreux et traditionnellement dévoué à l'Autriche désirait et préparait ouvertement l'intervention de cette puissance dans les affaires intérieures de la Suisse. A la tête de ce parti étaient trois membres du petit conseil, Latour, Rodolphe de Salis, Gengel, et l'évêque de Coire, Buol Schauenstein. Par leurs nombreux clients et amis, ces agitateurs dangereux exerçaient une grande influence sur un peuple anarchique et turbulent, auquel ils faisaient espérer la réunion de la Valteline, fort mécontente de son annexion au royaume d'Italie. Le parti des modérés, faible, mal organisé et mal vu, ne subsistait que grâce à la présence des troupes entretenues en permanence dans les Grisons par le gouvernement fédéral.

Dans les cantons de Zurich, de Fribourg et de Soleure les partisans de la France et ceux des alliés se disputaient le pouvoir, mais sans grande ardeur, car les hommes vraiment prononcés dans un sens ou dans l'autre étaient peu nombreux et déterminés dans leurs opinions plutôt par un intérêt personnel que par des vues générales. A Zurich l'influence toute-puissante de Reinhard, landamman en charge, s'était jusqu'alors employée au profit de la France ; de même, à Fribourg, celle des familles de Diesbach et d'Affry. A Soleure, Grimm, ancien landamman, et Louis de Roll, président de la chambre des finances, suivaient la même politique et rendaient vaine l'opposition faite par le baron d'Arcker et François de Toll, chambellans, l'un de l'empereur d'Autriche, l'autre du roi de Prusse. La majorité de la population, franchement ralliée à la constitution, désirait l'amélioration des relations internationales dans l'intérêt du commerce.

A Bâle, où la prospérité plus ou moins grande des affaires influait puissamment sur l'opinion, les mécontents étaient nombreux. Néanmoins les bourgmestres Wieland et Burckhard et les membres du petit conseil avaient paru jusqu'alors animés de bonnes intentions à l'égard de la France, pays dans lequel les négociants de Bâle avaient de nombreux clients. Mais ils ne voyaient pas sans inquiétude la guerre se rapprocher de la vallée du Rhin et souhaitaient vivement la paix générale et, comme conséquence, la fin du blocus continental.

Quant aux nouveaux cantons ils étaient fermement attachés au système de l'union avec la France et reconnaissants à l'Empereur d'avoir assuré leur indépendance et leur existence politique. Le canton de Vaud particulièrement, toujours tenu en éveil par les récriminations imprudentes des réactionnaires bernois, considérait la protection de la France comme son égide contre le retour d'une domination abhorrée.

Il faut aussi tenir compte des sentiments de beaucoup d'hommes qui, sans opinion politique bien tranchée, aspiraient cependant à un changement, parce qu'ils s'estimaient lésés dans leurs intérêts ou dans leur croyance par l'excessive soumission du gouvernement fédéral à toutes les exigences de la France.

Les industriels, groupés en général dans les cantons de Zurich, Saint-Gall, Argovie et Glaris, les négociants, établis dans les villes frontières qu'enrichissait naguère le commerce de transit, voyaient leur situation de plus en plus compromise par la politique douanière du gouvernement impérial. Les premiers avaient dû restreindre ou même arrêter complètement le travail dans leurs fabriques, car des droits à peu près prohibitifs leur avaient fermé les marchés de France, d'Italie et d'Illyrie, principaux débouchés des produits manufacturés suisses. De ce chef plus de 30 000 ouvriers réduits au chômage végétaient en proie à une profonde misère. Les seconds s'étaient efforcés de subsister par le moyen de la contrebande, méthodiquement organisée; Bâle, Fribourg, Lausanne, Vevey, étaient devenus les centres principaux où se traitaient les grosses affaires de ce singulier commerce. De Bâle les marchandises étaient d'abord transportées à Ballstall, dépôt général avant la frontière française, d'où elles étaient introduites dans les arrondissements de Delémont et d'Altkirch par les défilés du mont Terrible et le territoire soleurois. De Fribourg les expéditions se faisaient la nuit sur les lacs de Bienne et de Neuchâtel. Les négociants de Lausanne avaient des dépôts à Yverdun, Orbe, Cossonay, Morges, Roll, Nyon, Coppet, d'où les convois pénétraient en France par les sentiers du Jura; ceux de Vevey trafiquaient surtout avec la Savoie et le Valais.

Pratiquée sur une aussi vaste échelle, la contrebande était naturellement devenue une source intarissable de conflits entre les deux États; elle causait au trésor français des pertes sérieuses; mais, en outre, elle menaçait même la sécurité de l'Empire, en démoralisant la population des départements voisins de la Suisse: les entrepreneurs de contrebande avaient en effet à leur dévotion, en deçà comme au delà de la frontière, un nombreux personnel d'indicateurs, de convoyeurs, de courtiers, tous gens hardis, peu scrupuleux, en lutte constante avec les douaniers, connaissant parfaitement le pays, et par cela même susceptibles de fournir à l'état-major d'une armée ennemie traversant le territoire suisse pour attaquer la France des guides et des espions éprouvés.

Beaucoup de familles avaient été mises dans la gêne par la suppression ou la diminution de recettes d'une nature spéciale à la Suisse, par suite de l'interprétation de plus en plus stricte des clauses du traité d'alliance conclu avec la France en 1803. Depuis trois siècles les cantons fournissaient aux États et aux princes qui pouvaient les payer d'excellents soldats, soit groupés en régiments, soit isolés. Des régiments suisses avaient fait honorablement figure dans les armées de France, d'Espagne, de Naples, des Provinces-Unies ; beaucoup d'officiers et de soldats trouvaient à s'employer en Allemagne, en Angleterre, en Russie. Tous ces hommes recevaient une somme d'argent au moment de signer leur engagement ; ils restaient ensuite en relations avec leur famille et leur envoyaient parfois des secours ; leur service terminé, ils revenaient au pays pourvus de pensions servies régulièrement, et par leurs dépenses contribuaient à la prospérité générale. La capitulation de 1803, modifiée en 1812, avait bien rétabli au service de France quatre régiments (à 4 bataillons et 1 dépôt) qui se distinguèrent dans toutes les campagnes jusqu'en 1812. Mais dès 1807, l'Empereur voulant réserver à lui seul les ressources militaires de la Suisse, avait demandé au gouvernement fédéral d'interdire le recrutement pour les puissances en guerre avec la France. La diète lui avait donné satisfaction en apparence, en défendant aux citoyens de faire des enrôlements ou de contracter des engagements pour le service non avoué d'une nation étrangère ; cette défense fut renouvelée en 1811. Mais les diètes de 1807 et de 1811 ayant laissé le soin de fixer les sanctions pénales aux cantons, les mesures prises demeurèrent inefficaces : un grand nombre d'officiers et de soldats suisses restèrent ou passèrent au service de l'Angleterre, de l'Autriche, de la Sicile, de la Russie, de la Junte de Cadix ; la plupart conservèrent avec leurs familles et leurs amis des relations suivies et leur inspirèrent naturellement les sentiments les plus hostiles à la France.

Les catholiques suisses, en général très fervents, et le clergé, imbu des doctrines ultramontaines, avaient été indignés des mesures violentes prises par l'Empereur contre le Pape, mesures motivées en apparence pas la nécessité d'appliquer à toute l'Italie ce même blocus continental, dont ils souffraient cruellement. Ces sentiments furent habilement exploités par le nonce en Suisse, Testa Ferrata, et son auditeur Cherubini, prêtres intelligents, actifs et intrigants. De Lucerne, où il résidait, Testa Ferrata exerçait son action non seulement sur la Suisse, mais aussi sur l'Allemagne catholique et jusqu'en Hollande; il prétendait même avoir reçu de pleins pouvoirs pour disposer des sièges épiscopaux vacants et pour juger les causes ordinairement soumises à Rome, le recours au Pape étant pour le moment impossible. Lorsque, au printemps de 1813, il fut informé de l'entrée en Saxe des armées russe et prussienne, il jugea l'occasion favorable pour entamer en Suisse, sur le terrain religieux, la lutte contre l'influence française; il excita donc en sous main les cantons catholiques à demander leur séparation d'avec l'évêché de Constance, dont la juridiction s'étendait sur la rive gauche du Rhin de l'embouchure de l'Aar au Saint-Gothard, et l'érection d'un nouvel évêché particulier à la Suisse centrale. Cette division de l'énorme évêché de Constance devait nécessairement entraîner pour le titulaire une notable diminution d'autorité et de revenus. Or, ce titulaire n'était autre que Dalberg, prince primat d'Allemagne et grand-duc de Francfort; comme il passait pour être servilement dévoué à l'Empereur, s'attaquer à lui c'était s'attaquer indirectement à Napoléon. Testa Ferrata réussit à provoquer une très vive agitation dans les cantons de Schwytz, d'Uri et d'Unterwald; des prêtres et des paroissiens zélés, vaguement mandatés par leurs concitoyens, tinrent des conférences à Schwytz et à Gersau. Aloys Reding, de Schwytz, l'un des chefs les plus influents du parti réactionnaire et l'idole des petits cantons, fut l'âme de ces réunions; il vint prendre le mot d'ordre à la nonciature de Lucerne et détermina les députés à demander le démembrement de l'évêché de Constance, bien que le titulaire fût vivant[1]. L'agitation s'étendit au canton de Lucerne, où Jean Widmer, ancien fiscal et membre du grand conseil, publia un libelle intitulé « Un mot en faveur de la foi de nos pères », qui contenait de véritables appels à l'insurrection. L'annonce des victoires de Lutzen et de Bautzen, celle de l'armistice de Pleiswitz et les espérances de paix qu'elles inspirèrent firent avorter le mouvement. Mais l'affaire de l'évêché de Constance resta en suspens ; elle eut à la reprise des hostilités des conséquences assez graves, car elle servit de prétexte à Dalberg pour abandonner ses états, lorsqu'il crut sa sûreté menacée par les cosaques, et pour se réfugier d'abord à Constance, puis à Zurich.

La Suisse était dès cette époque un séjour recherché par les étrangers, non seulement à cause de ses incomparables beautés naturelles, mais aussi à cause du calme dont elle était seule à jouir dans une Europe déchirée par la guerre. Ainsi le comte de Saint-Leu, ex-roi de Hollande, vivait bourgeoisement à Soleure ; le prince d'Isenburg se faisait soigner à Lausanne ; la grande-duchesse Constantin, séparée de son époux, frère de l'empereur de Russie, s'était installée à la campagne aux environs de Berne. Mais parmi ces hôtes, en général tranquilles, se dissimulaient des agents autrichiens et anglais, dont une police peu vigilante n'entravait guère les intrigues. Disposant de beaucoup d'argent, trouvant auprès des réactionnaires un appui et des encouragements, ils ne négligeaient aucun moyen pour faire de la Suisse un second Jersey du côté de l'Alsace et de la Franche-Comté. Au nombre des plus dangereux se trouvait le comte Senft de Pilsach, ancien ministre des Affaires étrangères du roi de Saxe (1810-1813), qui

---

1. Correspondance de Popp, commissaire général de police, à Strasbourg. Lettre de Deregger, supérieur du séminaire de Lucerne, en date du 19 juillet 1813. A. N. F. 7, 7018.

s'était efforcé, spécialement en avril 1813, de déterminer son souverain à orienter sa politique dans le sens de l'Autriche. Disgracié après la bataille de Lutzen, il s'était réfugié à Lausanne, d'où il avait noué des relations suivies avec les patriciens de Berne, dans le but de les amener à solliciter l'intervention de l'Autriche dans les affaires intérieures de la Confédération.

Enfin, il existait encore en Suisse un certain nombre d'émigrés irréductiblement hostiles à l'Empire, dont les revers éprouvés par les armées françaises en 1812 et en 1813 avaient ravivé les espérances. L'attention du duc de Rovigo, ministre de la police générale, fut éveillée dans le courant de l'automne de 1813 par les manœuvres d'anciens agents des princes de la maison de Bourbon, qui avaient renoué des intelligences avec les nobles de Bourgogne et de Franche-Comté. Une surveillance spéciale fut même organisée par les soins des préfets et des maires de certaines villes frontières ; ainsi, à la date du 26 novembre, le ministre invita le maire de Huningue à faire observer les déplacements de quelques individus suspects dont la présence à Bâle et aux environs lui avait été signalée ; parmi eux se trouvaient Fauche-Borel, Tinseau, de Besançon, le président de Vezet, du Doubs, qui avaient joué un rôle important dans les conspirations royalistes de l'Est[1].

En Suisse comme dans le reste de l'Europe, on avait beaucoup espéré la conclusion de la paix générale dans le courant de l'été de 1813 et, comme conséquence, une détente des règlements de douane et de police, qui rendaient si pénibles les relations internationales. A la reprise des hostilités la déception fut grande et contribua à pousser à l'extrême la tension des rapports entre le gouvernement de l'Empereur et celui de la Confédération. Dès le mois de septembre le baron de Talleyrand, ministre de France, et son premier secrétaire Rouyer, très au fait des hommes et des choses, ne dissimulèrent pas au duc de Bassano que les Suisses, à

---

1. A. N. F⁷ 6600, n° 4103.

part les hommes éclairés, appréciant le bonheur d'être seuls à jouir de la paix en Europe, étaient fort mal disposés à l'égard de la France ; qu'ils paraissaient jusqu'alors désireux de sauvegarder leur neutralité, mais qu'ils pourraient modifier leurs intentions, si, à la suite de revers éprouvés par nos armes, les alliés venaient à se rapprocher des frontières du Nord et de l'Est et si le gouvernement en était réduit à s'opposer par la force à la violation du territoire. Talleyrand se plaignit à plusieurs reprises très vivement du langage de la presse suisse, car les journaux de Berne, Zurich et Schaffhouse inséraient de préférence les nouvelles défavorables aux opérations de nos armées et répandaient l'inquiétude en Alsace et en Franche-Comté, où ils pénétraient à peu près librement.

Reinhard, landamman en charge et chef du gouvernement fédéral, était encore à cette époque personnellement attaché au système de l'alliance française, mais il manquait de la fermeté nécessaire pour faire prévaloir son opinion et il était fort préoccupé par l'état intérieur de la Suisse. A Bâle, à Schaffhouse, à Aarau les faillites succédaient aux faillites ; dans les cantons manufacturiers, une sourde agitation se produisait dans la population ouvrière ; dans le Tessin, les autorités redoutaient un soulèvement, si les Autrichiens s'approchaient de la frontière ; dans les Grisons, les amis de l'Autriche n'étaient contenus que par la présence de 1 800 hommes de troupe ; sur toute la frontière orientale la contrebande s'exerçait librement avec l'Autriche, devenue un vaste entrepôt de denrées coloniales ; à Berne et dans les petits cantons le parti réactionnaire, obéissant aux suggestions des agents anglais et autrichiens, réclamait un grand armement sans en préciser l'emploi et s'efforçait de précipiter la Suisse dans la conflagration générale, dans l'espérance de profiter de la victoire des alliés pour restaurer le régime oligarchique. Par contre, dans le canton de Vaud, les habitants, menacés dans leur indépendance par les patriciens de Berne, songeaient à faire directement appel à la protection de la France.

D'autre part, Reinhard se rendait compte de la faiblesse des moyens militaires de la Confédération ; peut-être même avait-il une tendance à l'exagérer. Les cantons disposaient à cette époque d'un double contingent, réparti en bataillons d'élite et de réserve. Dans la plupart les officiers, sous-officiers et soldats étaient plus ou moins complètement armés, habillés et instruits ; les bataillons et les unités élémentaires de cavalerie et d'artillerie pouvaient se former rapidement et présentaient une force effective et sérieuse. Mais dans quelques cantons, l'organisation n'existait que sur le papier ; les hommes n'avaient jamais été exercés ni même rassemblés, les armes et les effets d'habillement et d'équipement faisaient défaut. En résumé les doubles contingents fédéraux pouvaient fournir une petite armée d'environ 30 à 35 000 hommes, très insuffisamment pourvue en artillerie et en cavalerie, sans officiers pour constituer les états-majors et les services, sans magasins et sans arsenaux pour entretenir les armes, les équipages, les effets de toute nature, sans argent pour s'en procurer au dehors. Enfin, le landamman n'avait pas le droit d'appeler les doubles contingents à l'activité sans une décision prise par une diète extraordinairement convoquée, qui agitait le pays, coûtait fort cher et demandait beaucoup de temps pour se rassembler.

Ne pouvant s'appuyer ni sur une nation unie, ni sur une armée bien organisée, Reinhard jugeait difficile d'imposer par la force aux belligérants le respect du territoire suisse et cherchait à obtenir d'eux par des négociations la reconnaissance de la neutralité. Sans doute l'Empereur des Français s'y prêterait volontiers, car il avait un intérêt évident à assurer par ce moyen la sécurité de la frontière du Jura et des communications avec l'Italie par le Valais et le Simplon. Mais les alliés, ayant précisément l'intérêt opposé, pouvaient motiver leur refus en alléguant la présence des régiments suisses dans l'armée française, la part prise par la Suisse au blocus continental et l'occupation du Tessin par les troupes et les douanes du royaume d'Italie. Afin de prévenir ces objections, Reinhard désirait obtenir du gouvernement impérial des concessions suffisantes pour restituer à la Suisse l'aspect d'État indépendant, dont la tutelle trop visiblement exercée par le médiateur l'avait dépouillé, et, sans attendre la modification officielle des traités, il s'attachait à en éluder peu à peu les clauses essentielles. Le recrutement des régiments suisses n'était plus assuré, bien que ces régiments eussent été réduits après la campagne de Russie à un bataillon de guerre et un dépôt ; aux réclamations formulées par Talleyrand le landamman répondait que le moment était peu favorable, les cantons ayant en perspective un armement national pour couvrir les frontières [1] ; les négociants de Bâle, de Fribourg, de Lausanne, entassaient dans leurs magasins des marchandises anglaises, au vu et au su des agents français réduits à l'impuissance par la mauvaise volonté des autorités cantonales et l'indifférence du gouvernement central. Mais l'affaire qui tenait le plus au cœur de Reinhard était celle du Tessin ; à partir du mois de septembre il adressa au ministre de France de pressantes demandes en vue d'obtenir le retrait des troupes et des douanes italiennes. Ces demandes étaient fortement motivées, car Talleyrand s'employa activement à Paris pour les faire aboutir.

---

1. Au 1er août 1813 les bataillons de guerre en garnison à Utrecht (1er, 2e et 3e régiments) et Groningue (4e régiment) présentaient un effectif total de 2 347 officiers et soldats ; il manquait 941 hommes pour atteindre le complet de 3 288 hommes, fixé à 822 hommes par bataillon. Ces corps diminuaient chaque jour par la maladie et la désertion. Les dépôts de Metz (1er régiment), Lauterbourg (2e), Landau (3e), Nancy (4e) et le dépôt général de Besançon contenaient, il est vrai, 1 427 officiers et soldats : mais les uns et les autres n'étaient pas en état de rejoindre les bataillons de guerre, par défaut de santé ou d'instruction, ou bien attendaient leur réforme définitive.

II

EFFET PRODUIT PAR LA NOUVELLE DE LA BATAILLE DE LEIPZIG. RÉUNION D'UNE DIÈTE EXTRAORDINAIRE

En Suisse, où les relations avec l'Allemagne du Sud étaient très suivies, on fut de bonne heure mis au courant des intrigues tramées à Munich contre la France, par les correspondances du commerce et par les lettres d'officiers au service de Bavière. Aussi, bien avant la signature du traité de Ried, Reinhard s'attendait-il à voir le roi Maximilien-Joseph saisir la première occasion pour proclamer son alliance avec l'Autriche. La Bavière étant à cette époque en possession du Vorarlberg et du Tyrol, son entrée dans la coalition devait avoir pour effet de découvrir la Suisse sur toute sa frontière orientale et de l'exposer à peu près sans défense à une invasion des Autrichiens, ou de leurs nouveaux alliés les Bavarois.

Pour prévenir ce danger, Reinhard fit informer le cabinet de Vienne que la Suisse désirait rester neutre, dans le cas où la guerre se rapprocherait des frontières du Nord et de l'Est, et qu'elle était résolue à prendre des mesures efficaces pour assurer le respect de son territoire. Ces démarches demeurèrent sans résultat; le gouvernement autrichien, non seulement refusa de prendre aucun engagement, mais même se montra peu disposé à tenir compte d'une déclaration éventuelle de neutralité, afin de réserver sa liberté d'action sur le terrain politique et militaire; pour expliquer cette attitude peu amicale, il allégua que la guerre entreprise par l'Autriche et ses alliés contre Napoléon n'avait pas le caractère d'un conflit ordinaire d'État à État et que chaque nation était tenue de prendre parti dans cette lutte du genre humain contre l'oppresseur universel.

L'entrée en campagne de l'armée austro-bavaroise, la concentration autour de Leipzig des masses principales françaises et alliées ne laissèrent bientôt aucun doute sur l'imminence de la crise dont allait dépendre le sort du continent; le moment de prendre des résolutions énergiques était arrivé; Reinhard le comprit et se décida à convoquer une diète extraordinaire pour lui demander les moyens de mettre le pays en état de défense. Le 14 octobre il envoya le chancelier Mousson prévenir le ministre de France de ses intentions. Dans son entretien avec Talleyrand, Mousson fit valoir que la prochaine grande bataille aurait pour effet d'éloigner ou de rapprocher la guerre des frontières de la Suisse, qu'on ne pouvait en prévoir l'issue, qu'en tout état de cause le gouvernement fédéral jugeait sage de réunir sans plus attendre des forces suffisantes pour faire respecter la neutralité du territoire, car il fallait beaucoup de temps pour convoquer la diète, la réunir, lui faire prendre une décision et en assurer l'exécution. Il profita de l'occasion pour renouveler les réclamations relatives à l'occupation du Tessin, en faisant remarquer combien l'évacuation de ce canton serait une mesure opportune et favorable aux véritables intérêts de la France.

Talleyrand se trouvait dans une situation fort embarrassante : depuis le 6 octobre il n'avait reçu aucune nouvelle du duc de Bassano ; les dernières dépêches de celui-ci ne prévoyaient pas l'éventualité qui venait de se produire. Personnellement Talleyrand jugeait la Suisse incapable de se défendre contre les alliés, sans un secours que l'Empereur ne serait pas vraisemblablement en état de donner; il s'attendait à des troubles graves, si le gouvernement fédéral persistait à rester fidèle à l'alliance française. Il prit le parti de faire bon accueil à la communication de Mousson et le chargea d'assurer le landamman que le gouvernement de l'Empereur ne pouvait qu'approuver les efforts faits pour maintenir l'indépendance et la neutralité de la Suisse. Puis il s'empressa de transmettre à Paris le résumé de sa conversation avec Mousson, en demandant des instructions, afin d'agir sur les grands conseils des cantons et leur faire choisir des députés favorables aux intérêts de la France, et de l'argent, afin de pouvoir lutter à armes égales contre les agents anglais et autrichiens. En même temps il s'adressa au vice-roi d'Italie et lui représenta combien l'évacuation du Tessin disposerait favorablement la future diète envers la France, surtout si la nouvelle en était répandue avant l'ouverture des séances. Cette idée était ingénieuse, car il était impossible de recevoir en temps voulu les ordres de l'Empereur, pour ainsi dire bloqué au fond de la Saxe, et les ministres de la régence n'auraient jamais osé prendre la responsabilité d'une décision aussi grave; au contraire, le prince Eugène, duquel dépendaient les troupes et les douanes du royaume d'Italie, avait le pouvoir de leur prescrire tout mouvement rendu nécessaire par les circonstances politiques ou les événements militaires.

Reinhard était donc libre d'agir; logiquement il aurait dû se hâter de convoquer la diète, et, aussitôt après avoir obtenu l'autorisation et les crédits nécessaires pour appeler à l'activité les milices cantonales, s'efforcer d'organiser une armée capable d'opposer une résistance honorable aux masses formidables qu'une défaite de l'armée française attirerait infailliblement dans la vallée du Rhin et dans l'Italie septentrionale. Cependant, il ne se pressa guère : contrairement aux déclarations faites par Mousson, il n'avait pas encore informé les cantons de ses projets lorsque vers le 22 octobre parvinrent en Suisse les premières rumeurs concernant les grandes batailles livrées autour de Leipzig et la retraite de l'armée française sur le Rhin. Pendant quelques jours on dut se contenter des nouvelles tendancieuses et notablement exagérées répandues par les ministres de Bavière et d'Autriche. Les premiers renseignements certains, apportés par le roi de Naples qui traversa la Suisse dans les derniers jours du mois pour rentrer dans ses États, produisirent la plus mauvaise impression ; ils ne se rapportaient en effet qu'aux premiers jours de désarroi après la bataille du 18 et ne donnaient aucune notion sur le ralliement de l'armée à Erfurt, les communications du quartier général avec Mayence ayant été coupées après le départ du roi.

L'opinion en Suisse fut profondément remuée : les réactionnaires, ouvertement à Berne et dans les villes où ils dominaient, dans l'intimité ailleurs, célébrèrent la journée du 18 octobre comme un jour de délivrance ; la joie ne fut pas moins vive chez les industriels, les commerçants et les ouvriers, qui escomptèrent la prochaine suppression du blocus continental, la réouverture des fabriques et la reprise des affaires. Par contre, dans les nouveaux cantons, surtout dans celui de Vaud, les citoyens se montrèrent affligés de la défaite de l'Empereur, et très irrités de l'attitude agressive prise par les patriciens de Berne. Quant au gouvernement fédéral, conscient de son imprévoyance et de sa faiblesse, il fut atterré à la pensée des graves responsabilités qu'il allait avoir à assumer.

Reinhard finit par comprendre le danger de plus longues temporisations ; le 26 octobre il informa Talleyrand qu'il avait résolu de convoquer la diète, « afin, d'un côté, de donner un appui à l'opinion publique que l'on voudrait peut-être chercher à égarer, de l'autre, de déclarer et d'établir la neutralité de la Suisse ». Le 1er novembre il lui communiqua la circulaire adressée aux gouvernements cantonaux, pour leur indiquer les bases des instructions à donner aux députés : proclamation de la neutralité de la Suisse et de l'intégralité de son territoire, maintien de la constitution et des 19 cantons. Enfin, le 4 novembre, il lui fit connaître qu'en raison du changement de système politique de la Bavière et du Wurtemberg et des préparatifs de défense hâtivement faits par la France dans le Haut-Rhin et le Léman [1], il jugeait nécessaire d'envoyer des troupes sur la frontière du côté de Bâle et dans le Jura suisse, sans attendre la décision de la diète.

Toutes ces mesures auraient pu être prises dès le milieu d'octobre, la déclaration faite à Talleyrand par Mousson datant du 14 de ce mois. Le gouvernement

---

1. Aucune mesure de défense n'avait encore été prise dans l'étendue des 6e et 7e divisions militaires (Besançon et Grenoble).

fédéral avait donc perdu en hésitations vingt jours précieux ; mais, en dépit de ce retard, il paraissait encore disposé à adopter une attitude favorable à la France. En effet, l'intérêt évident de celle-ci était que la Suisse restât neutre et organisât d'une façon efficace la défense de son territoire. Ce résultat atteint, la frontière française se trouverait couverte de Bâle à Genève et les alliés devraient renoncer à combiner les opérations de leurs armées d'Allemagne avec celles de l'armée autrichienne d'Italie. Au contraire, si la Suisse entrait dans la coalition, ou livrait bénévolement passage aux troupes alliées, le front de terre de l'Empire se trouverait investi de la mer du Nord à la Méditerranée.

Comme il importait d'encourager la bonne volonté de Reinhard, Talleyrand, dès qu'il fut informé de l'arrivée de l'Empereur à Mayence, renouvela ses instances au sujet de l'évacuation du Tessin et demanda que la réponse lui fût expédiée à Zurich où il devait s'établir le 14 novembre pour l'ouverture de la diète. Il obtint en partie gain de cause, car le duc de Bassano, sur le vu de ses rapports, proposa à l'Empereur de reconnaître immédiatement la neutralité suisse et, comme conséquence, de donner au vice-roi l'ordre de retirer du Tessin les soldats et les douaniers. Mais il se montra très opposé à la levée des doubles contingents ; à son avis un contingent simple suffisait amplement pour établir un cordon de surveillance sur le Rhin entre Constance et Bâle. Ces propositions furent adoptées par l'Empereur ; des instructions appropriées furent envoyées au vice-roi et à Talleyrand à la date du 4 novembre.

L'affaire du Tessin fut d'ailleurs liquidée par le prince Eugène avant l'arrivée des dépêches de Mayence. En effet, le 5 novembre, à Vérone, le vice-roi décida de faire évacuer le territoire suisse et il en avisa immédiatement le ministre de France à Berne. Le landamman se montra très satisfait de la bonne volonté témoignée à l'égard de la Confédération par le gouvernement français ; en retour, il s'engagea à ne demander à la diète que l'appel à l'activité du premier contingent.

L'opposition faite par le duc de Bassano à la mise sur le pied de guerre de la totalité des milices suisses était très impolitique : ce n'était évidemment ni avec 15 000, ni même avec 30 000 hommes que le gouvernement fédéral pouvait s'opposer à une irruption des alliés, maîtres de toute l'Allemagne du Sud et du Tyrol ; mais s'il avait disposé, indépendamment des troupes employées à la garde des frontières, d'une forte réserve, bien organisée, bien commandée, soutenue par la levée en masse des habitants jaloux de leur indépendance, il aurait pu tenir en respect les factieux et en imposer assez aux alliés pour entrer avec eux en négociations, gagner ainsi du temps et peut-être limiter l'invasion aux régions voisines de Bâle. Pour expliquer ces réserves on en est réduit aux conjectures : peut-être l'Empereur se méfiait-il des véritables sentiments du landamman et des principaux députés à la prochaine diète et ne voulait-il se relâcher qu'en apparence de l'espèce de tutelle exercée sur la Suisse, depuis son intervention comme médiateur ; peut-être aussi redoutait-il un retour au pouvoir du parti réactionnaire, fort hostile à la France : dans ce cas, même si la Suisse n'adhérait pas franchement à la coalition, il serait obligé de maintenir en observation sur la frontière du Jura des forces en rapport avec celles dont disposerait le gouvernement fédéral, à un moment où il pourrait les employer plus utilement ailleurs. Ces hypothèses sont suggérées par la lecture d'une dépêche fort ambiguë adressée le 7 novembre à Talleyrand par le duc de Bassano : en substance le ministre exposait que la Suisse devait nécessairement rester neutre, que l'Empereur la verrait avec une véritable satisfaction préservée des maux de la guerre au milieu de l'Europe en armes, mais qu'il ne souffrirait pas qu'elle devînt un foyer d'intrigues contre la France.

Talleyrand reçut les instructions du duc de Bassano trop tard pour pouvoir agir utilement sur les grands conseils des cantons ; lorsqu'elles lui parvinrent, les uns avaient déjà désigné leurs députés à la diète ; les autres avaient leur siège fait. En rendant compte au ministre il exposa la conduite à tenir : être franc avec la Suisse, se hâter de reconnaître purement et simplement sa neutralité et lui garantir l'intégralité de son territoire, moyennant la réciprocité des autres puissances. Il laissa prévoir de graves mécomptes, si l'on voulait ruser avec elle et lui poser des conditions[1]; dans la situation des affaires, on pouvait attendre de la future diète une attitude favorable à la France, car l'annonce de l'évacuation du Tessin avait produit très bon effet.

En réalité, les hommes au pouvoir en Suisse redoutaient les prétentions et les entreprises des alliés et surtout de l'Autriche, mais ils voulaient profiter des embarras du gouvernement français pour se soustraire à une alliance devenue blessante pour leur amour-propre, onéreuse pour leurs intérêts et menaçante pour leur sécurité, en obtenant de l'Empereur la renonciation au titre de Médiateur, des arrangements relatifs aux échanges commerciaux et de sérieuses rectifications de frontière, peut-être même la cession du Valais. Les premières ouvertures dans ce sens furent faites par Reinhard à Talleyrand le 13 novembre, deux jours avant l'ouverture de la diète : d'après les premiers renseignements arrivés à Zurich, les députés avaient reçu de leurs cantons respectifs de sages instructions; le gouvernement fédéral, entrant dans les vues de l'Empereur, avait décidé de se borner à demander à la diète la levée d'un contingent simple, un second contingent devant être tenu prêt à marcher; mais les dispositions des alliés à l'égard de la Suisse étaient peu rassurantes; les puissances en guerre avec la France mettraient vraisemblablement à la reconnaissance de la neutralité suisse des conditions fort embarrassantes; elles exigeraient peut-être même des modifications à la constitution en vigueur; pour les mieux convaincre des bonnes intentions de la Suisse Reinhard songeait à leur

---

1. Dépêche du 8 novembre.

envoyer une députation, à la tête de laquelle il paraissait convenable de placer Aloys Reding, connu pour n'être pas inféodé au parti français. Pour sauver les apparences il demanda l'agrément de l'Empereur et sollicita une prompte réponse.

A leur arrivée à Zurich les députés à la diète parurent assez bien disposés : presque tous affectèrent de faire ostensiblement visite au ministre de l'Empereur. Talleyrand en profita pour leur recommander de ne lever qu'un seul contingent. « Sa Majesté, leur dit-il, ne vous demande, Messieurs, que de mettre sur pied le nombre de troupes que vous jugerez nécessaire pour maintenir votre tranquillité intérieure et pour garder vos frontières, bien convaincue que, si les circonstances l'exigeaient, la nation entière se lèverait en masse pour défendre son territoire. »

Mais dès la première séance tenue le 15 novembre les députés montrèrent par des actes significatifs leur ferme volonté de séparer les intérêts de la Suisse de ceux de la France. En effet, la diète institua une commission chargée d'étudier et de proposer les démarches à faire auprès des puissances belligérantes pour obtenir la reconnaissance de la neutralité et les mesures à prendre pour faire respecter le territoire. Toutefois, le programme donné à cette commission contenait un dernier article de nature à donner fort à penser au cabinet des Tuileries : « Réfléchir si, avec l'évacuation du Tessin, tous les obstacles relatifs à la neutralité sont levés. » Cet article visait évidemment le titre de Médiateur de la Confédération suisse conféré à l'Empereur des Français et la présence sous ses aigles des régiments capitulés. La réponse ne pouvait être douteuse, car les réactionnaires avaient réussi à s'assurer la majorité dans la commission, où ils étaient représentés par Watteville, Reding, Heer, Gaudens de Planta, tandis que les partisans de l'alliance française ne pouvaient compter que sur les trois voix de Ruttimann, Fettzer et Monod. Dans les séances suivantes la même tendance se manifesta : le 18 novembre la diète formula la déclaration de neutralité : le 20 elle approuva la teneur d'une proclamation que le gouvernement fédéral se proposait d'adresser aux cantons ; puis elle décréta l'appel à l'activité du premier contingent et du premier tiers du second, les deux autres tiers devant être tenus prêts à marcher : elle invita même les cantons à organiser le troisième contingent... mais elle élut général en chef de la Confédération, Watteville et approuva le choix de Reding pour porter à Francfort et défendre devant les souverains alliés la déclaration de neutralité. En somme les décisions prises par la diète en vue d'établir la position de la Suisse vis-à-vis des puissances belligérantes furent de nature à donner satisfaction, au moins momentanément, à l'Empereur, mais aussi à exciter sa méfiance pour l'avenir par le choix des hommes désignés pour remplir les missions les plus importantes, car ce choix témoigna de l'influence croissante du parti hostile à la France dans les conseils du gouvernement fédéral.

Pendant l'existence troublée de la république helvétique (1798 à 1803), Aloys Reding avait été l'inspirateur de toutes les entreprises du parti fédéraliste contre le gouvernement unitaire établi par la diète d'Aarau, d'après l'exemple et les conseils, et sous la protection de la France. En mai 1798, il fomenta l'insurrection des petits cantons et commanda personnellement leurs milices : battu à Morgarten et à Rothenturm par le corps français de Schawembourg, il feignit de se soumettre ; mais, dès le mois de septembre, de concert avec le capucin Paul Stiguer, il appela aux armes les paysans du Nidwald et soutint contre les troupes françaises une lutte acharnée, à laquelle mit fin la sanglante affaire de Stanz. Renonçant alors à l'emploi de la force, il s'attacha à conquérir le pouvoir par des moyens politiques et acquit une telle influence qu'à la diète de 1801, où les fédéralistes se trouvèrent en majorité, il fut élu landamman. Pendant sa magistrature, il manifesta quelques velléités de s'entendre avec la France et fit même le voyage de Paris pour traiter directement avec le Premier Consul. N'ayant pu obtenir de celui-ci le retour du pays de Vaud sous la domination de Berne et l'évacuation du Valais, il se retourna, d'abord du côté de l'Autriche et de la Prusse, qui refusèrent de se mêler des affaires suisses, puis du côté de l'Angleterre, qui s'empressa de lui offrir des secours pécuniaires et diplomatiques. Il n'eut pas le temps de les employer, car les unitaires étant revenus en force à la diète de 1802, il fut remplacé par Ruttimann de Lucerne. Les petits cantons, unis à ceux de Zurich et d'Appenzell, se soulevèrent de nouveau contre le gouvernement et appelèrent Reding à la présidence de la diète insurrectionnelle réunie à Schwytz. Mais l'intervention de la France ramena la paix dans le pays ; Reding et les chefs les plus remuants du parti fédéraliste, arrêtés comme otages et internés pendant quelques semaines à Aarau, furent remis en liberté après la proclamation de l'acte de médiation. Forcé d'accepter la nouvelle constitution, Reding conserva contre la France et son souverain une haine vivace, et ne cessa de la manifester dans ses discours à la diète, où il fut constamment envoyé par le canton de Schwytz. Il ne s'en tint pas aux paroles, car en 1809, d'accord avec ses amis Buol Schauenstein, évêque de Coire, et Zellweguer, d'Appenzell, il appuya de tout son pouvoir la révolte des Tyroliens, et se trouva même un instant très compromis par ses relations avec le docteur Schneider, chef des insurgés du Vorarlberg. A partir de 1811 le blocus continental et l'occupation du Tessin lui fournirent le thème d'incessantes diatribes contre la France et l'Empereur. Par ses antécédents Reding se trouvait donc être à la fois un des chefs les plus influents et un des agents les plus actifs du parti réactionnaire : comme tel, il devait être enclin à favoriser l'entrée des alliés en Suisse, pour faciliter l'invasion de la France, et à solliciter leur intervention dans les affaires intérieures de la Confédération, pour assurer le triomphe de l'oligarchie.

La carrière de Watteville n'avait pas été aussi brillante et aussi agitée que celle de Reding, mais son attitude antérieure et ses opinions bien connues devaient l'inciter à suivre la même ligne politique et inspirer la même défiance au gouvernement français. Issu d'une famille patricienne de Berne, Watteville prit une part active aux guerres civiles dans les rangs des fédéralistes. Après la proclamation de la constitution de 1803 il se rallia au nouvel état de choses, mais il s'efforça en toute occasion de contrecarrer les desseins de l'Empereur. En 1804, il excita son mécontentement en proposant à la diète la création d'institutions militaires centralisées, pour consolider l'autorité du gouvernement fédéral aux dépens de celle des dix-neuf cantons. Ses projets échouèrent devant l'opposition des cantons nouveaux, notamment de celui de Vaud, très jaloux de son indépendance et toujours porté à suspecter les intentions des Bernois. En 1805, il reçut le commandement des troupes du cordon de neutralité établi sur la frontière du Nord : ce choix fut désagréable à l'Empereur, qui soupçonnait le général, sinon de connivence avec l'Angleterre, au moins de complaisance envers les agents anglais. Mais la conduite de Watteville ne justifia pas ces soupçons : en 1809, dans les mêmes circonstances, elle fut également correcte. Cependant Watteville en raison de son passé, de ses relations, de ses tendances personnelles resta fort hostile à la France : à la diète de novembre 1813 il laissa éclater ses sentiments intimes. Son élection comme général en chef était donc inquiétante, aussi bien pour ses concitoyens décidés à faire respecter le territoire suisse par les alliés, que pour l'Empereur, très intéressé au maintien d'une stricte et sincère neutralité.

Reinhard affecta d'être satisfait des décisions prises par la diète et afficha une sécurité qu'il était bien loin de ressentir. Il s'empressa d'annoncer à l'Empereur la proclamation de la neutralité et le prochain départ d'une députation chargée de la lui notifier, composée de Wieland, bourgmestre de Bâle, et de Ruttimann, ancien landamman, l'un et l'autre fermes partisans de la constitution et de l'alliance avec la France. De son côté Talleyrand envoya au ministre des Affaires étrangères des dépêches relativement rassurantes : « En définitive, écrivait-il le 22 novembre, la diète s'est bien comportée et j'espère que la Confédération maintiendra la neutralité qu'elle vient de décréter. » Il ajouta cependant qu'on ne pouvait répondre de rien, trop d'intérêts, trop de motifs pouvant porter la Suisse à changer de système politique.

D'autres observateurs étaient moins optimistes : Capelle, préfet du Léman, se montrait peu confiant dans l'efficacité des résolutions du gouvernement fédéral ; le bruit courait à Genève que les puissances alliées comptaient en Suisse de nombreux partisans et qu'elles avaient le projet de faire avancer un corps considérable sur Genève et Chambéry, afin de couper les communications de la France avec l'Italie, et peut-être même de menacer Lyon. Le colonel Muller, envoyé en mission sur la frontière du Jura par le ministre de la Guerre, lui écrivait, le 26 novembre, que la diète avait voté à l'unanimité le maintien de la neutralité, que les troupes du premier échelon avaient été complétées et que le gouvernement fédéral avait l'intention d'envoyer les Bernois dans le canton de Vaud et les Vaudois sur le Rhin. Mais il se plaignait des journaux suisses, surtout de la *Gazette de Berne*, toujours prompte à accueillir et à propager sans contrôle tous les bruits défavorables à la France, et il signalait le mauvais effet produit par les propos d'un secrétaire du roi de Hollande, qui avait passé deux fois à Pontarlier, d'abord vers le 10 novembre, en allant rejoindre son maître en Suisse, puis vers le 24, en retournant en France. Cet individu avait répandu les nouvelles les plus alarmantes : passage du Rhin par les alliés en trois points, pression de l'Autriche sur la Suisse pour l'obliger à faire cause commune avec elle, etc [1]. Ces propos avaient été habilement exploités par les ennemis de la France.

1. A. G.

III

PREMIÈRES MESURES DE DÉFENSE

La session de la diète étant close, le gouvernement fédéral dut se préoccuper de rendre effective la déclaration de neutralité en établissant sur les frontières du Rhin et du Jura des forces suffisantes pour interdire l'accès du territoire suisse aux belligérants. Reinhard n'avait d'ailleurs pas attendu la décision de la diète pour prendre quelques mesures préparatoires ; dès le 14 novembre il avait désigné le colonel Herrenschwand, de Berne, comme commandant des troupes fédérales qui allaient se réunir à Bâle et lui avait donné l'ordre de se rendre dans cette ville ; il avait joint à cet ordre une instruction définissant la mission que le colonel était appelé à remplir : assurer la sécurité de la frontière, maintenir l'ordre public et les lois en vigueur, soutenir le gouvernement cantonal dans le rayon occupé par les troupes, afin d'empêcher la Confédération d'être compromise, soit par des entreprises venues du dehors, soit par des imprudences commises à l'intérieur ; à cet effet, établir un accord constant entre les autorités civiles et militaires et faire régner parmi les troupes une exacte discipline. Herrenschwand devait recevoir de l'état-major fédéral des indications détaillées, mais il aurait la liberté d'organiser la défense du territoire suivant les circonstances et les résultats de ses reconnaissances personnelles ; il était chargé de recueillir tous les renseignements utiles sur les mouvements des armées en présence, sur les dispositions des autorités et de la population des pays limitrophes, et d'en tenir le gouvernement fédéral exactement informé.

Par une seconde instruction datée du 5 novembre, le colonel Finsler, quartier-maître fédéral, fit connaître à Herrenschwand les troupes mises à sa disposition, savoir : un bataillon d'infanterie et une compagnie de carabiniers du canton de Vaud, un bataillon et une compagnie de carabiniers du canton de Berne, deux compagnies d'infanterie et une demi-compagnie d'artillerie du canton de Bâle. Le bataillon de Vaud, rassemblé le 6 à Lausanne, devait être rendu le 9 à Payerne et y attendre des ordres pour sa destination ultérieure ; le bataillon de Berne devait arriver le 9 à Bâle (état-major et 4 compagnies), à Stein et Riedermumpf (2 compagnies) ; la compagnie de carabiniers de Berne à Liestall le même jour. Finsler prescrivit à Herrenschwand de prendre la direction du service de la place de Bâle, de faire occuper militairement les portes de l'enceinte, en s'abstenant pour le moment de pousser au dehors des avant-postes et des patrouilles, et d'organiser un service de renseignements très complet, de manière à être informé en temps utile des mouvements de troupes exécutés dans les environs sur les deux rives du Rhin. Le détachement de Stein devait être chargé de la surveillance dans la région de Rheinfelden et de Seckingen ; celui de Liestall pourrait être porté sur Mutenz et Mönchenstein afin de garder la ligne de la Birse et d'observer la forteresse française de Landscron, dont on annonçait la mise en état de défense. Enfin, Finsler recommanda instamment d'interdire aux officiers et soldats des troupes fédérales de franchir la frontière et de les inviter à s'abstenir de tout acte, de toute parole de nature à faire mettre en doute le système de stricte neutralité adopté par la Suisse.

Herrenschwand arriva à Bâle le 9 novembre ; il s'empressa d'organiser son service et de procéder à une rapide reconnaissance de la ville et des environs. Dès le début sa mission lui apparut comme fort difficile à remplir : l'enceinte de Bâle (rive gauche) était vieille, mal entretenue, percée de sept portes, et avait un développement tel que les officiers de ronde mettaient deux heures et quart à en faire le tour ; la garnison de 600 hommes était beaucoup trop faible pour occuper sérieusement les postes des portes et le corps de garde central ; Petit-Bâle (rive droite) n'était pas défendable, à moins de relever les ouvrages de campagne établis jadis par les Français ; le Rhin, de Bâle à Zurzach, à quelques kilomètres en amont de l'embouchure de l'Aar, présentait dix-sept points de passage fréquentés, dont quatre ponts permanents à Bâle, Rheinfelden, Seckingen et Lauffenburg. Du côté de la France Huningue et Landscron n'avaient que de très médiocres garnisons. Par contre, d'après des renseignements dignes de foi, de nombreuses troupes autrichiennes et bavaroises étaient en marche sur Lörrach ; en prévision de leur arrivée les autorités badoises avaient reçu l'ordre de former dans cette ville de grands approvisionnements ; l'acceptation par les puissances alliées d'une déclaration de neutralité faite par la Suisse était plus que douteuse. Dans sa première lettre au landamman, Herrenschwand ne dissimula pas la gravité de la situation : il croyait impossible de défendre la ville de Bâle, même avec une garnison plus nombreuse, et, en se plaçant au point de vue purement militaire, il jugeait peu sage de renforcer celle qui s'y trouvait déjà.

Les rapports de Herrenschwand causèrent une vive émotion à Zurich : le gouvernement fédéral était encore à cette époque fermement attaché au principe d'une stricte et sincère neutralité ; il s'apprêtait à le faire proclamer par la diète. Reinhard et Finsler étaient sans aucune inquiétude du côté de la France, mais ils redoutaient les exigences des alliés : ceux-ci pouvaient se prévaloir du précédent créé en 1809 par les troupes françaises et demander à utiliser à leur tour le pont de Bâle pour pénétrer dans la Haute-Alsace ; cependant, malgré la disproportion des forces, ils étaient résolus à ne pas abandonner Bâle, sans une résistance effective et telle que l'Empereur ne pût taxer la Confédération de négligence ou de mauvaise foi. Finsler, tout au moins, était animé de ces sentiments, en écrivant le 13 novembre à Herrenschwand pour déterminer les bases sur lesquelles devait être établi le plan de défense de Bâle. A son avis, la ville n'était pas en état de résister à une attaque régulière, mais il était possible de la mettre à l'abri d'un coup de main, en disposant les vieux remparts pour la fusillade et en plaçant du canon sur les ouvrages et les terrasses de la rive gauche ayant des vues sur le pont ; Petit-Bâle (rive droite) devait être considéré comme un poste avancé ; son enceinte convenablement réparée suffirait pour arrêter l'ennemi pendant le temps nécessaire à la retraite du gros de la garnison et à la destruction du pont ; le reste du territoire suisse sur la rive droite ne pouvait être occupé que par des avant-postes qui se replieraient sur Petit-Bâle en cas d'irruption des alliés ; la destruction du pont de Rheinfelden, passage le plus voisin de Bâle, s'imposait ; les alliés renonceraient probablement à attaquer Bâle, si la défense était bien organisée et si les troupes suisses se montraient décidées à la résistance ; quant aux Français ils étaient hors d'état de rien tenter et d'ailleurs ce n'était pas leur intérêt ; si cependant, contre toute vraisemblance et en dépit des assurances données par le ministre de France en Suisse, les troupes d'Alsace se portaient sur Bâle, la garnison n'aurait pas autre chose à faire qu'à se retirer sur la rive droite de la Birse.

De son côté Reinhard décida, contrairement à l'avis d'Herrenschwand, d'envoyer des renforts à Bâle. Il réussit à obtenir du canton de Berne un second bataillon à 4 compagnies, du canton de Zurich un bataillon à 5 compagnies, du canton de Glaris une compagnie d'infanterie et du canton d'Argovie une division d'artillerie. Le 14 novembre il annonça au colonel la prochaine formation de ces unités, qui devaient être mises en route à sa première réquisition, de manière à porter le noyau du corps d'observation du Rhin à 24 compagnies d'infanterie. La Confédération ne pouvait assurément pas faire un plus grand effort avant la réunion de la diète.

Finsler précisa les intentions du gouvernement dans deux lettres datées des 20 et 23 novembre. La première indiquait les mesures à prendre et les travaux à exécuter pour organiser sans délai la défense de Bâle et des autres villes de la rive gauche du Rhin : réparation des portes, des ponts-levis et des herses, construction de retranchements en avant des portes, organisation des parties voisines de l'enceinte pour battre les abords de ces retranchements, amarrage sur la rive suisse des bateaux, canots et trains de bois, sans cependant porter atteinte aux droits de propriété des sujets badois, préparatifs pour être en mesure d'enlever rapidement le tablier des ponts, et d'interrompre ainsi le passage, sans être obligé de détruire les piles. En dernier lieu Finsler prescrivit à Herrenschwand de rechercher et de préparer une position de repli pour le corps fédéral dans le cas où les alliés forceraient le passage du Rhin.

La seconde lettre était relative à l'occupation de Petit-Bâle sur la rive droite du Rhin. Le temps et les moyens nécessaires pour organiser défensivement cette localité faisant également défaut, les travaux les plus indispensables ne pouvant d'ailleurs être exécutés sans causer aux propriétés privées des dommages hors de proportion avec le résultat qu'on pouvait raisonnablement obtenir, Finsler donna l'ordre de se borner à mettre l'enceinte et les portes à l'abri d'un coup de main, et de préparer ainsi une espèce de place d'armes pour la réserve des avant-postes, sur laquelle ceux-ci se replieraient en tiraillant en cas d'attaque. Le pont de Bâle devait être sans plus attendre découvert dans toute sa longueur sur la moitié de la largeur, afin d'assurer la retraite du détachement de Petit-Bâle, tout en pouvant être mis rapidement et complètement hors d'usage en cas d'urgence. Enfin, toutes les poutres et pièces de bois ouvrées propres à la réparation du pont, entreposées dans les villages suisses de la rive droite, devaient être sans retard ramenées à Bâle.

Le gouvernement fédéral jugea ces mesures suffisantes; il fut d'ailleurs entretenu dans une funeste sécurité par la stagnation apparente des armées en présence. Du côté français les garnisons de Huningue, Belfort et Landscron, peu nombreuses et mal composées, suffisaient à peine à la garde et au service de ces places; l'Alsace était complètement dégarnie de troupes en état de tenir la campagne. Du côté des alliés, les districts méridionaux du grand-duché de Bade n'étaient occupés que par quelques détachements de hussards et chasseurs à pied autrichiens et de cosaques, destinés à fournir des postes sur les bords du Rhin; leurs chefs respectaient jusqu'alors la frontière, imposaient aux soldats une stricte discipline et paraissaient même animés à l'égard de la Suisse de dispositions bienveillantes. En effet, à la date du 23 novembre, Talleyrand fut informé par M. Meunier, agent général des salines de France en résidence à Bâle, que deux officiers, l'un russe, l'autre autrichien, avaient eu une conférence avec Herrenschwand pour lui communiquer les instructions de Schwarzenberg relatives au respect de la neutralité et pour lui demander de faire placer à la limite du territoire suisse de nombreux poteaux indicateurs, afin de prévenir toute erreur.

Quant aux troupes fédérales, les effectifs à la fin de novembre étaient encore à peine suffisants pour faire sérieusement la police des frontières et assurer le maintien de l'ordre intérieur. La Confédération n'avait pas en effet plus de 7 à 8.000 hommes sous les armes : 2.000 étaient stationnés dans les Grisons pour tenir en respect les fauteurs de troubles; 1.000 occupaient le Tessin pour en faire constater d'une façon probante la neutralité; 500 surveillaient les débouchés du Valais; 2 500 sous les ordres de Herrenschwand formaient les garnisons de Bâle et des localités importantes entre cette ville et Schaffhouse; le reste constituait une espèce de réserve, sur laquelle étaient prélevés les détachements chargés de la garde de la ligne du Rhin en amont de Schaffhouse. Les hommes appelés sous les drapeaux se montraient disciplinés, pleins de bonne volonté et de patriotisme. Mais les petits corps d'observation du Nord et de l'Est étaient encore à l'état inorganique : les services les plus essentiels n'étaient pas constitués; le matériel nécessaire à une entrée en campagne faisait entièrement défaut; surtout les bataillons et les unités de cavalerie et d'artillerie, tirés de cantons éloignés les uns des autres, différents par la langue et les habitudes, manquaient de cohésion. Ces rassemblements étaient donc incapables d'opposer une résistance efficace aux masses énormes avec lesquelles les alliés étaient en mesure d'aborder la frontière suisse entre Bâle et Constance, sur un front d'environ 140 kilomètres.

IV

INTRIGUES DES ALLIÉS ET DU PARTI RÉACTIONNAIRE SUISSE

Les alliés, surtout les Autrichiens, n'étaient pas restés inactifs. A la nouvelle de la prochaine arrivée à Francfort des souverains de Russie, d'Autriche et de Prusse, Senft de Pilsach avait quitté Lausanne pour venir donner à Metternich des renseignements sur la situation intérieure de la Suisse. Il passa par Berne, où il s'aboucha avec les chefs du parti oligarchique; il n'eut pas de peine à les déterminer à solliciter l'intervention de l'Autriche, en leur faisant espérer le rétablissement des limites naturelles du côté du Valais, de Genève, de Neuchâtel et de Porrentruy, et la réforme de la constitution dans un sens favorable à leurs intérêts, par la suppression des nouveaux cantons et leur retour sous la domination de Berne. Vraisemblablement il jeta alors les bases de l'organisation du comité dit autrichien, qui devait en novembre et décembre donner l'impulsion au mouvement réactionnaire et préparer l'entrée des troupes alliées sur le territoire fédéral.

A son arrivée à Francfort Senft exposa à Metternich le résultat de ses observations; selon lui, Napoléon avait peu de partisans en Suisse, sauf parmi les membres des gouvernements des cantons nouveaux qui lui devaient leur existence; l'influence française était en horreur à la nation; dans le cas où le passage des troupes alliées serait reconnu nécessaire pour assurer le succès des opérations, il pourrait être entrepris sans résistance de la part de la Suisse, personne n'étant disposé à employer la force pour s'opposer à une attaque dirigée contre la France. Ces informations allaient au-devant des désirs de Metternich, lequel n'entrevoyait à ce moment aucun obstacle à l'exécution de ses projets. En effet, l'empereur Alexandre avait accepté sans faire d'objections le plan de Schwarzenberg comportant l'occupation de Bâle et la marche de l'armée de Bohême sur Genève par la Suisse. Senft passa au service autrichien et fut chargé, sans titre officiel, de la direction des affaires suisses, ou, plus exactement, des relations entre Metternich et Schwarzenberg, d'une part, et les chefs du parti réactionnaire, d'autre part.

Néanmoins Metternich ne s'illusionna pas sur les difficultés qu'il aurait à vaincre pour déterminer le gouvernement fédéral à renoncer à la neutralité. Le 10 novembre il fit partir Lebzeltern pour Zurich, afin de suivre les opérations de la diète qui allait s'y rassembler. Lebzeltern se rendit d'abord à Bâle, centre de l'espionnage allemand en France, puis à Berne, où il se mit en rapports avec les partisans de l'Autriche. Au cours de son voyage il fut rejoint par Capo d'Istria, chargé par l'empereur Alexandre autant de le surveiller que de le seconder. Une lettre de Gentz à Karadja, en date du 20 novembre, caractérise parfaitement les idées que l'on se faisait à Francfort des dispositions de la Suisse à l'égard des puissances belligérantes.

« Les gouvernements de la Suisse ne sont assurément pas prisonniers des intérêts français ; ils feront au contraire tout ce qui sera en leur pouvoir pour profiter des circonstances présentes et se soustraire autant que possible à l'influence qu'exerce sur leur pays le gouvernement français, influence pénible à leur amour-propre et nuisible à leur pays. Mais ils désirent ardemment garder la neutralité, qu'ils considèrent comme leur seul moyen de salut et même comme une question vitale. Les puissances alliées, dont le système exclut tout recours à la violence (*sic*), auront donc beaucoup de peine à amener la Suisse à accepter une situation politique et un mode de négociation convenables à l'exécution du projet militaire de marcher sur le Rhin supérieur, qui n'est fondé que dans une mesure restreinte. Le 15 de ce mois une diète extraordinaire a dû se réunir à Zurich. Le baron de Lebzeltern, connu par sa mission auprès de l'empereur de Russie, est parti récemment de Francfort pour Berne. Il s'y rend sans caractère politique, comme simple voyageur, et je crois même sous un faux nom. »

Lebzeltern et Capo d'Istria arrivèrent le 20 novembre à Zurich, où ils descendirent dans une auberge et s'inscrivirent sous les noms de Leipels, de Prague, et Comté, de Galicie, mais ils ne tardèrent pas à s'apercevoir que leur incognito était percé à jour. Le 22 ils prirent le parti de se faire présenter à Reinhard par un attaché à la légation d'Autriche, comme envoyés de Russie et d'Autriche, sans caractère officiel, mais cependant pourvus de lettres de créance de leurs gouvernements respectifs.

Dans ce premier entretien Lebzeltern et Capo d'Istria se bornèrent à déclarer qu'ils étaient venus en Suisse, non pour troubler la tranquillité du pays, mais pour faire connaître les intentions bienveillantes de leurs souverains et pour établir des relations amicales entre la Confédération et les puissances en guerre avec la France. Ils ne formulèrent aucune demande positive, mais indiquèrent que les alliés croyaient avoir à se plaindre du maintien du titre de Médiateur attribué à l'Empereur des Français, de la présence dans les rangs de l'armée française des régiments capitulés, et des mesures prises en Suisse pour l'application du blocus continental. Ils se montrèrent d'ailleurs modérés et conciliants ; Lebzeltern alla jusqu'à parler de la prochaine conclusion de la paix, bien qu'il fût mieux que personne au courant des véritables desseins de Metternich. A en croire les dépêches de Talleyrand, Reinhard accueillit les envoyés de Russie et d'Autriche avec une réserve courtoise et se montra résolu à faire respecter les principes posés par la diète. Afin d'établir nettement la situation, il présenta le soir même au ministre de France ses nouveaux collègues, sous leurs vrais noms et dans leur vraie qualité.

Le 24 Lebzeltern et Capo d'Istria, dans une seconde conversation avec Reinhard, revinrent sur les motifs de plainte déjà énoncés ; ils allèrent même plus loin, car ils firent remarquer que le système de neutralité adopté par la diète était extrêmement favorable à la France, mais qu'au moins il devait avoir pour conséquence la réouverture des relations commerciales et la suppression des mesures prises par la France et ses alliés pour rendre effectif le blocus continental. Enfin, le 26, ils remirent au landamman deux notes, l'une, de Metternich, assez insignifiante, l'autre de Nesselrode, beaucoup plus pressante ; en effet, le chancelier de Russie invitait formellement les Suisses à s'unir à la coalition formée contre la France pour concourir au rétablissement de l'indépendance des nations et à celle même de leur patrie, que l'empereur Alexandre regardait comme étant sous un joug étranger. Fort de la décision de la diète, Reinhard écarta avec fermeté les réclamations relatives à la neutralité, mais il admit celles relatives au système douanier, et le même jour il prit un décret annulant pour la Suisse l'effet des décrets de 1812 et de 1813 et rétablissant la liberté du commerce.

En dépit de ce demi-succès, les deux envoyés furent profondément déçus, car, sur la foi des renseignements donnés par Senft, ils s'étaient imaginés avoir gain de cause facilement et sur tous les points. Ils suspendirent leurs démarches et demandèrent à Francfort de nouvelles instructions. En les attendant ils s'attachèrent à travailler les députés à la diète et les habitants notables de Zurich, en grossissant habilement tous les sujets de mécontentement des Suisses contre la France.

Metternich et Schwarzenberg, connaissant l'impuissance militaire de la Confédération, étaient parfaitement résolus à ne tenir aucun compte d'une déclaration de neutralité très préjudiciable à leurs projets politiques et militaires. Le premier voulait substituer en Suisse l'influence de l'Autriche à celle de la France, restaurer le pouvoir et les privilèges de l'aristocratie et supprimer les foyers de libéralisme, comme le canton de Vaud, d'où des doctrines jugées dangereuses pouvaient se répandre en Europe. Le second tenait essentiellement à tourner les défenses de la ligne du Rhin, à pénétrer en France sur un vaste front par les passages du Jura et à combiner les opérations de l'armée autrichienne d'Italie avec celles de la grande armée alliée. Mais, pour complaire à l'empereur Alexandre, partisan résolu du maintien en Suisse de la constitution en vigueur et de l'existence des nouveaux cantons, tous deux auraient désiré éviter l'emploi de la force et obtenir du gouvernement fédéral, sinon son alliance, du moins sa coopération bienveillante. Le moment d'entrer en campagne n'étant pas encore arrivé, ils prirent le parti de faire traîner les négociations en longueur, jusqu'au jour où ils seraient contraints par les circonstances à négliger les considérations politiques pour tenir compte uniquement de l'intérêt des opérations de guerre. En outre ils avaient tout avantage à attendre la fin de la session de la diète : celle-ci venait de proclamer la neutralité et paraissait tenir fortement à en obtenir le respect de la part des belligérants ; elle pouvait, dans le cas d'une invasion étrangère, prêter un appui efficace au gouvernement fédéral, moralement en imposant une trêve aux partis, matériellement en décrétant la levée en masse du pays.

Les députés suisses se séparèrent le 27 novembre après une sixième et dernière séance. Deux jours après, le 29 novembre, Lebzeltern et Capo d'Istria, ayant reçu de nouvelles instructions, reprirent les pourparlers avec Reinhard et posèrent nettement la question de l'incompatibilité de la reconnaissance de la neutralité par les puissances alliées avec le maintien de la situation privilégiée de la France en Suisse. Si la Confédération persistait à donner à l'Empereur des Français le titre de Médiateur, les souverains en guerre avec lui ne seraient-ils pas autorisés à croire qu'au point de vue intérieur comme au point de vue extérieur le Médiateur était le conseiller toujours obéi du gouvernement helvétique ? D'autre part, comment celui-ci pouvait-il concilier la déclaration de neutralité avec la présence des régiments capitulés dans l'armée française, alors qu'il avait interdit et interdisait encore les enrôlements et le recrutement de ses nationaux par d'autres puissances ? Enfin, si la Suisse se refusait à entrer dans le système des nations luttant pour s'affranchir du joug de la France, pouvait-elle espérer, au moment du règlement des comptes, faire valoir avec succès ses droits sur l'évêché de Bâle, la Valteline, le Valais, indûment réunis à l'Empire français ou au royaume d'Italie ? Ces arguments étaient spécieux et Reinhard se trouva fort embarrassé pour y répondre ; il ne put que se retrancher de nouveau derrière les décisions de la diète. Mais, aussitôt après l'entretien avec Lebzeltern et Capo d'Istria, il courut trouver Talleyrand et chercha à lui démontrer que, en présence des exigences des alliés, la Suisse avait grand intérêt à obtenir du gouvernement français, d'une part, une déclaration reconnaissant que le titre de Médiateur ne donnait nullement à l'Empereur le droit d'intervenir dans les affaires intérieures de la Confédération, d'autre part, le retour des régiments capitulés, ou tout au moins une modification des traités et conventions remettant les choses sur l'ancien pied, c'est-à-dire autorisant tous les souverains d'Europe à enrôler en Suisse. En faisant ces ouvertures, Reinhard visait évidemment à détendre, sinon à rompre, l'alliance entre la Suisse et la France ; il avait déjà fait un premier pas dans cette voie en rétablissant la liberté du commerce, sans entente préalable avec le gouvernement impérial ; il posait maintenant la question sur le terrain politique et militaire.

Talleyrand ne s'y trompa pas ; mais, dans l'espoir chimérique de retarder la rupture définitive, il conseilla au ministre des Affaires étrangères de faire quelques concessions, et notamment de consentir au renvoi des régiments capitulés, déjà réduits à un très faible effectif et dont le recrutement n'était plus assuré. Mais ces conseils n'avaient aucune chance d'être écoutés, car l'Empereur et le duc de Vicence, successeur du duc de Bassano, nourrissaient encore d'inexplicables illusions sur les véritables dispositions du gouvernement et de la nation suisse. Une dépêche adressée le 26 novembre à Talleyrand par le ministre et exposant la manière de voir du cabinet des Tuileries relativement au maintien de la neutralité suisse, prouve à quel point ces illusions étaient tenaces. Après avoir énuméré les mesures prises pour assurer la défense de la ligne du Rhin, le duc de Vicence s'exprimait ainsi : « Cette ligne défendue par des forces nombreuses ne sera rompue sur aucun point de nos frontières ; mais il nous faut sur le territoire suisse les mêmes sûretés. La violation du pont de Bâle ou de tout autre passage détruirait en partie l'effet de nos soins et amènerait au voisinage de la Suisse le théâtre d'une guerre qu'il est de son intérêt d'écarter. Il faut que l'Empereur puisse compter sur la fermeté avec laquelle ce pays défendra sa neutralité. Si d'ailleurs son territoire est violé, la Suisse prévoit-elle où s'arrêteraient les ennemis et n'aurait-elle pas à craindre pour elle-même de nouveaux déchirements ? Le Frickthal, qui appartenait aux Autrichiens, lui serait-il laissé ? Le canton de Schaffhouse, entièrement situé sur la rive droite du Rhin, n'est-il pas convoité depuis longtemps par les princes d'Allemagne, et tout ce qu'avait réglé l'acte de médiation, faut-il s'exposer à le voir renverser ? Faut-il supprimer les nouveaux cantons, rétablir les pays sujets, affaiblir le système fédéral et semer de nouveau les germes de discorde qu'une plus grande concentration de pouvoirs avait étouffés ? » Le ministre invitait Talleyrand à s'inspirer de ces considérations pour soutenir l'énergie du landamman et le déterminer à poursuivre l'organisation du corps fédéral, à le renforcer même s'il était possible. Mais en outre il devait faire de nouvelles instances pour activer davantage le recrutement des régiments capitulés ; en échange de quoi le duc de Vicence offrait, à titre de marque de confiance, l'admission d'un bataillon suisse dans la Garde Impériale, et, à titre d'avantages plus positifs, un accord donnant à la Suisse des facilités commerciales avec la France et l'Italie !

Talleyrand dut être fort surpris des étranges conceptions du duc de Vicence relativement aux affaires suisses. Dans sa réponse datée du 1ᵉʳ décembre, il commença par rappeler ses rapports antérieurs, peu faits pour inspirer confiance ; or, la situation était loin de s'améliorer. La diète avait bien déclaré la neutralité du territoire, mais les souverains alliés paraissaient peu disposés à admettre la validité de cette déclaration ; en tout cas Lebzeltern et Capo d'Istria n'avaient encore fait aucune communication de nature à inspirer quelque espoir. Suivant les instructions du duc de Bassano, le ministre de France avait suggéré au landamman de se contenter de lever un seul contingent ; Reinhard était entré dans ces idées et il avait eu gain de cause ; la diète avait, il est vrai, accordé un tiers en plus, soit 5 000 hommes à prendre sur le second contingent, ce qui faisait en tout 20 000 hommes. Mais à cela se bornerait l'effort militaire de la Confédération ; pour lever un effectif plus considérable, une nouvelle réunion de la diète serait nécessaire et présenterait de graves inconvénients, car il n'était nullement sûr que les députés consentissent à des sacrifices plus grands. D'ailleurs Talleyrand ne comptait pas sur une résistance effective de la part de la Suisse : « Si les coalisés veulent absolument passer par la Suisse, il est aisé de prévoir qu'après avoir livré un combat aux milices fédérales, que celles-ci perdront indubitablement, ils inviteront les Suisses à se tenir tranquilles ; ils leur assureront qu'ils n'en veulent ni à leur indépendance, ni à leur constitution, que leur projet est de ne s'immiscer en rien dans leurs affaires intérieures. . . . .

« Les souverains ajouteront que leurs troupes ne feront que longer la frontière, ou entrer en France par un point. . . . .

« Les Suisses céderont à la force d'autant plus facilement qu'il y a parmi eux un parti qui appelle les coalisés. »

Il ajouta que des troubles étaient à craindre dans le Valais, à Genève et dans l'ancien évêché de Bâle, où les habitants étaient disposés à faire cause commune avec l'envahisseur.

Quant à un traité de commerce avec la France, les Suisses n'en sentaient plus le besoin. Depuis que la diète avait levé les impôts établis sur les denrées coloniales par le décret de Trianon, leur industrie avait repris une activité extraordinaire ; en moins de trois semaines, la main-d'œuvre dans les cantons manufacturiers s'était relevée de 4 sols par jour à 15 sols.

En terminant, Talleyrand conseilla de faire des concessions au gouvernement suisse et en particulier de lui accorder le retour des régiments capitulés, s'il en faisait la demande. Quant à le presser d'activer le recrutement de ces mêmes régiments, rien ne pouvait être plus inopportun ni plus inutile[1]. Son prestige était profondément atteint, son autorité déclinait rapidement.

Le parti réactionnaire avait en effet pris depuis l'ouverture de la diète une attitude presque insurrectionnelle et hautement affiché sa volonté de profiter de l'écrasement de la France pour renverser les institutions établies par l'acte de médiation. A Berne les oligarques appelaient les Autrichiens et se montraient décidés à profiter de leur intervention pour rendre au canton son ancienne étendue avec sa prépondérance traditionnelle, et pour restaurer les privilèges du patriciat, seul capable d'offrir aux puissances alliées une garantie sérieuse contre l'influence française. L'avoyer en charge Freudenreich et les membres du conseil secret saisirent la première occasion de manifester leurs sentiments, en refusant de publier la proclamation

---

1. En Argovie, même en donnant une prime de 40 louis, on ne trouvait plus personne pour contracter un engagement dans ces régiments.

batterie à Seckingen et à Rheinfelden était insuffisante comme nombre et comme calibre pour mettre les ponts hors de service, et que le seul moyen d'atteindre le résultat désiré était de préparer l'incendie de la charpente au moyen de fascines goudronnées et de caisses d'obus, disposées à l'avance. Toutefois ces préparatifs ne pouvant être dissimulés, il ne s'était pas cru autorisé à les ordonner. En conséquence il demandait de nouvelles instructions et, dans le cas où Watteville jugerait la destruction des ponts opportune, le prompt envoi du matériel et des artifices nécessaires.

Ce rapport arriva le 10 décembre à Zurich ; il embarrassa beaucoup Watteville et Reinhard, très désireux d'éviter tout acte susceptible d'être considéré par les Autrichiens comme une démonstration d'hostilité. Ils crurent se tirer d'affaire en rejetant tout le poids de la responsabilité sur Herrenschwand. Dans sa réponse Watteville, après s'être félicité de l'exacte discipline observée par les Autrichiens, engagea son subordonné à veiller à la stricte exécution du service de sûreté, sans cependant marquer une inquiétude peu justifiée jusqu'alors par les circonstances ; il l'invita, dans le cas où les Autrichiens manifesteraient l'intention de pénétrer sur le territoire suisse, à déclarer aux chefs de colonnes qu'il avait ordre de conserver les positions occupées par ses troupes et d'opposer la force à la force, sans pousser toutefois la défense jusqu'à des extrémités menaçantes pour la sécurité de la ville de Bâle. Il l'avertit que le colonel May, commandant la première brigade à Stein, recevait des instructions analogues, et il recommanda, si la retraite devenait nécessaire, de l'exécuter avec ordre et sang-froid. De la destruction des ponts, de l'envoi des artifices nécessaires, pas un mot !

La lettre de Finsler de la même date explique ce silence et fait ressortir la duplicité de Watteville. « Après avoir examiné en personne les ponts de Rheinfelden et de Seckingen, écrivait le quartier-maître-général, S. E. le général en chef a jugé à propos de supprimer les articles de l'instruction du 20 novembre relatifs à la destruction de ces ponts dans certains cas déterminés ; au contraire, il a ordonné de se borner à continuer et à terminer les travaux jugés par lui-même et sur place suffisants pour rendre le passage difficile et le retarder le plus longtemps possible. » Ces travaux consistaient vraisemblablement en simples coupures au tablier, facilement réparables et bonnes tout au plus à arrêter l'envahisseur pendant le temps nécessaire à la retraite des postes suisses. Ainsi Watteville, sans en prévenir Herrenschwand, avait rendu impossible toute défense, même la plus passive et la moins compromettante !

Herrenschwand reçut ces extraordinaires réponses dans l'après-midi du 11 décembre ; il leur dut sans doute une forte émotion, mêlée d'étonnement et de colère. Les traces de ces sentiments sont visibles dans les lettres adressées sur-le-champ à Watteville et à Reinhard pour les prévenir du départ pour Zurich du colonel Fussli, chargé de faire connaître au général en chef et au landamman le véritable état des choses.

Au premier, Herrenschwand écrivit : « Les ordres émanés jusqu'à présent de S. E. M. le landamman de la Suisse et de Votre Excellence elle-même ne sont pas calculés pour le moment présent, autant que je puis me permettre de les juger. En raison des modifications subites de la situation, que nous avons à redouter, il est très difficile de donner des ordres lorsque l'on n'est pas sur place. Ceux que j'ai reçus jusqu'à présent sont incomplets et sur certains points contradictoires, ou susceptibles d'interprétations diverses. Mon véritable attachement et ma fidèle soumission à ma patrie m'obligent à parler ici en toute sincérité et à faire entendre la vérité par le moyen du compte rendu que le colonel Fussli fera de vive voix à Votre Excellence. »

Vis-à-vis du landamman il s'exprima en termes encore plus précis : « Vouloir défendre une ville comme Bâle et la section du cours du Rhin entre Bâle et Lauffenburg, avec les troupes mises à ma disposition contre les masses infiniment plus fortes que l'on peut nous opposer, atteint les limites de l'impossible et ne peut avoir que des suites funestes et pour les troupes et pour les habitants du pays. »

Les graves nouvelles reçues le 11 et le 12 justifiaient amplement les alarmes de Herrenschwand. Bubna avait en effet transporté son quartier général à Lörrach et aussitôt interdit le franchissement de la ligne d'avant-postes, sous prétexte d'empêcher les agissements des espions. Cet investissement de la frontière suisse était inexplicable, car les alliés étaient maîtres de passer le Rhin sur un point quelconque en aval de Bâle, la Haute-Alsace étant entièrement dégarnie de troupes françaises. Du reste dans les cantonnements autrichiens officiers et soldats s'entretenaient ouvertement de l'entrée en Suisse; à Bâle même les bourgeois ne dissimulaient, ni l'émoi que leur causait la prochaine occupation de leur ville par des troupes étrangères, ni les espérances des énormes bénéfices qu'ils comptaient retirer des fournitures à faire aux armées alliées.

Fussli trouva le landamman et Watteville en proie à des illusions tenaces. Le premier répondit brièvement que la situation politique lui paraissait présenter des symptômes rassurants, qu'au surplus il allait envoyer sur le front toutes les troupes disponibles et prendre des mesures pour reconstituer une réserve générale. Le second se montra persuadé que Schwarzenberg voulait passer le Rhin au-dessous de Huningue et qu'il avait été sincère en donnant le 2 décembre l'ordre de respecter le territoire suisse. Watteville en trouvait la preuve dans ce fait qu'une colonne autrichienne venant d'Autriche et se dirigeant sur Lörrach avait soigneusement contourné le territoire suisse autour de Schaffhouse, au lieu de suivre l'itinéraire direct en traversant cette ville; donc les démonstrations à la frontière ne pouvaient avoir pour but que de tromper les généraux français sur les véritables intentions des alliés; l'interruption des communications entre Bâle et le territoire badois s'expliquait également par la nécessité de dissimuler aux espions français les mouvements des troupes et les préparatifs de passage. Par une singulière contradiction il se montra très préoccupé d'éviter tout dommage à la ville de Bâle. Prévoyant que les magistrats pourraient demander la conclusion d'une convention avec l'ennemi pour éviter à leur cité de grands malheurs, il autorisa Herrenschwand, s'il reconnaissait le bien fondé de cette demande, et s'il était menacé d'être coupé de Liestall et des défilés du Hauenstein, à traiter avec les Autrichiens afin d'assurer la sécurité de la ville et la retraite du corps fédéral avec tout son matériel. Il lui annonça la prochaine entrée en ligne de la brigade Schmiel, qui devait se porter sur Lauffenburg, de manière à permettre à la brigade May de se resserrer entre Rheinfelden et Bâle pour couvrir la route de Liestall. Il termina en l'autorisant à recevoir à Bâle les fugitifs venant d'Alsace, sans cependant les laisser faire dans cette ville des établissements de nature à la compromettre.

Cette lettre fut complétée par des explications verbales rapportées par le colonel Fussli, rentré à Bâle le 15 décembre : Watteville recommandait à Herrenschwand, au moindre indice d'une attaque sur Petit-Bâle, d'évacuer Richen sur la route de Lörrach, où se trouvait le poste le plus en l'air de la ligne de surveillance ; de renforcer les autres postes, mais de leur prescrire de se retirer sur Petit-Bâle à la première démonstration offensive ; de ramener sur la rive gauche le bataillon de réserve cantonné à Petit-Bâle, ainsi que les pièces d'artillerie mises en batterie sur ce point ; de ne toucher en rien aux piles du pont, mais de découvrir le tablier, en laissant tout juste une passerelle pour la retraite des avant-postes ; de défendre le pont aussi longtemps que possible, mais en tenant compte de la nécessité d'épargner à la ville de Bâle les horreurs d'une prise de vive force ; et, finalement, le moment venu, de se retirer avec ordre sur Liestall, ou, en cas de danger, sur Mönchenstein et Dornach. Watteville était même si préoccupé de ne pas mécontenter les alliés en causant au pont de Bâle des dommages longs et difficiles à réparer, qu'il prescrivit de diriger le feu des pièces de 12, en batterie sur le port de la rive gauche, non pas sur la culée de la rive droite, mais uniquement sur les abords du pont.

En recevant les graves nouvelles apportées par Fussli, Reinhard jugea le moment venu d'en finir avec la France. Il commença par adresser, le 14 décembre, aux divers cantons une circulaire pour leur proposer de rappeler en Suisse les régiments au service de France, afin de les employer à la défense du territoire national, conformément à l'article 31 de la capitulation du 28 mars 1812. Les réponses ne pouvaient être douteuses; il ne les attendit même pas et le 16 décembre il eut avec Talleyrand un entretien décisif. Il lui fit part des inquiétudes inspirées au gouvernement fédéral par les manœuvres du parti réactionnaire, notamment dans le canton de Berne, où le petit conseil mettait des troupes sur pied et persistait dans son refus de publier la proclamation jointe à la déclaration de neutralité, en alléguant l'inutilité de répandre dans le public des décisions sujettes à être rapportées, dans le cas où l'orientation de la politique suisse viendrait à être modifiée. Il laissa entrevoir que ces manœuvres pourraient nécessiter la convocation d'une nouvelle diète, où les adversaires de l'influence française seraient vraisemblablement en majorité.

Reinhard communiqua ensuite à Talleyrand le sens des déclarations faites à Reding et à Escher par les ministres des puissances alliées, lesquelles considéraient le système de neutralité adopté par la Suisse comme contraire à leurs intérêts et comme inconciliable avec le maintien du titre de Médiateur attribué à l'Empereur Napoléon et de la capitulation militaire favorisant la France à l'exclusion des autres puissances ; il demanda formellement le renvoi des Suisses qui se trouvaient encore dans l'armée française.

Enfin Reinhard aborda un sujet qui lui tenait fort à cœur : celui de l'annexion à l'Empire de territoires ayant appartenu de tout temps à la Confédération. Il avoua que les alliés avaient fait à la Suisse des offres fort avantageuses, en s'engageant, si elle voulait se joindre à eux, à lui faire restituer le Valais, la Valteline et l'Erguel, et en la menaçant, en cas de refus, d'en disposer à leur convenance, de telle sorte qu'elle devrait y renoncer à jamais. La Suisse ne pouvant consentir à s'en voir frustrer une seconde fois, Reinhard avait imaginé de déterminer la France à prendre les devants et il proposa à Talleyrand d'ouvrir une négociation dans ce sens, dans l'espoir que cette concession faciliterait l'adhésion des alliés à la déclaration de neutralité [1].

Dans l'état des choses l'Empereur aurait peut-être pu consentir au renvoi des régiments ; par suite de la réduction des effectifs, leur présence dans les rangs de l'armée française n'avait plus qu'une valeur pour ainsi dire symbolique. Mais il lui était impossible d'abandonner le Valais, dont la possession était en ce moment particulièrement nécessaire pour maintenir les relations de la France avec l'Italie par le Simplon, ni l'Erguel, qui ouvrait d'importantes communications entre la Suisse et la vallée du Doubs. Pareillement il ne pouvait renoncer au titre de Médiateur, ni permettre l'établissement en Suisse d'un système favorable aux ennemis de la France. Enfin, la Suisse paraissant de moins en moins disposée à soutenir par les armes la déclaration de neutralité faite par la diète, il était absurde de penser que les puissances alliées respecteraient les vœux d'un gouvernement faible, d'un peuple désuni, et renonceraient bénévolement aux grands avantages stratégiques que devait leur présenter l'occupation d'une position centrale menaçant à la fois le Milanais, le Piémont, la Savoie, la Franche-Comté et l'Alsace. La récente violation de la capitulation de Dresde montrait assez combien peu pesaient dans leurs

---

1. Un rapport subséquent de M. de Jussaud, mentionné par Talleyrand le 21 décembre, indique que Reinhard lui-même avait fait insinuer aux cabinets des puissances alliées de n'adhérer à la déclaration de neutralité que moyennant la restitution par la France des pays enlevés à la Suisse.

conseils le droit des gens et la foi jurée. Dans ces conditions les ouvertures de Reinhard ne pouvaient aboutir : elles constituaient en réalité une dénonciation voilée des traités unissant à l'Empire français la Confédération helvétique.

Talleyrand ne s'y trompa pas, car, en rendant compte de son entretien avec Reinhard, il demanda l'envoi de troupes du côté de Besançon pour intimider les Suisses et proposa d'essayer de soulever le peuple du canton de Bâle contre les oligarques.

Pour les Autrichiens le moment décisif allait arriver. Dans les premiers jours de décembre l'armée de Bohême s'était ébranlée pour atteindre le front Fribourg-en-Brisgau, Bâle, Schaffhouse. Le mouvement général avait été fort lent, car les routes utilisables étaient peu nombreuses dans le terrain à parcourir, naturellement divisé par le massif de la Forêt-Noire en deux zones, à l'ouest celle de la vallée du Rhin, à l'est celle des vallées du Neckar et du Danube. Dans la première le désir d'éviter les coups de main éventuels des garnisons françaises d'Alsace avait déterminé l'état-major autrichien à tracer la ligne d'étapes le plus loin possible du Rhin, et par suite à engager toutes les troupes sur la route qui longe le pied des montagnes par Heidelberg, Bruchsal, Durlach, Rastadt, Schliengen et Lörrach. Dans la seconde le réseau routier du Wurtemberg aboutissait sur le Neckar à Tubingen ; de cette ville une seule bonne route conduisait au Rhin par Balingen, Villingen, Hufingen, d'où par Neustadt on pouvait gagner Fribourg, Stuhlingen, d'où un embranchement menait à Schaffhouse, et Thiengen.

Du 9 au 12 décembre les corps formant le premier échelon de l'armée de Bohême arrivèrent à proximité de la frontière suisse : à droite, la division légère de Bubna occupa le 9 décembre Lörrach et les environs de Bâle ; le IIe corps (Liechtenstein), le IIIe corps (Giulay) et le corps austro-bavarois (Wrede), formant une masse d'environ 75.000 hommes et 13.000 chevaux, atteignirent respectivement Rummingen, Schliengen et Heitersheim. Au centre le Ier corps (Colloredo), 15.363 hommes et 1.127 chevaux, suivit la route de Grafenstaden et s'arrêta à Thiengen, ayant en arrière de lui la division Bianchi, à Zarten sur la route transversale de Fribourg à Donaueschingen. A la gauche la division légère M. Liechtenstein s'établit dans les villages badois voisins de Schaffhouse; sur les routes venant du Wurtemberg s'échelonnèrent les divisions de grenadiers Weissenwolf et Trautenberg, le corps des cuirassiers de Nostitz et les réserves d'artillerie. Schwarzenberg en personne quitta Francfort le 9 décembre et transporta son quartier général successivement à Heidelberg (9 décembre), Karlsruhe (10) et Fribourg-en-Brisgau (11).

L'entrée en Suisse avait été fixée au 13 décembre par des ordres établis à la date du 2. Bubna avait été chargé de l'opération la plus importante, c'est-à-dire de l'occupation de Bâle, pour laquelle Schwarzenberg avait mis sous son commandement le IIe corps (Liechtenstein). D'après le projet primitif, la 1re division légère et le IIe corps devaient être concentrés le 9 décembre, la tête à Lörrach, la queue à Schliengen, et avoir repos du 9 au 12. Bubna utiliserait cette période pour reconnaître les positions occupées par les troupes suisses et pour ouvrir des pourparlers avec leurs chefs, mais en y mettant la plus grande prudence et en s'efforçant de donner l'impression que les Autrichiens ne songeaient pas pour le moment à entrer en Suisse. Lorsqu'il aurait acquis la conviction que le passage du Rhin et l'occupation de Bâle ne pourraient être effectués sans employer la force des armes, il en donnerait sur-le-champ avis aux généraux Giulay et Colloredo; lui-même rassemblerait dans la nuit du 12 au 13 la 1re division légère et le IIe corps devant Petit-Bâle, adresserait à 4 heures du matin au commandant suisse la sommation d'ouvrir les portes, et, après lui avoir laissé une demi-heure de réflexion, ferait avancer ses troupes. Il lui était recommandé d'apporter à l'exécution de sa mission tous les ménagements possibles;

d'éviter que le premier coup de feu ne partît des rangs autrichiens et, s'il fallait recourir à la force, de n'employer au début de l'action que la baïonnette ; de désarmer les troupes suisses et de les considérer jusqu'à nouvel ordre comme prisonnières de guerre, mais de traiter honorablement les officiers et les soldats; enfin, de faire respecter les biens des habitants, d'interdire tous actes de violence ou de pillage sous peine de mort, et, s'il s'en produisait, de faire punir immédiatement et publiquement les coupables. Bubna était prévenu que toute l'affaire avait été combinée avec le comte de Salis-Saglio ; celui-ci devait le rejoindre avant l'entrée à Bâle pour lui donner des renseignements et remplir ensuite les fonctions de commissaire national, chargé de régler avec les autorités locales les questions relatives à l'entretien des troupes autrichiennes.

A la même date du 2 décembre, Schwarzenberg chargea le capitaine d'état-major Spinelli de reconnaître les points de passage du Rhin en amont de Bâle et en particulier le pont de Lauffenburg, assigné au Ier corps (Colloredo). Spinelli devait le 13 au matin s'emparer par surprise de ce pont et du château qui le défend, de manière à empêcher les Suisses de procéder à des travaux de destruction de nature à entraver le prompt écoulement du corps d'armée.

Les véritables intentions de Schwarzenberg ne furent connues que d'un très petit nombre de personnes : Radetzky, Langenau et les officiers d'état-major chargés de l'expédition des ordres, Bubna, Colloredo et M. Liechtenstein, commandant les corps qui devaient entrer en Suisse les premiers, Spinelli, Salis-Saglio. « Il faut, écrivait Radetzky dans un plan d'opérations établi à la date du 7 décembre, recommander aux troupes de respecter la neutralité du territoire suisse d'une façon si sévère et si ostensible et inviter les commandants de corps à donner aux généraux subordonnés des ordres si précis dans ce sens, qu'aucun membre de l'armée ne puisse avoir la pensée d'entrer en Suisse, jusqu'au moment même du passage du Rhin, et que les Suisses soient amenés par cet apparent respect de la neutralité à négliger leurs préparatifs de défense. » Ce plan fut approuvé le 8 décembre par l'empereur François ; quant à l'empereur Alexandre il ne fut pas mis dans le secret, soit que les Autrichiens craignissent une opposition de sa part, soit qu'ils voulussent éviter les indiscrétions de son entourage.

Les corps d'armée de première ligne ayant atteint leurs emplacements assignés entre le 9 et le 12 décembre, Schwarzenberg aurait pu mettre ses projets à exécution à la date convenue, c'est-à-dire dans la nuit du 12 au 13. Cependant il n'en fit rien, car le 10 il expédia contre-ordre à Bubna, à Colloredo et à M. Liechtenstein, en les prévenant que l'opération était ajournée, mais non abandonnée. Cet ajournement était fort inopportun : d'une part, le duc de Bellune, commandant les forces françaises en Alsace, pouvait être renseigné en temps utile sur les mouvements de l'ennemi et rassembler quelques troupes aux environs de Bâle ; d'autre part, l'état-major de l'armée de Bohême allait éprouver de grandes difficultés à faire subsister une masse énorme d'hommes et de chevaux dans le Sud du grand-duché de Bade, pays pauvre où rien n'avait été prévu pour un stationnement prolongé. On a bien essayé d'expliquer le contre-ordre donné le 10 décembre par le refus du gouvernement fédéral d'ouvrir volontairement la Suisse aux alliés et par l'opposition absolue faite par l'empereur Alexandre à l'emploi de la force pour pénétrer sur le territoire de la Confédération. Mais ces raisons sont insuffisantes, car dès le 2 décembre l'empereur François, Metternich et Schwarzenberg savaient à quoi s'en tenir, aussi bien sur les dispositions de Reinhard et de Watteville que sur celles de l'empereur Alexandre, et ils étaient résolus à passer outre à tous les obstacles. Il dut y avoir une autre raison, vraisemblablement raison d'État, et qui est demeurée le secret du cabinet de Vienne. Mais lorsque l'on étudie les marches inutiles et excentriques exécutées ultérieurement en Suisse par les corps autrichiens, on est amené à se demander si Metternich n'avait pas préparé, de concert avec les membres du comité de Waldshut, un soulèvement en Suisse dans le but de réunir aux États héréditaires de la maison d'Autriche, sinon le pays tout entier, du moins les Grisons et le Tessin, qui touchaient d'un côté au Tyrol, de l'autre au Milanais. Le soulèvement attendu ne s'étant pas produit, l'entrée en Suisse se trouva retardée et l'intervention de l'Autriche dans les affaires intérieures de la Confédération dut se produire sous une autre forme.

Par suite de ce retard, le généralissime, ses adjoints et les commandants de corps d'armée se trouvèrent en proie à de véritables angoisses : les ressources du pays s'épuisaient avec une rapidité inquiétante ; si les troupes étaient maintenues immobiles, elles seraient exposées à de cruelles privations à partir du 18 ou du 19 décembre. « L'armée est maintenant concentrée dans le Sud du pays de Bade, écrivait Radetzky dans un mémoire daté du 13 décembre, dans des conditions telles qu'il ne reste que trois partis à prendre : ou s'emparer de la Suisse, ou forcer le passage du Rhin près de Huningue, ou se disloquer et s'établir en quartiers d'hiver. Pour nous, soldats, nous ne pouvons considérer comme neutre la Suisse qui, il y a quelques jours à peine, a encore envoyé des recrues aux régiments suisses au service français, qui a livré à la France des prisonniers autrichiens en fuite sur son territoire, dont tout le gouvernement est composé de personnages animés de sentiments français, qui reconnaît l'empereur Napoléon pour son médiateur et qui ne cherche à assurer sa neutralité, comme le prouvent des lettres récemment saisies, qu'après entente avec Napoléon. Il nous faut donc, ou prendre des positions défensives sur le Danube, ou entrer en Suisse. Nous avons déjà perdu beaucoup de temps, et l'ennemi, revenu de son effroi, s'empresse d'envoyer des renforts sur les points menacés. Il n'a rien de mieux à faire qu'à se tenir sur la défensive en Hollande contre la seule armée qui paraisse agir conformément aux règles de la guerre et à tourner toutes ses forces contre l'armée principale, qui, elle, a le malheur que ses opérations ne soient pas dirigées par la volonté de son chef et d'après les principes de l'art militaire, mais subordonnées à des considérations égoïstes, et à des concessions réciproques. Une armée qui a sur son flanc un pays animé de sentiments hostiles, sur son front le Rhin et une ligne de forteresses, qui est dans l'impossibilité de se mouvoir sans une foule de délibérations et de discussions, connues de l'ennemi même avant que son chef en soit informé, une telle armée, dis-je, doit être vaincue, même si elle était conduite par la main de Dieu.

« Tous les renseignements que nous recevons de la Suisse s'accordent à dire que seul le gouvernement présent est animé de sentiments favorables à la France. Au contraire les commandants des troupes suisses à Bâle se déclareront pour nous quand nous entrerons en Suisse et proclameront la déchéance du gouvernement. En un mot nous ne pouvons pas passer le Rhin en laissant la Suisse sur notre flanc gauche ; nous ne pouvons pas rester sur le Rhin sans occuper la Suisse. Si on nous laisse faire, nous serons en peu de temps maîtres de la Suisse et de la Franche-Comté. Nous manquerons ces deux buts si, au lieu d'agir, nous continuons à perdre du temps. »

Exaspéré des atermoiements d'Alexandre, Schwarzenberg songea un instant à se démettre du commandement. Sur les prières de Radetzky et de Langenau, sur les conseils et les instances de Metternich, il se résigna à le conserver ; mais, afin d'éviter l'encombrement et la disette, il dut reconnaître la nécessité d'expédier aux troupes du deuxième échelon, déjà en marche sur le Haut-Rhin, l'ordre de s'arrêter sur place, dès la réception de cet ordre, qui, parti de Fribourg le 14 décembre, devait les atteindre vers le 16 ou le 17.

Par suite, dans la vallée du Rhin, la division de cavalerie légère et le corps d'infanterie de la garde russe, l'artillerie de réserve russe et la brigade de cavalerie de la garde prussienne, sous le commandement de Miloradowitch, s'échelonnèrent sur la grande route, de Steinbach à Bensheim et dans la zone à l'est de cette route limitée par Baden, Gernsbach, Neuenburg, Pforzheim, Kirnbach, Hilsbach, Hirschheim, Furth, Lindenfels.

Sur le revers oriental de la Forêt-Noire le 6e corps russe, arrivé à Bahlingen, y reçut le 17 l'ordre de se porter par Oberndorf et Hornberg sur Offenburg, de manière à relever le 22 décembre les troupes bavaroises employées au blocus de Kehl. La 2e division légère et les 2 divisions de cuirassiers autrichiennes s'arrêtèrent à Tubingen et à Singelfingen. Le corps des grenadiers, et les 3 divisions de cuirassiers russes et le corps des cosaques de Platow s'établirent en cantonnements autour de Stuttgart sur les deux rives du Neckar.

Entre temps Metternich avait rejoint Schwarzenberg à Fribourg. Le 15 Senft de Pilsach lui présenta les membres principaux du comité de Waldshut, Salis-Saglio, Erlach, Diesbach, Steiger, Wiss. L'entente se fit facilement sur la nécessité de remettre en Suisse les choses en l'état où elles se trouvaient avant 1798 et plus particulièrement de restituer au canton de Berne les territoires qu'il possédait et la prépondérance dont il jouissait avant l'intervention de la France dans les affaires intérieures de la Confédération. A en croire les délégués du comité de Waldshut, la majorité des citoyens était favorable à cette restauration, mais la présence des troupes autrichiennes était nécessaire pour prévenir des troubles ; on pouvait les faire pénétrer sans crainte sur le territoire suisse, où les attendait un bon accueil ; ils fournirent même le prétexte de cette intervention, en faisant remarquer que les gouvernements des cantons de Vaud et d'Argovie étaient attachés à la constitution donnée par Napoléon, fort suspects par conséquent de sympathie française, et qu'il serait dangereux de les laisser subsister derrière les armées alliées entrant en France.

Metternich ne demandait qu'à être convaincu; il désirait fort que l'entrée en Suisse des troupes autrichiennes fût un fait accompli avant l'arrivée à Fribourg de l'empereur de Russie, attardé à Karlsruhe au milieu de fêtes et de parades; il espérait que le succès le justifierait aux yeux de ce souverain. En conséquence il rapporta à l'empereur François les déclarations et les ouvertures des soi-disant délégués du peuple suisse et n'eut pas de peine à obtenir l'autorisation d'agir. Le 16 décembre il dépêcha un courrier à Schraut, ministre d'Autriche à Berne, pour l'inviter à prévenir les patriciens de l'imminence de la crise et de la nécessité de profiter de l'absence de l'empereur Alexandre pour forcer le gouvernement actuel à remettre le pouvoir entre les mains des anciennes autorités, composées en grande partie des mêmes personnes, et pour reprendre possession des cantons de Vaud et d'Argovie, en annonçant cependant l'intention de respecter les droits politiques des habitants de ces cantons.

Senft partit le 17 décembre, mais sans instructions écrites et sans lettres de créance. Sa mission était de se rendre d'abord à Aarau auprès du général de Watteville pour le prévenir que l'entrée de l'armée autrichienne sur le territoire suisse s'effectuerait dans la nuit du 19 au 20 décembre et le déterminer à faire retirer le cordon de troupes suisses établi sur la frontière, en donnant aux commandants des postes de Bâle et de Schaffhouse l'autorisation nécessaire pour conclure une convention militaire. De là il devait se rendre à Berne pour suivre le mouvement préparé par le comité de Waldshut et en hâter l'exécution avant l'entrée des troupes autrichiennes, afin de lui donner en apparence un caractère national et spontané. Par l'envoi de Senft, Metternich se trouva avoir trois agents en Suisse : Schraut, ministre à Berne, Lebzeltern, en mission à Zurich, et enfin Senft, envoyé officieux, ayant le secret de sa cour, mais pouvant être désavoué au besoin.

Le même jour, 17 décembre, Herrenschwand se

trouvait en conférence avec les commandants des deux bataillons bernois stationnés à Bâle et son aide de camp, lorsqu'on vint le prévenir qu'un officier autrichien demandait à lui parler ; il le reçut aussitôt en présence des officiers suisses. L'Autrichien se fit reconnaître comme courrier chargé de dépêches pour M. de Schraut ; le quartier-maître général Langenau lui avait donné l'ordre de s'arrêter à Bâle pour inviter le commandant des troupes suisses à se rendre à une entrevue fixée au 19 décembre, 11 heures du matin, aux avant-postes sur la route de Lörrach. Il donna clairement à entendre que Langenau avait à faire des communications d'une importance majeure, les souverains alliés ayant adopté un nouveau système et résolu de faire pénétrer leurs troupes sur le territoire helvétique.

Herrenschwand s'attendait depuis longtemps à l'événement ; il ne fut donc pas surpris du fond de la communication faite de la part de Langenau, mais il fut choqué de la forme, l'invitation à la conférence n'étant pas écrite et n'ayant par conséquent pas un caractère officiel[1]. De plus, le lieu du rendez-vous lui parut mal choisi, car, dans le cas où s'ouvriraient des négociations, Watteville pourrait désirer qu'elles eussent lieu dans une localité rapprochée de son quartier général, et non à Lörrach. Il envoya donc le colonel May à Watteville, rentré depuis le 13 décembre à Aarau, pour rendre compte de l'incident et demander des instructions.

Très vraisemblablement Senft de Pilsach, en route pour Aarau et Berne, avait quitté Lörrach en même temps, sinon quelques heures plus tôt que l'officier envoyé à Bâle. Ne s'étant pas arrêté dans cette ville, il arriva naturellement à Aarau avant le colonel May et put avoir avec Watteville un entretien sans doute très satisfaisant, car, avant de continuer son voyage, il envoya

---

1. Il est à remarquer que dans toute cette affaire les généraux autrichiens eurent toujours la précaution de ne traiter avec les Suisses que de vive voix, de manière à ne pas laisser entre leurs mains de pièces faisant foi des conversations échangées et des engagements pris.

à Schwarzenberg un courrier pour annoncer que le général en chef suisse avait acquiescé aux demandes des alliés, ou, tout au moins, était résolu à ne pas faire de résistance.

Watteville était donc parfaitement au courant des projets de Schwarzenberg lorsqu'il reçut dans la matinée du 18 les renseignements apportés par May ; il ne le retint pas longtemps et le renvoya aussitôt en lui remettant des instructions datées du 18, midi et demi. Dans la nuit du 18 au 19, May était de retour à Bâle.

Herrenschwand dut être fort déçu en prenant connaissance de ces instructions ; comme les précédentes elles restaient dans le vague sur le point le plus important, à savoir s'il fallait, ou non, repousser la force par la force et affirmer par une défense honorable la violation du territoire suisse. En substance Watteville autorisait le commandant de la 1re division à se rendre à l'entrevue demandée par Langenau, en se faisant accompagner par le colonel Füssli. Si Langenau mettait en cause d'une manière générale le système de neutralité adopté par la Suisse, Herrenschwand devait protester de la sincérité des intentions du gouvernement fédéral, s'efforcer d'obtenir qu'aucune mesure ne fût prise de part et d'autre avant d'avoir pu rendre compte à ses chefs et recevoir d'eux des ordres appropriés, et, en tout cas, se déclarer incompétent pour conclure une convention quelconque relative aux troupes suisses. Mais Langenau pouvait lui adresser, au nom des souverains alliés, des sommations exigeant une réponse immédiate : deux cas pouvaient alors se présenter :

Si Herrenschwand était invité à livrer sans délai aux troupes autrichiennes le pont et la ville de Bâle, il devait, après avoir pris l'avis des autorités locales, s'efforcer d'obtenir des conditions assurant la sécurité de la ville, la conservation du matériel de guerre et la libre retraite de la garnison sur une position bien choisie.

S'il avait à répondre à des sommations d'ordre plus général, s'il était question de la traversée de la Suisse adressée au peuple suisse jointe par la diète à la déclaration de neutralité et dans laquelle était mentionné le maintien de la constitution. La diète avait prescrit de donner connaissance au peuple de ces deux documents, simultanément et avec toute la solennité possible, afin de montrer aux puissances alliées que tous les partis avaient effacé leurs intérêts particuliers devant l'intérêt général, et surtout de rassurer les nouveaux cantons, dont l'existence était liée à celle de la constitution. Ces dispositions furent partout exécutées, sauf à Berne, où le conseil secret remplaça la proclamation par un arrêté rédigé en termes assez ambigus pour ne pas décourager les espérances des réactionnaires. Les cantons de Vaud et d'Argovie furent singulièrement émus par cette désobéissance des Bernois ; sur leurs réclamations, Reinhard n'hésita pas à adresser au président du petit conseil une lettre de reproches très dure se terminant par ces mots : « Si la Suisse est assez malheureuse pour être attaquée par les Autrichiens, la Diète est persuadée qu'elle ne devra ce malheur qu'aux insinuations et sommations des nobles de Berne. »

Les Bernois comprirent qu'ils avaient été trop vite et trop loin ; le conseil secret s'excusa de son mieux et donna à la police l'ordre d'arrêter tous les fauteurs de troubles et d'interdire tous les discours politiques dans les lieux publics.

Les intrigues tramées avec les agents des alliés, les menaces adressées aux habitants des anciens pays sujets produisirent un résultat sur lequel les oligarques ne comptaient assurément pas. Dans toute la Suisse les bons citoyens, peu soucieux de voir rétablir au profit d'une minorité des privilèges odieux ou désuets, s'attachèrent plus fortement à la constitution qui assurait l'égalité des droits politiques ; les nouveaux cantons, surtout celui de Vaud, où le souvenir de la tyrannie des baillis bernois était toujours vivace, se préparèrent à défendre même par les armes leur existence. Il faut vraisemblablement placer à cette époque la démarche faite par le président du petit conseil de Vaud auprès de

Rambuteau, préfet du Valais, et rapportée par celui-ci dans ses mémoires.

« Au moment fatal pour nos armes, le Président me demanda une entrevue à Saint-Maurice. Là il me dit que le canton de Vaud était disposé à s'armer, qu'il pouvait mettre sur pied 12 ou 15 000 hommes avec du canon, mais qu'il fallait pour cela le soutenir immédiatement, et que, si de Lyon ou de Grenoble on pouvait l'appuyer avec une division, il répondait d'une vigoureuse résistance. »

Ces offres généreuses ne purent être accueillies, car le Valais, le Léman et les départements voisins étaient totalement dégarnis de troupes et l'armée d'Italie opérait bien loin de là sur l'Adige.

V

SITUATION A BALE EN DÉCEMBRE

Pour résister aux pressions extérieures et intérieures le gouvernement fédéral aurait dû pouvoir s'appuyer sur une force militaire bien organisée et bien commandée. Au moment où la diète se sépara, cette force n'existait pas, mais on pouvait la créer ; les hommes suffisamment instruits et armés, les anciens officiers expérimentés, ne manquaient pas dans le pays ; les unités de cavalerie et d'artillerie étaient peu nombreuses, mais la nature du sol, particulièrement favorable à une guerre défensive, rendait leur insuffisance moins sensible. La Suisse pouvait certainement faire un pareil effort, car elle réussit, dix-huit mois plus tard, à mettre sur pied contre la France trois divisions d'infanterie et une brigade de réserve, formant une armée d'opérations de 36 000 hommes. Mais il aurait fallu pour tirer parti des ressources du pays des hommes moins hésitants que Reinhard, moins inféodés au parti réactionnaire que Watteville.

Watteville montra dès le début de son commandement une nonchalance et une impéritie extraordinaires. Il connaissait mieux que personne les obstacles apportés par leur organisation même à la mobilisation et à la concentration des milices ; cependant il ne se hâta pas de se rendre à son poste. Le 27 novembre il était encore à Zurich, d'où il envoyait à Herrenschwand des renseignements sur la composition du corps d'observation et le prévenait de son intention de passer quelques jours à Berne, pour le règlement de ses affaires personnelles, avant de se rendre à Aarau, où devait être établi le quartier général des troupes fédérales. Il n'est pas téméraire de penser que Watteville, en s'accordant un délai peu explicable dans les circonstances pressantes où se trouvait sa patrie, désirait prendre l'avis de ses amis politiques et arrêter de concert avec eux la conduite à tenir dans un sens conforme aux intérêts du canton de Berne. En tout cas les impressions et les renseignements recueillis à Berne ne durent pas être sans influence sur ses résolutions ultérieures.

La présence du général en chef à la tête des troupes et des services eût été cependant très nécessaire. A Bâle, Herrenschwand se trouvait aux prises avec les difficultés les plus graves, car les instructions données par le quartier-maître-général Finsler ne correspondaient ni aux capacités des troupes, ni aux besoins locaux. Afin de donner plus de force à ses représentations, il réunit le 24 novembre en conseil de guerre les colonels von May et von Erlach, les capitaines Fischer et de Bonstetten, et leur donna communication des ordres reçus par lui jusqu'alors. Le conseil reconnut l'impossibilité d'établir en avant de Petit-Bâle une ligne d'avant-postes d'infanterie longue de 3 kilomètres, en terrain découvert et traversé par plusieurs routes, sans cavalerie explorant au loin, car cette ligne pourrait être forcée par un hurrah et coupée de Petit-Bâle ; d'autre part, la troupe n'étant ni suffisamment exercée au service en campagne, ni capable de livrer un combat en plaine, il jugea prudent de se borner à occuper le mieux possible l'enceinte de Petit-Bâle (rive droite), pour mettre cette localité à l'abri d'un coup de main ; de procéder de même à Bâle, qui pouvait être attaquée par l'un ou l'autre des partis en présence ; de maintenir les avant-postes déjà placés, mais uniquement pour empêcher les isolés ou les petits détachements de dépasser la frontière par erreur ; et, à la moindre menace, de rappeler les fractions chargées de ce service et de les réunir au reste des troupes, dont la concentration s'imposait. Dans ces conditions il paraissait difficile de se conformer aux instructions données par Finsler et Reinhard et il y avait lieu d'en solliciter de nouvelles.

Watteville quitta enfin Berne le 2 décembre. Il repassa par Zurich et essaya d'obtenir du landamman des indications sur la conduite à tenir au cas où les alliés feraient avancer une armée sur la frontière, avec promesse de ménager la Suisse, si elle leur livrait passage de bonne volonté, et menace de la traiter en pays conquis, si elle tentait une résistance dont la disproportion des forces en présence ne rendait le résultat que trop certain. Le landamman se borna à répondre que la diète ayant arrêté purement et simplement le principe de la neutralité, il ne lui appartenait pas d'en restreindre l'application, et il rejeta avec beaucoup de paroles adroites et flatteuses tout le poids de la responsabilité sur le général en chef.

A son arrivée à Bâle, après une tournée d'inspection sur la ligne du Rhin, Watteville n'eut pas de peine à constater l'exactitude des rapports de Herrenschwand. Bien qu'animées d'un excellent esprit, les troupes déjà arrivées étaient chargées d'une tâche manifestement au-dessus de leurs forces : l'effectif de la garnison de Bâle était de 2 300 hommes environ, mais il fallait défalquer de ce chiffre les malades, assez nombreux, car l'état sanitaire laissait fortement à désirer, et les galeux, qui avaient contracté cette affection dans les casernements insuffisants et malpropres de Bâle. Par suite les hommes valides étaient obligés de prendre la garde tous les trois jours et se ressentaient de fatigues auxquelles ils n'étaient pas accoutumés. Il n'y avait pas d'état-major pour assurer la prompte transmission des ordres ; pas de services pour satisfaire aux besoins les plus urgents. Ainsi l'arsenal de Bâle ne renfermait que 50 000 cartouches ; il en eût fallu au moins 300 000 et il était impossible de se les procurer, les autorités cantonales et fédérales se rejetant les unes sur les autres le soin de former un approvisionnement convenable. Enfin, des difficultés particulières résultaient de la rivalité des bataillons bernois et vaudois, si mal disposés les uns pour les autres qu'il était imprudent de les laisser en contact.

Pour remédier à cette situation peu satisfaisante, Watteville demanda le 5 décembre à Reinhard d'appeler immédiatement sous les armes le deuxième contingent, d'augmenter de 25 hommes l'effectif de chaque compagnie des deux premiers contingents et d'inviter les cantons à faire connaître sur-le-champ s'ils étaient en mesure de mettre ces troupes sur pied, commandées par de bons officiers, convenablement équipées et munies de 300 cartouches par homme. Ces demandes étaient fortement motivées; cependant elles n'eurent aucun succès : Reinhard adopta le système de ne répondre qu'en phrases banales aux instances du général en chef ou de réclamer de nouvelles propositions et des explications complémentaires, afin de gagner du temps.

A son départ de Bâle, Watteville laissa à Herrenschwand des instructions qui auraient pu être sans inconvénients contresignées par Schwarzenberg. Aux termes de ces instructions, datées du 6 décembre, le colonel devait, dès que les circonstances rendraient probable une entreprise des alliés sur le pont de Bâle, retirer de Petit-Bâle le bataillon formant la réserve d'avant-postes sur la rive droite et préparer l'évacuation de Bâle (rive gauche), de manière à pouvoir ramener librement les troupes avec leurs bagages et leur artillerie sur une position couvrant les défilés du Hauenstein. Ainsi Watteville n'admettait même pas le simulacre de résistance imaginé par Reinhard et Finsler pour sauver l'honneur et la responsabilité de la Confédération, et il livrait purement et simplement le pont et la ville de Bâle aux alliés! De plus, il obligea Herrenschwand à diviser ses forces déjà bien insuffisantes : en effet, méconnaissant systématiquement le véritable intérêt de la France, il affecta de redouter une attaque combinée des garnisons de Huningue, Belfort et même Besançon! En conséquence il recommanda d'organiser un service de surveillance très complet sur la frontière française et de suivre avec attention les mouvements des troupes d'Alsace et de Franche-Comté. En prenant connaissance de ces instructions, Herrenschwand dut penser que le gouvernement fédéral, si Watteville avait bien interprété ses intentions, était d'ores et déjà résolu, non seulement à ne pas défendre le territoire suisse, mais même à s'abstenir de toute démonstration suffisante pour faire constater la violation de la neutralité. Dans ces conditions le sort de sa petite armée et de la Suisse tout entière allait dépendre exclusivement de la volonté des souverains alliés.

Dans la première quinzaine de décembre l'animation fut grande à Bâle, par suite de l'arrivée des diverses unités désignées pour constituer le corps d'observation. Aux cinq bataillons (2 de Berne, 1 de Vaud, 1 de Zurich, 1 de Bâle) déjà présents sur les lieux vinrent se joindre trois bataillons de Soleure, Fribourg et Thurgovie, quelques carabiniers, dragons et artilleurs : les bataillons étaient d'ailleurs incomplets, les uns n'ayant que trois compagnies, d'autres quatre. L'effectif total de la division ne dépassa pas 3 956 hommes, dont 40 dragons, rattachés à l'état-major, et 200 artilleurs, avec 34 pièces de campagne ou de position. Le tout fut organisé en deux brigades, fortes chacune de quatre bataillons, deux compagnies de carabiniers, et un détachement d'artillerie. La première, sous les ordres du colonel May, de Berne, quartier général à Stein, fut chargée de la garde du Rhin de Bâle à Lauffenburg : la seconde, sous les ordres du colonel Fussli, de Zurich, constitua la garnison de Bâle. Une troisième brigade, en formation à Aarau sous les ordres du colonel Schmiel, devait porter par la suite l'effectif de la division à 6 000 hommes environ : mais cette brigade n'entra jamais en ligne. Si l'on ajoute à ces 6 000 hommes, 8 000 environ, employés sur le Rhin de Lauffenburg au lac de Constance, dans le Jura, dans les Grisons, dans le Tessin et dans l'intérieur, on voit qu'en 1813 l'effort militaire de la Confédération se réduisit à fort peu de chose, puisque l'effectif total mobilisé (14 000 hommes) resta inférieur à celui accordé par la diète (15 000 hommes du premier contingent et 5 000 du second, soit 20 000 hommes). Le déchet dépassa donc l'énorme proportion de 25 p. 100.

Dans ses premières instructions Reinhard avait chargé Herrenschwand non seulement du commandement des troupes, mais aussi de la haute police sur la frontière. Le colonel eut beaucoup de peine à remplir la seconde partie de sa mission. Bâle était en effet devenu le rendez-vous d'une foule de Suisses et d'étrangers dont les agissements suspects devaient exciter au plus haut point l'attention de l'autorité militaire, assez mal secondée, semble-t-il, par les magistrats locaux. « Je ne dois pas cacher à Votre Excellence, écrivit à Watteville Herrenschwand à la date du 9 décembre, qu'il se produit ici beaucoup d'incidents ayant un caractère significatif. La ville de Bâle et ses environs sont remplis d'émissaires des partis belligérants : en outre il arrive ici journellement de l'intérieur de la Suisse un grand nombre de personnes plus ou moins connues, qui se rendent sous différents prétextes aux camps des alliés et y sont accueillies avec des égards qui dépassent singulièrement les bornes de la courtoisie. Il y a un incessant échange de renseignements entre Bâle et Huningue. Ainsi toutes nos dispositions sont connues dans le plus petit détail et peuvent être d'autant mieux contrariées qu'il nous est extrêmement difficile d'avoir des nouvelles sûres de ce qui se passe autour de nous. »

Dans les rues et les auberges de Bâle se coudoyaient et même se fréquentaient des officiers français, autrichiens, russes, badois, avides des ressources et des plaisirs offerts par une ville neutre et relativement prospère ; les espions subalternes se glissaient facilement dans ce milieu peu discret et y faisaient une ample moisson de racontars pour alimenter les rapports adressés à Paris et à Francfort. Mais d'autres personnages jouaient un rôle plus important. Le général autrichien Mensdorf, commandant un corps de partisans stationné à Lörrach, se rendait tous les deux jours à Bâle, où il avait de fréquentes entrevues avec des officiers des bataillons bernois et des négociants, par l'intermédiaire desquels il se procurait des cartes et des journaux de France et de Suisse, et faisait pénétrer en France par ballots des proclamations et des pamphlets, confiés à des contrebandiers, à de faux commis voyageurs, même à des pèlerins revenant d'Einsiedeln. Meunier, agent principal des salines de France en résidence à Bâle, tenait son gouvernement au courant des incidents journaliers et des mouvements de troupes sur la rive badoise. Un sieur Huybens était chargé par le duc de Rovigo d'observer les allées et venues des royalistes établis en Suisse et des Français suspects. M. de Jussaud, ancien chancelier à Dantzig, MM. de Château et Aubernon, précédemment attachés aux légations de Stuttgart et de Varsovie, avaient reçu du duc de Vicence la mission de se rendre à Bâle pour organiser une surveillance sur les cantons suisses confinant au Rhin et au lac de Constance. Le ministre de France à Berne, le préfet du Haut-Rhin, les généraux commandant les 5ᵉ et 6ᵉ divisions militaires avaient aussi des informateurs, de passage ou à demeure : parmi ces derniers se trouvait un sieur Ringenbach, négociant, qui entretenait avec l'intérieur de l'Allemagne des relations étendues et fournissait de fort utiles indications sur l'état des armées alliées et la marche des renforts à elles destinés. Même le duc de Raguse, dont le commandement ne s'étendait cependant pas à l'Alsace, avait détaché à Huningue un officier de son état-major, le chef d'escadron Corbet, sous prétexte de recueillir des notions exactes sur la situation politique de l'Europe. Corbet était-il dès ce moment l'intermédiaire entre le maréchal et les alliés? préparait-il déjà la trahison qui devait rendre à jamais odieux le nom du duc de Raguse? On ne saurait l'affirmer. Toujours est-il que cet officier faisait à Bâle de fréquents séjours, insuffisamment motivés par le désir de recevoir des nouvelles d'Irlande, son pays natal : son attitude, son langage, ses relations finirent par éveiller l'attention de Huybens, qui le signala au duc de Rovigo. Corbet eut-il vent de cette dénonciation? Sa louche besogne était-elle terminée? Il s'empressa de déguerpir et regagna Mayence.

La police bâloise avait fort à faire pour maintenir un semblant d'ordre et de décence, dont se souciaient médiocrement les aventuriers et les désœuvrés de toute origine. Elle faisait cependant montre d'une singulière partialité pour les Anglais, les Russes et les Allemands et les laissait circuler à leur guise : au contraire, elle n'accordait aux Français un permis de séjour, qu'après de longues démarches et pour une courte durée. En revanche, elle fermait systématiquement les yeux sur les agissements des émissaires du parti réactionnaire, sans cesse en route entre la Suisse et le pays de Bade.

L'arrestation de ces émissaires, la saisie de leurs correspondances auraient cependant conduit le gouvernement fédéral à des découvertes intéressantes. A la fin de novembre, les agitateurs de Berne et des Grisons avaient, pour plus de sécurité, transporté le siège de leur comité d'action à Waldshut, ville située en territoire badois, d'où les communications avec Bâle, Aarau, Zurich et Schaffhouse étaient promptes et faciles. Les principaux membres de ce comité étaient : le colonel Gattschet, ancien officier dans un régiment suisse à la solde de la Hollande, Steiger de Riggisberg, Werdt de Toffen, Charles de Haller et le comte Jean de Salis-Saglio, dont les biens de famille en Valteline avaient été mis sous séquestre et qui avait cherché refuge en Autriche, où il était devenu chambellan de l'Empereur. Fournis de passeports par les ministres d'Autriche et de

Bavière à Berne, MM. de Schraut et d'Olry, abondamment pourvus d'argent par les représentants de l'Angleterre à Francfort, les membres du comité de Waldshut déployèrent une grande activité : ils s'efforcèrent non sans succès de circonvenir les chefs militaires suisses, les fonctionnaires fédéraux et cantonaux ; ils semèrent la défiance entre les amis et jusqu'au sein des familles ; ils fournirent aux généraux autrichiens des renseignements précieux sur les effectifs des troupes suisses et les préparatifs de défense, sur l'état des routes et les ressources des localités. Le comte de Salis en particulier rendit les plus grands services aux alliés et fut désigné par Schwarzenberg pour remplir les fonctions de commissaire national auprès du général Bubna, dont la division devait entrer la première en Suisse.

VI

MISSION DE REDING ET DE ESCHER A FRANCFORT

Les ambassades extraordinaires chargées de porter aux souverains belligérants la déclaration de neutralité formulée par la diète accomplirent leur mission dans la première quinzaine de décembre.

A Paris Ruttimann et Wieland furent amicalement accueillis. D'après les avis de Talleyrand, on ne leur ménagea pas les faveurs. Ruttimann n'était pas riche : il avait emmené avec lui ses deux fils aînés, dans l'espoir d'obtenir pour eux des places à l'école de Saint-Germain et ensuite des emplois d'officiers. Wieland avait un fils, joli officier, capitaine au 2ᵉ régiment suisse et aide de camp du général Amey : il souhaitait le voir nommer chef de bataillon et aide de camp du colonel-général des Suisses. Leurs désirs furent exaucés par un décret daté du 14 décembre. Le 16 l'Empereur reconnut la neutralité de la Suisse ; le 17 le duc de Vicence notifia sa décision aux ambassadeurs. Ceux-ci remportèrent donc un succès complet, mais sans résultat pratique, car l'intérêt de la France était évident.

La grosse partie se joua à Francfort et dans de si mauvaises conditions qu'elle était perdue d'avance. Reding et Escher furent présentés le 3 décembre aux empereurs de Russie et d'Autriche et au roi de Prusse. Le premier les reçut avec bienveillance et se prononça pour le respect de la neutralité, mitigé toutefois par l'occupation de Bâle, car il jugeait nécessaire pour la sûreté des communications des armées alliées de pouvoir disposer librement du pont permanent de cette ville, dans une saison où les glaces charriées par le Rhin pouvaient obliger à l'improviste à replier les ponts de bateaux. Les deux autres manifestèrent également de bonnes dispositions à l'égard de la Suisse, mais se tinrent sur une grande réserve. Par contre, Metternich ne dissimula pas que les puissances alliées, surtout l'Autriche, ne voulaient conclure aucune convention susceptible de gêner les opérations prochaines, et qu'elles désiraient vivement obtenir du gouvernement fédéral son adhésion à la ligue formée pour rétablir tous les États de l'Europe dans leurs droits et leur indépendance.

Reding et Escher auraient pu tirer bon parti des tendances libérales de l'empereur Alexandre, car ils le savaient partisan résolu de la constitution en vigueur en Suisse et de l'existence des nouveaux cantons. Ce prince avait pris des engagements avec son ancien gouverneur Laharpe et son aide de camp Jomini, tous deux Vaudois, qui l'un dans ses lettres, l'autre dans ses conversations, l'avaient conjuré de préserver leurs compatriotes du rétablissement de la tyrannie bernoise. On ne l'ignorait pas en Suisse : le canton de Vaud, n'attendant plus aucun secours de la France, avait en effet envoyé à Francfort un assez étrange ambassadeur, une Mme Mazetele(?), originaire de Morges, jadis gouvernante des sœurs d'Alexandre. Cette dame avait réussi à obtenir d'une de ses anciennes élèves une lettre contenant l'assurance positive que l'empereur son frère ne laisserait jamais les armées alliées violer le territoire suisse et l'autorisation de communiquer cet important renseignement à ses amis de Lausanne [1].

Malheureusement Reding et Escher partageaient les opinions et les espérances de ceux de leurs compatriotes qui comptaient sur l'intervention autrichienne pour se soustraire à la tutelle de la France, détruire la constitution de 1803 et rétablir les us et coutumes du bon vieux temps d'avant 1789. Non seulement ils s'acquittèrent de leur mission avec une extrême mollesse, mais même ils abusèrent de l'autorité que leur conférait leur situation d'ambassadeurs extraordinaires pour semer le découragement et exciter le mécontentement contre la politique suivie par le landamman. Dans une lettre adressée aux principaux magistrats du canton d'Unterwald, et qui fut communiquée par l'un d'eux à un agent secret de Rambuteau, préfet du Valais, Reding s'exprimait ainsi : « Nous fournissons tous les ans 3 000 hommes pour la plus malheureuse des guerres, selon notre traité avec la France ; où trouver encore assez de jeunes gens de bonne volonté pour servir sous les aigles de la France, alors que ce service est si détesté, en le comparant à l'ancien service français? Les alliés ne sont-ils pas en droit, s'ils consentent à reconnaître notre neutralité, d'exiger la garantie de notre frontière contre les mouvements des troupes françaises ? Dans ce cas nous serions obligés d'établir un corps d'armée contre l'Italie et un autre plus considérable depuis Genève jusqu'à Bâle. Où prendrons-nous l'argent nécessaire pour subvenir à de telles dépenses, chez une nation où il n'est établi aucun système d'impôt régulier ? D'ailleurs avons-nous réfléchi également que la subsistance de notre nation dépend entièrement des approvisionnements que nous tirons des pays de Bade, de Wurtemberg et de Bavière, où les puissances coalisées ont de grandes armées qui ont presque tout épuisé? Que deviendrons-nous si ces approvisionnements nous

---

[1]. Lettre de M. de Lespérut, gouverneur de Neuchâtel, à Berthier, en date du 16 décembre, transmise à l'Empereur, le 21 décembre.

manquent pour nous et nos troupes et si ces pays nous les refusent, sous prétexte de leurs propres besoins ? Réfléchissez donc bien à ce que vous faites, car la nation peut vous rendre responsables, si vous prenez des mesures mal combinées qui plongeraient le peuple dans de nouveaux malheurs[1]. »

Le comité de Waldshut et les cercles réactionnaires bernois avaient été fort émus en apprenant le départ pour Francfort de Reding et d'Escher, bien que les sentiments hostiles à la France des deux ambassadeurs leur offrissent de sûres garanties. Afin de contrecarrer leurs démarches, le comité s'empressa d'envoyer à leur suite deux de ses membres les plus actifs, Steiger et Gattschet ; de leur côté les Bernois se firent représenter par Weise, qui paraît avoir joué un rôle assez effacé, et par le banquier Zerlieder, dont l'intervention fut beaucoup plus efficace, car il était depuis longtemps en relations d'affaires et d'amitié avec Bethmann, le grand financier de Francfort, alors très en faveur auprès de l'empereur Alexandre. Senft de Pilsach accueillit avec empressement ces émissaires et se fit leur introducteur auprès des ministres d'Autriche, de Russie et de Prusse ; il se servit d'eux pour répandre le bruit qu'en Suisse les meilleurs citoyens, opprimés par les amis de la France, désiraient un changement de gouvernement et étaient disposés à accueillir les soldats alliés comme des libérateurs. Les intrigues du comité de Waldshut et des Bernois n'influèrent sans doute pas sur les résolutions déjà arrêtées de Metternich et de Schwarzenberg : mais elles ne furent pas sans résultat, car elles fournirent au chancelier autrichien des arguments pour combattre les tendances libérales de l'empereur Alexandre, en lui représentant combien il serait impolitique de tenir compte d'une déclaration de neutralité faite par un gouvernement totalement dépourvu d'autorité dans son propre pays.

Ces coupables menées ne demeurèrent pas inconnues en Suisse, où elles excitèrent une vive indignation ;

---

[1] A. G.

elles furent même dénoncées officiellement au landamman par les autorités des cantons de Vaud et d'Argovie. Dans ce dernier on s'efforça d'intercepter la correspondance échangée secrètement entre le comité de Waldshut d'une part, Lebzeltern et Capo d'Istria de l'autre. Mais Reinhard n'osa prendre aucune mesure de rigueur : il se borna à conseiller à Reding et à Escher de ne pas écouter les envoyés de Berne, non plus que ceux du comité de Waldshut, et à les traiter comme des hommes travaillant contre le vœu et les intérêts de leur nation. On a vu plus haut le compte qui fut tenu de ces recommandations !

La réponse des souverains alliés à la déclaration de neutralité faite par la Suisse arriva à Zurich le 8 décembre et fut remise au landamman par le ministre d'Autriche, sous la forme d'une note destinée à être communiquée aux cantons. Cette note, fort obscure et écrite dans un style emphatique, débutait par l'énoncé des traités conclus par l'Autriche avec la Russie, la Prusse, la Bavière et le Wurtemberg, dans le but de ramener la France dans ses anciennes limites, de poser une barrière à l'ambition inique de son souverain, tout en assurant au peuple français un bonheur dont il n'avait pas encore joui sous un gouvernement tyrannique, et de restaurer l'antique et respectable équilibre dans le système politique de l'Europe. La ligue bienfaisante des États grands et petits, formée et dirigée par la Russie, l'Autriche et la Prusse, poursuivait le rétablissement de la prospérité et de l'indépendance de toutes les nations, y compris de celles qui n'y avaient pas encore adhéré et auxquelles aucun sacrifice ne donnait le droit de tirer avantage de ses victoires. Les Suisses se trouvaient dans ce cas, car ils seraient bientôt délivrés du joug imposé par l'odieux acte de médiation ; ils ne se plaindraient plus d'être abandonnés, car le génie de la coalition allait veiller sur eux ! Par contre, la note restait muette sur le point essentiel et ne faisait point connaître si les alliés étaient, ou non, décidés à respecter le territoire et la neutralité de la Suisse.

Au moment où il reçut la note autrichienne, Reinhard, rongé de chagrins et d'inquiétudes, se sentait de plus en plus mal obéi par les chefs militaires, de moins en moins soutenu par les gouvernements cantonaux. Le langage ambigu des souverains alliés joint à l'annonce des mouvements de leurs troupes, qui remontaient en grandes masses les vallées du Rhin et du Neckar, acheva de le démoraliser. Il se retourna désespérément vers la France dans l'espoir, d'une part, d'obtenir de l'Empereur des concessions, d'autre part, de les faire valoir auprès des alliés pour éviter ou tout au moins reculer l'invasion de la Suisse par leurs armées. Dans ses fréquents entretiens avec Talleyrand, il exposa que les Autrichiens, pour déterminer la Confédération à faire cause commune avec eux, lui offraient la restitution des territoires annexés à la France ; qu'ils mettraient certainement des conditions très dures à la reconnaissance de la neutralité ; que l'Empereur ferait sagement de prendre les devants en renonçant au titre de médiateur, en renvoyant les Suisses servant sous ses aigles, et en consentant à admettre des rectifications de frontière de peu d'importance. Talleyrand accueillit froidement ces insinuations ; il s'attendait à voir le gouvernement fédéral capituler à la première sommation des Autrichiens ; car, si les alliés cherchaient encore à justifier leur entrée en Suisse en invoquant des précédents et des raisons de droit international, ils avaient en revanche des motifs politiques et militaires trop impérieux pour tenir le moindre compte de protestations forcément platoniques. D'autre part, il n'avait pas d'instructions et il ne voulait pas engager une négociation dans laquelle l'Empereur ne pouvait manquer d'être dupe. Il se maintint donc sur le terrain des conventions et traités en vigueur entre la Suisse et la France et rappela au landamman qu'en 1805 et en 1809, l'Empereur n'ayant mis aucune condition à la reconnaissance de la neutralité, la Suisse, cette fois encore, n'était pas fondée à lui en poser.

VII

LES DERNIERS POURPARLERS

Watteville et Herrenschwand n'étaient pas moins anxieux que Reinhard. Le premier, ne recevant aucune réponse aux pressantes demandes de renfort adressées au gouvernement fédéral, prit le parti de se rendre à Zurich pour renouveler ses instances ; il finit par obtenir du landamman, après beaucoup de plaintes sur l'énormité de la dépense, les quelques bataillons nécessaires pour former une troisième brigade et il s'efforça de hâter l'organisation de cette unité.

Herrenschwand, quels que fussent ses sentiments intimes, était encore décidé à se conformer aux décisions de la diète, sinon en s'opposant résolument à l'entrée des belligérants sur le territoire suisse, du moins en sauvant la face par un simulacre de résistance. Mais il était découragé par l'évidente insuffisance de ses troupes, tant sous le rapport du nombre, que sous celui de l'instruction. Le 9 décembre ses inquiétudes furent portées au comble par l'annonce de l'arrivée imminente de fortes colonnes autrichiennes dans la région de Lörrach et par le renforcement de la chaîne d'avant-postes établie autour du territoire suisse sur la rive droite du Rhin ; toutes les communications avec le grand-duché de Bade pouvant être ainsi subitement interrompues, les garnisons de Bâle et des localités en amont se trouvaient en danger d'être surprises avant d'avoir pu se mettre en défense et coupées les unes des autres. Herrenschwand s'empressa de rappeler aux chefs des détachements de Stein et de Rheinfelden les instructions de Finsler (13 novembre) et de Reinhard (20 novembre) relatives à la destruction des ponts de Seckingen et de Rheinfelden, et d'adresser à Watteville un rapport sur les incidents à prévoir et sur les mesures urgentes à prendre. Dans ce rapport il faisait ressortir que l'artillerie en par les armées alliées, il devait déclarer que l'effectif dérisoire de ses troupes ne lui permettait pas de risquer une défense sans résultat possible, se faire indiquer les points par lesquels les alliés comptaient entrer en Suisse et prendre pour l'ensemble de sa division les mesures prescrites plus haut pour la garnison de Bâle. Bien entendu il devait refuser de conclure une convention englobant toute l'armée fédérale, car il n'appartenait qu'au général en chef de discuter la question. Enfin, Watteville recommandait d'une manière pressante à Herrenschwand d'insister pour que toutes les demandes des alliés lui fussent remises par écrit, de s'assurer qu'elles émanaient bien des souverains, et non de l'autorité militaire seule, et de prendre des mesures pour informer le plus rapidement possible le général en chef et le landamman du résultat de l'entrevue.

Ces instructions supposaient implicitement que les Autrichiens montreraient une certaine bonne volonté; elles n'indiquaient pas la conduite à tenir, s'ils rejetaient les conditions, cependant bien modestes, qu'Herrenschwand était chargé de leur poser! Or, c'était là le nœud de la question, à la solution de laquelle l'honneur du peuple suisse n'était pas moins intéressé que sa tranquillité à l'intérieur et sa considération à l'extérieur.

Le 19 décembre au matin Herrenschwand, accompagné du colonel Füssli et du capitaine Fischer, se rendit à Lörrach, où il fut reçu par les généraux Langenau et Bubna. Les deux Autrichiens s'étaient répartis les rôles : le premier devait traiter la question au point de vue purement militaire, le second au point de vue politique. Langenau prit dès le début de l'entrevue un ton tranchant : il exposa les motifs qui déterminaient les puissances alliées à continuer la guerre contre la France, les considérations stratégiques qui rendaient nécessaire la traversée de la Suisse par leurs armées; il déclara que les avant-gardes franchiraient le Rhin simultanément dans la nuit même (du 19 au 20), qu'il dépendait des chefs militaires suisses que leurs troupes fussent traitées en amies ou en ennemies ; il conclut en invitant Herrenschwand à faire connaître quelle serait son attitude lorsqu'il recevrait sommation d'avoir à livrer passage.

Consterné par ce langage brutal, Herrenschwand demanda à Langenau de lui remettre une note écrite contenant ses déclarations et ses demandes : il essuya un refus positif et se trouva ainsi dès le début dans l'impossibilité de se conformer aux instructions données par Watteville. Il exprima alors la stupéfaction que lui causait une décision prise au moment où les plénipotentiaires suisses se trouvaient au quartier général des souverains alliés et les représentants de ceux-ci à Zurich, où le landamman recevait les nouvelles les plus rassurantes sur la reconnaissance de la neutralité : il fit remarquer combien sa méfiance devait être excitée par le refus de lui remettre une note écrite, et se retrancha derrière la décision de la diète et les ordres reçus de Watteville, qui lui prescrivaient de faire respecter le territoire suisse dans la mesure de ses forces.

Bubna entra alors en scène et développa le thème connu : un double joug pesait sur la Suisse du fait, d'une part, des traités conclus avec la France, d'autre part, de la constitution imposée par Napoléon comme médiateur ; les alliés agissaient conformément aux vœux de la majorité des citoyens suisses en voulant briser ce joug et restaurer l'ancienne constitution, plus conforme aux intérêts du pays. A quoi Herrenschwand répondit que, si l'exécution des plans des puissances en guerre avec la France comportait véritablement un changement de la constitution en vigueur, il valait mieux charger le gouvernement fédéral lui-même d'opérer ce changement, toute intervention étrangère devant rappeler l'époque malheureuse de la révolution suscitée par les intrigues de la France, jeter un faux jour sur les projets et les actes des alliés, sans intérêt pour eux, et donner lieu au reproche d'avoir porté la guerre injustement chez un peuple pacifique, armé seulement dans le but de défendre sa neutralité.

L'intervention d'un officier suisse au service de l'Autriche[1] donna au débat un tour très vif. Cet officier attaqua violemment les principes politiques de Herrenschwand et de ses compagnons; il mit en doute la loyauté du landamman, dont les dépêches auraient pu être signées par un ministre français, celle du gouvernement fédéral, qui parlait de neutralité, mais qui ne s'était pas mis en mesure de la faire respecter, en laissant la frontière française dégarnie et en concentrant ses troupes sur la seule frontière allemande. La Suisse étant exposée à une invasion française, les puissances alliées n'avaient aucune garantie : pour prévenir l'entrée des troupes françaises sur le territoire fédéral, elles étaient obligées d'y entrer elles-mêmes, et ainsi s'expliquait l'ordre donné d'effectuer le passage du Rhin simultanément sur plusieurs points, notamment à Bâle et à Rheinfelden, villes occupées par les troupes suisses.

Indigné de l'attitude de son compatriote, Herrenschwand riposta que d'après des renseignements donnés par des personnes de l'entourage intime de l'empereur Alexandre, ce souverain non seulement avait résolu de reconnaître la neutralité suisse, mais même permis à une personne auguste (sa sœur, la grande-duchesse Marie) de faire connaître ses intentions. Langenau n'y contredit point : au contraire il admit que les diplomates auraient désiré sauvegarder la neutralité, mais il se hâta d'ajouter que les chefs militaires n'avaient pu y consentir et que leur avis l'avait finalement emporté.

Herrenschwand, voyant ses protestations vaines et les alliés irrévocablement décidés à entrer en Suisse, essaya de gagner du temps : il demanda à Langenau d'ouvrir des négociations directes avec Watteville et de lui accorder le délai nécessaire pour rendre compte et recevoir de nouveaux ordres. Devant un nouveau refus

---

[1]. Le nom de cet officier n'est pas donné par Herrenschwand; mais il ne peut s'agir que du comte de Salis, désigné par Schwarzenberg comme commissaire national.

la discussion prit un caractère très violent : les trois officiers suisses voulurent se retirer. Fischer s'écria même que dans une pareille extrémité il n'y avait plus qu'à suivre l'exemple donné par les aïeux à la bataille de Saint-Jacques[1] et à combattre jusqu'à la mort. Bubna sentit la nécessité de faire une concession, au moins de forme, et, sur son conseil, Langenau consentit à reculer de vingt-quatre heures le passage du Rhin.

La question principale ainsi réglée, Herrenschwand mit sur le tapis les mesures à prendre pour assurer la sécurité de la ville de Bâle et de la région voisine contre une agression éventuelle de la garnison de Huningue, et pour atténuer les charges imposées à la Suisse par le passage de grandes masses de troupes. Bubna se montra conciliant, il accepta de n'envoyer la sommation d'avoir à livrer le passage que dans la journée du 20, peu avant la fermeture des portes de Bâle, de manière que le commandant de Huningue ne pût être prévenu en temps utile pour tenter de se saisir de la ville et du pont. Il donna l'assurance des intentions bienveillantes des souverains alliés à l'égard de la Suisse : ainsi l'armée autrichienne devait observer la plus exacte discipline et gagner à marches forcées la frontière française afin d'épargner le pays : elle laisserait cependant un détachement suffisant pour investir Huningue et protéger la ville de Bâle contre une attaque des Français. Il exprima aussi le désir de voir Watteville prendre personnellement le commandement des troupes suisses, afin de prévenir toute agitation parmi elles, et diriger au plus tôt les bataillons bernois sur leur canton, où le gouvernement avait besoin de toutes ses forces pour opérer dans la constitution les modifications désirées par le parti aristocratique et pour reprendre possession des cantons de Vaud et d'Argovie. Sur ces aveux peu dissimulés du but poursuivi en Suisse par le cabinet de Vienne, on se sépara, fort mécontents les uns des autres.

1. 26 août 1444.

En faisant sa dernière demande, Bubna se montrait prévoyant et bien informé de l'état des esprits en Suisse. La masse de la population était loin d'avoir pour l'intervention des alliés les sentiments que lui prêtaient les membres du comité de Waldshut ; depuis le 10 décembre un vent de panique soufflait dans la vallée de l'Aar, où l'on apprenait chaque jour l'arrivée de nouvelles troupes autrichiennes entre Fribourg et Schaffhouse ; une armée de plus de 100 000 hommes ne pouvait être rassemblée dans cette région que dans le but d'entreprendre à bref délai quelque opération majeure. Par crainte des cosaques, les habitants de la rive gauche du Rhin abandonnaient leurs demeures et affluaient dans l'intérieur, où l'on n'était guère plus rassuré, car les paysans se hâtaient de chercher un refuge pour leurs familles et leurs objets précieux dans les villes fermées. La consternation était générale ; les trois quarts des habitants se trouvaient heureux sous le régime établi par l'acte de médiation et ne souhaitaient que la tranquillité et le maintien de la constitution en vigueur. Seuls les réactionnaires manifestaient une joie indécente et affectaient d'avoir des renseignements précis sur le jour où les alliés passeraient le Rhin et sur les routes qu'ils suivraient ; à Berne, la municipalité, entièrement dans leurs mains, faisait même ostensiblement préparer les logements destinés aux généraux russes et autrichiens. Les gens de la campagne, exaspérés des provocations des patriciens, se plaignaient hautement des intrigues tramées à Francfort par les traîtres et montraient des dispositions si menaçantes pour les complices de ces intrigues que les autorités cantonales croyaient devoir prendre des mesures de sûreté[1].

Watteville essaya bien de calmer les esprits : il envoya le colonel de Luternau pour exhorter le conseil à maintenir l'ordre avec énergie et pour l'assurer que le territoire suisse ne serait pas violé. Mais Luternau

---

1. Dépêches de Rouyer.

trouva des magistrats faibles et irrésolus et sa démarche demeura sans effet[1].

L'effervescence à Berne fut portée à son comble le 18 décembre par une tentative audacieuse faite contre les autorités établies par deux officiers au service autrichien, Bernois de naissance. Ces officiers firent parvenir au Conseil d'État une sommation, de la part des puissances alliées, de rétablir le gouvernement de la ville et république de Berne tel qu'il existait avant 1798, de remettre tous les pouvoirs à la commission d'État de 1802 et de reprendre possession des cantons de Vaud et d'Argovie. Schraut, ministre d'Autriche, interrogé à ce sujet par Mullinen, délégué du gouvernement, eut l'audace de reconnaître l'authenticité de ce document et d'avouer la démarche des deux officiers en promettant la prochaine intervention des alliés. Mullinen, indigné, repoussa cette offre en termes énergiques[2].

Senft arriva à Berne le 19, et s'aboucha rapidement avec les chefs du parti oligarchique, notamment avec Steiger de Riggisberg et Freudenreich, avoyer en charge ; il les engagea à renverser le gouvernement existant et à restaurer les anciennes institutions, en se portant fort de l'approbation des souverains alliés. Il fit miroiter à leurs yeux le résultat du triomphe du parti réactionnaire, c'est-à-dire le rétablissement du canton de Berne dans la situation où il se trouvait en 1798, les patriciens dominant la ville, la ville le plat pays, y compris les cantons de Vaud et d'Argovie, dont les institutions autonomes seraient purement et simplement abolies. Mais il leur conseilla d'accomplir cette heureuse révolution d'eux-mêmes et sans attendre l'arrivée des troupes autrichiennes, sur l'appui desquelles ils pouvaient d'ailleurs absolument compter. Comme on lui objectait le bon accueil fait par l'empereur de Russie aux émissaires du canton de Vaud, son opinion peu favorable à une modification de la consti-

---

1. Dépêches de Talleyrand et Rapport de Lespérut, gouverneur de Neuchâtel, à Berthier, 22 décembre (A. G.).
2. JEAN DE MULLER. *Histoire de la Confédération helvétique.*

tution, Senft exposa les mesures militaires prises par Schwarzenberg pour rendre vaine toute opposition ; selon ses conseils, le généralissime avait si bien enchevêtré les corps russes avec les corps autrichiens que les mouvements des premiers étaient devenus entièrement dépendants de ceux des seconds [1]. Finalement on convint de réunir, le lendemain 20, le petit et le grand Conseil et de leur proposer le renversement du régime créé par l'acte de médiation et le rétablissement des anciennes formes de gouvernement.

Le coup d'État médité et proposé par Senft ne s'exécuta cependant pas aussi aisément qu'il l'avait espéré. D'abord le secret ne put être gardé, car Watteville, pris de tardifs remords, réexpédia à Berne le colonel de Luternau pour mettre le grand Conseil en garde contre les menées de l'envoyé autrichien et pour protester formellement auprès de celui-ci contre les mouvements de troupes annoncés. Après avoir remis ses dépêches au grand Conseil, Luternau eut un entretien avec Senft ; il chercha à lui persuader que l'invasion de la Suisse par les troupes autrichiennes ne manquerait pas d'exciter un grand mécontentement, qu'ainsi non seulement on rendrait impossible l'adhésion de la Confédération à la coalition contre Napoléon, mais même qu'on risquait d'entraver singulièrement le succès des opérations ultérieures, auxquelles la Suisse devait servir de base. Parlant au nom de la fraction des modérés à laquelle appartenait Watteville, il refusa pour Berne la souveraineté du canton de Vaud et fit remarquer les dangers auxquels une insurrection dans cette région exposerait les troupes alliées, alors qu'il suffisait pour leur sûreté de purger le gouvernement de Vaud des éléments sympathiques à la France et de les remplacer par des gens bien pensants. Ses instances demeurèrent inutiles. Senft lui répliqua que Vaud, laissé libre, dépendrait toujours du système français, et qu'il n'était pas maître de se départir de

---

1. Tolls. *Denkwürdigkeiten.*

la marche tracée par ses instructions. En conséquence il provoqua une réunion extraordinaire du Conseil d'État dont les membres étaient entièrement gagnés aux intérêts autrichiens et anglais, et il donna communication de deux notes, l'une signée de lui, exposant les demandes de l'Autriche et les avantages que le canton de Berne retirerait de son intervention, l'autre signée de Schraut, authentiquant la première et la déclarant émanée de la volonté des souverains alliés. En dépit des affirmations de Schraut, le Conseil d'État commit un véritable acte de trahison, d'abord en recevant officiellement Senft de Pilsach, bien qu'il ne pût présenter aucune lettre de créance, puis en écoutant sans protester la lecture de la note dont les termes avaient été arrêtés entre cet agent et les chefs du parti oligarchique et, enfin, en décidant de porter ce document suspect devant le petit Conseil.

Le 20 décembre à 6 heures du matin le petit Conseil prit connaissance des notes de Schraut et Senft : il décida de n'en pas tenir compte, de rester à son poste et de se borner à communiquer au grand Conseil, qui se réunissait précisément le même jour pour la session d'hiver, la note de Schraut, les propositions de Senft étant présentées dans une forme inconvenante par un personnage dépourvu de tout caractère officiel : cette résolution fut sur-le-champ transmise au landamman et au général en chef de la Confédération.

Senft, extrêmement irrité de l'insuccès de ses machinations, reprocha amèrement aux membres du comité autrichien présents à Berne d'avoir exagéré l'empressement de leurs compatriotes à détruire l'acte de médiation. Dans ses mémoires il attribue l'attitude du petit et du grand Conseil à la défiance inspirée par les patriciens au parti démocratique, aux jalousies existant dans ce parti même entre les gens en place et désireux de s'y maintenir et ceux qui jusqu'alors écartés des affaires voulaient les supplanter, aux craintes motivées par la menace d'une insurrection des campagnes et aux doutes où l'on se trouvait sur les intentions de l'empereur de Russie, doutes que ses affirmations intéressées n'avaient pas suffi à dissiper.

Une démarche de Talleyrand ne fut peut-être pas sans influence sur l'attitude prise par le petit Conseil. Le ministre de France, rentré à Berne le 18 et aussitôt informé de l'arrivée de Senft et de ses projets, s'empressa d'adresser à l'avoyer et aux Conseils une note très ferme, pour les inviter à réfléchir aux conséquences de l'acceptation des propositions autrichiennes, acceptation qui aurait infailliblement pour effet d'amener en Suisse le théâtre de la guerre et de faire traiter Berne en ennemie de la France. Mais Talleyrand se faisait peu d'illusion sur la vanité de ses menaces et sur les velléités de résistance des gouvernants bernois, car le même jour il prévint les préfets des départements limitrophes de la Suisse de la prochaine invasion du territoire helvétique par l'armée autrichienne et les engagea à prendre toutes les mesures de sûreté nécessaires ; jugeant la rupture inévitable, il fit partir pour la France sa femme et ses enfants.

VIII

LE PASSAGE DU RHIN

Les incidents de Berne, si importants par leurs causes premières, n'eurent pas une influence immédiate sur la marche des affaires suisses. Les événements décisifs se produisirent en effet à Zurich et à Bâle. Le 18 décembre Lebzeltern et Capo d'Istria remirent au landamman une déclaration, aux termes de laquelle les puissances alliées refusaient de reconnaître la neutralité de la Suisse. Pour expliquer leur décision, elles faisaient valoir que la Suisse, ébranlée à l'intérieur par les troubles de la Révolution française et dépouillée de ses remparts naturels, s'était montrée incapable de s'opposer à l'ingérence abusive de la France dans ses affaires propres ; que l'empereur Napoléon avait fondé sur les débris de l'ancienne constitution fédérative une véritable souveraineté permanente, sous un titre nouveau, mais incompatible avec l'indépendance réelle de la Confédération ; qu'enfin le vœu de l'Europe était de voir la Suisse recouvrer cette indépendance et l'assurer par le rétablissement de ses anciennes limites. En conséquence les puissances alliées s'engageaient à ne pas poser les armes, avant d'avoir obtenu la restitution à la Suisse des pays indûment annexés à l'Empire français ; elles ne voulaient s'immiscer en rien dans son régime intérieur, mais elles ne pouvaient tolérer plus longtemps le maintien d'une influence étrangère et elles ne reconnaîtraient sa neutralité que du jour où elle serait effectivement libre et dégagée de tout pouvoir extérieur.

En même temps les deux envoyés annoncèrent l'entrée des armées alliées en Suisse et remirent au landamman la proclamation et l'ordre du jour de Schwarzenberg, destinés à être publiés au moment où les troupes franchiraient la frontière. Reinhard demeura stupéfait : il redoutait la décision des alliés, mais il s'était obstiné à ne pas la croire aussi proche ; il protesta dans une lettre adressée à Metternich et conçue en termes si vifs que Lebzeltern refusa de la transmettre. Quant à Capo d'Istria, se voyant joué par les Autrichiens, il se prépara à aller rejoindre l'empereur Alexandre pour le mettre au courant des événements.

A Bâle, Herrenschwand reçut le 20 à 8 heures du soir de Watteville, qui, depuis la veille, avait transporté son quartier général à Lenzburg, l'ordre d'évacuer la ville, et de se retirer dans l'intérieur du pays, en précipitant sa marche de façon à ne pas être devancé par les Autrichiens aux défilés du Hauenstein. Il fit aussitôt ses préparatifs de départ et dans la nuit il quitta Bâle, où il laissa un millier d'hommes du contingent bâlois pour protéger la ville contre une entreprise possible de la garnison française de Huningue jusqu'à l'entrée des alliés : ce détachement devait être et fut en effet licencié aussitôt après. En même temps il envoya de nouveau le capitaine Fischer à Lörrach pour inviter les alliés à se hâter de prendre possession de la ville, puisqu'on ne pouvait faire autrement, et pour tâcher d'obtenir une capitulation. Fischer était muni de pouvoirs en règle, mais il ne trouva personne à qui parler. Lörrach était fort animé ; Schwarzenberg venait d'y transporter son quartier général ; les officiers de l'état-major étaient occupés à donner les derniers ordres pour le passage du Rhin et avaient en tête d'autres préoccupations que les intérêts de la ville de Bâle. On se borna à lui donner communication de la proclamation de Schwarzenberg aux Suisses et à l'assurer verbalement que les troupes alliées conformeraient strictement leurs actes aux intentions exprimées par le généralissime. Sur de nouvelles instances, il obtint cependant une espèce de sauvegarde énonçant que les troupes suisses quittaient la ligne du Rhin avec armes et bagages et qu'au cas où elles rencontreraient des colonnes de troupes alliées, elles seraient accompagnées par un officier de ces troupes, chargé d'assurer la liberté de leur marche.

Les corps autrichiens de première ligne franchirent la frontière suisse dans la matinée du mardi 21 décembre. Le IIe corps se porta de Lörrach sur Petit-Bâle ; Liechtenstein en personne arriva à 9 heures du matin à la porte de la ville, où il fut reçu par une députation du petit Conseil qui se morfondait depuis l'aube ; après un échange de compliments de circonstance, il fit défiler son avant-garde et se rendit ensuite à l'hôtel des Trois-Rois, où la ville avait fait préparer un festin somptueux pour lui et les officiers de son état-major. Le IIe corps traversa Bâle sans s'y arrêter et s'échelonna sur la route de Soleure entre Waldenburg et Liestall.

Le IIIe corps suivit le IIe ; son chef Giulay fut reçu avec les mêmes honneurs ; il prit le commandement de la ville de Bâle et détacha immédiatement la division Crenneville pour entreprendre le blocus de Huningue. Crenneville réussit à investir la forteresse dans la même journée, sans éprouver de résistance ; un détachement de hussards, qui caracolait imprudemment dans la plaine entre Bâle et Huningue, perdit quelques hommes et quelques chevaux par le feu de l'artillerie des remparts.

A 4 heures de l'après-midi la division Bubna traversa Bâle et prit la route de Soleure. D'après les ordres donnés par Schwarzenberg, cette division avait été dirigée dans la matinée de Lörrach sur Grenzach, où elle devait passer le Rhin sur un pont de bateaux, pour se porter ensuite sur Bâle par la rive gauche du Rhin, de manière à prendre la ville entre deux feux, si la garnison suisse se défendait contre le II⁰ corps venu par la rive droite. Mais les pionniers autrichiens ne réussirent pas à construire le pont ; les bateaux, mal assujettis entre eux, furent emporté par le courant. Après plusieurs heures de vaine attente, Bubna reçut l'ordre de faire passer sa division sur le pont de Bâle et de se porter à la suite du II⁰ corps. Dans la soirée la division Bianchi occupa Petit-Bâle.

Dans cette seule journée 40 000 Autrichiens défilèrent dans les rues de Bâle : les bourgeois, si hostiles à la France, purent faire amplement connaissance avec les libérateurs de l'Europe, car ils eurent à en loger près de 20 000. Si les Autrichiens se montrèrent en général brutaux et exigeants, mais passablement disciplinés, les cosaques du corps de partisans de Scheibler se livrèrent à un pillage en règle et commirent les plus grands excès ; Giulay dut au plus vite les faire sortir de la ville et les lancer sur le territoire français, où toutes les gentillesses étaient permises, sinon encouragées, par les chefs les plus aristocrates et les plus raffinés.

Le 1ᵉʳ corps (Colloredo) passa le Rhin à Lauffenburg, sans soulever l'ombre d'une protestation ; il occupa ensuite le Frickthal.

A Schaffhouse les autorités et les habitants s'étaient crus à l'abri de toute violence en recevant dans leurs murs la grande-duchesse Catherine, sœur de l'empereur Alexandre. Cette princesse était arrivée le 19 décembre et s'était montrée fort touchée des attentions des magistrats et de l'enthousiasme du populaire ; elle n'avait fait aucun mystère de ses sympathies et de celles de son frère pour le peuple suisse, si bien que la nouvelle de la reconnaissance de la neutralité par les puissances alliées s'accrédita dans le public. Mais il fallut bientôt déchanter, car dans la soirée du 20 décembre, avant que la capitulation de Bâle ne fût connue, un détachement de dragons autrichiens passa le Rhin et vint inviter la municipalité à préparer des logements et des vivres pour la 2ᵉ division légère. L'émotion fut vive et une protestation fut aussitôt adressée au général Liechtenstein. Mais celui-ci se retrancha derrière ses instructions et répondit laconiquement qu'il avait des ordres formels et qu'il entrerait à Schaffhouse le lendemain. En effet, le 21 décembre à la première heure la cavalerie de la division légère entra par une porte, la division de grenadiers Trautenberg par une autre. L'opération fut rondement menée, car le bataillon de Saint-Gall formant la garnison de la ville eut à peine le temps d'en sortir et de se retirer sur Offingen. Trautenberg traversa Schaffhouse et se porta avec un bataillon et du canon sur Eglisau, où les choses menaçaient de se gâter : le colonel vaudois Guiger, commandant le poste, avait en effet répondu à l'officier autrichien qui le sommait de se retirer : « Je n'ai reçu aucun ordre de Son Excellence le général de Watteville contraire à celui qui m'a été donné en général de défendre la neutralité de la Suisse ; jusqu'à ce que je l'aie reçu, je ne puis que remplir mon devoir en soldat et sauver mon honneur personnel, après que celui de ma patrie a été anéanti. » Guiger s'était préparé à une résistance désespérée ; mais lorsque Trautenberg arriva en vue d'Eglisau, les instances de la population épouvantée firent fléchir la résolution du brave Vaudois ; il se résigna à battre en retraite, après avoir obtenu l'assurance que les troupes suisses seraient partout traitées avec égard et auraient le droit de continuer librement leur route, au cas où elles rencontreraient des colonnes autrichiennes.

En résumé dans la journée du 21 décembre Schwarzenberg jeta en Suisse environ 65 000 hommes : 40 000 hommes passèrent le Rhin à Bâle, 15 000 à Lauffenburg, 10 000 à Schaffhouse. Le passage du Rhin fut pour lui un grand soulagement, car il lui aurait été impossible de faire subsister plus longtemps les troupes concentrées entre Schaffhouse et Fribourg.

La retraite des troupes suisses s'opéra tristement et dans les plus déplorables conditions : la plupart des officiers et des soldats étaient navrés de l'affront subi par leur patrie et n'auraient pas demandé mieux que de se battre : les Vaudois surtout étaient exaspérés, car ils craignaient pour l'indépendance de leur canton. L'absence de préparatifs et d'ordres, les départs précipités, la défiance semée entre la population et les troupes venues de cantons éloignés causèrent de regrettables incidents : des hommes brisèrent leurs armes devenues inutiles ; quelques compagnies n'attendirent pas les décisions de l'autorité supérieure pour se dissoudre ; d'autres réclamèrent avec instance, parfois avec menaces, le licenciement ; la perspective de voir les soldats autrichiens maîtres en leur absence du foyer domestique effrayait les époux et les pères de famille. Ils n'eurent pas d'ailleurs à attendre longtemps, car le 24 décembre Watteville licencia ses troupes par une proclamation datée de son quartier général de Saint-Urbain. Sa conduite équivoque lui mérita les éloges de Metternich[1] et lui valut dans son propre pays des attaques

---

1. Metternich à Schwarzenberg (sans date).

« Je vois par le rapport de Lebzeltern que les troupes du cordon de neutralité sont pour la plupart rentrées chez elles. Je vous prie de ne faire dire à Watteville que de belles choses. Faites-lui sentir que les hautes puissances sont très satisfaites de la belle conduite qu'il a tenue ; qu'on lui doit beaucoup de reconnaissance ; qu'il peut devenir un second Guillaume Tell ; que pour cela il laisse tout aller et nous soumette ses plans. Amusez-le avec cela et qu'il commence par licencier les troupes suisses : ne lui demandez pas autre chose. »

Cette lettre est donnée comme étant du mois de novembre ; mais la première phrase indique clairement qu'elle est postérieure à l'entrée des alliés en Suisse ; l'ensemble donne lieu de croire qu'avant cette entrée une entente complète avait été établie entre Watteville et

passionnées. Il est juste cependant de reconnaître que la faiblesse des moyens militaires mis à sa disposition par la diète et la mauvaise volonté du landamman avaient rendu difficile une résistance honorable et que cette résistance eût été vaine, en présence de l'incomparable supériorité numérique de l'armée de Bohême.

Les événements provoqués par l'entrée des alliés en Suisse et par leur intervention dans les affaires intérieures de la Confédération se déroulèrent rapidement.

Le 22 Talleyrand rentra à Zurich et adressa une protestation au landamman ; il se plaignit de n'avoir pas été prévenu de l'entrée des alliés en Suisse et de la prochaine occupation de Zurich ; le silence observé vis-à-vis de lui étant contraire au droit des gens, il demanda une réponse catégorique à la question : « Suis-je en pays conquis ou en pays ennemi ? » Suivant son habitude Reinhard eut recours à des moyens dilatoires : il prétendit n'avoir reçu jusqu'au 19 décembre aucune communication de nature à faire craindre la violation de la neutralité, ce qui était manifestement inexact, et n'avoir eu connaissance que le 20 à 5 heures du soir de la décision des souverains alliés et de la sommation adressée le 19 à 3 heures du soir par le quartier-maître général autrichien Langenau au colonel Herrenschwand ; enfin il insinua que Lebzeltern et Capo d'Istria avaient profité de l'absence du ministre de France pour remettre la déclaration relative à la non reconnaissance par les alliés de la neutralité suisse.

Talleyrand dut se contenter de cette réponse ; il partit de Zurich pour Berne le 22 à midi, mais il ne put rejoindre son poste, car il fut arrêté en Argovie par les Autrichiens et conduit à Aarau, où, sur l'ordre de

---

Schwarzenberg. D'autre part, Roverea raconte dans ses mémoires qu'à son passage à Bâle sir Robert Wilson aurait déclaré que l'entrée des troupes alliées en Suisse avait coûté 100.000 livres sterling à l'Angleterre et que cette somme avait été distribuée à des Bernois. Ce dire excita une vive indignation en Suisse ; le conseil de Berne crut devoir adresser une protestation à Londres ; mais il n'obtint aucune réponse et de graves soupçons continuèrent à planer sur la tête des patriciens de Berne.

Colloredo, il fut gardé prisonnier jusqu'au 29, en dépit des protestations adressées par Reinhard à Lebzeltern. Le 29 décembre Schwarzenberg le renvoya en France par Bâle, sous la conduite du comte Choteck.

A Berne Senft de Pilsach, mécontent de l'insuccès de ses intrigues, démasqua brutalement les intentions de l'Autriche. Le 21 il adressa au Conseil d'État une note comminatoire qui détermina cette assemblée à proposer son abdication volontaire ; une nouvelle note encore plus violente, inspirée par les réactionnaires les plus ardents, acheva d'affoler le grand et le petit Conseil, au sein desquels la division s'accentua. Enfin, le 23 au matin, après une séance orageuse, le grand Conseil décréta l'abolition de l'acte de médiation, sa propre abdication et la remise de ses pouvoirs aux anciennes autorités. Celles-ci furent réinstallées le 24 décembre sous les titres de Stadthalter, conseil et bourgeois de la ville et république de Berne : leur premier acte fut de prendre à leur compte une proclamation rédigée par Senft et Schraut pour informer les citoyens de Vaud et d'Argovie du rétablissement intégral des droits souverains de Berne sur ces deux cantons. Le même jour les troupes autrichiennes entrèrent à Berne et trouvèrent la révolution terminée.

La violation de la neutralité suisse irrita extrêmement l'empereur Alexandre. Le 22 décembre, à son arrivée à Fribourg, il apprit de la bouche de Metternich ce qui s'était passé : il était joué, mais plus en apparence qu'en réalité, car il jugeait l'opération bonne au point de vue militaire. Quoi qu'il en soit il parut ressentir vivement la blessure faite à son amour-propre et, pour manifester ostensiblement son mécontentement, il s'opposa à l'entrée en Suisse des troupes russes et allemandes : il admit cependant que ces troupes passeraient le Rhin à Bâle, mais à condition de quitter aussitôt que possible le territoire helvétique : enfin, il imposa à Schwarzenberg d'ajourner le mouvement de sa garde au 13 janvier 1814, afin que cette garde entrât en France le premier jour de l'année grecque. En somme les décisions de l'empereur de Russie, inspirées par un sentimentalisme nébuleux, apportèrent à la marche des opérations des retards aussi sérieux qu'inutiles.

Metternich, pour adoucir la colère d'Alexandre, désavoua Senft de Pilsach. Le 1ᵉʳ janvier, en guise de compliment, il lui écrivit qu'il avait « péché dans le principe en allant de l'avant, là où il n'aurait fallu que suivre ». Mais il ajouta : « l'Empereur ne vous en veut pas, car ses sentiments sont conformes à vos principes suisses : mais nous ne sommes pas seuls ! ce mot suffit pour vous donner de fortes indications. » Du reste Senft resta au service de l'Autriche et ne cessa de jouir de l'entière confiance de Metternich.

Pendant de longs mois de lourds sacrifices furent imposés aux cantons par le passage des Autrichiens : les chefs maintinrent à peu près la discipline : mais comme aucun approvisionnement n'avait pu être préparé, ils furent obligés de faire vivre leurs troupes sur le pays : dans le voisinage des routes d'étapes les habitants se trouvèrent dépouillés au milieu de janvier des provisions accumulées pour tout l'hiver et soumis à de cruelles vexations : la charge des logements militaires était incessante, les chevaux de trait et les voitures toujours en réquisition n'appartenaient plus à leurs propriétaires, réduits au rôle de conducteurs et parfois maltraités en cette qualité. Si les soldats autrichiens observèrent à peu près la discipline, il n'en fut pas de même de la foule des vivandiers, marchands, filles publiques qu'ils traînaient à leur suite[1] et surtout de la légion germanique, ramassis de prisonniers de guerre de toute nation, parmi lesquels beaucoup de Français, d'Italiens et de Polonais. En approchant de la France

---

1. « Je voudrais que vous puissiez voir les femmes qui suivent les armées, particulièrement les Hongroises ; on ne peut dépeindre l'horreur de ces monstres : elles portent des bottes et des pantalons comme les hommes et elles montent à cheval sur des selles d'homme ; celles qui appartiennent à l'infanterie et qui n'ont pas de cheval portent des bagages sur leur dos comme des animaux de bât. » (*Correspondance de lady Burghersh.*)

ces hommes, désireux de retourner sous le drapeau tricolore, ne songeaient qu'à mener joyeuse vie ; ils montrèrent de telles exigences, commirent de tels désordres, que dans le canton de Berne le gouvernement dut mettre sur pied des troupes et que la population fut sur le point de s'armer pour les contenir.

Le passage des Autrichiens en Suisse amena deux épidémies qui causèrent de grands ravages : des hôpitaux, le typhus se répandit dans la population civile et fit de nombreuses victimes : les médecins ne suffirent plus au nombre des malades : la mortalité fut fort élevée. D'autre part, le bétail indigène fut atteint par l'épizootie qui infectait les troupeaux hongrois venus à la suite de l'armée : les pertes, de ce chef, furent énormes.

SOURCES

Archives du ministère de la Guerre : *Correspondance de la Grande Armée et des divisions militaires* (A. G.).

Archives du ministère des Affaires étrangères : *Correspondances des ministres de l'Empereur résidant près les souverains de la Confédération du Rhin et près la Confédération helvétique* (A. E.).

Archives nationales : notamment séries AF^{IV}, F^7 F'CIII, etc. (A. N.).

Staats archiv de Munich.

Correspondance de Napoléon.

Bulletins de la Grande Armée.

Parmi les imprimés consultés :

Ameil (général). — Papiers publiés par la *Sabretache*, année 1907.
Arndt. — *Das Lied vom Feldmarschall*.
Berthier (maréchal). — *Rapports du maréchal Berthier à l'Empereur et Registre d'ordres du même pendant la campagne de 1813*, publiés par X... (Chapelot, 1909).
Bertin (Georges). — *La Campagne de 1813, d'après des témoins oculaires.*
Bianchi (Nicomédo). — *Storia della diplomazia europea in Italia.*
Bignon (baron). — *Souvenirs d'un diplomate sur la Pologne.*
Boisserée (Sulpiz). — *Correspondance.*
Burghersh (lord). — *Memoiren über die Operationen der verbündeten Heere unter dem Fursten Schwarzenberg und dem Feldmarschall Blücher während des Endes 1813 und 1814.*
Burghersh (lady). — *Correspondance.*
Daudet (Ernest). — *La Police politique, chronique du temps de la Restauration.*
Doeberl. — *Bayern und die deutsche Erhebung wider Napoléon I.*
Droysen. — *Das Leben des Feldmarschalls Grafen York von Wartenburg.*
Fain (baron). — *Mémorial de 1813.*
Friederich (major). — *Geschichte des Herbstfeldzuges, 1813.*

GUILLON (Édouard). — *Napoléon et la Suisse (1803-1815)*.
HEILMANN. — *Feldmarschall Fürst Wrede*.
HELLER VON HELLWALD. — *Erinnerungen aus den Freiheitskriegen*.
HERRENSCHWAND. — *Denkschrift des gewesenen eidgenössischen Obersten von Herrenschwand über seine militärischen Verhandlungen als Commandierender der zweiten. Division der eidgenössischen Truppen im Spätjahr 1813*.
JÉROME (le roi). — *Mémoires et correspondances du roi Jérôme et de la reine Catherine*.
KERCKHOVE (DE). — *Histoire des maladies observées à la Grande Armée française pendant les campagnes de Russie en 1812 et d'Allemagne en 1813*.
LAS CASES. — *Le Mémorial de Sainte-Hélène*.
LECOMTE (colonel). — *Le général Jomini, sa vie et ses écrits*.
LEFEBVRE (Armand). — *Histoire des cabinets de l'Europe pendant le Consulat et l'Empire*.
LUCHESINI. — *Historische Entwickelung der Ursachen und Wirkungen des Rheinbundes*.
MARTENS (von). — *Vor fünfzig Jahren*.
MARTENS (F. de). — *Recueil des traités et conventions conclus par la Russie avec les puissances étrangères* (t. XIV).
MARTINET (André). — *Jérôme Napoléon, roi de Westphalie*.
MASSON (Frédéric). — *Napoléon et sa famille* (t. VIII). *L'Impératrice Marie-Louise*.
Mémoires de *Beugnot, Biot, Fain, Grabowski, Griois, Macdonald, Marbot, Marmont, Mercy-Argenteau, Metternich, Montgelas, Nesselrode, Parquin, Radet, Rambuteau, Rilliet, Robinaux, Roverea, Senft de Pilsach, Taxis, d'un ex-officier* (pasteur Martin), etc.
METTERNICH WINNEBURG et KLINKOWSTRÖM. — *OEsterreichs Theilnahme an den. Befreiungskrieg*.
MONTVÉRAN. — *Histoire critique et raisonnée de la situation de l'Angleterre au 1er janvier 1816*.
MÜFFLING. — *Aus meinen Leben*.
MÜLLER (Jean de) et Aug. MONNARD. — *Histoire de la Confédération helvétique*.
NASSAU. — *Annalen des Vereins fur Nassauische Altertumskunde und Geschichtsforschung*.
NOLLET (Jules). — *Biographie du général Drouot*.
OECHSLI. — *Geschichte der Schweiz im neunzehnten Jahrhundert*.
— — *Der Durchzug der Alliierten durch die Schweiz im Iahren 1813-1814*.
ONCKEN. — *OEsterreich und Preussen im Befreiungskrieg*.
— — *Aus den letzten Monaten des Jahres 1813*.
PELET (général). — *Tableau des principales opérations de la campagne de 1813*.
— *Papiers inédits*.

Pertz. — *Aus Steins Leben.*
Pfister. — *Aus dem Lager des Rheinbundes.*
Pils. — *Journal de marche du grenadier Pils.*
Plotho. — *Der Krieg in Deutschland und Frankreich in den Jahren 1813 und 1814.*
Radetzky. — *Der K. K. œsterreichische Feldmarschall Graf Radetzky (von einen œsterreichischen veteranen).*
Roloff. — *Politik und Kriegführung während des Feldzuges von 1814.*
Rousset (Camille). — *La Grande Armée de 1813.*
Scherr. — *Blücher, seine Zeit und sein Leben.*
Sorel (Albert). — *L'Europe et la Révolution française.*
Stern. — *Stein und sein Zeitalter.*
Stricker. — *Neuere Geschichte von Frankfurt am Main.*
— *Der Frankfurter Monarchencongress, 1813.*
Thiers. — *Histoire du Consulat et de l'Empire.*
Toll. — *Denkwürdigkeiten aus dem Leben des K. K. russischen Generals von der Infanterie E. F. Grafen von Toll.*
Vehse (Eduard). — *Geschichte der deutschen Höfe seit der Reformation.*
Völderndorf-und-Varasdin. — *Kriegsgeschichte von Bayern unter König Maximilian-Josef.*
Anonyme. — *Die Central Verwaltung der Verbündeten unter dem Freiherrn von Stein.*

TABLE DES MATIÈRES

Introduction, par Frédéric Masson 1

CHAPITRE PREMIER
LA DÉCADENCE DE LA CONFÉDÉRATION DU RHIN

I. L'armistice de Zeysc. — II. Les négociations de Kalisch. — III. Situation générale des États de la Confédération du Rhin pendant l'hiver de 1813. — IV. L'intrigue autrichienne. — V. L'Allemagne pendant la campagne du printemps et au début de l'armistice. — VI. Résumé des négociations pendant l'armistice. Inquiétudes des princes allemands. La rupture 4

APPENDICE

I. Convention d'armistice signée à Zeysc le 18 janvier 1813 par le prince Schwarzenberg et annexe à ladite convention. — II. Note échangée entre M. le comte de Nesselrode et M. le chevalier de Lebzeltern à Kalisch le 17/29 mars 1813 et tenant lieu de convention. — III. Sur le manifeste de Kutusoff. — IV. Sur les subsides donnés à l'Autriche par l'Angleterre. — V. Sur le rôle de Caulaincourt lors des négociations de l'armistice de Pleiswitz. 83

CHAPITRE II
LE TRAITÉ DE RIED

I. Situation de la Bavière au moment de la rupture de l'armistice, août 1813. — II. L'armée bavaroise prend position sur l'Inn. — III. Premières ouvertures faites par les alliés à la Bavière. — IV. Dernières négociations. Conclusion du traité de Ried, 8 octobre 1813 91

CHAPITRE III
LES OPÉRATIONS DE L'ARMÉE AUSTRO-BAVAROISE
(8-26 OCTOBRE)

I. Entrée en campagne de l'armée austro-bavaroise. — II. Le Wurtemberg en octobre 1813. — III. La Convention d'Uffenheim. — IV. L'attaque de Wurzburg. 143

CHAPITRE IV

LA LIGNE DU RHIN AU MOIS D'OCTOBRE 1813

I. Situation générale des 5e, 25e et 26e divisions militaires. — II. Les grands-duchés de Francfort, de Hesse et de Bade se détachent progressivement de l'alliance française. — III. Insuffisance des mesures prises pour organiser la défense de la ligne du Rhin. — IV. La panique sur les lignes de communication de la Grande Armée. — V. Le ralliement des fuyards. — VI. Organisation de la défense des 5e, 25e et 26e divisions militaires. Évacuation du grand-duché de Francfort. — VII. Arrivée à Mayence des fuyards de Leipzig. Situation générale des 5e, 25e et 26e divisions militaires à la fin d'octobre. — VIII. L'affolement à Paris. 207

CHAPITRE V

LE RETOUR DE LA GRANDE ARMÉE SUR LE RHIN

I. La retraite d'Erfurt sur Hanau, 23-28 octobre. — II. Marche de l'armée austro-bavaroise de Wurzburg sur Hanau, 26, 27 et 28 octobre. — III. Théâtre des opérations ; effectifs des armées en présence au 29 octobre. — IV. Journée du 29 octobre ; combat de Gelnhausen. — V. Journée du 30 octobre ; bataille de Hanau. — VI. Journées des 31 octobre, 1er et 2 novembre ; deuxième combat de Hanau, rentrée de l'armée à Mayence. 309

CHAPITRE VI

LES ALLIÉS SUR LE RHIN

I. Arrivée des armées alliées sur le Rhin. — Conseils de guerre des 7 et 8 novembre. Arrêt des opérations actives. — II. Le congrès des souverains à Francfort. — III. Reprise des opérations 403

CHAPITRE VII

LA VIOLATION DE LA NEUTRALITÉ SUISSE

I. État de la Suisse à la fin de l'année 1813. — II. Effet produit par la nouvelle de la bataille de Leipzig. Réunion d'une diète extraordinaire. — III. Premières mesures de défense. — IV. Intrigues des alliés et du parti réactionnaire suisse. — V. Situation à Bâle en décembre. — VI. Mission de Reding et de Escher à Francfort. — VII. Les derniers pourparlers. — VIII. Le passage du Rhin . . 473

ÉVREUX, IMPRIMERIE CH. HÉRISSEY, PAUL HÉRISSEY, SUCCr

www.ingramcontent.com/pod-product-compliance
Lightning Source LLC
Chambersburg PA
CBHW070409230426
43665CB00012B/1305